# THÉOLOGIE
-
## MORALE.

TOME II.

PARIS.—TYPOGRAPHIE DE FIRMIN DIDOT FRÈRES,
RUE JACOB, 56.

# THÉOLOGIE
## MORALE
### A L'USAGE
### DES CURÉS ET DES CONFESSEURS,

PAR M<sup>GR</sup> THOMAS M. J. GOUSSET,

ARCHEVÊQUE DE REIMS, LÉGAT-NÉ DU SAINT-SIÉGE, PRIMAT DE LA
GAULE BELGIQUE, ETC.

### TOME SECOND,

COMPRENANT LES TRAITÉS DES SACREMENTS EN GÉNÉRAL, DU BAPTÊME, DE LA CONFIRMATION, DE L'EUCHARISTIE, DE LA PÉNITENCE, DE L'EXTRÊME-ONCTION, DE L'ORDRE, DU MARIAGE, DES INDULGENCES, DES CENSURES ET DES IRRÉGULARITÉS.

### Quatrième édition,
REVUE ET CORRIGÉE PAR L'AUTEUR.

### A PARIS,
CHEZ JACQUES LECOFFRE ET C<sup>IE</sup>, LIBRAIRES,
RUE DU VIEUX-COLOMBIER, 29,
Ci-devant rue du Pot de Fer Saint-Sulpice, 8.

—

1846.

# TABLE DES MATIÈRES.

Pag.

### TRAITÉ DES SACREMENTS EN GÉNÉRAL.

Chapitre I<sup>er</sup>. — De la notion et de l'institution des sacrements......... 1
Chapitre II. — De la matière et de la forme des sacrements ........... 3
Chapitre III. — Des effets des sacrements............................. 11
    Article I<sup>er</sup>. — De la grâce qu'on reçoit par les sacrements......... ib.
    Article II. — Du caractère sacramentel............................ 14
Chapitre IV. — Du ministre des sacrements............................ 15
    Article I<sup>er</sup>. — Du pouvoir d'administrer les sacrements........... ib.
    Article II. — De l'intention nécessaire pour la confection des sacrements............................................................. ib.
    Article III. — Si la foi et la sainteté, dans un ministre, sont nécessaires pour l'administration des sacrements........ 18
    Article IV. — De l'obligation d'administrer les sacrements......... 22
    Article V. — Peut-on s'adresser indifféremment à tout prêtre pour en recevoir les sacrements ?.................. 23
    Article VI. — Peut-on recevoir quelque chose pour l'administration des sacrements.......................... 26
Chapitre V. — Du sujet des sacrements................................ 27
    Article I<sup>er</sup>. — Des dispositions requises pour recevoir les sacrements. 28
    Article II. — De ceux qui sont indignes des sacrements............ 30
Chapitre VI. — Des cérémonies prescrites pour l'administration des sacrements............................................................. 34

### TRAITÉ DU SACREMENT DE BAPTÊME.

Chapitre I<sup>er</sup>. — De la notion du sacrement de baptême et de son institution................................................................ 37
Chapitre II. — De la matière et de la forme du sacrement de baptême... 38
Chapitre III. — Des effets du sacrement de baptême................... 42
Chapitre IV. — Du ministre du sacrement de baptême.................. 43
Chapitre V. — Du sujet du sacrement de baptême...................... 46
    Article I<sup>er</sup>. — De la nécessité du baptême........................ ib.
    Article II. — Du baptême des enfants.............................. 49
    Article III. — Du baptême des adultes............................. 54
Chapitre VI. — Des prières et des cérémonies du baptême.............. 58
    Article I<sup>er</sup>. — Explication des principales cérémonies du baptême.. 59
    Article II. — Du temps et du lieu convenables pour l'administration du sacrement de baptême...................... 61

ARTICLE III. — Des fonts baptismaux, de l'eau bénite et des saintes huiles.................................................. 62
ARTICLE IV. — Ce qu'il faut préparer pour la cérémonie du baptême. 64
ARTICLE V. — Des parrains et marraines.............................. 65
ARTICLE VI. — Des actes de baptême.................................. 71

## TRAITÉ DU SACREMENT DE CONFIRMATION.

CHAPITRE I$^{er}$. — De la notion et de l'institution du sacrement de confirmation.................................................. 73
CHAPITRE II. — De la matière et de la forme du sacrement de confirmation. 74
   ARTICLE I$^{er}$. — De la matière du sacrement de confirmation......... ib.
   ARTICLE II. — De la forme du sacrement de confirmation............ 78
CHAPITRE III. — Des effets du sacrement de confirmation............ 80
CHAPITRE IV. — Du ministre du sacrement de confirmation........... 82
CHAPITRE V. — Du sujet du sacrement de confirmation................ 84
CHAPITRE VI. — Des cérémonies de la confirmation................... 91

## TRAITÉ DE L'EUCHARISTIE.

PREMIÈRE PARTIE. — De l'eucharistie comme sacrement............ 95
CHAPITRE I$^{er}$. — De la notion et de l'institution du sacrement de l'eucharistie.................................................. ib.
CHAPITRE II. — De la matière et de la forme du sacrement de l'eucharistie. 98
   ARTICLE I$^{er}$. — De la matière du sacrement de l'eucharistie........ ib.
   ARTICLE II. — De la forme du sacrement de l'eucharistie........... 106
CHAPITRE III. — Des effets du sacrement de l'eucharistie............ 110
CHAPITRE IV. — Du ministre du sacrement de l'eucharistie........... 112
   ARTICLE I$^{er}$. — Du ministre de la consécration eucharistique....... ib.
   ARTICLE II. — Du ministre de la dispensation de l'eucharistie...... 121
CHAPITRE V. — Du sujet du sacrement de l'eucharistie............... 129
   ARTICLE I$^{er}$. — De la nécessité de l'eucharistie.................. ib.
   ARTICLE II. — De la communion pascale............................ 130
   ARTICLE III. — De la communion des malades....................... 136
   ARTICLE IV. — De la première communion des enfants............... 145
   ARTICLE V. — Des dispositions de l'âme pour la communion......... 148
   ARTICLE VI. — Des dispositions du corps pour la communion........ 157
   ARTICLE VII. — A qui doit-on refuser la communion ?............... 161
CHAPITRE VI. — Du culte de la sainte eucharistie.................... 163

DEUXIÈME PARTIE. — De l'eucharistie comme sacrifice............. 165
CHAPITRE I$^{er}$. — Notion et institution du sacrifice de l'eucharistie, appelé sacrifice de la messe........................................ 166
CHAPITRE II. — Des effets du sacrifice de la messe.................. 168
CHAPITRE III. — Quel est le ministre du sacrifice de la messe?...... 170
CHAPITRE IV. — Pour qui peut-on ou doit-on offrir le sacrifice de la messe? 173
CHAPITRE V. — De l'honoraire des messes............................. 177
CHAPITRE VI. — Des règles à suivre pour la célébration des saints mystères.................................................. 184
   ARTICLE I$^{er}$. — Du lieu où l'on doit dire la messe................ ib.
   ARTICLE II. — De l'autel, des nappes, du crucifix et des chandeliers. 192

## TABLE DES MATIÈRES.

ARTICLE III. — Des vases sacrés, du corporal, de la pale et du purificatoire............................................................... 196
ARTICLE IV. — Des ornements sacerdotaux........................... 200
ARTICLE V. — Des rites et des prières de la messe................... 202
ARTICLE VI. — De la manière de dire la messe....................... 213
ARTICLE VII. — Des fautes que l'on commet le plus souvent en disant la messe............................................... 231

### TRAITÉ DU SACREMENT DE PÉNITENCE.

CHAPITRE I$^{er}$. — De la notion et de l'institution du sacrement de pénitence. 237
CHAPITRE II. — De la contrition............................................ 240
   ARTICLE I$^{er}$. — Notion de la contrition.............................. ib.
   ARTICLE II. — Des qualités de la contrition........................ 241
   ARTICLE III. — De la nécessité de la contrition..................... 244
   ARTICLE IV. — De la contrition parfaite et de la contrition imparfaite. 245
CHAPITRE III. — De la confession.......................................... 249
   ARTICLE I$^{er}$. — La confession est-elle nécessaire de droit divin?..... ib.
   ARTICLE II. — La confession est-elle nécessaire de précepte ecclésiastique?............................................... 252
   ARTICLE III. — De l'intégrité de la confession...................... 260
   ARTICLE IV. — Des motifs qui exemptent de l'intégrité de la confession................................................. 266
   ARTICLE V. — Des autres qualités de la confession................. 273
   ARTICLE VI. — Des défauts qui rendent la confession nulle, invalide.. 277
   ARTICLE VII. — Des confessions générales.......................... 280
CHAPITRE IV. — De la satisfaction......................................... 284
   ARTICLE I$^{er}$. — Le confesseur est-il obligé d'imposer à celui qu'il confesse une pénitence proportionnée au nombre et à la griéveté de ses fautes, eu égard à son état et à ses dispositions?............................................. 285
   ARTICLE II. — Le pénitent est-il obligé d'accepter et d'accomplir la pénitence sacramentelle?................................... 296
CHAPITRE V. — De l'absolution............................................ 301
CHAPITRE VI. — Du ministre du sacrement de pénitence................. 306
   ARTICLE I$^{er}$. — Des pouvoirs nécessaires au ministre du sacrement de pénitence.............................................. ib.
   ARTICLE II. — Des cas réservés...................................... 319
CHAPITRE VII. — Des qualités du confesseur............................. 328
   ARTICLE I$^{er}$. — De la sainteté nécessaire au confesseur............ ib.
   ARTICLE II. — Du zèle nécessaire au confesseur.................... 330
   ARTICLE III. — De la douceur et de la fermeté nécessaires au confesseur..................................................... 332
   ARTICLE IV. — De la science nécessaire au confesseur............. 334
   ARTICLE V. — De la discrétion nécessaire au confesseur, spécialement pour ce qui regarde le secret de la confession...... 335
CHAPITRE VIII. — Des devoirs du confesseur, au sujet des interrogations à faire au pénitent........................................ 342
CHAPITRE IX. — Des devoirs du confesseur au sujet de l'absolution...... 350

TABLE DES MATIÈRES.

Pag.

Chapitre X. — Des devoirs du confesseur à l'égard de ceux qui sont dans l'habitude du péché.. ................................. 357
   Article I<sup>er</sup>. — Des habitudinaires. ......................... 358
   Article II. — Des récidifs ................................. 363
Chapitre XI. — Des devoirs du confesseur envers ceux qui sont dans l'occasion prochaine du péché..................... 370
Chapitre XII. — Des devoirs du confesseur envers ceux qui ne sont pas suffisamment instruits des vérités de la religion, ou qui sont dans l'ignorance de ce qui a rapport à leur état... ........................................... 382
Chapitre XIII. — Des devoirs du confesseur envers les malades et les moribonds........................................ 388
Chapitre XIV. — Des devoirs du confesseur à l'égard des personnes pieuses et des personnes consacrées à Dieu.............. 395
Chapitre XV. — Des devoirs du confesseur envers les scrupuleux ....... 406
Chapitre XVI. — De la manière d'administrer le sacrement de pénitence. . 410

## TRAITÉ DU SACREMENT DE L'EXTRÊME-ONCTION.

Chapitre I<sup>er</sup>. — De la notion et de l'institution du sacrement de l'extrême-onction ..................................... 416
Chapitre II. — De la matière et de la forme du sacrement de l'extrême-onction ..................................... 417
Chapitre III. — Des effets du sacrement de l'extrême-onction.......... 420
Chapitre IV. — Du ministre du sacrement de l'extrême-onction........ 421
Chapitre V. — Du sujet du sacrement de l'extrême-onction........... 423
Chapitre VI. — De la manière d'administrer l'extrême-onction......... 426
Chapitre VII. — De la sépulture ecclésiastique....................... 429

## TRAITÉ DU SACREMENT DE L'ORDRE.

Chapitre I<sup>er</sup>. — De la notion et de l'institution du sacrement de l'ordre.. 433
Chapitre II. — De la matière et de la forme du sacrement de l'ordre.... 435
Chapitre III. — Des effets du sacrement de l'ordre................... 437
Chapitre IV. — Du ministre du sacrement de l'ordre.................. 438
Chapitre V. — Du sujet du sacrement de l'ordre..................... 443
   Article I<sup>er</sup>. — De la vocation à l'état ecclésiastique............... 444
   Article II. — Des autres conditions prescrites pour l'ordination..... 452
Chapitre VI. — De la tonsure et des ordres en particulier.. ........... 455
   Article I<sup>er</sup>. — De la tonsure................................. ib.
   Article II. — De l'ordre de portier.......................... 456
   Article III. — De l'ordre de lecteur.......................... ib.
   Article IV. — De l'ordre d'exorciste.......................... 457
   Article V. — De l'ordre d'acolyte............................ ib.
   Article VI. — Du sous-diaconat............................. 458
   Article VII. — Du diaconat................................. 460
   Article VIII. — De la prêtrise................................ 461
   Article IX. — De l'épiscopat................................ 464
Chapitre VII. — Des obligations des clercs......................... 467
   Article I<sup>er</sup>. — De l'obligation de garder le célibat.............. ib.

Article II. — De l'obligation de réciter l'office divin.............. 470
Article III. — De la tonsure et de l'habit ecclésiastique............ 478
Article IV. — Des choses que les canons défendent plus spécialement aux clercs...... 480
Article V. — Des obligations des évêques........................ 483
Article VI. — Des obligations des chanoines..................... 487
Article VII. — Des obligations des curés........................ 491

## TRAITÉ DU SACREMENT DE MARIAGE.

Chapitre Ier. — Notions générales sur le mariage comme contrat et comme sacrement............ 500
  Article Ier. — De la notion et de l'institution du mariage comme contrat........ 501
  Article II. — De la notion et de l'institution du sacrement de mariage........ 503
  Article III. — De la matière et de la forme du sacrement de mariage........ 505
  Article IV. — Des effets du sacrement de mariage............... 507
  Article V. — Du ministre du sacrement de mariage............ 508
  Article VI. — Du sujet du sacrement de mariage.............. 510
Chapitre II. — Des fiançailles............................... 514
  Article Ier. — Des conditions requises pour la validité des fiançailles. ib.
  Article II. — De l'obligation qui résulte des fiançailles........... 516
  Article III. — De la dissolution des fiançailles.................. 517
Chapitre III. — Des bans ou publications de mariage................ 521
  Article Ier. — Nécessité des publications de mariage............ ib.
  Article II. — De la dispense des publications de mariage......... 525
  Article III. — De l'obligation de révéler les empêchements de mariage........ 526
Chapitre IV. — Des empêchements de mariage..................... 528
  Article Ier. — Du pouvoir d'établir des empêchements de mariage... 529
  Article II. — Quels sont les empêchements dirimants de mariage.... 532
    § Ier. — Du défaut d'usage de raison et du défaut d'âge......... 533
    § II. — De l'impuissance relativement au mariage............. 534
    § III — De l'erreur....................................... 535
    § IV. — De la crainte et de la violence...................... 536
    § V. — Du rapt.......................................... 538
    § VI. — Du lien provenant d'un premier mariage............. 543
    § VII. — Du lien provenant des ordres sacrés................. 546
    § VIII. — Du lien provenant de la profession religieuse.......... ib.
    § IX. — De l'empêchement de parenté...................... ib.
    § X. — De l'empêchement d'affinité........................ 550
    § XI. — De l'empêchement d'honnêteté publique.............. 552
    § XII. — De l'empêchement du crime....................... 555
    § XIII. — De la différence du culte......................... 55
    § XIV. — De la clandestinité............................... ib.
  Article III. — Des empêchements prohibitifs ou prohibants......... 56
    § Ier. — Du défaut de consentement des parents............... 564

§ II. — De la différence du culte entre les catholiques et les hérétiques............................................................ 566
§ III. — Du temps pendant lequel les mariages sont interdits..... ib.
§ IV. — Des fiançailles ...................................... 568
§ V. — Du vœu simple de chasteté............................ 569
CHAPITRE V. — De la dispense des empêchements de mariage......... 570
  ARTICLE I$^{er}$. — A qui appartient-il de dispenser des empêchements de mariage?................................................ ib.
  ARTICLE II. — Des causes qui rendent légitimes les dispenses des empêchements de mariage .................................... 575
  ARTICLE III. — Des tribunaux auxquels il faut s'adresser pour obtenir dispense des empêchements de mariage................. 577
  ARTICLE IV. — De la manière de solliciter les dispenses des empêchements de mariage........................................ 579
  ARTICLE V. — De l'exécution des rescrits de la Daterie et de la Pénitencerie.................................................. 583
CHAPITRE VI. — De la réhabilitation des mariages nuls............... 587
CHAPITRE VII. — Des obligations que le mariage impose aux époux..... 593
  ARTICLE I$^{er}$. — *De debito conjugali aut usu matrimonii*......... 594
  ARTICLE II. — De la séparation des époux........................ 602

## TRAITÉ DES INDULGENCES.

CHAPITRE I$^{er}$. — De la notion des indulgences...................... 606
CHAPITRE II. — Des dispositions requises pour gagner les indulgences.... 610
CHAPITRE III. — Du jubilé......................................... 613

## TRAITÉ DES CENSURES.

CHAPITRE I$^{er}$. — Des censures en général.......................... 617
CHAPITRE II. — De l'excommunication............................... 624
  ARTICLE I$^{er}$. — Excommunications réservées au Souverain Pontife... 626
  ARTICLE II. — Excommunications réservées aux évêques.......... 629
  ARTICLE III. — Des excommunications non réservées............. 630
CHAPITRE III. — De la suspense.................................... ib.
  ARTICLE I$^{er}$. — Suspenses réservées au Souverain Pontife........... 631
  ARTICLE II. — Suspenses réservées à l'évêque.................... 632
CHAPITRE IV. — De l'interdit...................................... 633

## TRAITÉ DES IRRÉGULARITÉS.

CHAPITRE I$^{er}$. — Des irrégularités en général........................ 634
CHAPITRE II. — Des irrégularités *ex defectu*....................... 639
CHAPITRE III. — Des irrégularités *ex delicto*...................... 643

## DE L'ADMINISTRATION TEMPORELLE DES PAROISSES.

*Décret du 30 décembre 1809, contenant le règlement général des fabriques*................................................. 647
CHAPITRE I$^{er}$. — De l'administration des fabriques................... ib.
SECTION I$^{re}$. — Du conseil....................................... ib.
§ I$^{er}$. — De la composition du conseil....................... ib.

| | Pag. |
|---|---|
| § II. — Des séances du conseil | 648 |
| § III. — Des fonctions du conseil | ib. |
| Section II. — Du bureau des marguilliers | 649 |
| § I<sup>er</sup>. — De la composition du bureau des marguilliers | ib. |
| § II. — Des séances du bureau des marguilliers | ib. |
| § III. — Fonctions du bureau | 650 |
| Chapitre II. — Des revenus, des charges, du budget de la fabrique | 651 |
| Section I<sup>re</sup>. — Des revenus de la fabrique | ib. |
| Section II. — Des charges de la fabrique | ib. |
| § I<sup>er</sup>. — Des charges en général | ib. |
| § II. — De l'établissement et du payement des rentes | 652 |
| § III. — Des réparations | ib. |
| § IV. — Du budget de la fabrique | ib. |
| Chapitre III. — Des biens de la fabrique | 653 |
| Section I<sup>re</sup>. — De la régie des biens de la fabrique | ib. |
| Section II. — Des comptes | 656 |
| Chapitre IV. — Des charges des communes relativement au culte | 657 |
| Chapitre V. — Des églises cathédrales, des maisons épiscopales et des séminaires | 659 |
| *Ordonnance du 12 janvier 1825, concernant le renouvellement des fabriques* | 660 |
| Lettre de Sa Sainteté Grégoire XVI, à Mgr Gousset, archevêque de Reims | 661 |
| Table générale | 663 |

FIN DE LA TABLE DU SECOND VOLUME.

# THÉOLOGIE MORALE.

## TRAITÉ DES SACREMENTS EN GÉNÉRAL.

1. « Toutes les parties de la doctrine chrétienne, dit le Caté-
« chisme du concile de Trente, exigent de la science et de l'applica-
« tion de la part des pasteurs; mais ce qui concerne les sacrements
« demande une instruction et un zèle particuliers; car Dieu a voulu
« que les sacrements fussent nécessaires au salut, et il y a attaché les
« grâces les plus abondantes. Il faut qu'ils instruisent souvent et
« avec soin les fidèles de ces vérités, afin de les mettre en état de
« participer fréquemment, et toujours avec fruit, aux choses saintes.
« Ils doivent aussi, dans l'administration des sacrements, se confor-
« mer à cette défense évangélique : Ne donnez pas les choses saintes
« aux chiens, et ne jetez point les perles aux pourceaux (1). »

## CHAPITRE PREMIER.

*De la Notion et de l'Institution des Sacrements.*

2. Le mot de *sacrement* signifie une chose sacrée; de toutes les
acceptions que les auteurs ecclésiastiques et profanes donnent à ce
mot, il n'en est aucune qui n'ait quelque rapport plus ou moins direct
à la religion. Mais il se prend ici pour un signe ou un rite symbo-
lique, établi de Dieu comme moyen de salut pour les hommes;
ce qui convient aux sacrements anciens et aux sacrements évangé-

---

(1) De Sacramentis, § 1.

liques. Si on considère le sacrement tel qu'il est dans la loi nouvelle, on le définit, conformément à l'enseignement de l'Église : un signe visible et sacré, institué par Notre-Seigneur Jésus-Christ pour la sanctification de nos âmes : « Sacramentum, dit le Catéchisme du « concile de Trente, est invisibilis gratiæ visibile signum ad nos- « tram justificationem institutum (1); » ou, ce qui revient au même : « Sacramentum res est sensibus subjecta, quæ, ex Dei institutione, « sanctitatis et justitiæ, tum significandæ tum efficiendæ vim ha- « bet (2). » En effet, les sacrements signifient quelque chose de caché, la grâce invisible qu'ils contiennent sous l'enveloppe des choses matérielles et sensibles. Ainsi, par exemple, lorsque, dans le Baptême, on verse l'eau sur le corps en prononçant les paroles sacrées, cette action sacramentelle signifie que, par la vertu du Saint-Esprit, le baptisé est intérieurement purifié des souillures du péché.

3. Le sacrement est un signe *visible :* il est nécessaire qu'un sacrement soit un signe extérieur; soit parce que c'est un des liens qui attachent les fidèles à l'unité ; soit parce que, autrement, on ne pourrait distinguer les sacrements les uns des autres, ni de toute autre chose; soit enfin parce que les secours spirituels que Dieu nous présente sous des formes matérielles sont plus à la portée de la faiblesse humaine. Le propre de la nature de l'homme, qui est une intelligence servie par des organes, est d'arriver plus facilement à la connaissance des choses spirituelles, par l'intermédiaire des objets corporels et sensibles.

4. Le sacrement est un signe *sacré* : il a pour objet la grâce et le salut des hommes. Il est *institué par Jésus-Christ ;* car Dieu seul, auteur de tous dons, peut attacher à un signe matériel la vertu de produire la grâce. A défaut de cette condition, les cérémonies introduites par l'Église, quelque respectables et quelque utiles qu'elles soient, ne peuvent être regardées comme des sacrements proprement dits. L'institution des sacrements est une institution stable et permanente. Les sacrements de l'ancienne loi ne sont tombés qu'avec elle; et les sacrements de la loi nouvelle ne cesseront qu'à la fin des temps ; ils sont nécessaires au salut, et le seront toujours.

Enfin, le sacrement est institué *pour notre sanctification ;* mais, à la différence des sacrements anciens, qui signifiaient la grâce sans la produire par eux-mêmes, les sacrements évangéliques la confè-

---

(1) De Sacramentis, § v. — (2) Ibidem.

rent immédiatement, par la seule application du rite sacramentel, à tous ceux qui les reçoivent dignement, c'est-à-dire, à ceux qui n'y apportent aucun obstacle qui puisse en arrêter les effets.

5. Il est de foi qu'il y a sept sacrements dans la loi nouvelle, ni plus ni moins; savoir : le Baptême, la Confirmation, l'Eucharistie, la Pénitence, l'Extrême-Onction, l'Ordre, et le Mariage. Aussi, conformément à l'enseignement général et constant de l'Église catholique, le concile de Trente a condamné comme hérétiques les novateurs du seizième siècle, pour avoir soutenu qu'il y a moins de sept sacrements. Il est également de foi que ces sept sacrements ont été institués par Notre-Seigneur Jésus-Christ (1).

Quoique les sacrements soient tous le fruit de la passion de notre divin Sauveur, et qu'ils concourent tous, en quelque manière, à la sanctification des hommes, ils ne sont pas tous également nécessaires, ni également grands (2). Les sacrements de Baptême et de Pénitence sont plus nécessaires au salut que les autres; et l'Eucharistie, contenant réellement le corps et le sang de Jésus-Christ, Fils de Dieu fait homme et auteur de toute sainteté, est évidemment au-dessus de tout autre sacrement. Cependant, si on considère les sacrements par rapport à l'état où ils élèvent l'homme, le sacrement de l'Ordre est en quelque sorte le plus digne, puisqu'il place celui qui le reçoit au rang le plus élevé. Ce sacrement est d'ailleurs nécessaire à l'Église; car ce n'est qu'en vertu de l'Ordre qu'on peut administrer les autres sacrements, si on excepte le Baptême et probablement le Mariage.

## CHAPITRE II.

*De la Matière et de la Forme des Sacrements.*

6. La matière et la forme d'un sacrement sont les deux parties qui entrent nécessairement dans sa composition, et en forment la substance. On a donné le nom de *matière* aux choses ou aux actions extérieures et sensibles dont on se sert pour faire un sacrement; et le nom de *forme* aux paroles que le ministre prononce en appliquant la matière : « In sacramentis verba se habent per mo-

---

(1) Sess. vii. can. 1. — (2) Conc. de Trente, ibid. can. 3 et 4.

« dum formæ, res autem sensibiles per modum materiæ, » dit saint Thomas (1). Ainsi, dans le Baptême, l'eau est la matière du sacrement, et les paroles, *Ego te baptizo in nomine Patris, et Filii, et Spiritus Sancti*, en sont la forme. On remarquera que les choses qui ne peuvent être aperçues par les sens, ne deviennent matière sacramentelle que quand elles sont jointes à quelque signe extérieur qui les rend sensibles. C'est ainsi, par exemple, que la contrition ne peut concourir au sacrement de Pénitence qu'autant qu'elle se manifeste extérieurement par la confession ou par quelque signe sensible.

7. Chaque sacrement a une matière et une forme qui lui sont propres. « Omnia sacramenta, dit le pape Eugène IV, tribus per-« ficiuntur; videlicet, rebus tanquam materia, verbis tanquam for-« ma, et persona ministri cum intentione faciendi quod facit Ec-« clesia : quorum si aliquod desit, non perficitur sacramentum (2). » Mais quoique la personne du ministre soit nécessaire pour la confection d'un sacrement, elle doit plutôt en être regardée comme la cause efficiente, que comme faisant partie de son essence; car l'essence d'un sacrement consiste dans la matière et dans la forme, qui en sont les seules parties constitutives : *Materia et forma sacramenti essentia perficitur*, dit le concile de Trente (3); ce qui s'accorde parfaitement avec cette maxime de saint Augustin : *Accedit verbum ad elementum, et fit sacramentum* (4).

8. Tous les sacrements étant d'institution divine, il est certain que la matière et la forme qui en font la substance ont été déterminées par Jésus-Christ. On convient également qu'il a déterminé, non-seulement en général, mais en particulier et dans leur espèce, la matière et la forme du Baptême et de l'Eucharistie. Mais en est-il de même pour les autres sacrements? C'est une question controversée parmi les théologiens. Les uns pensent que Notre-Seigneur n'a déterminé qu'en général la matière et la forme de plusieurs sacrements, laissant à ses apôtres le soin de déterminer eux-mêmes, d'une manière plus particulière, les signes qu'ils jugeraient plus propres à exprimer les effets de ces mêmes sacrements. Les autres, en plus grand nombre, enseignent que Jésus-Christ a déterminé lui-même, sans recourir à ses disciples, la matière et la forme de tous les sacrements. Nous adoptons ce second sentiment, comme

---

(1) Sum. part. 3. quæst. 60. art. 7. — (2) Decret. ad Armenos. — (3) Sess. xvi. cap. 2. — (4) Tract. LXXX in Joannem.

nous paraissant beaucoup plus probable que le premier, par cela même qu'il est plus conforme à la dignité des sacrements et à l'unité du culte catholique. On conçoit difficilement que Jésus-Christ ait laissé à ses disciples le soin d'assigner à quelques sacrements la matière et la forme qui leur sont propres. On ne peut objecter la diversité des rites qu'on remarque chez les Grecs et les Latins, car elle n'est pas essentielle; autrement, on ne pourrait l'attribuer vraisemblablement même aux apôtres. Quoi qu'il en soit, les Latins et les Grecs doivent, dans la pratique, observer exactement les rites qui leur sont prescrits pour l'administration des sacrements.

9. Le sacrement étant un tout moral, il est nécessaire que les parties qui le constituent soient unies ensemble; ni l'une ni l'autre de ces parties, prise isolément, ne suffit pour un sacrement. Si donc on prononce ces paroles, *Je te baptise, etc.*, sans verser de l'eau sur l'enfant; ou si l'on verse de l'eau sans prononcer ces paroles, il n'y aura point de sacrement : « Detrahe verbum, quid « est aqua, nisi aqua? Accedit verbum, et fit sacramentum, » dit saint Augustin (1).

10. L'union de la matière et de la forme sacramentelle doit être telle que, eu égard à la nature de chaque sacrement, ces deux parties soient censées, selon la manière commune de voir et d'agir, ne faire qu'un tout moral, qu'un seul et même acte, qu'une seule et même cérémonie. Nous avons dit, *eu égard à la nature de chaque sacrement;* car l'union entre la matière et la forme sacramentelle doit être plus étroite en certains sacrements que dans les autres ; elle doit même être physique pour l'Eucharistie, comme l'indiquent les paroles de la consécration, *Hoc est enim corpus meum, hic est, etc.* Hoc, hic, supposent la matière présente au moment où l'on prononce les paroles sacrées. Dans le Baptême, la Confirmation, l'Extrême-Onction, on doit faire en sorte que les paroles, du moins en partie, soient prononcées pendant l'action ou l'application de la matière. Celui qui, par exemple, réciterait ces paroles, *Ego te baptizo in nomine Patris, et Filii, et Spiritus Sancti,* avant de commencer de verser de l'eau, ou qui verserait l'eau tout entière avant de prononcer aucune de ces paroles, ne mettrait pas le sacrement en sûreté. Mais il n'est pas nécessaire que le discours qui exprime la forme sacramentelle, et l'action qui applique la matière, commencent et finissent absolument au même instant (2). Pour ce qui regarde le sacrement de Pénitence, il n'exige pas que

---

(1) Tract. LXXX in Joannem. — (2) S. Alphonse de Liguori, lib. VI. n° 9.

la forme soit appliquée aussitôt que la matière est préparée ; il peut y avoir quelque intervalle entre la confession du pénitent et l'absolution du prêtre. De même, pour le Mariage, il suffit que l'une des parties donne son consentement, tandis que le consentement de l'autre partie persévère moralement. Et si on suppose que le prêtre soit ministre de ce sacrement, la forme peut également s'appliquer au consentement mutuel des parties, quoique antérieurement exprimé, pourvu qu'il y ait union morale entre l'acte qui exprime ce consentement et les parties sacramentelles. Au reste, quand on administre un sacrement, on doit toujours, autant que possible, agir de manière à ne laisser aucun doute sur sa validité, surtout pour ce qui concerne le Baptême et les Ordres sacrés.

11. Il n'est pas permis de faire aucun changement, ni dans la matière ni dans la forme des sacrements. On distingue le changement *substantiel* et le changement *accidentel :* le premier porte atteinte à la substance et par là même à la validité du sacrement ; le second laisse subsister ce qui est essentiel au sacrement, ne tombant que sur l'accessoire. Le changement substantiel, dans la matière, a lieu toutes les fois que la chose qu'on emploie pour faire un sacrement est, suivant le commun jugement des hommes, d'une espèce différente de celle qui a été prescrite par Jésus-Christ ; ce qui arriverait, par exemple, si pour baptiser on prenait toute autre matière que de l'eau naturelle, ou si on se servait d'une eau tellement corrompue, qu'elle fût censée n'avoir plus conservé sa nature. Le changement n'est qu'accidentel, quand la matière, quoique altérée, demeure substantiellement la même ; comme si, par exemple, on ne mettait que quelques gouttes de vin ou d'une autre liqueur étrangère dans l'eau baptismale.

12. Le changement, dans la forme sacramentelle, est substantiel ou accidentel, suivant qu'il ôte ou qu'il laisse aux paroles sacrées le sens qu'elles doivent avoir d'après l'institution de Jésus-Christ. Ce changement peut se faire par addition, par omission, par transposition, par interruption ou par corruption.

*Par addition :* Toute addition qui détruit le véritable sens des paroles sacramentelles devient un changement substantiel, et entraîne la nullité du sacrement. Exemple : *Ego te baptizo in nomine Patris majoris, et Filii minoris, et Spiritus Sancti.* Les mots *majoris* et *minoris* sont manifestement contraires au dogme catholique de la consubstantialité du Verbe. Il en serait autrement, si le dogme et le vrai sens des paroles étaient conservés ; ainsi, on regarderait comme valable le Baptême suivant : *Ego te baptizo in nomine Patris æterni, et Filii increati, et Spiritus Sancti ab utroque procedentis;* car, en baptisant de la sorte, on baptise réellement au nom des trois personnes de la sainte Trinité.

**13.** *Par omission :* Elle est substantielle et annule le sacrement, quand on supprime une ou plusieurs des paroles qui sont regardées comme essentielles. Ainsi, par exemple, celui qui, en baptisant, omettrait le verbe *baptizo,* ou le nom d'une des trois personnes divines, ne conférerait point le sacrement de Baptême. Il en serait probablement de même s'il supprimait le pronom *te,* sans le remplacer par un terme équivalent. Mais le retranchement de la particule *ego,* qui se trouve dans la formule du sacrement de Baptême, ne peut nuire à la validité du sacrement. Il faut en dire autant de la particule *enim,* qui entre dans la forme de l'Eucharistie.

*Par transposition :* Si elle ne porte point atteinte au dogme de l'Église ni au sens des paroles sacramentelles, elle laisse subsister le sacrement. Exemple : *In nomine Patris, et Filii, et Spiritus Sancti, ego te baptizo ;* dans ce cas, le sacrement serait certainement valable. Mais il ne le serait pas dans le cas suivant, ou il serait au moins douteux, savoir : *Filii, ego te baptizo in nomine Patris, et Spiritus Sancti.* Il faudrait le réitérer sous condition.

**14.** *Par interruption :* Le changement par interruption est regardé comme substantiel, quand l'interruption dans la prononciation des paroles est si considérable, qu'elles ne paraissent plus, au jugement d'un homme prudent, faire une même proposition, une même suite de discours ; comme si entre les paroles il s'écoulait plusieurs minutes, ou que l'on récitât quelque prière, l'Oraison dominicale, la Salutation angélique, ou une prière même plus courte. Mais si on ne faisait qu'une petite pause entre les paroles sacramentelles, comme pour respirer, tousser, cracher, éternuer, ou si on ne disait qu'un mot aux assistants, *silence, taisez-vous,* l'interruption ne serait que physique et non morale ; elle ne serait point par conséquent un changement substantiel, capable de nuire au sacrement.

**15.** *Par corruption :* Le changement par corruption a lieu, 1° quand on se sert d'une autre langue que celle qui est en usage dans l'Église. Quoique ce changement ne soit qu'accidentel, il n'est permis que lorsqu'on administre le Baptême dans un cas de nécessité, sans les cérémonies du rituel ; 2° quand on change les paroles ordinaires de la forme sacramentelle en d'autres termes synonymes de la langue consacrée par l'Église. Si les synonymes ont le même sens que les paroles ordinaires, le changement n'est qu'accidentel. Celui donc qui, par exemple, dirait : *Ego te tingo, lavo, abluo*, etc., baptiserait aussi validement que celui qui dirait : *Ego te baptizo*, etc. Il n'en serait pas de même si on disait : *Ego te mundo, purgo, refrigero* ; parce que l'effet du Baptême, qui est de nous purifier du péché, doit être exprimé par des termes qui indiquent la manière spéciale dont nous sommes purifiés par ce sacrement ; c'est-à-dire, l'action même que signifie le verbe *baptizare*. Le changement serait encore substantiel, si on baptisait au nom de la sainte Trinité, sans exprimer la distinction des trois personnes divines : la forme prescrite par Notre-Seigneur pour le sacrement de Baptême, renferme l'invocation expresse et distinctive du Père, du Fils et du Saint-Esprit. On ne peut baptiser non plus en changeant le mot *nomine* en celui de *nominibus*, parce que ce dernier mot n'exprimerait pas assez clairement l'unité de la nature divine, dont l'expression est aussi nécessaire pour la validité du Baptême que celle de la trinité des personnes. Mais le changement ne serait qu'accessoire, si, par exemple, au lieu de dire : *Ego te baptizo, ego signo te, ego te absolvo*, on disait : *Ego vos baptizo, nos te baptizamus ; ego signo vos, nos signamus te ; ego vos absolvo, nos te absolvimus*, etc. 3° Quand on prononce mal les paroles du sacrement, par ignorance, ou par inadvertance, ou par un défaut d'organe, comme il arrive à ceux qui sont bègues. Si cette corruption tombe sur le commencement d'un mot de la formule sacramentelle, elle est plus sujette à causer un changement substantiel que lorsqu'elle tombe sur la fin du mot ; car, dans le premier cas, le sens des paroles s'altère plus facilement que dans le second. Ainsi, par exemple, le Baptême serait nul, si, au lieu de dire *Patris*, on disait *Matris* ; tandis qu'il y aurait sacrement dans le cas suivant, où, par ignorance, on dirait : *Ego te baptizo in nomine Patria, et Filia, et Spiritua Sancta*. Il en est de cette manière de parler, relativement à la langue latine, comme de notre patois, relativement à la langue française ; elle imprime dans l'esprit de ceux qui entendent le même sens que si elle était correcte. Ce cas, ou certain cas semblable, pourrait encore arriver à certains fidèles de la campagne qui ne pourraient baptiser qu'en patois. Le sacrement serait encore valable, si, par exemple, on prononçait : *E-Ego te ba-baptizo, baptuzo, battizo, paptizo*, pour *baptizo*. Le défaut de prononciation ne peut évidemment porter atteinte à la validité du sacrement.

16. Il y a péché mortel à changer substantiellement la matière ou la forme d'un sacrement ; c'est un sacrilége, et un sacrilége qui n'ad-

met pas de légèreté de matière. L'ignorance ne peut excuser, à cet égard, un ministre de la religion; car il est tenu, par état, de savoir tout ce qui tient à la validité des sacrements, et de les administrer avec toute l'attention dont on est moralement capable. Cependant, pour ce qui regarde les simples fidèles, s'ils omettaient quelque chose d'essentiel dans la forme ou dans la matière du Baptême, l'ignorance pourrait les excuser, à moins qu'ils ne fussent obligés, par leur profession, d'être instruits de ce qui est nécessaire pour l'administration de ce sacrement, comme le sont en effet les sages-femmes et les chirurgiens.

Le changement dans la matière ou dans la forme sacramentelle, quoique accidentel, est presque toujours mortel. Ainsi ce serait une faute grave, pour un prêtre de l'Église latine, de célébrer avec du pain levé, quoique ce pain soit une matière suffisante pour la consécration. On pécherait encore mortellement, si on négligeait de mettre de l'eau avec le vin dans le calice pour la célébration des saints mystères, ou si on avait la témérité de prononcer en français les paroles sacramentelles de l'Eucharistie, ou d'en retrancher quelque chose, si on excepte peut-être la particule *enim*. Mais on convient généralement qu'il n'y aurait qu'un péché véniel dans l'omission même volontaire du mot *ego*, qui se trouve au commencement de la forme du Baptême et de quelques autres sacrements.

17. On ne doit point se contenter d'une matière ou d'une forme douteuse pour l'administration d'un sacrement. Ce serait traiter indignement les choses saintes, que d'exposer un sacrement au danger de la nullité, lorsqu'on peut d'ailleurs en assurer la validité. Aussi, le pape Innocent XI a condamné la proposition suivante : « Non est illicitum in conferendis sacramentis sequi opinionem « *probabilem* de *valore sacramenti*, relicta tutiore (1). » Mais on peut, on doit même faire usage d'une matière probable ou douteuse, lorsqu'il y a nécessité d'administrer un sacrement, de baptiser ou d'absoudre un malade qui est à l'article de la mort, si on ne peut d'ailleurs se procurer une matière certaine. Les sacrements sont pour les hommes, ils sont établis pour notre salut; il vaut donc mieux les exposer au danger d'être nuls, que d'exposer une âme au danger de la damnation éternelle : *Sacramenta propter homines*. On peut aussi absoudre un pénitent, même en santé, des dispositions duquel on a une probabilité prudente, sans en avoir

---

(1) Décret de l'an 1679.

une certitude morale proprement dite; autrement on ne pourrait presque jamais donner l'absolution : « Sufficit, dit saint Alphonse « de Liguori, quod confessarius habeat prudentem probabilitatem « de dispositione pœnitentis, et non obstet ex alia parte prudens « suspicio indispositionis; alias vix ullus posset absolvi, dum quæ- « cumque signa pœnitentiæ non præstant nisi probabilitatem dispo- « sitionis (1). » La condamnation de la proposition, *Non est illicitum in conferendis sacramentis*, etc., n'est applicable qu'au cas où le ministre d'un sacrement préfère, au préjudice de celui qui le demande, une matière probable à une matière certaine qui est à sa disposition. Or, ce n'est point le confesseur, mais le pénitent, qui fournit la matière du sacrement de la réconciliation (2).

18. La forme sacramentelle est absolue ou conditionnelle, suivant qu'elle renferme ou ne renferme pas de condition. Or, on peut, on doit même baptiser sous condition, lorsqu'on doute si le Baptême a été administré ou s'il l'a été validement. La forme conditionnelle pour le Baptême est fort ancienne; nous la trouvons dans les capitulaires de Charlemagne, et l'Église l'a consacrée par une pratique générale. Elle est ainsi conçue dans tous les rituels : *Si tu non es baptizatus* ou *baptizata, ego te baptizo in nomine Patris, et Filii, et Spiritus Sancti*. On ne voit pas que l'Église ait prescrit des formules sous condition pour les autres sacrements. Cependant, on convient communément qu'on peut conférer ou réitérer conditionnellement un sacrement quelconque, toutes les fois qu'on ne peut autrement concilier le respect dû aux choses saintes avec les besoins spirituels des fidèles. Ainsi, le confesseur qui doute s'il a donné l'absolution à son pénitent, peut l'absoudre sous condition : on la donne aussi conditionnellement à un enfant qui a commis une faute grave, si on doute qu'il ait l'usage de raison. Il en est de même pour le cas où il s'agit d'absoudre un fidèle qui laisse à douter s'il est encore en vie; on l'absout sous cette condition, *si vivis*. Mais il est important de remarquer qu'on ne peut à volonté administrer un sacrement sous condition; il y aurait même péché mortel à le faire sans qu'il y eût nécessité ou au moins grande utilité : « Commune est, dit saint Alphonse, esse mortale ministrare « sacramenta (sub conditione), si non adsit causa necessitatis vel « gravis utilitatis; illicitum est enim sine tali causa sacramentum « conferre cum dubio effectu (3). » Nous ferons remarquer aussi que,

---

(1) Lib. vi. n° 461. — (2) Goritzia, Epitome Theol. moral. tabula 162; Agudius, de Sacramentis, part. 1. cap. 2; Suarez, in part. iii. disp. 6. — (3) Lib. vi. n° 28.

quand il s'agit d'un autre sacrement que le Baptême, il n'est pas nécessaire d'exprimer la condition; il suffit d'avoir l'intention d'agir conditionnellement : « Nullatenus requiritur ut conditio ore « exprimatur, sed sufficit mente concipi (1). »

## CHAPITRE III.

### Des Effets des Sacrements.

19. Les effets des sacrements sont la grâce et le caractère. On distingue la grâce *sanctifiante* et la grâce *sacramentelle*, la *première* grâce sanctifiante, qui réconcilie le pécheur avec Dieu ; et la *seconde* grâce sanctifiante, qui augmente en nous la grâce de la justification. La grâce qu'on appelle plus spécialement *sacramentelle*, est la grâce même sanctifiante ou habituelle, à laquelle sont attachés des secours spirituels et particuliers, qui nous sont donnés dans des circonstances où nous avons à remplir les obligations que nous impose chaque sacrement.

#### ARTICLE I.

##### De la Grâce qu'on reçoit par les Sacrements.

20. A la différence des sacrements de l'ancienne loi, qui ne produisaient point la grâce, qui signifiaient seulement qu'elle devait nous être donnée en vue des mérites de la passion de Notre-Seigneur Jésus-Christ, les sacrements de la loi nouvelle contiennent en eux la grâce, et la confèrent à ceux qui les reçoivent dignement : « Continent gratiam, et ipsam digne suscipientibus conferunt, » dit le pape Eugène IV (2). Il est de foi que les sacrements institués par Jésus-Christ produisent la grâce immédiatement, par eux-mêmes, dans tous ceux qui n'y mettent point d'obstacle, *non ponentibus obicem* ; ils la confèrent *ex opere operato*, pour nous servir des expressions de l'école, consacrées par le concile de Trente (3).

21. Il y a deux sacrements qui sont institués pour conférer la *première* grâce sanctifiante : ce sont le Baptême et la Pénitence. En effet, ces deux sacrements ont, d'après leur institution, la vertu

---

(1) Lib. VI. n° 29. — (2) Decret. ad Armenos. — (3) Sess. VII. can. 6, 7, 8.

de nous purifier du péché mortel et de nous rendre à la vie de la grâce ; on les appelle sacrements *des morts*, parce qu'ils sont principalement pour ceux qui ont perdu la vie de la grâce par le péché mortel. Cependant, il peut arriver que le catéchumène et le pénitent se trouvent justifiés par la charité parfaite, avant que de s'approcher du sacrement de Baptême ou de celui de la Pénitence : dans ce cas, ils ne peuvent recevoir que la *seconde* grâce sanctifiante, c'est-à-dire, une augmentation de la grâce. La vraie justice, dit le concile de Trente, commence, est augmentée ou recouvrée par les sacrements : « Per sacramenta omnis vera justitia vel incipit « vel cœpta augetur, vel omissa reparatur (1). »

22. Les autres sacrements, au nombre de cinq, savoir : la Confirmation, l'Eucharistie, l'Extrême-Onction, l'Ordre et le Mariage, sont établis pour conférer la *seconde* grâce sanctifiante, c'est-à-dire, augmenter en nous la grâce reçue par le Baptême ou la Pénitence ; ils ne le sont pas pour rendre l'homme juste, mais pour le rendre plus juste. On les appelle sacrements des *vivants*, parce que, ordinairement, on ne peut les recevoir avec fruit qu'autant qu'on a déjà la vie de la grâce. Nous disons *ordinairement* ; car il arrive, par extraordinaire, qu'ils confèrent quelquefois la *première* grâce : si celui qui, étant coupable de quelque péché mortel, se croit en état de grâce ; si, en se préparant à recevoir un sacrement des *vivants*, il éprouve, nous ne disons pas la contrition parfaite, mais un sentiment d'attrition, tel qu'il est nécessaire pour recevoir l'absolution sacramentelle, ce sacrement aura tous ses effets : en communiquant à celui qui le reçoit la grâce, il lui obtiendra par lui-même le pardon et la rémission de tous ses péchés : « Sacramenta vivorum, dit saint Al- « phonse de Liguori, aliquando *primam* gratiam conferre possunt, « scilicet cum aliquis putans non esse in statu peccati mortalis, vel « existimans se contritum, accedit cum *attritione* ad sacramen- « tum (2). » Ce n'est pas seulement l'opinion de quelques théologiens, *nonnulli*, comme le dit l'auteur de la Théologie de Poitiers, mais bien le sentiment le plus commun, le plus généralement admis, *communior theologorum sententia*, comme l'affirme le rédacteur de la Théologie de Périgueux (3). Ce n'est pas l'état du péché, mais l'affection au péché mortel, qui est l'*obex*, l'obstacle à l'entrée de la grâce dans notre âme. Voici comment Collet l'explique : « Dicunt « (adversarii) ipsum peccati statum esse obicem gratiæ, sed male ;

---

(1) Sess. vii. De Sacramentis procemium. — (2) Lib. vi. n° 6. — (3) Theol. moral. de Sacramentis, cap. iv.

« siquidem Tridentinum iis duntaxat gratiam conferri negat qui
« eidem *obicem ponunt*; vox autem *ponere* sonat aliquid quod ac-
« tive se habere potest; ergo ipse quidem peccator gratiæ obicem
« ponere potest, et ponit de facto, cum *in peccato sibi complacere*
« perseverat; sed *obicem per se immediate non ponit pecca-*
« *tum* (1). »

23. Outre la grâce sanctifiante, chaque sacrement confère une grâce qui lui est propre. Le Baptême, en nous donnant une nouvelle naissance, une nouvelle vie, nous donne en même temps une grâce particulière pour vivre conformément à l'esprit de l'Évangile. La Confirmation développe en nous la vie spirituelle, et nous communique la force de combattre les ennemis de notre salut. Il en est de même des autres sacrements; ils ont tous une vertu qui répond à la fin pour laquelle ils ont été institués. Le même sacrement ne confère pas toujours la grâce au même degré. Un sujet reçoit une grâce plus ou moins abondante, selon qu'il est plus ou moins bien disposé. La grâce du Baptême, dit le concile de Trente, est reçue suivant la mesure que le Saint-Esprit donne à chacun, proportionnellement à la disposition et à la coopération de celui qui est baptisé : « Secundum mensuram quam Spiritus Sanctus partitur
« singulis, prout vult, secundum propriam cujusque dispositionem
« et cooperationem (2). »

24. On croit généralement que quand le Baptême n'a pas eu son effet, faute de disposition de la part de celui qui l'a reçu, la grâce sacramentelle revit par la pénitence. « Oportet, dit saint Thomas,
« quod, remota fictione per pœnitentiam, Baptismus statim conse-
« quatur suum effectum (3). » Il doit en être de même des sacre-

---

(1) De Sacramento Eucharistiæ, cap. VIII. — Nous avons dit que le sentiment que nous émettons ici était le sentiment le plus commun : en effet, c'est le sentiment de S. Thomas, de S. Antonin, de S. Alphonse de Liguori, de Collet, du théologien de Périgueux, de Pontas, de Noël-Alexandre, de Drouhin, de Montagne, de l'auteur de la Théologie de Lyon, de Saettler, de Simonnet, de Thomas de Charmes, d'Isambert, de Bonal, de Genet, de Boyvin, de Gonet, de Joseph-Antoine, de Goritzia, de Billuart, d'Alazia, de Dens, de la Croix, de Gervais, de Coq, de Sporel, de Coninck, de Reuter, de Mazzotta, de Roncaglia, d'Holzmann, d'Henri de Saint-Ignace, de Barthélemi Durand, de Monschein, de Larraga, d'Anglès, d'Aversa, de Palaus, de Bécan, de Bonacina, de Viva, de Ferraris, de Matteucci, d'Agudius, de Taberna, de Mastrius, de Léander, de Capréol, de Tanner, de Nugnus, de Gabriel, de Vivaldus, de Wigands, d'Henriquez, de Sylvius, de Renaud (*Reginaldus*), de Jean de Saint-Thomas, de Rhodes, de Sylvestre, de Grégoire de Valence, du cardinal Tolet, du cardinal Bellarmin, de Navarre, de Soto, de Cajétan, de Durand de Saint-Pourçain, etc., etc.
— (2) Sess. VI. cap. 7. — (3) Sum. part. 3. quæst. 69. art. 10.

ments de la Confirmation et de l'Ordre, parce qu'on ne peut les recevoir qu'une fois. D'après cette considération, il nous parait qu'il faut en dire autant du sacrement de Mariage ; car on ne peut le réitérer pendant la vie des deux conjoints ; si cela n'était, ce sacrement aurait bien rarement son effet. Enfin, plusieurs théologiens pensent qu'il doit en être de même de l'Extrême-Onction, vu qu'il ne se renouvelle point pendant la même maladie.

### ARTICLE II.

#### Du Caractère sacramentel.

25. Il y a trois sacrements qui impriment un caractère à ceux qui les reçoivent : le Baptême, la Confirmation et l'Ordre. C'est un dogme catholique fondé sur l'Écriture, la tradition et les définitions de l'Église : « Si quis dixerit, in tribus sacramentis, Baptismo « scilicet, Confirmatione et Ordine, non imprimi caracterem in « anima, hoc est signum quoddam spirituale et indelebile, unde ea « iterari non possunt, anathema sit (1). » Le caractère du Baptême nous distingue des infidèles, et nous donne droit aux autres sacrements ; celui de la Confirmation est comme la livrée des soldats de Jésus-Christ, de ceux qui sont enrôlés dans la milice sainte ; celui de l'Ordre est le signe qui distingue le prêtre des simples fidèles. Ainsi, ces trois sacrements forment, dans l'Église comme dans la société, les trois différents états qui partagent le peuple, c'est-à-dire, les simples citoyens, qui en sont les membres ; les soldats, qui sont chargés de la défendre ; et les magistrats, qui la gouvernent.

Le caractère sacramentel est ineffaçable, *indelebile*; il demeure imprimé dans l'âme, dit saint Thomas, même après cette vie, pour être pendant l'éternité la gloire des bons et la honte des méchants ; comme le caractère militaire demeure, après le combat, pour la gloire de ceux qui ont remporté la victoire, et pour la confusion de ceux qui ont succombé : « Post hanc vitam manet character, et in « bonis ad eorum gloriam, et in malis ad eorum ignominiam, sicut « etiam militaris character remanet in militibus post adeptam victo- « riam, et in eis qui vicerunt ad gloriam, et in iis qui victi sunt ad « pœnam (2). »

---

(1) Sess. VII. can. 9. — (2) Sum. part. 3. quæst. 63. art. 5.

# CHAPITRE IV.

*Du Ministre des Sacrements.*

### ARTICLE I.

*Du Pouvoir d'administrer les Sacrements.*

26. Il est des sacrements que les évêques seuls peuvent conférer, soit exclusivement, comme celui de l'Ordre, soit ordinairement, comme celui de la Confirmation. D'autres ressortissent également au pouvoir des évêques et des simples prêtres, avec la subordination convenable. Selon l'opinion la plus commune parmi les théologiens, les parties contractantes sont elles-mêmes ministres du sacrement de Mariage ; et il est reçu dans l'Église que tous, hommes et femmes, peuvent administrer le Baptême, validement dans tous les cas, et licitement dans les cas de nécessité. Mais à part ce qui regarde ces deux derniers sacrements, personne ne peut s'ingérer dans l'administration des choses saintes, sans en avoir reçu le pouvoir par une consécration spéciale : « Si quis dixerit christianos om- « nes in verbo et in omnibus sacramentis administrandis potestatem « habere, anathema sit. » Ainsi s'exprime le concile de Trente (1). Outre le pouvoir d'Ordre, les évêques et les prêtres ont besoin d'un second pouvoir, afin d'exercer régulièrement le ministère sacré. La juridiction est même nécessaire pour la validité du sacrement de Pénitence.

### ARTICLE II.

*De l'Intention nécessaire pour la confection des Sacrements.*

27. Il est indispensablement nécessaire pour la validité d'un sacrement que celui qui le confère ait l'*intention* de faire au moins ce que fait l'Église, *intentionem saltem faciendi quod facit Ecclesia*. C'est un article de foi, expressément défini par le concile de Trente (2). Mais il n'est pas nécessaire qu'un ministre ait l'intention

---

(1) Sess. vii. can. 9. — (2) Ibid. can. 11.

de faire ce que l'Église désire qu'il fasse en conférant un sacrement. Celui qui aurait le malheur de ne pas croire aux effets ou à l'institution divine des sacrements, et qui, par conséquent, n'aurait ni la volonté ni la pensée de produire la grâce ou de conférer un sacrement, le conférerait cependant ; pourvu qu'il eût l'intention de faire ce qui est regardé dans l'Église comme sacrement. Ainsi, le Baptême donné par un hérétique, par un juif ou par un païen, serait valide, si ce païen, ce juif ou cet hérétique, avait l'intention de faire ce qu'il voit se pratiquer dans l'Église de Jésus-Christ (1).

28. On discute dans l'école s'il est nécessaire que le ministre d'un sacrement ait intérieurement l'intention de faire ce que fait l'Église. Il s'agit de savoir si un ministre conférerait validement le sacrement en faisant volontairement et sérieusement, à l'extérieur, le rite sacramentel ; quand même, au fond de son cœur, il regarderait ce rite comme une chose profane et superstitieuse, se disant au dedans de lui-même : Je ne veux pas faire de sacrement ; je n'ai pas l'intention de faire ce que fait l'Église. Plusieurs docteurs soutiennent que, dans le cas dont il s'agit, le sacrement serait valide ; que celui qui l'administre veut efficacement le rite sacré ; que la volonté contraire, n'étant qu'intérieure, n'a pas plus d'effet que celle d'un homme qui, en donnant de l'argent aux pauvres, dirait dans son cœur : Je ne veux pas faire l'aumône (2). D'autres, en plus grand nombre, rejettent ce sentiment, et enseignent qu'un ministre qui a intérieurement une volonté contraire à celle de faire ce que fait l'Église, quoiqu'il fasse à l'extérieur le rite sacramentel, n'a pas réellement l'intention requise pour la validité d'un sacrement (3). Entre autres autorités, on cite, en faveur de ce sentiment, le pape Alexandre VIII, qui a condamné la proposition suivante : « Valet bap« tismus collatus a ministro qui omnem actum externum formam« que baptizandi observat, intus vero in corde suo apud se resolvit : « *Non intendo quod facit Ecclesia* (4). » Cependant, malgré ce décret, la question est encore indécise ; on peut indifféremment, dans l'école, se déclarer pour l'une ou pour l'autre opinion, sans aller contre les décisions du saint-siége. En effet, voici ce que dit Benoît IV : « Nulla usque adhuc de ea re manavit expressa aposto« licæ sedis definitio. Quamvis igitur communior sit sententia exi« gens in ministro intentionem, vel actualem, vel virtualem, fa« ciendi non solum ritum externum, sed id quod instituit Christus

---

(1) Nicolas I ad Bulgar. — (2) Voyez Drouhin, *de Re Sacramentaria*. — (3) Voyez S. Alphonse de Liguori, Tournely, Collet, etc. — (4) Décret de 1690.

« seu quod facit Ecclesia, et hæc veluti tutior sit omnino servanda
« in praxi, non est tamen Episcopi priorem sententiam reprobare,
« atque ad hanc posteriorem etiam theorice tuendam suos diœce-
« sanos adigere (1). »

29. Pour ce qui regarde la pratique, si malheureusement il arrivait qu'un ministre prévaricateur vînt à déclarer en confession qu'en administrant les sacrements il n'a pas eu l'intention de faire ce que fait l'Église, et qu'il a poussé l'impiété jusqu'à vouloir intérieurement le contraire, le confesseur ne pourrait l'absoudre qu'autant qu'il serait dans la disposition de s'en rapporter à la décision de l'Ordinaire, auquel on exposerait le fait avec toutes ses circonstances. Mais alors que devrait prescrire l'évêque? Benoît XIV (2) et saint Alphonse de Liguori (3) pensent que, s'il y avait nécessité urgente, il devrait faire réitérer, sous condition, le Baptême et les autres sacrements qui ne se réitèrent pas, ou, si le temps le permettait, en référer au saint-siége. Suivant le cardinal de la Luzerne, il vaudrait mieux ne pas réitérer les sacrements tant à raison des autorités respectables qui en soutiennent la validité, qu'à cause de la bonne foi de ceux qui les auraient reçus (4). Nous ajouterons que, si on excepte le cas qui concerne un ecclésiastique, dont on pourrait renouveler le Baptême et l'ordination en secret, sans bruit, et sans qu'on eût à craindre des indiscrétions, il est bien vraisemblable que le saint-siége ne prescrirait point la réitération des sacrements, car elle ne pourrait guère avoir lieu sans danger de troubler les consciences, de compromettre le sacerdoce et la religion. Quoi qu'il en soit, si, à Dieu ne plaise, le cas arrivait, nous n'oserions faire réitérer le Baptême, ni un autre sacrement, sans en avoir reçu l'avis du vicaire de Jésus-Christ; sauf les cas particuliers où l'on pourrait le faire facilement, sous un prétexte plus ou moins plausible qui mettrait le saint ministère à l'abri des inconvénients que nous venons de signaler.

30. L'intention de faire ce que fait l'Église, en administrant un sacrement, peut être *actuelle* ou *virtuelle;* elle est actuelle, quand on se propose présentement et expressément, avec attention et réflexion, la confection d'un sacrement. L'intention virtuelle est une impression résultante de l'intention actuelle, qui, n'étant point révoquée par un acte contraire de la volonté, persévère encore

---

(1) De Synodo, lib. VII. cap. 4. — (2) De Synodo diœcesana, lib. VII. cap. 4. —
— (3) Lib. VI. n° 23. — (4) Instructions sur le Rituel de Langres, *des Sacrements en général*, chap. 1. art. 4.

moralement, quoique, en vaquant à l'action sacramentelle, on pense à une chose étrangère. Un prêtre, par exemple, sortant avec l'intention expresse d'administrer le Baptême, conserverait cette intention, quand même, dans le cours de la cérémonie, il serait distrait, et son esprit serait occupé de tout autre objet. Or, l'intention actuelle est certainement bien désirable; un prêtre doit, autant que possible, administrer les sacrements avec cette intention; mais elle n'est point nécessaire; l'intention virtuelle est suffisante pour la validité des sacrements. Il suffit d'agir dans l'exercice du saint ministère comme on agit dans les affaires sérieuses de la vie, que l'on peut faire convenablement sans produire continuellement des actes explicites de la volonté. Il ne faut pas confondre avec l'intention virtuelle, ni l'intention *habituelle*, ni l'intention *interprétative*, qui, étant l'une et l'autre improprement appelées du nom d'*intentions*, ne peuvent concourir à la confection du sacrement, et sont regardées comme non avenues. L'intention *habituelle* consiste, non dans un acte de la volonté, mais dans une sorte d'habitude d'agir ou de *laisser-aller*, qui se conserve même dans le sommeil et dans un état d'ivresse. L'intention *interprétative* n'est autre chose que la présomption qu'on aurait eu l'intention de faire telle ou telle chose, si on y avait pensé. Il n'est personne qui ne sente que ce ne sont pas là de vraies intentions, et qu'elles ne peuvent, par conséquent, suffire pour la dispensation des saints mystères.

31. L'intention requise pour la confection des sacrements doit être déterminée. Un prêtre a l'autel, qui aurait sous les yeux une certaine quantité d'hosties, et qui n'en voudrait consacrer que telles ou telles, ne consacrerait réellement que celles-là; mais si, ayant devant lui douze hosties, il voulait n'en consacrer que dix, sans déterminer lesquelles, on tient qu'il n'en consacrerait aucune. Pour éviter toute difficulté à cet égard, l'intention du prêtre doit toujours être de consacrer indéfiniment la quantité de pains qui est devant lui; alors la consécration est valide, quoiqu'il ignore le nombre de ces pains, ou qu'il se trompe sur leur quantité.

### ARTICLE III.

*Si la Foi et la Sainteté, dans un Ministre, sont nécessaires pour l'administration des Sacrements.*

32. Quoique la foi et la sainteté, c'est-à-dire l'exemption de tout péché mortel, soient fort à désirer dans les ministres de la religion,

cependant un sacrement conféré par un pécheur, un hérétique, un impie même notoire, est valide, s'il est d'ailleurs administré suivant le rite reçu dans l'Église, avec l'intention de faire au moins ce que fait l'Église. Ce n'est ni de la foi ni de la piété du ministre, mais des mérites de Jésus-Christ, que les sacrements tirent leur vertu, leur efficacité. C'est Dieu qui donne la grâce par les sacrements ; les hommes ne sont que ses instruments, ses ministres. Aussi l'Église a décidé, comme article de foi, que le Baptême donné par les hérétiques au nom du Père et du Fils et du Saint-Esprit, avec l'intention de faire ce que fait l'Église, est un vrai Baptême ; et que le ministre qui est en état de péché mortel fait ou confère réellement un sacrement, s'il observe d'ailleurs tout ce qui est essentiel pour faire ou conférer ce sacrement (1).

33. On ne doit point administrer un sacrement sans être en état de grâce ; ce serait se rendre coupable d'un nouveau péché, d'un sacrilége. « Sacramenta impie ea ministrantibus mortem æternam « afferunt, » dit le Catéchisme du concile de Trente (2). Le Rituel romain n'est pas moins exprès : « Impure et indigne sacramenta « ministrantes in æternæ mortis reatum incurrunt (3). » Saint Thomas excepte la circonstance où un laïque et même un prêtre baptiseraient à raison de la nécessité ; parce que, dit-il, ils se présenteraient alors plutôt pour subvenir au besoin pressant du prochain, que comme ministres de l'Église (4). Quoique cette opinion ait pour elle un grand nombre de docteurs, nous préférons l'opinion contraire, comme nous paraissant plus probable ; car, comme le dit saint Alphonse, l'obligation d'être en état de grâce pour administrer un sacrement ne se tire pas seulement de la consécration du ministre, mais bien encore de la sainteté des sacrements : « Sancta « sancte tractanda sunt, et sane sub gravi in re gravi (5). » Cependant, nous pensons qu'il faudrait excuser celui qui est tellement pressé d'administrer le Baptême ou le sacrement de Pénitence à un mourant, qu'il ne croit pas avoir le temps de s'exciter à la contrition parfaite (6).

34. Suivant le sentiment le plus commun, ce que nous avons dit de la nécessité d'être en état de grâce pour le ministre qui doit conférer un sacrement, s'applique au prêtre qui donne la communion, même hors de la célébration de la messe : « Sancta sancte tractanda sunt. »

---

(1) Concile de Trente, sess. VII. de Baptismo, can. 4 ; de Sacramentis, can. 12. — (2) De Sacramentis, § VIII. — (3) Ibidem. — (4) Sum. part. 3. quæst. 64. art. 6. — (5) Lib. VII. n° 32. — (6) S. Alphonse, ibidem.

Mais il est assez probable que ce ne serait pas une faute grave d'entendre les confessions sans être en état de grâce, si on se proposait de s'exciter à la contrition parfaite avant que de donner l'absolution ; le confesseur ne confère le sacrement que lorsqu'il prononce la sentence de réconciliation (1). Il est encore probable que les diacres et sous-diacres qui sont en état de péché mortel peuvent assister à l'autel, sans se rendre coupables de sacrilége ; car en exerçant les fonctions de leur ordre, ils ne font ni n'administrent point un sacrement (2). Il en est de même des prêtres qui annoncent la parole de Dieu, ou qui donnent la bénédiction nuptiale, dans le sentiment de ceux qui regardent les parties contractantes comme ministres du sacrement de Mariage. Il faut dire la même chose de celui qui bénit une église, un autel, ou qui remplit d'autres fonctions qui ne tendent pas prochainement à la sanctification des âmes. Plusieurs théologiens excusent pareillement d'une faute grave ceux qui bénissent le peuple avec le Saint Sacrement, ou portent la sainte hostie en procession. Saint Alphonse dit que ce sentiment n'est point *improbable* ; mais il dit aussi, d'après Collet, qu'il est *très-probable* qu'ils pèchent mortellement.

35. Le prêtre qui est coupable de quelque péché mortel, ne doit point monter à l'autel sans s'être réconcilié par le sacrement de Pénitence, à moins qu'il ne soit dans la nécessité de célébrer avant de pouvoir se confesser. Dans ce cas, il suffit de faire un acte de contrition parfaite avec le ferme propos de se confesser le plus tôt possible, moralement parlant. Ici, l'obligation de se confesser avant de dire la messe paraît motivée sur ce que le prêtre ne peut consacrer sans recevoir la communion, comme on peut en juger par le décret du concile de Trente : « Ecclesiastica consuetudo « declarat eam probationem necessariam esse, ut nullus sibi con- « scius mortalis peccati, quantumvis sibi contritus videatur, abs- « que præmissa sacramentali confessione *ad sacram eucharistiam* « *accedere debeat;* quod a christianis omnibus, etiam ab iis sacer- « dotibus quibus ex officio incubuerit celebrare, hæc sancta syno- « dus perpetuo servandum esse *decrevit,* modo tamen non desit « illis copia confessoris. Quod si, necessitate urgente, sacerdos « absque prævia confessione celebraverit, quam primum confitea- « tur (3). » On voit que cette loi n'a directement de rapport qu'à la sainte communion. Elle est fondée sur l'éminente sainteté de l'Eu-

---

(1) S. Alphonse, lib. vii. n° 36 ; de Lugo, etc. — (2) Ibidem. 35. — (3) Sess. xiii. cap. 7.

charistie : « Ne *tantum* sacramentum indigne, atque ideo in mor-
« tem et condemnationem sumatur, *statuit* atque declarat ipsa
« synodus, illis quos conscientia peccati mortalis gravat, quantum-
« cumque etiam se contritos existiment, habita copia confessoris,
« necessario præmittendam esse confessionem sacramentalem (1). »

36. Voilà pour ce qui concerne l'Eucharistie : quant aux autres sacrements, il convient, de l'aveu de tous, que celui qui se sent coupable de quelque péché mortel se purifie par le sacrement de Pénitence, autant que possible, avant de les administrer. Mais est-il obligé de se confesser, lors même qu'il se croit contrit d'une contrition parfaite? Les théologiens ne sont pas d'accord sur cette question. Les uns pensent qu'il y est obligé, soit parce que la contrition parfaite est rare et qu'il est dangereux de se faire illusion, soit parce que, disent-ils, le décret du concile de Trente est applicable à tous les sacrements, vu qu'ils sont tous également saints, quoiqu'ils ne le soient pas tous au même degré. Ce sentiment est certainement le plus sûr, et on doit le conseiller pour la pratique. Les autres soutiennent que le prêtre dont il s'agit peut en conscience conférer les sacrements avant de se confesser; qu'il suffit pour lui de s'exciter à la contrition parfaite. Ce second sentiment nous paraît plus probable que le premier; car il n'existe aucune loi qui oblige le prêtre qui est en état de péché mortel à se confesser avant d'administrer un sacrement, le décret du concile de Trente ne concernant que ceux qui veulent communier. En effet, nous lisons dans le Rituel romain : « Sacerdos si fuerit peccati mortalis sibi conscius
« (quod absit), ad sacramentorum administrationem non audeat ac-
« cedere nisi prius corde pœniteat. Sed si habeat copiam confessarii,
« et temporis locique ratio ferat, convenit confiteri (2). » Le verbe *convenit* indique assez clairement que le saint-siége ne regarde point ici la confession comme obligatoire. « Nota, *convenit*, ajoute
« saint Alphonse; ergo ex Rituali romano sufficit pœnitere per con-
« tritionem; et confessio est de convenientia, non de necessitate (3).
« Minister sibi conscius peccati mortalis, dit Billuart, ut exumatur
« a peccato irreverentiæ et indignæ tractationis, non tenetur præ-
« mittere confessionem sacramentis conficiendis aut distribuendis;
« non tamen sufficit attritio, sed requiritur contritio saltem pru-
« denter existimata.... Non requiritur contritio in re, sed sufficit
« prudenter existimata. Status enim gratiæ in re non requiritur ne-
« cessario, ut quis eximatur a peccato indignæ tractationis sacra-

---
(1) Sess. xiii. can. 11. — (2) De Sacramentis. — (3) Lib. vi. n° 34.

« mentorum, sed sufficit quod prudenter existimetur talis : ergo
« similiter contritio (1). »

### ARTICLE IV.

*De l'Obligation d'administrer les Sacrements.*

**37.** Les curés, et, généralement, tous ceux qui ont charge d'âmes, sont obligés, d'office, d'administrer les sacrements, toutes les fois que ceux qui leur sont confiés demandent raisonnablement à les recevoir. Ils y sont obligés, même en temps de peste, et au péril de la vie, du moins pour ce qui regarde les sacrements qui sont nécessaires de nécessité de moyen. Les temps de maladie et de contagion sont précisément ceux où le pasteur se doit davantage à son troupeau; le mercenaire fuit, mais le bon pasteur donne sa vie pour ses ouailles : « Bonus pastor dat animam suam pro ovibus « suis (2). » Quant aux autres sacrements, tels que l'Eucharistie et l'Extrême-Onction, il ne paraît pas qu'on soit obligé de les administrer à ceux qui sont atteints d'une maladie contagieuse. Le pape Grégoire XIII, au rapport de Fagnan (3), approuva, en 1576, le décret de la congrégation dite *du Concile,* portant que les curés ne sont tenus d'administrer aux pestiférés que les deux sacrements qu'on regarde comme absolument nécessaires au salut, le Baptême et la Pénitence (4).

Cependant, un curé qui a vraiment à cœur le salut de ses ouailles ne s'en tiendra pas là; le danger qu'il court pour sa vie ne l'empêchera pas de procurer aux malades le Viatique et l'Extrême-Onction, qui effacent les restes du péché, et peuvent, en certains cas, suppléer le sacrement de Pénitence (5). Mais alors on omet les prières et les cérémonies qui ne sont point essentielles. On pourrait même ne faire qu'une onction, pour administrer le sacrement des infirmes.

Les prêtres qui n'ont pas charge d'âmes sont également obligés, à défaut du curé, du vicaire, ou de l'aumônier, mais par charité

---

(1) De Sacramentis in communi, dissert. v. art. 5. — On peut citer, en faveur de notre sentiment, Navarre, Sylvestre, Henriquez, Bonacina, Suarez, de Lugo, Laymann, Sporer, Elbel, Roncaglia, les auteurs de la Théologie de Salamanque, Vasquez, Viva, Ledesma, Woit, Vivalde, Reding, Isambert, Lacroix, Agudius, Reuter, Cabassut, Mazzotta, Henno, Platel, Babenstuber, Holzmann, Mezger, le P. Pantzuti, auteur moderne, etc. — (2) Joan. cap. 10. v. 14. — (3) In cap. *de Clericis non residentibus.* — (4) Voyez S. Alphonse, lib. vii. n° 33. — (5) Rituel romain, *de Sacramentis.*

seulement, d'administrer les sacrements en temps de peste. Ce qui, toutefois, ne doit s'entendre que des sacrements du Baptême et de la Pénitence.

**38.** Au surplus, un curé, un desservant, ne doit pas oublier qu'il répondra devant Dieu des âmes qui lui sont confiées. Il apportera donc le plus grand soin à ce que ses paroissiens s'approchent des sacrements aussi fréquemment que possible ; la fréquentation des sacrements est le moyen le plus efficace d'entretenir la crainte de Dieu, la piété et la foi parmi les fidèles. Il veillera surtout à ce qu'ils les reçoivent dans leur maladie. Il exhortera les peuples dont il est chargé à recourir à son ministère, les avertissant qu'ils ne peuvent l'affliger plus sensiblement qu'en le ménageant au préjudice de leurs intérêts spirituels. Ni la rigueur de la saison, ni les incommodités de l'heure, ni la longueur ou l'ingratitude des chemins, ni aucune autre difficulté, ne ralentira son zèle pour le salut des âmes (1).

### ARTICLE V.

*Peut-on s'adresser indifféremment à tout prêtre pour en recevoir les Sacrements?*

**39.** Tout prêtre n'a pas droit d'administrer les sacrements ; tout prêtre n'est pas en état de les administrer dignement ; on ne peut donc les demander à tout prêtre indifféremment. L'Église assigne à ses différents ministres certains territoires ou certaines personnes à l'égard desquelles ils doivent exercer le ministère sacré ; d'où il résulte que, hors le cas de nécessité, aucun prêtre ne doit donner les sacrements à d'autres qu'à ceux qui lui sont désignés, si ce n'est en vertu d'une permission générale ou particulière de son évêque. D'ailleurs, il n'est pas toujours permis de s'adresser à un prêtre qu'on sait être en état de péché mortel, ou sous le poids de quelque censure ecclésiastique. Voici, sur cet article, quelques règles générales, dont l'application dépend beaucoup des circonstances.

**40.** Dans un cas de nécessité, à défaut d'un ministre qui puisse exercer dignement, on peut recourir, pour les sacrements nécessaires de nécessité de moyen, à tout prêtre, pasteur ou non, fût-il excommunié, suspect, interdit, hérétique, schismatique notoire. Mais on ne le pourrait pas hors du cas de nécessité. On ne pourrait

---

(1) Rituel romain, *de Sacramentis.*

pas non plus, même dans un cas de nécessité, s'adresser à un prêtre nommément excommunié, à un intrus, à un hérétique ou schismatique, publiquement connu comme tel, s'il y avait danger de scandale, si on avait lieu de craindre, en recourant à son ministère, de favoriser ou d'accréditer le schisme ou l'hérésie. Il faudrait alors s'exciter à la contrition parfaite, et mettre sa confiance en la miséricorde de Dieu, qui n'abandonne point ceux qui lui restent fidèles.

41. On peut recevoir les sacrements de son curé, lors même qu'on sait qu'il est en état de péché mortel, quand on a quelque raison de les recevoir, et qu'on ne peut commodément les recevoir d'un autre prêtre. On peut même alors les lui demander ; car c'est user de son droit que de demander à son curé ce qu'il pourrait accorder sans pécher ; il ne tient qu'à lui d'administrer dignement les sacrements. Mais la charité et la religion nous font un devoir de recourir à un autre prêtre, quand nous pouvons le faire sans inconvénient.

Si c'est un prêtre qui n'a pas charge d'âmes, et qu'on sait n'être pas en état de grâce, on ne doit pas lui demander un sacrement, à moins qu'on n'ait de fortes raisons de le recevoir, et qu'on ne puisse facilement le recevoir d'un autre prêtre ; ce serait lui donner, sans cause suffisante, l'occasion de commettre un sacrilége. Mais si ce prêtre était actuellement disposé à administrer un sacrement à tous ceux qui se présentent, à donner, par exemple, la communion à tous ceux qui sont à la sainte table, on pourrait s'en approcher, sans avoir d'autre raison que de satisfaire sa dévotion : on n'est pas obligé de renoncer à un bien spirituel pour empêcher un sacrilége qui aurait également lieu.

Nous avons dit, *à moins qu'on n'ait de fortes raisons de le recevoir* ; car, à défaut de tout autre prêtre, on pourrait demander les sacrements à celui qui est coupable de péché mortel, quoiqu'il ne fût pas chargé de la paroisse, s'il s'agissait ou de remplir le devoir pascal, ou de gagner une indulgence plénière, ou de faire une communion pour se prémunir fortement contre la rechute, ou de se confesser pour sortir plus promptement de l'état du péché et se réconcilier avec Dieu (1).

42. Mais il est important de remarquer qu'on doit présumer que le ministre des sacrements est tel qu'il doit être, tandis qu'on n'a pas de preuves certaines du contraire : *Charitas non cogitat*

---

(1) S. Alphonse de Liguori, lib. vi. n° 89.

*malum*, dit l'apôtre saint Paul (1). Aussi, nous pensons qu'on peut demander un sacrement au prêtre que l'on sait avoir commis une faute grave, il y a quelque temps ; parce qu'il est à présumer qu'il l'a réparée par la pénitence. On doit porter le même jugement quand il s'agit d'une faute récemment commise, parce qu'il faut bien peu de temps pour sortir de l'état du péché. Mais il en serait autrement, s'il y avait habitude ou occasion prochaine et volontaire de péché mortel (2).

Nous ajouterons, d'après le rédacteur des *Conférences d'Angers,* « qu'il serait très-déplacé d'inspirer aux fidèles des inquiétudes sur « le mérite ou l'indignité du ministre qui leur a administré les sa-« crements, même à leur réquisition. Eux-mêmes doivent se com-« porter avec beaucoup de simplicité dans cette circonstance. Il « est juste que, pour le sacrement de Pénitence, ils choisissent « celui qu'ils jugent le plus digne de leur confiance, se persuadant « néanmoins que leurs pasteurs ordinaires, ou ceux qui sont spécia-« lement chargés de le leur administrer, ont un droit particulier « à leur confiance. Mais, en général, il n'est point de leur état de « faire des recherches sur la conduite que tiennent les ministres des « sacrements, recherches odieuses en elles-mêmes, dangereuses « dans la pratique, et trop onéreuses pour eux, si on leur en faisait « un devoir. C'est une remarque de Billuart, et elle est très-judi-« cieuse. Dès qu'il n'y a pas de danger de séduction, danger trop « grand pour pouvoir être négligé, ils ne courent aucun risque à « juger que tous les prêtres qui exercent le saint ministère sous les « yeux et avec l'approbation de l'évêque, sont dans les dispositions « suffisantes pour exercer les fonctions sacrées lorsqu'ils se pré-« sentent pour administrer les sacrements, ou qu'ils veulent bien « le faire dans le temps qu'on s'adresse à eux. Il ne suffit pas d'avoir « été témoin d'une faute considérable, commise depuis peu, pour « les juger indignes d'exercer les fonctions du saint ministère. Dès « qu'ils se déterminent à le faire, on a droit de présumer qu'ils ne « s'y ingéreraient pas, s'ils ne s'étaient réconciliés avec Dieu par la « pénitence (3). »

---

(1) I. Corinth. c. 13. v. 5. — (2) S. Alphonse de Liguori, lib. vi. n° 89. —
(3) Sur les Sacrements en général, conf. ii. quest. 1.

## ARTICLE VI.

*Peut-on recevoir quelque chose pour l'administration des Sacrements ?*

**43. Nous lisons** dans le Rituel romain : « Illud porro diligenter caveat parochus, ne in sacramentorum administratione aliquid, quavis de causa vel occasione, directe vel indirecte exigat aut petat; sed ea gratis ministret, et ab omni simoniæ atque avaritiæ suspicione, nedum crimine longissime absit. Si quid vero nomine eleemosynæ aut devotionis studio, peracto jam sacramento, sponte a fidelibus offeratur, id licite pro consuetudine locorum accipere poterit, nisi aliter episcopo videatur (1). » Cependant les curés et autres prêtres chargés de quelque fonction sacrée peuvent recevoir, et, en rigueur, exiger l'honoraire qui leur est dû, conformément aux règlements de leur diocèse. Ce serait une ingratitude, une injustice même, de la part des fidèles, de refuser cet honoraire que prescrit le droit naturel. Celui qui travaille ou qui est occupé pour un autre, de quelque manière que ce soit, a droit à une récompense : « Dignus est operarius mercede sua, » dit Notre-Seigneur (2). Voici ce que dit saint Paul : « Quis militat suis stipendiis unquam? Quis plantavit vineam, et de fructu ejus non edit? Quis pascit gregem, et de lacte gregis non manducat? Scriptum est enim in lege Moysis : Non alligabis os bovi trituranti. Numquid de bobus cura est Deo?... Si nos vobis spiritualia seminavimus, magnum est si nos carnalia vestra metamus? Nescitis quoniam qui in sacrario operantur, quæ de sacrario sunt, edunt; et qui altari deserviunt, cum altari participant? Ita et Dominus ordinavit iis qui Evangelium annuntiant, de Evangelio vivere (3). »

**44.** Il ne faut pas confondre l'honoraire avec le prix des choses, ni avec l'aumône, qui ne se fait qu'aux pauvres. L'honoraire s'accorde aux militaires, aux magistrats, aux professeurs, aux ministres de la religion, sans distinction entre les riches et les indigents. Que l'honoraire soit fixe ou accidentel, payé par l'État, ou par les communes, ou par les particuliers, donné à titre de pension annuelle ou attaché à chaque service que l'on rend, cela est in-

---

(1) Ritual. rom. *de Sacramentis*. — (2) Luc. c. 10. v. 7. — (3) I. Corinth. c. 9. v. 7. etc.

différent; il ne change pas de nature; c'est le *stipendium* d'un ministère public : *Quis militat suis stipendiis unquam?*

Mais un prêtre ne peut rien exiger au delà des règlements de son diocèse, sans se rendre coupable d'exaction ; c'est à l'Ordinaire à régler ce qui convient, et ses règlements font loi. Il serait même odieux de recourir aux tribunaux sans l'agrément de l'évêque, pour faire rentrer des honoraires; il le serait également de se faire payer d'avance. Le prêtre qui ne désire que la gloire de Dieu, sacrifierait même le nécessaire pour le salut des âmes. Aussi, après avoir établi le droit qu'il avait à un honoraire comme ministre de l'Évangile, l'Apôtre ajoute qu'il ne s'en est point prévalu, dans la crainte de nuire à son ministère : « Ego autem nullo horum usus « sum. Non autem scripsi hæc ut fiant in me; bonum est enim mihi « magis mori quam ut gloriam meam quis evacuet (1). »

## CHAPITRE V.

### *Du Sujet des Sacrements.*

45. Les sacrements sont pour les hommes, et ne sont que pour les hommes ; mais tous les hommes ne sont pas capables de participer à tous les sacrements. Une femme est incapable du sacrement de l'Ordre; un enfant, avant l'usage de raison, est incapable du sacrement de Pénitence; une personne en santé, de l'Extrême-Onction. De plus, à part l'Eucharistie, qu'un infidèle peut recevoir matériellement, il faut avoir reçu le Baptême pour pouvoir recevoir les autres sacrements. Mais les enfants peuvent recevoir le Baptême, et, après le Baptême, la Confirmation et l'Eucharistie.

Il est de foi que les sacrements institués par Jésus-Christ sont nécessaires au salut, quoiqu'ils ne soient pas tous nécessaires à chacun (2). Il y a deux sacrements, le Baptême et la Pénitence, qui sont nécessaires de nécessité de *moyen* : le Baptême pour tous les hommes, et la Pénitence pour tous ceux qui, après le Baptême, sont tombés dans le péché mortel. Il n'y a de salut pour le pécheur que par le sacrement de Baptême et par le sacrement de Pénitence. Il faut de toute nécessité, ou qu'il les reçoive, ou qu'il ait la charité parfaite, avec la volonté expresse ou tacite de les re-

---

(1) I. Corinth. c. 9. v. 15. — (2) Concil. de Trente, sess. VII. can. 5.

cevoir. Les cinq autres sacrements sont encore nécessaires au salut, mais ils ne le sont que d'une nécessité de *précepte;* car ils ne sont point établis pour conférer la première grâce sanctifiante. Néanmoins, l'Ordre est indispensablement nécessaire, non aux particuliers, mais à l'Église en général.

### ARTICLE I.

### *Des Dispositions requises pour recevoir les Sacrements.*

**46.** Pour recevoir validement un sacrement, il faut, dans les adultes, l'intention ou la volonté de le recevoir. Ce consentement exprès ou tacite est nécessaire pour la validité du sacrement. « Ille « qui nunquam consentit, sed penitus contradicit, nec rem nec cha- « racterem suscipit sacramenti, » dit Innocent III (1). Nous avons dit, *dans les adultes;* car, pour les enfants, on les baptise, sans qu'il soit besoin d'attendre leur consentement; l'Église y supplée, d'après l'ordre établi par Jésus-Christ.

La foi n'est pas nécessaire pour la validité des sacrements qu'on reçoit : « Fieri potest, dit saint Augustin, ut homo integrum ha- « beat sacramentum et perversam fidem (2). » Aussi, l'Église ne réitère pas et ne permet point de réitérer ni le Baptême, ni la Confirmation, ni l'Ordre, reçus par ceux qui ne professent pas la foi catholique; à moins qu'on n'ait lieu de douter que le rite sacramentel n'ait été substantiellement altéré par le ministre de ces mêmes sacrements. Cependant, comme, suivant le sentiment le plus généralement suivi, l'attrition tient à l'essence du sacrement de Pénitence, et que d'ailleurs il ne peut y avoir d'attrition surnaturelle sans la foi, le défaut de cette vertu entraîne nécessairement la nullité de ce sacrement; mais il est encore vrai de dire, alors, que le sacrement ne devient nul que parce qu'il manque d'une partie essentielle, ou que la *matière* sacramentelle n'est point complète.

**47.** Un adulte ne peut recevoir un sacrement dignement et avec fruit, qu'autant qu'il s'en approche avec les dispositions convenables. Ces dispositions varient suivant la nature des sacrements. Pour les sacrements des *morts,* elles consistent dans la foi, dans l'espérance, la douleur de ses péchés, avec un commencement d'amour de Dieu (3). A défaut de ces sentiments, le Baptême d'un

---

(1) Caput *Majores,* de Baptismo. — (2) Lib. III. de Baptismo, cap. 14. — (3) Concil. de Trente, sess. VI. cap. 6.

adulte ne produit point la grâce, et le sacrement de Pénitence est nul, invalide, ne pouvant subsister sans l'attrition, qui fait partie de la matière sacramentelle. Quant aux sacrements des *vivants*, on ne peut généralement les recevoir avec fruit que lorsqu'on est en état de grâce; ils sont institués, non pour conférer, mais pour augmenter la grâce sanctifiante. Celui qui les recevrait ayant la conscience chargée d'un péché mortel, se rendrait coupable de sacrilége. Nous avons dit *généralement*; car il est des cas où très-probablement les sacrements des *vivants* confèrent la première grâce sanctifiante, qui remet les péchés et réconcilie le pécheur avec Dieu (1).

De l'aveu de tous, si celui qui se croit coupable de quelque faute grave peut se confesser, il est obligé de le faire pour pouvoir communier dignement; il ne doit point s'approcher de la sainte table sans s'être réconcilié par le sacrement de Pénitence; le concile de Trente est exprès (2). Est-il également obligé de se confesser pour recevoir les autres sacrements des *vivants*, la Confirmation, par exemple, le Mariage? C'est une question controversée parmi les théologiens : les uns pensent qu'il y est obligé; les autres, au contraire, enseignent qu'il n'y a point d'obligation, qu'il suffit qu'il ait ou qu'il croie prudemment avoir la contrition parfaite. « Confir-
« mandus existens in mortali, dit saint Alphonse de Liguori, debet
« se disponere ad sacramentum, *vel* contritione, *vel* attritione una
« cum confessione; confessio enim videtur esse de *consilio*, non de
« *præcepto*, ut communiter dicunt doctores (3). » Billuart pense comme saint Alphonse : « Requiritur status gratiæ saltem prudenter
« existimatus per confessionem *vel* contritionem (4). » Ce sentiment nous paraît plus probable que le premier; car, ainsi que nous le ferons remarquer en parlant de la Confirmation, l'Église n'exige point de celui qui est coupable d'un péché mortel, qu'il se confesse avant de recevoir les sacrements des *vivants*, si ce n'est lorsqu'il veut communier. Néanmoins, on ne saurait trop l'exhorter à se préparer au Mariage ou à la Confirmation par le sacrement de Pénitence.

(1) Voyez, ci-dessus, le n° 24. — (2) Voyez, ci-dessus, le n° 35. — (3) Lib. vi. n° 179. — (4) De Confirmatione, art. 8. § 1 ; de Sacramentis in communi, dissert. v. art. 5.

## ARTICLE II.

### *De Ceux qui sont indignes des Sacrements.*

48. Il s'agit de savoir si on peut admettre aux sacrements tous ceux qui se présentent, ou si l'on doit en éloigner ceux qui en sont indignes, ceux qui n'ont pas les dispositions requises et exigées par l'Église. Or, il est écrit : « Nolite dare sanctum canibus, « neque mittatis margaritas vestras ante porcos (1). » **On ne peut donc donner les sacrements à tous ceux qui désirent les recevoir ; sauf les exceptions que nous indiquerons, il n'est pas permis d'administrer un sacrement à ceux que l'on sait certainement en être indignes.** Sans entrer dans tous les détails, nous allons exposer ici les règles générales sur la conduite à tenir à l'égard des pécheurs qui se présentent pour recevoir un sacrement des vivants, et plus spécialement de ceux qui s'approchent du sacrement de l'Eucharistie.

Il faut d'abord distinguer les pécheurs *publics* ou *notoires*, et les pécheurs *occultes*, dont l'indignité n'est connue que d'un petit nombre de personnes.

On distingue en outre deux sortes de notoriétés : la notoriété de *droit*, qui résulte de la sentence du juge ou de l'aveu juridique du coupable ; et la notoriété de *fait*, qui a lieu quand le péché est tellement connu dans la paroisse où il a été commis, qu'il ne peut être nié ni pallié par aucun détour ; *ut nulla possit tergiversatione celari*. Enfin, la demande d'un sacrement se fait en public ou en particulier.

49. Si une personne coupable d'un péché mortel encore secret, demande en particulier un sacrement des *vivants*, la sainte Communion, par exemple, on doit la lui refuser, si on connaît son indignité d'une manière certaine, autrement que par la confession sacramentelle. Si un pécheur occulte, un pécheur dont les désordres ne sont point publics, demande publiquement un sacrement, s'il s'approche de la sainte table en présence d'autres personnes, on doit se rendre à sa demande. Refuser les sacrements dans cette circonstance, ce serait causer un scandale, et diffamer une personne qui a droit à sa réputation : « Occultos peccatores, si occulte

---

(1) Matth. c. 7. v. 26.

« petant, et non eos emendatos agnoverit, repellat; non autem, si
« publice petant, et sine scandalo ipsos præterire nequeat (1). »

50. On doit éloigner des sacrements les pécheurs publics, soit qu'il y ait notoriété de *droit*, soit qu'il n'y ait qu'une notoriété de *fait*. La notoriété de fait suffit pour légitimer un refus que la religion commande, et que la morale publique réclame. Les rituels n'exigent pas d'autre notoriété (2). D'ailleurs, si on ne pouvait refuser les sacrements qu'à ceux qui sont juridiquement convaincus de quelque crime, les lois de l'Église qui défendent de profaner les choses saintes seraient le plus souvent illusoires. Or, nous lisons dans le Rituel romain, au sujet de l'Eucharistie : « Arcendi sunt pu-
« blice indigni : quales excommunicati, interdicti, manifestique
« infames, ut meretrices, concubinarii, fœneratores, magi, sorti-
« legi, blasphemi et alii ejus generis publici peccatores, nisi de
« eorum pœnitentia et emendatione constet, et publico scandalo
« prius satisfecerint. »

51. Ainsi, on exclut de la communion, 1° ceux qui sont notoirement excommuniés ou interdits, tandis qu'ils ne seront point absous des censures : on doit exclure aussi les hérétiques et les schismatiques notoires. 2° Ceux qui, ayant été condamnés à quelque peine infamante, n'ont encore offert aucune réparation, aucun signe de pénitence. 3° Ceux qui vivent publiquement dans l'adultère ou dans le concubinage, ainsi que les personnes qui ne sont mariées que civilement. 4° Les usuriers; ici on doit restreindre cette dénomination odieuse à ceux qui passent, dans la paroisse, pour avoir exigé des intérêts excessifs en sus du taux légal, sans avoir réparé, ni en tout, ni en partie, leurs injustices. Mais, à raison de la difficulté de discerner, d'une manière certaine, le cas où il faut éloigner un usurier des sacrements, nous pensons qu'on ne doit, généralement, éloigner que ceux qui ont été juridiquement convaincus d'avoir exercé l'usure. 5° Les magiciens; ce qui ne s'entend que de ceux qui font publiquement et habituellement profession de la magie. On ne doit évidemment point ranger les magnétiseurs parmi les magiciens, quoique l'exercice du magnétisme soit dangereux sous le rapport des mœurs. 6° Les blasphémateurs; c'est-à-dire, ceux qui, de vive voix ou par écrit, continuent par esprit d'impiété de proférer des discours contre Dieu, contre la sainte Vierge, contre les saints, contre la religion ou contre l'Église. 7° Ceux qui se présentent étant évidemment dans un état d'ivresse. 8° Les femmes

---

(1) Rituale romanum, de sacramento Eucharistiæ. — (2) Ibidem.

qui ne sont point habillées modestement, savoir : *uberibus immoderate nudatis* (1). Toutefois, on est plus sévère à l'égard de celles qui s'approchent de la sainte table qu'à l'égard de celles qui se présentent pour la bénédiction nuptiale. 9° Généralement, les pécheurs notoires, c'est-à-dire, tous ceux qui, étant connus dans le public pour avoir commis quelque grand crime ou quelque grand désordre, n'ont encore rien fait pour réparer le scandale.

52. Il faut beaucoup de prudence dans l'application des règles qu'on vient de donner. Dans le doute si telle ou telle personne est dans le cas d'éprouver un refus, le parti le plus sûr, celui qui nous est commandé par la sagesse et l'équité, c'est d'admettre cette personne au sacrement. Et lorsqu'on ne croit pas pouvoir l'admettre, on doit l'éloigner, ou plutôt s'éloigner d'elle, sans bruit, sans éclat, sans se permettre aucune observation, si ce n'est sur les instances de la personne qui demande un sacrement, à laquelle on se contentera de répondre qu'on *regrette* de ne pouvoir lui accorder ce qu'elle demande. Si c'est une personne notoirement indigne de la communion qui se présente à la sainte table, on passera sans la communier; si elle est seule, on restera à l'autel, en lui faisant dire qu'elle peut se retirer; mais on ne dira point pourquoi on ne la communie pas. Et, quel que soit le résultat de ce refus, le curé s'abstiendra de faire connaître, en chaire ou en public, les motifs qui peuvent justifier sa conduite; autrement, il pourrait être inquiété pour cause de diffamation. Cet avis est important.

Nous aurons l'occasion de revenir sur cette question en parlant des sacrements en particulier.

53. Ici se présente une question, savoir : si on doit refuser les sacrements aux comédiens qui les demandent publiquement? On donne le nom de *comédien* à toute personne qui fait profession de représenter des pièces de théâtre pour l'amusement du public, aux acteurs et actrices qui jouent des rôles tant dans le comique que dans le tragique. Nous distinguons ici les acteurs ou comédiens proprement dits, des bateleurs, des farceurs publics, des danseurs de corde, en un mot, des histrions. Or, on doit certainement refuser les sacrements aux histrions, à moins qu'ils n'aient renoncé ou ne déclarent publiquement renoncer à une profession justement flétrie par l'opinion publique; ce sont des gens sans foi, sans religion, sans moralité. On doit encore les refuser à un acteur qui est diffamé dans le pays par la licence de ses mœurs ou l'abus

---

(1) Voyez tome I. n° 319.

de sa profession, tandis qu'il n'aura pas réparé les scandales qu'il a commis. Mais en est-il de même de tous les comédiens ? Est-on obligé de les éloigner des sacrements, pour cela seul qu'ils sont comédiens ? Nous ne le pensons pas : le Rituel romain ne les exclut point des sacrements, et on les y admet généralement, partout ailleurs qu'en France. Les rituels de Besançon (1), de Strasbourg (2), de Metz (3), de Toul (4), d'Orléans (5), de Bayeux (6), de Coutances (7), de Chartres (8), de Périgueux (9), de Cambrai (10), et vraisemblablement quelques autres rituels français, s'expriment comme le romain, et ne vont pas plus loin. Le rituel de Reims (11) exclut formellement les *bateleurs* et les *farceurs*; mais il ne parle pas des *comédiens*.

Il est vrai que plusieurs de nos rituels, tels que ceux d'Amiens (12), d'Auch (13) de Tarbes (14), et d'Agen (15), mettent les comédiens au nombre des pécheurs publics, et les déclarent, comme tels, indignes de la sainte Communion; mais il nous semble qu'on ne peut traiter les comédiens, les acteurs indistinctement, comme pécheurs publics, uniquement parce qu'ils exercent une profession plus ou moins dangereuse pour les mœurs. D'autres rituels, en grand nombre, comme ceux de Paris (16), de Lyon (17), de Bourges (18), de Bordeaux (19), de Soissons (20), de Beauvais (21), de Boulogne (22), de Langres (23), de Saint-Dié (24), de Meaux (25), de Blois (26), d'Évreux (27), d'Auxerre (28), de Poitiers (29), de Limoges (30), de Clermont (31), de Sarlat (32), d'Alet (33), de Lodève (34), de Rodez (35), rangent les *comédiens*, les *bateleurs*, et les *farceurs*, parmi les personnes qui sont *infâmes par état*, et les éloignent de la Communion conjointement avec les *concubinaires* et les *femmes publiques*. Mais, en distinguant les acteurs et les actrices des histrions, on reconnaîtra que, quelque peu digne, quelque peu honorable que soit la profession d'un acteur, il ne passe plus pour infâme. Ni les lois civiles, ni les lois ecclésiastiques, actuellement en vigueur, n'attachent la note d'infamie à sa

---

(1) De l'an 1705. — (2) De l'an 1742. — (3) De l'an 1713. — (4) De l'an 1700. — (5) De l'an 1642. — (6) De l'an 1744. — (7) De l'an 1682. — (8) De l'an 1689. — (9) De l'an 1680 et de l'an 1763. — (10) Rituel publié par M. de Belmas. — (11) De l'an 1677. — (12) De 1687. — (13) De 1838. — (14) De 1761. — (15) De 1688. — (16) De 1697 et de 1839. — (17) De 1787. — (18) De 1746. — (19) De 1726. — (20) De 1753. — (21) De 1783. — (22) De 1750. — (23) De 1679. — (24) De 1783. — (25) De 1734. — (26) De 1730. — (27) De 1741. — (28) De 1730. — (29) De 1776. — (30) De 1774. — (31) De 1773. — (32) De 1729. — (33) De 1667. — (34) De 1781. — (35) De 1837.

profession. Les exclura-t-on comme excommuniés? Mais ceux de nos rituels qui les excluent, ne les excluent pas pour cause d'excommunication ; ils les excluent uniquement comme *pécheurs publics* ou comme *infâmes*. D'ailleurs, le droit commun n'excommunie point les comédiens, et l'excommunication du concile d'Arles de l'an 314, qu'on faisait peser autrefois sur eux dans la plupart des diocèses de France, est tombée en désuétude (1). Nous ajouterons, néanmoins, qu'un curé s'en rapportera sur ce point à la décision de son évêque.

## CHAPITRE VI.

*Des Cérémonies prescrites pour l'administration des Sacrements.*

54. L'usage des cérémonies dans l'administration des sacrements est aussi ancien qu'il est universel. De tout temps, l'Église a observé différents rites pour l'administration des sacrements, réglant elle-même, sans jamais porter atteinte à la substance des saints mystères, ce qu'elle a jugé le plus convenable, soit à l'utilité des fidèles, soit au respect qu'on doit aux choses saintes, eu égard aux temps et aux lieux. « Declarat (Tridentina Synodus) hanc potestatem « perpetuo in Ecclesia fuisse, ut in sacramentorum dispensatione, « salva illorum substantia, ea statueret vel mutaret quæ suscipien- « tium utilitati seu ipsorum sacramentorum venerationi pro rerum, « temporum, et locorum varietate, magis expedire judicaret (2). »

55. On ne doit ni omettre ni changer les cérémonies qui sont prescrites pour l'administration des sacrements ; l'Église le défend expressément : « Si quis dixerit, dit le concile de Trente, receptos et « approbatos Ecclesiæ catholicæ ritus in solemni sacramentorum « administratione adhiberi consuetos, aut contemni aut sine pec- « cato a ministris pro libito omitti, aut in novos alios per quem- « cumque ecclesiarum pastorem mutari posse, anathema sit (3). » Cette défense n'est pas seulement pour les simples prêtres, elle regarde spécialement les évêques, *quemcumque ecclesiarum pastorem*. Il ne leur est pas permis de changer des prières et des céré-

---

(1) Voyez le tome I. n° 648. — (2) Conc. de Trente, sess. XXI. cap. 2. — (3) Sess. VII. can. 13.

monies qui sont reçues dans l'Église. Il serait même à désirer, pour une plus grande uniformité, que le Rituel romain fût exactement suivi dans tous les diocèses ; ce qui pourrait se faire d'autant plus facilement, que les rituels particuliers sont généralement, à peu de chose près, conformes au romain, pour ce qui regarde les bénédictions et l'administration des sacrements. Mais en réimprimant ce rituel, on doit avoir soin de rapporter les *oraisons* et autres prières telles qu'elles sont, sans remplacer aucun mot par un autre, ni en changer l'ordre ou la construction. Le vœu que nous émettons est légitime, car nous lisons dans le bref de Paul V, pour la publication du Rituel romain : « In quo (Rituali) cum receptos et « approbatos catholicæ Ecclesiæ ritus suo ordine digestos conspexe- « rimus, illud sub nomine *Ritualis Romani* merito edendum pu- « blico Ecclesiæ Dei bono judicavimus. Quapropter hortamur in « Domino venerabiles fratres patriarchas, archiepiscopos, episco- « pos, et dilectos filios eorum vicarios, necnon abbates, parochos « universos, ubique locorum existentes et alios ad quos spectat, ut « in posterum tanquam Ecclesiæ Romanæ filii, ejusdem Ecclesiæ « omnium matris et magistræ auctoritate constituto rituali in sacris « functionibus, utantur et in re tanti momenti, quæ catholica Ec- « clesia et ab ea probatus usus antiquitatis statuit, inviolate ob- « servent (1). »

56. Hors le cas d'une nécessité pressante qui ne permet pas de suivre l'ordre prescrit, un prêtre ne peut, dans l'administration des sacrements, s'écarter en rien des règles qui nous ont été tracées par l'Église ; ce serait un péché de négliger, d'omettre, d'ajouter ou de changer quelque chose. Le péché serait mortel, si l'omission, le changement, était volontaire et en matière grave ; ou si, sans être en matière grave, il était accompagné d'un mépris formel ; ou si, à raison de quelque circonstance particulière, les fidèles devaient en être grandement scandalisés.

57. C'est un devoir pour les curés, les prédicateurs, les catéchistes, d'expliquer aux fidèles, non-seulement la nature et les effets des sacrements, mais encore les cérémonies de l'Église, si propres à ranimer la foi, la confiance et la piété. Il est peu de prêtres, même parmi ceux qui exercent le ministère sacré, qui n'aient quelque chose à se reprocher à cet égard. De là, l'ignorance, dans le peuple, d'une des parties les plus intéressantes du culte catholique ; de là, le dégoût ou l'indifférence dans plusieurs,

---

(1) Bref du 17 juin 1614.

pour les mystères ou les sacrements de la religion. « C'est un usage
« très-sage, dit le Catéchisme du concile de Trente, usage observé
« dès les premiers temps de l'Église, d'administrer les sacrements
« avec des cérémonies et une certaine solennité. D'abord, il était
« très-convenable que les mystères sacrés fussent célébrés avec un
« culte qui convient aux choses saintes. Ensuite, les effets de cha-
« que sacrement sont figurés d'une manière plus étendue par les
« cérémonies qui les mettent comme sous les yeux, et qui impri-
« ment plus profondément dans l'esprit des fidèles l'idée de leur
« sainteté. Enfin, ceux qui en sont témoins, et qui les observent
« avec soin, sentent leur esprit s'élever à la contemplation des
« choses divines, et la foi et la charité croître dans leur cœur. C'est
« pourquoi il est nécessaire de ne rien négliger pour expliquer la
« nature et l'esprit des cérémonies propres à chaque sacrement,
« afin que les peuples soient bien instruits sur cette matière (1). »

58. Nous finirons ce traité en rapportant les avis suivants, qu'on lit dans le Rituel romain : « Ipse sacerdos, antequam ad sacra-
« menti administrationem accedat, paululum, si opportunitas da-
« bitur, orationi et sacræ rei quam acturus est meditationi vacabit;
« atque ordinem ministrandi et cæremonias pro temporis spatio
« prævidebit et perleget... Dum sacramentum aliquod ministrat,
« singula verba quæ ad illius formam et ministerium pertinent, *at-*
« *tente, distincte,* et *pie,* atque clara voce pronuntiabit, similiter
« et alias orationes et preces devote ac religiose dicet; nec memoriæ,
« quæ plerumque labitur, facile confidet; sed omnia recitabit ex
« libro. Reliquas præterea cæremonias ac ritus ita decenter gravi-
« que actione peraget, ut adstantes ad cœlestium rerum cogitatio-
« nem erigat et attentos reddat. Ad ministrandum procedens, rei
« quam tractaturus est, intentus sit, nec de iis quæ ad ipsam non
« pertinent, quidquam cum alio colloquatur in ipsaque administra-
« tione actualem intentionem habere studeat, vel saltem virtualem,
« cum intentione faciendi quod in eo facit Ecclesia (2). »

---

(1) De Sacramentis, § XVI. — (2) De Sacramentis.

## TRAITÉ DU SACREMENT DE BAPTÊME.

59. « Il est important, dit le Catéchisme du concile de Trente, « que ceux qui exercent le ministère pastoral soient persuadés que « c'est un devoir pour eux de donner aux peuples une connaissance « exacte du sacrement de Baptême. Ils ne sauraient avoir trop de « zèle pour traiter ce qui regarde ce sacrement. Ils ne se contente- « ront pas d'en parler les veilles de Pâques et de la Pentecôte, sui- « vant l'usage des premiers siècles, où l'on avait coutume d'admi- « nistrer le Baptême à ces deux époques avec beaucoup de solennité; « mais ils profiteront de toutes les occasions qui pourront se pré- « senter pour en expliquer les divers mystères. L'occasion qui paraît « la plus favorable pour cela est, sans contredit, celle qui se ren- « contre lorsqu'un prêtre, ayant quelqu'un à baptiser, voit un cer- « tain nombre de personnes assister à cette cérémonie. Car, alors, « il lui est facile, sinon de développer la doctrine de l'Église sur ce « sacrement, du moins d'en expliquer quelques points avec d'autant « plus de succès que les fidèles, voyant les vérités qu'ils auront en- « tendues, parfaitement exprimées par les cérémonies du Baptême, « seront, par là même, plus en état de les goûter. De là il résultera « que celui qui aura vu ce qui se fait pour les autres, se souviendra « des obligations qu'il a contractées lui-même avec Dieu lorsqu'il « a reçu le Baptême, et que, par une suite nécessaire, il sera porté « à examiner si sa vie répond à la sainteté de la profession du nom « de chrétien (1). »

## CHAPITRE PREMIER.

*De la Notion du sacrement de Baptême et de son Institution.*

60. Le mot *Baptême* signifie *ablution, immersion,* du mot grec qui répond aux verbes latins *lavo, abluo, tingo, immergo.* Tous les peuples, dit Bergier, ont compris que l'action de laver le corps était un symbole de la purification de l'âme.

(1) **De Baptismi Sacramento,** § 1.

On définit le Baptême : un sacrement de la loi nouvelle, institué pour effacer le péché originel, et nous régénérer en Jésus-Christ.

En effaçant le péché que nous apportons en naissant, le Baptême efface, en même temps, les péchés actuels que les adultes ont commis avant d'être baptisés ; et, en nous régénérant, il nous fait enfants de Dieu et de l'Église, d'enfants de colère que nous étions comme enfants d'Adam.

On distingue dans l'école trois Baptêmes : le Baptême d'eau, *fluminis;* le Baptême de feu, *flaminis;* et le Baptême de sang, *sanguinis.* Le Baptême d'eau est le premier des sept sacrements institués par Notre-Seigneur Jésus-Christ ; il est, dit le pape Eugène IV, la porte de la vie spirituelle, *vitæ spiritualis janua*(1). Le Baptême de feu n'est autre chose que le désir de recevoir le sacrement de Baptême, étant accompagné de la charité parfaite. Le Baptême de sang est ainsi appelé, parce qu'il consiste dans le martyre, dans l'effusion du sang que l'on verse pour Jésus-Christ. Ni le Baptême de feu, ni le Baptême de sang, ne sont des sacrements ; ils ne sont pas même de vrais Baptêmes ; on ne leur donne ce nom que par métaphore, parce qu'ils purifient l'âme de ses péchés, et qu'ils suppléent au sacrement dans ceux qui sont dans l'impossibilité de le recevoir.

61. Il est de foi que le Baptême d'eau est un sacrement, et qu'il a été institué par Notre-Seigneur. L'Écriture, l'enseignement des saints Pères, la pratique générale et constante de l'Église, les décisions des Papes et des conciles, ne laissent aucun doute à cet égard. Mais on ne peut déterminer avec précision le temps où il a été institué. Saint Thomas (2), d'après saint Grégoire de Nazianze et saint Augustin, pense que cette institution eut lieu lorsque le Sauveur sanctifia les eaux par l'attouchement de son corps en entrant dans le Jourdain, pour être baptisé par saint Jean. C'est aussi l'enseignement du Catéchisme du concile de Trente (3).

## CHAPITRE II.

*De la Matière et de la Forme du sacrement de Baptême.*

62. La matière et la forme sont les deux parties essentielles du sacrement : « Accedit verbum ad elementum, et fit sacramentum, »

---

(1) Decret. ad Armenos. — (2) Sum. part. 3. quæst. 66. art. 2. — (3) De Baptismi Sacramento, § II.

dit saint Augustin. La matière nécessaire du sacrement de Baptême est l'eau naturelle. Cette proposition est de foi (1) : « Nisi quis re-
« natus fuerit ex aqua et Spiritu sancto, non potest introire in
« regnum Dei (2). » Mais toute eau naturelle suffit pour la validité du Baptême. On peut donc baptiser avec de l'eau de la mer, de rivière, d'étang, de fontaine, de puits, de citerne, de pluie. En un mot, toute eau, proprement dite, qui n'est point substantiellement altérée, quelle que soit sa qualité, bonne ou mauvaise, chaude ou froide, fût-elle une eau minérale, peut servir de matière au Baptême. Il en est de même de l'eau de neige ou de glace fondue; mais ni la glace ni la neige ne peut, avant d'être fondue, servir au sacrement. Par conséquent, si l'eau des fonts baptismaux venait à geler, il faudrait faire fondre la glace avant d'administrer le Baptême. L'huile, le vin, le cidre, la bière, ni tout autre liquide qui n'est pas véritablement une eau naturelle, n'offre pas une matière compétente pour le sacrement.

63. Le Baptême serait également nul, si l'eau naturelle était tellement altérée qu'elle perdît sa dénomination, qu'elle cessât d'être de l'eau, au jugement de tout homme prudent; telle serait l'eau mélangée avec une matière étrangère qui dominerait. Si, à raison de ce mélange, la matière sacramentelle devient douteuse, on peut s'en servir, à défaut d'une eau pure, dans un cas de nécessité; mais alors on doit réitérer le Baptême, sous condition, le plus tôt possible. Ainsi, par exemple, celui qui, dans un cas pressant, n'aurait sous sa main que de l'eau de lessive ou du bouillon, pourrait et devrait même s'en servir, en attendant qu'il eût une matière certaine pour renouveler le Baptême conditionnellement. Il en est de même de l'eau artificielle ou distillée de fleurs, d'herbes ou de fruits; de l'eau de sel fondu, de celle qui coule du sarment au printemps; car il est douteux si ces différentes espèces d'eau ne peuvent absolument servir pour le sacrement. C'est l'opinion de saint Alphonse de Liguori (3) et de plusieurs autres théologiens.

64. Pour qu'il y ait Baptême, il faut qu'il y ait ablution. L'ablution peut se faire en trois manières : par *infusion*, par *immersion* et par *aspersion*. Elle se fait par *infusion*, quand on verse de l'eau sur le corps de la personne qu'on baptise; par *immersion*, lorsqu'on plonge le corps dans l'eau baptismale; par *aspersion*,

---

(1) Concil. de Trente, sess. VII. de Baptismo, can. 2.— (2) Joan. c. 3. v. 5.—
(3) Lib. VI. nos 103, 104.

lorsqu'on jette de l'eau sur le corps de celui qui reçoit le Baptême. Il est indifférent, pour la validité du sacrement, de baptiser de l'une ou de l'autre de ces trois manières, pourvu qu'il y ait vraiment ablution. Mais pour ce qui regarde la licité, chacun doit se conformer à l'usage de son Église. Or, il est généralement reçu dans l'Église latine de baptiser par infusion. Ainsi, on baptise parmi nous en versant l'eau sur celui à qui on administre ce sacrement, en assez grande quantité pour qu'on puisse dire qu'il est lavé, *baptizatus*.

Pour assurer le Baptême, il ne suffit pas de faire tomber quelques gouttes d'eau, ni de tremper son doigt ou autre chose dans l'eau, et de les appliquer au sujet; il faut prendre de l'eau dans un vase ou dans une coquille d'une certaine capacité, et la verser sur celui qu'on baptise. On doit de plus avoir soin que l'eau touche immédiatement le corps; si elle ne touchait que les habits, le Baptême serait nul; si elle s'arrêtait aux cheveux, il serait douteux. C'est pourquoi il est bon, et quelquefois nécessaire, que celui qui baptise sépare les cheveux avec la main gauche, pendant qu'il verse l'eau de la droite, afin de s'assurer que l'eau pénètre jusqu'à la peau.

65. Il suffit à la validité du sacrement de verser de l'eau une seule fois; mais la pratique de l'Église, conforme à l'ancienne discipline, prescrit d'en verser trois fois, en formant chaque fois le signe de la croix, tandis qu'on prononce les paroles sacramentelles. Voici la formule prescrite par le Rituel romain pour le Baptême qui se donne par infusion : *N. ego te baptizo in nomine Patris*† (fundat primo), *et Filii*† (fundat secundo), *et Spiritus Sancti*† (fundat tertio). Mais cette manière de baptiser n'est obligatoire que pour le Baptême solennel; on peut se contenter d'une seule infusion, quand on baptise dans un cas de nécessité, sans les cérémonies de l'Église. Les simples fidèles qui se trouvent quelquefois obligés de baptiser seraient grandement embarrassés, s'ils croyaient ne pouvoir baptiser convenablement sans se conformer à la rubrique du rituel.

On doit verser l'eau sur la tête de la personne qu'on baptise, non-seulement parce que les rituels l'exigent, mais encore parce qu'il y a quelque doute si le Baptême serait valide, dans le cas où l'on ne verserait l'eau que sur une des autres parties du corps. Ainsi, quoique le Baptême administré sur la poitrine ou sur les épaules soit réputé valide par le plus grand nombre des théologiens, on doit le réitérer sous condition : « Quisquis alibi quam in capite

« baptizatus fuerit, rebaptizandus est sub conditione, » dit saint Alphonse de Liguori (1). Il faudrait le réitérer, à plus forte raison, si l'enfant n'avait été baptisé que sur un pied, sur une main, ou sur toute autre partie du corps moins principale. On doit en effet, dans un cas de nécessité, baptiser un enfant sur quelque membre que ce soit, quand on ne peut le faire ni sur la tête ni sur aucune des principales parties du corps.

66. La forme du Baptême, pour l'Église latine, est ainsi conçue : *Ego te baptizo in nomine Patris, et Filii, et Spiritus Sancti;* ou, en français : *Je te baptise au nom du Père, et du Fils, et du Saint-Esprit.* Elle exprime l'action du ministre qui baptise, la personne qui est baptisée, et l'invocation expresse et distincte des trois personnes de la sainte Trinité, au nom desquelles on doit baptiser, selon l'ordre de Jésus-Christ : « Euntes docete omnes gen-« tes, baptizantes eos in nomine Patris, et Filii, et Spiritus « Sancti (2). » Cette forme, qui est équivalemment la même chez les Grecs, est essentielle au sacrement, *omnino necessaria est,* dit le Rituel romain (3). Nous lisons aussi dans le décret d'Eugène IV, pour les Arméniens : « Forma Baptismatis est : *Ego te baptizo in* « *nomine Patris, et Filii, et Spiritus Sancti.* Non tamen negamus « quin et per illa verba : *Baptizatur talis servus Christi in no-* « *mine Patris, et Filii, et Spiritus Sancti; vel baptizatur ma-* « *nibus meis talis in nomine Patris, et Filii, et Spiritus Sancti,* « verum perficiatur Baptisma. »

Il est nécessaire, pour la validité du Baptême, que la même personne qui verse l'eau prononce les paroles sacramentelles. Si donc il arrivait que celui qui baptise perdît l'usage de la parole avant que d'avoir proféré la forme en entier, il faudrait qu'un autre recommençât la cérémonie, en versant l'eau lui-même et prononçant les paroles sacrées.

On ne doit rien changer à la forme du Baptême; un changement, quel qu'il fût, serait illicite, et rendrait le sacrement nul, si les paroles sacramentelles ne conservaient plus leur sens naturel. Un changement peut arriver en cinq manières, savoir : par addition, par omission, par transposition, par interruption ou par corruption; ce que nous avons expliqué dans le *Traité des sacrements en général* (4), où nous avons aussi parlé de la formule conditionnelle (5).

---

(1) Lib. VI. n° 107.—Voyez aussi S. Thomas, Sum. part. 3. quæst. 68. art. 11. —(2) Matth. c. 28. v. 19.—(3) De Baptismo.—(4) Voyez le n° 12, etc.—(5) Voyez le n° 18.

# CHAPITRE III.

## *Des Effets du sacrement de Baptême.*

**67.** Les deux principaux effets du Baptême sont la grâce et le caractère qu'il imprime dans notre âme. D'abord, ce sacrement confère à tous ceux qui le reçoivent, aux enfants comme aux adultes, la grâce sanctifiante qui les rend agréables à Dieu. Cette grâce détruit le péché originel que tous les enfants apportent en naissant; il efface en outre, dans les adultes, les péchés actuels qu'ils ont commis avant le Baptême, et remet toutes les peines spirituelles du péché, soit originel, soit actuel, qu'ils devaient subir en ce monde ou en l'autre. « In renatis nihil odit Deus, dit le concile de Trente; « quia nihil est damnationis iis qui vere consepulti sunt cum Christo « per Baptisma in mortem... ita ut nihil prorsus eos ab ingressu « cœli remoretur (1). » Cependant l'ignorance, la concupiscence, l'assujettissement à la douleur et à la mort, nous restent après le Baptême : Dieu, en relevant l'homme, a voulu qu'il conservât l'empreinte de sa chute.

La grâce du Baptême est accompagnée de vertus infuses et des dons du Saint-Esprit; elle nous fait enfants de Dieu et héritiers du royaume des cieux, nous donne des forces pour combattre la concupiscence et résister aux tentations du démon. Ce sacrement nous fait aussi enfants de l'Église, et, tout en nous soumettant à ses lois, il nous donne droit aux autres sacrements, qu'on ne peut recevoir sans être baptisé, et nous fait entrer dans la communion des saints.

**68.** Le baptême imprime en nous un caractère ineffaçable, un signe spirituel qui est comme le sceau des enfants de Dieu, et qui fait qu'on ne peut réitérer ce sacrement (2). Aussi les lois de l'Église défendent expressément de rebaptiser ou de réitérer le Baptême. Le faire sans raison, sans qu'il y eût au moins quelque doute sur la validité du premier Baptême, ce serait manquer au sacrement, et se rendre coupable de sacrilége; on encourrait même l'irrégularité. Mais toutes les fois qu'on doute avec quelque fondement si quelqu'un a été baptisé, ou s'il l'a été validement, non-seulement on

---

(1) Sess. v. can. 5. — (2) Voyez le n° 25.

peut, mais on doit le baptiser sous condition, en disant : *Si tu non es baptizatus* ou *baptizata, ego te baptizo in nomine Patris, et Filii, et Spiritus Sancti.*

## CHAPITRE IV.

### *Du Ministre du sacrement de Baptême.*

69. D'après l'ordre établi de Dieu, toute personne, clerc ou laïque, fidèle ou infidèle, catholique ou hérétique, homme ou femme, en un mot, quiconque a l'usage de raison, peut administrer le sacrement de Baptême. Les Pères, les Papes et les conciles se sont exprimés sur ce point de manière à ne laisser aucun doute. « Sacra-« mentum Baptismi, dit le concile de Latran, a quocumque rite « collatum proficit ad salutem (1). » Le Baptême étant absolument nécessaire au salut, Dieu a voulu, pour en faciliter la réception, que toute eau naturelle fût la matière de ce sacrement, et que tout le monde pût l'administrer validement (2).

70. S'il y a nécessité, c'est-à-dire, péril de mort probable et prochaine, toute personne peut, à défaut du ministre ordinaire, baptiser licitement : « In casu necessitatis, dit le pape Eugène IV, non « solum sacerdos vel diaconus, sed etiam laicus vel mulier, imo « etiam paganus et hæreticus, baptizare potest, dummodo formam « servet Ecclesiæ, et facere intendat quod facit Ecclesia (3). » Toutefois, lorsque, dans le cas de nécessité, il y a concours de plusieurs personnes qui peuvent baptiser, on doit préférer le curé ou le vicaire à un simple prêtre, le prêtre à un diacre, le diacre à un sous-diacre, le sous-diacre à un autre clerc, le clerc à un laïque, le catholique à un hérétique, le chrétien à un infidèle, l'homme à une femme, à moins que la pudeur ne donne la préférence à celle-ci, ou que la femme ne sache mieux ce qui est nécessaire pour l'administration du sacrement de Baptême : « Nisi, pudoris gratia, « deceat fœminam potius quam virum baptizare infantem non « omnino editum, vel nisi melius fœmina sciret formam et modum « baptizandi (4). » Cependant, nous pensons qu'il ne peut y avoir

---

(1) Caput *Firmiter*. — (2) S. Thomas, Sum. part. 3. quæst. 67. art. 2. — (3) Decret. ad Armenos. — (4) Rituel romain, de Baptismo.

péché mortel à intervertir l'ordre qu'on vient d'indiquer, qu'autant qu'un laïque se permettrait de baptiser un enfant qui pourrait être baptisé par un prêtre (1).

71. Puisque toute personne peut et doit même baptiser dans le cas de nécessité, il est important que tous les fidèles, et surtout les sages-femmes et les chirurgiens qui assistent les femmes dans leurs couches, soient parfaitement instruits de la manière d'administrer le Baptême. Les curés auront soin de la leur faire connaître, principalement aux sages-femmes. Ils répéteront souvent, dans leurs instructions, en termes clairs, que, pour baptiser, il faut prendre de l'eau naturelle, la verser sur la tête de l'enfant, en sorte qu'elle touche la peau, et dire en même temps ces paroles en français : *Je te baptise au nom du Père, du Fils, et du Saint-Esprit.*

72. Hors le cas de nécessité, il n'est permis qu'à l'évêque et au prêtre, comme ministres ordinaires, de conférer le sacrement de Baptême ; mais ni les évêques ni les curés ne peuvent baptiser ailleurs que dans leur diocèse ou leur paroisse respective, à moins qu'ils ne soient délégués, les premiers par l'Ordinaire de l'endroit où ils désirent baptiser, et les seconds par leur évêque ou par le curé de la paroisse où ils veulent conférer le Baptême. Cependant, un curé pourrait baptiser des enfants qui ne seraient pas de sa paroisse, dans un cas de nécessité pressante, si le curé qui a droit de baptiser était absent ou empêché. Il en serait de même, dans le cas dont il s'agit, de tout autre prêtre exerçant le saint ministère, ou simplement autorisé à dire la messe. Si on demande à un curé ou à celui qui le remplace le sacrement de Baptême pour un enfant étranger à sa paroisse, il doit le renvoyer à son propre curé, à moins que l'enfant ne soit en danger de mort. Mais un curé doit conférer le Baptême aux enfants des vagabonds et des voyageurs qui sont éloignés de leur domicile ; il peut également baptiser les enfants qui naissent dans sa paroisse, lors même que les parents n'y auraient qu'un domicile de circonstance, un domicile de fait d'une assez courte durée. Il serait dangereux qu'un prêtre hésitât, dans la crainte de blesser la susceptibilité du curé de la paroisse à laquelle l'enfant est censé appartenir par ses parents.

73. Suivant le droit commun, les diacres peuvent, avec la permission de l'évêque ou du curé, administrer solennellement le sacrement de Baptême ; mais il est plus probable qu'ils ne le peuvent, même dans le cas de nécessité, sans une délégation spéciale de l'Or-

---

(1) S. Alphonse de Liguori, lib. vi. n° 117.

dinaire ou du curé (1) : cependant, nous pensons que celui qui le ferait sans avoir été délégué, n'encourrait point l'irrégularité. Le sentiment contraire, que saint Alphonse (2) adopte comme lui paraissant plus probable, est fondé sur le canon *Si quis*, qui prononce l'irrégularité contre un clerc qui a la *témérité* d'exercer un ordre qu'il n'a pas, *non ordinatus*. Mais, en vertu de l'ordination, le diacre a vraiment le pouvoir de baptiser solennellement, quoiqu'il ne doive pas l'exercer sans la permission de l'évêque ou du curé : « Oportet, dit le Pontifical, diaconum ministrare ad altare, *bapti-« zare* et prædicare. » On peut donc dire que le canon qu'on objecte n'est point applicable au diacre qui baptise avec les cérémonies de l'Église sans avoir reçu aucune délégation.

Nous ferons remarquer que, dans la plupart des diocèses de France, l'usage a dérogé au droit des curés relativement à la députation des diacres pour l'administration solennelle du sacrement de Baptême. Les curés s'en rapporteront donc à ce qui se pratique dans leur diocèse, évitant de se faire remplacer par un diacre pour l'administration du Baptême sans s'être assurés préalablement du consentement de l'évêque.

Quelque grande que soit la nécessité du Baptême, et quelque étroite que soit l'obligation de le recevoir, il est certain que personne ne peut se baptiser soi-même ; il doit y avoir une distinction entre la personne qui baptise et la personne qui est baptisée. Le pape Innocent III ayant été consulté sur le Baptême qu'un Juif s'était conféré à lui-même en se plongeant dans l'eau, et en prononçant ces paroles : *Ego me baptizo*, etc., répondit qu'il fallait le baptiser de nouveau : « Memoratus Judæus est denuo ab alio bapti-« zandus, ut ostendatur quod alius est qui baptizatur et alius qui « baptizat (3). »

74. On doit administrer gratuitement le Baptême ; il est expressément défendu par les lois de l'Église de rien demander, ni directement ni indirectement, au sujet de l'administration de ce sacrement. Les curés doivent veiller à ce que les sacristains qui les assistent dans l'exercice de leur ministère ne se permettent jamais aucune réclamation, quel que soit l'usage des lieux ; seulement, on peut recevoir ce que les parents ou les parrains et marraines de l'enfant offrent volontairement.

---

(1) S. Alphonse de Liguori, lib. vi. n° 116 ; Mgr Bouvier, de Baptismo, cap. 4. art. 2 ; les Conférences d'Angers, sur le Baptême, etc. — (2) Lib vi. n° 116. — — (3) Cap. 4. de Baptismo.

# CHAPITRE V.

*Du Sujet du sacrement de Baptême.*

Comme Dieu veut le salut de tous les hommes, et que le Baptême est absolument nécessaire, on doit regarder tous les hommes, les enfants comme les adultes, capables de recevoir ce sacrement.

### ARTICLE I.

*De la Nécessité du Baptême.*

75. Le Baptême est nécessaire au salut, nécessaire pour tous, pour les enfants comme pour les adultes, pour ceux qui sont nés de parents fidèles comme pour ceux qui sont nés de parents infidèles ; nécessaire d'une nécessité absolue, ou, comme on s'exprime dans l'école, d'une nécessité *de moyen*. Il ne peut être suppléé que par le martyre ou par la charité parfaite. Personne, dit Jésus-Christ, n'entrera dans le royaume de Dieu, s'il n'est régénéré par l'eau et la vertu de l'Esprit-Saint : « Nisi quis renatus fuerit ex aqua et Spi-« ritu sancto, non potest introire in regnum Dei (1). » Telle est la croyance générale et constante de l'Église : aussi le concile de Trente a-t-il défini expressément que le Baptême est nécessaire au salut, et qu'on est obligé de baptiser les enfants nés de parents chrétiens (2). Suivant le même concile, à partir de la promulgation de l'Évangile, *post Evangelium promulgatum*, on ne peut passer de l'état du péché originel à l'état de grâce sans le sacrement ou du moins sans le vœu du sacrement de la régénération, *sine lavacro regenerationis aut ejus voto* (3).

76. Nous avons dit, d'après le concile de Trente, *post Evangelium promulgatum* : or, la promulgation de l'Évangile n'a pas été *simultanée*, mais *successive* ; la loi du Baptême n'a donc pu être obligatoire en même temps pour tous les hommes ; car une loi ne peut devenir une règle de conduite que pour ceux qui la connaissent, ou qui peuvent moralement la connaître. « Quomodo ergo in-« vocabunt, dit l'Apôtre, in quem non crediderunt ? Aut quomodo

---

(1) Joan. c. 3. v. 5. — (2) Sess. vii. de Baptismo. can. 2. — (3) Sess. vi. cap. 4.

« credent ei quem non audierunt? Quomodo autem audient sine « prædicante? Quomodo vero prædicabunt nisi mittantur (1) ? » Sur ce principe, le Baptême est devenu nécessaire pour les juifs avant que de l'être pour les samaritains ; pour les samaritains, avant que de l'être pour les gentils ; et les gentils ne purent y être astreints que par la prédication des apôtres et de leurs successeurs. Si le Baptême eût été, du temps des premiers disciples de Jésus-Christ, nécessaire à tous indistinctement, aux païens comme aux juifs, le salut fût devenu dès lors impossible pour un grand nombre, surtout pour les enfants morts avant l'usage de raison, parmi les peuples qui n'ont connu l'Évangile que plus tard ; et le monde eût été par là même de pire condition après la venue du Messie qu'auparavant. Car, avant l'Évangile, les nations avaient des moyens de salut pour les enfants comme pour les adultes : « In nationibus, « dit saint Bernard, quotquot inventi sunt fideles, adultos quidem « fide et sacrificiis credimus expiatos, parvulis autem solam pro-« fuisse et suffecisse parentum fidem (2). » Les peuples avaient conservé avec les sacrements primitifs la foi plus ou moins explicite, plus ou moins confuse, au Rédempteur promis à nos premiers parents ; et ces sacrements n'ont perdu toute leur vertu que par la promulgation du Baptême : « Ex eo tempore tantum, ajoute le « même docteur, cuique cœpit antiqua observatio non valere, et « non baptizatus quisque novi præcepti reus existere, ex quo præ-« ceptum ipsum inexcusabiliter ad ejus potuit pervenire notitiam... « Tamdiu credendum est antiqua valuisse sacramenta, quamdiu « palam interdicta non fuisse constiterit (3). »

77. Le Baptême peut être suppléé par la charité parfaite, accompagnée du désir de recevoir le sacrement. Le concile de Trente que nous venons de citer le suppose, et le pape Innocent III le décide formellement (4), conformément à l'enseignement des Docteurs de l'Église (5). Il n'est pas nécessaire, au jugement de saint Thomas et de saint Alphonse, que le vœu du Baptême soit explicite ; le vœu implicite, tel qu'il se trouve dans la disposition générale de faire tout ce que Dieu a prescrit, suffit pour la justification de celui qui est animé de l'amour parfait. « Remissionem peccatorum aliquis « consequitur ante Baptismum, dit le Docteur angélique, secundum « quod habet Baptismum in voto vel *explicite*, vel *implicite* (6). »

---

(1) Rom. c. 10. v. 14, 15. — (2) Tract. de Baptismo, cap. 1. — (3) Ibidem. cap. 3. — (4) Decretal. lib. IV. tit. 42. cap. 4, etc. — (5) S. Ambroise, S. Augustin, etc. — (6) Sum. part. 3. quæst. 68. art. 2.

Suivant saint Alphonse : « Baptismus flaminis est perfecta conversio « ad Deum per contritionem vel amorem Dei super omnia, cum « voto *explicito* vel *implicito* veri Baptismi fluminis, cujus vicem « supplet quoad culpæ remissionem (1). » Mais le Baptême de désir ne peut ni imprimer le caractère, ni conférer la grâce sacramentelle ; il n'y a que le Baptême d'eau qui puisse opérer ces deux effets.

78. Le sacrement de Baptême peut encore être suppléé par le martyre, qu'on appelle Baptême de sang, même dans les enfants qui n'ont pas encore l'usage de raison. L'Église honore comme saints tous ceux qui ont été mis à mort pour la cause de Jésus-Christ. C'est d'ailleurs la doctrine de Tertullien, de saint Cyprien, de saint Cyrille de Jérusalem, de saint Augustin, de saint Léon, de saint Bernard et autres docteurs. Le martyre opère dans les enfants, *ex opere operato*, comme le sacrement de Baptême ; et nous pensons qu'il doit en être de même dans les adultes ; ce qui toutefois ne les dispense pas de se préparer à la mort, en s'excitant à la douleur d'avoir offensé Dieu, comme s'ils devaient recevoir le Baptême. Ce sentiment, qui est partagé par plusieurs théologiens, n'exige que l'attrition pour le martyre, que ce qui est nécessaire dans un adulte pour recevoir la grâce du Baptême. Cependant l'opinion contraire, qui demande la charité parfaite, paraît plus probable à saint Alphonse (2) ; et saint Thomas s'exprime d'une manière favorable à ce sentiment : « Effusio sanguinis non habet rationem « Baptismi, si sit sine charitate. Ex quo patet quod Baptismus san- « guinis includit Baptismum flaminis, et non e converso (3). » Quoi qu'il en soit, on convient de part et d'autre que celui qui est appelé au martyre doit s'exciter à la contrition parfaite, s'il ne peut d'ailleurs recevoir le sacrement de Baptême ou celui de la Pénitence.

Nous finirons cet article par une observation bien consolante pour ceux qui se dévouent au service des pestiférés ; c'est qu'une pieuse croyance vénère comme martyrs ceux qui succombent victimes de leur charité : « Velut martyres religiosa piorum fides venerari « consuevit (4). » Et, au rapport de saint Alphonse, ils sont regardés comme de vrais martyrs, *veri martyres*, par douze universités, treize cardinaux, et plus de trois cents auteurs (5).

---

(1) Lib. vi. n° 96. — (2) Ibidem. n° 98. — (3) Sum. part. 3. quæst. 66. art. 12. — (4) Martyrologium romanum, 28 februarii. — (5) Lib. ii. n° 6.

## ARTICLE II.

### *Du Baptême des Enfants.*

79. Le Baptême étant absolument nécessaire au salut pour les enfants comme pour les adultes, les parents sont obligés de les faire baptiser le plus tôt possible, moralement parlant. Ils se rendraient coupables d'une faute grave, s'ils retardaient pendant un temps considérable, un mois, par exemple, à leur procurer le Baptême. Il suffirait même, pour qu'il y eût péché mortel, que ce retard fût de quinze jours, si on n'avait pas de raison légitime de différer aussi longtemps. Il est des docteurs plus sévères encore, qui pensent qu'on ne peut, sans péché mortel, différer le Baptême d'un enfant au delà de huit jours, et même de cinq ou six jours (1). C'est donc un devoir pour les curés d'exhorter et de presser les parents à faire baptiser leurs enfants le jour même, ou au plus tard le lendemain ou le surlendemain du jour de leur naissance : « Parochus hortetur eos ad quos ea cura pertinet, ut natos infan-« tes, quamprimum fieri poterit, deferant ad ecclesiam, ne illis « sacramentum tantopere necessarium nimium differatur cum pe-« riculo salutis (2). »

80. On ne doit point conférer le Baptême aux enfants des juifs ou d'autres infidèles, contre le gré de leurs parents, à moins que les enfants n'aient atteint l'usage de raison, et qu'ils ne demandent eux-mêmes à être baptisés. On ne pourrait, dit saint Thomas, baptiser les enfants des infidèles malgré les parents, sans méconnaître le droit que la nature donne aux pères et mères sur leurs enfants. D'ailleurs, ajoute ce grand docteur, il serait dangereux de baptiser les enfants des infidèles, parce qu'ils seraient exposés à abjurer la foi, à la persuasion de leurs parents, vu l'affection naturelle qu'ils ont pour eux. « Si pueri nondum habent usum li-« beri arbitrii, secundum jus naturale sunt sub cura parentum, « quamdiu ipsi sibi providere non possunt, unde etiam de pueris « antiquorum dicitur quod salvabantur in fide parentum. Et ideo « contra justitiam naturalem esset, si tales pueri, invitis parenti-« bus, baptizarentur, sicut etiam si aliquis habens usum rationis « baptizaretur invitus. Esset etiam periculosum taliter filios infi-

---

(1) Voyez S. Alphonse, lib. vi. n° 118 ; les Conférences d'Angers, sur le Baptême, etc. — (2) Rituale romanum, de Baptismo.

« delium baptizare, quia de facili ad infidelitatem redirent, propter
« naturalem affectum ad parentes. Et ideo non habet hoc Ecclesiæ
« consuetudo, quod filii infidelium, invitis parentibus, baptizen-
« tur (1). »

81. Pour les mêmes raisons, nous pensons, contrairement au sentiment commun, qu'on ne doit point baptiser les enfants des apostats et des impies, sans le consentement exprès ou présumé de leurs parents. L'Église peut bien obliger les apostats à procurer le Baptême à leurs enfants ; car, en cessant d'être fidèles à ses prescriptions, ils n'ont point cessé d'être assujettis à son autorité. Mais il nous semble qu'il ne faut pas confondre le droit de juridiction que l'Église conserve sur ceux de ses membres qui sont rebelles et transfuges, avec le droit de propriété sur leur personne et la personne de leurs enfants. De droit naturel, ceux-ci appartiennent à leurs pères et mères avant d'appartenir à l'Église, dont ils ne peuvent faire partie que par le Baptême ; ce qui a fait dire à saint Thomas : « De jure naturali est quod filius, antequam
« habeat usum rationis, sit sub cura patris. Unde contra justitiam
« naturalem esset, si puer, antequam habeat usum rationis, a cura
« parentum subtrahatur vel de eo aliquid ordinetur invitis paren-
« tibus (2). » D'ailleurs, il serait imprudent de baptiser les enfants des apostats et des impies malgré leurs parents, soit à raison du danger de séduction auquel ils seraient exposés, soit à raison des graves inconvénients qui en résulteraient infailliblement pour la religion.

82. On ne doit point baptiser un enfant qui est entièrement dans le sein de sa mère : « *Nemo in utero matris clausus bapti-*
« *zari debet,* » dit le Rituel romain (3). Cependant, dans les accouchements laborieux, si on craint que l'enfant ne meure dans le sein maternel, la sage-femme ou le chirurgien doit, si on juge la chose possible, le baptiser, en faisant parvenir l'eau *quo meliori modo* (4), sauf à faire réitérer le Baptême sous condition, si l'enfant vient à naître. Le même Rituel contient les dispositions suivantes, au sujet de l'enfant dont un membre paraît au dehors :
« Si infans caput emiserit, et periculum mortis immineat, baptize-
« tur in capite, nec postea, si vivus evaserit, erit iterum baptizan-
« dus ; at si aliud membrum emiserit quod vitalem motum indicet

---

(1) Sum. part. 3. quæst. 68. art. 10. — (2) Ibidem. — (3) De Baptismo. — (4) S. Alphonse, lib. vi. n° 107 ; Mgr Devie, Rituel du diocèse de Belley, tom. i, du Baptême.

« in illo, si periculum impendeat, baptizetur; et tunc, si natus
« vixerit, erit sub conditione baptizandus : *Si non es baptizatus,*
« *ego te baptizo, etc*. Si vero ita baptizatus, deinde mortuus pro-
« dierit ex utero, debet in loco sacro sepeliri (1). » Nous pensons
que, dans le cas dont il s'agit, il faudrait rebaptiser l'enfant sous
condition, lors même qu'on aurait versé l'eau sur la tête; car il est
difficile, généralement, de s'assurer que la sage-femme ou autre
personne qui a conféré le Baptême n'a rien omis de ce qui est essentiel au sacrement, vu le trouble ou la préoccupation à laquelle
une sage-femme est naturellement exposée dans une semblable
conjoncture.

83. Il n'est pas permis de rien faire pour le salut de l'enfant, qui puisse procurer ou hâter la mort de la mère. Mais si elle meurt avant d'être délivrée, il faut à l'instant recourir aux chirurgiens pour la faire ouvrir, et tirer l'enfant de son sein le plus promptement possible : s'il est encore vivant, on le baptisera absolument; s'il y a lieu de douter qu'il soit en vie, c'est-à-dire, s'il n'est pas certain, évident qu'il soit mort, on doit le baptiser conditionnellement. S'il est mort sans avoir pu être baptisé en aucune manière, on ne doit pas l'inhumer en terre sainte : « *Si fuerit mortuus, in* « *loco sacro sepeliri non debet* (2). » Mais, dans le cas où il ne se trouverait ni chirurgien, ni médecin, ni autre personne capable, pour faire l'opération césarienne dont on vient de parler, le curé ou tout autre prêtre serait-il obligé de la faire? Nous ne croyons pas qu'il y soit obligé; cette opération convient peu à notre caractère; il s'exposerait d'ailleurs à être inquiété par les magistrats (2).

84. On doit aussi s'en rapporter entièrement au jugement des hommes de l'art, pour ce qui regarde l'opération césarienne sur une femme vivante qui ne peut accoucher naturellement. Si l'opération est jugée nécessaire pour sauver la mère et l'enfant, on exhortera cette femme à s'y soumettre avec confiance et résignation, en mettant en avant les motifs les plus capables de l'y déterminer; mais un confesseur prudent, quelle que soit son opinion sur une question si délicate, ne l'y obligera pas, sous peine du refus de l'absolution; car, en supposant même qu'elle fût obligée de subir l'opération, il faudrait la laisser dans la bonne foi.

85. Pour ce qui concerne le Baptême des fœtus, comme, suivant

---

(1) Rituale romanum, de Baptismo. — (2) Ibidem. — (3) Mgr Devie, évêque de Belley.

l'opinion la plus probable et la plus communément reçue parmi les auteurs modernes, le fœtus est animé dès l'instant même de la conception, il s'ensuit qu'on doit le baptiser, à quelque époque de la gestation qu'ait lieu l'avortement. Si le fœtus, étant développé, offre la forme humaine et donne manifestement signe de vie, on doit le baptiser sans condition. Si on doute qu'il ait vie, on le baptisera conditionnellement : *Si vivis, ego te baptizo, etc.* Si la forme de l'avorton est douteuse, on dira : *Si tu es homo, ego te baptizo, etc.* On doit baptiser, mais conditionnellement, tout ce qui paraît être un fœtus, qu'il soit avec ou sans enveloppe, pourvu qu'il ne soit pas dans un état de putréfaction, de décomposition ou de désorganisation manifeste. Lorsque le fœtus est enveloppé dans sa membrane, comme cela arrive très-souvent, on le baptise sur l'enveloppe, en disant : *Si tu es capax, etc.*, dans la crainte que l'impression de l'air ne le fasse mourir avant d'avoir reçu le Baptême. On ouvre ensuite la membrane, et on le baptise de nouveau sous cette condition : *Si tu non es baptizatus, etc.* On le baptise ainsi deux fois, parce qu'il n'est pas certain que le Baptême donné sur l'enveloppe soit valide.

86. Toutes les fois qu'on suppose qu'une femme a éprouvé un avortement, on doit examiner avec soin si les môles ou autre matière solide ne renferment pas un fœtus, un embryon ; car, dans le doute même si l'avorton est vivant, on doit le baptiser conditionnellement : « Quot fœtus abortivos ex ignorantia obstetricum « et matrum excipit latrina, quorum anima, si baptismate non « fraudaretur, Deum in æternum videret, et corpus licet informe « esset decentius tumulandum (1). » C'est aux curés à instruire les sages-femmes sur ce point ; elles seraient coupables, si elles négligeaient de baptiser les fœtus et les enfants qui, venant avant terme, se trouvent en danger.

87. Quant aux productions irrégulières, nous pensons qu'on doit baptiser tout monstre qui sort du sein de la femme, quelque difforme qu'il soit, quelque ressemblance qu'il puisse avoir avec la brute ; mais alors on baptise sous cette condition : *Si tu es capax*, ou, *si tu es homo, etc.* Dans le doute sur l'unité ou la pluralité des personnes que la mère a mises au monde, on doit juger qu'il y en a deux, quand on voit deux têtes ou deux poitrines bien

---

(1) Voyez l'Embryologie sacrée de Cangiamila ; l'abrégé du même ouvrage, en français, et l'*Essai* sur la Théologie morale, considérée dans ses rapports avec la physiologie et la médecine, par Debreyne, docteur en médecine, prêtre, etc.

distinctes, et par conséquent les baptiser séparément, en disant sur chaque personne : *Ego te baptizo, etc.*; ou, si le danger était pressant, verser l'eau sur chacune, et dire en même temps au pluriel : *Ego vos baptizo, etc.*; ce qui toutefois n'est permis que dans le cas de nécessité, comme le dit le Rituel romain (1). Si les têtes et les poitrines ne sont pas bien distinctes, et qu'on ne puisse pas s'assurer qu'il y ait dans le monstre deux personnes, il faut en baptiser une absolument, puis baptiser l'autre sous condition : *Si non es baptizatus, etc.*

88. Un curé ou celui qui le remplace peut-il baptiser sous condition tous les enfants qu'on lui déclare avoir été ondoyés à la maison par la sage-femme ou par toute autre personne laïque, sans examiner si le Baptême a été valablement administré? Cela n'est pas permis, suivant le Catéchisme du concile de Trente. En effet, voici ce qu'il dit : « Les curés ont des précautions à prendre pour « éviter des fautes journalières, qui sont contraires au respect dû « au sacrement. Il en est qui sont persuadés qu'on ne pèche point « en baptisant sous condition tous ceux qu'on leur présente indis- « tinctement. Si on leur apporte un enfant pour le Baptême, ils ne « s'informent point s'il n'a pas été baptisé, mais ils le baptisent « eux-mêmes sur-le-champ. Bien plus, s'ils savent que l'enfant a « été ondoyé à la maison, ils ne laissent pas de lui donner encore « le Baptême à l'église sous condition. Cependant, ils ne peuvent « le faire sans sacrilége, et sans contracter ce que les théologiens « appellent une irrégularité (2). » Saint Charles Borromée (3), Benoît XIV (4), et saint Alphonse de Liguori, s'expriment dans le même sens que le Catéchisme du concile de Trente. Ce qu'il y a de certain, c'est qu'on ne doit point baptiser, même sous condition, l'enfant qui a été baptisé par une sage-femme ou une autre personne, en présence de deux ou trois témoins dignes de foi qui affirment que le Baptême a été administré suivant les règles. Nous pensons aussi qu'il ne serait pas permis de rebaptiser l'enfant qu'une sage-femme d'une probité reconnue déclare avoir ondoyé, affirmant qu'elle s'est assurée que la matière dont elle s'est servie était de l'eau naturelle, qu'elle a versée sur la tête de l'enfant, et qu'elle a prononcé, en même temps, ces paroles : *Je te baptise au nom du Père, et du Fils, et du Saint-Esprit;* si d'ailleurs son témoignage est confirmé par la déposition d'un témoin grave, qui déclare,

---

(1) De Baptismi sacramento, § LVI. — (2) Concil. provinc. Mediolanense. — (3) De Synodo, lib. VII. cap. 6. — (4) Lib. VI. n° 136.

de son côté, avoir suivi avec attention ce qu'a fait la sage-femme. Il n'est pas nécessaire de recourir à d'autres témoignages pour avoir une certitude morale de la validité du Baptême. Mais parce que les sages-femmes, du moins en France, n'offrent pas toujours les garanties qu'on est en droit d'exiger sous le rapport de la religion, et qu'elles baptisent les enfants qui sont en danger, le plus souvent, sans témoins, ou sans prendre pour témoins des personnes capables, instruites et vraiment chrétiennes, l'usage s'est établi, dans plusieurs diocèses, de baptiser sous condition, généralement, tous les enfants qui ont été ondoyés par la sage-femme ou par toute autre personne laïque. Et nous croyons que, vu la diversité des temps et l'affaiblissement de la foi parmi nous, il est prudent de se conformer à cet usage partout où il est établi; qu'on peut le suivre sans s'écarter de l'esprit de l'Église. On ne saurait prendre trop de précautions pour assurer la validité d'un sacrement qui est nécessaire au salut d'une nécessité de *moyen*.

89. On doit encore baptiser sous condition les enfants trouvés, même ceux qu'on expose avec un billet portant qu'ils ont été baptisés; car on ne doit pas ajouter foi à des papiers non signés ou signés par des inconnus. Si cependant il était constant d'ailleurs, soit par des lettres confidentielles, soit par des témoignages sûrs, qu'un enfant exposé a été baptisé suivant les règles de l'Église, il ne serait pas permis de réitérer le Baptême. « Infantes expositi, si re di« ligenter investigata, de eorum baptismo non constat, sub condi« tione baptizentur (1). » Ce que nous disons des enfants exposés s'applique naturellement aux enfants que les vagabonds laissent dans les lieux où ils passent, lors même que ces enfants seraient âgés de deux, de trois, de quatre ou cinq ans et plus, si on n'a pas de preuves certaines qu'ils ont été baptisés; car la plupart des vagabonds vivent sans foi, sans religion; et souvent ils n'osent porter leurs enfants à l'église, de crainte qu'on ne les interroge sur leur croyance, ou qu'on ne découvre leur libertinage.

ARTICLE III.

*Du Baptême des Adultes.*

90. Tous ceux qui ont suffisamment l'usage de raison sont obligés de recevoir le Baptême; celui qui refusera de se faire baptiser

(1) Rituale romanum, de Baptismo.

sera condamné, *condemnabitur* (1). Mais on ne doit conférer ce sacrement qu'à ceux qui s'y seront préparés convenablement. La première disposition dans les adultes, disposition nécessaire pour la validité du Baptême, c'est qu'ils demandent, ou du moins qu'ils consentent à être baptisés. La seconde disposition, c'est qu'ils connaissent suffisamment les principales vérités de la religion, et qu'ils soient animés des sentiments de foi, d'espérance, de contrition, et d'un commencement d'amour de Dieu, comme auteur de toute justice. Si, pendant qu'on instruit un adulte, il tombait malade et qu'il y eût danger de mort, il faudrait se contenter du désir qu'il témoignerait de recevoir le Baptême, joint à la foi implicite des dogmes révélés, et le baptiser sans délai, dans la crainte qu'il ne fût privé de la grâce du sacrement. Il faudrait encore le baptiser, si, étant surpris par une maladie grave, il venait à perdre subitement toute connaissance, lors même qu'il n'aurait pas renouvelé le désir d'être baptisé; on doit supposer que le désir qu'il a témoigné dans le principe subsiste toujours en lui, au moins virtuellement.

91. On doit baptiser ceux qui, quoique avancés en âge, n'ont jamais eu l'usage de raison, qui ont été dans un état de démence perpétuelle. « Si tales a nativitate fuerint, dit le Rituel « romain, de iis idem judicium faciendum est quod de infantibus; « atque in fide Ecclesiæ baptizari possunt. » Quant à ceux qui ne sont tombés en démence qu'après avoir eu quelque temps l'usage de raison, on ne doit les baptiser qu'autant qu'ils auraient manifesté le désir du Baptême avant l'accident qui les a frappés. Si ceux qui sont en démence éprouvent des intervalles heureux, s'ils ont des moments lucides, on en profitera pour les instruire et sonder leurs dispositions; et s'ils désirent d'être baptisés, on les baptisera le plus tôt possible, on les baptisera même après qu'ils auraient perdu de nouveau l'usage de raison. Mais s'ils n'avaient témoigné aucune disposition, aucune volonté pour le Baptême, on ne pourrait les baptiser.

92. On doit baptiser les sourds-muets de naissance qui consentent à recevoir le Baptême. Mais on ne les baptise qu'après les avoir fait instruire des principales vérités de la religion par les personnes dont ils comprennent les signes. Si, après avoir fait tout ce qui est moralement possible pour leur donner quelque notion de Dieu et de sa providence, des mystères de la sainte Trinité et

---

(1) Marc. c. 16. v. 16.

de l'Incarnation, du Paradis et de l'Enfer, du péché et de ses effets, des sacrements et de leur efficacité, on ne pouvait s'assurer s'ils ont compris quelque chose, il ne faudrait pas pour cela les priver du sacrement de Baptême : *Sacramenta propter homines.*

93. Pour ce qui regarde le Baptême des adultes, la prudence veut que, hors le cas de nécessité, les curés en donnent avis à l'Ordinaire, qui, après avoir recueilli tous les renseignements qu'il aura jugés nécessaires, réglera lui-même ce qui lui paraîtra le plus convenable pour la cérémonie : « Adultorum baptismus, ubi com-
« mode fieri potest, ad episcopum deferatur, ut, si illi placuerit,
« ab eo solemnius conferatur, alioquin parochus ipse baptizat,
« stata cæremonia (1). » Il faut se défier des étrangers, des vagabonds, des pauvres, qui se donnent pour juifs, et manifestent le dessein de se faire baptiser, afin d'intéresser les fidèles en leur faveur, et faire un trafic de la religion : « Sacerdos diligenter curet
« ut certior fiat de statu et conditione eorum qui baptizari petunt,
« præsertim exterorum, de quibus facta diligenti inquisitione, num
« alias ac rite sint baptizati, caveat ne quis jam baptizatus impe-
« ritia vel errore, aut ad quæstum vel ob aliam causam, fraude
« dolove iterum baptizari velit (2). »

94. On baptisera sous condition, après les avoir instruits, les étrangers qui, ayant vécu sans pratiquer la religion chrétienne, déclarent ignorer s'ils ont été baptisés, sans pouvoir donner aucun indice de leur Baptême, ignorant même si leurs parents étaient chrétiens. Mais il en est autrement de ceux qui sont nés de parents chrétiens qui professent la religion catholique : s'ils ont été élevés chrétiennement parmi les fidèles, on doit présumer qu'ils ont été baptisés, tant qu'on ne prouvera pas évidemment le contraire. C'est la décision du pape Innocent III : « De illo qui natus
« de christianis parentibus et inter christianos est fideliter conver-
« satus, tam violenter præsumitur quod fuerit baptizatus, ut hæc
« præsumptio pro certitudine sit habenda, donec evidentissimis
« forsitan argumentis contrarium probaretur (3). » On peut donc admettre à la première Communion les jeunes gens que l'on sait être nés de parents catholiques, sans exiger la présentation de l'acte de Baptême, lors même qu'ils n'auraient pas toujours habité la paroisse où ils résident actuellement ; il en est de même pour ce qui regarde les autres sacrements, si on excepte les Ordres sacrés.

(1) Rituale romanum, de Baptismo adultorum. — (2) Ibidem. — (3) Cap. *Veniens*, de presbytero non baptizato.

Nous exceptons le *sacrement de l'Ordre*; car, quand il s'agit d'ordonner un lévite, on ne saurait prendre trop de précautions pour s'assurer s'il a été baptisé. On doit donc exiger qu'il présente l'acte ou un extrait authentique de l'acte de son Baptême. Si cet acte est perdu, on peut y suppléer par la déclaration des parents, qui affirment avoir fait baptiser l'enfant, ou l'avoir fait porter à l'église; il n'est pas nécessaire qu'ils aient été témoins de la cérémonie. A défaut du père ou de la mère, le témoignage du parrain et de la marraine, ou de l'un d'eux, ou de la sage-femme, ou d'une autre personne quelconque, mais digne de foi, qui déclare avoir vu baptiser cet enfant, ou l'avoir vu porter à l'église pour le Baptême, suffirait pour compléter la certitude morale fondée sur la présomption, et rassurer le pontife.

95. On ne doit point réitérer le Baptême conféré par les hérétiques, lorsqu'on est assuré qu'ils ont rempli, pour ce qui regarde la matière, la forme et l'intention, toutes les conditions essentielles à la validité du sacrement. S'il y a doute à cet égard, on rebaptise sous condition ceux des hérétiques qui désirent rentrer dans le sein de l'Église. Ce doute existe assez souvent lorsqu'il s'agit du Baptême des Calvinistes, qui ne reconnaissent pas la nécessité de ce sacrement pour les enfants nés de parents chrétiens, ou des Luthériens, qui croient qu'on peut baptiser validement sans avoir l'intention de faire ce que fait l'Église. Il est donc prudent de rebaptiser sous condition ceux qui ont reçu le Baptême d'un Protestant ou d'un prétendu Réformé, à moins qu'on n'ait une preuve certaine que le Baptême a été validement administré. Au reste, sur ce point les curés se conformeront à la pratique de leur diocèse et aux avis de l'Ordinaire, qui se réserve de prononcer sur les différents cas particuliers qui peuvent se présenter. Nous ajouterons que si celui qui veut se réconcilier avec l'Église est à l'article de la mort, ou si le cas est tellement pressant qu'on ne puisse consulter son évêque, on se contentera de l'exhorter à recevoir le Baptême sous condition, sans l'exiger. Parmi ceux des hérétiques qui désirent sincèrement rentrer dans l'unité, et mourir dans la religion catholique, il en est qui ont une répugnance insurmontable à faire renouveler leur Baptême, même conditionnellement. Il faut savoir compatir à leur infirmité.

# CHAPITRE VI.

### *Des Prières et des Cérémonies du Baptême.*

96. Les cérémonies du Baptême sont de la plus haute antiquité ; elles remontent aux temps apostoliques. Aussi l'Église tient à ce qu'on les observe exactement. On ne peut les omettre sans péché mortel ; si ce n'est dans le cas de nécessité, ou en vertu d'une permission spéciale pour certains cas extraordinaires. Il y aurait encore faute grave à retrancher, sans raison, quelqu'une des principales cérémonies, les exorcismes, par exemple : « Mortale est, dit saint « Alphonse de Liguori, negligere cæremonias baptismi, aut ali- « quam ex eis notabilem (1). » Lorsqu'elles ont été omises par nécessité, on doit les suppléer le plus tôt possible ; si elles ont été omises par dispense, on se conformera à l'ordre de l'évêque pour le temps où l'on doit les suppléer, et l'on suivra exactement, dans l'un et dans l'autre cas, ce qui est prescrit par le rituel.

Lorsqu'on vient à découvrir que le Baptême qui a été administré solennellement est invalide, est-on obligé de renouveler les cérémonies ? C'est une question qui divise les canonistes. Si, tout considéré, on peut les renouveler sans aucun inconvénient, on le proposera à celui dont on doit renouveler le Baptême ; ou, si c'est un enfant, on le proposera à ses parents ; mais on ne l'exigera point, on n'en fera pas une obligation.

97. Assez généralement, en France, on ne fait pas suppléer les cérémonies du Baptême à ceux qui ont été baptisés par les Luthériens ou les Calvinistes. « On craint, dit le rédacteur des *Confé-* « *rences d'Angers*, que ces hérétiques, qui imputent faussement « à l'Église plusieurs erreurs, ne prennent de là occasion de l'ac- « cuser qu'elle réitère le Baptême, ou qu'elle croit que les cé- « rémonies sont aussi nécessaires que le sacrement (2). » Nous pensons cependant qu'on peut, sans inconvénient, engager les hérétiques qui ont abjuré leurs erreurs, à se faire suppléer les cérémonies du Baptême à l'église, soit qu'on juge à propos de les baptiser sous condition, soit qu'on ne les baptise point. Mais on ne les obligera pas, l'Église s'en rapportant sur cet article à la sagesse de l'évêque, qui saura compatir à leur faiblesse : « Ut vero debita

---

(1) Lib. vi. n° 141. — (2) Conf. iii. Sur le sacrement de Baptême, quest. 2.

« forma et materia servata est, dit le Rituel romain, omissa tantum
« suppleantur; nisi rationabili de causa aliter episcopo videatur (1). »

### ARTICLE I.

*Explication des principales Cérémonies du Baptême.*

98. Ce que dit l'Apôtre du don des langues, qu'il est inutile quand les fidèles ne comprennent pas ce qu'on leur dit, s'applique très-bien aux cérémonies du Baptême ; elles ne sont qu'une figure, qu'une image des effets invisibles de ce sacrement : si les fidèles ignorent ce qu'elles signifient, on ne voit plus guère à quoi elles peuvent être utiles. Il est donc nécessaire que les curés les expliquent avec soin, et qu'ils fassent bien comprendre aux peuples que, quoiqu'elles ne soient point absolument nécessaires, elles sont cependant très-importantes, et bien dignes de notre respect. Elles donnent à l'administration du Baptême un caractère auguste de sainteté ; elles mettent, pour ainsi dire, sous les yeux, les effets admirables de ce sacrement, et impriment plus fortement dans les cœurs le sentiment des bienfaits du Seigneur (2). Aussi, nous n'hésitons pas à dire qu'un curé qui néglige d'expliquer aux fidèles les principales cérémonies du Baptême, se rend coupable devant Dieu.

99. On arrête à la porte de l'église celui qu'on présente au Baptême, pour marquer qu'étant soumis à l'empire du démon, il est indigne d'entrer dans la maison de Dieu. Ensuite, le prêtre souffle légèrement sur lui par trois fois, *ter exsufflet leniter in faciem infantis*, pour chasser le démon par la vertu du Saint-Esprit, qui est comme le souffle de Dieu, qui nous donne une nouvelle vie, en nous régénérant par les mérites de Jésus-Christ : *Inspiravit in faciem ejus spiraculum vitæ* (3). Il lui imprime aussi sur le front et sur le cœur le signe de la croix, pour montrer qu'il doit embrasser la croix du Sauveur, et témoigner hautement, dans l'occasion, qu'il est chrétien. Les autres signes de croix qu'on répète souvent dans l'administration du Baptême, annoncent que ce sacrement tire toute sa vertu de la croix de Jésus-Christ, des mérites de sa passion.

On fait sur le catéchumène différents exorcismes, pour chasser

---

(1) De Baptismo adultorum. — (2) Catéchisme du concile de Trente, *de Baptismo*. — (3) Genes. c. 2. v. 7.

le démon, détruire son empire et affaiblir son pouvoir. On fait aussi plusieurs impositions des mains, pour signifier que Dieu prend possession de celui qu'on baptise, et l'assujettit à sa douce et heureuse domination. C'est ainsi qu'Ananie imposa les mains à saint Paul avant de le baptiser.

Le sel qu'on met dans la bouche de celui qu'on veut baptiser, signifie qu'il va être délivré de la corruption du péché par la grâce du sacrement, qu'il recevra le goût des œuvres saintes, et qu'il aimera à se nourrir de la sagesse divine. On lui met aussi de la salive aux oreilles et aux narines, pour marquer qu'il doit avoir les oreilles ouvertes aux vérités de l'Évangile et en respirer la bonne odeur. On imite Jésus-Christ, qui en usa de même à l'égard d'un homme sourd et muet qu'il guérit ; et on se sert des paroles dont il accompagna cette action, qui sont celles-ci : *Ephpheta, quod est aperire.*

100. Après cela, on conduit le catéchumène aux fonts baptismaux, et on lui fait réciter par lui-même, s'il est adulte, ou par les parrain et marraine, s'il est encore enfant, l'Oraison dominicale, la Salutation angélique et le Symbole des Apôtres, en témoignage de sa foi, de sa confiance en Dieu, et de celle qu'il a en la protection de la sainte Vierge. Puis on exige de lui qu'il renonce à Satan, à ses pompes et à ses œuvres. Il est juste que l'homme qui s'est perdu pour avoir écouté les suggestions du démon, y renonce absolument pour entrer en grâce avec Dieu. On lui fait une onction avec l'huile des catéchumènes sur la poitrine et sur les épaules ; ce qui signifie que le Baptême va le fortifier et en faire un généreux athlète contre l'ennemi du salut. Cette onction étant faite, on lui demande s'il croit en Dieu le Père tout-puissant, créateur du ciel et de la terre ; s'il croit en Jésus-Christ, son fils unique, Notre-Seigneur, qui est né et a souffert ; s'il croit au Saint-Esprit, la sainte Église catholique, la communion des saints, la rémission des péchés, la résurrection de la chair, la vie éternelle. On répond à ces interrogations du prêtre : *J'y crois.* Cette profession de foi, et les promesses que fait le catéchumène, renferment toutes les obligations du chrétien. Toutefois, quoiqu'on donne communément le nom de vœux à ces promesses, on ne doit point les regarder comme des vœux proprement dits : ce qui n'empêche pas qu'on ne soit tenu, en vertu du Baptême, de les accomplir en tout, en observant exactement les commandements de Dieu et de l'Église, en vivant suivant l'esprit de Jésus-Christ.

101. Le moment d'administrer le Baptême étant arrivé, le prêtre

demande au catéchumène ou à l'enfant s'il veut être baptisé ; car l'Église n'accorde le Baptême qu'à ceux qui le désirent. Aussitôt qu'il a répondu lui-même, ou par l'organe du parrain ou de la marraine, qu'il veut être baptisé, le prêtre fait couler l'eau sur lui, au nom du Père, et du Fils, et du Saint-Esprit, en se conformant à ce qui est prescrit par le rituel. Ici, la forme sacramentelle doit être prononcée en latin, à la différence du cas de nécessité, où l'on peut se servir de la langue vulgaire. On fait ensuite une onction en forme de croix, avec le saint chrême, sur le sommet de la tête du baptisé, pour lui apprendre qu'il est devenu, par le Baptême, membre de Jésus-Christ, qu'il lui a été incorporé, comme à son chef, et qu'il participe à son sacerdoce et à sa royauté. Après quoi on le revêt d'une robe blanche, ou, si c'est un enfant, d'un petit linge blanc qu'on lui met sur la tête, en disant : « Recevez cet habit blanc, « et portez-le sans souillure au tribunal de Notre-Seigneur Jésus-« Christ, pour que vous obteniez la vie éternelle. » Enfin, le cierge ardent qu'on lui met en main est une figure de la foi embrasée par la charité, qui lui a été communiquée dans le Baptême, et qu'il doit ensuite entretenir et augmenter par la pratique des bonnes œuvres.

Dans plusieurs diocèses, comme dans celui de Reims, le prêtre termine la cérémonie en mettant les deux extrémités de son étole, en forme de croix, sur la tête du baptisé, en même temps qu'il récite le commencement de l'évangile de saint Jean : *In principio erat Verbum*, etc.

### ARTICLE II.

*Du Temps et du Lieu convenables pour l'administration du sacrement de Baptême.*

102. On baptise en tout temps, on baptise même pendant un interdit général, et la cessation *a divinis*. Cependant, pour conserver quelque vestige de la sainte antiquité, il convient de baptiser les adultes les veilles de Pâques et de la Pentecôte, lorsqu'on peut le faire sans inconvénient. « Decet adultorum Baptismum, ex « apostolico instituto, in sabbato sancto Paschatis vel Pentecostes « solemniter celebrari. Quare si circa hæc tempora catechumeni « sint baptizandi, in ipsos dies, si nihil impediat, Baptismum dif-« ferri convenit (1). »

---

(1) **Rituale romanum**, de Baptismo adultorum.

Dans le cas de nécessité, le lieu du Baptême est partout où se trouve celui qui est à baptiser; mais le Baptême solennel doit s'administrer dans l'église paroissiale ou dans l'annexe, si elle est pourvue de fonts baptismaux. Le cas de nécessité existe, non-seulement quand l'enfant est dans un danger actuel, imminent, mais encore lorsqu'il y a un danger réel, vu la délicatesse de sa complexion, l'éloignement des lieux, la rigueur de la saison, ou d'autres circonstances, à le faire transporter à l'église.

103. Sauf le cas de nécessité, ou d'une permission particulière de la part de l'évêque, il n'est pas plus permis de baptiser dans les oratoires domestiques, dans les chapelles particulières ou chapelles de communauté, que dans les maisons privées : « *Mortale est sine necessitate baptizare extra ecclesiam,* » dit saint Alphonse de Liguori (1). Un curé ne doit point, comme nous l'avons déjà fait observer (2), baptiser les enfants d'une paroisse étrangère, à moins qu'il n'y soit autorisé par l'Ordinaire, ou par le curé de la paroisse à laquelle ils appartiennent. Il le pourrait encore dans un cas pressant, si le curé de l'enfant était absent. Mais celui qui baptise un enfant étranger doit dresser l'acte du Baptême et le remettre au curé de l'enfant, pour être transcrit sur les registres de la paroisse.

À moins que l'enfant ne soit en danger, on ne doit point administrer le Baptême pendant la nuit, ni durant la messe paroissiale, ni pendant tout autre office public et solennel, ni pendant la prédication.

### ARTICLE III.

*Des Fonts baptismaux, de l'Eau bénite et des saintes Huiles.*

104. Il doit y avoir des fonts baptismaux dans toutes les églises où l'on administre le sacrement de Baptême. On les place ordinairement au bas de l'église, ou dans une des chapelles les plus rapprochées de la porte; et ils doivent être d'une matière solide, comme de pierre dure ou de marbre, élevés de terre au moins d'un mètre, et si bien couverts qu'il ne puisse y entrer ni ordure ni poussière. On les ferme à clef, et on les environne d'une balustrade d'une hauteur convenable, et fermant également à clef. On place au baptistère, autant que possible, un tableau représentant le Baptême de Jésus-Christ : « In eoque, ubi commode fieri potest,

---

(1) Lib. VI. n° 142. — (2) Voyez, ci-dessus, le n° 72.

« depingatur imago sancti Joannis Christum baptizantis(1). » Le vaisseau destiné à contenir l'eau baptismale doit être d'étain ou de plomb, avec un couvercle de même matière, fermant bien exactement; ou, s'il est de cuivre, il faut qu'il soit étamé dans l'intérieur, de crainte qu'il ne s'y amasse du vert de gris ou d'autre crasse qui pourrait corrompre l'eau.

105. Le curé fait la bénédiction solennelle des fonts baptismaux deux fois par an, savoir, le samedi saint et la veille de la Pentecôte; il bénit alors une assez grande quantité d'eau, eu égard à l'étendue de la paroisse. Si, dans le cours de l'année, elle venait à diminuer de telle manière qu'on craignit de n'en avoir pas assez, on pourrait en mêler d'autre non bénite en moindre quantité; et si elle venait à manquer entièrement, il faudrait ou en demander à une paroisse voisine, ou en bénir d'autre, suivant le rite prescrit dans le Rituel. Quand on renouvelle la bénédiction des fonts, on doit verser ce qui reste de l'ancienne eau bénite, non dans les bénitiers, mais dans la piscine de l'église ou du baptistère.

La piscine est une fosse d'une certaine profondeur, revêtue de maçonnerie, couverte d'une cuvette de pierre de taille de figure ronde ou ovale, et percée par le milieu. Il doit y avoir, dans chaque église, au moins une piscine destinée à recevoir l'eau qui a servi, soit au Baptême, soit à purifier les vases et les linges sacrés. On y jette aussi les cendres des ornements et linges d'autel, et les choses sacrées qu'on doit brûler, quand elles sont hors de service. C'est encore là qu'on jette l'eau bénite qu'on ôte des bénitiers, et, en général, toutes les choses qui, ne pouvant plus servir au culte, doivent être soustraites à la profanation.

106. C'est avec de l'eau bénite qu'on doit baptiser, toutes les fois qu'on baptise solennellement. On ne pourrait alors baptiser avec de l'eau commune, sans commettre une faute mortelle : « Mor« tale est, dit saint Alphonse, baptizare in aqua non consecrata (2). » C'est encore avec de l'eau du baptistère que le curé ou tout autre prêtre baptisera, même sans les cérémonies d'usage, l'enfant qu'il est autorisé à ondoyer à la maison. Mais lorsque, à raison de la nécessité, on est obligé d'ondoyer un enfant, on peut le faire avec une eau quelconque, pourvu qu'elle soit naturelle.

Il se rencontre quelquefois des parents qui tiennent à ce que leur enfant soit baptisé avec de l'eau du Jourdain, qu'ils se sont procurée par une voie sûre; nous pensons qu'on peut satisfaire leur

---

(1) Rituale romanum, de Baptismo. — (2) Lib. vi. n° 141.

dévotion sans s'écarter des règles de l'Église, en mêlant de cette eau, en petite quantité, avec celle qu'on aura prise dans le baptistère.

Nous ferons remarquer qu'en hiver il est bon de faire chauffer l'eau baptismale, ou d'y mêler un peu d'eau chaude.

107. Il faut, pour le Baptême solennel, deux sortes de saintes huiles; savoir, l'huile des catéchumènes et le saint chrême. Celui qui omettrait volontairement les onctions, pécherait mortellement. « Seclusa necessitate, est mortale, dit saint Alphonse, baptizare « sine onctione chrismatis (1). » Les saintes huiles sont bénites et consacrées par l'évêque le jeudi saint; et les curés doivent les renouveler tous les ans. La distribution s'en fait pour chaque paroisse, au jour indiqué par l'Ordinaire, suivant le cérémonial de chaque diocèse; après quoi, il n'est plus permis de se servir pour l'administration des sacrements des saintes huiles de l'année précédente : « Veteribus oleis, nisi necessitas cogat, ultra annum non « utatur (2). » La distribution des nouvelles étant faite, ce qui reste des anciennes doit être versé dans la lampe qui est allumée devant le Saint Sacrement, pour y être brûlé. Si, durant le cours de l'année, les saintes huiles venaient à diminuer notablement, sans qu'on pût s'en procurer ailleurs, il faudrait verser dans ce qui reste un peu d'huile d'olive commune, en moindre quantité, et les mêler ensemble (3).

Il faut avoir, pour contenir les saintes huiles, différents vases d'argent ou d'étain, bien fermés, et entretenus dans la plus grande propreté. Chaque vase a une inscription qui lui est propre, afin qu'on ne se trompe pas en prenant l'un pour l'autre. Les vases qui contiennent le saint chrême, l'huile des catéchumènes et l'huile des infirmes, doivent être déposés et conservés respectueusement dans une armoire fermant à clef. On ne doit point les mettre dans le tabernacle où repose le Saint Sacrement.

### ARTICLE IV.

*Ce qu'il faut préparer pour la cérémonie du Baptême.*

108. Le curé aura soin de préparer ou de faire préparer pour la cérémonie du Baptême : 1° les vases du saint chrême et de l'huile des catéchumènes; 2° un petit vase où il y ait du sel. Ce sel doit

---

(1) Lib. VI. n° 141. — (2) Rituale romanum, de Baptismo. — (3) Ibidem.

être bien sec, bien pulvérisé, bien net, et béni d'une bénédiction particulière, comme il est prescrit dans le rituel. Ce sel étant béni ne doit servir que pour l'administration du Baptême; il n'en faut donner à personne, ni rendre ce qui en reste à ceux qui l'ont fourni. On doit le conserver pour un autre Baptême, ou le jeter dans la piscine du baptistère ou dans celle de l'église. 3° Un autre petit vase en forme de coquille, d'argent ou d'une autre matière convenable, uniquement destiné à prendre l'eau baptismale dans les fonts, et à la verser sur la tête des personnes qu'on baptise. 4° Un bassin, pour recevoir l'eau de la tête du baptisé, à moins qu'elle ne tombe directement dans la piscine des fonts baptismaux. 5° De la mie de pain avec du coton sur un bassin, pour nettoyer les mains du prêtre après les onctions, et les parties du corps du baptisé sur lesquelles les onctions auront été faites. 6° Un surplis avec la barrette et deux étoles, ou du moins une étole double, qui soit violette d'un côté et blanche de l'autre, pour pouvoir en changer comme il est marqué dans le rituel. 7° Un linge blanc, qu'on nomme chrémeau, pour être mis sur la tête du nouveau baptisé. 8° Un cierge de cire blanche, que l'on met à la main de celui qu'on vient de baptiser. 9° Une aiguière avec un bassin et une serviette, pour laver et essuyer les mains du prêtre. L'eau doit être jetée dans la piscine. 10° Le rituel, avec le registre des Baptêmes. Il serait utile d'avoir un martyrologe, pour pouvoir s'assurer aussitôt si les noms qu'on donne au Baptême sont réellement des noms de saints; à moins que l'évêque du diocèse n'eût adopté la sage précaution de faire imprimer, à la fin du rituel, le catalogue des noms de tous les saints honorés, dans l'Église, d'un culte public.

ARTICLE V.

*Des Parrains et Marraines.*

109. Le parrain et la marraine sont ainsi appelés, *patrinus a patre et matrina a matre*, parce qu'ils contractent une espèce de *paternité*, *maternité*, avec ceux qu'ils présentent au Baptême. On les appelle répondants, cautions, *fidejussores*, *sponsores*, parce qu'ils répondent pour leurs filleuls. Enfin, on leur donne le nom de *susceptores*, parce qu'ils les tiennent pendant l'administration du Baptême, ou qu'ils les reçoivent à la sortie des fonts. La coutume de donner des parrains à ceux qu'on doit baptiser est aussi

ancienne que générale; mais elle se restreint, quant à l'obligation, au Baptême solennel : on peut se passer de parrains pour le Baptême privé, comme on peut en prendre si l'on veut. En tout cas, il ne doit y avoir qu'un parrain ou une marraine, ou tout au plus qu'un parrain et une marraine pour la même personne. Telle est la disposition du concile de Trente : « Statuit ut unus tantum, sive « vir, sive mulier, vel ad summum unus et una baptizatum de « Baptismo suscipiant (1). » Suivant le Rituel romain : « Patrinus « unus tantum, sive vir, sive mulier, vel ad summum unus et una « adhibeantur; sed simul non admittantur duo viri aut duæ mu- « lieres (2). »

110. Pour être parrain, il faut : 1° avoir l'usage de raison; 2° être baptisé; 3° avoir l'intention de servir de parrain; 4° tenir ou toucher par soi-même ou par procureur l'enfant pendant qu'on le baptise, ou le recevoir des mains de celui qui administre le Baptême; 5° être désigné par les parents de l'enfant, ou au moins par le curé; mais le curé ne doit désigner un parrain qu'à défaut des parents, et il ne peut changer arbitrairement celui qu'ils auraient désigné. Toutes ces conditions réunies sont nécessaires pour pouvoir être réellement parrain. Mais les parrains et marraines peuvent se faire représenter par procureurs à la cérémonie du Baptême; c'est une règle de droit, que celui qui peut faire une chose par lui-même peut aussi la faire par un autre : « Potest quis per « alium quod potest facere per seipsum. » Mais celui qui est exclu par les canons comme incapable ou comme indigne, n'est point admis à se faire représenter par procureur.

111. On doit exhorter les parents à ne choisir pour parrains et marraines que les fidèles qui ont atteint l'âge de puberté, qui ont fait leur première communion, ou qui ont reçu le sacrement de Confirmation : « Hos autem patrinos saltem in ætate pubertatis, ac « sacramento Confirmationis consignatos esse maxime convenit (3). » Cependant, à s'en tenir à la rigueur du droit, il suffit, pour être parrain ou marraine, d'avoir atteint l'usage de raison. Nous ajouterons que dans le cas où, comme il arrive quelquefois, les parents tiennent à prendre pour parrain du nouveau-né un enfant qui n'a pas encore l'âge de sept ans, on peut le tolérer, si la marraine a l'âge de raison; puisqu'il suffit d'avoir un parrain sans marraine, ou une marraine sans parrain. Au surplus, un curé se

---

(1) Sess. XXIV. cap. 2. — (2) De sacramento Baptismi. — (3) Rituel romain, ibidem.

conformera, pour l'âge des parrains et marraines, à ce qui est réglé dans son diocèse (1).

112. Les règles de l'Église excluent des fonctions de parrain : 1° le père et la mère de l'enfant qui doit être baptisé ; mais le mari et la femme peuvent tenir ensemble sur les fonts de Baptême un enfant qui ne leur appartient pas. 2° Les religieux et les religieuses : « Admitti non debent monachi, vel sanctimoniales, « neque alii cujusvis ordinis regulares a sæculo segregati (2) ; » ce qui ne s'applique qu'à ceux qui appartiennent à un ordre religieux proprement dit. Les personnes qui appartiennent à une congrégation religieuse, mais *séculière*, comme les filles de Saint-Vincent de Paul, les sœurs de l'Enfant-Jésus, de Sainte-Marthe, ne sont point comprises dans ce règlement. 3° Il ne convient pas non plus qu'un évêque, qu'un curé, un clerc dans les ordres sacrés, soit parrain dans son diocèse, dans sa paroisse, dans le lieu de son bénéfice ou de sa résidence (3). Il est même défendu, dans plusieurs diocèses, à tous ceux qui sont dans les ordres sacrés, de tenir un enfant sur les fonts de Baptême. 4° Les infidèles, c'est-à-dire, ceux qui ne sont point baptisés. 5° Les apostats, les hérétiques et les schismatiques notoires ; un évêque ne pourrait permettre à un curé de les recevoir pour parrains, à moins qu'il n'eût lieu d'espérer de les ramener, par cet acte de tolérance, à de meilleurs sentiments, et de les rapprocher de l'unité. Encore faudrait-il alors que le parrain ou la marraine fût catholique. 6° Ceux qui sont publiquement excommuniés ou interdits, *publice excommunicati aut interdicti* (4). Les pécheurs publics coupables de quelque crime, et ceux qui sont notés d'infamie, *publice criminosi aut infames* (5). Ainsi, on n'admettra point ceux qui, ayant été condamnés à des peines infamantes, n'ont encore offert aucune satisfaction, aucune réparation, ni ceux qui vivent publiquement dans l'adultère ou dans le concubinage, ni ceux qui ne sont point mariés devant l'Église, quoique mariés civilement ; ni les femmes publiques, *meretrices* ; ni les usuriers notoires (6) ; ni ceux qui font ouvertement profession d'impiété ; ni les bateleurs, les dan-

---

(1) Le concile provincial de Reims, de l'an 1583, se contente d'avertir les curés qu'on ne doit pas facilement admettre pour parrains les enfants qui n'ont pas encore l'usage de raison : « Sciat parochus ad hoc munus non facile debere « admitti pueros qui rationis usum nondum habent. *De Baptismo.* » — (2) Rituale romanum, *de Baptismo*. — (3) Concile provincial de Reims, de 1583, *de Baptismo*. — (4) Rituale romanum, *de Baptismo*. — (5) Ibidem. — (6) Voyez, ci-dessus, le n° 51.

seurs de corde, les histrions, dont la profession est justement flétrie par l'opinion publique.

**113.** En est-il de même des comédiens, des acteurs, des actrices, que l'opinion distingue des histrions? Plusieurs rituels de France, entre autres ceux de Bourges (1), de Clermont (2), de Limoges (3), de Lyon (4), d'Agen (5), d'Auxerre (6), de Soissons (7), de Belley (8), mettant sur la même ligne les comédiens, les bateleurs, les farceurs, les histrions, les excluent tous indistinctement, comme *pécheurs publics* ou comme *infâmes*, des fonctions de parrain et de marraine. D'autres rituels, parmi lesquels on remarque ceux de Reims (9), de Paris (10), de Meaux (11), de Chartres (12), de Blois (13), d'Évreux (14), de Bayeux (15), de Coutances (16), d'Orléans (17), de Beauvais (18), de Troyes (19), de Toul (20), de Langres (21), de Besançon (22), de Saint-Dié (23), de Metz (24), de Strasbourg (25), de Bordeaux (26), de Périgueux (27), de Sarlat (28), d'Auch (29), de Tarbes (30), de Rodez (31), ne vont pas plus loin que le Rituel romain, et n'excluent pas nommément les comédiens comme indignes du titre de parrain. Quoi qu'il en soit, nous pensons qu'on peut admettre comme parrains ceux d'entre eux qui professent la religion catholique, s'ils promettent de ne jouer aucune pièce qui soit contraire à la piété chrétienne et à la sainteté de la morale évangélique (32).

**114.** Enfin, on ne doit point admettre ceux qui ne sont pas sains d'esprit, ou qui ignorent les premiers éléments de la foi: « Nec qui sana mente non sunt, nec qui ignorant rudimenta fi-« dei (33). » Mais il nous paraît qu'il ne peut y avoir de difficulté quand l'un des deux, le parrain ou la marraine, est suffisamment instruit des vérités que tout chrétien est obligé de savoir et de croire en particulier. Si le parrain et la marraine ignorent également les premières vérités de la religion, on ne les admettra qu'autant qu'ils promettront de se faire instruire, ou d'assister exactement au prône et aux instructions qui se font à l'église de la paroisse.

---

(1) De l'an 1746.—(2) De 1734.—(3) De 1774.—(4) De 1787.—(5) De 1688.—(6) De 1730.—(7) De 1753.—(8) De 1621.—(9) De 1677.—(10) De 1697, 1777 et 1839.—(11) De 1734.—(12) De 1689.—(13) De 1730.—(14) De 1741.—(15) De 1744.—(16) De 1682.—(17) De 1642.—(18) De 1783.—(19) De 1768.—(20) De 1700.—(21) De 1679.—(22) De 1705.—(23) De 1783.—(24) De 1713.—(25) De 1742.—(26) De 1728.—(27) De 1763.—(28) De 1729.—(29) De 1838.—(30) De 1751.—(31) De 1837.—(32) Voyez ce que nous avons dit au n° 53.—(33) Rituale romanum.

Plusieurs anciens rituels éloignent des fonctions de parrain ceux qui n'ont pas satisfait au devoir pascal; mais il nous paraît prudent de les admettre, s'il n'y a pas d'autre obstacle, soit à raison du trop grand nombre de fidèles qui se trouvent malheureusement aujourd'hui dans ce cas-là, soit parce qu'en les admettant, on aura l'occasion de leur rappeler utilement les obligations qu'ils ont à remplir comme chrétiens.

115. Comme il faut ici beaucoup de prudence dans le refus des pécheurs publics, le curé aura soin de s'informer, autant que possible, de la conduite des personnes choisies par les parents pour parrains et marraines; et s'il découvre qu'il ne peut les recevoir, il les avertira, avant la cérémonie, de ne pas se présenter. Cependant, dans le cas où celui qui ne serait marié que civilement tiendrait, à la demande des parents de l'enfant, à être parrain, il pourrait absolument être admis, s'il consentait à prendre, immédiatement avant l'administration du Baptême, en présence de deux témoins, l'engagement de se préparer le plus tôt possible à recevoir la bénédiction nuptiale. Plusieurs fois, par cette condescendance, nous avons réussi à faire marier ecclésiastiquement des personnes qui s'étaient contentées jusqu'alors du contrat civil.

Lorsque le parrain et la marraine sont arrivés à l'église avec l'enfant, si le curé se croit obligé de refuser l'un ou l'autre, il le fera, mais sans éclat; il évitera surtout de faire connaître le motif de son refus, afin d'éviter toute contestation. Il lui dira simplement qu'il regrette de ne pouvoir le recevoir pour parrain, ajoutant que rien ne s'oppose à ce qu'il suive, comme simple témoin, les cérémonies du Baptême. Mais soit que celui-ci reste, soit qu'il se retire, si on laisse l'enfant à l'église, le curé fera la cérémonie; car il suffit qu'il y ait un parrain ou une marraine.

116. Le parrain et la marraine contractent l'obligation, à défaut des père et mère, d'apprendre ou de faire apprendre, à l'enfant qu'ils tiennent sur les fonts de Baptême, l'Oraison dominicale, la Salutation angélique, le Symbole des apôtres, les commandements de Dieu et de l'Église, pour les choses que tout chrétien est obligé de savoir, et de veiller, autant que possible, sur la conduite de cet enfant qu'ils ont comme adopté en Jésus-Christ. Mais, comme le dit saint Thomas, les parrains et marraines peuvent ordinairement présumer que les enfants qui sont élevés parmi les catholiques sont suffisamment instruits par les soins de leurs parents : « Ubi
« pueri nutriuntur inter catholicos christianos (susceptores illo-
« rum) satis possunt ab hac cura excusari, præsumendo quod a

« suis parentibus diligenter instruantur. Si tamen quocumque
« modo sentirent contrarium, tenerentur secundum suum modum
« saluti spiritualium filiorum curam impendere (1). » Malheureusement, ce qui était une exception du temps de ce saint docteur, est devenu bien général de notre temps, du moins parmi nous.

117. Le parrain et la marraine contractent aussi une alliance spirituelle avec la personne baptisée et avec ses père et mère; de sorte que le parrain ne peut, sans dispense, épouser validement sa filleule, ni la mère de sa filleule ou de son filleul; et que la marraine ne peut épouser son filleul, ni le père de son filleul ou de sa filleule (2). Mais cette alliance spirituelle n'a lieu, pour ce qui regarde le parrain et la marraine, qu'autant qu'ils tiennent ou qu'ils touchent physiquement l'enfant pendant qu'on le baptise, soit qu'ils le touchent par eux-mêmes ou par les procureurs qui les remplacent. « Requiritur ad contrahendam cognationem, ut patrinus
« vel teneat, aut tangat infantem, dum baptizatur, vel statim levet
« aut suscipiat de sacro fonte, vel de manibus baptizantis (3). »

118. Toute autre personne que le parrain et la marraine qui mettrait la main sur l'enfant, tandis qu'on le baptise, ne contracterait point l'alliance spirituelle, non plus que ceux qui tiennent l'enfant, en vertu d'une procuration des véritables parrains et marraines. Il faut dire la même chose de ceux et de celles qui tiennent un enfant à qui on ne fait que suppléer les cérémonies du Baptême; et très-probablement de ceux qui prendraient la qualité de parrain ou de marraine dans un Baptême donné hors l'église, sans solennité, sans les cérémonies d'usage. Dans ce dernier cas, il n'y a que celui qui baptise qui contracte l'alliance avec le baptisé et avec le père et la mère du baptisé.

Lorsque, à raison du doute, on baptise sous condition, si ce doute est positif, on peut soutenir que le parrain et la marraine ne contractent pas l'alliance spirituelle. « Comme on ne peut assurer que
« ce Baptême soit un véritable sacrement, nous jugeons, dit le car-
« dinal de la Luzerne, qu'ils ne contractent pas cette affinité spiri-
« tuelle qui les empêche d'épouser l'enfant, son père ou sa
« mère (4). » C'est aussi le sentiment de saint Alphonse de Liguori (5).

119. On demande si les père et mère qui baptisent leur enfant

---

(1) Sum. part. 3. quæst. 67. art. 8. — (2) Concil. de Trente, sess. XXIV, cap. 2. — (3) S. Alphonse, lib. VI. n° 1408. — (4) Instructions sur le rituel de Langres, ch. II. art. 9. — (5) Lib. VI. n° 151.

contractent entre eux une alliance spirituelle, et se créent ainsi un obstacle à la réclamation de ce qu'ils se doivent réciproquement comme époux. Il est certain qu'ils ne contractent pas cette affinité lorsqu'ils baptisent leur enfant dans un cas de nécessité. La question se réduit donc à savoir si le père ou la mère qui a la témérité de baptiser son enfant, hors le cas de nécessité, contracte l'affinité spirituelle. Le sentiment le plus commun parmi les canonistes se déclare pour l'affirmative, d'après la loi qui établit le lien d'affinité entre celui qui baptise et le père et la mère de celui qui est baptisé. Cependant l'opinion contraire, professée par plusieurs théologiens, paraît *assez probable* à saint Alphonse, par cela même que l'alliance spirituelle, qui entraîne une certaine inhabilité, n'est pas expressément appliquée par le droit au cas dont il s'agit (1). Nous pensons qu'on doit, dans la pratique, se conformer au premier sentiment, comme étant ou du moins comme nous paraissant beaucoup plus probable que le second.

120. Les curés ne souffriront point qu'il soit imposé aux enfants par les parrains et marraines des noms profanes ou mythologiques ; ils auront soin qu'on leur donne des noms de saints ou de saintes reconnus et vénérés comme tels dans l'Église. Quand ces noms sont dénaturés par la manière de les prononcer ou de les écrire, on les rapportera dans le registre comme ils sont écrits dans l'histoire ou dans les martyrologes.

### ARTICLE VI.

#### *Des Actes de Baptême.*

121. Après avoir administré le sacrement de Baptême, les curés et desservants ou vicaires en dresseront aussitôt l'acte sur les registres de la paroisse, en se conformant exactement aux règlements de leur diocèse. Ils ne s'en rapporteront point à d'autres pour la rédaction de cet acte, à moins qu'ils n'en soient empêchés ; et lorsqu'un curé croira pouvoir s'adresser au sacristain pour faire enregistrer ses actes, il veillera à ce qu'ils soient rédigés avec la plus grande régularité. Il convient que le père assiste au Baptême de son enfant et en signe l'acte, autant que possible ; cependant, on ne doit l'exiger en aucun cas. Il est nécessaire qu'il y ait, en double, dans chaque paroisse, des registres composés d'un nombre suffisant

---

(1) Lib. vi. n° 150.

de feuilles pour y inscrire tous les actes de Baptêmes, Mariages et sépultures qui se feront dans le cours de l'année. Quoique ces registres n'aient plus, parmi nous, toute l'importance qu'ils avaient autrefois, on ne pourrait excuser d'une faute grave le curé qui négligerait quelques actes, du moins pour ce qui regarde le Baptême et le Mariage. Il serait également répréhensible, s'il laissait perdre, en tout ou en partie, les registres de la paroisse, dont il est le dépositaire, surtout avant d'en avoir envoyé un double au secrétariat de l'évêché.

**122.** Pour faciliter aux curés la rédaction des registres, et les rendre, autant que possible, uniformes dans tout le diocèse, il serait à propos que l'évêché fournît, aux frais de la fabrique toutefois, les cahiers qui doivent contenir les actes de chaque paroisse. Ces cahiers étant remplis, on en conserve un double dans les archives de la fabrique, et l'autre est envoyé, à la fin de l'année, au secrétariat de l'évêché, pour être déposé dans les archives du diocèse.

Les curés qui n'ont pas d'archives dans leur église doivent s'entendre avec le conseil de fabrique, et faire faire un coffre fermant à clef, dans un endroit sec et aéré de la sacristie ou du presbytère, pour y conserver les registres de Baptêmes, de Mariages et de sépultures ; ceux de la fabrique, les titres de fondations, l'inventaire du mobilier de l'église, les lettres et décisions de l'autorité supérieure ecclésiastique et civile ; les mandements, ordonnances et lettres pastorales de l'évêque ; et, généralement, toutes les pièces concernant l'administration temporelle et spirituelle de la paroisse. Les mandements, ordonnances et lettres pastorales de l'évêque, n'appartiennent point aux curés, mais bien aux églises particulières auxquelles ils sont adressés.

## TRAITÉ DU SACREMENT DE CONFIRMATION.

123. « **Jamais**, dit le Catéchisme du concile de Trente, il n'a été
« plus nécessaire d'expliquer avec soin ce qui concerne le sacrement
« de Confirmation qu'aujourd'hui, où l'on voit un si grand
« nombre de chrétiens négliger entièrement de le recevoir, et si
« peu de fidèles s'y préparer de manière à en retirer les fruits salu-
« taires qu'il peut produire. Il faut donc que les pasteurs les ins-
« truisent de la nature, de l'excellence et de l'efficacité de ce sa-
« crement. Les chrétiens doivent savoir non-seulement qu'il n'est
« pas permis de négliger de recevoir la Confirmation, mais encore
« qu'elle demande à être reçue avec beaucoup de respect et de
« piété. Autrement, il arriverait par leur faute, et pour leur mal-
« heur, que ce grand bienfait de Dieu leur aurait été accordé en
« vain (1). »

# CHAPITRE PREMIER.

*De la Notion et de l'Institution du sacrement de Confirmation.*

124. La raison pour laquelle le nom de *Confirmation* est donné au second sacrement, c'est que le chrétien reçoit un nouvel accroissement de forces lorsque l'évêque lui donne l'onction du saint chrême, en prononçant ces paroles : *Je te marque du signe de la croix, et je te confirme par le chrême du salut, au nom du Père, et du Fils, et du Saint-Esprit.* Les saints Pères désignent encore ce sacrement sous d'autres noms : ils l'appellent l'*imposition des mains*, le *chrême du salut*, le *sacrement du chrême*, le *sceau de la vie éternelle*, le *sceau de l'onction spirituelle*, la *perfection*, la *consommation*. On définit la Confirmation : un sacrement de la loi nouvelle, qui nous communique la plénitude du Saint-

---

(1) De Confirmationis sacramento, § 1.

Esprit, nous rend parfaits chrétiens, et nous donne la force de combattre les ennemis de notre salut, de confesser courageusement la foi de Jésus-Christ, même au péril de notre vie : « In eo datur « Spiritus sanctus ad robur, dit le pape Eugène IV, sicut datus est « Apostolis in die Pentecostes, ut videlicet christianus audacter « Christi confiteatur nomen (1). »

125. La Confirmation est un vrai sacrement. Aussi, conformément à l'Écriture sainte, à la tradition apostolique, à la pratique générale et constante de l'Église catholique, le concile de Trente a condamné, comme hérétiques, les novateurs du seizième siècle qui ont osé soutenir que la Confirmation n'est point un véritable sacrement. « Si quis dixerit, confirmationem baptizatorum otiosam « ceremoniam esse, et non potius verum et proprium sacramentum, « aut nihil aliud fuisse quam catechesim quamdam, qua adolescen- « tiæ proximi fidei suæ rationem exponebant; anathema sit (2). » Suivant le même concile, ce sacrement a été, comme les autres sacrements de la nouvelle alliance, institué par Notre-Seigneur Jésus-Christ (3). Il a été promulgué par les apôtres, qui l'administraient eux-mêmes à ceux qu'ils avaient baptisés (4).

# CHAPITRE II.

*De la Matière et de la Forme du sacrement de Confirmation.*

126. Tous les catholiques placent la Confirmation au nombre des sacrements de la loi nouvelle; mais le dogme une fois reconnu, les docteurs se partagent en différentes opinions sur la matière et la forme de ce sacrement, de manière toutefois à se réunir en ce qui concerne la pratique, surtout en ce qui peut être essentiel à sa validité.

### ARTICLE I.

*De la Matière du sacrement de Confirmation.*

127. Quelques auteurs, s'en tenant à la lettre de quelques passages de l'Écriture sainte, font consister la matière adéquate du

---

(1) Decretum ad Armenos. — (2) Sess. vii. *de Confirmatione*, can. 1. — (3) Ibidem, de Sacramentis in genere, can. 1. — (4) Act. c. 8. v. 14 et seq. c. 19. v. 6.

sacrement de Confirmation dans la seule imposition des mains que fait l'évêque, en récitant l'oraison *Omnipotens sempiterne Deus*, et ne regardent point l'onction comme essentielle au sacrement. D'autres exigent les deux rites comme faisant également partie essentielle de la matière sacramentelle. Les autres enfin, en beaucoup plus grand nombre, font consister toute la matière du sacrement dans l'onction du saint chrême et l'imposition des mains, qui accompagne naturellement l'onction. Nous adoptons ce troisième sentiment, que saint Alphonse de Liguori regarde comme très-certain, *certissima* (1). C'est d'ailleurs la doctrine du Catéchisme du concile de Trente. En effet, voici ce qu'il dit de la matière du sacrement de Confirmation : « La matière de ce sacrement « s'appelle chrême ; terme que les Grecs emploient pour exprimer « toutes sortes de parfums, mais que les auteurs ecclésiastiques ne « donnent communément qu'à une composition d'huile et de baume « qui se fait avec la bénédiction solennelle de l'évêque ; ces deux « choses sensibles mêlées ensemble sont la matière de la Confirma- « tion, *Confirmationis materiam præbent*. Elles montrent, par « leur mélange, la diversité des dons du Saint-Esprit qui nous sont « communiqués par la Confirmation, et même l'excellence parti- « culière de ce sacrement. Aussi, l'Église a toujours enseigné que « c'était là la matière de la Confirmation : *Quod autem ea sit hu-* « *jus sacramenti materia, sancta Ecclesia et concilia perpetuo* « *docuerunt*. »

128. « Il n'y avait, en effet, aucune autre matière plus propre « que celle du chrême à représenter les effets de la Confirmation. « L'huile qui, de sa nature, est grasse, qui coule et se répand fa- « cilement, exprime la plénitude de la grâce qui, par le Saint- « Esprit, se répand de Jésus-Christ, notre chef, sur ses membres, « semblable au parfum qui coule *sur la barbe d'Aaron et jusque* « *sur ses vêtements ; car Dieu a versé l'huile de joie sur son* « *fils avec plus d'abondance que sur tous les autres ; et nous* « *avons tous reçu de sa plénitude*. Le baume, dont l'odeur est « très-agréable, signifie la bonne odeur de toutes les vertus que « les fidèles répandent après avoir été rendus parfaits par la Con- « firmation ; ce qui leur permet de dire avec saint Paul : *Nous* « *sommes la bonne odeur de Jésus-Christ devant Dieu*. Une autre « propriété du baume est d'empêcher de se corrompre les choses « qui en ont été enduites : ce qui exprime admirablement la vertu

---

(1) Lib. vi. n° 164.

« du sacrement de Confirmation, dont la grâce préserve aisément
« de la corruption les cœurs de ceux qui le reçoivent digne-
« ment (1). » . . . . . . . . . . . . . . . . . . .

Ce Catéchisme ne parle point de l'imposition des mains ; il se contente donc de celle qui se fait par l'onction du saint chrême.

129. Le pape Eugène IV, dans son décret pour les Arméniens, enseigne que le chrême est la matière du sacrement de Confirmation : « Secundum sacramentum est Confirmatio ; cujus materia « est chrisma confectum ex oleo, quod nitorem significat conscien- « tiæ, et balsamo quod odorem significat bonæ famæ. » Puis, après avoir dit que les évêques seuls, comme successeurs des apôtres, qui conféraient l'Esprit-Saint par l'*imposition des mains*, peuvent faire l'onction de la Confirmation, il ajoute que cette onction répond à l'imposition des mains : « Loco autem illius « manus impositionis datur in Ecclesia Confirmatio (2) ; » c'est-à-dire que l'onction par laquelle on administre la Confirmation renferme l'imposition pratiquée par les Apôtres. « Per frontis « chrismationem, dit Innocent III, manus impositio designatur, « quæ alio nomine dicitur Confirmatio (3). » Innocent IV s'exprime dans le même sens que ces deux Papes : « Soli Apostoli, « quorum vices gerunt episcopi, per manus impositionem, quam « Confirmatio vel *frontis chrismatio* repræsentat, Spiritum sanc- « tum tribuisse legitur (4). » L'onction, dit le vénérable Bède, se fait par l'imposition de la main de l'évêque, et on l'appelle Confirmation : « Unctio per manus impositionem ab episcopis fit, et « vulgo Confirmatio dicitur (5). » Suivant Raban Maure, l'évêque confirme avec le chrême par l'imposition de la main : « Episcopus « baptizatum per manus impositionem cum ipso chrismate consi- « gnat (6). » Ratramne, Amalaire, Ives de Chartres, Rupert, Hugues de Saint-Victor, saint Antonin, et un grand nombre d'autres docteurs, ne reconnaissent pas d'autre imposition des mains, pour la validité du sacrement de Confirmation, que celle qui se fait par l'onction du saint chrême (7). Nous ajouterons que les Grecs, à qui les Latins ne reprochent point d'avoir altéré le sacrement de Confirmation, ne pratiquent point l'imposition des mains qui précède l'onction, n'admettant que l'imposition des mains qui est inséparable de l'action par laquelle on applique l'huile sainte,

---

(1) De Confirmationis sacramento, § III. — (2) Decret. ad Armenos. — (3) Caput *Cum venisset.* — (4) Epist. x. cap. 4. — (5) In psalmum XXVI. — (6) De Instit. clericorum. — (7) Voyez S. Alphonse de Liguori, lib. VI. n° 164.

de la main droite, sur le front de celui qui reçoit la Confirmation.

On peut donc conclure, avec saint Thomas, que le sacrement de Confirmation consiste dans l'onction du saint chrême et les paroles qui répondent à cette onction : « Sacramentum Confirmatio« nis est linitio chrismatis sub forma præscripta verborum (1). » Benoît XIV n'est pas moins exprès : « Pollice tincto in oleo signum « crucis imprimitur, eoque pacto, dum formam ac verba pronun« tiat episcopus, materiam simul tradit, ex quibus sacramentum « constituitur (2). »

130. Ainsi, quoique l'évêque soit obligé de suivre en tout le cérémonial prescrit par le pontifical pour l'administration du sacrement de Confirmation, nous pensons qu'il ne doit point avoir d'inquiétude à l'égard des fidèles qui n'assistent pas à la première imposition des mains. Les curés veilleront à ce qu'ils soient tous présents à cette cérémonie; mais, qu'ils y soient présents ou non, s'ils reçoivent l'onction sainte, on les regardera comme confirmés : « Hinc est, dit saint Alphonse de Liguori, quod episcopi commu« niter non satagunt ut omnes confirmandi sint præsentes in prin« cipio ritus, cum minister elevans manus profert orationem; nec « dubitant ipsi confirmare eos qui, postquam primus ille ritus jam « est completus, accedunt (3). » Il en serait autrement, s'il y avait un doute fondé sur la question dont il s'agit; mais ce doute n'existe plus, au jugement du pape Benoît XIV, qui déclare, dans sa lettre encyclique aux évêques du rite grec, que, dans l'Église latine, le sacrement de Confirmation se confère par l'onction du saint chrême, tandis que le ministre prononce les paroles de la forme sacramentelle : « Quod itaque extra controversiam est, hoc dicatur; nimi« rum in Ecclesia latina Confirmationis sacramentum conferri, ad« hibito sacro chrismate, seu oleo olivarum balsamo commixto, « et ab episcopo benedicto, ductoque signo crucis per sacramenti « ministrum in fronte suscipientis, dum idem minister formæ verba « pronuntiat (4). » Ce grand Pape n'aurait évidemment pu s'exprimer de la sorte, s'il eût regardé la première imposition des mains comme essentielle au sacrement.

131. Nous ne parlons ni de la bénédiction du pontife, ni des prières qu'il récite après avoir fait l'onction; de l'aveu de tous, elles ne sont qu'accessoires à l'administration du sacrement de

---

(1) In 4. dist. vii. quæst. 1. art. 2. — (2) Instit. ecclesiasticæ vi.— (3) Lib. vi. n° 164. — (4) Epistol. *Ex quo primum tempore* ad archiepiscopos, episcopos aliosque ritus græci, an. 1756. § 52.

Confirmation. Il en est de même du petit soufflet que l'on donne sur la joue du confirmé.

**132.** Il est nécessaire que le saint chrême soit composé d'huile et de baume mélangés ensemble. L'encyclique de Benoît XIV que nous venons de citer, le décret d'Eugène IV aux Arméniens, le pontifical romain et le Catéchisme du concile de Trente, l'enseignent formellement. L'huile est nécessaire à la validité du sacrement : il en est très-probablement de même du baume ; c'est le sentiment le plus commun, et on ne peut s'en écarter dans la pratique. Il s'agit de l'huile d'olive, *oleum olivarum*, la seule qui soit proprement appelée *huile*. Elle est d'ailleurs, comme l'a remarqué saint Thomas, la plus propre à exprimer les dons du Saint-Esprit(1). Pour ce qui regarde le baume, peu importe la contrée d'où il est tiré.

**133.** Il est également nécessaire que le chrême ait été béni par l'évêque. Cependant, plusieurs docteurs pensent que le Souverain Pontife peut déléguer un simple prêtre pour cette consécration.

Quant à la manière de faire l'onction, il faut, 1° qu'elle soit faite sur le front ; 2° qu'elle soit faite en forme de croix ; 3° qu'elle soit faite par le ministre lui-même, qui doit se servir du pouce de la main droite, à moins cependant qu'il ne soit dans l'impossibilité physique de faire usage de cette main. Le saint chrême ne peut être appliqué par le moyen d'un instrument ; car il est de toute nécessité qu'il y ait imposition de la main.

### ARTICLE II.

#### *De la Forme du sacrement de Confirmation.*

**134.** Quelques théologiens font consister la forme de ce sacrement dans la prière *Omnipotens sempiterne Deus, qui regenerare dignatus es, etc.*, que le pontife fait à Dieu, en étendant les mains, la face tournée vers les confirmands, *versa facie ad confirmandos*. Suivant d'autres, elle consiste et dans cette prière et dans les paroles qui accompagnent l'onction du saint chrême. Les autres enfin, en plus grand nombre, la placent tout entière dans les paroles que l'évêque prononce en faisant l'onction, regardant la prière qui précède comme accessoire. Ce troisième sentiment répond à celui

---

(1) Sum. part. 3. quæst. 72. art. 2.

que nous avons adopté sur la matière du même sacrement (1). Nous disons donc que toute la forme sacramentelle de la Confirmation consiste dans ces paroles : *Signo te signo crucis, et confirmo te chrismate salutis, in nomine Patris, et Filii, et Spiritus sancti.* En effet, voici ce qu'enseigne le Catéchisme du concile de Trente : « La forme du sacrement de Confirmation consiste dans les paroles « qui accompagnent l'onction. Il faut avertir les fidèles qui doivent « recevoir ce sacrement d'exciter en eux des sentiments de foi, de « piété et de religion, surtout lorsque l'évêque prononce ces paro- « les, afin qu'il n'y ait rien en eux qui puisse mettre obstacle à la « grâce. Ainsi donc, les paroles qui composent la forme entière du « sacrement de Confirmation, sont celles-ci : *Je te marque par le « signe de la croix, et je te confirme par le chrême du salut, au « nom du Père, et du Fils, et du Saint-Esprit* : et il est facile de « démontrer que c'est là la forme essentielle de ce sacrement ; car « la forme d'un sacrement doit renfermer tout ce qui explique sa « nature et sa substance. Or, les trois choses qui constituent l'es- « sence du sacrement de Confirmation, savoir : la puissance de Dieu, « qui y opère comme cause principale ; la force de l'esprit et du « cœur, qui, par l'onction sainte, est donnée aux fidèles pour leur « salut ; et le signe dont est marqué celui qui va entrer dans la « milice chrétienne, sont clairement exprimées dans les paroles que « nous venons de rapporter : la première, dans ces mots, qui sont « à la fin, *Au nom du Père, et du Fils, et du Saint-Esprit*; la se- « conde, dans ceux-ci, placés au milieu, *Je te confirme avec le « chrême du salut* ; et la troisième, par ces mots, qui sont au com- « mencement, *Je te marque du signe de la croix*. Au reste, lors « même que la raison ne pourrait démontrer que telle est la véri- « table forme du sacrement de Confirmation, *veram et absolutam « formam*, l'autorité de l'Église catholique ne nous laisserait au- « cun lieu de douter à cet égard, puisqu'elle a toujours enseigné « qu'elle consiste dans les paroles que nous avons indiquées (2). »

135. Le décret d'Eugène IV, pour les Arméniens, n'est pas moins exprès : « Secundum sacramentum est Confirmatio, cujus.... « forma est : *Signo te signo crucis, et confirmo te chrismate salu- « tis, in nomine Patris, et Filii, et Spiritus sancti.* » C'est aussi la doctrine du concile provincial de Bourges de l'an 1584, qui fut approuvé par le pape Sixte V en 1585 : « In administratione « hujus (Confirmationis) sacramenti servetur forma debita et qua

---

(1) Voyez, plus haut, le n° 127. — (2) De confirmationis sacramento, § IX.

« uti consuevit Ecclesia, videlicet : *N. consigno te signo crucis,*
« *et confirmo te chrismate salutis, in nomine Patris, et Filii, et*
« *Spiritus sancti.* » Enfin, le pape Benoît XIV, dans sa lettre aux évêques du rite grec, déclare qu'il est hors de doute que, dans l'Église latine, l'évêque administre la Confirmation par l'onction du saint chrême, en prononçant les paroles qui répondent à cette onction (1).

136. On ne doit rien changer ni dans la matière ni dans la forme du sacrement de Confirmation. Tout changement qui porterait atteinte à la substance du saint chrême, ou qui ôterait aux paroles sacrées leur véritable sens, compromettrait la validité du sacrement. On pourra facilement juger si tel ou tel changement est *substantiel* ou seulement *accidentel,* par ce qui a été dit dans le traité des sacrements en général (2). Nous ajouterons qu'à la différence du Baptême et de la Pénitence, il ne serait pas permis d'administrer la Confirmation, même à un malade, avec une matière douteuse ; car ce sacrement n'est pas, comme les deux premiers, nécessaire de nécessité de moyen.

# CHAPITRE III.

*Des Effets du sacrement de Confirmation.*

137. Comme tous les autres sacrements, la Confirmation produit la grâce sanctifiante ; c'est une grâce d'accroissement et de perfection, une grâce qui augmente en nous la grâce du Baptême, qui nous fortifie contre les ennemis du salut et nous rend parfaits chrétiens. Par le Baptême, nous recevons la vie spirituelle ; par la Confirmation, nous en recevons le développement. Cependant, suivant le sentiment le plus commun, le sacrement de Confirmation confère quelquefois la première grâce sanctifiante, qui efface le péché mortel : « Aliquando prima gratia sanctificans per hoc sacramen-
« tum confertur, » comme l'enseigne saint Alphonse de Liguori (3).
« Si quis adultus, dit saint Thomas, in peccato existens, cujus
« conscientiam non habet, vel si etiam non perfecte contritus

---

(1) Voyez, ci-dessus, le n° 130. — Voyez aussi S. Thomas, S. Alphonse de Liguori, Billuart, etc. — (2) Voyez, ci-dessus, le n° 12. — (3) Lib. vi. n° 169.

« accedat (ad Confirmationem), dummodo non fictus accedat, per
« gratiam collatam in hoc sacramento consequitur remissionem pec-
« catorum (1). »

138. Un autre effet, qui est particulier à la Confirmation, est de nous donner la plénitude du Saint-Esprit, et de renouveler dans nos âmes les merveilleux effets qu'il opéra lorsqu'il descendit sur les Apôtres. A la vérité, le Saint-Esprit ne nous communique pas, comme à eux, le don des langues, celui des miracles, et les autres grâces extérieures nécessaires alors au progrès et à l'affermissement de l'Évangile; mais il répand dans nos âmes les mêmes grâces intérieures dont il sanctifia et fortifia les Apôtres, et particulièrement les sept dons qui lui sont attribués. Ces dons sont certaines dispositions ou habitudes surnaturelles qui ornent notre âme, nous font agir suivant les inspirations et les mouvements de la grâce qui nous est donnée à tous en temps opportun, *in tempore opportuno*, et nous facilitent l'accomplissement de la loi de Dieu, surtout dans les circonstances difficiles.

139. Les dons du Saint-Esprit sont : le don de *sagesse*, le don d'*entendement*, le don de *conseil*, le don de *force*, le don de *science*, le don de *piété*, le don de *crainte* de Dieu. 1° Le don de sagesse, qui nous fait aimer les biens éternels, nous détache des biens de ce monde, et nous éloigne de tout ce qui peut être contraire à notre fin dernière; 2° le don d'entendement, qui nous fait concevoir les vérités de la religion, autant que cela nous est nécessaire, eu égard aux desseins particuliers que Dieu a sur chacun de nous; 3° le don de conseil, qui nous fait choisir à propos ce qui contribue davantage à la gloire de Dieu et à notre salut; 4° le don de force, qui nous donne le courage de professer la religion, de fouler aux pieds le respect humain, de surmonter les tentations, de résister, même au péril de la vie, aux fureurs de la persécution; 5° le don de science, qui nous fait connaître la volonté de Dieu en ce qui concerne le salut, et nous découvre les dangers que nous devons éviter; 6° le don de piété, qui nous unit à Dieu d'une manière plus particulière, et nous fait embrasser avec joie tout ce qui est du service divin; 7° enfin, le don de *crainte*, qui nous inspire un souverain respect pour Dieu, et nous fait éviter tout ce qui est contraire à sa sainte volonté.

140. La Confirmation produit encore un autre effet qui lui est commun avec le Baptême et le sacrement de l'Ordre. Elle imprime

(1) Sum. part. 3. quæst. 72. art. 7.

un caractère ineffaçable qui est le signe, la marque des soldats de Jésus-Christ; aussi ce sacrement ne peut être réitéré. Cependant, dans le doute si un adulte a reçu la Confirmation, on peut le confirmer conditionnellement, sans qu'il soit nécessaire d'exprimer la condition. Mais, toutes choses égales, on doit être, à cet égard, plus réservé pour ce qui regarde le sacrement de Confirmation, qui n'est pas indispensablement nécessaire au salut, que pour ce qui regarde le sacrement de Baptême, qui est nécessaire de nécessité de *moyen*.

## CHAPITRE IV.

### *Du Ministre du sacrement de Confirmation.*

**141.** L'administration du sacrement de Confirmation est une fonction particulière à l'évêque; il en est seul le ministre ordinaire. « Ordinarius (Confirmationis) minister est episcopus, dit le pape « Eugène IV. Et cum cæteras unctiones simplex sacerdos valeat « exhibere, hanc non nisi episcopus debet conferre; quia de solis « Apostolis legitur, quorum vicem tenent episcopi, quod per manus « impositionem Spiritum sanctum dabant (1). » Aussi, le concile de Trente l'a défini expressément : « Si quis dixerit sanctæ Confirma-« tionis ordinarium ministrum non esse solum episcopum, sed « quemvis simplicem sacerdotem; anathema sit (2). »

Ces décrets supposent qu'il y a un ministre extraordinaire de ce sacrement autre que l'évêque; Eugène IV le dit même assez clairement : « Legitur tamen aliquando per apostolicæ sedis dispensatio-« nem ex rationabili et urgente admodum causa, simplicem sa-« cerdotem chrismate per episcopum confecto hoc administrasse « Confirmationis sacramentum (3). » Un simple prêtre peut donc, par extraordinaire et en vertu d'une délégation spéciale du Souverain Pontife, administrer la Confirmation. Telle est la pratique du saint-siége, comme le prouvent les concessions accordées par saint Grégoire le Grand, par Nicolas IV, Jean XXII, Urbain V, Léon X, Adrien VI, Sixte V, Benoît XIII, Clément XI, Benoît XIV, et autres Papes; de sorte que cette question, qui était autrefois controversée, ne peut plus aujourd'hui souffrir de difficulté : « Quare non « videtur hodie fas esse potestatem, de qua olim disceptabatur,

---

(1) Decret. ad Armenos. — (2) Sess. vii. de Confirmatione, can. 3. — (3) Decret. ad Armenos.

« summo pontifici adjudicare (1). Mais un prêtre ne peut confirmer qu'avec du saint chrême béni par l'évêque : la faculté de conférer ce sacrement n'emporte pas par elle-même celle de consacrer les saintes huiles.

142. Un évêque ne peut déléguer un simple prêtre pour la Confirmation, ce droit étant réservé au vicaire de Jésus-Christ; par conséquent, ni le curé, ni tout autre prêtre, quoique délégué par l'évêque, ne pourrait administrer validement le sacrement de Confirmation.

Un évêque ne doit point confirmer dans un diocèse étranger, sans la permission de l'Ordinaire; il ne doit pas même confirmer chez lui les fidèles qui ne sont pas ses diocésains, à moins qu'il n'y soit autorisé par qui de droit, soit expressément, soit tacitement. Il y a consentement tacite, lorsque, à raison de certaines circonstances particulières, on peut raisonnablement présumer que l'évêque des confirmands consent qu'ils soient confirmés par l'évêque auquel ils s'adressent. Exemple : L'évêque donne la Confirmation dans une paroisse de son diocèse : un curé du diocèse voisin lui présente plusieurs de ses paroissiens pour la Confirmation, sans montrer aucune lettre de son évêque, ayant omis de lui écrire ou par ignorance ou par oubli. Évidemment, dans ce cas, qui arrive de temps en temps, aucun évêque ne trouvera mauvais que ceux de ses diocésains qui ont été préparés au sacrement soient confirmés par une main étrangère. « Il est même reçu par l'usage, dit
« le rédacteur des Conférences d'Angers, que des diocèses voisins
« on se rende dans les lieux où un évêque confirme, pour recevoir
« un sacrement qu'on ne pourrait peut-être recevoir de la main de
« son propre évêque qu'après un temps trop long. Il y a, à cet
« égard, un accord tacite entre les différents évêques, et c'est, au
« fond, un service qu'ils se rendent mutuellement et à leurs diocé-
« sains respectifs (2). » Un évêque peut aussi confirmer les étrangers qui ont un domicile de *fait* dans son diocèse; tels sont, par exemple, les ouvriers ou domestiques, ainsi que les élèves d'un collège ou d'un pensionnat.

143. L'évêque est obligé d'administrer la Confirmation à ses diocésains : celui qui passerait un temps considérable, huit à dix ans par exemple, sans leur donner à tous la facilité de recevoir ce sacrement, pécherait mortellement, à moins qu'il n'en fût légiti-

---

(1) Benoît XIV, de Synodo, lib. vii. cap. 7. — (2) Conf. sur la Confirmation, quest. 3.

mement empêché. Il doit visiter fréquemment son diocèse, ou au moins se rendre dans les principales localités, toujours à ses frais, sauf l'usage contraire, qui ne peut toutefois former un droit proprement dit en faveur de l'évêque.

La Confirmation doit se donner à l'église, à moins qu'à raison du grand nombre des confirmands ou d'une chaleur excessive, on ne puisse le faire sans inconvénient. On confirme à domicile les malades, les valétudinaires, qui ne peuvent se rendre à l'endroit où a lieu la cérémonie. Un évêque ne craint pas de descendre dans la cabane ou la chaumière du pauvre. Nous ajouterons qu'il peut toujours confirmer dans sa chapelle.

D'après l'usage, on peut confirmer tous les jours et à toute heure; cependant, quand on le peut facilement, il convient mieux de le faire le matin, puisque le pontifical conseille à l'évêque et aux confirmands d'être à jeun.

# CHAPITRE V.

### *Du Sujet du sacrement de Confirmation.*

144. Le sacrement de Confirmation n'est point nécessaire au salut d'une nécessité de *moyen*. Est-il nécessaire de nécessité de précepte? Les adultes sont-ils obligés de le recevoir sous peine de péché mortel? Suivant le Catéchisme du concile de Trente, l'Église désire avec ardeur que ceux qu'elle a régénérés par le Baptême deviennent parfaits par la Confirmation : « Communis omnium « mater catholica Ecclesia *vehementer optat ut*, in eis quos per « Baptismum regeneravit, christiani hominis forma perfecte absol- « vatur (1). » Benoît XIV va plus loin : en parlant des personnes qui n'ont pas reçu validement le sacrement de Confirmation, il dit que les évêques doivent les avertir qu'elles commettraient une faute grave, si elles refusaient ou négligeaient de le recevoir, lorsqu'elles en auront l'occasion : « Monendi sunt ab ordinariis locorum eos gravis « peccati reatu teneri si (cum possint) ad Confirmationem accedere « renuunt, ac negligunt (2). » Ainsi, ajoute saint Alphonse de Liguori, l'opinion de ceux qui prétendent que l'obligation de re-

---

(1) De Confirmationis sacramento, § xiv. — (2) Constit. *Etsi pastoralis.*

cevoir la Confirmation n'est point une obligation grave, ne paraît plus aujourd'hui assez probable, *hodie non videtur satis probabilis* (1).

145. Il n'y a que ceux qui ont été baptisés qui soient capables de recevoir la Confirmation ; mais tous ceux qui ont été régénérés par le Baptême peuvent être confirmés. Cependant, dit le Catéchisme du concile de Trente, il ne convient pas d'administrer ce sacrement à ceux qui n'ont pas atteint l'usage de raison ; et si on ne juge pas à propos d'attendre qu'ils aient l'âge de douze ans, au moins est-il très-convenable de ne pas le leur conférer avant qu'ils aient atteint l'âge de sept ans : « Usque ad septimum certe hoc sa- « cramentum differre maxime convenit (2). » Ce n'est plus guère l'usage, dans l'Église latine, de confirmer les enfants qui n'ont pas l'âge de raison, sauf le cas où ils se trouvent en danger de mort. Un évêque pourrait encore confirmer les enfants, dit Benoît XIV, s'il devait s'absenter pour longtemps de son diocèse, ou s'il y avait quelque autre motif grave, *aut alia urget necessitas seu justa causa* (3); ce qui s'accorde avec le pontifical romain, qui suppose évidemment qu'on peut quelquefois confirmer les petits enfants, lorsqu'il dit : « Infantes per patrinos ante pontificem « confirmare volentem teneantur in brachiis dextris. » Mais on n'est point obligé de les confirmer. Au reste, pour ce qui regarde l'âge des confirmands, les curés se conformeront aux règlements de leur diocèse.

Peut-on confirmer ceux qui, ayant l'âge prescrit par les statuts ou par l'usage du pays, n'ont jamais donné aucun signe de raison depuis leur Baptême, ou qui, à raison de leur idiotisme, n'ont pas été admis à faire leur première Communion ? On peut certainement les confirmer : ils sont capables de la Confirmation, et n'en sauraient être indignes. Ce sacrement ne leur est point inutile, car il augmente en eux la grâce comme dans les enfants qui n'ont pas encore l'âge de raison, et devient pour eux un titre de gloire dans le ciel : « Pueri confirmati decedentes majorem gloriam consequuntur, dit « saint Thomas, sicut et hic majorem obtinent gratiam (4). »

146. Les adultes ne doivent point s'approcher de la Confirmation sans y apporter les dispositions convenables. On distingue deux sortes de dispositions : les unes regardent le corps, et les autres l'âme. Pour les premières, si la Confirmation se donne le matin, il

---

(1) Lib. vi. n° 182. — (2) De Confirmatione, § xv. — (3) De Synodo, lib. vii. cap. 10. — (4) Sum. part. 3. quæst. 72. art. 8.

convient que les confirmands soient à jeun. Cependant, il ne serait pas prudent de laisser jeûner les personnes délicates ou peu avancées en âge, si elles devaient se transporter d'une paroisse à une autre pour la Confirmation ; ou si la cérémonie devait être retardée ; ou si elle devait être fort longue, soit par elle-même, soit par les instructions dont les évêques ont coutume de la faire accompagner. Il faut, de plus, que les confirmands s'habillent modestement, évitant les parures recherchées, et tout ce qui annonce de la vanité. Toutefois, les curés n'inquiéteront point les jeunes gens pour certaines modes qui n'ont point d'autre inconvénient que d'être nouvelles. Ils doivent aussi être vêtus proprement. On aura soin de les avertir de laver et de nettoyer leur front, par respect pour le saint chrême qui doit y être appliqué, et de leur recommander de faire en sorte que leurs cheveux ne tombent pas sur le front.

147. Les dispositions de l'âme se réduisent à deux principales, qui sont l'instruction et la sainteté, c'est-à-dire, l'exemption de tout péché mortel. Premièrement, il est nécessaire que le confirmand soit instruit des éléments de la foi chrétienne, *christianæ fidei rudimentis edoctus*, dit le pontifical. Cette instruction doit être plus ou moins étendue, suivant que ceux qui se préparent à la Confirmation sont plus ou moins avancés en âge ; on est plus sévère envers ceux qui ont fait ou sont sur le point de faire leur première communion, qu'envers ceux qui n'ont que sept, huit ou neuf ans. Aussi, les curés, ayant reçu l'avis de l'évêque pour la Confirmation, doivent l'annoncer à leurs paroissiens, et faire plus fréquemment des catéchismes ou instructions familières, où ils expliqueront les premières vérités de la religion, et particulièrement ce qui a rapport au sacrement de Confirmation. Ils exhorteront les fidèles qui sont à confirmer, à y assister exactement, recommandant aux pères et mères, aux maîtres et maîtresses, d'y envoyer leurs enfants et leurs domestiques ; mais ils ne menaceront point d'exclure de la Confirmation ceux qui n'assisteraient point ou qui n'assisteraient que rarement aux catéchismes ; car on peut savoir tout ce qui est rigoureusement nécessaire pour recevoir ce sacrement, sans suivre régulièrement ces sortes d'instructions. Il suffit qu'un confirmand sache ce que tout chrétien est obligé de savoir. Un curé ne doit éloigner de l'onction sainte que ceux que les lois de l'Église en déclarent indignes.

148. Secondement, pour recevoir avec fruit le sacrement de Confirmation, il est nécessaire d'être en état de grâce, c'est-à-dire, d'avoir

conservé l'innocence baptismale, ou de l'avoir recouvrée par la pénitence. La Confirmation est un sacrement des *vivants,* qui n'est que pour ceux qui ont la vie de la grâce. Celui donc qui recevrait ce sacrement avec la conscience chargée d'un péché mortel ou qu'il croirait mortel, non-seulement se priverait de la grâce sacramentelle, mais encore commettrait un sacrilége. C'est pourquoi les curés doivent engager les fidèles qui désirent d'être confirmés, à se purifier par le sacrement de Pénitence de tous les péchés dont ils pourraient être coupables. Ils les exhorteront tous indistinctement à faire une bonne confession, avant de s'approcher de la Confirmation.

149. Mais peut-on exiger cette confession? Il est certain qu'on ne peut l'exiger de tous les confirmands, puisque ceux qui sont en état de grâce, ou qui, de bonne foi, se croient exempts de tout péché mortel, peuvent recevoir l'onction sainte sans s'être confessés. Quant à celui qui se sent coupable d'une ou de plusieurs fautes graves, les docteurs ne s'accordent pas sur la question de savoir s'il est obligé de recourir au tribunal de la pénitence pour se préparer à la Confirmation. Les uns pensent qu'il y est tenu ; ils se fondent sur le concile de Trente, qui ne lui permet pas de communier avant d'avoir reçu l'absolution ; et sur les conciles de Reims (1), de Rouen (2), de Tours (3), de Bourges (4), d'Aix (5), qui prescrivent la confession, disent-ils, à ceux qui veulent recevoir la Confirmation (6). Les autres, au contraire, enseignent que la confession n'est point nécessaire dans le cas dont il s'agit; qu'il suffit que celui qui croit avoir commis quelque péché mortel s'excite à la contrition parfaite. Ils ne le dispensent point de la nécessité d'être en état de grâce, mais ils le dispensent de la nécessité de se confesser avant la Confirmation, parce qu'on peut se réconcilier avec Dieu par la contrition : « Requiritur, dit Billuart, status gratiæ « saltem prudenter æstimatus per confessionem *vel* contritionem (7). « Satis est elici contritionem probabiliter æstimatam, comme s'ex- « prime saint Alphonse de Liguori (8). Confirmandus existens in « mortali debet se disponere ad sacramentum Confirmationis *vel* « contritione, *vel* attritione una cum confessione ; confessio enim « videtur esse de consilio, non de præcepto, ut communiter dicunt « doctores (9). »

---

(1) De 1583. — (2) De 1581. — (3) De 1583. — (4) De 1584. — (5) De 1585. — (6) Voyez Collet, Bailly, les *Théologies* de Poitiers, de Toulouse, etc. — (7) De Confirmatione, art. 8. § 1. — (8) Lib. vi. n° 34. — (9) Ibidem. n° 85.

150. Ce second sentiment nous paraît plus probable que le premier. Il n'existe aucune loi générale de l'Église qui oblige à la confession le confirmand qui est en état de péché mortel. Le décret du concile de Trente, qu'on objecte, n'atteint que celui qui, ayant quelque faute grave sur la conscience, désire communier; et il est fondé sur l'éminente sainteté du sacrement du corps et du sang de Jésus-Christ : « *Ne tantum sacramentum indigne suma-* « *tur* (1). » On ne peut non plus se prévaloir contre nous des conciles que nous venons de citer : on peut dire qu'ils conseillent la confession plutôt qu'ils ne l'ordonnent; soit parce qu'ils parlent indistinctement de tous les confirmands, dont plusieurs cependant, de l'aveu de tous, de l'aveu de Collet lui-même, ne sont pas obligés de se confesser avant la Confirmation; soit parce que celui d'Aix se borne à rappeler aux curés qu'ils doivent avertir les fidèles de confesser leurs péchés : « *Moneantur* omnes confirmandi ut ante « hujus sacramenti susceptionem peccata sua confiteantur; » soit parce que les conciles de Toulouse (2), d'Avignon (3) et de Narbonne (4), qui ont eu lieu dans le même temps que les conciles sur lesquels on appuie le sentiment contraire, recommandent simplement d'exhorter les confirmands à la confession, *hortentur;* soit enfin parce que les conciles de Bordeaux, qui sont encore de la même époque (5), n'exigent que la confession *ou* la contrition pour ceux qui sont coupables de péchés mortels : « Moneantur qui adulti « sunt, ut ad tantum sacramentum non accedant, nisi præmissa « peccatorum confessione, *aut* saltem maximo peccatorum dolore, « et mature confitendi proposito. »

151. D'ailleurs, le Rituel romain est évidemment favorable à notre sentiment. Il convient, dit ce rituel, que le prêtre qui se sent coupable de quelque péché mortel se confesse avant d'administrer un sacrement : « Sacerdos, si fuerit peccati mortalis sibi « conscius, ad sacramentorum administrationem non audeat acce- « dere, nisi prius corde pœniteat; sed si habeat copiam con- « fessari et temporis locique ratio ferat, convenit confiteri. » *Convenit*, il convient; ce n'est donc qu'un conseil, et non un précepte (6). Or, il en est de celui qui doit recevoir un sacrement des *vivants* autre que l'Eucharistie, comme de celui qui doit l'administrer; on est d'accord sur ce point : donc il n'y a pas d'obligation proprement dite, pour celui qui a commis une faute grave, de se confesser avant la Confirmation.

(1) Voyez, ci-dessus, le n° 36. — (2) De 1590. — (3) De 1594. — (4) De 1609. — (5) De 1583 et 1624. — (6) Voyez, ci-dessus, le n° 47.

**152.** Enfin, le pontifical romain, qui est entre les mains de tous les évêques du rite latin, ne demande que la confession *ou* la contrition ; l'une ou l'autre est nécessaire, mais l'une ou l'autre suffit : « Adulti deberent prius peccata confiteri, et postea confirmari, vel « saltem de *mortalibus,* si in ea inciderint, *conterantur.* » Et nous trouvons la même disposition dans les actes de l'assemblée du clergé de France, tenue à Melun en 1579 : « Adulti inconfessi accedere ad « Confirmationem haud præsumant, *aut* saltem sine maximo dolore « commissorum peccatorum et proposito confitendi (1). » On ne regardera donc point comme une opinion nouvelle et de contrebande le sentiment qui dispense les confirmands de l'obligation de se confesser avant de recevoir l'onction sainte (2).

Nous le répétons : les curés et vicaires exhorteront tous les confirmands à s'approcher, même de bonne heure, du tribunal de la pénitence ; mais un prêtre zélé, d'un zèle suivant la science et la charité, les y déterminera plus efficacement par la persuasion qu'en exagérant les obligations du chrétien. Qu'il leur fasse connaître, autant que possible, l'excellence du sacrement ; qu'il leur inspire le désir de le recevoir et de le recevoir dignement, et il obtiendra d'eux facilement qu'ils s'y préparent par le sacrement de la réconciliation.

**153.** Il arrive assez souvent que, la veille ou l'avant-veille du jour fixé pour la cérémonie de la Confirmation, un confesseur se trouve grandement embarrassé à l'égard d'un pénitent qui tient beaucoup, pour un motif ou pour un autre, à être confirmé, mais qu'on ne croit pas pouvoir absoudre, parce qu'on ne remarque pas en lui les dispositions nécessaires pour l'absolution. Que fera ce confesseur ? Pour ne pas aller trop loin, il se contentera de lui dire qu'il regrette de ne pouvoir l'absoudre ; qu'il ne doit point communier, et qu'il faut être en état de grâce pour recevoir la Confirmation ; qu'il ne peut, par conséquent, se présenter pour ce sacrement, à moins qu'il ne s'excite à la contrition parfaite avant de recevoir l'onction du saint chrême. Il serait dangereux, ce nous semble, et même inexact, de lui dire qu'il ne peut s'approcher du sacrement de Confirmation sans avoir reçu l'absolution sacra-

---

(1) Concilia novissima Galliæ, par Odespun. — (2) C'est le sentiment de S. Alphonse de Liguori, de Billuart, du P. Pantzouti, auteur moderne ; de Sylvestre, du cardinal de Lugo, de Suarez, de Cabassut, de Vasquez, de Viva, de Bonacina, de Ledesma, de Vivalde, de Woit, de Réding, de Metzger, de Mazotta, de Babenstuber, de Henno, de Platel, d'Isambert, de Lacroix, d'Agudius, de Holzmann, de Reuter, etc., etc.

mentelle, sous peine de commettre un sacrilége ; puisque, d'après le sentiment certainement probable et bien fondé que nous venons d'exposer, il suffit qu'il soit contrit, ou qu'il se croie prudemment contrit de ses péchés : *De mortalibus conteratur.* Et s'il reçoit l'onction sainte, croyant avoir la contrition sans l'avoir en effet, pourvu toutefois qu'il ait l'attrition, non-seulement il ne fera pas de sacrilége, mais il recevra même la grâce du sacrement, comme l'enseignent saint Thomas, saint Antonin, saint Alphonse, et la plupart des théologiens (1). « Si aliquis adultus in peccato existens, « dit le Docteur angélique, cujus conscientiam non habet, *vel si* « *etiam non perfecte contritus* accedat (ad Confirmationem) dum- « modo non fictus accedat, per gratiam collatam in hoc sacramento « consequitur remissionem peccatorum (2). » La prudence veut qu'on tienne la même conduite à l'égard des fiancés qu'on ne croit pas pouvoir absoudre avant leur mariage; car la confession n'est pas plus nécessaire pour ce sacrement que pour celui de la Confirmation.

154. Généralement, les évêques ne confirment que les fidèles qui leur sont présentés par leur curé. Aussi, d'après un usage assez généralement suivi, les curés remettent un billet à ceux qui doivent recevoir la Confirmation, sur lequel est écrit le nom de baptême de la personne qui se présente. Ce billet est signé du curé ou du vicaire, afin d'éviter que quelques personnes ne s'introduisent dans les rangs sans s'être préparés au sacrement. Le curé doit refuser ce billet à ceux qui, eu égard à leur âge, ne sont pas suffisamment instruits des éléments de la foi chrétienne; mais il ne le refusera pas à ceux qui savent l'Oraison dominicale, la Salutation angélique et le Symbole des apôtres, qui connaissent les principales obligations du chrétien et ont quelque notion du sacrement de Confirmation, quoiqu'ils ne puissent pas répondre catégoriquement aux questions du catéchisme.

155. Le curé n'admettra point non plus ceux qui sont publiquement excommuniés ou interdits, tant qu'ils ne se seront pas fait relever des censures, ni ceux qui, s'étant rendus coupables de quelques grands crimes, n'ont pas réparé le tort ou le scandale qu'ils ont commis : « Nullus excommunicatus, interdictus, vel gravio- « ribus facinoribus alligatus, aut christianæ fidei rudimentis non « edoctus, dit le pontifical romain, ingerat se ad percipiendum hoc « sacramentum. » Il éloignera aussi ceux qui vivent notoirement

---

(1) Voyez, ci-dessus, le n° 22. — (2) Sum. part. 3. quæst. 72. art. 7.

dans l'adultère ou dans le concubinage, ou qui ne sont mariés que civilement (1). Enfin, il n'accordera point le billet d'admission à ceux qui, n'ayant pas satisfait au précepte de la confession annuelle, refusent de s'approcher du tribunal de la pénitence. Pour ce qui regarde les acteurs et les actrices, nous pensons qu'on peut les admettre à la Confirmation, s'il n'y a pas d'autre obstacle que leur profession, que nous distinguons de celle des histrions. Mais un curé s'en rapportera au jugement de son évêque, et pour ce qui regarde les comédiens, et pour d'autres cas qui pourraient l'embarrasser.

## CHAPITRE VI.

### Des Cérémonies de la Confirmation.

156. On doit, autant que possible, administrer la Confirmation à l'église (2). Les confirmands y étant arrivés, on leur recommande de n'en pas sortir avant que la cérémonie soit terminée. On les fait ranger en ligne sur la longueur de l'église, en mettant les hommes du côté de l'Évangile et les femmes du côté de l'Épître. Quand la première ligne des hommes a reçu l'onction, on la fait passer derrière les autres lignes, pendant que la première ligne des femmes reçoit la Confirmation, et ainsi successivement. Il convient de suivre cet ordre dans toutes les églises où il est possible de le faire, à moins que l'évêque ne juge à propos de confirmer les fidèles à la table de la communion, ou de les faire venir près de lui, demeurant assis sur son fauteuil. Ils doivent être à genoux tandis qu'on leur fait l'onction, ainsi que pendant la récitation des prières qui précèdent et suivent immédiatement la Confirmation.

L'évêque, revêtu d'un rochet, d'une étole et d'une chape de couleur blanche, ayant la mitre et la crosse, se tourne vers le peuple, et donne des avis aux confirmands. Puis, ayant déposé la mitre et la crosse, il commence la cérémonie, en invoquant le Saint-Esprit par les prières suivantes (3) :

« Spiritus Sanctus superveniat in vos, et virtus Altissimi custodiat

(1) Voyez ce que nous avons dit, au n° 51, de ceux qu'on doit éloigner des sacrements. — (2) Voyez, ci-dessus, le n° 143. — (3) Les curés devant expliquer à leurs paroissiens les prières et les cérémonies de la Confirmation, nous les rapportons ici en faveur de ceux qui n'ont pas le pontifical romain.

« vos a peccatis. *Resp.* Amen. — Adjutorium nostrum in nomine
« Domini. *R.* Qui fecit cœlum et terram. — Domine, exaudi ora-
« tionem meam. *R.* Et clamor meus ad te veniat.—Dominus vo-
« biscum. *R.* Et cum spiritu tuo. »

157. Étendant les mains vers les confirmands, le pontife continue :

« *Oremus.* Omnipotens sempiterne Deus, qui regenerare digna-
« tus es hos famulos tuos ex aqua et Spiritu sancto ; quique dedisti
« eis remissionem omnium peccatorum, emitte in eos septiformem
« Spiritum tuum sanctum paracletum de cœlis. *R.* Amen. — Spiritum
« sapientiæ et intellectus. *R.* Amen. — Spiritum consilii et fortitu-
« dinis. *R.* Amen.— Spiritum scientiæ et pietatis. *R.* Amen.—Adimple
« eos spiritu timoris tui, et consigna eos signo crucis Christi, in vi-
« tam propitiatus æternam. Per eumdem Dominum nostrum Jesum
« Christum filium tuum, qui tecum vivit et regnat in unitate ejusdem
« Spiritus sancti Deus, per omnia sæcula sæculorum. *R.* Amen. »

Cette prière est appelée, par les Pères, *oratio invitans, advocans Spiritum sanctum*. Il faut avertir les fidèles de se recueillir pendant cette prière, et de s'unir au pontife, en demandant à l'Esprit-Saint de descendre en eux avec la plénitude de ses dons. L'imposition des mains de l'évêque, qui accompagne l'invocation, est une cérémonie mystérieuse qui exprime tout à la fois notre affranchissement complet de l'esclavage du démon, et la puissante protection de Dieu à l'égard de ceux qui s'enrôlent dans la milice sainte.

158. Après cette cérémonie préparatoire, l'évêque prend du saint chrême avec l'extrémité de son pouce de la main droite, et, appelant le confirmand par son nom de baptême, il lui fait l'onction sur le front en forme de croix, en disant : « Signo te signo † Crucis,
« et confirmo te chrismate salutis. In nomine † Patris, et † Filii,
« et † Spiritus sancti. *R.* Amen. » L'onction se fait sur le front en forme de croix, pour nous avertir de ne point rougir de la croix de Jésus-Christ, et de nous armer d'une sainte hardiesse contre tout ce qui pourrait nous détourner de son service. L'onction étant faite, l'évêque donne un petit soufflet au confirmé, pour lui rappeler qu'étant parfait chrétien, il doit être prêt à souffrir toutes sortes de mépris, d'outrages et d'humiliations pour le nom de Jésus-Christ. Il lui dit en même temps : La paix soit avec vous, *Pax tecum*, pour lui faire entendre que l'on ne conserve la paix que par la patience. Nous avons expliqué plus haut ce qui regarde le saint chrême (1).

(1) Voyez, ci-dessus, le n° 132, etc.

Autrefois, c'était l'usage de ceindre le front du confirmé d'un bandeau qu'il conservait plusieurs jours ; cette pratique, en témoignant le respect qui est dû au saint chrême, annonçait aux fidèles le soin avec lequel ils doivent conserver la grâce de la Confirmation. Aujourd'hui, on ne se sert plus de bandeau, du moins dans la plupart des diocèses de France : un prêtre essuie, immédiatement après l'onction, le front des confirmés, avec du coton. Les curés avertiront leurs paroissiens de ne point toucher leur front, de n'y pas porter la main, de ne pas faire le signe de la croix, avant qu'ils aient été essuyés.

159. Ensuite, tandis que l'évêque s'essuie les mains, ceux qui l'assistent chantent ou récitent l'antienne : « Confirma hoc, Deus, « quod operatus es in nobis a templo tuo quod est in Jerusalem. « Gloria Patri, etc. » Après quoi le pontife, tourné vers l'autel, fait la prière suivante :

« Ostende nobis, Domine, misericordiam tuam. R. Et salutare « tuum da nobis. — Domine, exaudi orationem meam. R. Et cla« mor meus ad te veniat. — Dominus vobiscum. R. Et cum spiritu « tuo. »

« *Oremus*. Deus qui Apostolis tuis sanctum dedisti Spiritum, et « per eos eorumque successores cæteris fidelibus tradendum esse « voluisti, respice propitius ad humilitatis nostræ famulatum ; et « præsta, ut eorum corda, quorum frontes sacro chrismate delini« vimus, et signo sanctæ crucis signavimus, idem Spiritus in eis « superveniens, templum gloriæ suæ dignanter inhabitando perfi« ciat. Qui cum Patre et eodem Spiritu sancto vivis et regnas, « Deus, in sæcula sæculorum. R. Amen. »

« Ecce sic benedicetur omnis homo qui timet Dominum. » Et, se tournant vers les confirmés, il les bénit en faisant le signe de la croix sur eux : « Benedicat † vos Dominus ex Sion, ut videatis « bona Jerusalem omnibus diebus vitæ vestræ, et habeatis vitam « æternam. R. Amen. »

La cérémonie de la Confirmation étant achevée, le pontifical prescrit à l'évêque d'avertir les parrains et marraines des obligations qu'ils ont contractées envers leurs filleuls et filleules, et particulièrement de l'obligation de leur apprendre le Symbole des apôtres, l'Oraison dominicale et la Salutation angélique. D'où est venu l'usage parmi nous de faire réciter aux confirmés le *Credo*, le *Pater* et l'*Ave*, avant de sortir de l'Église.

Autrefois, on donnait, généralement, des parrains et marraines aux confirmands ; des parrains pour les hommes, et des marraines pour les femmes. Aujourd'hui, on omet cette cérémonie dans un grand nombre de diocèses ; mais si elle a lieu, on ne doit admettre pour parrains et marraines, ni ceux qui n'ont pas encore été confirmés, ni ceux que les règlements ecclésiastiques excluent de cette fonction. Quiconque ne peut être parrain pour le Baptême, ne peut l'être pour la Confirmation. Le parrain et la marraine contractent, et avec la personne confirmée, et avec ses père et mère, la même affinité que dans le Baptême.

160. Le curé de la paroisse où l'on vient d'administrer la Confirmation aura soin de brûler le coton dont on s'est servi pour essuyer le front des confirmés, et de laver les linges qui seraient empreints de saint chrême. Les cendres du coton seront jetées dans la piscine ; on y versera aussi l'eau avec laquelle on aura lavé les linges, ainsi que l'eau et la mie de pain qui auront servi à nettoyer les mains de l'évêque.

Il conviendrait qu'il y eût, dans chaque paroisse, un registre pour la Confirmation, distinct des registres de Baptêmes, de Mariages, et de sépultures. Cela est même prescrit par plusieurs conciles. Cependant, ce registre, quoique vraiment utile, n'est point nécessaire dans les diocèses où les jeunes gens ne sont admis à la Confirmation qu'à l'âge de dix ou douze ans, surtout si on n'y emploie plus de parrains et marraines. Sur ce point, les curés s'en rapporteront à l'usage et aux règlements de leur diocèse.

## TRAITÉ DE L'EUCHARISTIE.

**161.** De tous les mystères ou sacrements établis par Jésus-Christ, il n'en est point, dit le Catéchisme du concile de Trente, qui puisse être comparé à l'auguste sacrement de l'Eucharistie (1). Il est le plus grand, le plus saint de tous les sacrements ; il est comme la fin, le terme auquel se rapportent le Baptême, la Confirmation, la Pénitence, l'Extrême-Onction, l'Ordre et le Mariage : « Omnia « alia sacramenta ordinari videntur ad hoc sacramentum sicut ad « finem (2). »

On considère l'Eucharistie comme sacrement et comme sacrifice.

# PREMIÈRE PARTIE.

### DE L'EUCHARISTIE COMME SACREMENT.

## CHAPITRE PREMIER.

*De la Notion et de l'Institution du sacrement de l'Eucharistie.*

**162.** Conformément au dogme de l'Église catholique, on définit le sacrement de l'Eucharistie : un sacrement de la loi nouvelle, qui contient vraiment, réellement et substantiellement, sous les espèces du pain et du vin, le corps, le sang, l'âme et la divinité de Notre-Seigneur Jésus-Christ, qui l'a institué pour en faire la nourriture spirituelle des fidèles.

L'Eucharistie est un *sacrement* : les luthériens, les calvinistes et les anglicans sont d'accord avec nous sur ce point. En effet, l'Eucharistie réunit toutes les qualités nécessaires à un sacrement. C'est un signe sensible, car les espèces du pain et du vin conservent leur forme extérieure, quoique la substance du pain et du vin soit changée au corps et au sang de Notre-Seigneur Jésus-Christ. Ce

---

(1) De Eucharistiæ sacramento, § 1. — (2) S. Thomas, Sum. part. 3. quæst. 65. art. 3.

signe figure trois choses. La première est la passion du Sauveur. « Quotiescumque manducabitis panem hunc, et calicem bibetis, « mortem Domini annuntiabitis (1). » La seconde est la grâce de Dieu, qui est donnée par ce sacrement, pour la nourriture et le soutien de nos âmes : « Caro mea vere est cibus, et sanguis meus « vere est potus; qui manducat meam carnem, et bibit meum san- « guinem, in me manet, et ego in illo (2). » La troisième est la vie éternelle, que Jésus-Christ a promise : « Si quis manducaverit ex « hoc pane vivet in æternum (3). » Et quoique l'Eucharistie comprenne le corps et le sang de Notre-Seigneur sous les différentes espèces du pain et du vin, elle ne forme cependant qu'un seul sacrement, parce que ces deux parties du sacrement n'ont qu'une seule et même fin, qui est notre réfection spirituelle, comme le manger et le boire concourent à notre réfection corporelle.

163. L'Eucharistie contient *vraiment*, *réellement* et *substantiellement* le corps, le sang, l'âme et la divinité de Notre-Seigneur, c'est-à-dire, Jésus-Christ tout entier. C'est un article de foi, défini de la manière la plus expresse par le concile de Trente : « Si quis « negaverit, in sanctissimæ Eucharistiæ sacramento contineri vere, « realiter et substantialiter corpus et sanguinem una cum anima et « divinitate Domini nostri Jesu Christi ac proinde totum Christum; « sed dixerit tantummodo esse in eo, ut in signo vel figura, aut « virtute, anathema sit (4). » Le corps de Jésus-Christ, présent dans l'Eucharistie, n'y est ni dans le pain, ni avec la substance du pain; il y remplace la substance du pain qui est changée au corps de Notre-Seigneur, comme la substance du vin y est changée en son sang; c'est ce que l'Église appelle *transsubstantiation* (5). Il ne reste donc dans l'Eucharistie, après la consécration, que les espèces, *species*, ou apparences du pain et du vin, qui en sont la forme, la couleur, l'odeur et le goût.

Le corps de Jésus-Christ est, dans l'Eucharistie, le même, quant à la substance, que celui qui est né de la sainte Vierge, qui a été crucifié, qui est ressuscité et qui est monté au ciel, et il est vivant dans l'Eucharistie. Il y est tel qu'il était lorsqu'il dit à ses Apôtres : Ceci est mon corps, *hoc est corpus meum*. Et voilà pourquoi ce sacrement contient le corps, le sang, l'âme et la divinité de Notre-Seigneur. Pour la même raison, Jésus-Christ est tout entier sous chacune des espèces eucharistiques. Le sang est par

---

(1) 1. Corinth. c. 11. v. 26. — (2) Joan. c. 6. v. 56 et 57. — (3) Ibidem. v. 52. — (4) Sess. xiii. can. 1. — (5) Concil. de Trente, ibidem. can. 1.

concomitance sous les espèces du pain, et le corps de même par concomitance sous les espèces du vin. Et lorsque les espèces sont divisées, chaque partie, pourvu qu'elle soit naturellement sensible, contient encore le corps et le sang de Jésus-Christ (1).

Le corps de Jésus-Christ n'est pas seulement présent au moment de la consécration et de la Communion. A la différence des autres sacrements, qui passent avec l'action qui les produit, l'Eucharistie est un sacrement permanent : il dure jusqu'à ce que les espèces soient consommées ou essentiellement altérées, ou divisées au point de n'être plus sensibles (2).

164. L'Eucharistie est un sacrement institué par Notre-Seigneur Jésus-Christ. L'heure étant arrivée de passer de ce monde à son Père, mais voulant rester avec les siens jusqu'à la fin des siècles, il institua ce sacrement pour nous témoigner l'excès de son amour, pour continuer dans son Église le sacrifice qu'il devait offrir sur la croix, et nous en appliquer le prix, surtout en se donnant à nous par la sainte Communion. Il l'institua la veille de sa passion : après avoir célébré la Pâque avec les Apôtres, il prit du pain, le bénit en rendant grâces à Dieu, le rompit, et le donna à ses disciples, en disant : Prenez et mangez, ceci est mon corps : *Hoc est corpus meum.* Ensuite, prenant la coupe, il rendit grâces, en disant : Buvez tous de ceci, car ceci est mon sang de la nouvelle alliance, qui sera versé pour la rémission des péchés : « *Hic est « enim sanguis meus novi testamenti, qui pro multis effundetur « in remissionem peccatorum* (3); » faites cela en mémoire de moi : « *Hoc facite in meam commemorationem* (4). »

Le sacrement de l'Eucharistie a été institué pour être la nourriture de nos âmes : « Tanquam spiritualis animarum cibus quo « alantur et confortentur viventes vita illius qui dixit : *Qui man-« ducat me et ipse vivet propter me* (5). »

(1) Concil. de Trente, ibidem. can. 3. — (2) Concil. de Trente, ibidem. can. 4. — (3) Matth. c. 26. v. 28. — (4) Luc. 22. v. 19. — (5) Concil. de Trente, ibidem cap. 2.

# CHAPITRE II.

*De la Matière et de la Forme du sacrement de l'Eucharistie.*

L'Eucharistie, comme les autres sacrements, a une matière et une forme qui lui sont propres.

### ARTICLE I.

*De la Matière du sacrement de l'Eucharistie.*

165. Il s'agit de la matière nécessaire pour la consécration ; or, on ne peut consacrer que le pain et le vin. Le pain et le vin forment donc la matière du sacrement de l'Eucharistie : « Tertium est « Eucharistiæ sacramentum, dit le pape Eugène IV, cujus materia « est panis triticeus et vinum de vite, cui ante consecrationem aqua « modicissima admisceri debet (1). » Le pain que l'Église a toujours employé, à l'exemple de Notre-Seigneur, le seul dont on puisse licitement et validement faire usage pour l'Eucharistie, est le pain naturel, le pain proprement dit, le pain de froment, *panis triticeus*. On ne peut consacrer le pain fait avec de la farine d'avoine, d'orge ou de blé sarrasin : la consécration serait nulle ; elle serait encore nulle, ou du moins douteuse, si c'était du pain de seigle. Quant au pain dans lequel il est entré d'autre farine que celle de froment, on ne pourra s'en servir à l'autel, qu'autant que cette farine étrangère ne serait qu'en petite quantité. Si on avait mêlé avec le froment la même quantité de grains d'une autre espèce, le pain ne serait plus du pain de froment : il ne serait point par conséquent matière compétente du sacrement. Le pain ne doit être pétri qu'avec de l'eau naturelle ; le gâteau fait avec du lait, du beurre, du miel, du sucre, n'offrirait qu'une matière nulle ou douteuse. La pâte qui ne serait pas cuite, quoiqu'elle fût de farine de froment pétrie avec de l'eau, ne pourrait non plus être consacrée ; la pâte n'est pas du pain. Tout mélange, toute altération qui ferait perdre au pain sa dénomination, rendrait la consécration

---

(1) Decret. ad Armenos.

nulle; mais si le pain n'est que faiblement altéré, s'il n'est pas encore corrompu, s'il commence seulement à se corrompre, la consécration serait valide; néanmoins, on ne pourrait le consacrer sciemment sans commettre une faute grave (1).

166. Il est indifférent, pour la validité de la consécration, de se servir du pain levé ou du pain sans levain, qu'on appelle azyme; car le pain azyme et le pain ordinaire ou fermenté, sont l'un et l'autre du pain naturel. Aussi, l'Église latine se servant uniquement du pain azyme, et l'Église grecque du pain fermenté, le concile de Florence, de l'an 1439, ordonna que chaque Église conserverait son usage : que les prêtres grecs célébreraient toujours avec le pain fermenté, et les prêtres latins avec le pain azyme. Le prêtre qui ne se conformerait pas à ce règlement consacrerait, à la vérité, validement, mais il pécherait mortellement (2). D'après le sentiment le plus communément reçu, il ne serait pas permis à un prêtre latin de consacrer, parmi nous, avec du pain fermenté, lors même qu'il serait dans l'impossibilité de se procurer du pain azyme, et qu'il s'agirait de dire la messe un jour de dimanche, ou d'administrer le saint viatique à un moribond. Le respect qui est dû au sacrement l'emporte et sur l'obligation d'entendre la messe, et sur l'utilité du malade auquel la communion n'est point nécessaire (3). Il en serait autrement, si le prêtre qui est à l'autel, s'apercevant, après la consécration, que le pain sur lequel il a prononcé les paroles sacramentelles est entièrement corrompu, ne pouvait se procurer que du pain ordinaire. Dans ce cas, non-seulement il pourrait recourir à du pain fermenté, mais il y serait même obligé pour achever la messe et consommer le sacrifice (4).

On sait que la formule du pain eucharistique, qu'on appelle *hostie*, doit être très-mince, et plus grande pour la célébration des saints mystères que pour la communion des fidèles; mais, à défaut d'une grande hostie, on peut se servir d'une petite lorsque les fidèles sont tenus d'entendre la messe, ou lorsqu'on est obligé de la dire, pour pouvoir administrer le viatique à un malade; seulement, si on avait lieu de craindre que quelques fidèles en fussent scandalisés, il faudrait les prévenir que, dans le cas dont il s'agit, on peut célébrer la messe avec une petite hostie, sans aller contre l'esprit de l'Église.

167. La matière du sacrement comprend le pain de froment et le vin proprement dit, le vin qui provient de la vigne, *Vinum de*

---

(1) Rubriques du Missel romain, *de Defectibus*. — (2) Ibidem. — (3) S. Alphonse de Liguori, liv. VI. n° 203. — (4) Collet, de Eucharistia, part. I. cap. 3.

*vite*. Le prêtre qui n'a pas tout à la fois le pain et le vin ne doit jamais entreprendre de dire la messe. « Christus corpus et sangui-
« nem suum sub speciebus panis et vini Deo patri obtulit; ac sub
« earumdem rerum symbolis, Apostolis, ut sumerent, tradidit, et
« eisdem eorumque in sacerdotio successoribus, ut offerrent, præce-
« pit per hæc verba : *Hoc facite in meam commemorationem*,
« uti semper catholica Ecclesia intellexit et docuit (1). » La consécration du pain sans celle du vin, ou la consécration du vin sans celle du pain, serait, il est vrai, valide, mais sacrilége. Si donc, entre l'une et l'autre consécration, le prêtre venait à mourir ou à se trouver mal au point de ne pouvoir continuer, un autre prêtre devrait continuer et terminer la messe, lors même qu'il aurait déjà célébré, ou qu'il ne serait plus à jeun, ou qu'il serait lié par quelque censure (2).

168. C'est le vin naturel qui fait partie de la matière du sacrement de l'Eucharistie. On ne peut consacrer ni le suc qui se tire des pommes, des poires, des cerises, ni le verjus, ni même la grappe entière du raisin; il n'y a que le jus qui en est exprimé qui puisse servir de matière à la consécration. Mais il n'en est pas de même du moût ou du vin doux : il est réputé vin dans le langage commun, et on peut le consacrer validement; mais la consécration en serait gravement illicite. Il est également défendu de faire usage du vin qui commence à s'aigrir ou à se corrompre, quoique la consécration en soit valide. S'il était converti en vinaigre, ou s'il était entièrement gâté, corrompu, la consécration serait nulle.

Le vin, de quelque pays qu'il soit, peut être consacré; cependant, comme rarement on est sûr que les vins étrangers soient naturels, et qu'ils sont très-sujets à être falsifiés, on ne doit pas, généralement, s'en servir pour la célébration des saints mystères.

169. Il est d'ailleurs ordonné par les canons de mettre un peu d'eau naturelle avec le vin dans le calice, de manière à ce qu'il y ait toujours beaucoup moins d'eau que de vin, *aqua modicissima*, dit Eugène IV. Suivant plusieurs auteurs, on peut mettre un tiers d'eau avec deux tiers de vin; mais il y aurait danger d'en mettre davantage. Le parti le plus prudent, le plus sûr, est d'en mettre moins d'un tiers, surtout lorsqu'on se sert d'un vin faible pour la messe. C'est à l'autel, et au temps indiqué par le Missel, que le mélange de l'eau avec le vin doit se faire. Si on ne l'a pas

---

(1) Concil. de Trente, sess. xxii. cap. 1. — (2) Rubriques du Missel romain, *de Defectibus*.

fait, il faut réparer cette omission : on le peut jusqu'à la consécration du calice; passé ce temps, il n'y a plus rien à faire, on doit continuer le saint sacrifice : « Si vinum sit factum penitus acetum,
« vel penitus putridum, vel de uvis acerbis seu non maturis ex-
« pressum vel ei admixtum tantum aquæ ut vinum sit corruptum,
« non conficitur sacramentum. Si vinum cœperit acessere, vel cor-
« rumpi, vel fuerit aliquantum acre, vel mustum de uvis tunc
« expressum, vel non fuerit admixta aqua, vel fuerit admixta
« aqua rosacea seu alterius distillationis, conficitur sacramentum,
« sed conficiens graviter peccat.... Si celebrans ante consecratio-
« nem calicis advertat non fuisse appositam aquam, tunc imponat
« eam, et proferat verba consecrationis. Si id advertat post conse-
« crationem calicis, nullomodo apponat, quia non est de necessi-
« tate sacramenti (1). »

Les théologiens ne sont pas d'accord entre eux, si le vin gelé est une matière suffisante pour être consacrée. Il y en a qui estiment que la consécration ne serait pas valide; d'autres, en grand nombre, sont d'un sentiment contraire. Dans ce conflit, il ne serait pas permis de consacrer du vin gelé. Il faudrait prendre d'autre vin, ou faire fondre la glace du premier en échauffant le calice, comme on doit le faire lorsque les espèces se sont gelées après la consécration (2). Mais si un prêtre venait à consacrer du vin gelé, on devrait, dit saint Alphonse, le regarder comme vraiment consacré; parce que le premier sentiment n'est pas suffisamment fondé : « At casu quo sacerdos illicite consecrasset vinum congelatum, te-
« nendum est pro vere consecrato, nec ille licite posset alterum
« vinum consecrare, quia puto primam sententiam nulla pollere
« solida probabilitate (3). »

La quantité de pain et de vin nécessaire pour le sacrement n'est pas déterminée; mais il est indispensable que l'on puisse naturellement, à l'aide des sens, distinguer le pain et le vin de tout ce qui n'est ni pain ni vin; car la matière sacramentelle doit être sensible.

170. Que doit faire le prêtre lorsque, étant à l'autel, il s'aperçoit que le pain qu'il a préparé pour la messe n'est pas du pain de froment, ou qu'il est substantiellement altéré? S'il s'en aperçoit avant la consécration, il doit mettre ce pain de côté, se faire apporter une autre hostie, l'offrir, et continuer la messe, en repre-

---

(1) Rubriques du Missel romain, *de Defectibus*. — (2) Rubriques, ibidem. — (3) Liv. VI. n° 207.

nant à l'endroit où il en était lorsqu'il s'est aperçu de sa méprise. Dans le cas où il aurait déjà dit l'oraison *Suscipe, sancte Pater*, il suffirait de renouveler intérieurement l'oblation, *oblatione saltem mente concepta* (1). S'il ne découvre son erreur qu'en communiant sous l'espèce du pain, avant d'avoir pris le précieux sang, il se fait aussitôt apporter une autre hostie; il l'offre au moins mentalement, la consacre en commençant par ces paroles, *Qui pridie quam pateretur*, et communie immédiatement après cette consécration, sans répéter les prières ni les cérémonies qui ont été faites. Ici, le prêtre peut et doit communier, quoiqu'il ne soit plus à jeun; le précepte de l'intégrité du sacrifice l'emporte sur le précepte du jeûne. Mais s'il n'avait pas encore pris l'hostie dont il a reconnu l'altération, il devrait, dit la Rubrique, ou la prendre après la communion du corps et du sang, ou la faire prendre à un fidèle, en l'avertissant qu'elle n'est point consacrée, ou la conserver quelque part avec respect; mais il est bien plus simple que le prêtre la consomme lui-même après la communion.

171. Le prêtre qui ne s'aperçoit du défaut de la matière du pain qu'après qu'il a pris le précieux sang, doit renouveler l'oblation mentalement sous les deux espèces, et consacrer l'une et l'autre, en commençant à *Qui pridie quam pateretur*, sans répéter les paroles qui suivent la consécration. « Quod si hoc contingat post « sumptionem sanguinis, apponi debet rursus novus panis et vinum « cum aqua; et facta prius oblatione ut supra, sacerdos consecret, « incipiendo ab illis verbis, *Qui pridie*; ac statim sumat utrumque, « et prosequatur missam, ne sacramentum remaneat imperfectum, « et ut debitus ordo servetur. » Telle est la décision de la Rubrique (2), à laquelle tient Benoît XIV (3). On pourrait cependant se dispenser d'une nouvelle consécration sous l'espèce du vin, si on ne pouvait la renouveler sans inconvénient; si, par exemple, on ne pouvait commodément se procurer d'autre vin, ou si cela devait troubler les fidèles (4).

172. On suit les mêmes règles pour ce qui regarde le défaut essentiel que le célébrant remarque dans le vin. Si, avant la consécration du sang, il s'aperçoit qu'il n'y a pas de vin dans le calice, il doit aussitôt y en mettre avec un peu d'eau, l'offrir au moins mentalement, et le consacrer, en commençant à *Simili modo*. Nous supposons qu'il a déjà dit la prière de l'oblation *Offerimus*. S'il ne

---

(1) Rubriques générales du Missel romain, *de Defectibus*. — (2) Ibidem. — (3) De Sacrificio missæ, etc. — (4) Rubriques, ibidem.

peut se procurer ce qui lui manque, il doit se retirer de l'autel, à moins qu'il n'ait déjà consacré sous l'espèce du pain. Dans cette dernière hypothèse, il serait obligé de continuer la messe, en omettant ce qui correspond au sang de Jésus-Christ.

173. S'il ne s'aperçoit qu'on lui a servi de l'eau pour du vin qu'après avoir mis dans le calice la portion qu'on y met avant l'*Agnus Dei*, le Missel de Paris veut qu'on laisse dans le calice l'eau qui est avec cette même parcelle, et qu'on y mette du vin autant qu'il en faut pour la consécration. C'est sans contredit le parti le plus simple, quand il n'y a pas une trop grande quantité d'eau dans le calice; mais si on avait lieu de craindre qu'il y eût trop d'eau, ou si, comme il arrive quelquefois, le célébrant ne pouvait digérer que très-difficilement les espèces du vin dans la quantité qui serait nécessaire en cette hypothèse, on peut très-bien s'en tenir à la Rubrique du Missel romain, qui prescrit simplement de mettre l'eau dans un autre vase, de se faire apporter du vin avec un peu d'eau, de l'offrir, de le consacrer, en reprenant la formule de la consécration à *Simili modo*, sans répéter ni les prières ni les cérémonies qui ont été faites. Dans ce cas, le célébrant prendra, immédiatement après la consécration sous les deux espèces, l'eau qui contient la parcelle de l'hostie qui est consacrée.

174. Si le prêtre ne reconnaît sa méprise qu'après avoir pris le corps de Jésus-Christ sous les espèces du pain, ou même encore une partie de l'eau qu'on lui a donnée pour du vin, il renouvellera la consécration et sous l'espèce du pain et sous l'espèce du vin, après en avoir fait l'oblation au moins mentalement; puis aussitôt il communiera sous l'une et l'autre espèce. Cependant, une nouvelle consécration sous l'espèce du pain n'est point de rigueur; on peut l'omettre, quand on ne peut la faire sans inconvénient. Ainsi, par exemple, s'il célèbre dans un lieu public où il y a un certain nombre de personnes, il pourra, dit la Rubrique, pour éviter le scandale, se contenter d'offrir et de consacrer du vin avec de l'eau (1). Nous ferons remarquer que lorsque le prêtre ne reconnaît qu'au goût qu'on lui a donné de l'eau, il doit avaler ce qu'il a dans la bouche, sans en prendre davantage; l'obligation d'être à jeun pour communier cesse dans le cas présent. Si, au lieu d'un vin naturel, on a mis dans le calice du vinaigre ou du vin essentiellement altéré, ou toute autre liqueur qui ne peut servir de matière à la consécration, il faut se conduire comme si on y avait mis de l'eau.

---

(1) Rubriques du Missel romain, *de Defectibus*.

**175.** On demande ici ce que doit faire un prêtre qui ne peut remédier au défaut essentiel de la matière sacramentelle, pour la consécration de l'une ou de l'autre espèce. Il faut distinguer : ou le prêtre s'aperçoit du défaut d'une espèce avant la consécration, ou il ne s'en aperçoit qu'après. Dans la première hypothèse, il doit quitter l'autel; car il ne lui est pas permis de consacrer sous une seule espèce. Mais alors il avertira les fidèles du motif de sa retraite, afin de prévenir le scandale. Dans le second cas, il continuera la messe, omettant les paroles et les signes qui regardent l'espèce qui lui manque. Pour agir ainsi, il suffit qu'il ne puisse se procurer cette espèce sans trop faire attendre le peuple. « Si « nullo modo haberi possit, procedendum erit, et missa absolvenda, « ita tamen ut prætermittantur verba et signa quæ pertinent ad « speciem deficientem. Quod si expectando *aliquandiu* haberi « possit, expectandum erit, ne sacrificium remaneat imper- « fectum (1). »

Dans le doute de la bonté de l'espèce du pain ou du vin qu'on a offerte ou qu'on est sur le point d'offrir, on doit, avant toutes choses, s'en assurer, car il s'agit de la validité d'un sacrement. « Mais la consécration une fois faite, dit le rédacteur des *Confé-* « *rences d'Angers,* on ne doit pas se troubler, mais continuer « tranquillement, et encore plus après la communion, si on n'a pu « s'en assurer en communiant (2). »

Le prêtre qui ne s'aperçoit du défaut essentiel de la matière sacramentelle qu'après avoir quitté l'autel, ne doit pas y retourner pour renouveler la consécration.

**176.** La matière à consacrer doit être devant le prêtre, et déterminée par son intention. Les pronoms démonstratifs *hoc, hic,* dont on se sert dans la consécration, expriment une chose prochaine et connue. On distingue deux sortes de présences : l'une physique, qui est la proximité même de la chose; l'autre morale, qui est cette proximité connue. C'est la présence morale du pain et du vin qui est nécessaire pour le sacrement. Cette présence demande deux choses : 1° que le pain et le vin soient sur l'autel; 2° que le prêtre sache qu'ils y sont, et qu'il veuille les comprendre dans la consécration. Il faut que la matière soit sur l'autel; des pains placés dans le tabernacle ne seraient point consacrés, quand même le prêtre le voudrait, non plus que le vin qui est dans la burette près de

---

(1) Rubriques du Missel romain, *de Defectibus.* — (2) Conf. v, sur l'Eucharistie, quest. 2.

l'autel. Mais si les pains se trouvaient sur l'autel ou sur le corporal, dans un ciboire fermé, ou si le célébrant avait omis de découvrir le calice, il n'en consacrerait pas moins ces pains et le vin qui serait dans le calice, s'il les avait mis ou fait mettre sur le corporal pour être consacrés. Si le ciboire qui renferme les hosties était, quoique placé sur l'autel, éloigné du corporal, la consécration serait bien douteuse; il faudrait donc, ou les conserver pour les faire consacrer à une autre messe, ou les consommer après la communion. Mais il en serait autrement si le ciboire était tout près du corporal; l'intention qu'avait le célébrant de les consacrer n'a point été révoquée par l'oubli de les placer plus convenablement. Nous ajouterons que les hosties qui seraient placées sous la nappe de l'autel ou sous le corporal ne seraient point consacrées, soit parce qu'elles ne seraient point moralement présentes, soit parce que le prêtre ne pouvait avoir l'intention de les consacrer dans cette position. Il en serait encore de même de celles qu'on mettrait sur le corporal à l'insu du célébrant, s'il ne les remarquait pas, ou si, en les remarquant, il n'avait pas l'intention de les comprendre dans la consécration.

177. L'intention du prêtre relativement à la consécration doit être déterminée. Le prêtre qui aurait sous les yeux une certaine quantité d'hosties, et qui n'en voudrait consacrer que telles et telles, ne consacrerait réellement que celles-là; mais si, ayant devant lui dix hosties, il avait l'intention d'en consacrer seulement neuf, sans déterminer lesquelles, il n'en consacrerait aucune (1).

Pour éviter toute difficulté à cet égard, l'intention du prêtre doit toujours être de consacrer indéfiniment toutes les hosties qui sont devant lui; alors la consécration est valide, quoiqu'il ignore le nombre de ces hosties, ou qu'il se trompe sur leur quantité. En vertu de cette intention, celui qui a deux hosties à la main, croyant n'en avoir qu'une, consacre également l'une et l'autre.

178. On ne regarde pas comme consacrées les gouttes de vin qui se sont répandues hors du calice, parce qu'elles ne font point partie de ce qui est offert pour le sacrifice. En est-il de même de celles qui restent attachées aux parois intérieures de la coupe? Plusieurs théologiens pensent qu'elles ne sont point consacrées, parce qu'elles ne forment pas un tout avec le sang précieux, et que l'intention du prêtre est de ne consacrer que le vin qui est en masse dans le fond du calice. Nous ajouterons qu'une goutte de vin prise isolément,

---

(1) Rubriques du Missel romain.

et détachée du tout, n'est plus une matière suffisante pour le sacrement; le mot *bibite* n'aurait pas son application : néanmoins, le célébrant doit prendre ces gouttes en prenant le précieux sang, ou les ablutions. Pour ce qui regarde les parcelles qui se détachent des hosties avant la consécration, on ne les regarde pas comme consacrées, parce qu'on ne peut raisonnablement avoir l'intention de les comprendre dans la consécration. Mais il en est autrement de celles qui se détachent des hosties après la consécration, elles sont consacrées et sacramentelles, tandis qu'elles sont naturellement assez sensibles pour être distinguées de toute autre matière.

### ARTICLE II.

### *De la Forme du sacrement de l'Eucharistie.*

179. On tient communément, que le changement du pain et du vin au corps et au sang de Jésus-Christ se fait par la seule force de ces paroles : *Ceci est mon corps, ceci est mon sang;* que ces paroles, ainsi que la forme des autres sacrements, opèrent par elles-mêmes ce qu'elles signifient, sans qu'il soit nécessaire d'y joindre aucune prière. Néanmoins, toutes les fois qu'un prêtre doit consacrer, il est strictement obligé de prononcer, pour la consécration du pain, les paroles suivantes : « Qui pridie quam pateretur, accepit « panem in sanctas ac venerabiles manus suas, et elevatis oculis « in cœlum, ad te Deum patrem suum omnipotentem, tibi gratias « agens benedixit, fregit, deditque discipulis suis, dicens : Accipite « et manducate ex hoc omnes: *Hoc est enim corpus meum.* » Et, pour la consécration du vin, les paroles qui suivent : « Simili modo « postquam cœnatum est, accipiens et hunc præclarum calicem in « sanctas ac venerabiles manus suas, item tibi gratias agens, bene- « dixit, deditque discipulis suis, dicens : Accipite et bibite ex eo « omnes : *Hic est enim calix sanguinis mei, novi et æterni testa- « menti; mysterium fidei qui pro vobis et pro multis effundetur « in remissionem peccatorum.* »

On doit prononcer ces paroles telles qu'elles sont rapportées dans le Canon de la messe, quoiqu'elles ne se trouvent pas toutes, ni de la même manière, dans les différents auteurs sacrés qui ont parlé de l'institution de l'Eucharistie. Il n'est pas permis d'y rien changer; le moindre changement volontaire dans ces paroles, qui sont regardées comme sacramentelles, deviendrait facilement mortel, lors même qu'il serait accidentel. Ce serait une bien grande faute que de substituer une autre forme eucharistique à celle du Missel romain, sous prétexte que celle-ci n'est pas entièrement tirée de l'Écriture sainte ; de supprimer, par exemple, les mots *æterni et mysterium fidei,* que nous tenons de la tradition. On ne pourrait, sans péché mortel, omettre volontairement aucune des paroles que la pratique de l'Église fait entrer dans la forme sacramentelle du pain et du vin. Voici, en effet, ce que nous lisons dans la Rubrique de la messe : « Verba consecrationis, quæ sunt « forma hujus sacramenti, sunt hæc : *Hoc est enim corpus meum.* « Et, *Hic est enim calix sanguinis mei, novi et æterni testa-* « *menti ; mysterium fidei, qui pro vobis et pro multis effundetur* « *in remissionem peccatorum.* Si quis autem aliquid diminueret, « vel mutaret de forma consecrationis corporis et sanguinis, et in « ipsa verborum immutatione verba idem non significarent, non « conficeret sacramentum. Si vero aliquid adderet quod significa- « tionem non mutaret, conficeret quidem, sed gravissime pecca- « ret (1). » L'addition ou l'omission la plus légère en elle-même, si elle a lieu de propos délibéré, devient matière grave : « Revera, « dit saint Alphonse, in re tam gravi non videtur levis materia « quæcumque levis mutatio deliberate opposita (2). » Ce docteur parle de celui qui omettrait la particule *enim.* Il en serait autrement si cette omission arrivait par inadvertance, par distraction, lors même que le célébrant aurait quelque chose à se reprocher pour son défaut d'attention.

180. Tout changement qui ôterait aux paroles sacrées leur vraie signification, leur véritable sens, rendrait nulle la consécration. Ainsi, par exemple, celui qui dirait, *Hoc est corpus Christi, Hic est calix sanguinis Christi,* ne consacrerait point ; car il est nécessaire que le prêtre parle au nom et en la personne de Jésus-Christ. La consécration serait encore nulle, si on disait, *Hic* (adverbe) *est corpus meum.* Ici, comme pour les autres sacrements, un changement peut arriver par addition, par omission, par transposition, par interruption ou par corruption, ainsi que nous l'avons expliqué plus haut (3).

Au sujet des omissions ou des changements survenus en ce qui regarde la forme sacramentelle, on doit se conformer aux Rubriques du Missel, où nous lisons ce qui suit : « Si celebrans non re- « cordetur se dixisse ea quæ in consecratione communiter dicuntur,

---

(1) Rubriques du Missel romain, *de Defectibus.* — (2) Lib. vi. n° 220. — (3) Voyez, ci-dessus, le n° 12.

« non debet propterea turbari. Si tamen certo ei constet se omisisse
« aliquid eorum quæ sunt de necessitate sacramenti, id est for-
« mam consecrationis, seu partem, resumat ipsam formam, et
« cætera prosequatur per ordinem. Si vero valde probabiliter du-
« bitat se aliquid essentiale omisisse, iteret formam saltem sub ta-
« cita conditione. Si autem non sunt de necessitate sacramenti,
« non resumat, sed procedat ulterius (1). » Ainsi, quand le célébrant croit avoir omis quelques paroles essentielles à la consécration, il doit prononcer de nouveau la forme sacramentelle sans
changer l'ordre de la messe, sans répéter ce qu'il a dit. Il doit
également la prononcer de nouveau, sous condition tacite, s'il
doute avec fondement avoir omis quelques paroles nécessaires au
sacrement. Mais si c'est un prêtre scrupuleux, qui croit habituellement n'avoir pas dit ou n'avoir pas bien dit les paroles sacrées,
son confesseur ne doit lui permettre de renouveler la consécration que dans le cas où ce prêtre se rappelle clairement et distinctement qu'il a omis telle ou telle chose qui est regardée comme
essentielle au sacrement et au sacrifice, au point qu'il pourrait
affirmer cette omission par serment.

181. Le prêtre qui, étant moralement assuré d'avoir prononcé
les paroles, *Hic est enim calix sanguinis mei*, croit n'avoir pas
dit *novi et æterni testamenti; mysterium fidei, qui pro vobis et
pro multis effundetur in remissionem peccatorum*, est-il obligé
de renouveler la consécration? Nous pensons qu'il n'y est point
obligé ; car, quoique la Rubrique fasse entrer ces dernières paroles
dans la forme que le prêtre doit prononcer, il est généralement reçu
que la forme essentielle pour la consécration sous l'espèce du vin
ne consiste que dans ces seules paroles : *Hic est calix sanguinis
mei*. Cependant, saint Alphonse croit qu'il faudrait consacrer de
nouveau, sous condition, en prononçant la forme en entier :
« In praxi certum est quod sacerdos graviter peccaret, si non pro-
« ferret omnia verba quæ in consecratione calicis habentur, et si
« forte tantum prima verba dixisset, deberet utique sub conditione
« integram repetere formam (2). » Celui qui, par distraction, a
prononcé sur le pain la forme de la consécration du calice, doit
recommencer la consécration du vin après avoir fait celle du pain.
On ne peut lui supposer l'intention même virtuelle nécessaire
pour la consécration du calice; car il n'est pas censé vouloir ren-
verser l'ordre du sacrifice, en commençant par où il faut finir. S'il

---

(1) Rubriques du Missel romain, *de Defectibus*. — (2) Lib. vi. n° 223.

ne s'apercevait de sa méprise qu'après l'élévation de l'hostie, il ne devrait point renouveler cette cérémonie ; cela pourrait troubler ou scandaliser les fidèles.

182. Le prêtre qui s'aperçoit qu'il n'a consacré validement ni le pain ni le vin, est-il toujours obligé de recommencer la consécration de l'un et de l'autre? N'est-il pas dispensé quelquefois de l'une et de l'autre consécration? Ou ce prêtre reconnaît son erreur avant la communion, c'est-à-dire, avant d'avoir pris le pain qui n'est point consacré, ou il ne s'en aperçoit qu'après. Dans la première hypothèse, il doit consacrer, afin de ne pas laisser les fidèles dans l'erreur où ils sont sur la réalité du sacrifice. Dans le second cas, il ne doit point généralement consacrer ; parce que, d'un côté, il n'est plus à jeun, et que, de l'autre, il n'y a pas de sacrifice à achever, puisqu'il n'y en a point de commencé. Cependant, pour éviter le scandale, il doit dire les prières qui terminent la messe, omettant ce qui est relatif à une communion qu'il n'a pas faite. Nous avons dit, *généralement ;* car si, par suite de la méprise du prêtre, un grand nombre de fidèles devaient être privés de la communion à laquelle ils s'étaient préparés, et qu'il dût en résulter du scandale ou un mécontentement général, nous pensons que le prêtre pourrait, sans être à jeun, renouveler la consécration sous l'une et l'autre espèce, et consommer le sacrifice.

On demande encore par où le prêtre doit recommencer l'une ou l'autre consécration, quand il est dans la nécessité de le faire. A s'en tenir aux termes de la Rubrique, il vaut mieux commencer à *Qui pridie,* s'il s'agit de la consécration du pain, et à *Simili modo,* s'il est question de celle du vin ; parce que les paroles qui précèdent immédiatement la consécration rappellent, d'une manière distincte, l'ordre et la suite de l'action dont Jésus-Christ a voulu que ses ministres célébrassent la mémoire.

183. « Il faut, dit Collet, prononcer les paroles de la consécra-
« tion d'une voix distincte, respectueuse, suivie, naturelle, comme
« on le fait dans un discours commun, mais grave et sérieux. Ainsi,
« on a raison de blâmer des ministres, d'ailleurs estimables, dont
« les uns font entre chaque parole une pause considérable, qui
« semble en couper le sens et la liaison ; les autres prononcent
« chaque mot avec de si violents efforts qu'on les croirait agités de
« mouvements convulsifs : on les voit trembler de la tête et d'une
« partie du corps. Pour ne manquer à rien, ils pervertissent tout ;
« chez eux, *hoc* se change en *hocque, meum* en *meumme,* et ainsi
« du reste. Nous n'avons qu'une grâce à leur demander : c'est de

« se demander à eux-mêmes s'ils croient que Jésus-Christ parla de
« la sorte quand il institua l'Eucharistie. Ce qui est sûr, c'est que
« ce ton forcé afflige les gens de bien, étonne les simples, et fait
« rire les libertins (1). » D'un autre côté, on ne saurait trop blâmer,
dit le même auteur, ceux qui prononcent les paroles de la consécration avec une telle précipitation, avec un ton si libre et si familier, qu'ils *semblent n'appeler Jésus-Christ que pour leur propre jugement* (2).

## CHAPITRE III.

### *Des Effets du sacrement de l'Eucharistie.*

184. Le sacrement de l'Eucharistie confère la grâce à tous ceux qui le reçoivent dignement. Jésus-Christ l'a institué pour en faire la nourriture de nos âmes, et a promis la vie à ceux qui s'en approchent avec les dispositions requises. Toutefois, comme l'Eucharistie n'est point un sacrement des *morts*, mais un sacrement des *vivants*, qui suppose la vie spirituelle dans ceux qui le reçoivent, ce sacrement ne donne pas ordinairement la première grâce sanctifiante, qui justifie le pécheur en effaçant le péché mortel; cet effet est principalement réservé aux sacrements de Baptême et de Pénitence : il est établi pour augmenter et fortifier en nous cette grâce, qu'on appelle aussi grâce habituelle, en nourrissant notre âme du corps et du sang de Jésus-Christ, en nous unissant plus étroitement à Jésus-Christ, en nous faisant vivre de la vie de Jésus-Christ. Aussi est-il pour nous comme le gage d'une résurrection qui doit nous rendre participants de la gloire de Jésus-Christ.

185. Nous avons dit, *ordinairement*; car saint Thomas et la plupart des théologiens enseignent que, par extraordinaire, la communion confère quelquefois la première grâce sanctifiante, et remet le péché mortel; ce qui arrive lorsque celui qui a commis quelque faute grave croit de bonne foi être en état de grâce, et reçoit dévotement le corps de Jésus-Christ : « Si quis, dit le Docteur
« angélique, facta diligenti discussione suæ conscientiæ, quamvis
« forte non sufficienti, ad corpus Christi accedat, aliquo peccato

---

(1) Traité des Saints Mystères, ch. v. § 11. — (2) Ibidem.

« mortali in ipso manente, quod ejus cognitionem præterfugiat,
« non peccat; imo magis ex *vi sacramenti* remissionem consequi-
« tur (1). » C'est aussi le sentiment de saint Alphonse de Liguori, de saint Antonin, du cardinal Bellarmin, de Suarez, de Sylvius, de Noël-Alexandre, de Billuart; le sentiment le plus commun parmi les théologiens, « *communior theologorum sententia*, » dit l'auteur de la Théologie de Périgueux (2). Il est bien vrai, comme l'enseigne le concile de Trente, que les sacrements ne confèrent la grâce qu'à ceux qui n'y mettent point d'obstacle, *non ponentibus obicem*; mais ce n'est point le péché, répond Collet, c'est l'affection seule au péché, qui est un obstacle à la grâce : « Peccator gratiæ obicem
« ponit, cum in *peccato sibi complacere perseverat*; sed obicem
« *per se et immediate non ponit peccatum* (3). »

186. Un autre effet de la communion est de remettre les péchés véniels; elle est, suivant l'expression du concile de Trente, l'antidote qui nous délivre des fautes journalières, *quo liberamur a culpis quotidianis*. C'est le pain quotidien, dit saint Ambroise, qui sert de remède à nos infirmités de chaque jour : « Iste panis
« quotidianus sumitur in remedium quotidianæ infirmitatis (4). »
Saint Thomas n'est pas moins exprès : « Virtute hujus sacramenti
« remittuntur peccata venialia (5). »

Un troisième effet est la remise de la peine temporelle du péché. Mais on obtient cette remise non directement, mais par le moyen des actes de charité que la communion fait naître et excite en nous. Cet effet est proportionné à la ferveur et à la dévotion de celui qui communie : « Ex consequenti per quamdam concomitantiam ad
« principalem effectum homo consequitur remissionem pœnæ, non
« quidem totius, sed secundum modum suæ devotionis et fervo-
« ris. » Ce sont les paroles de saint Thomas (6).

187. Un quatrième effet du sacrement de l'Eucharistie est de nous préserver du péché mortel, *quo a peccatis mortalibus præ-servamur*, dit le concile de Trente. En effet, ce sacrement met un frein à la concupiscence, nous prémunit contre la tentation, et nous fait marcher d'un pas sûr dans la voie du salut.

Enfin, comme nous l'avons déjà dit, l'Eucharistie nous unit à Jésus-Christ, et nous donne droit à la résurrection : « Qui mandu-
« cat meam carnem, et bibit meum sanguinem, in me manet et ego

---

(1) In 4. Distinct. 9. quæst. 1. art. 3. — (2) Voyez, ci-dessus, le n° 22. —
— (3) De Eucharistia, part. 1. chap. VIII. — (4) De Sacramentis, lib. v. c. 4. —
(5) Sum. part. 3. quæst. 79. art. 4. — (6) Ibidem. art 5.

« in illo (1). Qui manducat meam carnem, et bibit meum sangui-
« nem, habet vitam æternam, et ego resuscitabo eum in novissimo
« die (2). » C'est d'ailleurs le symbole de ce corps mystique, dont
Notre-Seigneur est le chef, et dont nous sommes les membres : elle
nous rappelle que nous devons être unis de la manière la plus
étroite, et à ce divin chef par la foi, l'espérance et la charité, et
entre nous tous par les liens de la paix et de cette même charité ;
en sorte que nous puissions dire qu'il n'y a ni division ni schisme
parmi nous : « Symbolum unius illius corporis, cujus ipse caput
« existit, cuique nos, tanquam membra, arctissima fidei, spei et
« charitatis connexione adstrictos esse voluit, ut idipsum omnes
« diceremus, nec essent in nobis schismata (3). »

## CHAPITRE IV.

*Du Ministre du sacrement de l'Eucharistie.*

188. On distingue le ministre de la consécration, et le ministre
de la dispensation de la sainte Communion.

### ARTICLE I.

*Du Ministre de la consécration eucharistique.*

Il est de foi que les évêques et les prêtres sont seuls ministres de
la consécration eucharistique. Ce n'est qu'aux Apôtres et à leurs
successeurs dans le sacerdoce que Notre-Seigneur a donné le pouvoir de consacrer, lorsqu'il leur a dit : Faites ceci en mémoire de
moi ; *Hoc facite in meam commemorationem.* « Hoc itaque sacra-
« mentum nemo potest conficere, dit le quatrième concile de La-
« tran, nisi sacerdos qui rite fuerit ordinatus. » Le concile de
Trente n'est pas moins exprès : « Si quis dixerit illis verbis : *Hoc*
« *facite in meam commemorationem,* Christum non instituisse
« Apostolos sacerdotes ; aut non ordinasse, ut ipsi aliique sacerdotes
« offerrent corpus et sanguinem suum, anathema sit (4). » Le pouvoir de consacrer et d'offrir le sacrifice, qui est inséparable du sacrement sous les deux espèces, est tellement inhérent au caractère

---

(1) Joan. c. 6. v. 57. — (2) Ibidem. v. 55. — (3) Concil. de Trente, sess. XIII
cap. 2. — (4) Sess. XXII. can. 2.

sacerdotal, que tout prêtre, quelque indigne qu'il soit, fût-il hérétique, excommunié, dégradé, consacre validement, s'il a d'ailleurs l'intention de faire ce que fait l'Église, en prononçant les paroles sacramentelles sur la matière du sacrement. Mais le prêtre qui est coupable de quelque péché mortel ne peut célébrer les saints mystères sans se rendre coupable de sacrilége.

189. Il faut être en état de grâce, ou se croire prudemment exempt de tout péché mortel, pour monter à l'autel. Comme on ignore toujours, jusqu'à un certain point, si on est digne d'amour ou de haine, il n'est pas absolument nécessaire, pour éviter le sacrilége, que celui qui consacre et communie soit en état de grâce, il suffit qu'il se croie prudemment exempt de tout péché mortel ; autrement, personne n'oserait jamais s'approcher des saints autels : « Status gratiæ in re non requiritur necessario, dit Billuart, ut « quis eximatur a peccato indignæ tractationis sacramentorum ; sed « sufficit quod prudenter existimetur talis (1). » Aussi, le concile de Trente, en exigeant que celui qui a commis quelque péché mortel se confesse avant de s'approcher de l'Eucharistie, suppose qu'il a la conscience, la connaissance de ce péché, *ut nullus sibi conscius mortalis peccati*. Mais le prêtre qui se sent coupable d'une faute grave ne doit point, quelque contrit qu'il soit, célébrer la sainte messe avant de s'être réconcilié par le sacrement de Pénitence ; car il ne peut consacrer sans communier. Le décret du concile de Trente est formel : « Ecclesiastica consuetudo declarat eam « probationem necessariam esse, ut nullus sibi conscius mortalis « peccati, quantumvis sibi contritus videatur, absque præmissa sa- « cramentali confessione ad sacram Eucharistiam accedere debeat ; « quod a christianis omnibus, etiam ab iis sacerdotibus, quibus « ex officio incubuerit celebrare, hæc sancta synodus perpetuo ser- « vandum esse decrevit, modo non desit illis copia confessoris : « quod si, necessitate urgente, sacerdos absque prævia confessione « celebraverit, quamprimum confiteatur (2). » Le concile n'admet d'exception, comme on le voit, que pour le célébrant qui, se trouvant dans une nécessité pressante, ou ne pouvant, sans grave inconvénient, différer de dire la messe, n'a pas de prêtre auquel il puisse se confesser. Mais alors le célébrant doit s'exciter à la contrition parfaite avec le ferme propos de se confesser au plus tôt.

190. La nécessité pressante a lieu quand le prêtre, étant à

---

(1) De sacramentis in Communi, dissert. v. art. 5. — (2) Sess. xiii. cap. 7.

l'autel, ne se rappelle une faute grave qu'après la consécration. Dans ce cas, non-seulement il peut, mais il doit même continuer, pour ne pas laisser le sacrifice imparfait. Il suffit alors de s'humilier devant Dieu, de lui demander pardon et de s'exciter à la contrition, sans qu'il soit nécessaire pour cela d'interrompre, d'une manière sensible, le cours de la messe. « Si in ipsa celebratione « missæ sacerdos recordetur se esse in peccato mortali, conteratur « cum proposito confitendi et satisfaciendi (1). » Il en est de même pour le prêtre qui se trouverait sous le poids d'une suspense, d'une excommunication, d'un interdit, ou de quelque irrégularité. L'intégrité du sacrifice l'emporte sur l'obligation de se faire absoudre avant la consommation des saints mystères. « Si recordetur se esse « excommunicatum, vel suspensum, similiter conteratur cum pro- « posito petendi absolutionem (2). » Mais pourra-t-il continuer, s'il s'aperçoit avant la consécration qu'il a commis un péché mortel, qu'il est excommunié, suspens, interdit, irrégulier ? Suivant la Rubrique, il doit quitter l'autel, à moins qu'il n'ait à craindre qu'on ne soit scandalisé de sa retraite. « Ante consecrationem, si « non timetur scandalum, debet missam incœptam deserere (3). » On n'aurait pas à craindre du scandale si le prêtre quittait l'autel, ou parce qu'il se rappelle que l'église, que la chapelle dans laquelle il célèbre est interdite, ou parce qu'il s'aperçoit qu'il est irrégulier pour le moment, ne pouvant, par exemple, se servir de la main droite. Dans ces deux cas ou autres cas semblables, il suffirait, pour prévenir tout scandale, de faire connaître le motif qui le détermine à interrompre la messe. Mais il en serait autrement s'il faisait venir un prêtre pour en recevoir l'absolution, ou s'il s'éloignait de l'autel pour se confesser : n'y eût-il qu'une ou deux personnes présentes, elles seraient infailliblement exposées à juger ce prêtre défavorablement. Nous admettons donc pour règle générale, que le prêtre qui ne remarque son indignité qu'après avoir commencé la messe peut la continuer, pourvu qu'il s'excite à la contrition avec la disposition de se confesser le plus tôt possible. L'auteur des Conférences d'Angers dit qu'à une messe chantée ou à une messe dite en particulier dans une chapelle, on ne court pas le risque de scandale (4). « Mais, comme l'observe M. de la Luzerne, « il y a des assistants ; et quelle idée peuvent-ils prendre d'un prêtre « qui descend de l'autel pour se confesser, si ce n'est qu'il est cou-

---

(1) Rubriques du Missel romain, *de Defectibus*. — (2) Ibidem. — (3) Ibidem. — (4) Conférences sur le Sacrifice de la Messe.

« pable de quelque faute grave? Il nous semble qu'aussitôt que la
« messe est commencée, le prêtre qui la suspend pour se confesser
« scandalise les assistants, soit en grand, soit en petit nombre ; et
« que, n'y en eût-il qu'un seul, il ne doit pas lui inspirer cette
« mauvaise idée. Ainsi, du principe généralement adopté par les
« théologiens, qu'il vaut mieux continuer la messe que de scanda-
« liser les fidèles, résulte cette conséquence à laquelle se refusent
« quelques-uns d'entre eux, que lorsque la messe est commencée,
« on ne doit jamais l'interrompre pour aller confesser le péché dont
« on se ressouvient (1). » Ce que nous venons de dire du prêtre qui
a commencé sa messe, nous l'appliquons à celui qui est arrivé à
l'autel pour célébrer.

191. Mais en est-il de même de celui qui est encore à la sacristie?
Si on suppose que la messe a été sonnée, que les fidèles arrivent à
l'église, et qu'il n'y ait pas de prêtre à qui il puisse se confesser,
nous pensons qu'il peut célébrer, après avoir fait un acte de contrition parfaite ; à moins cependant qu'il ne puisse, par quelque
prétexte plausible, se dispenser de célébrer. Il ne pourrait s'excuser
de ne pas monter à l'autel en disant qu'il est indisposé, qu'il s'est
trouvé mal ; ce serait évidemment un mensonge, ou une restriction mentale équivalente au mensonge. Il ne pourrait dire non plus
qu'il a été frappé d'un trouble violent et imprévu ; car on ne manquerait pas de lui en demander la raison.

La nécessité urgente dont parle le concile de Trente existe encore lorsqu'un curé, un desservant, est obligé de dire la messe ou
parce que c'est un jour de dimanche ou de fête chômée, ou même
parce que c'est une fête de dévotion que les fidèles tiennent à sanctifier en entendant la messe ; ou parce que l'obligation de consacrer
des hosties presse pour communier un malade, ou une personne
qui, sans cela, manquerait la grâce du jubilé, d'une indulgence
plénière à laquelle elle s'est préparée ; ou parce qu'il s'agit de célébrer un mariage, les parties et les parents voulant entendre la
messe ; de faire un service funèbre, de célébrer une messe solennelle, à laquelle la famille du défunt doit assister, à moins qu'elle
ne consente que la messe soit renvoyée à un autre jour. On suppose toujours que le curé ne peut se confesser, ni se faire remplacer
par un vicaire ou par un autre prêtre.

192. Ici se présente une question : « Utrum nempe parochus,
« quem, sive propter censuram in quam incidit, sive propter ipsius

---

(1) Instructions sur le Rituel de Langres, ch. 6. art. 5.

« habitudinem graviter culpabilem, absolvere non potuit confes-
« sarius, teneatur celebrare missam in sua parochia die dominica,
« deficiente quolibet alio sacerdote? Peccatum illius parochi est
« occultum, ita ut a celebrando non possit abstinere absque peri-
« culo gravis infamiæ aut scandali. Nous répondons : Celebret,
« cum ad id ex officio teneatur ; sed non celebret nisi perfecte
« conteratur cum proposito quamprimum ad sacrum tribunal re-
« vertendi et satisfaciendi. » Dans ce cas, il ne pourrait évidemment
se dispenser de dire la messe sans scandaliser les fidèles, à moins
qu'il ne fût réellement malade. Il ne lui serait pas permis de
rompre le jeûne, prétextant une indisposition qui n'existe pas.
« Le défaut d'une messe qu'on doit au peuple, et sur laquelle
« tout le public compte, ne peut guère, dit Collet, manquer de
« diffamer le prêtre ou de scandaliser les paroissiens, et de pro-
« duire assez souvent l'un et l'autre effet. Or, une loi plus ancienne
« et plus étroite que celle de la confession, veut qu'on évite avec
« soin ces sortes d'inconvénients, qui blessent directement la
« charité (1). »

193. Un prêtre est censé manquer de confesseur, *copia confessoris*, quand il n'y a pas de prêtre sur les lieux, et qu'il ne peut,
soit à raison du défaut de temps, soit à raison de la trop grande
distance des lieux, soit à raison de ses infirmités, de la difficulté
des chemins, de la rigueur de la saison, se transporter d'une paroisse à une autre pour se confesser (2). Il est encore censé n'avoir
pas de confesseur, quand il ne peut se confesser à un de ses confrères qui se trouve présent, sans causer à lui-même, ou à ce prêtre,
ou à un tiers, un dommage considérable (3). Ainsi, par exemple,
il n'est pas obligé de se confesser lorsqu'il ne rencontre qu'un
prêtre pour lequel il éprouve une répugnance plus ou moins légitime, mais insurmontable; c'est un prêtre qu'il regarde, à tort
ou à raison, comme indiscret, comme suspect, jusqu'à un certain
point, sur l'article du sceau de la confession (4). Enfin, il est dispensé de se confesser, s'il ne trouve qu'un prêtre qui n'a pas de
juridiction, ou dont les pouvoirs sont expirés, ou qui n'a pas la
faculté d'absoudre du cas dans lequel le pénitent a eu le malheur
de tomber.

194. Celui qui, dans un cas de nécessité, a dit la messe, *sibi*

---

(1) Traité des Saints Mystères, chap. 2. § 7. — (2) S. Alphonse, lib. vi.
n° 264. — (3) S. Alphonse, ibidem; M. de la Luzerne, sur le Rituel de Langres,
chap. 6. art. 5. — (4) Collet, Traité des Saints Mystères, ch. 2. § 5.

*conscius peccati mortalis*, sans s'être confessé ou sans avoir reçu l'absolution sacramentelle, est obligé, sous peine de péché mortel, de s'approcher du tribunal de la pénitence le plus tôt possible : *quamprimum confiteatur*, dit le concile de Trente. *Confiteatur*; ce qui doit s'entendre non d'un conseil, mais d'un précepte proprement dit, ainsi que l'a décidé le pape Alexandre VII (1). *Quamprimum*; ce qui signifie que le prêtre est obligé de se confesser, non à sa commodité, ou au temps où il a coutume de le faire, mais aussitôt qu'il le pourra. Le même pape a censuré la proposition contraire. Il ne faut pas cependant entendre la loi si rigoureusement qu'un prêtre, au sortir de l'autel, soit obligé d'aller tout de suite confesser son péché; elle doit s'entendre moralement eu égard aux circonstances. S'il devait célébrer le lendemain, et qu'il pût se confesser avant de monter à l'autel, il serait obligé de le faire sans différer. Mais s'il ne doit pas dire la messe, il peut différer sa confession deux ou trois jours, lors même qu'il aurait la facilité de se confesser : « *Quamprimum* debet moraliter intelligi, dit « saint Alphonse, et bene extenditur ad spatium trium dierum (2). »

195. Le précepte d'être à jeun, dont nous parlerons dans le chapitre suivant, oblige généralement tous ceux qui doivent communier; il oblige par conséquent les prêtres qui disent la messe. Il admet cependant pour ceux-ci plusieurs exceptions qui n'ont pas lieu pour les simples fidèles. Quand un prêtre célébrant meurt ou tombe malade après la consécration, s'il ne se trouve pas de prêtre qui soit à jeun pour achever le sacrifice, le prêtre qui a déjeuné peut et doit continuer la messe. De même le prêtre qui ne s'est aperçu du défaut essentiel de la matière sacramentelle qu'en prenant l'une ou l'autre espèce, doit renouveler la consécration et communier, quoiqu'il ne soit plus à jeun. Le célébrant qui ne se rappelle qu'après la consécration qu'il a mangé ou bu quelque chose depuis minuit, doit encore continuer la messe et consommer le sacrifice par la communion. En serait-il de même s'il s'en souvenait avant la consécration ? Le plus sûr, suivant saint Thomas, serait de cesser la messe, à moins qu'on n'eût lieu de craindre un grand scandale « Tutius reputarem quod missam incœptam dese- « reret, nisi grave scandalum timeretur (3). » Mais il est bien difficile, dit M. de la Luzerne, que la cessation d'une messe ne cause pas du scandale, et ne donne pas lieu de former des soupçons fâ-

---

(1) Décret de 1666. — (2) Lib. vi. n° 266. — (3) Sum. part. 3. quæst. 83. art. 6.

cheux, quoique mal fondés (1). Le scandale est toujours à craindre, excepté lorsque le célébrant est d'une sainteté reconnue, et qu'il a la confiance et l'affection de ses paroissiens (2). On peut donc admettre, pour règle générale, que le prêtre qui a commencé la messe sans être à jeun peut la continuer, quoiqu'il n'en soit pas encore à la consécration. Il en est encore de même, et pour les mêmes raisons, si le prêtre est arrivé à l'autel pour célébrer; ou si, le prêtre étant encore à la sacristie, les fidèles se sont déjà réunis à l'église et attendent la messe.

196. Le prêtre qui, par erreur ou par inadvertance, aura pris quelque chose depuis minuit, pourra-t-il célébrer, si la messe est nécessaire pour consacrer des hosties et administrer le viatique à un ou plusieurs moribonds? Les uns pensent qu'il le peut, les autres disent qu'il ne le peut pas. Le sentiment qui est pour la négative est le plus communément suivi; et saint Alphonse de Liguori le croit plus probable que le premier : « Primam sententiam pro-
« babilem puto, sed hæc secunda probabilior mihi videtur. » Il admet cependant une exception pour le cas où, à défaut du sacrement de Pénitence ou de l'Extrême-Onction, l'Eucharistie pourrait être un sacrement de nécessité pour un moribond : « Nisi mori-
« bundus non potest sacramento Pœnitentiæ vel Extremæ-Unctionis
« muniri; nam eo casu Eucharistia poterit esse sacramentum neces-
« sitatis, ut ille ex attrito fiat contritus (3). » Ce cas ne peut arriver que très-rarement. Collet nous dit qu'il suivrait, régulièrement parlant, l'opinion qui ne permet pas de célébrer dans le cas dont il s'agit. Puis il ajoute : « Je ne condamnerais point du tout ceux qui,
« après y avoir bien pensé devant Dieu, croiraient devoir faire autre-
« ment; le maître que nous servons est trop bon pour improuver
« une action qui n'a d'autre principe que la charité; il y a des con-
« jonctures où je prendrais ce dernier parti, comme si un malade
« mis aux plus violentes épreuves, soit par la force des douleurs,
« soit par une espèce d'obsession de l'ennemi du salut, n'avait de
« ressource que dans l'Eucharistie (4). » On peut certainement faire, sans y être obligé, ce que Collet aurait fait lui-même.

197. Le curé qui n'est plus à jeun pourra-t-il, à défaut de tout autre prêtre, dire la messe un jour de grande solennité, le jour de Pâques, par exemple, de la Toussaint, de la fête patronale, ou de la première communion? Nous pensons qu'il pourrait célébrer :

(1) Instructions sur le Rituel de Langres, ch. VI. art. 5. — (2) S. Alphonse, Collet. — (3) Lib. VI. n° 286. — (4) Traité des Saints Mystères, ch. 2. § 20.

ne pas le faire, ce serait occasionner les plus violents murmures, et donner prise à la malveillance, à la calomnie, aujourd'hui surtout qu'on aime à trouver un prêtre en défaut. « Un des cas où il est « permis de célébrer sans être à jeun, est celui où l'on ne peut au- « trement éviter un scandale ou une perte considérable. La raison « en est, que les lois humaines, et assez souvent même les lois po- « sitives de Dieu, n'obligent pas dans de pareilles circonstances. « C'est le sentiment de saint Thomas, et il est reçu communément. « De là on a coutume d'inférer qu'un prêtre peut célébrer sans être « à jeun, lorsque, en y manquant, contre son ordinaire, il se fera « soupçonner d'un crime qui s'est commis la veille, ou qu'il don- « nera à son peuple un grand scandale (1). » Mais ce curé ne pour- rait-il pas prévenir les impressions fâcheuses en faisant connaître la raison qui l'empêche de célébrer? Nous ne le croyons pas: cependant si, eu égard à la connaissance qu'il a de l'esprit de sa paroissse, il se persuade qu'il n'a pas à craindre pour lui les incon- vénients que nous craignons nous-mêmes, il ne doit pas dire la messe; nous nous en rapportons donc alors à sa prudence.

198. « On ne pense pas, dit M. de la Luzerne, qu'un prêtre « qui, par mégarde, le jour de Noël, aurait, à sa première messe, « pris les ablutions, pût dire les deux autres messes de ce jour, à « moins qu'il ne fût nécessaire de les dire : tel que le cas d'un curé « qui doit dire la messe ce jour-là à sa paroisse; ou quand, du défaut « de célébration des deux messes, il résulterait un scandale; ce qui « doit être rare. Si c'est un prêtre qui doit biner pour procurer la « messe à une seconde paroisse qui a commis cette inadvertance, « il paraît que le besoin du peuple et la crainte du scandale doi- « vent l'engager à dire une seconde messe (2). » Mais l'obligation pour les fidèles d'entendre la messe un jour de dimanche ou de fête de commandement, n'est pas par elle-même une raison suffi- sante pour autoriser un prêtre à célébrer une seconde fois sans être à jeun. Nous pensons qu'un curé, un desservant, un vicaire, ne pourrait dire une seconde messe, qu'à raison des graves inconvé- nients qui résulteraient de la non-célébration de cette messe. C'est au prêtre qui se trouve dans ce cas à en juger lui-même d'après la connaissance qu'il a des lieux, de l'esprit des fidèles de sa pa- roisse, et des autres circonstances. Toutes choses égales, il y a moins d'inconvénients à ne pas dire la messe un simple dimanche

---

(1) Collet, Traité des Saints Mystères, § 18. — (2) Instructions sur le Rituel de Langres, ch. 6. art. 5.

qu'un jour de grande solennité, qu'un jour de fête patronale, par exemple, ou de première communion à laquelle on s'attend, et pour laquelle les enfants sont préparés.

**199.** Si le prêtre, après avoir pris les ablutions, aperçoit sur le corporal, sur la patène ou sur la nappe de l'autel, quelques parcelles, grandes ou petites, d'une ou plusieurs hosties qu'il a consacrées, il doit les prendre, quoiqu'il ne soit plus à jeun; parce que, dit la Rubrique, elles appartiennent au même sacrifice (1). S'il y reste une hostie entière, il faut la mettre dans le ciboire, ou la laisser au prêtre qui doit célébrer après. Si on ne peut faire ni l'un ni l'autre, on la conservera décemment dans le calice ou sur la patène. Dans le cas où ce dernier parti ne serait pas possible, comme il peut arriver dans une chapelle où l'on ne dit la messe que par occasion, le célébrant devrait la prendre, même après les ablutions : « Si non habeat quomodo honeste conservetur, potest « eam ipsemet sumere (2). » Peut-il consommer indistinctement toutes les parcelles qu'il aperçoit sur l'autel, même celles qui restent de la messe d'un autre ? Les auteurs ne sont pas d'accord. Mais nous croyons que le prêtre peut très-bien consommer toutes les parcelles qu'il découvre sur l'autel; car il est difficile, et même souvent impossible, de discerner si telle ou telle parcelle appartient plutôt à la dernière qu'à l'avant-dernière messe (3).

**200.** Tant que le prêtre est à l'autel, il peut prendre les parcelles qu'il a aperçues après la communion. Mais le peut-il encore quand il est rentré dans la sacristie? De l'aveu de tous, il peut prendre ces parcelles à la sacristie, même après avoir quitté les habits sacerdotaux, toutes les fois qu'il ne croit pas pouvoir les conserver décemment; et Benoît XIV pense qu'en tout cas, le prêtre qui n'est pas encore déshabillé peut les prendre comme un complément du sacrifice qu'il vient d'offrir. D'autres auteurs pensent qu'on doit les recueillir et les porter dans le ciboire. Mais il nous semble qu'on doit mettre de la différence entre les parcelles qui sont assez sensibles pour être sacramentelles, et celles qui sont si petites qu'on ne peut plus les distinguer de toute autre chose, ni à la vue ni au goût. Les premières, nous les déposerions dans le saint ciboire; les secondes, nous les consommerions, même après avoir quitté nos ornements.

**201.** La Rubrique du Missel romain prescrit aux prêtres de ne célébrer les saints mystères qu'après avoir récité au moins matines

---

(1) Rubriques du Missel romain, *de Defectibus*. — (2) Ibidem. — (3) Collet.

et laudes. Peut-on s'écarter de cette règle sans pécher? Plusieurs théologiens répondent affirmativement, soutenant que cette règle n'est point obligatoire, qu'elle ne renferme qu'un conseil. D'autres, d'après saint Antonin, enseignent qu'elle oblige, sous peine de péché mortel. Mais le sentiment le plus commun et le plus probable reconnaît une faute, mais une faute vénielle seulement, dans la négligence de celui qui ne récite matines et laudes qu'après la messe. On excuse même de tout péché véniel celui qui a quelque raison de célébrer avant d'avoir dit matines. On regarde comme une raison suffisante, non-seulement celle de donner le saint viatique à un malade, d'entendre les confessions un jour de fête, mais encore celle d'empêcher le murmure du peuple qui se lasserait d'attendre, qui tient à ce que la messe ait lieu à l'heure fixée. « A « culpa veniali excusabit quælibet mediocris causa rationabilis; « puta si dans eleemosynam postulet ut statim celebretur; si ex- « pectet populus aut aliqua persona gravis; si superior præcipiat, « tempus celebrandi transeat, vel instet commoditas studii, itine- « ris, et similia (1). »

### ARTICLE II.

#### *Du Ministre de la Dispensation de l'Eucharistie.*

202. Les évêques et les prêtres sont les seuls ministres ordinaires de la dispensation de l'Eucharistie; c'est aux évêques et aux prêtres que l'on doit s'adresser pour recevoir la communion. « Sem- « per in Ecclesia Dei mos fuit, comme dit le concile de Trente, ut « laïci a sacerdotibus communionem acciperent, sacerdotes autem « celebrantes seipsos communicarent; qui mos, tanquam ex tradi- « tione apostolica descendens, jure ac merito retineri debet (2). » Outre le caractère sacerdotal, il faut une certaine juridiction ordinaire ou déléguée, expresse ou présumée, pour administrer convenablement l'Eucharistie; car l'administration des sacrements rentre dans les attributions du ministère pastoral. Mais, conformément au vœu de l'Église, qui désirerait que les fidèles qui assistent à la messe reçussent la communion (3), il est reçu par l'usage que quiconque est admis à célébrer les saints mystères peut, par là même, communier les fidèles qui se présentent à la sainte table. Cependant la communion pascale, c'est-à-dire, la communion pres-

---

(1) S. Alphonse de Liguori, lib. VI. n° 347. — (2) Sess. XIII. cap. 8. — (3) Concile de Trente, sess. XXII. cap. 6.

crite par l'Église pour le temps de Pâques, la première communion des enfants, et la communion des malades, sont réservées au curé ou au prêtre délégué par le Pape, par l'évêque ou par le curé.

203. Les diacres sont aussi ministres, mais ministres extraordinaires de la communion. Autrefois, ils administraient assez généralement l'Eucharistie, en vertu d'une délégation qu'ils tenaient du prêtre ou de l'évêque; mais le nombre des prêtres s'étant augmenté dans l'Église, les diacres déchurent successivement et par degrés de cette prérogative. Dans la discipline actuelle, il n'est plus permis à un diacre d'administrer le sacrement de l'Eucharistie que dans le cas où un malade courrait, sans son secours, le risque d'expirer sans être muni de ce sacrement. Dans un cas de nécessité, à défaut d'un prêtre, le diacre peut et doit même administrer le viatique à un mourant : « Omnes conveniunt quod in « necessitate extrema, absente sacerdote, poterit et tenebitur via- « ticum ministrare, adhuc sine commissione (1). » Il devrait le faire, lors même que le malade n'aurait pu se confesser préalablement; mais celui-ci serait obligé de s'exciter à la contrition parfaite, surtout s'il s'était rendu coupable de quelque péché mortel depuis sa dernière confession. Le diacre qui est dans la nécessité de donner la communion doit être revêtu d'un surplis et d'une étole. Plusieurs théologiens, entre autres saint Alphonse de Liguori, pensent que, dans un cas de nécessité extrême, la communion pourrait être administrée par un sous-diacre ou par un clerc inférieur, ou même, à défaut d'un clerc, par un simple laïque (2). Mais comme on ne peut guère invoquer la pratique de l'Église en faveur de ce sentiment, nous pensons qu'il vaut mieux laisser mourir un malade sans la communion, que de la lui administrer d'une manière qui pourrait compromettre, aux yeux des fidèles, le respect qui est dû au plus digne et au plus saint de tous les sacrements.

204. Le prêtre qui dit la messe est obligé de se communier lui-même; mais celui qui ne peut célébrer pourra-t-il se communier de sa propre main? Il le pourra certainement, si, étant en danger, il ne lui est pas possible de recevoir le viatique d'un autre prêtre. Le diacre qui se trouverait dans le même cas pourrait aussi probablement s'administrer la sainte communion. Pourquoi ne pourrait-il pas faire pour lui-même ce qu'il pourrait faire pour un autre?

---

(1) S. Alphonse, lib. vi. n° 237. — (2) Ibidem.

Il est encore probable qu'un prêtre peut se communier uniquement par dévotion, sans être en danger, lorsqu'il ne se trouve aucun prêtre qui puisse lui donner la communion. On suppose un prêtre dans une église où le saint sacrement est conservé ; il est dans l'impossibilité de dire ou d'entendre la messe un jour de fête, il a la dévotion de communier, et il est le seul prêtre dans l'endroit. Après avoir pris les habits convenables, un surplis et une étole, il se donne la communion à laquelle il s'est préparé. Or, nous pensons qu'il peut agir ainsi, à moins qu'il n'ait lieu de craindre qu'il en résulte du scandale ; ce qui, ajoute le Rédacteur des Conférences d'Angers, est assez difficile à imaginer ou aisé à prévenir, en faisant remarquer aux fidèles que la chose n'est contraire ni aux lois ni à l'esprit de l'Église (1).

205. Il faut être en état de grâce pour administrer dignement la sainte Eucharistie ; celui qui a un péché mortel sur la conscience doit donc, avant de l'administrer, ou recourir au sacrement de Pénitence, ou s'exciter à la contrition parfaite. L'un ou l'autre est nécessaire, mais l'un ou l'autre suffit. A notre avis, la confession n'est pas d'obligation pour celui qui doit donner comme pour celui qui doit recevoir la communion. Le décret du concile de Trente, que nous avons cité plus haut (2), ne concerne que ceux qui, ayant la conscience chargée de quelque faute mortelle, désirent de participer au sacrement du corps et du sang de Jésus-Christ (3).

Les curés et autres prêtres ayant charge d'âmes sont obligés de donner la communion, non-seulement aux personnes qui sont en danger de mort, mais encore à celles qui sont en santé, toutes les fois qu'elles la demandent raisonnablement et en temps opportun. Malheur à ceux qui, par leur paresse, leurs murmures ou leurs brusqueries, fournissent aux fidèles un prétexte pour s'éloigner de la sainte table ! Quant à la question de savoir s'il est permis de demander la communion à un prêtre que l'on sait être en état de péché mortel, nous l'avons résolue dans le traité des *Sacrements en général* (4).

206. On doit se conformer, pour l'administration de l'Eucharistie, à ce qui est prescrit pour le temps et le lieu où l'on peut communier, et pour la manière de donner la communion. Pour le temps, il est permis aux fidèles de communier indifféremment tous les jours de l'année, à l'exception du vendredi saint, jour auquel

(1) Conf. VI, sur le sacrement de l'Eucharistie, quest. 4. — (2) Voyez, ci-dessus, le n° 189. — (3) Voyez, ci-dessus, le n° 189. — (4) Voyez, ci-dessus, le n° 40.

on ne donne la communion qu'à ceux qui doivent recevoir le saint viatique. Nous n'exceptons point le samedi saint ; on peut communier ce jour-là. C'est aussi l'usage parmi nous de recevoir la communion à la messe de la Nativité de Notre-Seigneur qui se dit à minuit, malgré le décret de la congrégation des rites, de l'an 1641, qui défend de communier à cette messe. Quant à l'heure où l'on peut recevoir à la communion, quoiqu'il n'y ait rien de réglé sur ce point, on ne doit pas, hors le cas d'une nécessité plus ou moins grave, communier la nuit ; mais on peut le faire quelques heures après midi, quand on est encore à jeun et qu'on n'a pu faire autrement : « Per se loquendo, dit saint Alphonse de Liguori, qualibet « diei hora communio dispensari potest, quia circa hoc nulla adest « prohibitio (1). »

207. L'esprit de l'Église est que les fidèles communient autant que possible à la messe, immédiatement après la communion du prêtre : « Communio populi, dit le Rituel romain, intra missam « statim post communionem sacerdotis celebrantis fieri debet, nisi « quandoque ex rationabili causa post missam sit facienda ; cum « orationes quæ in missa post communionem dicuntur, non solum « ad sacerdotem, sed etiam ad alios communicantes spectent (2). » Mais il est permis de communier à la messe des morts comme à toute autre messe ; on a donc tort de ne donner la communion le jour des fidèles trépassés qu'après avoir changé d'ornements. On demande si celui qui dit une messe de *Requiem* est obligé de consacrer de nouvelles hosties pour les fidèles qui doivent communier à sa messe ; s'il ne peut pas se servir des hosties qui ont été consacrées précédemment. Il existe un décret de la congrégation des rites, de l'an 1741, qui déclare que le prêtre qui dit une messe pour les morts ne doit donner la communion qu'avec des hosties qu'il a consacrées lui-même à cette messe. Mais il paraît que ce décret n'a jamais eu la sanction du Souverain Pontife. Aussi Benoît XIV, qui avait soutenu le sentiment contraire dans son traité *de Sacrificio missæ* (3), ne l'a ni changé ni modifié, lorsque, étant sur la chaire de saint Pierre, il a fait réimprimer cet ouvrage à Rome, en 1748 (4). On peut donc, en disant une messe de *Requiem*, communier les fidèles, *intra missam*, avec des hosties qui n'ont pas été consacrées à cette messe. Mais on doit s'abstenir de donner la communion avant ou après la messe avec les ornements noirs ; il faut prendre

---

(1) Lib. vi. n° 252. — (2) De sacramento Eucharistiæ. — (3) Lib. iii. cap. 18. — (4) Voyez le *Manuale ecclesiasticorum*, etc. Romæ, 1841.

une étole de la couleur du jour, comme le prescrit le Rituel romain, ou de la couleur blanche, qui est la plus convenable au sacrement de l'Eucharistie, ou de la couleur rouge, si c'est l'usage du diocèse.

Les curés exhorteront les fidèles à communier à la messe après la communion du prêtre. Cependant, dans les paroisses nombreuses et aux jours où il y a une grande affluence de fidèles qui se présentent à la sainte table, on fera bien de renvoyer la communion à la fin de la messe, de crainte de fatiguer le peuple par la longueur de l'office divin (1). On doit aussi se montrer facile à l'égard des infirmes, des vieillards, et autres personnes qui demandent à communier dans la matinée, parce qu'elles ne croient pas pouvoir jeûner jusqu'à la fin de la messe.

208. On administre l'Eucharistie dans les églises paroissiales, ainsi que dans les églises ou chapelles publiques où l'on conserve le saint sacrement. Mais le prêtre qui célèbre dans une chapelle domestique ne peut y donner la communion qu'en vertu d'une permission spéciale de l'Ordinaire (2). Le curé aura soin qu'il y ait toujours dans le saint ciboire des hosties consacrées en nombre suffisant pour les fidèles de la paroisse ; et il ne consacrera que des pains bien conservés. Il doit renouveler la consécration des hosties au moins tous les mois, et même plus souvent dans les églises qui sont humides, surtout en hiver, ou lorsque les temps sont pluvieux. Pour cela, le prêtre distribuera les anciennes hosties aux fidèles qui se présenteront à la communion, ou les consommera lui-même à la messe immédiatement après avoir pris le précieux sang ; et avant de mettre les nouvelles dans le ciboire, il le purifiera en faisant tomber les parcelles dans le calice avec le pouce et l'index de la main droite, pour les prendre avec la première ablution. Puis, ayant remis le ciboire dans le tabernacle, il prend les ablutions et continue la messe.

Lorsqu'un prêtre consacre des hosties pour la communion des fidèles sur un autel où il n'y a pas de tabernacle, il n'en doit consacrer qu'autant qu'il y a de communiants ; s'il arrive qu'il en ait consacré davantage, il consommera lui-même celles qui restent, avant de prendre les ablutions. Si, au contraire, il se présente plus de personnes à communier qu'il n'y a d'hosties consacrées, le prêtre

---

(1) S. Alphonse de Liguori, Benoît XIV, le cardinal de la Luzerne, etc. —
(2) Benoît XIV, *de Sacrificio Missæ*, lib. III. cap. 18.

pourra en diviser quelques-unes en deux ; ce qu'il doit faire à l'autel, sur la patène ou le corporal.

**209.** Quant à la manière d'administrer la communion, ou elle s'administre pendant la messe, ou dans un autre temps. Dans le premier cas, le prêtre, ayant pris le précieux sang, pose le calice sur le corporal, le couvre avec la pale ; tandis que le servant récite le *Confiteor*, il ouvre le tabernacle, fait la génuflexion, découvre le ciboire, pousse la porte du tabernable, fait une seconde génuflexion, se tourne vers le peuple, reculant un peu du côté de l'évangile, et, joignant les mains, il dit : *Misereatur vestri*, *etc*. Puis, faisant le signe de la croix sur ceux qui doivent communier, il ajoute : *Indulgentiam, absolutionem, etc*. Il se retourne vers l'autel, fait la génuflexion, prend de la main gauche le ciboire, et, avec le pouce et l'index de la main droite, il prend une hostie qu'il tient un peu élevée sur le ciboire, se tourne vers les communiants, et, sans quitter le milieu de l'autel, il dit tout haut : *Ecce Agnus Dei*, *etc*., les yeux fixés sur le saint sacrement. Ensuite, s'inclinant un peu, il dit trois fois : *Domine, non sum dignus, etc.* Après quoi il s'avance vers ceux qui doivent communier, commençant du côté de l'épître ; il fait devant chacun d'eux le signe de la croix au-dessus du ciboire, sans l'étendre au delà, de crainte qu'il ne tombe quelque parcelle à terre, et dit en même temps à chaque fois : *Corpus Domini nostri Jesu Christi, etc.*, faisant une inclination de tête au mot *Jesu*. En achevant cette prière, il met la sainte hostie sur la langue des communiants, faisant un peu glisser le pouce sur l'index, et tenant les trois autres doigts repliés en dedans, sans trop approcher le ciboire de la bouche des communiants, de peur qu'en respirant trop fort quelqu'un ne fasse tomber quelque hostie. En donnant la communion, il ne doit point retirer la main que l'hostie ne soit entièrement dans la bouche du communiant. La communion finie, le prêtre remonte à l'autel sans rien dire, tenant le pouce et l'index sur le ciboire. Y étant arrivé, s'il y reste une ou plusieurs hosties, il fait une génuflexion, remet le ciboire dans le tabernacle, fait une seconde génuflexion, ferme le tabernacle, et continue la messe à l'ordinaire. Si, au lieu du ciboire, il s'était servi d'une patène pour la consécration ou la communion, il devrait la purifier. Si les hosties avaient été déposées sur le corporal, il faudrait aussi le purifier avec la patène, faisant tomber les fragments dans le calice pour les prendre avec la première ablution.

**210.** Si le diacre, le sous-diacre et autres clercs désirent communier à la messe, ils recevront la communion avant les laïques, en s'agenouillant sur le marche-pied de l'autel, chacun dans le rang qui lui convient : le diacre et le sous-diacre les premiers, puis les clercs qui auront servi à l'autel, et les autres clercs les derniers, ayant tous les habits de leur ordre. S'il y a des prêtres pour la communion, ils se mettront au rang des clercs, après le diacre et le sous-diacre qui remplissent leurs fonctions à la messe; s'ils sont choristes, ils communieront avec leur chape; s'ils ne remplissent aucun office, ils communieront en surplis et en étole.

211. Le prêtre qui doit donner la communion hors de la messe observera ce qui suit : Après avoir fait préparer l'autel et allumer deux cierges, il se lave les mains, prend un surplis avec une étole de la couleur de l'office du jour, comme l'indique le Rituel romain, ou avec une étole blanche ou rouge, suivant le rite du diocèse, et se rend à l'autel, la barette sur la tête, portant entre ses mains, à la hauteur de la poitrine, la bourse garnie d'un corporal et d'un purificatoire, s'il n'y en a pas un à côté du tabernacle. Au bas de l'autel, il se découvre et se met un instant à genoux sur le dernier degré, pour adorer Jésus-Christ. Ensuite il monte à l'autel, salue la croix, étend le corporal, place la bourse du côté de l'évangile, ouvre le tabernacle, et observe ce qui a été prescrit ci-dessus. La communion finie, il retourne à l'autel, fait tomber dans le ciboire les parcelles qui peuvent s'être attachées à ses doigts, recouvre le ciboire et le remet dans le tabernacle, récitant dans cet intervalle l'antienne *O sacrum convivium*, et les prières qui sont dans le Rituel. Après avoir fermé le tabernacle, il se tourne, les mains jointes, vers ceux qui ont communié, et les bénit, tenant toujours le pouce et l'index de la main droite joints ensemble, disant : *Benedictio Dei omnipotentis, etc.* Puis il se retourne vers l'autel, trempe les deux doigts avec lesquels il a touché les saintes espèces dans le petit vase qui est à côté du tabernacle, les essuie avec le purificatoire, plie le corporal qu'il remet dans la bourse, prend la clef du tabernacle, salue la croix, fait une génuflexion au bas des degrés de l'autel, se couvre, et retourne à la sacristie.

212. Si le prêtre donne la communion immédiatement avant ou après la messe, il met le calice du côté de l'évangile, hors du corporal, et observe le même cérémonial que ci-dessus, donnant toujours la bénédiction aux communiants, immédiatement après la communion. Mais, comme nous l'avons dit plus haut, il ne doit point donner la communion ni avant ni après la messe avec des ornements noirs. Nous nous réservons de parler, dans le chapitre

suivant, de la manière d'administrer l'Eucharistie aux malades.

Il peut arriver que le prêtre qui doit donner la communion n'ait pas d'assistant, de servant, pour l'accompagner dans cette cérémonie. Dans ce cas, il peut réciter le *Confiteor* et répondre ce que le servant répondrait lui-même. Un de ceux qui doivent communier pourrait aussi remplacer le servant; ce qui, toutefois, n'est point permis à une femme, à moins qu'elle ne soit religieuse et cloîtrée; encore ne peut-elle s'approcher de l'autel.

213. Dans la crainte que quelque hostie ou quelques fragments d'hostie ne tombent à terre, on a soin de mettre une nappe bien propre devant les personnes qui communient. On ne doit point se servir du voile qui couvre le calice, et encore moins du manuterge. Si, par quelque accident que ce soit, une hostie consacrée ou une parcelle d'hostie vient à tomber sur la nappe de la communion ou sur celle de l'autel, il faut la recueillir, et marquer l'endroit où elle est tombée; puis, la messe finie, ou après avoir fini de donner la communion hors le temps de la messe, on lave cet endroit de la nappe, et on jette l'eau dans la piscine. Si elle tombe sur le linge ou sur les habits d'une personne qui communie, ce serait à elle à les laver, si le ministre de l'autel ne pouvait le faire décemment. Quelques auteurs veulent qu'alors on jette l'eau dans la piscine; mais si cela ne pouvait se faire commodément, il suffirait de la jeter au feu. A l'égard des hosties qui tombent à terre, on doit aussitôt les remettre dans le ciboire, et couvrir avec quelque chose de propre l'endroit où elles sont tombées, de crainte qu'il ne soit foulé aux pieds par les passants. Après la messe, ou après la cérémonie de la communion, si elle n'a pas lieu pendant la messe, on racle tant soit peu cet endroit, *aliquantum abradatur*, on le lave, et on jette la poussière dans la piscine (1).

« Quid, si intra pectus mulieris decidat hostia? In eo casu decet,
« dit Benoît XIV, ut non sacerdos, sed ipsa fœmina particulam vel
« fragmentum quærat, et suis ipsa manibus sibi in os injiciat (2). »
Le prêtre lui en donnera l'avis, en lui recommandant de ne point se troubler, de se laver les doigts après avoir pris la sainte hostie, et de jeter l'eau dans les cendres. « Sed quid, si, dum monia-
« libus communio distribuitur, hostia dilabatur intra clausuram?
« Aut sacerdos ipse monasterium ingrediatur, et faciat quod præ-
« scriptum est; quod saltem hodie fieri potest apud Gallias : aut
« una monialis vel altera reverenter hostiam super patenam elevet

---

(1) Rubriques du Missel romain. — (2) *De Sacrificio Missæ*, etc.

« mediante palla, seu charta munda, vel etiam ipsa manu, si aliter
« non potest, et per fenestellam porrigat sacerdoti; factaque com-
« munione radat pavimentum et projiciat pulverem in sacrarium.
« Ipsa vero si digitis hostiam tetigerit, abluat eos, et lotio in sacra-
« rium effundatur. »

# CHAPITRE V.

### Du Sujet du sacrement de l'Eucharistie.

214. Tous les fidèles, c'est-à-dire, tous les chrétiens qui ont l'usage de raison, qui sont suffisamment instruits et convenablement disposés, peuvent et doivent être admis à la sainte communion. Les infidèles, n'étant point baptisés, sont incapables de participer aux effets de l'Eucharistie, et l'Église éloigne de la sainte table, autant qu'il est en elle, même ceux de ses enfants qui sont indignes de s'en approcher.

#### ARTICLE I.

### De la Nécessité de l'Eucharistie.

215. L'Eucharistie n'est point, comme le Baptême, nécessaire de nécessité *de moyen*; on peut être sauvé sans avoir reçu la communion. La raison en est, que ce sacrement n'a point été institué comme moyen de conférer la première grâce sanctifiante, la grâce de justification, cette grâce qui remet directement le péché mortel; c'est pourquoi le concile de Trente a décidé que la communion n'est nullement nécessaire à ceux qui n'ont pas encore l'âge de discrétion : « Sancta synodus docet parvulos usu rationis
« carentes, nulla obligari necessitate ad sacramentalem Eucharistiæ
« communionem; siquidem per Baptismi lavacrum regenerati, et
« Christo incorporati, adeptam jam filiorum Dei gratiam in illa
« ætate amittere non possunt (1). » Il n'est pas nécessaire non plus, pour les simples fidèles, de recevoir la communion sous les deux espèces; car celui qui communie sous une seule espèce, sous l'espèce du pain, par exemple, reçoit Jésus-Christ tout entier, puisqu'il est tout entier sous chacune des espèces et sous chaque partie de

(1) Sess. XXI. cap. 4 et can. 4.

l'une et de l'autre espèce du pain et du vin. Aussi, conformément à la discipline actuelle, qui a varié selon les temps, à raison de la diversité des circonstances, le prêtre qui célèbre la messe est le seul qui puisse communier sous les deux espèces, parce que la consommation des deux espèces appartient à l'intégrité du sacrifice. Les simples fidèles, de quelque qualité qu'ils soient, ne doivent recevoir la communion que sous l'espèce du pain (1).

216. Si l'Eucharistie n'est pas nécessaire de nécessité de moyen, elle est nécessaire aux adultes de nécessité de précepte, et de précepte divin : Si vous ne mangez la chair du Fils de l'homme et ne buvez son sang, vous n'aurez point la vie en vous : « *Nisi mandu-* « *caveritis carnem Filii hominis, et biberitis ejus sanguinem, non* « *habebitis vitam in vobis* (2). » Ce précepte oblige, 1° aussitôt qu'on a suffisamment l'usage de raison ; 2° lorsqu'on est en danger de mort, dans un danger probable et prochain ; 3° lorsqu'on a passé un temps considérable sans communier ; car on doit, en vertu du précepte divin, s'approcher de la sainte table de temps en temps pendant la vie. Mais Jésus-Christ n'a pas déterminé lui-même la distance qu'on peut mettre entre une communion et une autre, il en a laissé le soin à son Église. Or, d'après les lois actuellement en vigueur, tous les fidèles qui ont atteint l'âge de discrétion sont obligés, sous peine de péché mortel, de communier au moins à Pâques, chaque année, à moins qu'on n'ait quelque cause légitime de différer sa communion.

### ARTICLE II.

#### *De la Communion pascale.*

217. La loi de l'Église qui nous oblige de recevoir l'Eucharistie, au moins à Pâques, est renfermée dans ce canon du quatrième concile de Latran, de l'an 1215 : « *Omnis utriusque sexus fidelis,* « *postquam ad annos discretionis pervenerit, omnia sua solus pec-* « *cata confiteatur fideliter, saltem semel in anno, proprio sacerdoti,* « *et injunctam sibi pœnitentiam studeat pro viribus adimplere,* « *suscipiens reverenter ad minus in Pascha Eucharistiæ sacra-* « *mentum;* nisi forte de consilio proprii sacerdotis ob aliquam ra- « tionabilem causam ad tempus ab ejus perceptione duxerit absti-

---

(1) Voyez le concile de Trente, sess. XXI. cap. 4 et can. 4. — (2) Joan. c. 6. v. 54.

« nendum : alioquin vivens ab ingressu ecclesiæ arceatur, et mo-
« riens christiana careat sepultura. » Les peines dont il est parlé dans ce canon ne sont que comminatoires ; elles ne s'encourent point par le fait seul de la violation de la loi. Le concile de Trente a renouvelé et confirmé le décret du concile de Latran : « Si quis negave-
« rit omnes et singulos Christi fideles utriusque sexus, cum ad annos
« discretionis pervenerint, teneri singulis annis, saltem in Pascha-
« te, ad communicandum, juxta præceptum sanctæ matris Eccle-
« siæ ; anathema sit (1). »

218. Le concile de Latran ne dit pas positivement que c'est dans sa paroisse qu'un fidèle doit communier en temps de Pâques ; mais il l'insinue, en disant que le propre prêtre peut, s'il le juge à propos, l'autoriser à différer sa communion. D'ailleurs, les décisions du Saint-Siége, les conciles provinciaux, les rituels, établissent ou supposent l'obligation de communier à Pâques dans sa paroisse. On ne peut satisfaire entièrement au précepte de l'Église en communiant dans une paroisse à laquelle on est étranger, à moins qu'on n'ait le consentement du propre prêtre, c'est-à-dire du curé, ou de l'évêque, ou du souverain pontife. Ainsi, nous distinguons dans le précepte de la communion pascale trois parties, qui sont comme trois obligations : la première, qui est de communier une fois chaque année, *semel in anno* ; la deuxième, qui est de communier à Pâques, *in Paschate* ; la troisième, qui est de communier de la main du propre prêtre, *proprii sacerdotis*. Or, pour satisfaire à ces différentes obligations, ou pour accomplir le précepte en tout, il est nécessaire de communier au moins une fois l'an, pendant le temps pascal, dans la paroisse à laquelle on appartient. Il y a péché mortel, soit qu'on ne communie pas dans l'année, soit qu'on ne communie pas dans le temps prescrit, soit qu'on ne communie point dans sa paroisse. Mais celui qui, sans fraude, sans vouloir se soustraire à la juridiction du pasteur, reçoit la communion à Pâques ailleurs qu'à l'église paroissiale, est moins coupable que celui qui ne communie point du tout ; car, évidemment, ce dernier s'écarte davantage de l'esprit de l'Église et de la loi.

219. De droit commun, le temps fixé pour la communion pascale commence le dimanche des Rameaux et finit le dimanche *in Albis* (2). On peut satisfaire au devoir pascal pendant toute cette quinzaine ; mais on ne peut différer, si ce n'est pour quelque

---

(1) Sess. XIII. can. 9. — (2) Bulle d'Eugène IV, *fide digna*.

cause grave, et d'après l'avis de son confesseur ou de son curé. On ne peut jamais anticiper sans la permission de l'évêque. Il est bien permis de communier immédiatement avant ou après le temps de Pâques, mais cette communion ne serait point la communion pascale. Hors les cas particuliers, où le curé, le confesseur croit devoir, aux termes du concile de Latran, conseiller à un fidèle, à un pénitent, de remettre sa communion à un autre temps, l'évêque seul peut, ou en vertu de l'usage, ou à raison de la pénurie de prêtres, de la maladie du curé ou de la surcharge de ses occupations, donner plus de latitude aux paroissiens, en ajoutant quelques jours, et même une ou plusieurs semaines, à la quinzaine de Pâques.

220. Le malade qui a communié, même en viatique, en temps de Pâques, a satisfait au précepte de l'Église en satisfaisant au précepte divin. Mais s'il a communié avant la sainte quinzaine, il est obligé de communier de nouveau pour accomplir le devoir pascal. Il y serait obligé plus strictement encore, s'il n'avait pas communié depuis un an ; cependant, si le curé prévoit que ce malade sera, peu de temps après Pâques, en état d'aller recevoir la communion à l'église, il pourra la lui différer jusqu'à ce qu'il soit relevé de sa maladie.

221. Les fidèles qui, pouvant communier la première semaine ou les premiers jours du temps pascal, prévoient qu'ils seront empêchés plus tard, sont tenus de communier sans délai ; autrement ils se mettraient eux-mêmes dans l'impossibilité d'observer la loi. Mais celui qui prévoit qu'il ne pourra pas communier dans la quinzaine de Pâques est-il obligé de prévenir le temps prescrit? Il y est obligé, s'il ne peut remettre sa communion au delà du temps pascal sans aller contre la première partie du précepte, qui nous ordonne de communier au moins une fois l'an, *singulis annis*, comme le dit le concile de Trente. Quoique empêché de communier à Pâques, il n'est pas pour cela dispensé de communier dans le courant de l'année ; il ne peut aller au delà sans se rendre coupable de péché mortel. Mais il en serait autrement, s'il avait déjà communié une fois dans le cours de l'année qui vient de s'écouler depuis la dernière quinzaine de Pâques. Exemple : Paul s'approche de la sainte table le jour de la Toussaint, ou le jour de Noël, ou aux quarante heures ; le temps pascal approche, mais il prévoit qu'il ne pourra communier pendant la quinzaine de Pâques : sera-t-il alors obligé d'anticiper sa communion ? Il ne peut y être obligé, puisque, d'un côté, il a satisfait à la première partie du précepte

qui concerne la communion annuelle ; et que, de l'autre, il ne lui est pas possible de satisfaire à la seconde partie, qui fixe la communion au temps pascal. Mais il devra communier à la Toussaint, ou à Noël, ou aux quarante heures, afin de n'être pas plus d'un an sans recevoir la communion (1).

222. Celui qui n'a pas satisfait au devoir pascal, qui a laissé passer le temps prescrit pour la communion, est-il obligé de communier le plus tôt possible? Nous distinguons : s'il ne s'est pas approché de la sainte table depuis un an, nous le croyons obligé, d'après le sentiment le plus commun et le plus probable, de communier le plus tôt possible, moralement parlant. Étant tenus de communier tous les ans, *singulis annis*, nous ne pouvons dépasser l'année sans pécher mortellement, ni, l'année une fois écoulée, différer la communion sans nous rendre de plus en plus coupables, sans aggraver notre faute proportionnellement à notre négligence : « Tempus paschale, dit saint Alphonse de Liguori, non est ab Ec- « clesia assignatum ad finiendam obligationem, sed ad eam solloci- « tandam ; unde quando obligatio jam contracta nondum impleta « est, quamprimum impleri debet (2). » Mais s'il avait communié dans le courant de l'année, à la Toussaint, par exemple, il ne serait pas obligé de communier avant le 1er novembre. En effet, on ne peut l'astreindre à communier aussitôt en vertu du précepte, en tant qu'il prescrit la communion pascale, puisqu'il lui est impossible de communier dans la quinzaine de Pâques ; il est absolument comme celui qui, n'ayant pas entendu la messe le dimanche, est dispensé de l'entendre le lundi. Il a fait une faute en omettant de communier à temps, mais cette faute ne peut être réparée que par la pénitence. On ne peut, non plus, l'obliger à communier tout de suite, pour satisfaire au précepte de la communion annuelle, puisqu'il y a moins d'un an qu'il n'a communié. Mais il ne pourra, dans l'hypothèse dont il s'agit, remettre sa communion au delà du 1er novembre ; puisque, comme on le suppose, il n'a pas communié depuis la Toussaint (3).

223. Nous l'avons dit : pour satisfaire entièrement au précepte de l'Église touchant la communion, ce n'est pas assez de communier dans le cours de l'année, ni même de communier à Pâques ; il faut, en outre, communier dans sa paroisse. Cette obligation est

---

(1) Billuart, de Eucharistiæ sacramento, dissert. VI. art. 1. § 2. Conf. d'Angers, *sur l'Eucharistie*, conf. VII. quest. 1. — (2) Lib. VI. n° 297. — (3) Tournély, de Eucharistia, quæst. 6. art. 111 ; Billuart, de sacramento Eucharistiæ, dissert. VI. art. 1. § 2, etc.

générale ; cependant, il y a plusieurs exceptions : 1° les prêtres accomplissent le devoir pascal dans tous les lieux où ils disent la messe ; c'est une opinion commune fondée sur l'usage ; mais il en serait autrement s'ils ne célébraient pas. 2° Les religieux, *monachi et regulares*, et les religieuses, *moniales*, communient, même en temps de Pâques, dans leurs églises. Il en est de même des domestiques attachés à leur service, lorsqu'ils vivent dans le monastère. 3° Les évêques permettent assez généralement aux élèves des grands et des petits séminaires, aux élèves des colléges et autres établissements d'éducation publique, de communier dans leurs chapelles. Cette permission a plus ou moins d'étendue, suivant la volonté de l'Ordinaire. 4° On dispense aussi, le plus souvent, les sœurs hospitalières, les vieillards, les infirmes, et généralement toutes les personnes qui sont dans les hospices, de recourir à l'église paroissiale pour la communion pascale. 5° Les pèlerins et les vagabonds peuvent communier partout où ils se trouvent. 6° Les étrangers, les voyageurs qui ne peuvent se rendre commodément dans leur paroisse pour le temps pascal ont droit de communier dans la paroisse où ils sont, même en passant (1). 7° Les fidèles accomplissent également le devoir pascal en communiant ailleurs que dans leur paroisse, avec la permission du curé, ou de l'évêque, ou du chef de l'Église. Quant à ceux qui ont deux ou trois domiciles, ils communieront à volonté, ou dans celui où ils passent la plus grande partie de l'année, ou dans celui où ils se trouvent pendant la quinzaine de Pâques. Nous ferons remarquer que ceux qui sont étrangers à la paroisse de la cathédrale ne peuvent y remplir le devoir pascal, à moins qu'il n'y ait usage contraire ou consentement de l'évêque. La cathédrale n'est point la paroisse de tout le diocèse.

**224.** Un fidèle peut-il, pendant le temps pascal, communier ailleurs que dans sa paroisse ? Il le peut certainement, comme il peut communier dans une paroisse quelconque avant ou après le temps de Pâques ; mais cette communion ne le dispense point de l'obligation de communier dans sa propre paroisse au temps prescrit. Un curé pourra donc aussi, même durant le temps pascal, donner la communion aux étrangers qui se présentent à la sainte table. Il doit présumer que l'étranger qui s'approche pour recevoir l'Eucharistie ne peut communier dans sa paroisse, ou qu'il a le con-

---

(1) Billuart, de sacramento Eucharistiæ, dissert. VI. art. 1. § 2 ; les Conférences d'Angers, *sur l'Eucharistie*, conf. VII. quest. 1.

sentement de son évêque ou de son curé, ou qu'il a déjà satisfait au devoir pascal, ou qu'il se propose d'y satisfaire en communiant de nouveau, avant l'expiration de la quinzaine de Pâques.

On ne peut nous objecter ni les conciles particuliers, ni les ordonnances épiscopales, ni les rituels, qui défendent aux fidèles de communier ailleurs que dans leur paroisse, en temps de Pâques, et aux curés de leur donner la communion ; car ces conciles, ces ordonnances, ces rituels, ne défendent et n'ont pu défendre qu'une seule chose ; savoir, de faire ailleurs que dans l'église paroissiale la communion *pascale*, c'est-à-dire, la communion qui est de *précepte*. Autrement, il ne serait pas même permis d'administrer l'Eucharistie aux voyageurs qui ne peuvent commodément retourner à leur paroisse pour le temps de Pâques, malgré la décision d'Eugène IV (1) et l'enseignement des canonistes. « Quoique cha« cun doive communier dans sa propre paroisse, dit le rédacteur « des Conférences d'Angers, il est reçu par l'usage que ceux qui « sont en voyage, durant la quinzaine de Pâques, se confessent et « communient dans le lieu où ils se trouvent (2). » Si on s'en tenait à la lettre de certaines ordonnances, on ne pourrait pas non plus donner la communion à ceux des étrangers qu'on sait certainement avoir satisfait au devoir pascal. Mais alors comment concilier ces ordonnances et avec la pratique générale de l'Église, et avec le vœu du concile de Trente, désirant que les fidèles qui assistent à la messe, sans distinction des paroissiens et des étrangers, participent à l'Eucharistie par la communion sacramentelle (3) ? Il est certain que, non-seulement les curés, mais encore les religieux, peuvent, en tout temps, administrer l'Eucharistie à ceux qui la demandent par dévotion, lorsqu'il est constant qu'ils ont satisfait ou qu'ils satisferont au précepte de la communion pascale dans leur paroisse : « Quovis tempore paschali, dit Billuart, religiosi possunt « per se vel per sacerdotes sæculares, in suis ecclesiis, Eucharistiam « ministrare petentibus ex devotione, si constat satisfecisse aut sa« tisfacturos esse præcepto in sua parochia (4). »

225. D'ailleurs, les anciens règlements concernant la communion pascale se trouvent modifiés sur plusieurs points. On n'exige plus, ni des fidèles qu'ils présentent un billet de confession pour

---

(1) Conférences d'Angers, *sur l'Eucharistie*, conf. vii. quest. 1. — (2) Ibidem. — (3) Sess. xxii. cap. vi. — (4) De Eucharistiæ sacramento, dissert. vi. art. 1. § 2. — Voyez aussi S. Alphonse de Liguori, lib. vi. n° 240 ; Wigandt, Roncaglia, etc.

pouvoir être admis à la communion, ni des curés qu'ils prennent les noms de ceux qui ne communient pas, pour les remettre à l'évêque : « Nunc non exigitur, comme le remarque Mgr Bouvier, « schedula confessionis ut tribuatur communio tempore paschali, « nec extraneis ad sacram mensam accedentibus denegatur; quia « præsumitur eos licentiam a pastore suo obtinuisse, vel in parochia « sua jam communicasse, aut ante finem Paschatis communicaturos « esse, nec, juxta Ritualis præscriptionem, describuntur nomina « eorum qui præcepto non satisfecerunt, ut ad episcopum deferan- « tur (1). »

226. Un fidèle, désirant faire ses pâques dans une autre paroisse voisine de la sienne, n'ose en demander la permission à son curé, dont il craint un refus, la trop grande susceptibilité, les brusqueries. Ce fidèle a pour motif, ou le besoin de communier immédiatement après sa confession, qu'il a coutume de faire à un prêtre du voisinage, en vertu d'une concession générale de la part de son évêque ou de son curé; ou la crainte plus ou moins fondée d'être une occasion de sacrilége pour son curé, *quem credit versari in consuetudine graviter culpabili;* ou une certaine antipathie naturelle pour ce curé, une répulsion involontaire qu'il ne croit pas pouvoir surmonter. Le curé, le prêtre qui connaît la position de ce fidèle pourra-t-il le communier sans l'obliger à recevoir une seconde fois la communion dans sa paroisse? On peut le communier, et par cette communion il remplira le devoir pascal. Si, dans le cas dont il s'agit, on ne peut présumer le consentement du curé, on peut, on doit même présumer le consentement de l'évêque. « Non enim habemus pontificem qui non possit compati infirmita- « tibus nostris (2). » L'esprit de l'Église est de faciliter à ses enfants l'accomplissement de leurs devoirs en matière de discipline; le prêtre éclairé le comprend, et ne confond point les intérêts de la religion avec les intérêts de l'amour-propre.

### ARTICLE III.

### De la Communion des Malades.

227. Les fidèles qui sont en danger de mort, dans un danger probable et prochain, sont obligés, de droit divin, de recevoir la communion; de là l'usage aussi ancien que l'Église de conserver l'Eucharistie et de l'administrer aux malades. Ainsi, ceux qui sont

---

(1) Tract. de Eucharistia, etc. — (2) Hebr. c. 4. v. 15.

atteints d'une maladie mortelle, ou qui sont sur le point de subir une opération vraiment dangereuse, doivent se préparer par la communion au passage de l'éternité. Les curés exhorteront aussi à la communion les femmes enceintes qui sont d'une complexion faible et délicate, ceux qui se disposent à un voyage périlleux, en un mot, tous ceux qui courent quelque risque de leur vie; car, quoique tout danger n'oblige pas à la communion sous peine de péché, il est cependant utile et prudent de se préparer, par la participation du corps de Jésus-Christ, à la mort, à laquelle on est plus ou moins exposé.

228. On distingue les infirmes, qui peuvent communier à jeun, quoiqu'ils ne puissent aller à l'église, et les malades qui sont en danger. On donne la communion aux premiers comme à ceux qui sont en santé, avec la différence qu'on la leur donne à domicile. Quant aux seconds, on peut et on doit leur administrer l'Eucharistie par forme de viatique, c'est-à-dire, sans exiger qu'ils soient à jeun. Pour cela, il n'est pas nécessaire que le danger soit actuel et imminent; il y aurait grand risque à attendre ce moment pour leur donner la communion. Dès que la maladie se manifeste comme dangereuse, on doit proposer les sacrements au malade; et, pour savoir s'il est dans le cas de communier sans être à jeun, il faut consulter, non sa nécessité, mais sa commodité : la communion ne doit contrarier en rien les prescriptions du médecin. L'Église, toujours compatissante, comme le dit le cardinal de la Luzerne, ne veut jamais nuire à ses enfants, et fait plier les règles de sa discipline à leurs besoins (1). Quand même le malade pourrait, sans inconvénient, rester à jeun quelques heures depuis minuit, on pourrait lui donner la communion après qu'il aura pris la nourriture ou les remèdes qui lui sont nécessaires. Ce n'est pas la coutume d'administrer les malades pendant la nuit, à moins qu'ils ne soient dans un danger extrême (2).

229. On doit donner le viatique à tous les fidèles qui, étant en danger de mort, demandent ou consentent à le recevoir, après s'y être convenablement préparés. L'Église veut même qu'on l'administre aux pécheurs publics, à moins qu'ils ne soient impénitents, qu'ils ne donnent aucun signe de repentir, qu'ils ne refusent de réparer autant qu'il est en eux le tort ou le scandale qu'ils ont commis. Le concile de Nicée, de l'an 325, invoquant l'ancienne

---

(1) Inst. sur le Rituel de Langres, ch. 5. art. 6. — (2) Conférences d'Angers, sur l'Eucharistie, conf. VII. quest. 1.

coutume, le prescrit expressément : « Antiqua et canonica lex nunc « quoque servabitur, ut, si quis vita excedat, ultimo et maxime « necessario viatico ne privetur (1). » Ce canon s'applique à tous, même aux pécheurs publics, à ceux qui étaient soumis aux lois de la pénitence, et qui ne pouvaient communiquer avec les fidèles que par la prière (2). Le concile de Carthage, de l'an 398, renouvelle le canon du concile de Nicée (3) : et on trouve les mêmes dispositions dans les *statuts* de saint Boniface, archevêque de Mayence; dans les *lettres* d'Hincmar, archevêque de Reims; dans les *constitutions* de Riculfe, évêque de Soissons; et dans les *canons* de l'Église de Langres, publiés par Isaac, évêque de cette ville. Le concile d'Agde, de l'an 506, prescrit le viatique à tous ceux qui sont en danger de mort : « Viaticum omnibus in « morte positis non negandum (4). » Selon le pape Gélase, on doit l'accorder à ceux qui ont contracté des alliances sacrilèges, lorsqu'ils sont à l'extrémité, et qu'ils se repentent de leurs désordres (5). Le concile d'Orléans, de l'an 538, s'exprime comme Gélase au sujet de ceux qui ont encouru l'excommunication : il leur accorde la communion *viatique*, quand ils sont dangereusement malades (6). Si nous insistons sur ce point, c'est qu'il est à notre connaissance que certains curés se permettent, contrairement à toutes les lois divines et humaines, de refuser la communion aux malades qui ont commis des fautes graves ou qui n'ont pas satisfait au devoir pascal, quelques sentiments qu'ils manifestent à l'article de la mort.

230. Il est plus conforme à l'esprit de l'Église de donner que de refuser la communion aux condamnés à mort qui sont vraiment pénitents. Dans les statuts synodaux de l'Église de Reims, que plusieurs savants attribuent à Sonnacius, archevêque de cette ville au VIIe siècle, on se plaint qu'on leur refuse l'Eucharistie, si propre à ranimer en eux la confiance, et à les soutenir dans ce cruel moment. C'était aussi le sentiment de Foulques, qui occupait le siége de Reims au IXe siècle, comme on le voit par une lettre qu'il écrivit à Didon, évêque de Laon. Les conciles de Mayence, de l'an 848; de Worms, de l'an 868; de Tribur, de l'an 895; de Milan, de l'an 1579; de Lima, de l'an 1582; de Mexico, de l'an 1585; de Malines, de l'an 1607; de Cambrai, de l'an 1631, réclament le viatique en faveur des criminels, afin que, fortifiés par la commu-

---

(1) Can. XIII. — (2) Ibidem. — (3) Can. LXXVI. — (4) Can. XV. — (5) Epist. V. cap. 20. — (6) Can. VI.

nion, ils fassent servir à leur salut les angoisses de la mort et les horreurs du supplice. Nous pourrions citer encore les papes Alexandre IV, Innocent VIII, Léon X, Clément VII, Paul III, Jules III et S. Pie V; le *sacerdotal* romain, imprimé à Venise en 1585; le synode d'Augsbourg, de l'an 1610; les ordonnances synodales publiées en 1545 par Étienne Poncher, évêque de Paris; et le Rituel imprimé, en 1839, par ordre de M. de Quélen, archevêque de la même ville. Ce Rituel porte qu'on ne donnera point la communion aux condamnés à mort le jour de leur exécution, si l'exécution doit avoir lieu le matin; ce qui suppose qu'on peut, dans le diocèse de Paris, les communier la veille, et même le jour de la mort, quand l'exécution ne doit avoir lieu qu'après midi. Ni les papes, ni les conciles, ni les évêques qu'on vient de nommer, n'ont appréhendé, dit le judicieux Thomassin, que ce fût diminuer les honneurs qui sont dus à la victime de nos autels, que d'en rendre participants ceux qui vont achever de laver leur crime dans leur sang, puisque tout ce qui est salutaire aux hommes ne peut jamais déshonorer cette divine hostie qui est pour leur salut (1). Le savant évêque de Vence, l'abbé Godeau, pensait comme Thomassin (2). Il est donc à désirer que les évêques de France fassent revivre les anciens règlements des Églises de Reims, de Paris et de Cambrai, et introduisent dans leur diocèse respectif, pour ce qui regarde la communion des condamnés à mort, ce qui se pratique généralement ailleurs, conformément aux décrets des souverains pontifes et des conciles. C'est l'esprit de l'Église, c'est l'esprit du Sauveur du monde, qui est venu principalement pour les pécheurs, qui a demandé grâce pour ses bourreaux, qui a exaucé le larron sur la croix (3).

231. Mais il est nécessaire que le criminel donne des signes non équivoques de pénitence; il est prudent même, à notre avis, de ne lui donner la communion qu'autant qu'il avoue son crime, *extra confessionem sacramentalem*. On doit être ici plus exigeant pour ce qui regarde la communion que pour ce qui concerne l'absolution sacramentelle; car on peut absoudre au pied de l'échafaud celui qui, malgré la certitude morale qu'on a de son crime, persiste à se dire innocent. Quant à l'intervalle à mettre entre la

---

(1) Ancienne et nouvelle Discipline de l'Église, part. II. liv. 1. chap. 77. — (2) Vie de saint Charles Borromée, par Godeau, etc. — (3) Voyez notre *Lettre* à M. l'abbé Blanc, sur la communion des condamnés à mort, publiée à Reims en 1841. On peut voir aussi l'Opuscule de Jean Chifflet, de Besançon, *Consilium* de sacramento Eucharistiæ ultimo supplicio afficiendis, non denegando.

communion et l'exécution, nous suivrons le Rituel de Paris. Mais le condamné pourra-t-il communier en viatique? Il le peut, s'il ne croit pas pouvoir commodément observer le jeûne prescrit.

**232.** Les malades qui ont perdu l'usage de raison sont-ils dispensés de la communion? Ils en sont dispensés, puisqu'ils ne sont plus moralement capables d'observer aucune loi; mais un curé n'est pas dispensé pour cela de l'obligation de leur administrer le viatique s'ils s'y sont préparés, à moins qu'il n'y ait à craindre quelque accident. Les sacrements opèrent par eux-mêmes, *ex opere operato*, dans ceux qui, ayant désiré de les recevoir, ont perdu depuis l'usage des facultés intellectuelles. Dans le doute si le malade peut prendre la sainte hostie, on doit essayer s'il peut avaler quelque chose; et si, après cet essai, on conserve quelque inquiétude, on ne doit pas lui donner la communion. On use des mêmes précautions à l'égard des malades qui sont tourmentés de la toux, ou qui éprouvent de temps en temps des vomissements : « Diligenter « curandum est, dit le Rituel romain, ne iis tribuatur viaticum, a « quibus, ob phrenesim sive ob assiduam tussim aliumve similem « morbum, aliqua indecentia cum injuria tanti sacramenti timeri « potest (1). » Que faire, si, après la communion, le malade ne peut avaler la sainte hostie, même après avoir pris une ablution pour aider la déglutition, ou s'il la vomit presque aussitôt après l'avoir reçue? Le prêtre doit la mettre dans un vase autre que le ciboire, la porter à l'église, la conserver dans un endroit bien fermé, et attendre qu'elle soit entièrement corrompue pour la jeter dans la piscine. Si les espèces ne paraissent pas dans ce que le malade a rejeté immédiatement après la communion, le prêtre doit l'essuyer avec des étoupes qu'il brûlera, pour jeter également les cendres dans la piscine.

**233.** Non-seulement on peut, mais on doit, suivant le sentiment commun, donner le saint viatique aux enfants qui ont l'usage de raison, quoiqu'ils n'aient pas encore l'âge requis pour la première communion. Il suffit qu'après les avoir instruits, le curé les juge capables de faire quelque discernement de cette nourriture spirituelle d'avec la nourriture commune et matérielle : « Ut « cibum istum cœlestem et supernum a communi et materiali dis- « cernant, » dit Benoît XIV (2). Les curés y feront attention : ils se rendraient coupables d'une faute grave, s'ils laissaient mourir sans viatique les enfants âgés d'environ douze ans qui auraient assez de

---

(1) De Communione infirmorum. — (2) De Synodo, lib. vii. cap. 12.

pénétration pour connaître l'importance de cette action : « Haud le-
« viter delinquere credimus, ajoute le même pape, qui pueros
« etiam duodenes et perspicacis ingenii sinunt ex hac vita migrare
« sine viatico, hanc unam ob causam, quia silicet nunquam antea,
« parochorum certe incuria et oscitantia, Eucharisticum panem de-
« gustarunt (1). » Mais il faut avoir soin de confesser les enfants
qui sont malades avant de les communier. Et s'ils reviennent en
santé, ils ne seront admis à la participation de l'Eucharistie qu'a-
près avoir fait leur première communion.

234. Celui qui, ayant communié soit par dévotion, soit pour
satisfaire au devoir pascal, tombe dangereusement malade quelques jours après, n'est pas dispensé de l'obligation de recevoir le
saint viatique. Mais y est-il obligé, s'il tombe malade le jour même
qu'il a communié? Les uns pensent qu'il est obligé de communier
une seconde fois; les autres disent qu'il peut le faire sans y être
obligé; d'autres enfin soutiennent qu'il doit s'en tenir à la communion qu'il a faite le matin avant de tomber malade, disant
qu'il ne lui est pas permis de communier deux fois en un jour.
Chacun peut, à cet égard, prendre et suivre le parti qui lui plaira
davantage : « In tanta opinionum varietate doctorumque discre-
« pantia, dit Benoît XIV, integrum erit parocho eam sententiam
« amplecti quæ sibi magis arriserit, quin fiat reus violati statuti
« synodalis, quod certe non potuit casum istum extraordinarium
« respicere (2). » Pour nous, nous n'hésiterions pas à communier
une seconde fois celui qui, se voyant atteint subitement d'une maladie mortelle, désirerait ardemment de recevoir encore le pain des
forts pour pouvoir lutter contre les angoisses de la mort.

235. Celui qui a été administré en viatique peut l'être une seconde fois, et même davantage, dans la même maladie, si le danger
continue. Mais alors il faut, suivant l'opinion la plus commune,
qu'il s'écoule huit ou dix jours entre l'une et l'autre communion. Si,
après s'être mieux porté, le malade retombe en danger, on peut
lui administrer le viatique, quand même il ne se serait pas passé
huit jours depuis qu'il a été administré. Dans tous les cas, on peut,
avec la permission de l'Ordinaire, ne pas attendre huit jours pour
donner la communion en viatique à un fidèle qui avait coutume,
avant sa maladie, de s'approcher fréquemment de la sainte table.

---

(1) De Synodo, lib. vii. cap. 12. — Voyez S. Alphonse de Liguori, lib. vi.
n° 301 ; le cardinal de la Luzerne, sur le Rituel de Langres ; le Rituel de Toulon,
le cardinal de Lugo, Suarez, etc. — (2) De Synodo, lib. vii. cap. 11.

Quant aux malades qui ne sont plus en danger, et peuvent communier à jeun, on leur porte l'Eucharistie plus ou moins souvent, suivant leurs dispositions et l'avis de leurs confesseurs. Il est du devoir des curés de les visiter de temps en temps, et de les exhorter à la fréquente communion.

236. C'est au curé seul, ou à celui qui le représente, qu'il appartient, exclusivement à tout autre prêtre, d'administrer l'Eucharistie aux malades de sa paroisse. On excepte, 1° le cas de nécessité, où le besoin d'un mourant devient la première loi; mais pour qu'il y ait nécessité, il faut que le malade soit vraiment en danger, dans un danger pressant, et que le curé soit absent ou empêché; 2° le cas où un curé refuse, sans raison canonique, d'administrer les sacrements à son paroissien. Exemple : Un malade de la paroisse de Pierre, se sentant dangereusement malade, fait venir Paul, curé de la paroisse voisine, pour se confesser; c'est à lui qu'il s'adresse habituellement, quand il est en santé. Paul arrive, se présente chez le curé, va dans la maison du malade, et entend sa confession, après quoi il retourne chez le curé pour lui dire qu'un tel s'est confessé, et qu'il demande à recevoir la communion. Celui-ci répond qu'il ne veut point lui administrer l'Eucharistie, sans vouloir donner aucune raison. Dans ce cas, Paul, qui sait que le malade n'est point du nombre de ceux auxquels l'Église refuse les sacrements à l'article de la mort, peut et doit lui administrer le saint viatique d'après le consentement présumé de l'évêque, auquel il écrira cependant pour lui faire connaître ce qui s'est passé (1).

237. A moins d'un danger pressant, on ne doit porter le saint viatique à un malade qu'après l'avoir confessé, et s'être assuré qu'aucun accident de maladie ne met obstacle à sa communion. Cependant, quand on vient chercher le curé pour un malade qui est éloigné de l'église, il peut emporter le Saint Sacrement, se réservant de juger, quand il sera sur les lieux, s'il y a possibilité de lui administrer le viatique. Mais ici, comme pour le cas où le malade demande à se réconcilier immédiatement avant la communion, il peut se présenter une grande difficulté. En se confessant ou en se réconciliant, il déclare au confesseur des liaisons criminelles auxquelles il ne veut pas renoncer, des injustices graves et certaines, sans être disposé à faire ce qui dépendra de lui pour les réparer; et le confesseur ne peut, par aucune considération, changer son cœur

---

(1) Voyez S. Alphonse de Liguori, lib. VI. n° 240; le cardinal de Lugo, etc.

et le rendre digne de l'absolution. Que faire dans cette circonstance? Évidemment, on ne peut l'absoudre. Le confesseur lui fera donc promettre de dire, après sa confession faite, qu'il ne veut pas encore recevoir l'Eucharistie. S'il fait cette déclaration, on ne la lui administrera pas; s'il refuse de la faire et demande à communier, le confesseur est forcé de lui donner la communion, et il la lui donnera.

238. Hors le cas d'une nécessité pressante, on ne doit point porter l'Eucharistie aux malades pendant la nuit. Ainsi, lorsque les curés voient que la maladie est vraiment dangereuse, ils doivent engager le malade à ne pas trop attendre pour recevoir la communion, et à profiter du moment où il peut la recevoir le jour. On portera le Saint Sacrement avec toute la décence possible. Pour cet effet, le curé recommandera aux parents de bien nettoyer la chambre du malade, et de tenir propres les lieux de la maison par où le prêtre doit passer, de couvrir le lit du malade d'un linge blanc, de préparer une table couverte d'une nappe fort propre, avec un crucifix, deux chandeliers et deux cierges allumés, de l'eau bénite et un aspersoir; un vase dans lequel il y ait de l'eau, et une aiguière avec un plat et une serviette, pour que le prêtre puisse se laver les mains, s'il le juge nécessaire. Tout étant disposé, le curé fait avertir les fidèles par un coup de cloche, et s'habille pour la cérémonie, en prenant un surplis et une étole. Il doit être toujours en soutane. Il porte le Saint Sacrement devant sa poitrine, dans le ciboire couvert de son pavillon, marche nu-tête sous le dais, précédé d'une ou plusieurs personnes qui portent des cierges allumés dans des lanternes, et du clerc qui porte le Rituel, la bourse, et une clochette qu'il doit agiter de temps en temps, pour avertir ceux qui se trouvent sur son passage de suivre le Saint Sacrement, ou au moins de l'adorer respectueusement. Il y a sept ans et sept quarantaines d'indulgences pour ceux qui accompagnent le Saint Sacrement avec un flambeau allumé, et cinq ans et cinq quarantaines pour ceux qui l'accompagnent sans flambeau. Ces indulgences sont applicables aux âmes du purgatoire. Ceux qui, étant légitimement empêchés de l'accompagner eux-mêmes, font porter un flambeau en leur nom par un autre, gagnent trois ans et trois quarantaines.

239. Durant le chemin, le prêtre récite le psaume *Miserere mei*, et d'autres psaumes ou hymnes, tels que le *Pange lingua*, seul ou alternativement avec ceux qui l'accompagnent, s'ils peuvent lui répondre. Arrivé dans la chambre du malade, il observe ce qui est

prescrit par le Rituel pour l'administration de l'Eucharistie. Après avoir communié le malade, le prêtre lave ses deux doigts qui ont touché l'hostie dans le petit vase où il doit y avoir de l'eau, et, pendant qu'il les essuie avec le purificatoire, on fait prendre au malade cette ablution, si toutefois il n'a pas de répugnance à la prendre ; autrement on la jetterait dans le feu. La cérémonie finie, on retourne à l'église en récitant le *Te Deum* et autres cantiques d'actions de grâces, suivant qu'il y a plus ou moins de chemin à faire.

Nous ferons remarquer que, si on craint que le malade n'expire bientôt, ou ne tombe dans un état qui ne lui permette pas de communier, on doit aussitôt lui donner la communion, omettant non-seulement l'exhortation, mais même les prières d'usage.

**240.** Si le prêtre doit porter le saint viatique dans un village ou hameau éloigné de l'église, il se sert d'une custode ou petite boîte d'argent dorée en dedans, en n'y mettant que le nombre d'hosties nécessaires pour communier les malades qui sont présentement en danger, se fait accompagner, comme à l'ordinaire, jusqu'à la sortie du chef-lieu de la paroisse, donne la bénédiction aux fidèles qui l'ont suivi jusque-là, et se rend à la maison du malade avec un clerc, en se faisant précéder d'un acolyte qui porte une lanterne avec un cierge allumé. S'il ne peut sans inconvénient marcher la tête nue, il se couvre d'une calotte ou de sa barette, ou même de son chapeau. Il peut monter à cheval, si ses infirmités, ou le temps, la distance l'exigent. Mais alors il doit auparavant assujettir la réserve devant sa poitrine avec deux rubans ou cordons attachés aux deux côtés de la bourse, les serrant autour de son corps, pour éviter toute grande secousse ou tout accident. Après avoir communié le malade, il purifie ses doigts dans le vase où l'on a mis de l'eau, remet la custode dans la bourse ainsi que le corporal et le purificatoire, fait prendre au malade l'ablution ou la jette dans le feu, achève la cérémonie, quitte son étole et son surplis, et se retire sans cérémonial. Si le malade meurt avant d'avoir reçu la communion, le prêtre rapportera le Saint Sacrement à l'église avec la même décence qu'il l'a apporté.

Il n'est pas permis à un curé ni à tout autre prêtre de porter l'Eucharistie à un malade en secret, clandestinement, sans cérémonie aucune. Nous exceptons le cas où il s'agirait de l'administrer à un fidèle qui est en grand danger, et dont les parents impies, tout en tolérant qu'un prêtre s'approche du malade, s'opposent absolument à ce qu'on fasse aucune cérémonie religieuse dans la maison. Ce cas arrive malheureusement quelquefois dans ce siècle de *tolérance* et de *liberté*.

241. Il peut arriver qu'un prêtre portant le Saint Sacrement à un malade, soit lui-même attaqué d'une maladie qui ne lui permette pas d'aller plus loin. Si l'accident n'avait lieu que lorsque le prêtre est arrivé à la maison, il n'y aurait pas grande difficulté : on laisserait le Saint Sacrement sur la table où il a été placé, et l'on s'empresserait de procurer, par tous les moyens possibles, les secours nécessaires à ce prêtre et au malade. Mais si le prêtre tombe chemin faisant, et qu'il n'y ait sur les lieux ni prêtre, ni diacre, ni autre personne qu'un seul assistant, celui-ci, après avoir fait ce qu'il pourra pour lui être utile, s'empressera d'aller chercher du secours, prenant le saint ciboire ou la custode enveloppés du voile qui les couvre, pour ne pas les toucher de sa main. Il se rendra aux habitations les plus voisines, et remettra le sacré dépôt dont il est chargé, ou dans une église ou entre les mains d'un prêtre. Si le ministre qui portait le Saint Sacrement meurt en chemin, l'assistant qui l'accompagnait, désespérant de pouvoir rien faire pour lui, reportera à l'église, avec les mêmes précautions, le saint ciboire ou la custode (1). Il devrait le faire, lors même qu'ils ne seraient pas enveloppés d'un voile.

### ARTICLE IV.

### *De la Première Communion des Enfants.*

242. Aux termes du concile de Latran, tout fidèle de l'un et l'autre sexe ayant atteint l'âge de discrétion, est obligé de s'approcher du sacrement de l'Eucharistie, au moins à Pâques. C'est donc une obligation pour les curés de préparer à la première communion ceux des enfants de leurs paroisses qui ont suffisamment l'usage de raison pour pouvoir communier avec fruit. Suivant le sentiment le plus commun, le plus suivi dans la pratique, il ne suffit pas qu'un enfant soit obligé de se confesser pour être tenu de communier; on est plus exigeant, en ce qui regarde l'âge, pour le sacrement de l'Eucharistie que pour le sacrement de Pénitence. Aussi, non-seulement on peut, mais on doit absoudre un enfant qui a commis une faute grave, quoiqu'il soit encore éloigné de

---

(1) Instructions sur le Rituel de Langres, ch. 5. art. 6.

l'époque de sa première communion. Mais à quel âge précisément les enfants sont-ils obligés de communier? A quel âge le curé peut-il et doit-il les admettre à la communion? On croit assez généralement que les enfants ne sont pas, régulièrement parlant, obligés de communier avant l'âge de neuf ou dix ans, mais qu'ils doivent le faire avant l'âge de quinze ans. On ne peut donner, sur ce point, d'autres règles générales; car il n'est pas rare de trouver des enfants de neuf, de dix ou onze ans, plus instruits et mieux disposés que d'autres qui en ont douze, treize ou quatorze. On doit donc avoir égard au développement des facultés intellectuelles, qui n'est pas le même chez tous les enfants, au degré d'instruction, au caractère et aux dispositions de chacun. Un curé se tromperait et serait répréhensible, s'il adoptait pour règle générale et absolue de n'admettre à la première communion que les enfants qui ont un certain âge; par exemple, ceux qui sont arrivés à leur douzième, ou treizième, ou quatorzième année. Dispensateurs des choses saintes, nous ne pouvons en disposer à volonté.

243. Mais que faire à l'égard des enfants de treize, quatorze et quinze ans, qui ne répondent rien ou presque rien au catéchisme? Le curé doit les cultiver avec un soin tout particulier; il les recommandera, s'il le juge nécessaire, à l'instituteur ou à l'institutrice, ou à quelque personne instruite et vertueuse, pour leur faire apprendre au moins l'Oraison dominicale, la Salutation angélique, le Symbole des Apôtres et l'acte de contrition. Quand ils sauront ces choses, s'ils savent d'ailleurs distinguer la nourriture spirituelle qu'on reçoit dans l'Eucharistie de la nourriture matérielle, corporelle ou commune, on les admettra à la première communion, de crainte qu'en les renvoyant à une autre année, on ne les trouve ni plus instruits ni mieux préparés. Il n'est pas juste d'exiger autant de ces enfants que de ceux qui ont plus de pénétration, pourvu qu'on remarque en eux de la docilité et de la bonne volonté.

244. La première communion ne doit se faire, même hors du temps pascal, que dans l'église paroissiale, et par les mains du propre curé, ou de celui qui en tient la place, à moins que le curé ou l'évêque ne permette qu'elle se fasse dans une autre paroisse. L'enfant qui n'est point chez ses parents, qui réside ailleurs que dans son domicile de droit, peut faire sa première communion dans la paroisse où il a un domicile de fait. Ainsi, un enfant peut faire sa première communion, soit dans un collége, soit dans un couvent où l'on est autorisé par l'évêque à préparer les jeunes gens

à cet acte de religion. Il en est de même d'un domestique qui ne réside point dans sa paroisse d'origine. Mais combien faut-il avoir été de temps dans une paroisse pour pouvoir y être admis à faire sa première communion? Dans certains diocèses, il faut y avoir passé six mois; dans d'autres, il faut moins de temps; les curés se conformeront à ce qui est réglé par l'Ordinaire. Mais quoiqu'un enfant n'ait pas encore résidé dans son domicile de fait tout le temps prescrit par les statuts, si les parents désirent qu'il y soit admis à la communion, le curé d'origine doit se montrer facile, et s'en rapporter au jugement de son confrère pour ce qui regarde les dispositions actuelles de l'enfant. Le prêtre ne doit rien tant craindre que de compromettre son ministère et éloigner la confiance des fidèles, en montrant, ou du moins en paraissant montrer trop de susceptibilité au sujet de ses droits. Nous ferons remarquer que l'enfant qui peut faire sa première communion dans une paroisse étrangère, en vertu d'un domicile de fait, conserve la faculté de la faire dans la paroisse où il a son domicile de droit.

245. Un curé peut-il faire faire la première communion à un enfant étranger qui n'est venu passer dans sa paroisse l'espace de temps fixé par les ordonnances, que pour ne pas la faire dans sa propre paroisse? Nous pensons qu'il le peut; car, quel que soit le motif de l'enfant, ou plutôt de ses parents, le curé qui le communie ne se trouve point en contravention; il ne fait rien qui soit contraire aux lois du diocèse. Quant à l'enfant qui a, comme ses parents, deux domiciles, il pourra communier, même pour la première fois, de la main de celui des deux curés dont il aura suivi les instructions pour la première communion.

246. Aucun motif humain ne doit influer sur l'admission ou l'exclusion des enfants à la première communion. Jamais un curé ne peut en exclure un enfant, parce qu'il aurait eu personnellement à se plaindre de lui ou de ses parents. Il ne doit pas même se laisser soupçonner d'être mû, surtout dans une telle circonstance, par une telle considération. Si, parmi les jeunes gens qu'on a préparés avec tout le soin possible, il s'en trouve qui ne puissent être admis avec les autres à la première communion, ou parce qu'ils ne sont pas suffisamment instruits, ou parce que leur conduite ne leur permet pas encore de communier, on pourra les renvoyer à l'année suivante, s'ils sont encore jeunes, s'ils n'ont pas encore quatorze ans. Mais s'ils ont atteint cet âge, c'est un devoir pour le curé de ne pas les renvoyer aussi loin; il doit leur

continuer ses soins même après la solennité de la première communion, et les admettre individuellement à la sainte table, quand il les aura jugés dignes de s'en approcher. Il se rendrait coupable, s'il négligeait de les disposer prochainement à un acte qui est d'obligation pour eux, si, comme il arrive quelquefois, il les remettait à une autre première communion générale, qui n'aura lieu que dans un ou deux ans. Règle générale : il y a de grands inconvénients à différer la première communion d'un enfant au delà de quatorze ou quinze ans. « Plus on diffère, comme l'a remarqué le « cardinal de la Luzerne, moins les enfants ont de dispositions à « apprendre, plus les passions se fortifient, plus les habitudes « vicieuses s'enracinent ; et il faut considérer aussi que les enfants « du peuple, devenant grands et forts, sont plus occupés au travail, « et ont moins de facilité pour fréquenter les catéchismes (1). » Ce que nous disons des enfants qui ne sont pas assez instruits pour communier en même temps que les autres, s'applique à ceux qui n'ont pas les dispositions intérieures requises pour communier dignement. Ils s'en rapporteront à l'avis de leur confesseur, pour le temps où ils pourront faire leur première communion.

### ARTICLE V.

#### Des Dispositions de l'Ame pour la Communion.

247. Le sacrement de l'Eucharistie étant le plus grand, le plus auguste, le plus saint de tous les sacrements, exige de grandes dispositions. Entre ces dispositions, les unes regardent l'âme, et les autres concernent le corps. Nous parlerons de celles-ci dans l'article suivant.

La première, la plus essentielle de toutes les dispositions de l'âme, c'est la pureté de conscience. Il est nécessaire que celui qui veut communier puisse juger prudemment qu'il est, pour le moment, exempt de tout péché mortel. Autrement, il se rendrait coupable d'un énorme sacrilège. On sait ce que dit l'Apôtre : « Qui« cumque manducaverit panem hunc, vel biberit calicem Domini « indigne, reus erit corporis et sanguinis Domini. Probet autem « seipsum homo ; et sic de pane illo edat, et de calice bibat. Qui « enim manducat et bibit indigne, judicium sibi manducat et « bibit ; non dijudicans corpus Domini (2). » Ainsi, celui qui com-

---

(1) Instructions sur le Rituel de Langres, ch. 5. art. 5. — (2) I. Corinth. c. xi. v. 27, 28, 29.

munie indignement est coupable du corps et du sang de Jésus-Christ ; ce qui ne signifie pas cependant que la communion indigne soit un crime aussi grand que celui des Juifs qui ont crucifié Notre-Seigneur. « Peccatum indigne sumentium hoc sacramentum, dit « saint Thomas, comparatur peccato occidentium Christum, se-« cundum similitudinem, quia utrumque committitur contra corpus « Christi ; non tamen secundum criminis quantitatem. Peccatum « enim occidentium Christum fuit multo gravius : primo, quidem « quia illud peccatum fuit contra corpus Christi in specie propria ; « hoc autem peccatum est contra corpus Christi in specie sacra-« menti ; secundo, quia illud peccatum processit ex intentione no-« cendi Christo, non autem hoc peccatum (1). »

248. Quiconque se sent coupable de quelque péché mortel, doit, avant de s'approcher de la sainte table, se purifier dans le sacrement de Pénitence ; quelque contrition qu'il croie avoir, il ne peut, sans sacrilége, se présenter à la communion avant d'avoir reçu l'absolution sacramentelle. Aussi, après avoir cité ce précepte de l'Apôtre, *Probet seipsum homo*, le concile de Trente ajoute : « Ecclesiastica autem consuetudo declarat eam probationem neces-« sariam esse, ut nullus sibi conscius mortalis peccati, quantumvis « sibi contritus videatur, absque præmissa sacramentali confessione « ad sacram Eucharistiam accedere debeat (2). Ne tantum sacra-« mentum indigne, atque ideo in mortem et condemnationem « sumatur, statuit atque declarat ipsa sancta synodus, illis quos « conscientia peccati mortalis gravat, quantumcumque etiam se « contritos existiment, habita copia confessoris, necessario præ-« mittendam esse confessionem sacramentalem (3). » Cependant, on excepte le cas où celui qui est obligé de dire la messe ou de communier, manque de confesseur : « Qui est in mortali, tenetur sub « mortali ante sumptionem Eucharistiæ confiteri, nisi sit necessitas « celebrandi vel communicandi et confessarius desit (4). » Nous avons expliqué plus haut (5) ce qui regarde le prêtre. Quant au simple fidèle, nous le croyons dispensé de se confesser avant la communion : 1° lorsque, se trouvant en danger, il ne peut, faute de prêtre, recevoir l'Eucharistie que de la main d'un diacre ; 2° lorsque, arrivé à la sainte table pour communier, il se souvient d'avoir péché mortellement depuis sa dernière confession ; car, généralement, il ne peut se retirer avant d'avoir reçu la communion

---

(1) Sum. part. 3. quæst. 80. art. 5. — (2) Sess. XIII. cap. 7. — (3) Ibidem. can. 11. — (4) S. Alphonse de Liguori, lib VI. n° 255. — (5) Voyez le n° 189.

sans danger de se compromettre aux yeux des assistants. Mais, dans l'un et l'autre cas, il doit préalablement s'exciter à la contrition parfaite.

249. On demande si celui qui a involontairement oublié dans sa confession un péché mortel, doit s'en confesser avant de communier : on suppose qu'il a reçu l'absolution. On convient généralement que, s'il ne se ressouvenait de ce péché qu'au moment de la communion, lorsqu'il est à la sainte table avec d'autres personnes, il n'est point obligé de se retirer, au risque de se diffamer et de scandaliser les assistants. Il s'agit donc d'un fidèle qui pourrait, sans inconvénient, retourner au tribunal de la Pénitence. Or, nous disons, contrairement au sentiment le plus commun, qu'il n'est point obligé de se confesser, avant la communion, de la faute qu'il a involontairement omise. On ne peut l'y astreindre ni en vertu du *Probet seipsum homo* de l'Apôtre, puisqu'il s'est éprouvé et qu'il est présentement en état de grâce, ni en vertu du décret du concile de Trente, ce décret ne concernant que celui qui, ayant la *conscience* d'un péché mortel, n'en a pas reçu l'absolution sacramentelle. Le péché oublié involontairement est remis indirectement avec les autres péchés qu'on a déclarés en confession. Collet lui-même, qui, comme il l'avoue, *n'avait pas un attrait invincible pour la morale relâchée*, s'exprime ainsi : « On n'oblige « un homme à se confesser avant la communion, qu'afin qu'il soit « moralement sûr qu'il est réconcilié avec Dieu, et cela selon les « lois que Jésus-Christ a établies. Or, tout cela se trouve dans le « cas que nous discutons. On s'est confessé avec toute la bonne « foi possible, on est aussi sûr qu'on le puisse être de la réconci- « liation. Que faut-il de plus ? Vous êtes, me dit-on, obligé de « vous confesser de la faute que vous avez oubliée. J'en conviens ; « mais ce n'est pas de quoi il s'agit : il est question de savoir si je « suis obligé de m'en confesser à l'instant. Vous me dites que oui ; « mais je voudrais quelque chose de plus ; il me faudrait des preu- « ves ; car le *Quamprimum confiteatur* du concile de Trente ne « regarde que ceux qui, faute de prêtre, n'ont pu se réconci- « lier (1). » Qu'on ne nous oppose point l'usage pratiqué par les fidèles ; ils font ce qu'on leur dit de faire, sans avoir l'intention de s'imposer d'autres obligations que celles qui leur sont imposées par les lois de l'Église ; cette pratique ne peut donc être considérée

---

(1) Traité des Saints Mystères, ch. 2. § 8. Voyez aussi son Traité *De Eucharistiæ Sacramento*, cap. 6. art. 3.

comme une règle obligatoire; ce n'est qu'une pratique pieuse et louable, dont on doit conseiller l'observation en certaines circonstances : « Praxis autem fidelium quæ opponitur, non est habenda, « dit saint Alphonse, ut regula certa obligationis, sed potius est « pius et laudabilis usus, quem ego etiam quam maxime, præci- « sis circumstantiis, suadendum puto(1). D'après ce sentiment, qui nous paraît beaucoup plus probable que l'opinion contraire, sentiment qu'on peut certainement suivre dans la pratique, celui qui par un oubli involontaire, ou par un oubli qu'on ne peut regarder comme gravement coupable dans sa cause, a omis de déclarer quelque péché mortel en confession, n'est point obligé de s'en confesser avant la communion; il lui est permis d'en différer la déclaration jusqu'à la première confession qu'il fera par dévotion ou par nécessité.

250. Celui qui doute s'il est en état de grâce peut-il communier avant de s'être confessé? Voici ce que répond saint Alphonse de Liguori dans son *Instruction pratique pour les confesseurs* : « Si la personne doute d'avoir péché ou non mortellement, elle « peut s'approcher de la communion sans se confesser aupara- « vant; que le doute soit négatif ou positif, peu importe, attendu « qu'il suffit alors de faire un acte de contrition pour recevoir plus « sûrement les fruits du sacrement. Le précepte de l'Apôtre, *Pro- « bet autem seipsum homo*, qui impose l'obligation de se confes- « ser, comme l'a expliqué le concile de Trente, ne lie que ceux qui « ont la conscience ou la certitude du péché mortel qu'ils ont « commis, ainsi que l'a déclaré le même concile, en disant : *Ut « nullus sibi conscius peccati mortalis ad Eucharistiam accedere « debeat*. Ainsi, le précepte de l'épreuve ne possède et ne devient « obligatoire que pour celui qui a la *conscience* de sa faute. Si, « au contraire, on est certain d'avoir commis un péché mortel, « on ne peut pas communier avant de s'être confessé; parce que « le précepte de l'épreuve est alors certainement en possession. « Par conséquent, celui qui a un doute positif ou négatif s'il a re- « couvré la grâce qu'il avait perdue; celui qui doute, par exem- « ple, si sa confession n'a point été nulle par un défaut de dispo- « sition ou de juridiction, s'il a la contrition dans le cas où il « communie par nécessité, ne peut pas recevoir la communion, « parce qu'alors il irait contre le précepte qui exige une épreuve

---

(1) Lib. VI. n° 257.

« non-seulement probable, mais certaine comme le péché qui a été
« commis (1). »

L'Église n'exige point des pénitents qu'ils s'abstiennent de la communion, jusqu'à ce qu'ils aient achevé leur satisfaction. Ainsi, on doit les admettre à la sainte table avant qu'ils aient fait leur pénitence, si d'ailleurs ils ont réparé, du moins en partie, le scandale qu'ils ont commis (2).

251. Le péché véniel n'est point un obstacle à la communion ; il ne la rend point indigne : mais celui qui communie en conservant de l'affection pour le péché véniel, est privé en partie des effets du sacrement. Pour recevoir toute l'abondance des grâces attachées à la communion, il faut s'approcher de la sainte table avec un cœur pur de tout péché et de toute affection au péché même véniel, une foi vive, un désir sincère d'être uni à Jésus-Christ, une charité ardente et une humilité profonde. Les curés, les confesseurs chercheront à inspirer aux fidèles ces heureuses dispositions, sans toutefois les exiger comme si elles étaient nécessaires pour communier avec fruit. En effet, on distingue la communion qui est de précepte, et la communion qui se fait par dévotion. Pour la première, il suffit qu'on se soit rendu digne de l'absolution, tandis que la communion que l'on fait par dévotion demande des dispositions plus parfaites en proportion de ce qu'elle est plus fréquente. On est plus exigeant à l'égard de ceux qui communient tous les jours, qu'envers ceux qui ne communient qu'une fois par semaine ; plus exigeant encore, généralement parlant, envers ceux-ci qu'à l'égard de ceux qui ne communient que tous les mois ou deux ou trois fois par an.

252. C'est un devoir pour les pasteurs d'entretenir ou d'établir, autant que possible, la pratique de la fréquente communion parmi les fidèles, en leur en faisant connaître tous les avantages. Aussi, comme le dit le cardinal de la Luzerne, « lors même qu'ils les
« instruisent sur les dispositions nécessaires pour communier, lors-
« qu'ils leur font sentir les funestes effets de la communion indi-
« gne, ils doivent prendre garde de se servir d'expressions trop
« fortes, qui impriment une trop grande terreur, et qui portent
« au désespoir d'atteindre à la haute pureté qu'exige ce sacrement.
« Ils doivent ménager tellement leurs exhortations, qu'en arrê-
« tant par une crainte salutaire ceux qui ne sont pas suffisam-

---

(1) Instructions pratiques pour les Confesseurs, ch. 15, troisième point, § 2.
— (2) Décret d'Innocent XI, de 1679.

« ment préparés, ils encouragent, par une pieuse confiance, ceux
« qui portent au dedans d'eux des dispositions convenables (1). »

Les fidèles qui se contentent de remplir le devoir pascal satisfont bien certainement au précepte de l'Église et au précepte divin ; mais ils ne répondent pas à l'esprit de Jésus-Christ ni au vœu de sa divine épouse. Le concile de Trente « souhaiterait que les fidèles « qui assistent à chaque messe y communiassent, non-seulement « en esprit et en affection, mais encore par la réception sacra- « mentelle de l'Eucharistie, afin qu'ils reçussent un fruit plus « abondant de ce saint sacrifice (2). » Tel était l'usage des cinq ou six premiers siècles de l'Église, au rapport des saints Pères, dont les écrits sont remplis d'exhortations en faveur de la communion fréquente et quotidienne (3).

253. Cependant, on ne peut ni conseiller ni défendre indistinctement aux fidèles de communier tous les jours, ou à peu près tous les jours. Voici ce que dit sur ce point saint François de Sales :
« De recevoir la communion de l'Eucharistie tous les jours, ny je « ne le loue ny je ne le vitupere ; mais de communier tous les jours « de dimanche, je le suade et en exhorte un chacun, pourvu que « l'esprit soit sans aucune affection de pécher. Ce sont les propres « paroles de saint Augustin (de Gennade), avec lequel je ne vitu- « pere ny loue absolument que l'on communie tous les jours ; « mais laisse cela à la discrétion du pere spirituel de celuy qui « voudra se résoudre sur ce poinct ; car la disposition requise pour « une si fréquente communion devant estre fort exquise, il n'est « pas bon de le conseiller généralement. Et parce que cette dispo- « sition-là, quoyqu'exquise, se peut trouver en plusieurs bonnes « ames, il n'est pas bon non plus d'en divertir et dissuader géné- « ralement un chacun ; ains cela doit se traicter par la considéra- « tion de l'estat intérieur d'un chacun en particulier. Ce seroit « imprudence de conseiller indistinctement à tous cet usage si fré- « quent ; mais ce seroit aussi imprudence de blasmer pour iceluy, « et surtout quand il suivroit l'advis de quelque digne directeur... « Vous voyez que saint Augustin exhorte et conseille bien fort que « l'on communie tous les dimanches : faites-le donc tant qu'il vous « sera possible ; puisque, comme je le présuppose, vous n'avez « nulle sorte d'affection au péché mortel, ni aucune affection au « péché véniel.

---

(1) Instructions sur le Rituel de Langres, ch. 5. art. 4. — (2) Sess. XXII. cap. 6. — (3) Voyez la Dissertation de S. Alphonse sur la fréquente Communion.

« Il faut que je die ce mot pour les gens mariez : c'est chose in-
« décente, bien que non pas grand péché, de solliciter le payement
« du devoir nuptial le jour que l'on s'est communié ; mais ce n'est
« pas chose malséante, ains plustost méritoire, de le payer. C'est
« pourquoi, par la reddition de ce devoir-là, aucun ne doit estre
« privé de la communion, si d'ailleurs sa dévotion le provoque à
« la désirer. Certes, en la primitive Église, les chrestiens commu-
« nioient tous les jours, quoyqu'ils fussent mariez et bénis de la
« génération des enfants... Pour communier tous les huict jours,
« il est requis de n'avoir ny péché mortel, ny aucune affection au
« péché véniel, et d'avoir un grand désir de se communier ; mais
« pour communier tous les jours, il faut outre cela avoir surmonté
« la pluspart des mauvaises inclinations, et que ce soit par advis
« du pere spirituel (1). »

254. Saint Alphonse de Liguori se montre plus favorable à la fréquente communion que saint François de Sales : il soutient et établit qu'on peut donner la communion tous les huit jours aux personnes qui, étant en état de grâce, commettent des péchés véniels d'habitude ou avec préméditation ; qu'il n'existe aucune loi qui défende de communier lorsqu'on conserve de l'affection, du penchant pour le péché véniel ; que cette affection, ainsi que l'enseigne saint Thomas, n'empêche point le sacrement de produire l'accroissement de la grâce ou de la charité habituelle, *augmentum habitualis gratiæ vel charitatis* (2), quoiqu'il ne produise réellement pas tous ses effets. Puis il montre que saint François de Sales s'est trompé en citant saint Augustin ; que le texte qu'il attribue à ce célèbre docteur n'est point de lui ; qu'il est tiré du traité *de Ecclesiasticis dogmatibus* de Gennade ; et que ces paroles sur lesquelles s'appuie le saint évêque de Genève, *Omnibus dominicis diebus communicandum suadeo et hortor, si tamen mens sine affectu peccandi sit*, signifient que, pour pouvoir communier tous les dimanches, il faut être exempt, non de toute affection au péché véniel, mais de toute affection au péché mortel, *sine affectu peccandi mortaliter*, comme l'explique saint Thomas (3). Du reste, ajoute saint Alphonse, c'est une règle universellement reçue et approuvée par le saint-siége, que les fidèles, mariés ou non, doivent s'en rapporter, pour la communion plus ou moins fréquente, au jugement de leurs confesseurs, qui

---

(1) Introduction à la Vie dévote, part. II. ch. 29. — (2) Sum. part. 3. quæst. 79. art. 8. — (3) Ibidem. art. 3.

auront égard aux fruits que leurs pénitents retirent du sacrement de l'Eucharistie. La véritable marque d'une bonne communion est le profit qui en revient aux fidèles : si on voit qu'elle leur est réellement profitable, on peut, on doit même leur permettre de communier fréquemment ; ils doivent, au contraire, communier moins souvent lorsqu'ils n'en retirent aucun profit (1).

255. Fénelon ne paraît pas non plus aussi exigeant que saint François de Sales. Parlant du fidèle dont la conscience est pure, qui vit régulièrement, qui est sincère et docile à un directeur expérimenté et ennemi du relâchement, il s'exprime ainsi : « Ce fidèle « est faible ; mais il se défie de sa faiblesse, et a recours à l'aliment « céleste pour se fortifier. Il est imparfait ; mais il en gémit, et « travaille pour se corriger de ses imperfections. Je dis qu'un bon « directeur, auquel il obéit avec simplicité, peut et doit le faire « communier presque tous les jours. » Après avoir cité la tradition, les saints Pères et le concile de Trente en faveur de la communion fréquente et quotidienne, il ajoute : « Voilà l'Église, qui « est la même dans tous les temps. Rien ne la vieillit, rien n'altère « sa pureté. Le même esprit qui l'animait du temps de saint Justin « et des autres Pères, la fait encore parler dans ces derniers jours. « Elle invite tous ses enfants à une communion fréquente. Elle « souhaiterait qu'ils n'assistassent jamais à aucune messe sans y « communier. Et, en effet, l'Eucharistie étant instituée pour tenir « la place des anciens sacrifices qu'on nommait *pacifiques*, où la « victime était offerte et mangée par les assistants, on fait une es- « pèce de violence au sacrifice de Jésus-Christ quand on s'unit au « prêtre pour l'offrir, sans vouloir s'y unir pour la manducation. « Ce qui arrête le concile et le tient en crainte, c'est un chrétien à « qui la conscience reproche un péché mortel : *Sibi conscius mor-* « *talis peccati*.

256. « Il est inutile de nous objecter qu'on voit communier sou- « vent des personnes très-indignes de la communion. Nous répon- « dons, avec saint Augustin : *Les uns sont corrigés comme* « *Pierre, et les autres soufferts comme Judas*. J'avoue qu'il y a « beaucoup de chrétiens qui n'en portent le nom que pour le pro- « faner et l'avilir.... Il y a beaucoup de personnes même qui, ob- « servant une certaine régularité de vie, n'ont point les véritables « sentiments de la vie chrétienne. Quand on approfondit leur état, « on ne voit point qu'on puisse les mettre au rang des justes qui

---

(1) Œuvres complètes de S. Alphonse de Liguori, tom. XXVII, pag. 87, etc.

« doivent communier; mais nous ne parlons nullement de ceux-là.
« Ici, il s'agit des âmes pures, humbles, dociles et recueillies, qui
« sentent leurs imperfections, et qui veulent s'en corriger par la
« nourriture céleste. Pourquoi se scandalise-t-on de les voir com-
« munier souvent? Elles sont imparfaites, me dira-t-on. Eh! c'est
« pour devenir parfaites qu'elles communient. Saint Ambroise ne
« dit-il pas que le *péché est notre plaie*, et que *notre remède est
« dans le céleste et vénérable sacrement?* Saint Augustin ne dit-
« il pas que si les péchés d'un fidèle ne sont pas *tellement grands
« qu'il doive être excommunié*, en cas qu'il refuse de faire péni-
« tence, *il ne doit pas se priver du remède quotidien du corps
« de Notre-Seigneur?* On n'est point étonné de voir les bons prê-
« tres dire la messe tous les jours; ils ont néanmoins leurs im-
« perfections. Pourquoi donc se scandaliser quand on voit de
« bons laïques qui, pour mieux vaincre leurs imperfections et
« pour mieux surmonter les tentations du siècle corrompu, veu-
« lent se nourrir tous les jours de Jésus-Christ? Si on attendait,
« pour communier tous les jours, qu'on fût exempt d'imperfection,
« on attendrait sans fin... Il faut donc s'accoutumer à voir des fi-
« dèles qui commettent des péchés véniels malgré leur désir sin-
« cère de n'en commettre aucun, et qui, néanmoins, communient
« avec fruit tous les jours. Il ne faut pas être tellement choqué de
« leurs imperfections, que Dieu leur laisse pour les humilier, qu'on
« ne fasse aussi attention aux fautes plus grossières et plus dan-
« gereuses dont ce remède quotidien les préserve. Encore une fois,
« nous voyons que les chrétiens des premiers siècles, qui com-
« muniaient tous les jours, étaient encore dans des imperfections
« notables. Veut-on condamner leurs communions quotidiennes,
« et corriger l'Église primitive, qui les autorisait sans ignorer
« ces imperfections notoires?...

257. « Combien voit-on de fidèles scrupuleux qui, faute de cet
« aliment, ne font que languir! Ils se consument en réflexions et
« en efforts stériles. Ils craignent, ils tremblent, ils sont toujours
« en doute, et cherchent en vain une certitude qu'ils ne peuvent
« trouver en cette vie : l'onction n'est point en eux. Ils veulent
« vivre pour Jésus-Christ sans vivre de lui. Ils sont desséchés,
« languissants, épuisés, et ils tombent en défaillance. Ils sont au-
« près de la fontaine d'eau vive, et se laissent mourir de soif. Ils
« veulent tout faire au dehors, et n'osent se nourrir au dedans. Ils
« veulent porter le pesant fardeau de la loi, sans en puiser l'esprit
« et la consolation dans l'oraison et la communion fréquente.

« J'avoue qu'un sage et pieux directeur peut priver un fidèle de la
« communion pour un temps court, soit pour éprouver sa docilité
« et son humilité quand il a quelque sujet d'en douter, soit pour
« le préserver de quelque illusion, et de quelque attachement se-
« cret à lui-même. Mais ces épreuves ne doivent être faites que
« dans un vrai besoin, et doivent durer peu ; il faut recourir au plus
« tôt à la nourriture de l'âme (1). »

### ARTICLE VI.

*Des Dispositions du corps pour la Communion.*

258. Les dispositions du corps pour la communion sont : le jeûne, la pureté et la modestie. Suivant les lois et la pratique générale et constante de l'Église, on ne doit recevoir l'Eucharistie que lorsqu'on est à jeun. Ce jeûne, qu'on appelle naturel, eucharistique ou sacramentel, est beaucoup plus sévère que le jeûne ecclésiastique ; il consiste à n'avoir rien pris, ni solide, ni liquide, ni comme nourriture, ni comme remède, depuis minuit. Tout ce qui se mange ou se boit véritablement, volontairement ou par inadvertance, est une infraction au jeûne et empêche de communier. Le précepte du jeûne eucharistique n'admet pas de légèreté de matière : l'Église veut, sous peine de péché mortel, que celui qui communie soit absolument à jeun, qu'il n'ait absolument rien bu ni mangé avant de s'approcher de la sainte table. Elle n'admet d'exception que pour les malades qui communient en viatique, et pour quelques cas, beaucoup plus rares, où peut se trouver le prêtre qui célèbre ou qui doit célébrer la messe (2). On excepte encore le cas où tout prêtre, et, à défaut de prêtre, tout fidèle, peut prendre et avaler la sainte hostie pour l'empêcher d'être profanée, d'être foulée aux pieds par les hérétiques ou les infidèles.

259. On ne regarde pas comme une infraction au jeûne naturel, ni ce qui s'avale fortuitement et sans dessein par la seule respiration, ni ce que l'on goûte sans l'avaler. Ainsi, on peut communier, quoique, en se lavant la bouche, on ait avalé quelques gouttes d'eau qui se sont confondues avec la salive. Il en est de même de celui qui, par inadvertance, a avalé quelque reste d'aliments pris la

---

(1) **Lettre sur la Communion.** — (2) Voyez, ci-dessus, n<sup>os</sup> 195 et 228.

veille, qui serait resté entre les dents : « Neque post assumptionem
« aquæ, dit saint Thomas, vel alterius cibi, aut potus, vel etiam
« medicinæ, in quantumcumque parva quantitate, licet hoc sacra-
« mentum accipere. Nec refert, utrum aliquid hujusmodi nutriat,
« vel non nutriat, aut per se, aut cum aliis, dummodo sumatur
« per modum cibi, vel potus. Reliquiæ tamen cibi remanentes
« in ore, si casualiter transglutiantur, non impediunt sumptionem
« hujus sacramenti ; quia non trajiciuntur per modum cibi, sed
« per modum salivæ : et eadem ratio est de reliquiis aquæ, vel
« vini, quibus os abluitur, dummodo non trajiciantur in magna
« quantitate, sed permixtæ salivæ ; quod vitari non potest (1). »
Ce ne serait pas non plus rompre le jeûne naturel que d'a-
valer, sans dessein, un flocon de neige, une goutte de pluie, un
moucheron, un peu de poussière agitée par le vent ; on ne peut
pas dire que celui à qui cet accident arrive prend réellement
quelque chose par manière de nourriture, de boisson, ou de mé-
dicament, *Per modum cibi, potus aut medicinæ*. Mais il est hors
de doute que le jeûne se trouve rompu, si, ayant mis dans sa
bouche un morceau de sucre ou de réglisse avant minuit, on
l'avale après.

260. Aujourd'hui, il est généralement reçu que le tabac dont
on use, soit en *prisant*, soit en *fumant*, n'est pas contraire au
jeûne naturel, et n'empêche point de communier, lors même qu'il
en tomberait dans l'estomac. Il en est encore probablement de
même du tabac mâché, pourvu qu'on en rejette le suc en cra-
chant. Mais on convient qu'il est indécent de mâcher du tabac
avant la communion, qu'il y aurait péché véniel à le faire sans
quelque motif (2). Ce que nous avons dit du tabac en poudre s'applique à l'eau, de quelque espèce qu'elle soit, qu'on prend par les
narines. Elle ne rompt le jeûne eucharistique qu'autant qu'on la
prend avec l'intention de la faire parvenir dans l'estomac, et qu'elle
y parvient en effet.

261. Nous ferons remarquer qu'il n'est pas nécessaire, pour
communier, d'avoir digéré la nourriture qu'on a prise la veille ;
et qu'on peut boire ou manger aussitôt après la communion,
quand on a quelque raison. Il ne conviendrait pas de le faire sans
motif, ce serait manquer de respect au sacrement : « Debet esse
« aliqua mora, dit saint Thomas, inter sumptionem hujus sacra-

---

(1) Sum. part. 3. quæst. 80. art. 8. — Voyez aussi les Rubriques du Missel, *de Defectibus*. — (2) Voyez S. Alphonse de Liguori, de Lugo, Concina, etc.

« menti et reliquos cibos (1). » On exhortera donc les fidèles qui communient étant en santé, à s'abstenir de toute nourriture autant qu'ils le pourront sans inconvénient, jusqu'à ce qu'ils aient fait leur action de grâces, qui demande au moins un quart d'heure, à partir du moment qu'ils ont reçu la communion. Ce n'est pas une faute non plus de cracher après avoir avalé la sainte hostie, à moins qu'on ne puisse raisonnablement soupçonner que quelques fragments ne soient restés dans la bouche. Mais, pour prévenir toute inquiétude à cet égard, il convient de ne cracher que quelque temps après avoir communié.

262. De la pureté du corps : Pollutio voluntaria habita ipsa die communionis aut nocte præcedenti per se non impedit ab illa, modo præcesserit debita confessio sacramentalis. Verum, ut communiter theologi docent, pœnitens sub veniali tenetur abstinere ea die a communione, propter reverentiam sacramento debitam. « Non « esset consulendum alicui, inquit S. Thomas, quod statim post « peccatum mortale, etiam contritus et confessus, ad Eucharistiam « accederet; sed deberet, nisi magna necessitas urgeret, per ali- « quod tempus propter reverentiam abstinere (2). » Necessitas autem adest, quoties communio differri non potest absque scandalo aut famæ detrimento. Hinc Rubricæ missalis : « Si præcesserit pollutio « nocturna quæ causata fuerit ex præcedenti cogitatione, quæ sit « peccatum mortale, vel evenerit propter nimiam crapulam, abs- « tinendum est a communione et celebratione, *nisi aliud confes-* « *sario videatur* (3). » Igitur, ut ait S. Alphonsus, « bene poterit « confessarius, si expedire judicabit magno peccatori aliquando « susceptionem Eucharistiæ differre, sicut etiam disposito potest « quandoque differre absolutionem, ut constantiam ejus experia- « tur, vel ad horrorem incutiendum adversus aliquod enorme pec- « catum (4). »

263. Si pollutio fuerit involuntaria, nulla est obligatio abstinendi a communicando, nisi magna ex illa secuta fuerit perturbatio mentis. « Si dubium est an in præcedenti cogitatione fuerit pecca- « tum mortale, consulitur abstinendum, extra casum necessitatis. « Si autem certum est non fuisse in illa cogitatione peccatum mor- « tale vel nullam fuisse cogitationem, sed evenisse ex naturali « causa, aut ex diabolica illusione, potest communicare et celebrare, « nisi ex illa corporis commotione tanta evenerit perturbatio men-

---

(1) Sum. part. 3. quæst. 80. art. 8. — (2) In 4. dist. 9. quæst. 1. art. 4. — (3) Rubricæ missalis romani, *de Defectibus*. — (4) Lib. vi. n° 272.

« tis, ut abstinendum videatur (1). Itaque veniale est ad Eucha-
« ristiam accedere cum prædicta perturbatione, nisi tamen homo
« conetur eam repellere, faciens quod in se est devote accedat, vel
« nisi aliqua justa causa necessitatis aut devotionis aliud expostu-
« let (2). »

264. Veniale est accedere ad communionem eadem die qua habitus est actus conjugalis, si actus ille fiat causa voluptatis. Ita theologi communiter : verum a veniale excusat quævis causa honesta, puta solemnitas, devotio specialis, indulgentia plenaria lucranda, periculum infamiæ, scandalum vitandum. Si autem actus conjugalis fiat absque culpa, causa nempe procreandæ prolis, congruum est ut communio differatur ad alteram diem : hoc tamen est consilii tantum sine ulla obligatione ; nam procreatio sobolis, cum actus, ut supponitur, sit omnino honestus, satis reparat indecentiam, nec proinde a communione debet impedire (3). Et vero in primævis Ecclesiæ sæculis fideles etiam conjugati singulis diebus ad Eucharistiam accedere solebant. Cæterum omnes conveniunt alterutrum conjugem, qui petenti debitum reddit alteri, posse eadem die sacram communionem suscipere (4). « Hinc,
« ait S. Alphonsus, si confessarius rogatur ab uxore quid agere
« debet, si in die communionis vir debitum ab ipsa petat, sapien-
« ter docent Suarez, Laymann et Sanchez, respondendum, quod
« si mulier frequenter communionem suscipit, reddat et com-
« municet ; si autem raro, ipsa virum precetur ut pro illa die
« abstineat ; at si rogatio non proficit, adhuc communicet, nisi ex
« redditione magnam patiatur perturbationem, et ipsa non conetur
« repellere (5). »

An vero mulieres tempore menstrui possint communicare? Probabilius est eas posse ad Eucharistiam accedere, etsi possint commode communionem differre (6).

265. On doit s'approcher de la sainte table avec modestie. On n'y porte point de gants ni de manchon ; les hommes déposent leurs épées ; on excepte cependant les chevaliers de Malte, auxquels l'Église permet de porter à l'autel l'arme qu'ils emploient à la défense de la religion. Les femmes surtout doivent être vêtues modestement. On refuse la communion à celles qui se présentent le

---

(1) Rubricæ missalis, *de Defectibus*. — (2) Voyez S. Alphonse, lib. VI. n° 272. — (3) S. Alphonse, ibidem ; de Lugo, Sanchez, etc. — (4) Voyez, ci-dessus, n° 253, ce que dit S. François de Sales. — (5) Lib. VI. n° 272. Instr. pratique pour les Confesseurs, de l'Eucharistie, n° 67. — (6) Ibidem.

sein découvert, *nempe nudatis uberibus*. Mais on ne pourrait la refuser à celles auxquelles on n'aurait à reprocher qu'un certain luxe ou des ajustements mondains.

### ARTICLE VII.

*A qui doit-on refuser la Communion?*

266. Dans les premiers temps du christianisme, on donnait généralement l'Eucharistie aux enfants. Mais il y a longtemps que cet usage est aboli dans l'Église d'Occident. On ne doit donc plus donner la communion aux enfants qui n'ont pas l'usage de raison. Il en est de même de ceux qui, quoique avancés en âge, ont constamment vécu dans un état de démence; ils sont comme des enfants sous le rapport moral. Quant à ceux qui, sans être en démence, n'ont qu'une faible lueur de raison, s'ils sont susceptibles de quelque instruction, s'ils montrent de la docilité, et donnent quelque marque de piété, on doit les instruire autant que possible, et les recevoir à la communion, non-seulement au moment de la mort, mais encore pendant le cours de leur vie. Il vaut mieux risquer de donner le sacrement à celui qui est incapable de le recevoir avec tout le fruit qu'il peut produire, que d'en priver celui qui est capable d'en profiter (1).

267. Ceux qui, après avoir eu l'usage de raison, tombent en démence sans avoir aucun intervalle lucide, ne doivent pas être admis à la communion tant que dure ce triste état; car ils ne peuvent évidemment apporter au sacrement les dispositions requises. Cependant si, avant de perdre l'usage des facultés intellectuelles, ils ont montré de la piété, de la dévotion pour l'Eucharistie, on peut les communier à l'article de la mort, à moins qu'on n'ait lieu de craindre quelque accident. « Si prius, quando erant « compotes suæ mentis, dit saint Thomas, apparuit in eis devotio « hujus sacramenti, debet eis in articulo mortis hoc sacramentum « exhiberi, nisi forte timeatur periculum vomitus aut expulsio- « nis (2). » Le Catéchisme du concile de Trente s'exprime comme le Docteur angélique (3). La raison qu'on en donne, c'est que, d'un côté, il est présumé avoir désiré la communion, et que, de l'autre, l'Eucharistie peut lui être utile et même nécessaire. « Ratio, ajoute

---

(1) Instruct. sur le Rituel de Langres, ch. 5. art. 4. — (2) Sum. part. 3. quæst. 80. art. 9. — (3) De Eucharistiæ sacramento, § 60.

« saint Alphonse, quia ex una parte præsumitur is interpretative
« communionem petere ; ex altera huic Eucharistia adhuc necessa-
« ria esse potest, nempe si incidisset in amentiam existens in pec-
« cato mortali, de quo solum attritus fuerit (1). » Mais on ne lui
donnerait point la communion, si l'on avait lieu de croire qu'il
était tout à fait impénitent lorsqu'il a perdu la raison : « Si certo
« præsumatur in amentiam incidisse penitus impœnitens (2). »

268. Les insensés qui ont des intervalles lucides peuvent et
doivent, dans le cours de leur vie, recevoir l'Eucharistie, lorsqu'ils sont dans leurs bons intervalles. Quant à l'article de la mort,
on doit les communier, qu'ils aient ou non recouvré l'usage de
raison, s'il n'y a rien dans leur conduite passée qui les rende indignes de la communion, pourvu, toutefois, qu'on n'ait à craindre
aucune irrévérence envers le Saint Sacrement. « Modo, dit le Ca-
« téchisme du concile de Trente, vomitionis vel alterius indignitatis
« et incommodi periculum nullum timendum sit (3). » Le cardinal
de la Luzerne, sans accorder tout ce que nous accordons aux malades dont il s'agit, s'exprime ainsi : « Le ministre doit toujours
« avoir devant les yeux ce grand principe, que les sacrements
« étant pour les hommes, et non les hommes pour les sacrements,
« dès qu'il y a quelque légère raison d'espérer que le sacrement
« sera utile, il vaut mieux risquer le sacrement que l'homme, et
« l'exposer à être conféré sans fruit, que de priver un chrétien de
« ses salutaires effets (4). »

269. On ne doit point donner la communion aux sourds-muets
de naissance, à moins qu'ils n'aient quelque connaissance des principales vérités de la religion. Si, après avoir été instruits par ceux
dont ils comprennent les signes, ils assistent avec respect au saint
sacrifice ; s'ils sont de bonne conduite ; s'ils témoignent de la douleur des fautes qu'ils ont commises ; si on voit qu'ils discernent le
pain eucharistique ou céleste du pain commun, on peut les faire
communier. On ne doit pas les priver de l'Eucharistie, sous le
prétexte qu'ils ne paraissent avoir qu'une idée confuse du sacrement, puisque l'Église l'a longtemps conféré aux enfants, qui n'en
avaient pas de plus profondes notions (5).

270. Les confesseurs feront tout ce qui dépendra d'eux pour
éloigner de la sainte table ceux qui ne peuvent s'en approcher sans
se rendre coupables de sacrilége. Mais, au for extérieur, on ne

---

(1) Lib. vi. n° 302. — (2) Ibidem. — (3) De Eucharistiæ sacramento, § 68. —
(4) Instruct. sur le Rituel de Langres, ch. 5. art. 4. — (5) De la Luzerne, ibidem.

peut refuser la communion à tous ceux qui en sont indignes. Il faut distinguer entre les pécheurs occultes et les pécheurs publics, entre le cas où le pécheur demande la communion en particulier, et celui où il la demande publiquement. Voici, à cet égard, les règles que nous trouvons dans le Rituel romain : « Fideles omnes
« ad sacram communionem admittendi sunt, exceptis iis qui justa
« ratione prohibentur. Arcendi autem sunt publice indigni, quales
« sunt excommunicati, interdicti, manifestique infames, ut mere-
« trices, concubinarii, fœneratores, magi, sortilegi, blasphemi,
« et alii ejus generis publici peccatores, nisi de eorum pœnitentia
« et emendatione constet, et publico scandalo prius satisfecerint.
« Occultos vero peccatores, si occulte petant, et non eos emenda-
« tos cognoverit, repellat; non autem si publice petant, et sine
« scandalo ipsos præterire nequeat (1). » Nous avons expliqué ces différentes règles dans le *Traité des Sacrements en général* (2).

## CHAPITRE VI.

### *Du Culte de la sainte Eucharistie.*

271. Jésus-Christ étant réellement présent dans l'Eucharistie, on doit l'adorer et lui rendre le culte qui n'appartient qu'à Dieu ; ce culte qui est appelé culte de latrie. De là l'usage d'exposer dans les églises le Saint Sacrement à l'adoration des fidèles, en certains jours ; de le porter processionnellement, surtout à la Fête-Dieu, et de bénir le peuple avec l'ostensoir ou le ciboire où se trouve renfermé le corps de Jésus-Christ. « Nullus itaque dubitandi locus
« relinquitur, dit le concile de Trente, quin omnes Christi fideles
« pro more in catholica Ecclesia semper recepto latriæ cultum, qui
« vero Deo debetur, huic sanctissimo sacramento in veneratione
« exhibeant. Neque enim ideo minus est adorandum, quod fuerit
« a Christo Domino, ut sumatur, institutum. Nam illum eumdem
« Deum præsentem in eo adesse credimus, quem Pater æternus
« introducens in orbem terrarum, dicit : Et adorent eum omnes
« angeli Dei, quem Magi procidentes adoraverunt, quem denique
« in Galilæa ab Apostolis adoratum fuisse, Scriptura testatur. De-
« clarat præterea sancta synodus, pie et religiose admodum in Dei

---

(1) De sacramento Eucharistiæ. — (2) Voyez le n° 50, etc.

« Ecclesiam inductum fuisse hunc morem, ut singulis annis pecu-
« liari quodam et festo die præcelsum hoc et venerabile sacramen-
« tum singulari veneratione ac solemnitate celebraretur; utque in
« processionibus reverenter et honorifice illud per vias et loca pu-
« blica circumferretur. Æquissimum est enim sacros aliquos statu-
« tos esse dies, cum christiani omnes singulari ac rara quadam
« significatione gratos et memores testentur animos erga commu-
« nem Dominum et Redemptorem pro tam ineffabili et plane divino
« beneficio, quo mortis ejus victoria et triumphus repræsentatur.
« Atque sic quidem oportuit victricem veritatem de mendacio et
« hæresi triumphum agere, ut ejus adversarii in conspectu tanti
« splendoris, et in tanta universæ Ecclesiæ lætitia positi, vel debi-
« litati et fracti tabescant, vel pudore affecti et confusi aliquando
« resipiscant (1). »

272. Les curés se conformeront aux règlements de leur diocèse pour ce qui regarde les bénédictions, les expositions et les processions du Saint Sacrement, qui ne peuvent avoir lieu qu'avec la permission de l'évêque. Le cas même de nécessité publique n'autorise point un curé à exposer ou à porter le Saint Sacrement, ni même à donner la bénédiction, sans une autorisation expresse de l'Ordinaire. On ne doit point non plus porter le Saint Sacrement hors de l'église, pour l'opposer à la tempête, aux orages, aux incendies, aux inondations, ou à tous autres dangers imminents; ce serait tenter Dieu.

On ne doit jamais exposer le Saint Sacrement sans mettre au moins six ou quatre cierges allumés, et sans avoir l'assurance qu'il y aura toujours quelques adorateurs. Pendant l'exposition, on ne laisse sur l'autel ni les reliques, ni les images des saints, celles des anges adorateurs exceptées. Quant à la croix, on peut indifféremment l'ôter ou la laisser, suivant l'usage des lieux.

273. La sainte Eucharistie se conserve dans le tabernacle d'un des principaux autels de l'église. Ce tabernacle ne doit renfermer que le Saint Sacrement. On n'y renferme ni les reliques des saints, ni les saintes huiles, ni les vases sacrés qui ne contiennent point actuellement les saintes hosties. Le tabernacle doit être entretenu dans un état de décence et de propreté. On y dépose le ciboire sur un corporal blanc, qu'on change de temps en temps. Le ciboire doit être au moins d'argent, doré en dedans, et couvert d'un petit voile appelé pavillon, fait d'une étoffe précieuse. On ne peut s'en servir

---

(1) Sess. XIII. cap. 5.

qu'après qu'il a été béni par l'évêque ou par un prêtre qui en a reçu la permission.

Dans toutes les églises ou chapelles où l'on conserve le Saint Sacrement, on doit, autant que possible, entretenir une lampe allumée jour et nuit. Si, à raison de la modicité des revenus de la fabrique, on ne peut l'allumer tous les jours, on l'allumera au moins les dimanches et aux principales fêtes de l'année. L'entretien de cette lampe dépend ordinairement du curé, qui doit être lui-même, par sa piété, son zèle et sa charité, la lampe ardente de toute la paroisse.

## DEUXIÈME PARTIE.

### DE L'EUCHARISTIE COMME SACRIFICE.

274. L'Eucharistie a cela de particulier, qu'elle n'est pas seulement le plus excellent de tous les sacrements, mais qu'elle est de plus un vrai sacrifice. « Or, ces deux choses diffèrent essentielle-
« ment entre elles. Le sacrement s'opère par la consécration, tandis
« que l'essence du sacrifice consiste dans l'offrande. C'est pourquoi,
« lorsque la sainte hostie est renfermée dans le ciboire, ou qu'on
« la porte aux malades, elle est alors un sacrement et non un sa-
« crifice. Ensuite, en tant que sacrement, elle est une cause de mé-
« rite pour ceux qui reçoivent la divine hostie, et produit tous les
« fruits que nous avons énumérés plus haut. Mais en tant que sacri-
« fice, elle contient non-seulement une cause de mérite, mais aussi
« un moyen de satisfaction. Car, de même que Jésus-Christ, dans
« sa passion, a mérité et satisfait pour nous; de même ceux qui
« offrent ce sacrifice, par lequel ils se mettent en communion avec
« nous, méritent le fruit de la passion du Sauveur, et satisfont (1). »

(1) Catéch. du concile de Trente; De Eucharistiæ sacramento, § 77.

# CHAPITRE PREMIER.

*Notion et institution du sacrifice de l'Eucharistie, appelé sacrifice de la Messe* (1).

**275.** L'Eucharistie comme sacrifice est désignée sous différents noms par les anciens Pères ; mais depuis longtemps on l'appelle universellement sacrifice de la *messe*. L'origine la plus vraisemblable de cette dénomination est le mot *mittere*, qui signifie *renvoyer*. Anciennement on congédiait le peuple pendant le sacrifice, à deux reprises différentes : une fois après l'évangile, quand les catéchumènes recevaient l'ordre de sortir, ce qui s'appelait *missa catechumenorum* ; l'autre, lorsque, la cérémonie sacrée étant achevée, les fidèles se retiraient au moment où le diacre criait : *Ite, missa est* : d'où est venu le nom de *missa*, messe, *missa fidelium*. Selon la croyance de l'Église catholique, la *messe* est le sacrifice de la loi nouvelle, par lequel on offre à Dieu, par les mains du prêtre, le corps et le sang de Jésus-Christ, sous les espèces du pain et du vin. C'est un sacrifice véritable et proprement dit : « Si quis dixe-
« rit, in missa non offerri Deo verum et proprium sacrificium, aut
« quod offerri non sit aliud quam nobis Christum ad manducan-
« dum dari, anathema sit (2). » Le sacrifice de nos autels a été institué par Jésus-Christ, en même temps que le sacrement de son amour. Près de consommer le sacrifice sanglant qui allait opérer la rédemption du genre humain, il le commença par l'offrande de son corps et de son sang, ordonnant à ses apôtres de la perpétuer en mémoire de sa mort. « Is (Christus) Deus et Dominus
« noster, et si semel seipsum in ara crucis, morte intercedente, Deo
« Patri oblaturus erat, ut æternam illic redemptionem operaretur ;
« quia tamen per mortem sacerdotium ejus extinguendum non
« erat ; in cœna novissima, qua nocte tradebatur, ut dilectæ sponsæ
« suæ Ecclesiæ visibile, sicut hominum natura exigit, relinque-
« ret sacrificium, quo cruentum illud semel in cruce peragen-
« dum repræsentaretur, ejusque memoria in finem usque sæculi
« permaneret, atque illius salutaris virtus in remissionem eorum,
« quæ a nobis quotidie committuntur, peccatorum applicaretur,

---

(1) Voyez le tome I<sup>er</sup>, n° 406. — (2) Concil. de Trente, sess. XXII. can. 1.

« sacerdotem secundum ordinem Melchisedech se in æternum
« constitutum declarans, corpus et sanguinem suum sub speciebus
« panis et vini Deo Patri obtulit; ac sub earumdem rerum sym-
« bolis, Apostolis, quos tunc Novi Testamenti sacerdotes constitue-
« bat, ut sumerent, tradidit; et eisdem eorumque in sacerdotio
« successoribus, ut offerrent, præcepit per hæc verba : Hoc facite in
« meam commemorationem. Uti semper catholica Ecclesia intel-
« lexit et docuit (1). »

276. Le sacrifice de la messe est offert à Dieu, et non aux saints. Le sacrifice est, par sa nature, un acte de ce culte suprême qui est rendu à Dieu seul, et que l'on appelle culte de latrie. Ainsi, lorsqu'on dit la messe d'un tel saint, il ne faut pas entendre qu'on offre le sacrifice de la messe à ce saint, mais que l'on en fait mémoire, que l'on implore sa protection, et qu'on le prie d'intercéder pour nous : « Quamvis in honorem et memoriam sanctorum non-
« nullas interdum missas Ecclesia celebrare consueverit; non tamen
« illis sacrificium offerri docet, sed Deo soli qui illos coronavit;
« unde nec sacerdos dicere solet, Offero tibi sacrificium, Petre vel
« Paule, sed Deo, de illorum victoriis gratias agens, eorum patro-
« cinia implorat ut ipsi pro nobis intercedere dignentur in cœlis,
« quorum memoriam facimus in terris (2). »

C'est un sacrifice par lequel on offre le corps et le sang de Jésus-Christ. C'est Jésus-Christ lui-même dont le corps est présent sous les espèces du pain, et le sang sous les espèces du vin, qui est la victime, l'hostie qu'on immole dans le sacrifice de la messe. Aussi, ce sacrifice est substantiellement le même que le sacrifice de la croix, qui se renouvelle et qui doit se renouveler sur nos autels jusqu'à la consommation des siècles. C'est la manière de l'offrir, qui est mystique ou non sanglante dans l'un, et qui a été sanglante dans l'autre, qui constitue leur seule différence, comme le dit le Concile de Trente : « In divino hoc sacrificio, quod in missa
« peragitur, idem ille Christus continetur et incruente immolatur,
« qui in ara crucis semel seipsum cruente obtulit (3).» Les espèces du pain et du vin, qui voilent le corps et le sang de Jésus-Christ, appartiennent au sacrifice eucharistique; mais elles ne le constituent pas; elles ne sont point l'oblation qu'on fait à Dieu.

277. C'est un sacrifice qu'on offre par les mains du prêtre. Mais le ministre principal du sacrifice de la messe est Jésus-Christ lui-

---

(1) Concil. de Trente, sess. XXII. cap. 1. — (2) Ibidem. cap. 3. — (3) Ibidem. cap. 2.

même, qui est tout à la fois le prêtre et la victime, s'offrant à Dieu le Père par le ministère de ses prêtres : « Una eademque hostia, « idem nunc offerens sacerdotum ministerio, qui seipsum tunc in « cruce obtulit, sola offerendi ratione diversa (1). » C'est donc au nom de Jésus-Christ et avec Jésus-Christ que le prêtre, qui est pris parmi les hommes, offre le sacrifice de la messe ; le même ministère que Jésus-Christ a exercé visiblement sur la croix, il l'exerce d'une manière invisible sur l'autel, et le fait exercer visiblement par les prêtres qu'il a établis dans son Église.

La consécration des deux espèces est essentielle au sacrifice de la messe ; car il consiste principalement dans la séparation qui se fait en vertu des paroles sacramentelles, *vi verborum,* du corps et du sang de Jésus-Christ sous les espèces du pain et du vin. La communion appartient aussi au sacrifice, sinon comme partie essentielle, du moins comme partie intégrante de l'immolation.

## CHAPITRE II.

### *Des Effets du sacrifice de la Messe.*

**278.** Le sacrifice de la messe a les mêmes propriétés, les mêmes effets que le sacrifice de la croix, duquel il ne diffère que par la manière dont il s'opère sur nos autels. Il est, par conséquent, *latreutique, eucharistique, impétratoire* et *propitiatoire*. Il est *latreutique :* c'est un holocauste, un sacrifice de louange, qui a pour objet principal de reconnaître le souverain domaine de Dieu sur les créatures (2). Jésus-Christ s'y offre tout entier à Dieu son Père, dans l'état humiliant de victime, comme l'hommage le plus parfait qu'on puisse rendre à la majesté suprême : « Offerimus præclaræ « majestati tuæ, de tuis donis ac datis, hostiam puram. » C'est aussi un sacrifice d'action de grâces ou *eucharistique :* il tire même son nom de ce caractère. On y rend grâce à Dieu des bienfaits qu'on a reçus de lui. La victime infinie que nous lui offrons est comme un hommage de reconnaissance proportionné aux dons infinis que nous avons reçus et que nous recevons continuellement de sa bonté et de sa miséricorde. C'est un sacrifice *impétratoire :* Jésus-Christ est notre médiateur auprès de Dieu ; étant sur l'autel en cette figure de mort, il intercède pour nous, en représentant continuellement à

---

(1) Concile de Trente, sess. XXII. cap. 2. — (2) Voyez le tome I<sup>er</sup>, n° 406.

son Père la mort qu'il a soufferte pour son Église. Aussi, le sacrifice de la messe est le moyen le plus efficace d'obtenir de Dieu les grâces dont nous avons besoin dans l'ordre spirituel, et même dans l'ordre temporel. Enfin, il est *propitiatoire :* il nous obtient la grâce de la conversion, l'esprit de pénitence, la rémission des péchés, en nous appliquant le prix, la vertu du sacrifice de la croix : « Cujus quidem oblationis cruentæ fructus per hanc (incruentam) « uberrime percipiuntur ; tantum abest ut illi per hanc quovis modo « derogetur. Quare non solum pro fidelium vivorum peccatis, pœ- « nis, satisfactionibus, et aliis necessitatibus, sed et pro defunctis « in Christo nondum ad plenum purgatis, rite, juxta Apostolorum « traditionem offertur (1). » Toutefois, ce sacrifice ne remet pas le péché directement ; il ne produit cet effet qu'en nous accordant la grâce et le don de pénitence : « Hujus (sacrificii) oblatione placatus « Dominus, gratiam et donum pœnitentiæ concedens, crimina et « peccata etiam ingentia dimittit (2). » Il dispose le pécheur au sacrement de Pénitence, qui est établi pour effacer les péchés commis après le Baptême. On l'offre aussi pour les vivants et pour les morts, en expiation des peines temporelles qui sont dues au péché, même après qu'il a été pardonné.

279. Le sacrifice de la messe, considéré sous le rapport de la victime, est d'une valeur infinie, puisque c'est le même sacrifice que celui de la croix ; mais l'application ne s'en fait et ne peut s'en faire, dans l'ordre établi par la divine Providence, que d'une manière finie, et proportionnée tant aux dispositions de ceux pour qui on offre ce sacrifice, qu'aux desseins de miséricorde que le Seigneur a sur les vivants et sur les morts en général, et sur chacun d'entre eux en particulier. « Quamvis virtus Christi, qui continetur « sub sacramento Eucharistiæ, sit infinita, tamen determinatus est « effectus ad quem illud sacramentum ordinatur. Unde non oportet « quod per unum altaris sacrificium tota pœna eorum qui sunt in « purgatorio expietur, sicut etiam nec per unum sacrificium, quod « aliquis offert, liberatur a tota satisfactione debita pro peccatis : « unde et quandoque plures missæ in satisfactionem unius peccati « injunguntur (3). »

Relativement aux fruits du sacrifice de la messe, on distingue le fruit *général*, qui est commun à tous les fidèles, aux vivants et aux morts qui sont retenus en purgatoire ; le fruit *spécial*, qui est

---

(1) Concile de Trente, sess. xxii. cap. 2. — (2) Ibidem. — (3) S. Thomas, in 4. Dist. 45. quæst. 2. art. 4.

pour tous ceux qui assistent ou prennent quelque part à la célébration de la messe; le fruit *plus spécial*, qui est particulièrement pour ceux à l'intention desquels on dit la messe; enfin, le fruit *personnel* au prêtre qui la dit.

## CHAPITRE III.

### *Quel est le Ministre du sacrifice de la Messe ?*

280. C'est aux prêtres, et aux prêtres seuls, qu'il appartient d'offrir le sacrifice de la messe, agissant au nom de Jésus-Christ et avec Jésus-Christ, qui renouvelle et continue sur nos autels le sacrifice de la croix (1). Ce pouvoir est tellement inhérent au caractère sacerdotal, que tout prêtre, quelque pécheur qu'il soit, fût-il hérétique, excommunié, dénoncé, dégradé, apostat, peut validement dire la messe. Son sacrifice est aussi réel, aussi véritable que celui du prêtre le plus saint, pourvu toutefois qu'il emploie la matière et la forme nécessaires, et qu'il célèbre avec l'intention requise et dans les circonstances convenables. Mais il ne peut licitement dire la messe qu'autant qu'il est en état de grâce, et qu'il observe en tout les règles de l'Église.

281. La messe d'un saint prêtre n'est pas en elle-même meilleure que celle d'un prêtre indigne. Le sacrifice est le même; c'est la même victime, la même oblation pure, qui, comme le dit le concile de Trente, ne peut être souillée par la malice ou l'indignité de ceux qui l'offrent : « Et hæc illa munda oblatio est, quæ nulla in-
« dignitate aut malitia offerentium inquinari potest (2). » Cependant, parce que les prières d'un prêtre pieux et fervent sont plus agréables à Dieu et plus facilement exaucées que celles d'un ministre prévaricateur, on peut dire que la messe d'un bon prêtre est plus fructueuse que celle d'un mauvais : « In quantum, dit saint Tho-
« mas, oratio quæ fit in missa, habet efficaciam ex devotione sa-
« cerdotis orantis, non est dubium quod missa melioris sacerdotis
« magis est fructuosa (3). » Si c'est un scrupule de s'attacher à entendre plutôt la messe d'un prêtre, uniquement parce qu'on en a meilleure opinion que d'un autre, on doit éviter aussi d'être, sans raison, la cause ou l'occasion qu'un prêtre criminel dise la messe.

---

(1) Concile de Trente, sess. XXII. cap. 1. — (2) Ibidem. — (3) Sum. part. 3. quæst 82. art. 6.

282. Les prêtres sont obligés d'apporter à l'autel les mêmes dispositions avec lesquelles les autres fidèles doivent approcher de la sainte table, et même dans un degré plus parfait; l'offrande du corps et du sang de Jésus-Christ étant la plus sainte action du ministère sacerdotal, il faut que les prêtres la fassent avec toute la pureté du cœur, toute la dévotion et toute la piété dont un homme est capable sur la terre. « Quanta cura adhibenda sit, ut sacrosanctum missæ sacrificium omni religionis cultu ac veneratione celebretur, quivis facile existimare poterit, qui cogitarit maledictum in sacris Litteris eum vocari, qui facit opus Dei negligenter. Quod si necessario fatemur nullum aliud opus adeo sanctum ac divinum a Christi fidelibus tractari posse, quam hoc ipsum tremendum mysterium, quo vivifica illa hostia, qua Deo Patri reconciliati sumus, in altari per sacerdotes quotidie immolatur; satis etiam apparet omnem operam et diligentiam in eo ponendam esse, ut quanta maxima fieri potest interiori cordis munditia et puritate, atque exteriori devotionis ac pietatis specie peragatur (1). »

283. Tout prêtre, par cela même qu'il est prêtre, est tenu d'offrir, au moins quelquefois, le saint sacrifice de la messe; car la fin principale du sacerdoce est l'oblation du sacrifice: « Omnis namque pontifex ex hominibus assumptus, pro hominibus constituitur in iis quæ sunt ad Deum, ut offerat dona et sacrificia pro peccatis (2). » Il y est tenu de droit divin, même sous peine de péché mortel, suivant le sentiment le plus probable et le plus généralement reçu. Mais il est difficile de déterminer combien de fois un prêtre est obligé de dire la messe pour accomplir le précepte divin; les docteurs ne sont point d'accord. Quoi qu'il en soit, il nous paraît difficile d'excuser de péché mortel celui qui, n'ayant point d'empêchement légitime, passerait une année entière sans dire la messe; il se rendrait grandement coupable de scandale aux yeux des fidèles; il en serait probablement de même de celui qui ne la dirait pas au moins trois ou quatre fois par an (3). Il nous paraît aussi qu'on ne peut exempter de tout péché véniel le prêtre qui, n'étant point légitimement empêché, néglige de dire la messe les dimanches et fêtes de commandement: « Curet episcopus, dit le concile de Trente, ut ii (presbyteri) saltem diebus dominicis et festis so-

---

(1) Concile de Trente, sess. XXII. Decret. de observandis et evitandis in celebratione missæ. — (2) Hebr. c. 5. v. 1. — (3) Voyez S. Thomas, Sum. part. 3. quæst. 82. art. 10; S. Alphonse, lib. VI. n° 313, etc.

« lemnibus.... missas celebrent (1). » C'est même le vœu de l'Église que les prêtres célèbrent tous les jours, comme le font tous ceux qui sont pénétrés des avantages du sacrifice de la messe: « Quando « sacerdos celebrat, Deum honorat, angelos lætificat, Ecclesiam « ædificat, vivos adjuvat, defunctis requiem præstat, et sese « omnium bonorum participem efficit. » Ainsi s'exprime l'auteur de l'Imitation de Jésus-Christ (2). C'est aussi la pensée de saint Bonaventure : « Sacerdos qui non celebrat, quantum in ipso est, privat « Trinitatem laude et gloria, angelos lætitia, peccatores venia, « justos subsidio et gratia, in purgatorio existentes refrigerio, Ec- « clesiam Christi speciali beneficio, et se ipsum medicina et reme- « dio contra quotidiana peccata et infirmitates (3). »

284. L'obligation de dire la messe est plus étroite et plus étendue pour le prêtre qui a charge d'âmes que pour un simple prêtre : il est obligé de la dire tous les dimanches et fêtes de commandement, à moins qu'il ne se fasse remplacer par un autre prêtre. Il y est encore obligé toutes les fois que les fidèles dont il est chargé lui demandent la messe, ou pour un mariage, ou pour des obsèques, ou pour toute autre cause légitime : « Curet episcopus ut ii (pres- « byteri) saltem diebus dominicis et festis solemnibus, si autem « curam habuerint animarum, tam frequenter ut suo muneri satis- « faciant, missas celebrent (4). » Toutefois, il ne paraît pas qu'un curé, un desservant soit obligé, sous peine de péché mortel, de dire la messe les jours où les fidèles ne sont point tenus de l'entendre, à moins que la messe ne soit nécessaire pour pouvoir administrer un mourant. Ainsi, celui qui est empêché n'est point obligé de faire venir lui-même un prêtre pour procurer la messe à ceux de ses paroissiens qui désirent l'entendre par dévotion, pour quelque cause que ce soit; tandis que s'il ne peut pas dire la messe le dimanche ou un jour de fête d'obligation, il doit la faire dire par un autre. Mais un curé qui ne dirait la messe que lorsqu'il ne peut s'en dispenser sans péché mortel, n'aurait point l'esprit de son état; il n'édifierait point les fidèles, priverait son peuple et se priverait lui-même des grâces abondantes attachées à la célébration des saints mystères.

285. On peut dire trois messes le jour de la Nativité de Notre-Seigneur; mais, ce jour excepté, il n'est pas permis de célébrer plus d'une fois en un jour, sans une permission spéciale ou pré-

---

(1) Sess. XXIII. cap. 14.— (2) Lib. IV. cap. 5.— (3) De præparatione ad missam, cap. 5. — (4) Concil. de Trente, sess. XXIII. de Reformatione, cap. 14.

sumée de l'évêque, qui peut permettre à un prêtre de dire deux messes le même jour pour des raisons graves. On le permet sans difficulté aux prêtres qui sont chargés de plusieurs églises paroissiales ou annexes, pour les jours de dimanches et de fêtes, où la messe est d'obligation. Mais cette permission s'accorde plus difficilement lorsqu'il s'agit de dire deux messes dans la même église, surtout si on ne les peut dire qu'au même autel. Le prêtre qui est autorisé à biner ne doit point prendre d'ablution à la première messe, ni essuyer le calice. Il purifie ses doigts dans un vase particulier, et prend après la seconde, messe ou un autre jour, le vin et l'eau dont il s'est servi pour les purifier. M. de la Luzerne dit qu'on jettera dans la piscine l'ablution de la première messe (1); mais il est bien plus convenable que le prêtre la consomme lui-même, autant que possible. S'il lui était arrivé par mégarde de prendre l'ablution à sa première messe, il ne pourrait en célébrer une seconde, sauf le cas où il y aurait à craindre de graves inconvénients (2).

286. Il est défendu de célébrer la messe le vendredi saint; l'Église n'a pas cru devoir immoler sur nos autels l'agneau qui efface les péchés du monde, le jour où il a été immolé sur le Calvaire. Elle se contente d'une messe de *présanctifiés*, où, sans offrir de nouveaux dons, elle participe à ceux qui ont été consacrés la veille. Les messes privées sont également interdites le jeudi et le samedi de la semaine sainte. Plusieurs décrets de la congrégation des rites, approuvés par les Souverains Pontifes, ne veulent dans chaque église qu'une seule messe le jeudi et le samedi saints (3). Cependant, l'usage contraire s'est introduit dans plusieurs diocèses de France : c'est aux évêques à voir jusqu'à quel point ils peuvent ou doivent le tolérer.

## CHAPITRE IV.

*Pour qui peut-on ou doit-on offrir le sacrifice de la Messe?*

287. On peut offrir le sacrifice de la messe pour tous les hommes, puisque c'est le même sacrifice qui a été offert sur le Calvaire pour le salut du monde. Aussi saint Paul recommande qu'on fasse des supplications, des prières, des vœux, des actions de grâces,

---

(1) Instructions sur le Rituel de Langres, ch. 6. art. 5. — (2) Voyez, ci-dessus, le n° 198. — (3) Voyez Benoît XIV, De sacro Missæ sacrificio, lib. III. cap. 3.

pour tous les hommes, pour les rois et ceux qui sont élevés en dignité, parce que cela est agréable à Dieu, qui veut que tous les hommes soient sauvés, et qu'ils parviennent à la connaissance de la vérité. « Obsecro igitur primum omnium fieri obsecrationes, « postulationes, gratiarum actiones, pro omnibus hominibus, pro « regibus et omnibus qui in sublimitate sunt, ut quietam et tran- « quillam vitam agamus in omni pietate et castitate ; hoc enim est « bonum et acceptum coram Salvatore nostro Deo, qui omnes ho- « mines vult salvos fieri, et ad agnitionem veritatis venire (1). » On peut, par conséquent, offrir le saint sacrifice pour les hérétiques, les juifs et les païens, afin d'obtenir leur conversion à la foi catholique, ou de faire cesser la persécution. Il est encore permis, selon le sentiment le plus probable, de dire la messe pour un excommunié toléré. Quant à ce qui regarde les excommuniés dénoncés, le prêtre ne doit point offrir le sacrifice pour eux au nom de l'Église, ou comme ministre de Jésus-Christ; mais il peut l'offrir en son propre nom : « Pro excommunicato vitando licite sacerdos « potest offerre missam privatim, quatenus est opus proprium suæ « privatæ personæ, non autem nomine Ecclesiæ, vel ut minister « Christi (2). »

288. Il est de foi qu'on peut soulager les âmes du purgatoire et hâter leur délivrance par le sacrifice de la messe. Telle est la croyance générale et constante de l'Église catholique, et le concile de Trente est exprès : « Si quis dixerit missæ sacrificium... neque « pro vivis et *defunctis*, pro peccatis, pœnis, satisfactionibus et « aliis necessitatibus offerri debere, anathema sit (3). » Mais on n'offre point ce sacrifice, ni pour les réprouvés, ni pour ceux qui sont dans le ciel.

Tout prêtre qui dit la messe, à raison de son bénéfice ou de son titre, ou de la commission dont il s'est chargé, est obligé strictement et sous peine de restitution de l'appliquer, conformément aux intentions des fondateurs ou de ceux dont il a reçu des honoraires. Lorsqu'un fidèle veut faire une fondation, l'Église peut l'accepter ou la refuser ; et lorsqu'il veut faire dire une ou plusieurs messes, on peut refuser de s'en charger : mais lorsqu'une fois l'obligation est contractée, on est rigoureusement tenu de la remplir. Quiconque, recevant l'honoraire d'une fondation ou d'une messe, ne l'acquitte pas exactement, retient un bien qui ne lui appartient

---

(1) Timoth. c. 2. v. 1, 2, 3, 4. — (2) S. Alphonse de Liguori, lib. vi. n° 308. — (3) Sess. xxii. can. 3 et cap. 2.

pas; il pèche contre la justice; il est tenu, par conséquent, ou de remplir ses engagements, ou de restituer.

289. De droit divin, les évêques, les curés, les desservants, en un mot, tous ceux qui ont charge d'âmes, sont obligés d'offrir, au moins de temps en temps, le saint sacrifice pour ceux qui leur sont confiés, et de leur en appliquer le fruit : « Cum præcepto *divino* « mandatum sit omnibus, dit le concile de Trente, quibus anima- « rum cura commissa est, oves suas agnoscere, *pro his* sacrificium « offerre, etc. (1). » De droit ecclésiastique, ils y sont obligés tous les dimanches et fêtes de commandement, *In dominicis aliisque per annum diebus festis de præcepto*, lors même que le revenu de leur bénéfice n'est pas suffisant pour un honnête entretien, *Licet congruis reditibus destituantur*. Ainsi l'a réglé Benoît XIV dans son encyclique *Cum semper*, du 19 août 1744. Ce Pape ajoute que, dans le cas où un curé a besoin, pour pouvoir vivre, d'appliquer les messes de dimanche et de fête à ceux qui lui offrent des honoraires, l'évêque peut le lui permettre, à condition que le curé remplacera ces messes par d'autres qu'il dira pour sa paroisse pendant la semaine. Mais si, comme il n'arrive que trop souvent parmi nous, un curé, un desservant ne peut vivre avec les revenus de sa paroisse qu'en recevant des honoraires pour toutes les messes qu'il dit, nous pensons que l'Ordinaire peut le dispenser d'appliquer à ses paroissiens les messes qu'il leur doit en vertu de son titre. Il est juste que celui qui sert à l'autel vive de l'autel. On ne doit pas, d'ailleurs, confondre une dispense, qui n'est qu'une mesure *particulière* et *temporaire*, avec une réduction générale ou perpétuelle, absolue, des charges d'un bénéfice. Cette réduction ne peut se faire que par le Saint-Siége.

290. Le curé ou desservant qui est autorisé à biner dans sa paroisse, soit qu'il dise ses deux messes dans une même église, soit qu'il les dise, l'une dans l'église paroissiale, et l'autre dans une annexe, n'est point obligé de les appliquer toutes les deux à la paroisse, à moins que les paroissiens ne lui accordent une indemnité pour l'application des deux messes. Il en est de même des prêtres qui sont chargés de porter les secours de la religion à une paroisse vacante; nous ne les croyons point obligés d'appliquer la messe aux fidèles. Ce que Benoît XIV dit à cet égard dans son encyclique aux évêques d'Italie (2) ne nous paraît pas applicable à l'Église de

---

(1) Sess. XXII. Decret. de Reformatione, cap. 1. — (2) Epist. encycl. *Cum semper*, du 19 août 1744.

France. Parmi les prêtres qui sont chargés par l'évêque de desservir une paroisse vacante, les uns n'ont pas de traitement, les autres n'ont qu'une indemnité si faible qu'on ne peut évidemment leur imposer les obligations du titulaire.

291. Les chapitres sont tenus de célébrer la messe tous les jours, et de l'appliquer non pas aux fidèles de la ville épiscopale ou du diocèse, ni à tel ou tel bienfaiteur en particulier, mais aux bienfaiteurs en général de l'église cathédrale : « Etenim hu« jusmodi (applicationis missæ conventualis quotidianæ) debitum « non quidem respicit singulares aliquos benefactores, sed bene« factores in genere cujuslibet ecclesiæ cujus servitio addicti sunt, « quicumque in eadem, sive dignitates, sive canonicatus, sive « beneficia choralia obtinent, et missam conventualem suis res« pective vicibus celebrant (1). » Cette obligation tomberait, si leur traitement était entièrement supprimé. Il n'entrait pas dans l'esprit des fondateurs d'imposer des charges sans honoraires. Il en est des chanoines comme des chapelains et autres bénéficiers : lorsque, sans qu'il y ait de leur faute, le bénéfice cesse d'être rétribué, on n'est plus tenu de célébrer la messe pour les fondateurs : « Capellani et beneficiati, celebrantes pro capellaniæ « seu beneficii fundatore, non tenentur missas celebrare tempore « quo capitale dotis assignatæ est otiosum et infructiferum, sine « eorum culpa. » Ainsi s'exprime saint Alphonse, qui cite à l'appui deux décrets de la congrégation des cardinaux interprètes du concile de Trente (2).

292. Lorsque le traitement des chanoines, les honoraires attachés à leur titre, deviennent insuffisants pour l'acquittement des charges imposées aux titulaires, il y a certainement lieu à réduction ; l'équité veut que les revenus d'un bénéfice soient proportionnés aux charges : *Eadem debet esse ratio commodi et incommodi*. Or, cette réduction doit être faite par le Pape, si les revenus ne sont pas certainement insuffisants, ou s'il s'agit d'une réduction stable, perpétuelle, absolue ; les décrets de la congrégation du concile, approuvés par Urbain VIII et Innocent XII, sont exprès. Si, au contraire, la diminution des revenus est telle qu'ils soient devenus certainement insuffisants, nous pensons que l'évêque peut réduire les charges proportionnellement à cette diminution, non d'une manière fixe et permanente, mais par manière de dispense, et seulement pour le temps que doit durer l'insuffi-

---

(1) Benoît XIV, ibidem. — (2) Lib. VI. n° 324 et 331.

sance des revenus. Cette dispense n'est point une réduction proprement dite ; c'est plutôt une déclaration authentique, de la part de l'évêque, que dans tel ou tel cas particulier les chanoines ou autres bénéficiers ne sont pas obligés d'acquitter en entier les charges attachées à leur bénéfice. Les décrets précités ne nous paraissent point applicables au cas dont il s'agit. « At decreta præ-
« fata respondet Roncaglia cum Pascaligo, au rapport de saint
« Alphonse (1), in tali casu hanc non esse proprie reductionem aut
« moderationem stabilem quam sedes apostolica sibi reservat, sed
« esse cessationem de jure obligationis pro rata redituum defi-
« cientium. »

## CHAPITRE V.

### De l'Honoraire des Messes.

293. Il est certain, d'après la pratique générale et constante de l'Église, que celui pour qui le prêtre offre spécialement le sacrifice de la messe participe avec plus d'abondance aux mérites de Jésus-Christ qui y sont appliqués. Toutes choses égales d'ailleurs, le sacrifice lui est plus profitable qu'à celui qui est compris dans la prière générale pour tous les fidèles, qu'à celui même qui assiste à la messe. De là l'usage des catholiques de demander l'application d'une ou plusieurs messes en faveur des vivants ou des morts ; de là l'usage des fondations avec charge d'un certain nombre de messes ; de là enfin, les honoraires nécessaires pour l'acquittement des messes. *Tout ouvrier est digne de récompense ; tout homme qui sert à l'autel doit vivre de l'autel ; personne ne fait la guerre à ses dépens* (2). L'honoraire d'une messe n'est ni le prix de la consécration, ni une aumône proprement dite ; le prêtre qui est riche peut, comme celui qui est pauvre, recevoir et même exiger l'honoraire des messes qu'il a dites à la demande d'un fidèle (3). Mais le prêtre qui est animé de l'esprit de son état saura toujours éviter le soupçon si odieux d'avarice et d'exaction, et se gardera bien de réclamer avec importunité et dureté le salaire qui lui est dû, surtout s'il n'en a pas besoin. Il fera pour les pauvres ce qu'il voudrait que l'on fît pour lui-même, s'il était à leur place.

(1) Lib. vi. n° 331. — (2) Voyez, ci-dessus, le n° 44. — (3) Voyez, ci-dessus, le n° 44.

On ne doit pas célébrer en vue de la rétribution ; celui qui le ferait principalement à raison de cet avantage temporel pécherait ; mais il n'y aurait simonie qu'autant qu'il le regarderait comme le prix de la célébration des saints mystères (1). Ce serait une chose honteuse d'exercer le ministère sacré dans la vue de gagner de l'argent. Il faut cependant observer qu'un prêtre, dont la fin principale dans l'oblation du sacrifice est d'honorer Dieu, ne pèche point lorsqu'il serait accessoirement excité à célébrer par la vue de la rétribution, surtout si elle lui est nécessaire. De même, le prêtre qui a reçu la rétribution de plusieurs messes auxquelles il s'est engagé, peut légitimement être déterminé à dire la messe par cette considération. Dans cette circonstance, ce n'est pas la rétribution qui est son motif principal, c'est l'engagement qu'il a pris. Il est dans le cas de celui qui, étant tenu, en vertu de son titre ou de son bénéfice, à dire la messe en certains jours, la dit pour remplir son obligation.

294. Il n'est pas permis de dépasser, pour l'honoraire des messes, la taxe fixée par les règlements du diocèse. Celui qui exige, pour une fonction sacrée, quelque chose au delà, se rend coupable d'injustice ; il est obligé, par conséquent, de restituer l'excédant. On peut cependant recevoir ce qui est offert au delà du tarif, lorsque l'offre est libre, volontaire, et non fondée sur l'erreur. On peut aussi recevoir et même demander une rétribution plus forte, à raison d'une peine extraordinaire : ce qui a lieu lorsqu'il faut aller dire la messe à une grande distance, par des chemins difficiles, dans un mauvais temps ; ou lorsqu'il faut la dire à une heure fixe et incommode, à cinq heures du matin, par exemple, ou à onze heures, à midi, surtout si on doit la dire régulièrement à cette heure, ou tous les jours, ou même seulement certains jours de la semaine. Il est juste que le prêtre soit récompensé de cette peine. Mais quelle sera la quotité du supplément ? A défaut de tout règlement diocésain, on doit s'en tenir à l'avis de l'évêque, ou à l'usage des lieux, approuvé par l'Ordinaire.

295. Quand une certaine somme a été donnée pour des messes dont le nombre n'a pas été déterminé, on doit en dire le nombre suffisant pour qu'elles soient rétribuées selon le taux fixé dans le diocèse pour des messes basses. Celui qui a reçu des rétributions n'a pas droit de diminuer le nombre des messes, en les convertissant de son autorité propre en grand'messes. On ne peut satisfaire, par une seule messe, à l'obligation qu'on a contractée d'en dire

---

(1) Voyez le tome 1er, n° 439.

plusieurs, en recevant, soit d'une seule, soit de différentes personnes, des honoraires pour plusieurs messes. Ce serait une injustice de n'offrir le sacrifice qu'une fois, ayant reçu des honoraires pour l'offrir plusieurs fois. Aussi, le pape Alexandre VII a-t-il condamné cette proposition, par laquelle on avait osé avancer le contraire : « Non est contra justitiam pro pluribus sacrificiis sti« pendium accipere, et sacrificium unum offerre (1). » Il a condamné en même temps la proposition par laquelle on prétendait qu'un prêtre peut recevoir deux rétributions pour une seule messe, pourvu qu'il appliquât à la personne qui les donne la partie des fruits du sacrifice dont il doit profiter lui-même (2). Il ne peut disposer à volonté de cette portion qui lui revient ; il doit offrir le sacrifice pour lui comme pour le peuple.

296. Il n'est pas permis non plus à un prêtre qui est chargé de célébrer des messes ou des services, de les faire dire par un autre prêtre, en ne lui donnant qu'une partie de la rétribution. L'opinion contraire a été censurée par Alexandre VII ; elle était ainsi conçue : « Potest sacerdos, cui missæ celebrandæ traduntur, per alium sa« tisfacere, collato illi minori stipendio, alia parte stipendii sibi « retenta (3). » Ainsi, le prêtre qui aurait reçu cent francs pour cent messes ne pourrait les faire acquitter ni pour soixante, ni pour quatre-vingts, ni pour quatre-vingt-dix ou quinze francs ; il doit les acquitter ou les faire acquitter toutes à un franc par chaque messe. Il ne peut rien retenir de la somme qu'il a reçue ; ce serait un trafic honteux, criminel, injuste. « Qui tradito minori stipen« dio, per alium celebrare facit, peccat contra justitiam, dit saint « Alphonse de Liguori ; non quia defraudat fructu missæ dantem « eleemosynam, sed quia non exequitur dantis intentionem, quia « vult ut illa missa, unde percipit fructum, tali stipendio celebre« tur ; et quia hujusmodi intentio intrat in substantiam contractus ; « ideo si sacerdos partem stipendii retinet, injuste contra dantis « voluntatem retinet (4). » Mais à qui restituer, dans le cas dont il s'agit ? Les uns pensent qu'on peut restituer ou à celui qui a donné les honoraires, ou au prêtre qui a dit les messes. Saint Alphonse pense que la restitution doit se faire à celui-ci. Mais il nous semble qu'il serait aussi plus convenable de convertir en rétributions de messes la somme qu'on doit restituer.

297. La règle que nous venons de rapporter est susceptible d'une exception : c'est lorsque le fondateur consent que le prêtre retienne

---

(1) Décret de 1665. — (2) Ibidem. — (3) Ibidem. — (4) Lib. VI, n° 322.

une partie des deniers qu'il a donnés pour faire dire des messes. Son intention est de gratifier ce prêtre, et de lui donner le surplus de ce qui est fixé pour l'honoraire des messes. De même, les titulaires qui font dire les messes dont leurs bénéfices sont grevés, ne sont point obligés de donner des honoraires proportionnés au revenu de leurs bénéfices; il suffit qu'ils les rétribuent au taux du diocèse. « Decreta prohibentia retinere partem stipendii loquuntur « tantum de missis manualibus (1). » On excepte encore le cas où une rétribution plus forte serait donnée, non par rapport à la messe, mais par des considérations d'amitié, de parenté, de reconnaissance, ou autres semblables. Il n'est pas nécessaire, dit saint Alphonse, que celui qui a donné cet honoraire ait exprimé sa volonté à cet égard; il suffit qu'à raison des circonstances, on ait une certitude morale qu'il a voulu avantager le prêtre en lui donnant une rétribution plus considérable (2).

298. On ne peut appliquer par avance les fruits du sacrifice à ceux qui donneront des rétributions. La pratique contraire a été condamnée par le pape Paul V, comme scandaleuse : « Tanquam « plurimis nominibus periculosa, fidelium scandalis et offensionibus « obnoxia, atque a vetusto Ecclesiæ more, nimium aberrans (3). » Néanmoins, si un prêtre prévoit qu'on viendra bientôt lui demander des messes pour un défunt, il peut les dire d'avance, comme l'enseignent saint Alphonse (4) et plusieurs autres théologiens. Mais il doit les dire sans en suspendre l'application par aucune condition.

Le prêtre qui a reçu des honoraires pour une messe est obligé, sous peine de restitution, de l'acquitter ou de la faire acquitter par un autre. C'est une obligation grave, suivant le sentiment le plus probable, lors même que la rétribution ne serait pas par elle-même matière suffisante pour un vol mortel. Ainsi, celui qui reçoit un franc pour une messe, ne peut se dispenser de la dire ou de la faire dire sans pécher mortellement. En effet, l'obligation qu'on a contractée de dire une messe ne se mesure point sur la quotité de la rétribution, mais bien sur l'importance de la grande action à laquelle on s'est engagé, sur le prix qu'on attache à l'application particulière des fruits du saint sacrifice (5). Cependant, si le prêtre qui reçoit de la même personne des rétributions pour un assez grand nombre de messes, pour un mois, par exemple, les disait

---

(1) S. Alphonse de Liguori, lib. vi. n° 221. — (2) Ibidem. — (3) Décret du 15 nov. 1605. — (4) Lib. vi. n° 337. — (5) S. Alphonse, lib. vi. n° 317.

toutes, à l'exception d'une seule, nous ne le croirions pas coupable d'une faute mortelle ; car l'omission d'une messe, eu égard au nombre de celles qui ont été dites, cesserait, dans le cas dont il s'agit, d'être regardée comme une injure grave, à en juger d'après la commune estimation des hommes.

299. Les messes doivent être dites et les fondations acquittées au temps prescrit ; ou, si le temps n'a pas été déterminé, le plus tôt possible, moralement parlant. Il faut s'en tenir à l'intention des fidèles envers lesquels on s'est engagé à dire la messe. On pécherait en s'en écartant ; il pourrait même arriver qu'on fût obligé de restituer les honoraires qu'on a reçus ; ce qui aurait lieu, si, en différant d'offrir le saint sacrifice, on frustrait l'intention de celui pour qui on doit célébrer. Exemple : On vient vous demander une messe pour une affaire pressante, pour obtenir l'heureuse conclusion d'un procès, la guérison d'un malade qui est en danger, la conversion d'un mourant ; vous étant chargé de cette messe, vous êtes tenu *sub gravi* de la dire au jour convenu ; et si vous ne la dites qu'après la conclusion du procès, qu'après le rétablissement ou la mort du malade, vous péchez mortellement, et vous ne pouvez retenir sans injustice le salaire que vous avez reçu : « Sacerdos tenetur stipendium restituere etiam si postea celebra- « verit (1). »

D'après le même principe, si la personne dont vous acceptez les rétributions ne vous accorde qu'une semaine, qu'un mois, qu'un an pour l'acquittement des messes qu'elle demande, vous devez les acquitter dans le courant de la semaine, du mois, de l'année ; vous ne pouvez aller au delà ; mais vous pouvez prendre tout le temps qui vous est accordé. Nous le répétons, c'est l'intention des fidèles qui fait la loi. Si, comme il arrive assez souvent, celui qui a donné des honoraires n'a pas fait connaître son intention, s'il n'a fixé aucun terme pour l'acquittement des messes, il est communément reçu qu'on peut prendre deux mois pour les acquitter. Nous ferons remarquer que lorsqu'un fidèle remet à un prêtre une somme considérable, cinq cents francs, par exemple, pour des rétributions de messes, en le priant de les acquitter lui-même, celui-ci peut s'en charger, sans être obligé de dire la messe tous les jours, ni de l'appliquer absolument, toutes les fois qu'il la dit, à la même personne ; il peut la dire de temps en temps ou

---

(1) S. Alphonse, lib. vi. n° 317 ; de Lugo, Sporer, etc.

pour lui-même, ou pour ses parents, ou pour d'autres personnes, pourvu cependant que cela n'arrive que rarement.

300. On doit encore se conformer aux intentions des fondateurs et des personnes qui ont payé les honoraires, pour ce qui regarde le lieu, l'église, l'autel où les messes doivent être acquittées. Un prêtre ne peut, de son autorité privée, transférer le service qu'il doit dans un endroit à un autre lieu, lors même que les héritiers du fondateur y consentiraient. Mais un évêque peut, pour des raisons légitimes, autoriser la translation d'une fondation dans une autre église ou dans une autre chapelle, surtout lorsqu'on ne peut plus célébrer décemment la messe dans l'endroit fixé par le fondateur.

Enfin, le prêtre doit, autant que les Rubriques le permettent, dire la messe même qu'on lui a demandée. « Qui stipiendum pro « sacro accipit, tenetur dicere missam pro defunctis, vel votivam, « vel in hoc aut in isto altari, prout pecuniam offerens petivit « (quantum tamen Rubricæ permittunt, quibus neglectis, Eccle- « siæ ordinem invertere, ob alterius devotionem non convenit); « quia ob ejus devotionem et speciales orationes, major fructus « provenire solet. Si tamen aliter faciat, non erit grave, imo nul- « lum, si fiat justa de causa (1). » Cependant, celui qui a promis de dire la messe à un autel privilégié, ne peut satisfaire à son obligation en la disant à un autre autel.

301. On demande si une communauté, la fabrique d'une église, par exemple, qui a reçu des fonds pour faire dire des messes ou célébrer des services religieux, peut retenir une partie des revenus, à raison des ornements, du pain et du vin et du luminaire nécessaires pour la célébration des saints mystères. Elle ne le peut, à moins que les revenus de l'église ou de la chapelle ne soient pas suffisants pour fournir à ces dépenses. Mais le conseil de la fabrique, chargé de l'administration temporelle de la paroisse, n'accepte les legs ou fondations pour messes ou services religieux, qu'autant qu'on accorde à l'église une certaine indemnité pour les frais et fournitures qu'elle est obligée de faire. On n'est pas tenu d'accepter une fondation qui ne peut être qu'onéreuse.

Lorsque les revenus d'une fondation, qui étaient dans l'origine proportionnés aux charges, deviennent insuffisants pour l'acquittement de toutes les messes, il est juste que le nombre en soit réduit; mais cette réduction ne peut se faire que par le Souverain

---

(1) S. Alphonse, lib. vi. n° 328.

Pontife ou par l'évêque. D'après le concile de Trente, l'évêque peut, en synode, réduire les fondations autant qu'il le jugera utile à l'honneur de Dieu et au bien de l'Église (1). Ce décret a été constamment et généralement observé par les évêques de France, qui usent même, hors de leurs synodes, de la faculté que leur donne le concile. On ne peut nous objecter les décrets de la sacrée congrégation des cardinaux interprètes du concile ; car, en défendant aux évêques de réduire le nombre des messes d'une fondation, ces décrets ne contiennent rien qui les rende applicables au cas où les revenus ont cessé d'être suffisants et proportionnés aux charges de la fondation (2).

302. Celui qui est chargé d'acquitter des messes doit en appliquer les fruits conformément à l'intention du fondateur, ou de celui qui donne les honoraires. Il est nécessaire que cette application se fasse avant la célébration, ou au moins avant la consécration. Mais l'application habituelle, c'est-à-dire celle qui, ayant été faite une fois, n'a point été renouvelée, suffit-elle? L'application actuelle ou virtuelle n'est-elle point nécessaire? Les uns pensent que l'application habituelle n'est pas suffisante; qu'il en est de l'application des fruits de la messe comme de l'intention nécessaire pour la consécration; qu'elle doit être ou actuelle ou au moins virtuelle. D'autres enseignent qu'il suffit que l'application de la messe soit habituelle, attendu que cette application résulte tout simplement d'une donation qui, une fois faite, continue d'être valable, tant qu'elle n'est pas expressément révoquée. C'est le sentiment de Benoît XIV (3), de saint Alphonse de Liguori, du cardinal de Lugo, de Suarez et de plusieurs autres docteurs (4). D'après cette opinion, qui nous paraît assez fondée, nous n'inquiéterions point celui qui se serait contenté de faire une application habituelle des fruits de la messe ; mais il est si facile de renouveler son intention quant à l'application du sacrifice, soit en se préparant à monter à l'autel, soit au *memento* qui précède la consécration, qu'on ne pourrait, ce nous semble, excuser entièrement le prêtre qui négligerait de le faire : « Verum sacerdos, dit Benoît XIV, se ut omnibus expediat
« difficultatibus, in præparatione ad missam, antequam sacris se
« vestibus induat, ne omittat sacrificii fructum applicare. » Ce Pape ajoute, d'après le cardinal Bona : « Ad arcendos scrupulos,
« primo debet sacerdos fructum ei applicare, pro quo tenetur ce-

---

(1) Sess. xxv. cap. 4. De Reformatione. — (2) Voyez ces décrets dans S. Alphonse, lib. vi. n° 331 ; voyez aussi, ci-dessus, le n° 292. — (3) De sacro-sancto Missæ sacrificio, lib. iii. cap. 16. n° 8. — (4) Voyez S. Alphonse, lib. vi. n° 335.

« lebrare vel **beneficii**, vel **eleemosynæ**, vel **promissionis**, vel ali-
« cujus præcipuæ obligationis ratione; deinde sine illius præjudicio
« fructum sacrificii cæteris applicare in charitate sibi conjunctis,
« seu quovis nomine sibi commendatis, suam ipsius intentionem
« Christi summi sacerdotis intentioni subjiciens (1). »

Nous ferons remarquer que celui qui a reçu un certain nombre de rétributions de messes de différentes personnes, par exemple, dix rétributions provenant de dix fidèles, peut satisfaire à ses obligations en appliquant chaque messe aux dix personnes ensemble, attendu que le prix du sacrifice est divisible dans son application. Chaque personne recevant ce qui lui est dû, c'est-à-dire la dixième partie de chaque messe, lorsque les dix messes sont dites, chacun a reçu le fruit auquel il avait droit, c'est-à-dire, l'équivalent d'une messe (2).

## CHAPITRE VI.

*Des Règles à suivre pour la Célébration des Saints Mystères.*

303. On doit, pour la célébration des saints mystères, se conformer en tout aux prescriptions de l'Église. Outre les règles que nous avons eu l'occasion de citer, il en est d'autres qui sont généralement comprises sous le nom de *Rubriques*. Ces règles regardent le lieu où l'on doit célébrer, l'autel et sa décoration, les vases sacrés, les ornements sacerdotaux, les rites et les prières, les cérémonies, et la manière de dire la messe.

### ARTICLE I.

*Du Lieu où l'on doit dire la Messe.*

304. Généralement, on ne peut dire la messe que dans les lieux spécialement consacrés au culte divin. C'est dans les églises ou dans les chapelles qu'on doit offrir le sacrifice. Il ne convient point de célébrer les saints mystères dans un lieu profane. « Missarum celebra-
« tiones non alibi quam in sacratis Domino locis absque magna ne-
« cessitate, fieri debent (3). » Aussi le concile de Trente recommande

---

(1) De sacro-sancto Missæ sacrificio, lib. III. cap. 16. n° 9. — (2) S. Alphonse, lib. VI. n° 335. — (3) Decret. part. III. dist. 1. cap. 1. et 12.

aux évêques de ne pas souffrir qu'on dise la messe dans les maisons des particuliers, ou autres lieux qui ne soient pas dédiés au service divin (1). Mais cette règle souffre plusieurs exceptions : 1º dans les camps éloignés de l'église, il est d'usage de célébrer la messe aux jours de dimanche et de fête de commandement, en pleine campagne. Nous avons à regretter que cela ne s'observe plus dans l'armée française. 2º En vertu d'un privilége qui ne peut être accordé que par le Souverain Pontife, on peut dire la messe sur les vaisseaux qui sont en mer, mais aux conditions et avec les précautions prescrites pour prévenir tout accident. On exige que le ciel soit serein et la mer tranquille, que le vaisseau soit éloigné du rivage, et qu'il y ait à côté du célébrant un prêtre ou un diacre qui veille sur le calice. 3º On peut célébrer la messe ailleurs qu'à l'église, quand le lieu saint est inondé, que l'église est détruite ou qu'elle menace ruine. On le peut encore, disent les théologiens, lorsque l'église est beaucoup trop étroite pour contenir tout le peuple; mais alors il vaudrait mieux que l'évêque autorisât le curé à dire deux messes dans la même église. 4º Les princes et princesses du sang royal jouissent du privilége de faire dire la messe dans leurs appartements, quand ils sont malades. Il est aussi d'usage, lorsqu'ils viennent à décéder, d'offrir pour eux le saint sacrifice dans les salles où leurs corps sont déposés. 5º Un autre privilége, confirmé par les Souverains Pontifes, donne aux évêques le droit de dire ou de faire dire la messe dans tous les lieux où ils se trouvent, même hors de leurs diocèses : ce privilége étant personnel, ils peuvent en user partout. Mais on ne peut, en aucun cas, dire la messe sans un autel portatif.

305. On peut dire la messe dans les églises ou chapelles des communautés religieuses, des grands et petits séminaires, des colléges, des hospices, et généralement dans toutes les chapelles où se fait le culte divin avec l'autorisation de l'évêque. On peut encore la dire dans les oratoires ou chapelles domestiques, en se conformant exactement aux clauses du rescrit, qui permet d'y célébrer les saints mystères. Enfin, l'Ordinaire peut permettre de dire la messe dans la maison d'un fidèle, lorsqu'il y a quelque raison grave de donner cette permission : tel est le cas d'un malade animé d'une foi vive, qui tient beaucoup à entendre la sainte messe de temps en temps. On ne peut objecter le décret du concile de Trente,

(1) Sess. XXII. Decret. de observandis et evitantis in celebratione Missæ.

qui paraît ôter aux évêques le droit d'accorder ladite permission, car ce décret doit s'entendre de la faculté de célébrer indéfiniment dans les maisons particulières : « Communiter sentiunt doctores « hoc intelligendum esse de licentia perpetuo celebrandi per modum « habitus; at minime est episcopis vetitum hujusmodi concedere « licentiam per modum actus pro aliquo tempore, si justa adsit « causa (1). »

Les chapelles domestiques doivent être absolument séparées de tout usage et de tout endroit profane. On ne doit y déposer que les choses qui servent au sacrifice; et il ne doit y avoir ni au-dessus ni au-dessous de chambre à coucher. Il faut qu'une chapelle soit au moins assez grande pour que les saints mystères s'y célèbrent commodément, et qu'à l'introït, le prêtre étant au bas de l'autel, ne soit pas dans un endroit profane. Elle doit être décorée avec décence, entretenue avec propreté, et munie de tout ce qui est nécessaire à l'oblation du saint sacrifice. La permission d'y dire la messe n'emporte point celle d'y exercer les autres fonctions du ministère sacré, à moins de permissions particulières. Il n'est pas permis d'y administrer le Baptême, le sacrement de Mariage, d'y relever les femmes en couches, d'y entendre les confessions, si on excepte les confessions des personnes qui sont tellement infirmes qu'elles ne peuvent se rendre à l'église.

306. L'église destinée au culte doit être consacrée ou bénite. La consécration ne peut se faire que par l'évêque; la bénédiction peut se faire par tout prêtre à qui l'Ordinaire en a donné la commission. On ne consacre point les chapelles; mais il est d'usage, du moins parmi nous, de les faire bénir par l'évêque ou par son délégué. On juge qu'une église a été au moins bénite, à défaut d'autres documents, par l'usage où l'on est d'y célébrer l'office divin. Quant à la consécration, on en jugera par les titres de la paroisse, ou par la tradition orale du pays, ou par une inscription, ou par les croix peintes ou sculptées sur les murs intérieurs de l'église.

Il n'est pas permis de dire la messe dans une église qui a perdu sa consécration ou sa bénédiction; elle n'est plus qu'un lieu profane. Cependant, on pense communément que l'évêque, pouvant donner la permission de dire la messe dans un lieu non consacré lorsqu'il y a nécessité, peut de même accorder cette permission pour une

---

(1) S. Alphonse de Liguori, lib. VI. n° 359. — Suarez, Barboza, Laymann, Quarti, etc.

église profanée. « In ecclesia interius violata, nisi prius reconci-
« lietur, non licebit sub gravi peccato, nisi in necessitate, cum
« venia episcopi (si is adiri possit, alioquin sine ea), celebrare.
« Necessitas autem sufficiens censetur, si populus non habet aliam
« ecclesiam, ubi missam audiat (1). »

307. Une église cesse d'être propre à la célébration des saints mystères lorsqu'elle est *exécrée* ou *polluée*. Elle devient *exécrée* ou perd sa consécration, quand elle tombe en ruine. Toutes les fois que les murs d'une église sont renversés, de manière qu'il faut les rebâtir en entier ou dans leur plus grande partie, elle a besoin d'une nouvelle consécration, lors même qu'elle aurait été rebâtie avec les mêmes matériaux. Il n'en serait pas de même, si on ne reconstruisait qu'une petite portion des murs, quand même on les aurait successivement, dans le cours de quelques années, relevés en entier. Dans ce cas, les murs ont conservé leur consécration, quoique toutes les parties aient été renouvelées les unes après les autres. Si on n'est obligé de réparer que la toiture et la charpente, l'église ne perd point sa consécration. Lorsqu'on agrandit une église en longueur, largeur ou hauteur, si ce qu'on ajoute à l'édifice est plus considérable ou aussi considérable que ce qui en existait auparavant, la consécration se perd et doit être renouvelée; mais si l'agrandissement n'est pas égal à l'ancienne étendue, il n'est pas nécessaire de consacrer de nouveau l'église : l'accessoire suit le principal. A plus forte raison, l'église qu'on blanchit ne perd point sa consécration. Il en est de même de celle qu'on incruste de marbre.

308. Il ne faut pas confondre l'*exécration* d'une église avec la profanation; il y a de la différence entre l'une et l'autre. Lorsqu'il arrive une profanation dans une partie de l'église quelconque, l'église entière est profanée; le cimetière même qui y est contigu perd sa bénédiction; tandis que l'*exécration* de l'église n'emporte ni la profanation du cimetière, ni l'*exécration* des autels fixes qui restent dans leur entier, sans être notablement endommagés. De même un autel fixe peut être exécré sans que l'église le soit.

Une église est profanée ou *polluée*, 1° par l'homicide. Mais il faut que l'homicide soit volontaire, criminel ou injurieux au lieu saint, et qu'il ait été commis dans l'intérieur de l'église. L'église n'est point profanée, ni par un homicide involontaire, ni par

---

(1) S. Alphonse de Liguori, lib. vi. n° 361; de la Luzerne, sur le Rituel de Langres, ch. 6. art. 2.

l'homicide que commet un homme qui tue un injuste agresseur sans passer les bornes d'une légitime défense, ni par l'homicide qui se commettrait hors de l'enceinte du temple, dans la sacristie, par exemple, dans la tour, sur le toit ou sur la voûte, ou dans un souterrain. Pour que l'église soit profanée, il n'est pas nécessaire que la mort arrive dans le lieu saint; suivant le sentiment le plus commun, il suffit que celui qui succombe ait reçu le coup fatal tandis qu'il était à l'église. Si donc c'est dans l'église que le coup mortel a été reçu, la profanation a lieu, quand même le blessé serait mort hors du temple. Mais si le coup a été reçu hors du temple, il n'y a pas de profanation, quoique celui qui a été frappé soit venu mourir dans l'église. Il en est du suicide volontaire comme de l'homicide; c'est une cause de profanation.

309. Une église est profanée, 2° lorsqu'il s'y est fait une effusion considérable de sang, causée par un acte qu'on ne peut excuser de péché mortel. Une blessure légère, quelques gouttes de sang provenant de coups reçus dans une querelle, ne profanent point l'église. Il n'y aurait pas non plus de profanation, lors même que l'effusion de sang serait considérable, si elle ne résultait que d'une faute légère ou vénielle. Une blessure, quelque grave qu'elle soit, ne suffit pas pour profaner une église, il faut qu'il y ait effusion de sang; mais il n'est pas nécessaire qu'elle ait lieu dans l'église. Si la blessure a été reçue dans le lieu saint, l'église est profanée, quoique le sang n'ait coulé qu'après que le blessé en était sorti.

L'église est profanée, « 3° per quamcumque seminis humani « effusionem in ea voluntarie factam, sive in copula carnali, sive « non, et etiam per actum conjugalem. Non autem violatur ec- « clesia pollutione seu seminis effusione involuntaria. » Il en est de l'incontinence comme de l'homicide et de l'effusion de sang, elle n'est une cause de profanation qu'autant que l'acte, *effusio seminis humani*, *vel actus conjugalis*, aurait lieu dans l'enceinte de l'église.

310. L'église est profanée, 4° par la sépulture d'un *païen*, d'un *infidèle*, ainsi que par la sépulture d'un excommunié nommément dénoncé. L'est-elle par la sépulture d'un catéchumène? Non, suivant le sentiment le plus commun. En effet, celui qui se prépare au Baptême ne peut plus être regardé comme un *infidèle*, un *païen*. Mais le sera-t-elle par la sépulture d'un enfant mort sans Baptême? Elle le sera, de l'aveu de tous, s'il s'agit d'un enfant dont les parents sont *infidèles*. L'enfant suit la condition de ses père

et mère. Le plus grand nombre des canonistes veulent qu'elle soit encore profanée par la sépulture d'un enfant non baptisé, quoique les parents soient chrétiens. Néanmoins, il nous paraît difficile d'appliquer les mots *infidelis* et *paganus*, dont se sert le législateur, à un enfant qui vient de naître. D'ailleurs, comme les parents désirent le Baptême pour cet enfant, ne peut-on pas le regarder jusqu'à un certain point comme catéchumène? Aussi Pichler, dont nous adoptons le sentiment, dit qu'il est plus probable que l'église n'est point profanée par la sépulture d'un enfant de parents chrétiens, mort sans baptême (1).

L'église n'est point polluée par la sépulture d'un excommunié qui n'est point nommément dénoncé, ni par celle d'un suicide, d'un duelliste, ou de tout autre pécheur public, mort dans l'impénitence finale. Autre chose est d'être indigne des honneurs de la sépulture, autre chose que la sépulture de celui qui en est indigne profane le lieu saint. On doit, dans ces matières, s'en tenir à la lettre de la loi. Aussi, quoique nous pensions que l'église ou le cimetière ne soient point profanés par la sépulture d'un enfant de parents chrétiens mort avant d'avoir reçu le Baptême, nous reconnaissons avec tous les canonistes qu'on ne doit point l'inhumer dans le lieu destiné aux sépultures des fidèles.

Ce que nous avons dit des églises ne s'applique point aux oratoires privés, aux chapelles domestiques (2).

311. Les mêmes causes, les mêmes faits qui profanent l'église, profanent le cimetière. Ainsi un cimetière est profané par le meurtre, par une effusion de sang en quantité notable, *per effusionem seminis humani*, et par la sépulture d'un *infidèle*, ou d'un excommunié dénoncé. Il l'est encore par la sépulture d'un hérétique nommément dénoncé comme tel, et par là même comme excommunié. Mais il est important de remarquer qu'il n'y a profanation, soit pour le cimetière, soit pour une église, qu'autant que l'acte ou le fait qui en est la cause est public ou notoire. L'adultère, par exemple, ou le péché de fornication a été commis secrètement à l'église ou sur le cimetière; il n'y a pas profanation, ou la profanation n'a pas de suite, tandis que le péché demeure occulte, ou qu'il n'est connu que de quelques personnes. Si, au contraire, le péché devient public, on doit regarder l'église ou le

---

(1) Jus Canonicum, lib. III. tit. 40. — Voyez, sur cette question, Lacroix, *Theol. Moral.* lib. VI. part. 2. n° 287; Ferraris, *Bibliotheca canonica*, au mot *Ecclesia*, art. 4; Schmalzgruber, *Clerus Sæcularis et Regularis*, tom. II. part. V. n° 74; Ugolin, Wiestner, Sayr, Mazzotta, etc. — (2) Collet.

cimetière comme profané. La notoriété de *fait* suffit. Ne perdons pas de vue que la profanation de l'église entraîne celle du cimetière qui est contigu. Mais il en serait autrement, s'il y avait la moindre séparation entre l'église et le cimetière. La profanation d'un cimetière n'emporte point celle de l'église; elle n'entraîne pas non plus la profanation d'un autre cimetière, quand même les deux cimetières seraient contigus, qu'il y aurait un passage de l'un à l'autre.

312. Aussitôt qu'une église a été polluée, on doit en ôter le Saint Sacrement, si toutefois il se trouve dans la paroisse, ou dans la ville, ou à une distance peu éloignée, une autre église où l'on puisse le déposer. On doit aussi cesser d'y dire la messe, jusqu'à ce qu'elle soit réconciliée. Si l'église profanée n'a pas reçu précédemment de consécration épiscopale, elle peut être réconciliée par l'évêque ou par tout autre prêtre qui en aura reçu la commission. Mais si l'église avait été consacrée, elle devrait être réconciliée, ou par l'évêque, ou par un prêtre délégué par le Pape (1), suivant le rite du pontifical romain. Cependant, si on ne pouvait, sans de graves inconvénients, interrompre la célébration des saints mystères dans cette église, l'évêque qui ne serait pas libre de la réconcilier pourrait permettre au curé ou à un autre prêtre de la bénir et d'y faire les offices divins, se réservant d'en faire plus tard la réconciliation : « Polluta etiam consecrata ecclesia potest, ex permissu « episcopi aut ejus vicarii, ablui aqua benedicta per sacerdotem, « adhibitis ordinariis benedictionum precibus, et postea intra eam « divina officia celebrari, donec per episcopum consecretur (re- « concilietur) (2). » Quelques docteurs ont pensé que pour réconcilier une église il suffisait d'y célébrer le saint sacrifice; mais cette opinion est généralement rejetée, comme étant dénuée de fondement.

313. Si, pendant que le prêtre est à l'autel, l'église vient à être profanée, il doit se retirer, à moins qu'il n'ait commencé le canon : « Si sacerdote celebrante violetur ecclesia ante canonem, dimittatur « missa; si post canonem, non dimittatur (3). » Si cependant la chose arrivait un dimanche, un jour de fête ou de première communion, et que le curé prévît de graves inconvénients à ne pas achever la messe, nous pensons qu'il pourrait continuer, lors

---

(1) Caput *Aqua*, de consecratione Eccles. vel altaris. — (2) Cabassut, Juris canonici theoria et praxis, lib. v. cap. 21. n° 14. — (3) Rubricæ Missalis romani, *de Defectibus.* — Voyez aussi Collet, *Traité des Saints Mystères*, ch. 7. n° 17.

même qu'il n'aurait pas encore commencé le canon, si d'ailleurs le calme s'était rétabli dans l'église.

314. Dans le doute si l'église ou le cimetière est profané, le curé aura recours à l'évêque; il lui exposera le fait le plus exactement possible, et s'en rapportera à sa décision. S'il s'agit de l'église, il peut y célébrer, en attendant la réponse de l'Ordinaire; s'il s'agit du cimetière, il peut continuer d'y faire les prières et les cérémonies d'usage pour la sépulture des fidèles. Quant à ce qui regarde l'évêque, nous pensons que, dans le doute s'il y a profanation, soit qu'il s'agisse d'un doute de droit, soit qu'il s'agisse d'un doute de fait, il n'est point obligé de réconcilier l'église ou le cimetière; nous ne les croyons point profanés : en matières odieuses ou pénales, il ne faut pas étendre la loi : *Odiosa sunt restringenda*. Ainsi, par exemple, les docteurs étant partagés sur la question de savoir si un cimetière est profané par la sépulture d'un hérétique notoire, qui n'est pas nommément excommunié, il n'est pas nécessaire de rebénir le cimetière où il a été inhumé contrairement à la pratique et aux règlements de l'Église. La profanation d'une église et du cimetière n'a lieu, pour cause de sépulture, que dans les cas exprimés par le droit. Or, nous n'avons aucune loi, aucun décret, aucun canon, qui déclare l'église et le cimetière profanés par la sépulture d'un hérétique. Ni le droit, ni les canonistes qui s'en tiennent au droit, ne font mention de la sépulture d'un hérétique comme cause de profanation. Il ne peut donc y avoir profanation par la sépulture d'un hérétique qu'à raison de l'excommunication. Mais, de l'aveu de tous, l'église ou le cimetière n'est profané par la sépulture d'un excommunié que dans le cas où il était nommément dénoncé. Ce que nous disons de la sépulture d'un hérétique, s'applique à celle d'un enfant de parents chrétiens mort sans baptême. Comme il est douteux si la sépulture de cet enfant entraîne la profanation, on peut se comporter comme s'il était certain que le cimetière n'est point profané. Un excommunié dénoncé, étant mort avant d'avoir reçu l'absolution de sa censure, mais après avoir donné des marques de repentir, doit être réconcilié avec l'Église, selon la formule qu'on trouve dans le Rituel, avant d'être inhumé en terre sainte.

315. En France, il est défendu par les lois civiles d'inhumer dans les églises; nous n'avons donc pas à craindre qu'elles soient profanées par la sépulture des *infidèles* et des *excommuniés*. Mais l'autorité municipale se trouvant aujourd'hui chargée de la police extérieure des cimetières, il peut arriver que le lieu destiné aux in-

humations des fidèles soit profané par la sépulture d'un juif, d'un infidèle, ou d'un excommunié dénoncé. Dans ce cas, on ne doit, suivant les canons, réconcilier le cimetière qu'après avoir exhumé le corps qui l'a profané. Si l'autorité civile s'oppose à l'exhumation, malgré les justes et légitimes réclamations de l'autorité ecclésiastique, l'évêque pourra permettre de réconcilier le cimetière par une nouvelle bénédiction. L'Église n'oblige pas à l'impossible. Mais que fera le curé, si, avant d'avoir reçu la décision de l'Ordinaire, quelque fidèle de sa paroisse vient à mourir? Pourra-t-il accompagner le corps au cimetière, et y faire la cérémonie religieuse? Il le pourra, à raison des graves inconvénients qu'il y aurait à ne pas le faire; mais il bénira la fosse où le corps doit être déposé. Les temps ne sont pas les mêmes; il ne faut donc pas s'étonner si les règles, en matière de discipline, varient dans leur application.

Quoique la réconciliation d'une église ne doive se faire que dans les cas que nous avons exposés, il est cependant une circonstance où il est convenable de la bénir de nouveau : c'est lorsqu'elle a été pendant quelque temps occupée par les hérétiques, ou abandonnée à des usages profanes. Il convient de la rendre à sa destination par un acte public de religion.

### ARTICLE II.

*De l'Autel, des Nappes, du Crucifix, et des Chandeliers.*

316. Soit qu'on dise la messe dans une église, soit qu'on la dise ailleurs, il est nécessaire de la dire sur un autel consacré. On ne peut jamais, pour aucun motif, offrir le saint sacrifice sans autel (1). On distingue deux sortes d'autels : les autels fixes et les autels portatifs ou mobiles. Ils doivent les uns et les autres être de pierre. L'autel fixe est ainsi appelé, parce qu'il est attaché à sa base; sa partie supérieure, c'est-à-dire la table, est d'une seule pierre. L'autel portatif est un marbre ou une pierre que l'on peut transporter d'un lieu à un autre. Cette pierre doit être bien unie et assez grande pour que la sainte hostie et le calice puissent commodément tenir dessus, et que l'on puisse même, dans l'occasion, y placer le saint ciboire. On l'appelle communément *pierre d'autel* ou *pierre sacrée*. On l'incruste dans une table non consacrée, soit de pierre, soit de bois, et on la met de niveau, afin que le calice

---

(1) C. *Concedimus*, de Consecratione.

ne soit point exposé à être renversé. Il n'est pas permis de célébrer les saints mystères sur un autel qui n'a point été consacré. Cette consécration est tellement réservée aux évêques, qu'ils ne peuvent confier leur pouvoir à de simples prêtres. Ceux-ci ne pourraient consacrer un autel qu'en vertu d'un pouvoir spécial, émané du Souverain Pontife.

317. Les autels, soit fixes, soit mobiles, perdent leur consécration : 1° lorsque le sépulcre, c'est-à-dire, l'endroit où sont renfermées les reliques, est ouvert, quand même les reliques s'y trouveraient encore; c'est le sentiment le plus commun parmi les canonistes : d'ailleurs la sacrée congrégation des rites l'a formellement déclaré dans ses décrets du 5 mars, de l'an 1603; du 21 juin, de l'an 1610; et du 5 mars, de l'an 1623 (1). Aussi, comme le dit le cardinal de la Luzerne, il s'est établi, par l'usage commun de l'Église, qu'un autel dont le sépulcre a été ouvert doit être consacré de nouveau, et qu'on ne doit pas se contenter d'y placer des reliques (2). Mais un autel ne serait point *exécré*, s'il n'y avait que le sceau, c'est-à-dire, l'empreinte du cachet de brisé. Il suffirait alors d'y apposer un cachet quelconque, pour consolider ce qui retient les reliques dans le sépulcre.

318. Les autels sont *exécrés* : 2° quand ils sont brisés, ou qu'à raison d'un changement survenu, on ne peut plus les considérer comme étant les mêmes autels. Ainsi, pour ce qui regarde l'autel fixe, il perd sa consécration lorsque la table est notablement endommagée, ou lorsque, quoique entière, elle est séparée de sa base ou des pieds sur lesquels elle avait été posée. Il n'en est pas de même quand on transporte l'autel entier d'une chapelle à une autre; ou lorsqu'on le soulève de dessus les pieds auxquels il n'était point adhérent; ou que le mur contre lequel il était appuyé s'écroule, ou qu'il se détache quelques-unes des pierres qui lui servaient de base, pourvu que ce ne soient point celles qui touchent immédiatement la table, et sur lesquelles s'est faite l'onction. Dans tous ces différents cas, l'autel conserve sa forme et demeure le même, étant d'ailleurs toujours aussi propre à la célébration des saints mystères. Quant à l'autel portatif, il perd sa consécration lorsque la pierre est tellement brisée, qu'aucune partie n'est plus assez grande pour contenir la sainte hostie avec le calice. Il la perd également, lorsqu'elle est rompue par le milieu, quoique

---

(1) Voyez S. Alphonse de Liguori, lib. vi. n° 369. — (2) Instructions sur le Rituel de Langres, ch. 6. art. 2.

chaque partie restante soit assez grande pour contenir le calice et l'hostie. Il en serait autrement s'il n'y avait que les angles de cassés.

Les autels sont profanés lorsque l'église a été *polluée ;* mais ils sont réconciliés en même temps que l'église, et sans qu'il soit besoin d'une cérémonie particulière. Mais si un autel a été *exécré* sans que l'église le fût, on consacre de nouveau cet autel, sans consacrer l'église une seconde fois.

319. Un autel ayant perdu sa consécration de quelque manière que ce soit, il n'est plus permis de s'en servir pour la célébration des saints mystères. On doit se procurer, le plus tôt possible, une pierre sacrée, à moins qu'on ne puisse dire la messe à un autre autel. Mais que fera le curé qui, au moment de célébrer, un dimanche ou un autre jour où il est obligé de dire la messe, s'aperçoit que la seule pierre sacrée qui se trouve dans son église est brisée, ou que le sépulcre qui contient les reliques est ouvert? Nous pensons qu'il peut alors dire la messe, à raison des graves inconvénients qu'il y aurait à ne la pas dire, faute de pouvoir, généralement, faire comprendre aux fidèles pourquoi il ne la dit pas dans le cas dont il s'agit. Pour prévenir toute difficulté, le curé qui n'a qu'un autel dans son église doit toujours avoir en réserve une pierre sacrée, qu'il peut déposer dans une des armoires de la sacristie.

Nous ferons remarquer qu'il n'est pas permis de démolir un autel consacré, pour en ériger un autre, sans la permission de l'Ordinaire (1).

320. L'autel où l'on dit la messe doit être couvert de trois nappes, ou au moins de deux, dont une soit en double. On exige ce nombre, afin que si le précieux sang venait à se répandre, il ne pénétrât pas jusqu'à l'autel. De ces trois nappes, une au moins doit couvrir tout l'autel ; les deux autres peuvent être plus courtes ; il suffit absolument qu'elles couvrent exactement la pierre sacrée, ou si c'est un autel fixe, le milieu de la table, de manière qu'en cas d'accident le précieux sang n'arrive pas jusqu'à la pierre de l'autel. Les nappes doivent être de lin ou de chanvre. La Rubrique veut qu'elles soient bénites par l'évêque ou par un prêtre qui en a reçu la permission. Cependant, dans un cas de nécessité, si, par exemple, il fallait célébrer pour pouvoir administrer le viatique à un malade, ou pour ne pas priver une paroisse, une communauté, d'une messe d'obligation, et qu'on n'eût pas de nappes bénites, ou pourrait se

---

(1) Ut calix, *de Consecratione.*

servir de nappes ordinaires ou communes (1). On suppose que ces nappes ne sont point destinées au service de l'autel; car, si elles devaient avoir cette destination, nous pensons que le curé ou le prêtre qui serait dans le cas de s'en servir pourrait les bénir, d'après le consentement présumé de l'évêque.

321. Il n'est pas permis de dire la messe sur un autel où il n'y a pas un crucifix, et au moins deux cierges allumés. « Super altare collocetur crux in medio et candelabra saltem duo cum candelis accensis hinc et hinc in utroque latere (2). » Quoique la Rubrique se serve du mot *crux*, une simple croix ne suffit pas; il faut une croix avec l'image en sculpture de Jésus-Christ. On la place au milieu de l'autel, entre les deux chandeliers. On doit conserver le crucifix sur l'autel, même pendant la messe où le Saint Sacrement est exposé (3); cependant, on peut l'ôter dans les églises où l'usage contraire a prévalu (4). Nous ajouterons que, suivant le sentiment le plus commun, l'obligation de mettre une croix sur l'autel où l'on offre le saint sacrifice n'est point une obligation grave (5). On pourrait même se passer de croix dans un cas de nécessité. On convient d'ailleurs que la bénédiction de la croix qu'on place sur l'autel n'est point nécessaire; elle n'est prescrite par aucune loi (6).

322. On ne doit pas dire la messe sans avoir au moins deux cierges; mais il suffit d'en avoir deux aux jours ordinaires : l'article de la Rubrique, qui en demande un troisième depuis le *Sanctus* jusqu'à la communion, est tombé en désuétude non-seulement en France, mais même assez généralement en Italie (7). On convient aussi qu'un seul cierge suffirait dans un cas de nécessité. Mais on ne peut jamais, par aucun motif, se passer de flambeau; il y aurait péché mortel à célébrer sans lumière. C'est pourquoi, comme l'enseignent communément les théologiens, si la lumière venait à s'éteindre avant la consécration, et qu'on ne pût s'en procurer, il faudrait quitter l'autel. Ce serait autre chose si la consécration d'une des espèces était déjà faite; on devrait achever le sacrifice (8). On ne doit se servir à l'autel que de cire; cependant, on peut se servir d'huile ou de suif, dans un cas de nécessité : ce qui a lieu,

---

(1) S. Alphonse de Liguori, lib. VI. n° 375; Collet, *Traité des Saints Mystères*, ch. 8. n° 11, etc. — (2) Rubricæ Missalis romani. — (3) S. Alphonse, lib. VI, n° 395. — (4) Collet, *Traité des Saints Mystères*, ch. 7. n° 15. — (5) S. Alphonse, ibidem; Collet, ibidem, n° 16; Suarez, de Lugo, Quarti, Merati, etc. — (6) S. Alphonse, ibidem; Collet, ibidem, etc. — (7) S. Alphonse, lib. VI. n° 394. — (8) S. Alphonse, ibidem; Collet, etc.

dit Collet, d'après plusieurs canonistes, « non-seulement à raison « du besoin de communier un malade ou de dire la messe à un « peuple qui autrement ne pourrait l'entendre, mais encore pour « vaincre une tentation fatigante, ou même, selon quelques-uns, « pour se procurer un honoraire sans lequel on aurait peine à vi- « vre (1). » Mais il ne serait pas permis d'user d'huile ou de suif, s'il ne s'agissait de célébrer que pour satisfaire sa dévotion. On ne doit placer sur l'autel que ce qui concourt à sa décoration, ou qui sert au sacrifice : « Super altare nihil omnino ponatur, quod ad « missæ sacrificium, vel ipsius altaris ornatum, non pertineat (2). » Il serait indécent d'y placer un chapeau, une barrette, un mouchoir, un bréviaire, un rituel. On ne doit pas même y laisser les burettes, ni la boîte des hosties.

### ARTICLE III.

*Des Vases sacrés, du Corporal, de la Pale et du Purificatoire.*

323. Les vases sacrés nécessaires pour la célébration des saints mystères sont le calice et la patène, consacrés par l'évêque. On ne peut, sans péché mortel, se servir pour la messe d'un calice et d'une patène non consacrés. Suivant la discipline actuellement en vigueur, le calice et la patène doivent être d'or ou d'argent ; il faut au moins que la coupe soit de l'un de ces deux métaux. Si la coupe est en argent, elle doit être dorée en dedans. Le dessus de la patène, si elle n'est qu'en argent, doit également être doré. « Calix « debet esse vel aureus, vel argenteus, aut saltem habere cuppam « argenteam intus inauratam, et simul cum patena itidem inaurata « ab episcopo consecratus (3). » Tout calice d'airain, de cuivre, de bois, de verre, est absolument interdit. Mais on peut avoir une coupe d'argent sur un pied d'étain, de cuivre, ou d'airain. On pourrait même, dans un cas de nécessité, se servir d'une coupe d'étain (4). C'est à l'évêque à consacrer les calices et les patènes ; il ne peut en donner la faculté à personne. Cependant un simple prêtre peut les consacrer, en vertu d'un pouvoir spécial du Pape. On ne regarde pas comme suffisamment fondée l'opinion de ceux qui prétendent qu'un calice acquiert la consécration par l'usage qu'on en fait à l'autel (5).

---

(1) *Traité des Saints Mystères*, ch. 8. n° 18 ; Quarti, etc. — (2) Rubricæ Missalis romani, etc. — (3) S. Alphonse, lib. vi. n° 394. — (4) Rubricæ Missalis romani. — (5) Ibidem, *de Defectibus*, § x. n° 1.

324. Le calice et la patène perdent leur consécration : 1° quand ils sont percés, fendus ou brisés de manière qu'on ne peut plus s'en servir convenablement pour le saint sacrifice. Un trou, quelque petit qu'il soit, à la partie inférieure de la coupe, lui fait perdre sa consécration. Mais une légère fente à l'orifice, une bosse, un dérangement qui peuvent se raccommoder avec quelques coups de marteau, ne réclament point une nouvelle consécration. Il en est de même de tout changement qui n'est qu'accidentel, qu'on mette ou qu'on ne mette pas le calice au feu pour le réparer. 2° Quand le pied du calice, étant adhérent à la coupe, vient à s'en séparer. Mais si la coupe ne tient au pied que par une vis, la séparation qu'on en peut faire ne change en rien la substance, et laisse par conséquent subsister la consécration. Le calice et la patène conservent encore leur consécration, lors même qu'on s'en serait servi à des usages profanes et sacriléges.

325. Mais le calice qui perd sa dorure perd-il sa consécration ? C'est une question controversée. Les uns (1) pensent que, la dorure étant entièrement effacée, la consécration est perdue ; parce que, disent-ils, la consécration a été appliquée sur la dorure. Les autres, au contraire, croient que la perte de la dorure n'entraîne point celle de la consécration. Ce second sentiment nous paraît beaucoup plus probable que le premier. « En effet, comme le dit Collet, quoi-
« que l'onction par laquelle on consacre un calice ne touche physi-
« quement que sa partie extérieure, toute sa masse est cependant
« consacrée. Or, la masse subsiste, quoique l'accident s'en aille ;
« comme il paraît à l'égard d'une église bien peinte ou bien blan-
« chie, qui garde toujours sa consécration, quoique la peinture ou
« la blancheur disparaisse (2). » Les docteurs ne s'accordent point non plus sur la question de savoir si le calice perd sa consécration par une nouvelle dorure. Il nous paraît plus probable qu'il ne la perd point. C'est encore le sentiment de Collet, qui s'exprime ainsi :
« Les raisons (qui sont en faveur de cette opinion) se tirent de deux
« principes de droit, dont l'un établit que de l'huile non consacrée
« acquiert la consécration qu'elle n'avait pas, avec le mélange qu'on
« en fait avec une plus grande quantité d'huile qui l'avait reçue.
« L'autre déclare que quand les murs d'une église demeurent en
« entier, elle n'a pas besoin d'une nouvelle consécration, quoiqu'on
« y ajoute un toit, et tout ce qui manque à un édifice dont il ne

---

(1) Le rédacteur des Conférences d'Angers, de la Luzerne, etc. — (2) **Traité des Saints Mystères**, ch. 9. n° 5. — Voyez aussi S. Alphonse de Liguori, **Suarez, de Lugo, Laymann, Quarti**, etc.

« reste que les quatre murailles. Or, la masse, et pour ainsi dire le
« tout du calice, est, par rapport à la dorure qu'on y ajoute, ce
« qu'est une notable quantité d'huile par rapport à une beaucoup
« plus petite qu'on y mêle, ou ce que sont les murailles d'un temple
« par rapport au reste de l'édifice. Donc, en supposant, ce qui est
« très-vrai, que le droit ne résiste point dans le cas présent, il faut
« dire que la consécration passe du calice à la dorure qu'on y ajoute,
« comme d'une partie beaucoup plus considérable à une qui l'est
« beaucoup moins. » « D'ailleurs, continue le même auteur, le ca-
« lice dont il s'agit ne peut avoir besoin d'une nouvelle consécration,
« ni pour avoir été refait, puisque c'est le même, et qu'on n'en a
« changé que la superficie ; ni pour le changement qui y a été fait,
« puisqu'il n'est qu'accidentel, et qu'un pur *accident* ne détruit
« point la substance ; ni enfin pour avoir été profané, puisqu'il ne
« l'a été ni par l'ouvrier ni par le feu, vu qu'on fait tous les jours
« passer par l'un et par l'autre des vases sacrés, dont la consécra-
« tion ne donne point d'inquiétude. Si on dit qu'il l'a été par l'ad-
« dition de la dorure, qu'on nous dise donc pourquoi, quand on
« blanchit, on dore ou on peint une église, elle ne perd point sa
« consécration (1). » Néanmoins on doit, dans la pratique, s'en tenir à l'usage du diocèse ou aux instructions de l'Ordinaire.

326. Le saint ciboire et l'ostensoir ne sont point consacrés. Mais l'usage veut qu'ils soient bénits par l'évêque ou par le prêtre qui en a reçu le pouvoir. Les évêques peuvent eux-mêmes permettre aux prêtres de faire cette bénédiction. On bénit au moins le croissant, qui touche le Saint Sacrement quand on l'expose à la vénération des fidèles.

327. Les linges dont se sert le prêtre pour la célébration de la messe sont, outre les nappes d'autel dont nous avons parlé plus haut (2), le corporal, la pale, le purificatoire et l'essuie-mains, vulgairement appelé *lavabo*. Le corporal est un linge carré, assez ample pour qu'on puisse commodément placer dessus l'hostie, le calice et le ciboire. Il n'est pas permis de le faire de soie ni de coton ; il doit être tissu de fil de lin ou de chanvre. Il faut une toile fine et unie, sans aucun ornement ni broderie. Le prêtre l'apporte enfermé dans la bourse, et le déploie pour le placer sous l'hostie et le calice, qui doivent rester sur le corporal, surtout depuis la consécration jusqu'à la communion inclusivement. La pale, dont la destina-

(1) Traité des Saints Mystères, n° 6. — Voyez aussi les *Consultations canoniques* de Gibert sur l'Eucharistie, tom. III. consult. 53, etc. — (2) Voyez le n° 320.

tion est de couvrir le calice, se compose de deux linges qui enveloppent un carton. Elle doit être de toile unie, du moins quant à la partie qui touche le calice, et d'une grandeur convenable pour pouvoir être placée et déplacée facilement. Il est nécessaire de bénir le corporal et la pale avant de les faire servir au saint sacrifice. Cette bénédiction est faite par l'évêque ou par un prêtre qui en a reçu la permission. Ces linges ne doivent pas être regardés comme bénits, pour avoir été employés à la célébration des saints mystères. On ne pourrait excuser de péché mortel celui qui dirait la messe sans corporal, ou sans un corporal bénit, à moins qu'il n'y eût nécessité de célébrer (1). S'il y avait nécessité de dire la messe, le prêtre pourrait célébrer avec un corporal non bénit, ou il pourrait, à notre avis, le bénir, d'après le consentement présumé de l'Ordinaire. Quant à celui qui, hors le cas de nécessité, célébrerait sans une pale bénite, il est probable qu'il ne pécherait que véniellement; car la pale ne touche pas immédiatement les saintes espèces (2). Le corporal perd sa bénédiction quand il est déchiré de manière à ce qu'aucune de ses parties ne puisse plus contenir l'hostie et le calice. Pour éviter toute négligence à ce sujet, on ne doit point se servir d'un corporal, pour peu qu'il soit troué, avant qu'il ait été raccommodé. De même la pale perd sa bénédiction, lorsqu'elle est assez déchirée pour ne pouvoir plus servir convenablement.

328. Le purificatoire est un petit linge oblong qui sert à essuyer les doigts du prêtre et le calice. Il doit être de toile, c'est-à-dire d'un tissu de fil de lin ou de chanvre. Il n'est pas permis de se servir d'un purificatoire de coton. Les uns veulent que le purificatoire soit bénit; les autres pensent, avec plus de fondement, que cette bénédiction n'est point nécessaire, car elle n'est prescrite nulle part. Cependant, comme les purificatoires touchent immédiatement le calice, il est convenable de les bénir avant de les affecter au culte divin. Quant au *lavabo*, on ne le bénit pas.

329. Les laïques ne doivent toucher ni les vases sacrés, ni le corporal, ni la pale, ni le purificatoire, qui ont servi à la célébration des saints mystères, à moins qu'il n'y ait nécessité, ou qu'ils n'aient reçu de l'évêque la permission de les toucher. Mais on convient assez généralement que celui qui les toucherait sans qu'il y eût mépris de sa part, ne pécherait que véniellement. Cependant, il y aurait péché mortel à toucher les vases sacrés tandis qu'ils contiennent les espèces eucharistiques : cela n'est permis qu'aux

---

(1) S. Alphonse de Liguori, lib. VI. n° 387. — (2) S. Alphonse, ibidem.

prêtres et aux diacres. Les sous-diacres peuvent les toucher, mais seulement lorsqu'ils ne renferment pas le corps de Jésus-Christ. Le clerc qui a reçu l'ordre d'acolyte peut aussi les toucher, quand il prépare les choses nécessaires à la célébration de la messe : « Non « liceat cuilibet ministeria tangere, nisi subdiacono, aut acolytho « in sacrario vasa dominica (1). » Enfin, d'après l'usage, tous les clercs, ceux même qui ne sont point tonsurés, peuvent toucher les vases sacrés, lorsqu'ils ont quelque raison de le faire; lorsque, par exemple, il s'agit de les nettoyer, ou de préparer le calice au prêtre qui va dire la messe. « Diuturna consuetudine factum est, dit Be- « noît XIV, ut ordinati omnes et qui sola tonsura præditi sunt, si « aliqua causa intercedat, sacra vasa, dum vacua sunt, extra al- « taris ministerium contingant (2). »

330. Les linges de l'autel doivent être propres et blanchis avec soin. Les corporaux, les pales et les purificatoires, ne peuvent être lavés que par ceux qui ont le droit ou la permission de les toucher. On les lave trois fois dans des eaux différentes, que l'on jette à chaque fois dans la piscine. Lorsqu'ils ont été ainsi lavés, on les fait blanchir et préparer par d'autres personnes. Quoiqu'ils ne cessent pas par le blanchissage d'être bénits, une fois blanchis, ils peuvent être touchés par des laïques tandis qu'ils n'ont pas servi à l'autel.

### ARTICLE IV.

#### Des Ornements sacerdotaux.

331. Les habits et ornements dont le prêtre doit être revêtu pour dire la messe, sont au nombre de six : l'amict, l'aube, la ceinture, le manipule, l'étole et la chasuble. Il n'est jamais permis, dans quelque cas que ce soit, de célébrer sans ornements : on ne pourrait non plus excuser par aucun motif le prêtre qui aurait la témérité de dire la messe sans aube ou sans chasuble. Mais s'il s'agissait de célébrer pour pouvoir administrer le saint viatique à un moribond, ou pour procurer la messe à une paroisse entière, un jour de dimanche ou de fête de commandement, nous pensons qu'on pourrait le faire sans l'amict, sans la ceinture, sans le manipule et même sans l'étole, si on était dans l'impossibilité de se procurer ces ornements. Mais, hors le cas de nécessité, il y aurait

---

(1) Decret. part. I. dist. 23. can. 32. — (2) Instit. eccl. XXIX. n° 18. — Voyez aussi S. Alphonse, lib. VI. n° 382; Mgr Bouvier, de Eucharistia, etc.

péché mortel à célébrer sans étole. En serait-il de même, si on célébrait sans amict, ou sans ceinture, ou sans manipule? Les uns disent que oui, les autres disent que non. Ce second sentiment est assez probable; car l'omission de l'un de ces trois ornements ne nous paraît pas matière grave, ni en elle-même, ni dans ses résultats. Les fidèles n'en seraient point scandalisés, ou ne le seraient que faiblement.

332. Les ornements sacerdotaux doivent être bénits ou par l'évêque ou par son délégué. On croit assez communément que le prêtre qui se servirait des principaux ornements non bénits, de l'aube ou de la chasuble, pécherait mortellement. Nous exceptons le cas où il y aurait nécessité de dire la messe. Il pourrait alors, ou se servir d'ornements non bénits, ou les bénir lui-même, d'après la permission présumée de l'évêque. On doit bénir aussi la tunique et la dalmatique dont se servent les diacre et sous-diacre. Mais on ne bénit point les surplis, ni les rochets, ni les chapes, ni les bourses, ni les voiles du calice.

333. Les ornements perdent leur bénédiction, en perdant la matière ou la forme sous laquelle ils ont été bénits. L'aube cesse d'être bénite quand on y a mis de nouvelles manches, ou qu'une de ses manches s'est détachée. Mais si, avant que cette manche se soit entièrement séparée du corps, on la recousait, l'aube conserverait sa bénédiction. Quand la ceinture est séparée en deux morceaux, de manière qu'aucun d'eux n'est plus assez long pour ceindre le corps, elle cesse d'être bénite. L'amict, le manipule, l'étole et la chasuble perdent leur bénédiction, quand, en les raccommodant, on y a mis tant de nouvelles pièces, que le neuf l'emporte sur le vieux. Il n'en serait pas ainsi, si on ne les raccommodait que peu à peu; les premières parties feraient sur les dernières ce que fait l'eau bénite sur celle qu'on y ajoute en moindre quantité. Il faut observer que lorsqu'une chasuble, une étole et un manipule sont doubles et ont été bénits des deux côtés, le côté qui reste en entier, et qu'on sépare de l'autre qui est hors d'état de servir, conserve sa bénédiction. Quand la doublure seule d'un ornement est déchirée, on n'y a point d'égard; on se contente de la réparer, sans faire bénir l'ornement.

334. Les linges et les ornements d'église doivent, autant que possible, être conservés dans la sacristie, et enfermés dans le lieu le plus sec qu'il se pourra, afin qu'ils ne soient exposés ni à la poussière ni à l'humidité. Ils ne doivent jamais retourner à des usages profanes : lorsqu'ils sont usés de vétusté, ou tellement dégradés qu'on ne peut plus en tirer aucun parti pour le service divin, il

faut les brûler et jeter les cendres dans la piscine, ou dans un lieu décent, qui ne soit point foulé aux pieds par les passants.

### ARTICLE V.

#### Des Rites et des Prières de la Messe.

335. Les rites et les prières que prescrivent les Rubriques pour la célébration de la messe sont d'obligation. Il s'agit des prières et des cérémonies qui font partie de la messe, et non de celles qui appartiennent à la préparation et à l'action de grâces. Les premières sont de précepte, les secondes ne sont que de conseil. Le concile de Trente déclare anathème à quiconque dira que les rites établis dans l'Église pour l'administration des sacrements peuvent être changés ou omis à volonté (1), et veut que les évêques décernent des peines contre les prêtres qui, au mépris des règlements, célébreraient à une heure indue, ou qui substitueraient d'autres rites, d'autres cérémonies ou d'autres prières, aux rites et aux prières approuvés par l'Église et consacrés par l'usage : « Edicto et pœnis « propositis caveant (episcopi) ne sacerdotes aliis quam debitis « horis celebrent; neve ritus alios aut alias cæremonias et preces in « missarum celebratione adhibeant, præter eas quæ ab Ecclesia « probatæ ac frequenti et laudabili usu receptæ fuerint (2). » Aussi le pape saint Pie V, dans sa bulle de l'an 1570 qui se trouve à la tête du Missel romain, commande à tous les prêtres en général et à chacun en particulier, en vertu de la sainte obéissance, de dire ou de chanter la messe selon le rite et la règle que prescrit le Missel. « Mandantes, ac districte omnibus et singulis ecclesiarum « prædictarum patriarchis, administratoribus, aliisque personis « quacumque ecclesiastica dignitate fulgentibus, etiamsi S. R. E. « cardinales, aut cujusvis alterius gradus et præeminentiæ fuerint, « illis in virtute sanctæ obedientiæ præcipientes, ut, cæteris omnibus « rationibus et ritibus ex aliis missalibus quantumvis vetustis observari consuetis, in posterum penitus omissis ac plane rejectis, mis« sam juxta ritum, modum, ac normam, quæ per missale hoc a « nobis traditur, decantent ac legant; neque in missæ celebratione « alias cæremonias, vel preces, quam quæ hoc missali continentur, « addere, vel recitare præsumant. » Quant aux rites propres à une église particulière, concernant la célébration des saints mystères,

---

(1) Sess. VII. de Sacramentis in genere, can. 13. — (2) Sess. XXII. Decret. de observandis et evitandis in celebratione missæ.

on ne peut les conserver qu'autant qu'ils ont pour eux une prescription légitime ou l'approbation du saint-siége. Ainsi donc, on ne doit rien changer de ce qui est prescrit par les Rubriques du Missel; on n'en doit rien retrancher, on n'y doit rien ajouter. On ne peut excuser de tout péché le moindre changement que l'on se permettrait volontairement, soit de propos délibéré, par une ignorance ou une négligence coupable. Il y aurait péché véniel à omettre, par exemple, les bénédictions, les inclinations, les génuflexions prescrites dans l'*ordre* de la messe (1). Il n'y a que la nécessité et l'inadvertance involontaire qui puissent servir d'excuse.

336. Une omission grave contre les Rubriques peut être péché mortel; mais il est difficile de déterminer ce qui est ou ce qui n'est pas matière grave. Cependant, on regarde comme faute grave l'omission volontaire, 1° de la confession que fait le prêtre au bas de l'autel, au commencement de la messe; 2° de l'épître ou de l'évangile, ou des collectes principales; 3° de l'oblation du pain et du vin; 4° de la préface; 5° de l'une des six oraisons qui composent le Canon. Ces oraisons sont : *Te igitur; Hanc igitur oblationem; Quam oblationem; Unde et memores; Memento etiam, Domine; Nobis quoque peccatoribus;* 6° du *Pater*, ou de la prière *Libera nos*, ou de l'*Agnus Dei;* 7° du *Domine, non sum dignus,* ou des trois oraisons qui précèdent la communion; 8° des prières que l'on récite depuis la communion jusqu'à la fin de la messe. Mais il n'y aurait que péché véniel, si on n'omettait que le *Gloria*, ou le *Credo*, une ou deux collectes, les commémoraisons, le trait, le graduel; ou si on ne disait pas la préface, le *Communicantes*, l'oraison *Hanc igitur*, propres au jour dont on dit la messe. Nous ne parlons point des paroles sacramentelles; nous en avons parlé plus haut (2).

337. Il en est des rites comme des prières : leur omission est plus ou moins coupable, selon que la cérémonie qu'on omet est plus ou moins importante eu égard à sa signification, à laquelle on doit surtout faire attention. De ce principe, on infère communément qu'il y a péché mortel à négliger, 1° de mettre de l'eau dans le calice avec le vin pour la consécration; 2° de faire l'élévation de l'hostie et du calice; 3° de rompre une parcelle de l'hostie pour la mêler avec le précieux sang; 4° de purifier le calice ou la patène. Pour ce qui est des autres cérémonies, telles que sont les signes de croix, les inclinations, les génuflexions, l'élévation des mains ou

---

(1) S. Alphonse de Liguori, liv. VI. n° 400. — (2) Voyez, ci-dessus, le n° 179.

des yeux, et autres cérémonies semblables, elles ne sont pas par elles-mêmes matière à péché mortel. Mais il est bon de remarquer que le prêtre qui omettrait habituellement, comme oiseuse ou inutile, une cérémonie, une prière prescrite, quelque peu importante qu'elle fût en elle-même, pécherait mortellement ; car il y aurait évidemment mépris. Il en serait de même de celui qui, en célébrant la messe, ne ferait aucune des inclinations ou des génuflexions indiquées par la Rubrique. L'omission deviendrait alors grave (1).

On doit dire la messe tout entière, et dans la langue consacrée par l'Église. En Occident, c'est la langue latine. L'Église, attachée à son ancienne discipline, a voulu conserver dans le culte divin la langue dans laquelle elle a célébré primitivement ; elle a craint de l'exposer aux variations auxquelles sont exposées les langues vivantes. Elle a jugé qu'il était facile de remédier à l'inconvénient résultant de ce que le vulgaire n'entend pas la langue latine, en ordonnant aux curés et aux autres prêtres d'expliquer souvent aux fidèles les cérémonies et les prières qui appartiennent au culte divin.

**338.** Le devoir du prêtre en offrant le saint sacrifice de la messe est d'inspirer aux fidèles, par sa piété et son recueillement, le respect dont ils doivent être pénétrés pour les saints mystères, pour l'acte le plus excellent de la religion. L'air léger et dissipé éloigne le peuple de la vénération et de la dévotion dues à la plus grande des actions ; les mouvements de tête, les gestes, les postures brusques ou affectées, dissipent les assistants, les scandalisent, et les détournent de la piété. On doit dire la messe avec gravité, mais sans lenteur ; évitant également et la précipitation et la lenteur, qui dégoûte et rebute l'attention (2). Pour ce qui regarde la précipitation, saint Alphonse de Liguori croit qu'il est difficile d'excuser de péché mortel le prêtre qui met moins d'un quart d'heure à dire la messe, lors même qu'il s'agit de la messe de la sainte Vierge *In sabbato*, ou d'une messe de *Requiem*. Il est moralement impossible, dit ce célèbre docteur, de terminer la messe dans moins d'un quart d'heure, sans commettre une irrévérence grave et sans être la cause d'un grand scandale pour le peuple. En effet, les cérémonies de la messe étant prescrites dans le but d'entourer la célébration des saints mystères du respect qu'ils méritent, comment n'y aurait-il pas une faute grave de la part du prêtre qui,

(1) Voyez S. Alphonse, lib. VI. n° 400. — (2) Instructions sur le Rituel de Langres, ch. 6. art. 4.

en célébrant avec tant de rapidité, doit infailliblement manquer à ce respect, en mutilant les paroles, les bénédictions et les génuflexions ; ne faisant presque pas une cérémonie comme il faut, ou ne joignant presque aucune action aux paroles qui y répondent ; ou plutôt joignant les paroles à des actions ou à des mouvements qui doivent en être séparés ? Aussi les fidèles en sont grandement scandalisés ; ils ont de la peine à se persuader qu'un prêtre qui traite si légèrement ce qu'il y a de plus saint, de plus sacré, n'ait pas perdu la foi (1). Mais on peut dire la messe en vingt minutes, et il y aurait des inconvénients, surtout pour un curé, un vicaire, un aumônier, à rester à l'autel plus d'une demi-heure pour dire une messe basse.

339. Parmi les prières de la messe, il en est qui se récitent à intelligible voix ; d'autres qui se disent à basse voix. Voici ce que porte la Rubrique : « Le prêtre doit être très-soigneux de pronon« cer distinctement et d'une manière convenable ce qui doit être « dit à voix claire. Il faut qu'il ne parle ni trop vite, afin qu'il « puisse faire attention à ce qu'il lit ; ni trop lentement, dans la « crainte de causer de l'ennui à ceux qui entendent la messe ; ou « d'une voix trop élevée, pour ne pas troubler ceux qui pourraient « célébrer en même temps dans la même église ; ni trop bas, car « il doit être entendu des assistants. Mais il doit prononcer d'une « voix médiocre et grave, qui excite la dévotion, et qui soit tel« lement à la portée des assistants qu'ils entendent ce qu'on lit. « Quant à ce qui doit être dit tout bas, qu'il le prononce de ma« nière à s'entendre lui-même, et à ne pas être entendu de ceux « qui sont autour de lui. *Quæ vero secrete dicenda sunt, ita pro*« *nuntiet ut ipsemet se audiat, et a circumstantibus non audia*« *tur* (2). » C'est dans ce sens que l'on entend, dans l'Église, les mots *submissa voce*, dont le concile de Trente s'est servi en parlant du canon et des autres parties de la messe qui doivent être récitées à voix basse. Ce serait donc une affectation répréhensible de dire d'une voix assez forte pour qu'elles fussent entendues, les paroles de la consécration ou celles du canon, et autres prières que le Missel indique comme devant être dites tout bas.

340. Il n'est pas permis de dire la messe sans Missel. Le prêtre doit s'en servir, quelque sûr qu'il puisse être de sa mémoire. Cependant, il est probable que celui qui pourrait compter sur sa mémoire ne pécherait point en célébrant, sans Missel, une messe

---

(1) Theol. moral. lib. vi. n° 400. — (2) Rubricæ generales Missalis romani.

qu'il saurait par cœur, si d'ailleurs il y avait quelque nécessité de célébrer (1). Ici se présente naturellement une question. On demande si un prêtre qui est aveugle peut célébrer, lorsqu'il sait par cœur les prières d'une ou plusieurs messes. Il le peut, en vertu d'une permission spéciale du Souverain Pontife ; le saint-siége s'est réservé le droit d'accorder cette permission (2). Cependant, lorsqu'il y a quelque forte raison d'autoriser ce prêtre à dire la messe, nous pensons que l'évêque peut lui accorder cette autorisation, sauf à la faire ratifier par le Pape.

Ce que nous avons dit de la nécessité du Missel ne s'applique point aux tableaux ou canons d'autel qui contiennent quelques prières de la messe : quoique vraiment utiles, ils ne sont point nécessaires pour la célébration des saints mystères (3).

Le Missel dont on se sert à l'autel doit, autant que possible, être conforme au bréviaire. Dans les voyages, on prend le Missel romain, si on le trouve ; ou, à son défaut, le Missel du diocèse par lequel on passe. Mais un prêtre séculier, chapelain ou aumônier d'une communauté de religieuses qui ne se servent pas du bréviaire romain, peut-il dire la messe du saint dont elles font l'office, quand il fait lui-même l'office d'un autre saint ? Il le peut, mais à condition qu'il se servira du Missel romain, et qu'il dira la messe du commun, quoique l'Ordre en ait une propre au saint dont il célèbre la mémoire (4).

341. La messe doit, autant que possible, s'accorder avec l'office du jour. On peut cependant s'écarter de temps en temps de cette règle générale, et dire une messe de *Requiem*, ou une messe de *Mariage*, ou une messe à l'honneur de la sainte Trinité, du Saint Sacrement, du sacré Cœur, du Saint-Esprit, de la sainte Vierge, ou de quelque saint, pour obtenir une grâce particulière, pour suivre sa dévotion ou celle des fidèles. Voici ce que nous lisons dans les Rubriques : « Omnes missæ votivæ in missis privatis dici
« possunt pro arbitrio sacerdotum, quandocumque officium non
« est duplex aut dominica, cum commemoratione ejus de quo fac-
« tum est officium, et commemoratione item festi simplicis, si de
« aliquo occurrat eo die fieri commemorationem in officio. Id vero
« passim non fiat nisi rationabili de causa, ut, quoad fieri potest,

---

(1) Voyez S. Alphonse, lib. vi. n° 390 ; de Lugo, Suarez, Laymann, Vasquez, Sporer, etc. — (2) Collet, *Traité des Saints Mystères*, ch. 4. n° 12. — (3) S. Alphonse de Liguori, lib. vi. n° 390. — (4) S. Alphonse, Collet, etc.

« missa cum officio conveniat (1). » Ainsi, il n'est pas permis de dire une messe votive ni les dimanches ni les jours dont l'office est double. On ne le peut non plus pendant les octaves de l'Épiphanie, de Pâques, de la Pentecôte et de la Fête-Dieu ; ni le mercredi des cendres, ni pendant la semaine sainte. On peut encore moins, ces jours-là, dire une messe des morts, si ce n'est le *corps présent* ; car on peut dire la messe des morts, *præsente defuncti corpore*, tous les jours de l'année, excepté les solennels majeurs et les trois jours avant Pâques. Mais y aurait-il péché mortel à dire une messe de *Requiem* ou une messe votive à un jour où la Rubrique le défend ? Quelques théologiens pensent qu'il y aurait péché mortel ; mais on croit plus communément qu'il n'y aurait qu'un péché véniel, à moins qu'il n'y eût mépris de la part du célébrant, ou scandale pour les fidèles. Il y aurait scandale, si on voyait un prêtre dire une messe des morts un dimanche ou un jour de solennité, sans que le corps fût présent (2). Quant au prêtre qui dit une messe votive ou une messe de *Requiem* aux jours permis, sans raison aucune, uniquement pour avoir plus tôt fait, nous pensons qu'on ne peut l'excuser de tout péché véniel ; car il s'écarte de l'esprit de l'Église : « *Id vero passim non fiat, nisi* « *rationabili de causa.* » Mais le vœu des fidèles qui demandent une messe des morts ou une messe votive, est pour le prêtre une raison suffisante de la dire, quand c'est d'ailleurs un jour où cela n'est point défendu.

342. Il est absolument défendu à un prêtre de dire la messe seul, sans assistants qui lui répondent, et qui lui administrent les choses nécessaires. Ainsi, pour les messes basses, il doit y avoir au moins un répondant ou *servant*. Celui qui, sans nécessité, aurait la témérité de dire la messe sans répondant, pécherait mortellement. « Certum est apud omnes, dit saint Alphonse, esse mortale « celebrare sine ministro (3). » Nous avons dit, *sans nécessité* ; car un prêtre peut célébrer sans servant : 1° quand il s'agit de dire la messe pour procurer le saint viatique à un moribond ; 2° lorsque, le sacrifice étant commencé, le servant se retire, et laisse le prêtre seul à l'autel. Il n'est pas nécessaire que le prêtre soit déjà au canon ; 3° les canonistes ajoutent le cas où il est nécessaire de célébrer pour qu'une paroisse entende la messe. Mais il paraît difficile de ne pas trouver alors une personne qui puisse assister

---

(1) Rubricæ Missalis romani. — (2) Voyez S. Alphonse de Liguori, lib. VI. n° 420. — (3) Lib. VI. n° 391.

le célébrant, lui présenter les burettes, porter le livre, et le servir dans les cérémonies. Il ne faut pas une aussi grande nécessité pour dire la messe avec un servant qui ne sait pas répondre, que pour la dire sans servant (1). Mais alors le prêtre supplée les prières qui devaient être dites par le répondant.

A défaut d'homme, on ne doit point se servir à l'autel du ministère d'une femme; cela ne convient point, et les conciles l'ont défendu. Ainsi, dans les différents cas de nécessité dont nous avons fait l'énumération, il vaut mieux célébrer seul que de se faire servir par une personne du sexe. Celle-ci pourrait cependant répondre de sa place ou d'un lieu assez éloigné, comme le font quelquefois les religieuses. Mais il ne lui serait pas permis de présenter l'eau et le vin, ni de faire aucune fonction qui l'approchât de l'autel. Il faudrait que le prêtre se servît lui-même, ou se fît servir par un homme.

On doit préférer les clercs aux laïques pour le service de l'autel; mais on n'en trouve que rarement, surtout dans les paroisses de la campagne. C'est donc un devoir pour les curés d'apprendre ou de faire apprendre aux jeunes gens de la paroisse à répondre convenablement la sainte messe. Le plus souvent, c'est leur faute s'ils n'ont pour assistants que des enfants malpropres, dissipés, qui se font un jeu de ce ministère respectable, qui précipitent ou tronquent leurs paroles, et en passent une partie. Choisissant ceux des jeunes gens qui montrent le plus d'intelligence et de piété, ils doivent les former et les mettre en état de remplir avec édification un ministère qui les associe à la célébration du saint sacrifice.

343. On ne doit point interrompre la messe; lorsqu'elle est commencée, on doit la dire tout entière. Il n'est pas permis ni de l'abandonner sans la finir, ni de la suspendre pour la continuer au bout de quelque temps. Celui qui, hors le cas de nécessité, n'achève point le sacrifice, pèche très-grièvement : « Si quis extra casus ne- « cessitatis integra sacramenta non sumpserit, gravissime pec- « cat (2). » Mais on peut l'interrompre, quand on ne peut faire autrement sans de plus graves inconvénients. Les cas où l'interruption de la messe est permise, sont : 1° celui où il faut administrer le sacrement de Baptême ou de Pénitence à un mourant. Mais alors, pour ce qui regarde le Baptême, le célébrant se contentera de le conférer sans faire les cérémonies d'usage, se réservant, si l'enfant survit, de les suppléer après avoir fini la messe. Nous ne pensons

---

(1) S. Alphonse, lib. vi. n° 391 ; de Lugo, etc. — (2) Rubricæ generales.

pas que le célébrant qui a commencé le canon doive interrompre le sacrifice, pour administrer le saint viatique ou l'Extrême-Onction, ces deux sacrements n'étant point, comme le Baptême et la Pénitence, nécessaires au salut de nécessité de moyen. 2° Le cas où l'église vient à être profanée pendant la célébration de la messe, si le prêtre n'a pas encore commencé le canon : mais si le canon est commencé, il doit poursuivre la messe jusqu'après les ablutions, se retirer ensuite dans la sacristie, et y réciter les prières qu'il aurait dites à l'autel. On tient la même conduite dans le cas où un excommunié nommément dénoncé entre à l'église pendant la messe, et refuse d'en sortir (1). 3° Lorsque le prêtre, en continuant le sacrifice, expose les saints mystères à une sorte d'irrévérence, ou sa personne à quelque grand danger. Quand, par exemple, le lieu saint est menacé, ou de l'ennemi, ou d'une inondation, ou d'un incendie, le célébrant peut et doit tout quitter, s'il n'a pas encore consacré. Si la consécration est faite, il peut communier et se retirer aussitôt (2). Si, effrayé du danger, il ne croit pas avoir le temps de communier, il peut laisser tout là, et prendre la fuite (3). 4° Lorsqu'il s'agit de sauver la vie à un malheureux qui va succomber sous les coups d'un assassin, d'un furieux, ou d'arrêter une inondation, un incendie, si d'ailleurs on manque de secours, si la présence du prêtre qui dit la messe est jugée nécessaire, eu égard aux circonstances. Ce cas peut arriver dans les communes rurales. Alors le célébrant ferait comme dans le cas précédent. 5° Lorsque, avant la consécration, le prêtre remarque qu'il n'est pas à jeun, qu'il s'est rendu coupable d'une faute mortelle, qu'il a encouru quelque censure ou quelque irrégularité; si toutefois il peut quitter l'autel sans danger de se diffamer ou de scandaliser les assistants : mais il est rare, comme nous l'avons fait remarquer plus haut (4), que ce danger n'existe pas. 6° S'il tombe malade au point de ne pouvoir continuer. Mais il faut examiner à quel point il en est de la messe. S'il n'a pas encore consacré, on doit en rester là; il n'est pas nécessaire que la messe soit terminée. Il en est de même si le malheur n'arrive qu'après la communion, sous les deux espèces. Cependant, si, dans le dernier cas, l'incommodité qui est survenue est de nature à pouvoir se passer promptement et à permettre au prêtre de continuer, il doit, aussitôt qu'il sera remis, reprendre où il a cessé,

---

(1) Voyez ce que nous avons dit au n° 313. — (2) Rubricæ generales. — (3) Tolet, Sylvius, Collet, etc. — (4) Voyez le n° 190.

et achever la messe. On suppose qu'il est encore à l'église ; car si on l'avait emporté hors du lieu saint et qu'on lui eût ôté les ornements sacerdotaux, il ne serait pas nécessaire, à notre avis, qu'il retournât à l'église pour finir la messe. Si le prêtre meurt entre la consécration et la communion, il faut aller chercher un autre prêtre qui reprendra la messe, s'il est encore temps, au point où le premier l'a laissée, et l'achèvera. On doit tenir la même conduite dans le cas où le célébrant se trouve mal au point de ne pouvoir absolument continuer.

344. Le prêtre qui, pour des raisons légitimes, a interrompu l'action du sacrifice après la consécration, doit reprendre où il en est demeuré, lorsque l'interruption n'a pas été assez longue pour rompre l'unité morale de l'action. Or, on regarde probablement comme capable de rompre cette unité toute interruption qui dure une heure. Ainsi, le prêtre qu'une nécessité pressante éloignerait de l'autel pendant l'espace d'une heure, ne devrait point achever le sacrifice ; il faudrait garder les espèces pour être consommées le lendemain. On suppose qu'il n'a pu se faire remplacer par un autre prêtre. Si on a été obligé de quitter l'autel avant la consécration ou après la communion, et qu'on revienne dans l'espace d'une heure, on doit reprendre où l'on a quitté. Si on revient plus tard, il vaux mieux, en cas que l'heure le permette encore, commencer une nouvelle messe, que de tenter d'unir des parties trop séparées pour faire un tout moral.

Lorsque le prêtre qui dit la messe est surpris, après la consécration, d'une indisposition qui ne lui permet pas de continuer, le prêtre qui se trouve présent doit la terminer. C'est une obligation grave dont il ne peut se dispenser. Il y serait obligé à défaut de tout autre ministre, lors même qu'il ne serait plus à jeun, qu'il serait excommunié, suspens, interdit, irrégulier ; à moins cependant qu'il ne dût y avoir scandale pour les fidèles, à raison de son indignité : « Etiam sacerdos excommunicatus atque irregularis sup« plere debet, si alii desint ; et ipse possit sine gravissimo incom« modo (1). »

Nous ferons remarquer que le prêtre qui tombe en défaillance ou qui se trouve mal à l'autel, après la consécration, au point de faire craindre un accident grave, peut prendre ce qui est nécessaire pour faire cesser son indisposition ; il ne doit pas être arrêté par la crainte de n'être plus à jeun pour la communion ; et s'il re-

---

(1) S. Alphonse, lib. vi. n° 355.

vient à lui-même, si son indisposition cesse à temps, il doit achever lui-même le sacrifice, de préférence à tout autre prêtre, même à celui qui serait encore à jeun.

Nous ajouterons que ce n'est point interrompre moralement la célébration des saints mystères, que de faire une instruction même très-longue après la lecture de l'Évangile, ou de conférer les saints ordres, de bénir la sainte huile, ou de recevoir les vœux d'une personne qui se consacre à Dieu.

345. Il n'est pas permis de dire la messe à toute heure; généralement, on ne peut la dire que depuis l'aurore jusqu'à midi. « Missa « privata quacumque hora ab aurora usque ad meridiem dici po- « test. » Ainsi s'exprime la Rubrique du Missel, conformément à la pratique générale de l'Église. Par aurore on entend, non pas le lever du soleil, mais le moment du crépuscule où le jour commence à luire. On convient aussi, d'après l'usage, que la défense de célébrer avant l'aurore doit se prendre dans un sens moral, et non dans une rigueur mathématique; de manière que le prêtre qui commence la messe pendant la nuit, mais la finit quand l'aurore commence, ne peut être regardé comme transgresseur de la loi. Il en est de même de celui qui commence la messe un peu avant midi; il n'est point en défaut. Il peut y avoir péché mortel à s'écarter de la Rubrique concernant l'heure de la messe; le concile de Trente le suppose évidemment : « Edicto et pœnis propositis caveant epis- « copi ne sacerdotes aliis quam debitis horis celebrent (1). » Mais pour qu'il y ait ici péché mortel, il faut qu'il y ait matière grave; et, suivant le sentiment le plus commun et le plus probable au jugement de saint Alphonse (2), il n'y a ici matière grave qu'autant qu'on commence la messe, sans raison légitime, une heure avant ou une heure après le temps où il est permis de la commencer, à s'en tenir à l'explication qu'on vient de donner (3).

346. La défense de dire la messe avant l'aurore et après midi admet plusieurs exceptions. On excepte : 1° la messe qui se dit à minuit le jour de Noël. Mais peut-on ce jour-là dire la seconde et la troisième messe avant l'aurore ? Il ne paraît pas, à moins qu'on ne puisse invoquer l'usage contraire : car, selon la Rubrique, la première messe se dit la nuit, la seconde à l'aurore, et la troisième au jour. Aussi, nous avons un décret de la sacrée congrégation des rites, du 18 décembre 1702, qui ne permet pas de célébrer succes-

---

(1) Sess. XXII. Decret. de Observandis in celebratione Missæ. — (2) Lib. VI. n° 346. — (3) Sylvius, Bonacina, Concina, Viva, etc.

sivement plusieurs messes à minuit le jour de la nativité de Notre-Seigneur : « Non licet in media nocte nativitatis Domini celebrare « successive alias duas missas (1). » 2° Le cas où il faudrait dire la messe, pour administrer le saint viatique à un malade qui est dans un danger pressant; on peut alors célébrer et avant l'aurore et après midi, si on est à jeun. 3° Le cas où, à raison d'une solennité extraordinaire ou de quelque cérémonie publique, on est forcé de renvoyer après midi la messe qu'on a coutume de dire à l'issue de la messe paroissiale : autrement, un bon nombre de personnes courraient risque de ne pas entendre la messe. 4° Le cas où un voyageur tenant à dire ou à entendre la messe, un jour de fête, ne pourrait le faire qu'autant qu'il la dirait ou qu'il pourrait l'entendre quelque temps avant l'aurore ou après midi (2). On peut encore s'écarter de la Rubrique pour l'heure de la messe, soit en vertu d'un privilége émané du Souverain Pontife, soit en vertu d'une permission de l'Ordinaire. Un évêque peut dispenser de l'heure pour des cas particuliers.

Dans les cathédrales et dans les églises où il y a plusieurs prêtres, les évêques, les curés et les supérieurs doivent avoir soin que les messes ne soient pas dites toutes en même temps, mais avec ordre et successivement, même les jours ouvriers. Ils veilleront surtout à ce qu'on ne célèbre aucune messe particulière pendant la messe de paroisse ou pendant la messe capitulaire.

La même Rubrique qui règle l'heure de la messe veut qu'on récite au moins matines et laudes avant de monter à l'autel, et l'on regarde assez généralement cette disposition comme obligatoire. Mais oblige-t-elle sous peine de péché mortel? Plusieurs théologiens le croient, et c'est l'opinion de saint Antonin. D'autres, au contraire, dont le sentiment est certainement et beaucoup plus probable, ne font qu'un péché véniel à celui qui dit la messe sans avoir récité matines et laudes. Il ne faut pas même une bien forte raison pour excuser de tout péché celui qui célèbre avant de s'être acquitté de ce devoir : « Excusabit quælibet mediocris causa ratio-« nabilis, puta si dans eleemosynam (la rétribution d'une messe) « postulet ut statim celebretur; si exspectet populus, aut aliqua « persona gravis; si superior præcipiat; tempus celebrandi trans-« eat; vel instet commoditas studii, itineris, et similia (3). »

---

(1) Voyez S. Alphonse de Liguori, lib. vi. n° 342. — (2) S. Alphonse, Sylvius, Quarti, Collet, etc. — (3) S. Alphonse, lib. vi. n° 347.

## ARTICLE VI.

### *De la Manière de dire la Messe.*

347. Le prêtre qui veut dire la messe doit diriger son intention, et se préparer par la prière et l'oraison, *orationi aliquantulum vacet*. Celui qui ne s'occupe pas sérieusement de la grande action qu'il va faire, ne peut entrer dans les sentiments dont il doit être animé quand il s'agit de renouveler le sacrifice de la croix. Il faut qu'il soit uni par la foi, l'amour et l'esprit de sacrifice, à Jésus-Christ s'immolant sur nos autels. Si, comme il arrive souvent à un curé, on est surpris par l'heure, on doit y suppléer en gémissant de l'impuissance où l'on est de faire ce qui convient, et en redoublant d'attention pendant la célébration des saints mystères. Cependant, nous ferons remarquer que les psaumes et les prières qui sont marqués dans le Missel, comme faisant partie de la préparation au sacrifice, ne sont pas de précepte : la Rubrique ne les propose que comme un moyen de faciliter cette préparation. Il en est de même des prières indiquées pour *l'action de grâce*, on peut les remplacer par d'autres. Mais il n'oubliera point qu'il doit être profondément pénétré des augustes mystères qu'il vient de célébrer.

348. La préparation prochaine étant faite, le prêtre cherche dans le Missel la messe qu'il veut dire, met en ordre les signets aux endroits convenables, et se lave les mains, en récitant à voix basse l'oraison *Da, Domine, virtutem*, etc. On la récite quand on se lave les mains à la maison, ce qui arrive lorsqu'il n'y a pas de fontaine à la sacristie. Ensuite il dispose le calice, plaçant lui-même l'hostie sur la patène, après avoir passé légèrement autour le pouce et l'index, pour en ôter les fragments qui se détachent; couvre la patène avec la pale; étend le voile par-dessus, de manière à ce qu'il cache, par devant, le pied du calice, et met la bourse sur le voile, tournant la partie ouverte devant lui. Le corporal doit être renfermé dans la bourse. Mais on ne doit mettre aucune autre chose sur le calice, pas même les lunettes, ni la clef du tabernacle (1). Tout étant ainsi disposé, il fait, à volonté, le signe de la croix; puis il prend l'amict, l'aube, la ceinture, le manipule, l'étole et la chasuble, récitant à voix basse les prières qui répondent à ces différents ornements. On pense communément qu'on

---

(1) S. Alphonse de Liguori, *Manuel des Prêtres*, etc.

ne peut omettre toutes ces prières, sans se rendre coupable de péché véniel. S'il veut porter un mouchoir, il doit l'attacher à la ceinture, de manière qu'il ne paraisse point en dehors de la chasuble. On doit se conformer à la Rubrique pour ce qui regarde la couleur des ornements, qui varie suivant les différents offices. Cependant, il n'y aurait pas faute grave à prendre une couleur pour une autre, à moins qu'on ne le fît dans une circonstance où l'on ne pourrait le faire sans que les fidèles en fussent grandement scandalisés : ce qui arriverait infailliblement si, par exemple, on se servait d'un ornement noir le jour de Pâques ou de quelque autre grande solennité. Nous ajouterons même que, lorsqu'on dit la messe dans une église qui fait l'office d'un saint que l'on ne fait pas soi-même, il vaut mieux prendre la couleur dont on se sert dans cette église, que celle dont on se servirait dans son diocèse. Un simple prêtre doit prendre les ornements à la sacristie ; il n'appartient qu'aux cardinaux et aux évêques de les prendre sur l'autel. On excepte le cas où le prêtre qui célèbre est dans un lieu où il n'y a ni sacristie ni crédence ; mais alors il faut prendre les ornements, non au milieu mais au coin de l'autel, du côté de l'évangile. Les prélats inférieurs aux évêques peuvent, lorsqu'ils officient pontificalement, les prendre comme eux au milieu de l'autel, mais non dans un autre temps.

**349.** Dès que le prêtre est revêtu, il se couvre la tête de sa barrette, prend le calice de la main gauche, mettant la main droite sur la bourse, et fait une inclination à la croix ou à l'image qui est à la sacristie, sans se découvrir. Il sort de la sacristie, marchant d'un pas grave, les yeux baissés, conservant une attitude naturelle : *Procedit autem oculis demissis, incessu gravi, erecto corpore* (1). S'il passe devant un autel où le Saint Sacrement est exposé, il se découvre et se met à genoux pour l'adoration. Il fait la même chose, s'il rencontre dans l'église un autre prêtre qui porte le Saint Sacrement ; mais, dans l'un et l'autre cas, il ne s'arrête qu'autant qu'il le faut pour faire prostration avec une inclination profonde. S'il passe devant un autel pendant l'élévation, il se découvre, se prosterne, et ne se relève que lorsque le prêtre qui dit la messe a remis le calice sur le corporal. Il se prosterne également, s'il vient à passer lorsqu'on donne la communion ; mais il ne doit pas attendre pour se relever qu'on ait fini de la donner. Si on passe devant un autel où le prêtre qui dit la messe a consacré, il fait la

---

(1) Rubricæ Missalis.

génuflexion en se découvrant pour adorer le Saint Sacrement. En passant devant le maître-autel, on fait la génuflexion, si le Saint Sacrement s'y trouve; s'il ne s'y trouve pas, on fait une inclination profonde à la croix sans se découvrir. On fait de même s'il y a exposition de quelque relique insigne du saint dont on fait la fête, ou qui est en grande vénération. Si le prêtre traverse le chœur pendant qu'on chante le *Gloria Patri*, ou tout autre verset où l'on fait une inclination, il s'arrête et s'incline respectueusement, mais il ne se découvre pas. Si le clergé s'y trouve, il le salue des deux côtés, ayant toujours la tête couverte. Quand il rencontre un autre prêtre qui vient de célébrer, il doit lui céder la droite, et le saluer sans se découvrir et sans s'arrêter. S'il passe devant un cardinal, l'archevêque de la province, l'évêque diocésain, un légat apostolique, le roi, un prince de la famille royale, il leur fait une inclination médiocre sans se découvrir. Nous avons supposé jusqu'ici que le prêtre portait lui-même le calice; car s'il ne le portait pas, il devrait aller à l'autel les mains jointes sur la poitrine, et faire, en se découvrant, les inclinations et saluts dont nous venons de parler.

350. Arrivé au bas de l'autel, le prêtre s'arrête au dernier degré, se découvre, donne la barrette au clerc ou servant, fait la génuflexion si le Saint Sacrement se trouve dans le tabernacle, ou une inclination profonde si le Saint Sacrement n'y est pas; puis il monte à l'autel, place le calice du côté de l'évangile, prend la bourse de la main gauche, en retire de la main droite le corporal, qu'il place au milieu de l'autel sur la pierre sacrée, sans le déplier, dépose le calice sur le corporal, salue la croix, va au côté de l'épitre les mains jointes, ouvre le livre, retourne au milieu de l'autel les mains jointes, fait une inclination à la croix, et, se retirant un peu du côté de l'évangile, la face tournée du côté de l'épitre, il descend jusqu'au dernier degré de l'autel (1). Il faut remarquer que le célébrant ne doit descendre de l'autel que lorsque les cierges sont allumés.

Étant debout au bas de l'autel, la tête découverte et les mains jointes devant la poitrine, le pouce droit sur le pouce gauche en forme de croix, le prêtre fait la génuflexion ou une inclination profonde, suivant que le Saint Sacrement est ou n'est pas dans le tabernacle, fait ensuite le signe de la croix de la main droite, depuis le front jusqu'à la poitrine, en disant d'une voix intelligible,

---

(1) Rubricæ Missalis.

*In nomine Patris*, *etc*. Puis, sans faire attention à quiconque célébrerait à un autre autel, il dit, d'une voix claire, l'antienne *Introïbo* et le psaume *Judica me* (1). La Rubrique veut que le prêtre ait la tête découverte, *detecto capite*. Le célébrant ne doit porter ni perruque ni calotte, sans un privilége émané du Souverain Pontife, ou une dispense de la part de l'Ordinaire, qui ne l'accorde que pour des cas particuliers. Encore, celui qui a obtenu cette dispense doit quitter la calotte au canon, et ne peut la reprendre qu'après la communion. Après avoir fait le signe de la croix, il dit l'antienne *Introïbo*, et le psaume *Judica me*, qu'on omet aux messes des morts et à celles du temps de la Passion. Toutefois, on doit le dire aux messes des saints et aux messes votives qu'on célèbre dans le temps de la Passion. Le psaume *Judica me* est suivi du *Gloria Patri*, et du verset *Adjutorium nostrum*. Puis, s'inclinant profondément, les mains jointes, il dit le *Confiteor*. Il se frappe trois fois la poitrine de la main droite, aux mots *Mea culpa*, et ne se relève que lorsque le répondant a dit le *Misereatur*. Celui qui sert la messe ayant dit le *Confiteor* au nom du peuple, le célébrant récite à intelligible voix le *Misereatur*, l'*Indulgentiam*, et les quatre versets qui suivent. A l'*Indulgentiam*, il fait le signe de la croix, et s'incline médiocrement à *Deus tu conversus*, jusqu'à l'oraison *Aufer a nobis*. Lorsqu'il a dit *Oremus*, il étend et joint les mains : il monte à l'autel, en disant à voix basse *Aufer a nobis*, et marchant assez lentement pour que cette prière soit finie, autant que possible, lorsqu'il arrive à l'autel.

351. Le prêtre étant monté à l'autel, et s'étant médiocrement incliné, pose les mains jointes sur le même autel, et dit à voix basse *Oramus te, Domine*. Lorsqu'il en est venu à ces paroles, *Quorum reliquiæ hic sunt*, il baise l'autel au milieu, sans faire aucun signe de croix, mais ayant les mains étendues à droite et à gauche à une égale distance : ce qui s'observe toutes les fois qu'il doit baiser l'autel ; mais depuis la consécration jusqu'à la communion, il faut avoir soin de mettre les mains sur le corporal (2). Remarquez que l'on doit baiser l'autel physiquement. Nous ferons aussi remarquer que le prêtre qui, à raison de la nécessité, est autorisé à dire la messe sur un autel où il n'y a plus de reliques, n'est point obligé de supprimer les mots *Quorum reliquiæ hic sunt*. Le prêtre ayant baisé l'autel, va au côté gauche, qui est celui de l'épître, s'y tient debout, la face tournée vers l'autel, fait le

---

(1) Rubricæ Missalis. — (2) Ibidem.

signe de la croix, commence l'*Introït* d'une voix intelligible, et le continue les mains jointes. Lorsqu'il dit *Gloria Patri*, il fait une inclination de tête à la croix. Après avoir répété l'*Introït* sans faire un nouveau signe de croix, il va, les mains jointes, au milieu de l'autel, où il dit du même ton le *Kyrie eleison*, alternativement avec le répondant, ou seul, si personne ne répond (1).

352. Après le *Kyrie*, le prêtre étendant les mains, et les élevant jusqu'aux épaules (ce qui doit s'observer toutes les fois qu'on élève les mains), commence le *Gloria in excelsis*, s'il faut le dire. Au mot *Deo*, il fait une inclination de tête à la croix. Il fait la même inclination, lorsqu'il dit, *Adoramus te; Gratias agimus tibi, Jesu Christe; Suscipe deprecationem nostram, Jesu Christe*. A ces mots, *Cum Sancto Spiritu*, il fait sur lui-même le signe de la croix, pendant lequel il achève, *In gloria Dei Patris. Amen*. Le *Gloria* se dit toutes les fois qu'il y a *Te Deum* à l'office du jour, mais on l'omet aux messes des morts et aux messes votives; à l'exception, cependant, des messes de la sainte Vierge *In sabbato*, de celles des Anges, et de celles qu'on célèbre avec solennité, *pro re gravi*. On excepte aussi le jeudi et le samedi saints, où il faut dire le *Gloria*, quoiqu'il n'y ait pas de *Te Deum* à matines (2).

Le prêtre ayant terminé le *Gloria*, baise l'autel au milieu, joint les mains, se tourne vers le peuple par le côté de l'épître, ayant les yeux baissés, étend les mains, et dit, *Dominus vobiscum*. Puis il rejoint les mains, et va au livre, où il fait une inclination à la croix, en disant, *Oremus*; il ouvre et étend les mains, les tient élevées à la hauteur des épaules, et dit l'oraison (3). Quand le prêtre se tourne vers les fidèles, il doit avoir les yeux baissés, *demissis oculis*. Il faut remarquer ici que celui qui se sert de lunettes doit les ôter et les mettre sur l'autel, en dehors du corporal, avant de se tourner vers le peuple. Si on célèbre à un autel où le prêtre se trouve en face des assistants, on ne se tourne point, ni pour le *Dominus vobiscum*, ni pour l'*Orate, fratres*, ni pour la bénédiction. Il dit à intelligible voix le *Dominus vobiscum*, l'*Oremus*, et l'oraison qu'on appelle *Collecte*. A la conclusion de l'oraison *Per Dominum nostrum*, on joint aussitôt les mains; si elle se termine par *Qui tecum* ou par *Qui vivis*, on les joint aux mots *In unitate*. Lorsque l'oraison s'adresse directement à Dieu,

(1) Rubricæ Missalis. — (2) Ibidem. — (3) Ibidem.

elle se conclut par *Per Dominum;* si le nom de *Jésus* est au milieu, elle se termine par *Per eumdem Dominum;* si ce nom est à la fin, elle se conclut par *Qui tecum;* si l'oraison s'adresse à Jésus, elle finit par *Qui vivis;* si le Saint-Esprit y est nommé, elle se conclut par *In unitate ejusdem Spiritus Sancti Deus, etc.* Quel que soit le nombre des oraisons qu'on dise, on ne conclut que la première et la dernière; et l'*Oremus* ne se dit qu'à la première et à la seconde oraison.

353. Après les oraisons, le prêtre ayant les mains sur le livre ou sur l'autel, de manière toutefois à ce qu'elles touchent le livre, *ita ut palmæ librum tangant,* lit l'épître à intelligible voix; et le servant ayant répondu, *Deo gratias,* il continue le graduel, l'alleluia, le trait et la prose, si on doit les dire (1). Le rite romain n'admet que quatre proses : celle de Pâques, *Victimæ paschali;* celle de la Pentecôte, *Veni, Sancte Spiritus;* celle de la fête du Saint Sacrement, *Lauda, Sion;* et celle des morts, *Dies iræ.* Ayant achevé ce qu'il fallait dire du côté de l'épître, il fait porter le Missel du côté de l'évangile, se rend au milieu de l'autel, lève les yeux vers le ciel, les baisse aussitôt, et, s'inclinant profondément, il dit tout bas le *Munda cor meum,* le *Jube,* Domine, *benedicere,* le *Dominus sit in corde meo;* puis il s'approche du Missel, dit *Dominus vobiscum,* et, lorsqu'on lui a répondu, il fait avec le pouce de la main droite le signe de la croix sur le commencement de l'évangile qu'il doit lire, sur son front, sur sa bouche et sur sa poitrine, en même temps qu'il dit, *Sequentia* ou *Initium sancti evangelii, etc.* A la fin, quand le servant a répondu, *Laus tibi, Christe,* le prêtre soulève le livre et baise le commencement de l'évangile, en disant, *Per evangelica dicta;* ce qui, toutefois, ne s'observe point aux messes des morts (2). On doit avoir soin de placer le Missel, pour la lecture de l'évangile, de manière à ce qu'il soit tourné vers l'angle de l'autel : « Sic locat Missale ut « posterior pars libri respiciat ipsum cornu altaris, et non ad pa- « rietem, sive ad partem ejus contra se directam (3). » Nous ferons remarquer aussi que le prêtre, avant de lire l'évangile, dit, *Jube,* Domine, *benedicere;* tandis que le diacre, s'adressant au célébrant pour en recevoir la bénédiction, lui dit, *Jube,* Domine, *benedicere* (4).

354. Quand l'évangile est dit, le prêtre retourne au milieu de l'autel, et, étendant et élevant les mains, il commence le *Credo,*

---

(1) Rubricæ Missalis. — (2) Ibidem. — (3) Ibidem. — (4) Ibidem.

s'il faut le dire. Aux mots *In unum*, il joint les mains, et incline la tête à *Deum*. Quand il dit, *Jesum Christum*, il fait encore une inclination de tête à la croix; et il fléchit le genou depuis ces mots, *Et incarnatus est*, jusqu'à ceux-ci inclusivement, *Et homo factus est*. Il fait une nouvelle inclination à la croix à *Simul adoratur*. Enfin, il fait le signe de la croix sur lui-même, du front à la poitrine, quand il dit, *Et vitam venturi sæculi. Amen*. Le Symbole se dit tous les dimanches, quand même on ferait ce jour-là l'office d'un saint dont la messe ne l'aurait point exigé un autre jour. On le dit aussi à toutes les fêtes de Notre-Seigneur, de la sainte Vierge, des Anges, des Apôtres, des Évangélistes, des Docteurs dont l'office est double, aux dédicaces des églises, le jour de la consécration d'une église ou d'un autel, et autres jours où il est prescrit par les Rubriques. S'il y a sermon à la messe, le prédicateur doit le faire immédiatement après l'évangile; après quoi on dit le *Credo*. Après le *Credo*, quand il a fallu le dire, le prêtre baise l'autel; et, les mains jointes devant la poitrine, il se tourne vers le peuple, et dit, *Dominus vobiscum*. Puis, s'étant retourné vers l'autel, il étend et joint les mains, et, s'inclinant devant la croix, il dit, *Oremus*, et ensuite l'offertoire(1). Quelques prêtres disent l'offertoire à voix basse; ce qui paraît contraire à la Rubrique, qui s'exprime formellement pour les cas où l'on doit baisser la voix.

355. L'offertoire étant fini, le célébrant découvre le calice, le place du côté de l'épître, déplie le corporal, prend la patène avec l'hostie, et, la tenant des deux mains à la hauteur de la poitrine, il lève les yeux vers Dieu, et les baisse aussitôt, en disant, *Suscipe, sancte Pater, etc*. Puis il fait avec la patène et l'hostie le signe de croix au-dessus du corporal, dépose l'hostie vers le milieu de la partie antérieure du même corporal, sous lequel il glisse un peu la patène du côté de l'épître. Il prend ensuite le calice, l'essuie avec le purificatoire, et, le tenant de la main gauche, il reçoit de la droite la burette de vin qui lui est présentée par le servant. Après avoir mis le vin dans le calice, il fait le signe de la croix sur la burette d'eau (on omet ce signe de croix aux messes des morts), en disant, *Deus, qui humanæ substantiæ*; et, en versant un peu d'eau dans le calice, il continue, *Da nobis per hujus aquæ et vini mysterium*; fait une inclination vers la croix à *Jesus Christus*, et s'avance au milieu de l'autel, met le purificatoire sur la partie découverte de la patène, élève le calice, qu'il tient de la

---

(1) *Rubricæ Missalis*.

main gauche par le pied, et de la main droite par le nœud, et en fait l'oblation, en disant, *Offerimus tibi*, *Domine*, ayant les yeux tournés vers le ciel pendant toute cette prière. Après quoi il fait le signe de la croix avec le calice, comme il l'a fait avec la patène, puis il le pose derrière l'hostie, sur le milieu du corporal, et le couvre de la pale. Ensuite, tenant les mains jointes sur l'autel, et étant médiocrement incliné, il dit tout bas, *In spiritu humilitatis*. Après cette prière, il se redresse, lève les yeux, étend les mains, et les rejoint aussitôt devant la poitrine (ce qu'il doit toujours observer quand il bénit quelque chose), et dit, *Veni, Sanctificator, etc.* Aux mots *Et benedic*, il fait sur l'hostie et sur le calice tout ensemble un signe de croix avec la main droite, la gauche étant posée sur l'autel (1). Ensuite le prêtre, tenant les mains jointes, va au côté de l'épître, où il se lave les mains, c'est-à-dire, l'extrémité du pouce et de l'index, en disant à voix basse, *Lavabo*, avec le *Gloria Patri*, qu'il omet aux messes des morts, sans y substituer le *Requiem æternam*. On l'omet aussi aux messes du *temps*, depuis le dimanche de la Passion jusqu'au samedi saint exclusivement (2). A *Gloria Patri*, le célébrant fait une inclination à la croix, et retourne au milieu de l'autel, en continuant, *Sicut erat, etc.* Arrivé au milieu de l'autel, il lève et baisse les yeux, s'incline médiocrement, tient les mains jointes sur l'autel, et dit à voix basse l'oraison *Suscipe, sancta Trinitas*; après quoi il baise l'autel, se tourne modestement vers le peuple, étend et rejoint les mains, en disant d'une voix tant soit peu élevée, *Orate, fratres*, continuant à voix basse, *Ut meum ac vestrum sacrificium*; il se retourne non par le côté de l'épître, mais par celui de l'évangile, en faisant un tour entier; et lorsque le clerc ou le servant a terminé le *Suscipiat Dominus*, il répond, *Amen*. Le répondant doit dire, *Suscipiat Dominus sacrificium*, et non pas *hoc sacrificium*. Si le célébrant est obligé de répondre lui-même, il dira, *Suscipiat Dominus sacrificium de manibus* MEIS, au lieu de dire, comme le répondant, *de manibus* TUIS (3).

**356.** Ensuite le prêtre se tournant un peu vers le Missel, qui est rapproché, il dit tout bas les oraisons secrètes, sans dire *Oremus* au commencement, observant ce que nous avons dit des *Collectes*. Il dit *Amen* à la conclusion de la première secrète, s'il y en a plusieurs, et conclut la dernière en disant tout haut, *Per omnia sæcula sæculorum*. S'il n'y a qu'une secrète, il la conclut

---

(1) Rubricæ Missalis. — (2) Ibidem. — (3) Ordo Missæ.

de la même manière ; et alors il a les mains étendues sur l'autel hors du corporal, jusqu'à ce qu'il ait dit, *Dominus vobiscum.* A *Sursum corda,* il élève les mains à la hauteur de la poitrine, en sorte que la paume de l'une regarde celle de l'autre. Il joint les mains quand il dit, *Gratias agamus Domino*; lève les yeux à *Deo nostro,* et fait aussitôt une inclination à la croix. Quand on lui a répondu, *Dignum et justum est,* il élève et étend les mains, et continue la préface, propre ou commune, selon le temps. Au *Sanctus,* qu'il dit d'une voix médiocre et étant incliné, il joint les mains devant la poitrine. Au *Benedictus,* il se redresse et fait sur lui le signe de la croix, du front à la poitrine (1). Après le *Sanctus,* le célébrant élève un peu les mains, et lève les yeux au ciel ; il baisse aussitôt les yeux et les mains, s'incline profondément, et, tenant les mains jointes sur l'autel, il commence à voix basse le canon, en disant, *Te, igitur.* A ces mots, *Uti accepta habeas,* il baise l'autel, se relève, et joint les mains devant la poitrine. Lorsqu'il dit, *Hæc dona, hæc munera, hæc sancta sacrificia,* il fait trois signes de croix conjointement sur l'hostie et sur le calice. Ensuite, les mains étendues comme pendant la préface, il poursuit à voix basse, *In primis quæ tibi offerimus.* Remarquez que le prêtre ne doit commencer le canon que lorsqu'il a les mains sur l'autel, et qu'il est profondément incliné.

357. Aux mots *Papa nostro N.,* on prononce le nom du Pape vivant, en faisant une inclination simple vers le Missel. Aux mots *Antistite nostro N.,* on ajoute le nom de baptême de l'évêque du lieu où l'on célèbre la messe ; mais on ne fait point d'inclination. Si on ne sait pas le nom de l'évêque, on dit simplement, *Antistite nostro,* en sous-entendant le nom de l'évêque du lieu. Pendant la vacance du siége apostolique ou du siége épiscopal, on omet ce qui se rapporte au Pape et à l'évêque. Dans les Missels à l'usage des églises de France, on ajoute, *Et pro rege nostro N.;* ce qui ne se trouve point dans le Missel romain.

358. En disant, *Memento, Domine,* le prêtre élève et joint les mains jusqu'à la hauteur de la bouche ou de la poitrine. Il demeure quelque temps en cet état, la tête un peu inclinée ; et il fait, à volonté, mémoire des fidèles vivants, ou en rappelant leurs noms qu'il n'est pas nécessaire d'exprimer, ou par une simple commémoration mentale. Il peut aussi, avant la messe, se rappeler ceux pour qui il se propose de prier ; et alors il n'en fera mémoire

---

(1) *Rubricæ Missalis.*

que d'une manière générale au *Memento*. La commémoration des vivants étant faite, le prêtre baisse et étend les mains devant la poitrine, et continue en disant, *Et omnium circumstantium*. Se tenant dans la même situation, il dit le *Communicantes*. A ces mots, *Jesu Christi*, il fait une inclination à la croix; au nom de *Mariæ*, il en fait une vers le livre; il en fait également une, mais toujours vers le livre, en nommant le nom du saint dont on célèbre la fête, s'il se trouve dans le canon. Il joint les mains à *Per eumdem Christum*; en disant, *Hanc igitur oblationem*, il les étend sur les dons offerts, de manière que les paumes des mains soient ouvertes sur l'hostie et sur le calice, sans toutefois toucher la pale. Il les joint à *Per Christum Dominum nostrum*.

359. Dans la prière *Quam oblationem*, il fait trois signes de croix conjointement sur le calice et sur l'hostie, aux mots *Benedictam, adscriptam, ratam*. Il fait un autre signe de croix sur l'hostie, en disant, *Ut nobis corpus*. En faisant ce signe, on retire un peu la main vers soi, sans l'abaisser sur l'hostie. Puis il fait encore un signe de croix sur le calice, au mot *Sanguis*. Ces deux derniers signes de croix sur l'hostie et sur le calice doivent être plus courts que ceux qui comprennent conjointement les deux espèces d'*Oblata*. Les cinq signes de croix étant faits, le prêtre élève et joint les mains devant sa poitrine; puis il poursuit, *Fiat dilectissimi Filii*, faisant une inclination au mot *Jesu*; il essuie ses doigts, s'il en est besoin, non au milieu, mais aux extrémités du corporal, et continue, toujours à voix basse, *Qui pridie quam pateretur*. Il prend l'hostie avec l'index et le pouce de la main droite, en disant, *Accepit panem*; aux mots *In sanctas ac venerabiles manus suas*, il prend également l'hostie avec le pouce et l'index de la main gauche, et en même temps il étend les autres doigts, qu'il tiendra unis ensemble. Le célébrant doit tenir l'hostie droite et non courbée; il doit rester lui-même droit au milieu de l'autel. Lorsqu'il dit, *Elevatis oculis in cœlum*, il lève les yeux au ciel, les tient levés tandis qu'il prononce *Ad te Deum patrem omnipotentem*, les abaisse, fait une inclination de tête à *Tibi gratias agens*, un signe de croix sur l'hostie à *Benedixit*. Puis, après avoir dit, *Manducate ex hoc omnes*, le prêtre, appuyant décemment ses coudes sur l'autel, sans toucher le corporal de ses mains, et s'étant incliné, prononce distinctement, respectueusement et tout bas, *secreto*, les paroles sacramentelles, HOC EST ENIM CORPUS MEUM (1). En consacrant l'hostie, le prêtre doit être attentif à ne

---

(1) Rubricæ Missalis.

faire aucun mouvement de tête, à ne point approcher trop la bouche de l'hostie, à ne pas prononcer les paroles sacrées avec trop de force ; il les prononcera dignement, sans interruption, sans intervalle entre les mots.

360. Après avoir prononcé les paroles de la consécration, le prêtre, tenant l'hostie entre les deux premiers doigts de chaque main, l'adore en faisant une génuflexion. Cette génuflexion doit se faire avec plus de respect, et par conséquent avec une petite pause. « Mais il faut remarquer, ajoute saint Alphonse, que lorsqu'on fait « la génuflexion, on ne doit point incliner la tête, comme font « quelques-uns mal à propos (1). » Le prêtre s'étant relevé, il élève l'hostie aussi haut qu'il le peut commodément, sans la perdre de vue, et la montre respectueusement au peuple, pour la lui faire adorer ; puis il la remet de la seule main droite sur le corporal, au même endroit où il l'a prise. Et depuis ce temps jusqu'à l'ablution des doigts, il ne sépare le pouce et l'index que pour toucher l'hostie. Après avoir mis l'hostie sur le corporal, il l'adore par une nouvelle génuflexion (2). Toutes les fois qu'il faut prendre ou remettre l'hostie sur le corporal, les trois derniers doigts doivent être étendus, ouverts, parce qu'on doit éviter de toucher l'hostie avec d'autres doigts que le pouce et l'index.

361. Le prêtre, ayant adoré le Saint Sacrement, se lève, découvre le calice, y purifie ses doigts ; ce qui se pratique toujours, dans la crainte que quelque petite parcelle s'y soit attachée, quoique la Rubrique dise seulement : « In calicem, si opus sit, extergit « digitos ; quod semper faciat, si aliquod fragmentum digitis « adhæreat. » Il fait la même chose toutes les fois qu'il touche l'hostie. Ayant purifié ses doigts, c'est-à-dire, le pouce et l'index de chaque main, en les frottant légèrement sur l'ouverture du calice, et se tenant debout, il dit, *Simili modo, postquam cœnatum est* ; prend le calice des deux mains, *juxta nodum infra cupam*, l'élève un peu et l'abaisse aussitôt, en disant, *Accipiens et hunc præclarum calicem* ; incline la tête à *Item tibi gratias agens* ; fait le signe de la croix de la main droite sur le calice qu'il tient, par le nœud, de la main gauche, et continue, *Deditque discipulis suis, etc.* Puis, tenant le calice des deux mains, savoir, le pied de la main gauche, et le nœud de la main droite, les deux coudes étant appuyés sur l'autel et la tête inclinée, il prononce à

---

(1) S. Alphonse de Liguori, *Manuel des Prêtres*, etc. — (2) Rubricæ Missalis.

voix basse, attentivement et sans interruption, les paroles sacramentelles, Hic est enim calix sanguinis mei, *etc.* Après la consécration, il remet le calice sur le corporal, en disant toujours à voix basse, *Hæc quotiescumque feceritis, etc.*; fait la génuflexion pour adorer le précieux sang; se relève, prend le calice des deux mains, le tenant par le pied de la gauche, le lève perpendiculairement aussi haut qu'il le peut commodément, en le suivant des yeux, pour le présenter à l'adoration du peuple; le repose ensuite où il était, le couvre de la pale qu'il prend de la main droite, et fait de nouveau la génuflexion (1).

362. Le prêtre ayant replacé le calice et fait l'adoration, se tient droit devant l'autel, et, les mains étendues, il se tourne vers le Missel, en disant, *Unde et memores, etc.* A ces mots, *De tuis donis ac datis*, il joint les mains devant la poitrine; et, mettant la gauche sur le corporal, il fait de la droite trois signes de croix conjointement sur l'hostie et sur le calice, en disant, *Hostiam puram, hostiam sanctam, hostiam immaculatam*; ensuite séparément sur l'hostie, aux mots *Panem sanctum vitæ æternæ*; et sur le calice, à *Calicem salutis perpetuæ*. Après cela, il étend les mains et continue : *Supra quæ propitio.* Lorsqu'il dit, *Supplices te rogamus*, il s'incline profondément, les mains jointes sur l'autel. Aux mots *Ex hac altaris participatione*, il baise l'autel, ayant les mains placées sur le corporal; se lève, rejoint les mains, et, mettant la gauche sur le corporal, il fait le signe de croix sur l'hostie à *Sacrosanctum Filii tui corpus*, et sur le calice à *Sanguinem sumpserimus*. Il le fait sur lui-même à *Benedictione cœlesti*, ayant la main gauche sous la poitrine; et joint les mains, quand il dit, *Per eumdem* (2).

363. En disant, *Memento etiam, Domine, famulorum, etc.*, le prêtre étend et joint les mains devant la poitrine; et, les élevant jusqu'au visage, il fait, tenant les yeux attachés sur le Saint Sacrement, mémoire des fidèles trépassés qu'il veut recommander à Dieu, de la même manière qu'il a fait celle des vivants. Après quoi, ayant les mains étendues, il continue, *Ipsis, Domine*, rejoint les mains à *Per eumdem*, et fait l'inclination à *Christum*. C'est le seul cas où l'on fait une inclination au seul mot *Christus*. Remarquez que celui qui dit la messe pour un mort, ne doit pas attendre au second *Memento* pour lui en appliquer le fruit.

Le prêtre, en disant *Nobis quoque peccatoribus*, élève un peu

---

(1) Rubricæ Missalis. — (2) Ibidem.

la voix et frappe sa poitrine de la main droite, ayant la gauche sur le corporal; mais il ne fait pas d'inclination. Il joint les mains à *Per Christum Dominum;* fait conjointement sur l'hostie et sur le calice trois signes de croix, en disant, *Sanctificas, vivificas, benedicis;* découvre le calice de la main droite, ayant la gauche sur le corporal ou mieux sur le pied du calice, et fait la génuflexion. Puis, prenant respectueusement l'hostie entre le pouce et l'index de la main droite et tenant le calice de la main gauche, il fait avec elle par trois fois le signe de la croix sur le calice d'un bord à l'autre, en disant, *Per ipsum, et cum ipso, et in ipso.* Il fait ensuite avec l'hostie deux signes de croix entre le calice et sa poitrine, le premier à ces mots, *Est tibi Deo Patri omnipotenti;* le second, quand il dit, *In unitate Spiritus Sancti.* Après quoi, tenant de la main droite l'hostie au-dessus du calice, et le calice de la main gauche, il l'élève un peu avec l'hostie, en disant, *Omnis honor et gloria;* aussitôt il baisse le calice sur le corporal, remet l'hostie à sa place, essuie ses doigts sur le calice, le couvre de la palle, et fait la génuflexion (1).

364. Le prêtre s'étant relevé, et mettant de chaque côté une main sur le corporal, dit d'une voix intelligible, *Per omnia sæcula.* Au mot *Oremus,* il joint les mains en faisant une inclination de tête au Saint Sacrement; il les étend devant la poitrine quand il commence le *Pater,* et tient les yeux fixés sur les saints mystères jusqu'aux paroles, *Et ne nos inducas.* Lorsqu'on lui a répondu, *Sed libera nos a malo,* il dit à voix basse, *Amen.* Mettant ensuite la main gauche sur le corporal, il prend de la droite le purificatoire sans séparer l'index d'avec le pouce, essuie légèrement la patène en la retirant hors du corporal, et laisse le purificatoire du côté de l'épître. Puis il prend la patène entre l'index et le doigt du milieu et, la tenant appuyée non sur le corporal mais sur la nappe, de manière à ce que la partie intérieure regarde la sainte hostie, il dit, *Libera nos, quæsumus.* Avant de dire, *Da propitius pacem,* il prend la patène de la main droite à *Omnibus sanctis,* et avec elle il fait sur lui le signe de la croix, en disant, *Da propitius pacem;* après quoi il baise la patène. Quand il fait ce signe de croix, il a la main gauche sur la poitrine. A ces mots, *Ut ope misericordiæ,* le prêtre met l'hostie sur la patène en s'aidant de l'index de la main gauche, découvre le calice, fait la génuflexion, et, pressant avec l'index de la main gauche la partie latérale de

---

(1) Rubricæ Missalis.

l'hostie, il la prend par le milieu entre le pouce et l'index des deux mains, l'élève sur le calice, puis avec le pouce et l'index des deux mains il la rompt respectueusement en deux parties égales, disant, *Per eumdem Dominum nostrum*. Il met sur la patène la moitié qu'il a entre les deux doigts de la main droite, et de ces deux doigts il rompt une parcelle de l'autre moitié, en continuant, *Qui tecum vivit et regnat*, remet de la main gauche cette autre moitié sur la patène, en disant, *In unitate Spiritus Sancti Deus*; et, tenant de la main droite sur le calice la petite partie qu'il a détachée de l'hostie, il dit à intelligible voix, *Per omnia sæcula sæculorum*. Le servant ayant répondu, *Amen*, le célébrant, tenant toujours la parcelle de la main droite, fait trois signes de croix sur le calice d'un bord à l'autre, en même temps qu'il dit, *Pax Domini sit semper vobiscum*. Après la réponse, *Et cum spiritu tuo*, il laisse tomber la parcelle dans le calice, en disant tout bas, *Hæc commixtio*; il purifie ses doigts sur le calice, le couvre avec la pale, fait la génuflexion, s'incline les mains jointes, et dit d'une voix intelligible, *Agnus Dei*. A ces mots, *Miserere nobis*, il se frappe la poitrine de la main droite, ayant la main gauche sur le corporal; ce qu'il fait aussi en disant, *Dona nobis pacem*. Ensuite, s'inclinant médiocrement, tenant les mains jointes sur l'autel, et les yeux fixés sur le Saint Sacrement, il dit tout bas l'oraison *Domine Jesu Christe, qui dixisti*, qu'il omet cependant aux messes des morts; l'oraison *Domine Jesu Christe, fili Dei vivi*, et l'oraison *Perceptio corporis tui* (1).

365. Après avoir achevé ces trois oraisons, le prêtre fait la génuflexion, et en se relevant il dit à voix basse, *Panem cœlestem accipiam*. Il prend respectueusement sur la patène, entre le pouce et l'index de la main droite, et avec le secours de la gauche, les deux parties de l'hostie, et les tient de la main gauche, ayant la patène dessous entre l'index et les autres doigts, sans appuyer les coudes sur l'autel, et sans toucher le corporal; puis s'inclinant un peu, il dit trois fois d'une voix tant soit peu élevée, *Domine, non sum dignus*, disant tout bas, *Ut intres*, sans se tourner de côté comme font quelques prêtres. Après cela, il prend les deux parties de l'hostie avec le pouce et l'index de la main droite, fait le signe de croix avec l'hostie sur la patène qu'il tient de la main gauche, en même temps qu'il dit, *Corpus Domini nostri Jesu Christi*, faisant une inclination au mot *Jesu*. Ce signe de croix ne doit point

---

(1) Rubricæ Missalis.

dépasser les limites de la patène. Ensuite, il s'incline médiocrement, ayant les coudes appuyés sur l'autel, prend avec respect la sainte hostie, replace la patène sur le corporal, se relève, joint les mains en les élevant jusqu'au menton, et s'arrête un instant à la pensée de la grande action qu'il vient de faire, *aliquantulum quiescit in meditatione sanctissimi sacramenti* : ALIQUANTULUM, un instant, qui doit être très-court. Puis, mettant la main gauche sur le corporal, ou, mieux, sur le pied du calice, il ouvre le même calice en disant, *Quid retribuam Domino*, fait la génuflexion, écarte un peu le calice, s'il en est besoin, recueille avec la patène les parcelles qui peuvent se trouver sur le corporal, et les fait tomber dans le calice en purifiant la patène et ses doigts. Ensuite, prenant de la main droite le calice au-dessous du nœud, et la patène de la main gauche, il dit, *Calicem salutaris accipiam*; fait le signe de la croix avec le calice, en disant, *Sanguis Domini*, incline la tête au mot *Jesu*; et, tenant la patène au-dessous du calice, il prend respectueusement tout le précieux sang avec la parcelle qu'il y a mise (1). Si la parcelle demeurait attachée au calice, il pourrait la tirer avec le doigt sur le bord du calice, ou la prendre avec le vin qu'on y verse ensuite (2).

366. Nous avons dit plus haut ce qu'il faut faire lorsque le prêtre, en communiant sous l'une ou sous l'autre espèce, s'aperçoit que l'hostie ou le contenu du calice n'est point matière compétente du sacrifice (3). Mais que fera le prêtre, lorsque, en se préparant à prendre le précieux sang, il aperçoit dans le calice une mouche, une araignée, un insecte quelconque? Il le retire aussitôt, et prend le précieux sang, s'il ne craint pas de vomir. La messe étant finie, il lave l'insecte dans du vin, le brûle, et jette le tout dans la piscine de l'église. S'il ne croit pas pouvoir communier sans s'exposer à un vomissement, il déposera les saintes espèces dans un vase, et les gardera dans le tabernacle ou dans un lieu décent, jusqu'à ce qu'elles soient desséchées ou essentiellement altérées, pour les jeter ensuite dans la piscine. Mais alors il fera une nouvelle consécration, en reprenant à *Simili modo*, après avoir fait l'oblation du vin, au moins mentalement (4). Dans ce cas, il ne serait point nécessaire de renouveler la consécration du pain (5). Nous ajouterons qu'on ne devrait pas même recommencer la consécration du vin,

---

(1) Rubricæ Missalis. — (2) Ibidem. — (3) Voyez le n° 182. — (4) Rubricæ Missalis, *de Defectibus*. — (5) Collet, *Traité des Saints Mystères*, ch. 14. n° 6.

si le célébrant n'avait remarqué l'insecte dans le calice qu'après avoir pris une partie du précieux sang, ou si, l'ayant remarqué auparavant, il avait cru pouvoir en prendre un peu, sans oser prendre le tout dans la crainte d'un accident; car alors rien ne manquerait à l'intégrité du sacrifice.

On demande encore ce que doit faire un prêtre lorsqu'il vomit les saintes espèces, ou qu'il s'aperçoit après la communion qu'elles étaient empoisonnées. Dans le premier cas, il doit les mettre dans un vase et les conserver jusqu'à ce qu'elles soient corrompues, et les jeter ensuite dans la piscine. Dans le second, il doit chercher à s'en débarrasser en prenant les précautions convenables; et, après avoir vomi, il les conservera jusqu'à ce qu'elles soient altérées. Mais faudra-t-il alors renouveler la consécration? Il ne doit la renouveler ni dans le premier ni dans le second cas. La raison en est que le sacrifice a tout ce qui est nécessaire à son essence et à son intégrité (1).

367. Après avoir pris le précieux sang, le prêtre dit à voix basse, *Quod ore sumpsimus*, en même temps qu'il présente de la main droite le calice au servant pour en recevoir le vin de l'ablution, tenant la main gauche sur le corporal avec la patène. Il fait verser dans le calice à peu près autant de vin qu'il en a consacré, et tourne légèrement le calice en tout sens pour recueillir les restes du précieux sang; il doit prendre l'ablution du même côté par où il a communié; et, en la prenant, il tient encore la patène de la main gauche sous le menton. Ayant purifié le calice, le prêtre place la patène sur le corporal du côté de l'évangile, prend la coupe du calice à deux mains avec les six doigts inférieurs, tenant les index et les pouces sur l'ouverture, fait l'inclination à la croix, va du côté de l'épître, et purifie les index et les pouces, ainsi que ceux des autres doigts qui auraient touché le Saint Sacrement, d'abord avec du vin et ensuite avec de l'eau en plus grande quantité. Il dit en même temps, *Corpus tuum, Domine, quod sumpsi* (2). Ensuite, il place le calice sur l'autel hors du corporal, essuie ses doigts avec le purificatoire, prend le calice de la main droite, boit d'un seul trait l'ablution, tenant de la main gauche le purificatoire sous le menton, et essuie sa bouche et le calice avec le purificatoire. S'il restait quelque particule de l'hostie dans le calice, ou sur la patène, ou sur le corporal, il faudrait la prendre, quoiqu'on ne fût plus à jeun (3). Après avoir pris la der-

---

(1) Voyez Collet, *Traité des Saints Mystères*, ch. 14. n° 13. — (2) Rubricæ Missalis. — (3) Voyez le n° 200.

nière ablution, le prêtre dépose le calice sur l'autel, du côté de l'évangile et en dehors du corporal, met dessus la patène avec la palle et le voile, plie le corporal, le met dans la bourse qu'il place sur le calice, et remet le tout au milieu de l'autel comme au commencement de la messe.

368. Le calice étant replacé sur l'autel, il va, les mains jointes, lire l'antienne ou la communion du côté de l'épître; il la lit à intelligible voix; puis, retournant de la même manière au milieu de l'autel, il le baise, se tourne vers le peuple, et dit comme à l'ordinaire, *Dominus vobiscum;* après quoi il retourne au livre, et dit l'oraison *Post communionem*, et toutes celles qui doivent se dire, plaçant le mot *Oremus* avant la première, et la seconde avec l'inclination à la croix. Les oraisons achevées, il ferme le livre, à moins qu'il ne faille dire un évangile particulier à la fin de la messe; se rend au milieu de l'autel, le baise, et, se tournant vers le peuple, il répète, *Dominus vobiscum;* il joint les mains, et, sans incliner la tête, il dit, du côté du peuple, *Ite, missa est,* si on a dit le *Gloria* à la messe; ou, *Benedicamus Domino*, si on n'a pas dit le *Gloria*. Ensuite, joignant les mains sur l'autel, et tenant la tête inclinée, il dit à voix basse, *Placeat tibi, sancta Trinitas*, étend les mains séparément sur l'autel, le baise au milieu, se redresse, lève au ciel les yeux et les mains qu'il rejoint aussitôt, et dit à haute voix, en faisant inclination, *Benedicat vos omnipotens Deus;* puis, tenant les mains jointes et les yeux baissés, *demissis oculis ad terram*, il se tourne vers le peuple par le côté de l'épître, et, la main gauche sur la poitrine, il étend la main droite dont tous les doigts sont unis, et bénit le peuple en disant, *Pater, et Filius, et Spiritus Sanctus*. Il ne fait qu'un seul signe de croix. Après la bénédiction, il achève le tour, et se rend au côté de l'évangile. Là, il dit *Dominus vobiscum*, les mains jointes, et, faisant le signe de la croix avec le pouce droit, d'abord sur l'autel ou sur le livre, si on peut le faire commodément, ensuite sur lui-même au front, sur la bouche et sur la poitrine, il dit l'évangile selon saint Jean, *Initium sancti evangelii*, ou l'évangile propre au jour. A ces mots, *Verbum caro factum est*, il fait la génuflexion vers le livre, ayant les mains séparées sur l'autel; et, se relevant aussitôt, il achève le reste. Quand il a fini, il ne baise pas le livre; va au milieu de l'autel, fait une inclination à la croix, prend le calice de la main gauche en tenant la main droite sur la bourse, se retourne par le côté de l'épître, et descend jusqu'au dernier degré de l'autel, où il fait la génuflexion

si le Saint Sacrement se trouve dans le tabernacle, ou, s'il ne s'y trouve pas, une inclination profonde à la croix. Il se couvre de sa barrette, et retourne à la sacristie, en récitant le cantique *Benedicite omnia opera* (1), ou quelque autre cantique. Arrivé à la sacristie, il salue la croix, se découvre, et dépose ses ornements un à un, selon l'ordre inverse de celui qu'il a suivi en les prenant. Après avoir quitté les ornements sacrés, le prêtre fait son action de grâces. Il n'imitera point Judas, qui sortit aussitôt après avoir reçu la communion : *Cum accepisset buccellam, exivit continuo* (2).

369. L'*ordre* que nous avons suivi jusqu'ici, se modifie pour la messe des morts. A celle-ci, le prêtre ne dit point le psaume *Judica me* avant la confession. En commençant l'*Introït*, il ne fait point sur lui le signe de la croix, mais il le fait sur le livre avec la main droite, comme s'il bénissait quelqu'un sans le toucher, ayant la main gauche posée sur le livre. Il omet le *Gloria Patri*, le *Gloria in excelsis*, le *Jube, Domine, benedicere*, avec le *Dominus sit in corde meo*. Il ne baise point le livre à la fin de l'évangile ; il ne dit point le *Credo*, ne bénit point l'eau qu'il verse dans le calice ; mais il dit l'oraison *Deus qui humanæ substantiæ*. Il omet le *Gloria Patri* à la fin du psaume *Lavabo*. A l'*Agnus Dei*, il ne dit point *Miserere nobis*, ni *Dona nobis pacem* ; mais il dit, *Dona eis requiem* chaque fois, ajoutant *sempiternam* à la dernière, sans se frapper la poitrine. Des trois oraisons qui se récitent avant la communion, il supprime la première. A la fin de la messe, il ne dit pas, *Ite, missa est*, ni *Benedicamus Domino* ; mais il dit, *Requiescant in pace*. Il ne donne point la bénédiction ; mais après avoir dit, *Placeat*, il baise l'autel ; il lit à l'ordinaire l'évangile selon saint Jean.

On trouve dans les rubriques du missel les règles particulières aux messes solennelles, et à celles qu'on célèbre avec le Saint Sacrement, ou en présence du Pape, d'un cardinal, du métropolitain, de l'évêque diocésain : on doit y recourir dans l'occasion (3). Quant aux rubriques qui concernent les messes ordinaires, nous avons cru devoir les rapporter ici, en indiquant les fautes que l'on commet le plus souvent, par cela même qu'elles sont légères. Cependant, tout est grand dans les cérémonies de l'Église, surtout dans celles qu'elle prescrit pour la célébration des saints mystères.

---

(1) *Rubricæ Missalis.* — (2) Joan. c. 13. v. 30. — (3) On peut lire la *Pratique des cérémonies de l'Église selon l'usage romain*, par Du Molin, in-8°.

## ARTICLE VII.

*Des Fautes que l'on commet le plus souvent en disant la Messe.*

370. C'est une faute de faire une inclination au lieu de faire la génuflexion. Le prêtre doit faire la génuflexion : 1° quand il passe devant un autel où l'on dit la messe, depuis la consécration jusqu'à la communion. 2° En arrivant à l'autel et en le quittant, si le Saint Sacrement est dans le tabernacle. 3° En commençant la messe. 4° Toutes les fois que, dans l'épître, le trait ou l'évangile, le Missel prescrit une génuflexion. 5° Au *Credo*, depuis ces mots, *Et incarnatus est*, jusqu'à *Homo factus est*. 6° Après l'élévation, toutes les fois qu'il doit toucher l'hostie ou découvrir le calice : il fait alors la génuflexion avant et après. 7° A la fin de l'évangile de saint Jean, en disant, *Et verbum caro factum est*. Il fait encore la génuflexion, lorsque le Saint Sacrement est exposé, chaque fois qu'il arrive au milieu de l'autel ou qu'il le quitte, comme aussi avant de se tourner vers le peuple, et après qu'il s'est retourné. Il la fait enfin à *Flectamus genua*. Pour bien faire la génuflexion, il ne suffit pas de fléchir le genou, on doit le fléchir jusqu'à terre.

371. C'est une faute de confondre l'inclination médiocre avec l'inclination simple, et l'inclination profonde avec la médiocre. L'inclination simple, plus communément appelée *inclination de tête*, est celle que l'on fait en inclinant la tête avec un mouvement à peine sensible des épaules. L'inclination médiocre se fait quand on incline sensiblement et la tête et les épaules. L'inclination profonde est celle par laquelle on s'incline de manière à pouvoir toucher les genoux de l'extrémité des mains.

Or, le célébrant doit faire l'inclination simple : 1° Quand il arrive au milieu de l'autel, ou qu'il le quitte, ou qu'il passe par devant; à moins que la Rubrique ne l'oblige à faire une inclination plus grande, ou à baiser l'autel, ou à fléchir le genou. 2° Au *Gloria Patri* du psaume *Judica me*, à celui de l'*Introït* et à celui du *Lavabo*. 3° A ces mots du *Gloria in excelsis*, savoir : *Deo; Adoramus te; Gratias agimus tibi; Suscipe deprecationem nostram; Jesu Christe.* 4° Toutes les fois qu'il dit *Oremus*; lorsqu'il rencontre le saint nom de *Jésus*. Cette inclination se fait toujours vers la croix ou vers le Saint Sacrement, si ce n'est à l'évangile, où elle se fait au livre. 5° Au nom de *Marie*, au nom des saints dont on dit la messe, ou dont on fait commémoration à l'office, et au nom de notre saint père le Pape. Dans ces différents cas, l'inclination se fait au livre. 6° A ces mots du *Credo*, savoir : *Deum ; Jesum Christum ; simul adoratur.* 7° A *Deo nostro*, après *Gratias agamus Domino.* 8° Aux deux *Memento* ; on demeure la tête inclinée durant la recommandation qu'on fait des vivants et des morts. 9° A *Tibi gratias agens*, avant l'une et l'autre consécration. 10° A *Per Christum Dominum nostrum*, qui précède *Nobis quoque peccatoribus.* 11° En carême, à *Humiliate capita vestra Deo.* 12° Lorsqu'il achève ces paroles, *Benedicat vos omnipotens Deus.*

372. L'inclination médiocre se fait : 1° A *Deus tu conversus*, jusqu'après avoir dit, *Oremus*, de la prière *Aufer a nobis*. 2° A l'oraison *Oramus te per merita sanctorum*, qu'on dit étant arrivé à l'autel. 3° A *In spiritu humilitatis.* 4° A *Suscipe, sancta Trinitas.* 5° A *Sanctus*, jusqu'à *Benedictus* exclusivement. 6° Lorsqu'on prononce les paroles de la consécration. 7° A l'*Agnus Dei*, jusqu'à la fin. 8° Aux trois oraisons qui précèdent la communion. 9° A *Domine, non sum dignus*, pendant tout le temps que dure cette prière. 10° Lorsqu'on communie sous l'espèce du pain. 11° A *Placeat tibi, sancta Trinitas*, jusqu'à la fin de cette oraison.

373. Le célébrant fait l'inclination profonde : 1° Lorsqu'il arrive à l'autel pour dire la messe, si le Saint Sacrement n'est point dans le tabernacle. 2° Lorsqu'il est descendu de l'autel pour commencer la messe, si le Saint Sacrement n'y est pas. 3° Pendant qu'il dit le *Confiteor*, et jusqu'à ce qu'il ait répondu, *Amen*, au *Misereatur tui* du servant. 4° A *Munda cor meum ; Jube, Domine, benedicere ; Dominus sit in corde meo.* 5° A *Te igitur*, jusqu'à *petimus* inclusivement. 6° A *Supplices te rogamus*, jusqu'à *ut quotquot*. 7° A la fin de la messe, au bas des degrés, dans le même cas où l'on doit la faire en arrivant à l'autel.

374. C'est une faute de faire le signe de croix en l'air sans se toucher le front, la poitrine et les épaules. C'est encore une faute de tracer la croix sur sa poitrine, comme font quelques-uns sans porter la main à l'une et à l'autre épaule. Le célébrant fait sur lui le signe de la croix : 1° Au commencement de la messe, lorsqu'il dit, *In nomine Patris.* 2° Aux mots, *Adjutorium nostrum.* 3° A *Indulgentiam.* 4° A l'*Introït*, excepté aux messes des morts, où il le fait sur le Missel sans le toucher. 5° A la fin du *Gloria in excelsis.* 6° Aux deux évangiles, avec le pouce de la main droite, au front, sur la bouche et sur la poitrine. C'est une faute de faire ce signe de croix, comme le font quelques prêtres, en tirant une ligne traînante du front à la poitrine, sans faire la ligne transversale qui

forme la croix conjointement avec la ligne perpendiculaire. 7° A la fin du *Credo.* 8° A *Benedictus qui venit.* 9° A ces paroles du canon, *Omni benedictione cœlesti.* 10° Au *Libera nos*, avec la patène, quand il dit, *Da propitius pacem.* 11° Avec l'hostie, en disant, *Corpus Domini nostri Jesu Christi, etc.* 12° Avant de prendre le précieux sang avec le calice, en disant, *Sanguis Domini nostri, etc.*

375. C'est une faute de ne pas baiser l'autel, lorsqu'on doit le faire conformément à l'*ordre* de la messe. On baise l'autel : 1° Après y être monté, à ces mots, *Quorum reliquiæ hic sunt.* 2° Avant de se tourner pour dire *Dominus vobiscum.* 3° A *Orate, fratres.* 4° A *Uti accepta habeas*, au commencement du canon. 5° A *Ex hac altaris participatione*, dans la prière *Supplices.* 6° Après avoir dit la prière, *Placeat tibi, sancta Trinitas*, à la fin de la messe, lors même qu'on ne donnerait point la bénédiction.

376. C'est une faute de ne point élever les yeux aux endroits marqués par la Rubrique. Le célébrant doit élever les yeux : 1° A *Munda cor meum.* 2° A *Suscipe, sancte Pater.* 3° A *Offerimus tibi, Domine*, durant toute l'oraison. 4° A *Veni, sanctificator.* 5° A *Suscipe, sancta Trinitas.* 6° A *Deo nostro*, après *Gratias agamus Domino* de la préface. 7° A *Te igitur*, au commencement du canon. 8° A *Elevatis oculis*, avant la consécration de l'hostie. 9° Pendant les deux élévations du Saint Sacrement, qu'il doit suivre des yeux. 10° A *Benedicat vos*, à la fin de la messe. C'est une faute de ne pas baisser les yeux lorsqu'on se tourne vers le peuple pour dire le *Dominus vobiscum*, l'*Orate, fratres*, et pour donner la bénédiction ; c'est une faute que l'on ne commet que trop souvent, soit par dissipation, soit sous le vain prétexte de voir si tout se passe avec ordre dans l'église.

377. C'est une faute de ne pas tenir les mains comme il le faut pendant la célébration des saints mystères. Or, le célébrant doit avoir les mains jointes devant la poitrine : 1° Au commencement de la messe, jusqu'à ce qu'il soit arrivé à l'autel. 2° Au *Kyrie, eleison*, et au *Gloria in excelsis.* 3° Toutes les fois qu'il se tourne vers l'autel pour le *Dominus vobiscum*, l'*Orate, fratres*, et la bénédiction. 4° Pendant qu'il récite le *Munda cor meum*, et le *Jube, Domine, benedicere, etc.* 5° Pendant l'évangile, le *Credo* et l'offertoire. 6° Au *Sanctus*, jusqu'à *Benedictus* exclusivement. 7° Aux deux *Memento*, pendant lesquels il peut les élever *usque ad faciem*, comme le dit la Rubrique. 8° Durant la méditation, immédiatement après la communion sous l'espèce du pain.

9° A la conclusion des oraisons. 10° Au dernier évangile. 11° Toutes les fois qu'il va du milieu de l'autel à un des côtés et qu'il en revient, à moins qu'une des mains ne soit occupée.

378. Il doit tenir les mains jointes sur le bord de l'autel : 1° A *Oramus te*, jusqu'à *Sanctorum tuorum* inclusivement. 2° A *In spiritu humilitatis*. 3° A *Suscipe, sancta Trinitas*. 4° A *Te igitur*, au commencement du canon, jusqu'à *petimus* inclusivement. 5° A l'adoration de l'hostie avant l'élévation. 6° A *Supplices te rogamus*, jusqu'à *Ex hac altaris*. 7° Aux trois oraisons avant la communion. 8° A *Placeat tibi, sancta Trinitas*.

Il étend les mains, les élève jusqu'aux épaules et les rejoint aussitôt : 1° En disant *Gloria in excelsis*; il les joint à *Deo*. 2° En disant *Credo*, il les joint à *In unum Deum*. 3° A *Veni, sanctificator*. 4° A *Gratias agamus*, de la préface. 5° Aux deux *Memento*. 6° A *Fiat dilectissimi*. 7° A *Benedicat vos*, à la fin de la messe.

Il étend les mains et les rejoint sans les élever, lorsqu'il dit, *Oremus, Dominus vobiscum. Orate, fratres*.

379. Il tient les mains étendues devant lui et élevées à la hauteur des épaules : 1° Aux collectes, aux secrètes et aux post-communions, jusqu'à la conclusion. 2° A *Sursum corda*, et depuis *Vere dignum est*, jusqu'à la fin de la préface. 3° Au canon, sauf les exceptions indiquées dans le Missel. 4° Au *Pater*.

Il pose les mains séparées et étendues sur l'autel : 1° Toutes les fois qu'il doit baiser l'autel et faire la génuflexion. 2° Pendant l'épître, à moins qu'il ne les tienne sur le livre ou sur le pupitre. 3° A *Per omnia sæcula*, et *Dominus vobiscum*, de la préface. 4° Au *Per omnia* qui précède le *Pater*.

Il pose la main droite sur l'autel : 1° Toutes les fois que la gauche est occupée à tourner les feuillets du Missel. 2° A *Domine, non sum dignus*, si ce n'est lorsqu'il se frappe la poitrine.

Il pose la main gauche sur l'autel : 1° Lorsque la main droite est occupée à quelque chose, à moins qu'il ne doive la mettre ou sur le livre ou au-dessous de la poitrine, comme quand il fait le signe de la croix sur lui ou sur les assistants. 2° Toutes les fois qu'il bénit l'hostie ou le calice séparément, ou les deux ensemble. 3° A *Nobis quoque peccatoribus*. 4° A *Libera nos, quæsumus*. 5° Depuis le premier *Miserere nobis* de l'*Agnus Dei*, jusqu'à *Dona nobis pacem* inclusivement. Il met la main gauche au-dessous de la poitrine, au *Confiteor*, lorsqu'il se frappe la poitrine, en disant, *Mea culpa*; quand il fait signe de la croix sur lui, ou qu'il bénit le peuple.

380. C'est une faute de dire à haute voix ce qui doit se dire à voix médiocre, et de dire à voix médiocre ce qu'on doit dire à voix basse ou *secrète*. Le prêtre dit à voix haute : 1° Les prières du commencement de la messe jusqu'à *Oremus* inclusivement, avant *Aufer a nobis*. 2° L'*Introït*, le *Kyrie*, le *Gloria in excelsis*. 3° Le *Dominus vobiscum*, toutes les fois qu'on le dit. 4° Les collectes, l'épître, le graduel, l'alleluia et son verset ou le trait, ainsi que la prose. 5° L'évangile, le *Credo*, et l'offertoire. 6° La préface. 7° *Per omnia sæcula*, et ce qui suit, jusqu'à la fin du *Pater*. On répond *Amen* à voix basse. 8° *Per omnia sæcula* et *Pax Domini*. 9° L'*Agnus Dei*, la communion, et les post-communions. 10° L'*Ite missa est*, ou le *Benedicamus*, ou *Requiescant in pace*; la bénédiction et l'évangile.

On dit d'une voix médiocre : 1° L'*Orate, fratres*. 2° Le *Sanctus* et le *Benedictus*. 3° *Nobis quoque peccatoribus*. 4° Le *Domine, non sum dignus*, chaque fois qu'on le dit.

On prononce à voix basse, *submissa voce, secreto*, tout ce qui n'est pas marqué comme devant être dit tout haut ou à voix médiocre.

381. C'est une faute de placer le corporal sur le voile du calice, sans le renfermer dans la bourse, soit en allant de la sacristie à l'autel, soit en revenant de l'autel à la sacristie. C'est encore une faute de déplier le corporal tout entier au commencement de la messe en laissant toucher dessus l'extrémité du voile, qui peut enlever les parcelles qui se seraient dérobées à l'œil du célébrant dans les messes précédentes. Le plus sûr est de laisser le corporal plié jusqu'au moment de l'oblation. C'est une faute de retourner à l'autel sans avoir répété l'*Introït*, ou de dire, en allant du côté de l'épître à l'autel, le *Kyrie, eleison*, le *Munda cor meum*, ou la conclusion, la post-communion.

C'est une faute de faire le signe de la croix soit avec la patène et l'hostie, à *Suscipe, sancte Pater*, soit avec le calice, à *Offerimus tibi*, avant d'avoir entièrement achevé l'une et l'autre de ces prières.

C'est une faute de dire pendant ou après l'élévation les paroles, *Hæc quotiescumque feceritis, etc.*; car on doit les dire immédiatement après la consécration, tandis qu'on remet le calice sur l'autel.

C'est une faute de s'appuyer sur l'autel, à *Domine, non sum dignus*; ou de se tourner à demi vers le peuple, ou d'étendre entièrement le bras pour se frapper la poitrine, tandis qu'on ne doit remuer que le poignet.

C'est une faute de se tourner vers la croix, à *Verbum caro factum est*, pour faire la génuflexion. On doit la faire vers le livre ou le carton qui renferme l'évangile de saint Jean. C'est encore une faute de quitter l'autel ou de faire éteindre les cierges avant d'avoir lu le dernier évangile.

Pour bien faire les cérémonies, il faut les savoir; pour les savoir, il faut les étudier. Le prêtre devrait lire toutes les années les Rubriques de la messe. C'est le moyen de remarquer les fautes qui nous échappent si facilement dans la célébration des saints mystères.

### TRAITÉ DU SACREMENT DE PÉNITENCE.

382. « La faiblesse et la fragilité de la nature humaine sont con-
« nues de tous; chacun en éprouve assez les effets en lui-même,
« pour que personne ne puisse ignorer la nécessité du sacrement de
« Pénitence. Si donc les curés doivent mesurer sur l'importance de
« chaque chose le soin qui est nécessaire pour l'expliquer, il est
« clair qu'ils ne pourront jamais en apporter assez pour traiter le
« sujet qui nous occupe. Le sacrement de Pénitence demande à être
« expliqué encore avec plus de soin que le sacrement de Baptême;
« parce que celui-ci ne s'administre qu'une seule fois et ne peut se
« réitérer, au lieu que le sacrement de Pénitence devient nécessaire
« et doit se renouveler, toutes les fois qu'on retombe dans le péché
« après le Baptême; ce qui a fait dire au concile de Trente que le
« sacrement de Pénitence n'est pas moins nécessaire pour le salut
« à ceux qui tombent après le Baptême, que le Baptême à ceux qui
« n'ont pas encore été régénérés. De là aussi ce mot célèbre de saint
« Jérôme, répété par ceux qui ont écrit sur cette matière, que la
« Pénitence est la *seconde planche* du salut. Lorsqu'un vaisseau
« échoue, il ne reste pour échapper au naufrage que la planche
« qu'on peut saisir Ainsi, après avoir perdu l'innocence du Bap-
« tême, il n'y a plus, pour moyen de salut, que la *planche* du sa-
« crement de Pénitence, sans laquelle il est impossible d'arriver
« au port du salut (1). »

(1) Catéchisme du Concile de Trente, *de Pœnitentiæ sacramento*, § 1.

# CHAPITRE PREMIER.

*De la Notion et de l'Institution du sacrement de Pénitence.*

383. La Pénitence, considérée comme vertu, consiste dans la détestation et la douleur sincère des péchés qu'on a commis, avec la résolution de ne plus les commettre à l'avenir et de satisfaire à la justice de Dieu. De tout temps elle a été nécessaire au salut pour tous ceux qui s'étaient rendus coupables de quelque péché mortel : « Fuit quidem Pœnitentia universis hominibus, qui se mortali ali- « quo peccato inquinassent, quovis tempore ad gratiam et justi- « tiam assequendam necessaria (1). » C'est cette Pénitence que pratiquait David, ainsi que tous les autres saints pénitents de l'ancienne loi; que Jonas prêchait aux Ninivites; que les livres saints recommandent aux pécheurs. Dans la loi de grâce, elle a pris un nouveau caractère : Jésus-Christ l'a élevée à la dignité de sacrement; il en a fait un rite sacré, dont il a confié l'exercice à ses ministres. Ainsi la Pénitence est un sacrement de la loi nouvelle, institué par Notre-Seigneur Jésus-Christ, pour la rémission des péchés commis après le Baptême.

384. Il est de foi que la Pénitence est un vrai sacrement. Jésus-Christ a donné à ses Apôtres le pouvoir de remettre et de retenir les péchés, lorsqu'il leur a dit : Recevez le Saint-Esprit : les péchés seront remis à ceux à qui vous les remettrez ; ils seront retenus à ceux à qui vous les retiendrez (2). Et ce pouvoir est passé des Apôtres à leurs successeurs. Telle est la doctrine des Pères, telle est la pratique générale et constante de l'Église : « Dominus sacramentum « Pœnitentiæ tunc præcipue instituit, dit le concile de Trente, cum « a mortuis excitatus insufflavit in discipulos suos, dicens : Accipite « Spiritum Sanctum : Quorum remiseritis peccata, remittuntur eis; « et quorum retinueritis, retenta sunt. Quo tam insigni facto, et « verbis tam perspicuis, potestatem remittendi et retinendi peccata, « ad reconciliandos fideles post Baptismum lapsos, Apostolis et eo- « rum legitimis successoribus fuisse communicatam, universorum « Patrum consensu semper intellexit. Et Novatianos remittendi po-

---

(1) Concil. Trid., sess. XIV. cap. 2. — (2) Joan. cap. 20, v. 23.

« testatem olim pertinaciter negantes, magna ratione Ecclesia ca-
« tholica tanquam hæreticos explosit, atque condemnavit (1). »

385. Le sacrement de Pénitence est nécessaire de *nécessité de moyen* à tous ceux qui, ayant été régénérés par le Baptême, ont eu le malheur de tomber dans quelque péché mortel. Ce n'est pas que la vertu de Pénitence, qui, dans l'ancienne loi, réconciliait les pécheurs avec Dieu, ait rien perdu de sa force et de son efficacité : le fidèle qui se repent de tout son cœur, et qui produit un acte de contrition parfaite, est justifié aux yeux de Dieu ; mais il ne l'est qu'autant qu'il joint à son repentir le désir au moins implicite du sacrement de Pénitence, auquel Dieu a attaché la grâce de réconciliation. « Est autem hoc sacramentum Pœnitentiæ lapsis post Baptismum « ad salutem necessarium, ut nondum regeneratis ipse Baptis-« mus (2). » Ce sacrement n'est pas également nécessaire à ceux qui ne se sont rendus coupables que de péchés véniels, dont on peut obtenir le pardon sans recourir à l'absolution sacramentelle.

386. Le sacrement de Pénitence a été institué pour remettre les péchés commis après le Baptême. Il n'est aucun crime, quelque énorme qu'il soit, qui ne puisse être remis par ce sacrement ; il n'est aucun pécheur, quel que soit le nombre de ses péchés, qui ne trouve son salut dans le sacrement de la réconciliation. Le pouvoir que Notre-Seigneur a donné à ses ministres est général ; il ne souffre aucune exception. Et ce n'est pas seulement une fois qu'on peut recourir avec confiance au tribunal de la Pénitence, mais toutes les fois qu'on est retombé dans le péché mortel : « Ante hoc tribu-« nal, tanquam reos, sisti voluit (Christus); ut per sacerdotum « sententiam non semel, sed quoties ab admissis peccatis ad ipsum « pœnitentes confugerint, possent liberari (3). »

387. Le sacrement de Pénitence est un sacrement des *morts* ; il confère au pécheur pénitent la grâce habituelle ou sanctifiante, qui nous réconcilie avec Dieu. D'où il résulte que ce sacrement doit s'appliquer à tous les péchés mortels. Il est impossible d'obtenir la rémission d'un péché mortel, les autres étant retenus. La grâce sanctifiante est incompatible avec tout péché mortel. On ne peut être à la fois l'ami et l'ennemi de Dieu, l'objet de ses complaisances et de ses vengeances. C'est pourquoi la pénitence n'est sincère et salutaire qu'autant qu'elle s'étend à tous les péchés mortels. On distingue la *première* grâce sanctifiante, qui réconcilie le pécheur avec Dieu ; et la *seconde* grâce sanctifiante, qui n'est qu'une

---

(1) Sess. xiv. cap. 1. — (2) Concil. Trid., ibidem. cap. 2. — (3) Ibidem.

augmentation de la grâce habituelle : celle-ci purifie et justifie de plus en plus celui qui a recouvré la justice. Or, le sacrement de Pénitence confère la *première* grâce sanctifiante au *pécheur* qui le reçoit avec les dispositions requises, et la *seconde* au *juste*, c'est-à-dire, à celui qui s'en approche sans être coupable de péché mortel. Il faut remarquer qu'en remettant le péché mortel, ce sacrement remet, en même temps, la peine éternelle; mais il n'en remet pas toujours toute la peine temporelle. Nous reviendrons sur cette question en parlant de la satisfaction.

388. On distingue, dans le sacrement de Pénitence comme dans les autres sacrements, la matière et la forme, qui en sont les deux parties essentielles. Les scolastiques distinguent la matière *éloignée* et la matière *prochaine* du sacrement de Pénitence. La matière éloignée sont les péchés du pénitent; la matière prochaine en sont les actes : mais il serait plus exact de dire que les péchés sont la matière de la *confession* et non du *sacrement*. Quoi qu'il en soit, il est généralement reçu aujourd'hui que la matière sacramentelle de la Pénitence consiste dans les actes extérieurs du pénitent, qui sont la contrition, la confession et la satisfaction. « Materia proxi-
« ma sacramenti Pœnitentiæ, dit saint Thomas, sunt actus pœni-
« tentis (1). » C'est aussi la doctrine du pape Eugène IV: « Quartum
« sacramentum est Pœnitentia ; cujus *quasi materia* sunt actus
« pœnitentis, qui in tres distinguuntur partes : quarum prima est
« cordis contritio, secunda, oris confessio; tertia, satisfactio pro
« peccatis (2). » Le concile de Trente n'est pas moins exprès : « Sunt
« *quasi materia* hujus sacramenti ipsius pœnitentis actus, nempe
« contritio, confessio et satisfactio : qui quatenus in pœnitente ad
« integritatem sacramenti, ad plenamque et perfectam peccatorum
« remissionem ex Dei institutione requiruntur, hac ratione pœni-
« tentiæ partes dicuntur (3). Si quis negaverit, ad integram et per-
« fectam peccatorum remissionem requiri tres actus in pœnitente,
« *quasi materiam* sacramenti Pœnitentiæ ; videlicet, contritionem,
« confessionem et satisfactionem, quæ tres Pœnitentiæ partes di-
« cuntur,..... anathema sit (4). » Si Eugène IV et le concile de Trente disent simplement que ces actes sont comme la matière, *quasi materia*, ce n'est pas qu'ils n'en soient point la vraie matière; mais c'est qu'ils ne sont pas du même genre que la matière des autres sacrements, qui est tout extérieure à celui qui les reçoit,

---

(1) Sum. part. 3. quæst. 84. art. 2. — (2) Decret. ad Armenos. — (3) Sess. XIV. cap. 14. — (4) Ibidem. can. 4.

comme l'eau dans le Baptême, et le saint chrême dans la Confirmation. Ainsi s'exprime le Catéchisme du concile de Trente (1). Quant à la forme du sacrement de Pénitence, elle est comprise dans ces paroles : Je t'absous de tes péchés, *Ego te absolvo a peccatis tuis;* ou simplement dans celles-ci : Je t'absous, *Ego te absolvo,* comme l'enseigne le même Catéchisme (2). Nous parlerons plus bas du ministre et du sujet du sacrement de Pénitence. Nous expliquerons aussi ce qui a rapport à la contrition, à la confession, à la satisfaction et à l'absolution.

# CHAPITRE II.

*De la Contrition.*

### ARTICLE I.

*Notion de la Contrition.*

389. La contrition, qui tient le premier rang parmi les actes du pénitent, se définit, conformément à la doctrine du concile de Trente : une douleur intérieure et une détestation du péché que l'on a commis, avec le propos de ne plus pécher à l'avenir : « Contritio, quæ primum locum inter dictos pœnitentis actus habet, « animi dolor ac detestatio est de peccato commisso, cum propo-« sito non peccandi de cætero (3). » Cette contrition ne renferme pas seulement la cessation du péché avec le propos et le commencement d'une nouvelle vie, mais encore la haine, la détestation de la vie passée : « Declarat sancta synodus hanc contritionem non « solum cessationem a peccato et vitæ novæ propositum et inchoa-« tionem, sed veteris etiam odium continere, justa illud (Ezech. « c. 18) : *Projicite a vobis omnes iniquitates vestras, in quibus « prævaricati estis; et facite vobis cor novum et spiritum no-« vum.* Et certe, qui illos sanctorum clamores consideraverit : *Tibi « soli peccavi, et malum coram te feci* (Psal. 50) : *Laboravi in*

---

(1) De Pœnitentiæ sacramento, n° 3. — (2) Ibidem. — (3) Concil. Trident. sess. XIV. cap. 4.

« *gemitu meo, lavabo per singulas noctes lectum meum* (Psal. 6) :
« *Recogitabo tibi omnes annos meos in amaritudine animæ meæ*
« (Isaiæ, c. 18) ; et alios hujus generis, facile intelliget eos ex vehe-
« menti quodam anteactæ vitæ odio et ingenti peccatorum detesta-
« tione manasse (1). »

### ARTICLE II.

### *Des Qualités de la Contrition.*

390. La contrition en général, c'est-à-dire la contrition, soit parfaite, soit imparfaite, doit être intérieure, surnaturelle, universelle et souveraine.

Elle doit être *intérieure* ; c'est un sentiment, une douleur de l'âme, *animi dolor* : c'est du cœur que part le péché ; c'est du cœur, par conséquent, que doivent partir le regret, la détestation, la haine du péché : « Nunc ergo dicit Dominus : Convertimini ad
« me in toto corde vestro, in jejunio et in fletu, et in planctu. Et
« scindite corda vestra, et non vestimenta vestra, et convertimini
« ad Dominum Deum vestrum (2). » La vraie conversion, dit saint Grégoire le Grand, n'est point dans la bouche, mais dans le cœur :
« Vera conversio non in ore accipitur, sed in corde (3). » Mais en tant que la contrition fait partie du sacrement, elle doit être sensible ; il est nécessaire qu'elle se manifeste par quelques signes extérieurs, afin que le prêtre puisse juger s'il y a lieu à absoudre le pénitent.

391. Elle doit être *surnaturelle*, et dans son principe, et dans ses motifs. La contrition est un don de Dieu : sans la grâce, nous ne pouvons absolument rien dans l'ordre du salut ; on ne peut se repentir comme il faut, sans l'inspiration et le secours de l'Esprit-Saint (4). Il est nécessaire d'ailleurs qu'elle soit fondée sur les motifs que nous fournit la foi. Nous devons détester le péché comme étant une offense commise contre Dieu. Si nous n'avions de la douleur d'avoir péché qu'à cause de la honte et des châtiments que nous avons à craindre aux yeux des hommes, ou des maux temporels qui sont la suite du désordre, cette douleur ne nous mériterait point le pardon de nos péchés ; elle serait rejetée de Dieu comme la pénitence d'Antiochus.

Elle doit être *universelle* ; c'est-à-dire, qu'elle doit s'étendre à

---

(1) Concil. Trident. sess. xiv. cap. 4. — (2) Joel. c. 2. v. 12 et 13. — (3) In lib. ii. Reg. c. 3. — (4) Concil. Trident. sess. vi. can. 3.

tous les péchés mortels que l'on a commis, sans en excepter un seul. Celui qui conserve de l'affection pour un péché mortel, pour une passion criminelle, n'est évidemment point pénitent. Il est impossible de haïr véritablement un péché mortel, comme étant une offense de Dieu, sans haïr, en même temps, tout ce qui peut l'offenser mortellement. Mais pour que la contrition soit universelle, il suffit que le pénitent déteste tous ses péchés par un seul acte, et par un seul motif qui convienne à tout péché mortel, de quelque espèce qu'il soit : « Sufficit, dit saint Thomas, quod cogitet de hoc « quod per culpam suam est aversus a Deo (1). » Cependant, il est à propos que le pénitent déteste tous ses péchés en détail, et qu'il s'excite à la contrition par les divers motifs propres à chaque péché, à l'exception de ceux auxquels il est dangereux de s'arrêter. « Consultum est peccatorum deformationem meditari, ut facilius de- « testationem concipiamus, exceptis tamen peccatis luxuriæ, ut om- « nes admonent, ne eorum fœtor maleficus animam interficiat (2). »

392. Enfin, la contrition doit être *souveraine*, c'est-à-dire que la douleur du péché doit l'emporter sur tout autre sentiment; il faut que nous soyons plus affligés d'avoir offensé Dieu, que nous ne le sommes de tout autre malheur. En effet, le péché est le plus grand de tous les maux. Nous devons être disposés à tout sacrifier plutôt que d'offenser Dieu mortellement. « Si quis venit ad me, et non odit « patrem suum, et matrem, et uxorem, et filios, et fratres, et so- « rores, adhuc autem et animam suam, non potest meus esse disci- « pulus (3). » Toutefois, la douleur du péché a des degrés; elle peut être souveraine, sans aller aussi loin, sans être aussi intense dans un pénitent que dans un autre. Voilà pourquoi il n'est pas nécessaire qu'elle soit, comme s'exprime l'école, souveraine *intensivement*; il suffit qu'elle le soit *appréciativement*. Il n'est pas nécessaire que la douleur du péché soit plus sensible et plus vive, ni même aussi sensible et aussi vive que la douleur qu'on aurait des maux temporels qui pourraient nous arriver. On peut être disposé à tout sacrifier plutôt que d'offenser Dieu mortellement, quoiqu'on soit moins sensiblement affecté de l'avoir offensé que d'avoir perdu son père, sa mère, un ami; comme aussi celui qui aimerait mieux mourir que de commettre un seul péché mortel, peut néanmoins être plus effrayé à la vue de la mort dont il est menacé, que du

---

(1) De Veritate, quæst. 29. art 5. — (2) Voyez S. Alphonse de Liguori, lib. vi. n° 438. — S. Alphonse de Liguori, ibidem; Concina, de la Luzerne, etc. — (3) Luc. c. 14. v. 26.

danger de perdre la vie de la grâce. Aussi, tout en rappelant au pénitent qu'il doit aimer Dieu par-dessus tout, et qu'il doit haïr le péché comme étant le plus grand de tous les maux, un confesseur prudent ne se permettra point de le mettre en présence de la mort, en lui demandant s'il aimerait mieux mourir que de commettre tel ou tel péché, s'il serait disposé à souffrir le martyre ou tel genre de supplice, plutôt que de renoncer à la foi. Ces sortes d'épreuves pourraient l'embarrasser ou le jeter dans le désespoir, surtout s'il était encore faible dans la foi, ou si, n'étant que médiocrement instruit, il ne comprenait pas ce que peut l'homme avec la grâce, qui est toujours proportionnée au besoin que nous en avons : *Omnia possum in eo qui me confortat.* Voici ce que dit saint Alphonse : « Etsi dolor debeat esse summus appretiative, ita ut nihil
« magis detesteris quam peccatum, malisque omnia mala hujusmodi
« perpeti, quam mortaliter contra Deum peccare ; non tamen opus
« est, imo non expedit particulares facere collationes : v. g. malles
« hoc vel illud malum subire quam mortaliter peccare, quia peri-
« culosæ sunt. Et hoc est commune apud omnes ; nempe non ex-
« pedire comparationem explicitam inter peccatum et alia mala, se
« determinando potius quam peccatum eligere hæc mala in parti-
« culari (1). »

393. Comme le propos ou la résolution de ne plus pécher à l'avenir entre dans une contrition sincère et véritable, il doit être lui-même sincère, ferme, universel et efficace. *Sincère*, autrement on se mentirait à soi-même, on mentirait à Dieu ; *ferme*, en sorte que le pénitent ait la ferme résolution de ne point pécher en quelque cas que ce soit : une volonté vague et impuissante, une simple velléité ne suffit pas ; *universel*, il doit comprendre tous les péchés mortels. Le pénitent doit avoir la volonté d'éviter tout péché grave, sans en excepter un seul. « Pœnitentia de peccatis morta-
« libus requirit quod homo proponat abstinere ab omnibus et sin-
« gulis mortalibus (2). » Quant à ce qui regarde les péchés véniels, il suffit, dit saint Thomas, de se proposer de les éviter en particulier, sans se proposer de les éviter tous : « Ad pœnitentiam peccatorum
« venialium requiritur quod homo proponat abstinere a singulis, non
« tamen ab omnibus ; quia hoc infirmitas hujus vitæ non patitur (3). »
On doit cependant être dans la disposition de travailler à en dimi-

---

(1) Lib. vi. n° 433 ; S. Thomas, Sum. suppl. quæst. 3. art. 1 ; Billuart, de sacramento Pœnitentiæ, dissert. iv. art. 2 ; l'auteur des Instructions sur le Rituel de Toulon, etc., etc. — (2) S. Thomas, Sum. part. 3. quæst. 87. art. 1. — (3) Ibid.

nuer le nombre, autant que possible : « Debet tamen habere propo-
« situm se præparandi ad peccata venialia minuenda (1). »

394. Enfin, le propos doit être *efficace;* il est nécessaire que le pénitent, en se proposant de ne plus pécher à l'avenir, prenne les moyens jugés nécessaires d'éviter le péché, éloignant les occasions prochaines. Mais on doit observer ici que l'efficacité du propos ne consiste pas à faire ce qu'on s'est proposé, ou à ne pas faire ce qu'on s'était promis d'éviter. Car les rechutes ne sont pas toujours une preuve que le ferme propos a manqué; le plus souvent elles ne signifient rien autre chose, sinon que la volonté a changé : « Re-
« lapsus non semper est signum propositi infirmi; sed *sæpius* tan-
« tum signum est mutatæ voluntatis ; nam bene potest accidere
« quod quis verum habeat amorem Dei prædominantem, et firmum
« propositum nunquam peccandi, et nihilominus *statim* peccet,
« prout D. Petrus proposuit potius mori quam Christum negare, et
« tamen ad primam ancillæ vocem negavit (2). » Nous reviendrons sur cette question.

### ARTICLE III.

#### *De la Nécessité de la Contrition.*

395. La contrition, prise dans son acception générale, est nécessaire, même de nécessité de moyen, à tous ceux qui sont tombés dans le péché mortel. Il faut, de toute nécessité, ou que le péché soit puni, ou qu'il soit expié par la pénitence ; Dieu lui-même, quoique infiniment miséricordieux, ne peut nous dispenser de la satisfaction que réclament sa sagesse et sa justice : « Nisi pœniten-
« tiam habueritis, omnes similiter peribitis. » Ainsi, celui qui a le malheur de pécher mortellement est obligé, de droit divin, de se réconcilier avec Dieu, ou par la contrition parfaite, ou par le sacrement de Pénitence.

Mais est-on obligé de faire un acte de contrition, aussitôt après s'être rendu coupable d'une faute grave? Peut-on différer quelque temps, sans commettre un nouveau péché mortel? On convient qu'il y a des circonstances où le précepte de la contrition oblige directement par lui-même; d'autres, où il oblige indirectement, par occasion, *per accidens.* Il oblige directement, par lui-même, à l'article de la mort; ou lorsque, par défaut d'un acte de contrition, on s'expose au danger probable et prochain de mourir dans le pé-

---

(1) S. Alphonse, lib. vi. n° 452. — (2) Luc. c. 13. v. 3.

ché. Il oblige indirectement, 1° lorsque, après avoir péché mortellement, on doit faire une chose qui demande l'état de grâce; lorsque, par exemple, on est obligé d'administrer les sacrements ou de recevoir un sacrement des vivants; 2° lorsqu'on est obligé de faire un acte d'amour de Dieu; car on ne peut faire cet acte sans détester le péché qu'on a sur la conscience : or, le précepte de l'amour de Dieu oblige au moins une fois par mois (1); 3° lorsque, étant pressé par de violentes tentations, on a besoin de grâces particulières, qu'on ne peut espérer tandis qu'on conserve plus ou moins d'affection au péché; 4° quand on est obligé de remplir le devoir de la confession annuelle, auquel on ne peut satisfaire sans avoir la douleur de ses péchés. Il résulte de ce qui vient d'être dit, qu'il y a péché mortel à différer sa conversion pendant un an ou plusieurs mois, lors même qu'on ne serait ni en danger de mort, ni en danger de retomber dans le péché. Cependant, comme, aux termes du précepte de l'Église, il suffit de se confesser une fois l'an, la plupart des pécheurs, surtout parmi les gens du peuple, ne croient pas offenser Dieu en renvoyant leur conversion à Pâques, où ils se proposent de se confesser. « Non nego, dit saint Alphonse, « quod peccatores, præsertim rudes, ab hoc peccato dilatæ pœni- « tentiæ ob inadvertentiam, ut plurimum, imo fere semper excu- « sari possunt (2). » Et nous pensons qu'on gagnerait peu à les retirer de cette erreur. Néanmoins, on doit exhorter le pécheur à ne pas différer sa conversion.

### ARTICLE IV.

*De la Contrition parfaite et de la Contrition imparfaite.*

396. On distingue la contrition parfaite et la contrition imparfaite, qu'on nomme plus communément *attrition*. La contrition parfaite, ou, pour me servir des expressions du concile de Trente, la contrition perfectionnée par la charité, *contritio charitate perfecta*, est celle qui est conçue par le motif de la charité parfaite, de cette charité qui nous fait aimer Dieu par-dessus toutes choses, pour lui-même, comme étant infiniment parfait. La contrition imparfaite est celle qui part d'un motif inférieur à celui de la charité parfaite. On l'appelle imparfaite ou attrition, parce qu'elle est communément conçue, ou par la considération de la turpitude que la foi nous montre dans le péché, ou par la crainte de l'enfer et

---

(1) Voyez le tome I. n° 356. — (2) Lib. VI. n° 437.

des châtiments de Dieu : « Quoniam vel ex turpitudinis peccati « consideratione, vel ex gehennæ et pœnarum metu communiter « concipitur (1). » Or, la contrition parfaite justifie l'homme par elle-même et avant la réception du sacrement; toutefois, elle n'obtient pas cet effet sans le vœu du sacrement qui est renfermé en elle : « Docet (sancta synodus) etsi contritionem hanc aliquando « charitate perfectam esse contingat, hominemque Deo reconci- « liare, priusquam hoc sacramentum actu suscipiatur, ipsam ni- « hilominus reconciliationem ipsi contritioni, sine sacramenti voto, « quod in illa includitur, non esse adscribendam (2). » Il n'est pas nécessaire que le vœu ou la volonté de recevoir le sacrement soit formel, explicite; puisque le concile ne demande que le vœu qui est renfermé dans la contrition elle-même, *quod in illa includitur*. La contrition ne peut être sincère et parfaite, sans renfermer la volonté de se soumettre aux moyens que Dieu a établis pour la justification du pécheur.

397. A défaut de la contrition parfaite, on ne peut rentrer en grâce avec Dieu que par la contrition imparfaite, jointe au sacrement de Pénitence. Voici ce que dit le concile de Trente : « Illam « vero contritionem imperfectam, quæ attritio dicitur, quoniam « vel ex turpitudinis peccati consideratione, vel ex gehennæ et « pœnarum metu communiter concipitur, *si voluntatem peccandi* « *excludat, cum spe veniæ*, declarat, non solum non facere ho- « minem hypocritam et magis peccatorem, verum etiam *donum* « *Dei esse* et Spiritus Sancti impulsum, non adhuc quidem inha- « bitantis, sed tantum moventis, quo pœnitens adjutus viam sibi « ad justitiam parat. Et quamvis sine sacramento Pœnitentiæ per « se ad justificationem perducere peccatorem nequeat, tamen eum « ad Dei gratiam in sacramento Pœnitentiæ impetrandam *dispo-* « *nit* (3). »

Outre la douleur d'avoir offensé Dieu, la crainte de la justice divine et l'espérance du pardon, il est nécessaire que le pénitent commence à aimer Dieu comme source de toute justice : *Deum tanquam omnis justitiæ fontem diligere incipiunt* (4).

398. Mais quel est ce commencement d'amour qui doit accompagner l'attrition? Les théologiens ne s'accordent pas. Les uns pensent que c'est un amour parfait, mais à un faible degré, à un degré qui n'est point suffisant pour opérer la justification. Suivant

---

(1) Concil. Trident., sess. XIV. cap. 4. — (2) Ibid. — (3) Ibid. — (4) Ibid. sess. VI. cap. 6.

d'autres, c'est un amour qui commence, un amour *initial*, qui n'est pas encore formé. Ce sentiment a beaucoup de rapport avec le premier. D'autres, enfin, croient qu'il ne s'agit que de l'amour d'*espérance* ou de *concupiscence*, et que l'espérance du pardon, ou de trouver Dieu propice, renferme le commencement d'amour de Dieu comme auteur de toute justice. Ce dernier sentiment nous paraît plus probable que les deux autres. Nous pensons donc que l'attrition conçue par la crainte de la justice divine, jointe à l'espérance du pardon, suffit, avec le sacrement, pour réconcilier le pécheur avec Dieu. La crainte du Seigneur est un commencement de l'amour divin : « Timor Dei initium dilectionis ejus (1). » L'espérance en Dieu est encore un commencement d'amour, comme le dit saint Thomas : « Ex hoc quod per aliquem speramus nobis « posse provenire bona, movemur in ipsum, sicut in bonum nos- « trum, et sic *incipimus ipsum amare* (2). » Nous ajouterons, d'après le cardinal de la Luzerne, « qu'il paraît bien difficile d'a- « voir du péché une douleur surnaturelle, et de le haïr comme « étant une offense faite à Dieu, sans avoir l'amour de Dieu (3). » Cette douleur, cependant, se trouve dans l'attrition, qui est un don de Dieu, *donum Dei*, dit le concile de Trente. On convient que le confesseur doit faire tous ses efforts pour exciter dans le cœur du pénitent l'amour de Dieu le plus parfait, le plus vif et le plus ardent. Mais, comme il est difficile et même souvent impossible de discerner entre les différents motifs surnaturels qui font agir le pénitent, il suffira, pour l'absoudre, qu'il donne des preuves d'attrition : « Quis negat, dit saint Alphonse de Liguori, esse om- « nino expediens ut pœnitentes pro viribus conentur elicere actum « contritionis perfectæ, atque confessarii studeant semper eos ad « illam excitare, ut tutius illi divinam gratiam consequantur? « Verum nostra sententia utique proderit, ut si quis accedat cum « sola attritione, non se retrahat ab hoc sacramento, et confessa- « rius eum non rejiciat tanquam indispositum (4). » Si, comme le prétendent plusieurs théologiens, un confesseur ne pouvait absoudre un pécheur qu'autant qu'il remarque en lui la charité parfaite à un certain degré, ou un commencement d'amour parfait, il ne pourrait presque jamais l'absoudre. En effet, qu'on lui demande pourquoi il se convertit; le plus souvent il répondra que c'est la crainte de Dieu, la crainte de ses jugements et de l'enfer, qui l'a

---

(1) Eccli. c. 25. v. 16.—(2) Sum. part. 1. 2. quæst. 40. art. 7.— (3) Instruct. sur le Rituel de Langres, ch. 4. art. 2. — (4) Lib. vi. n° 442.

fait renoncer au péché. Qu'on lui demande s'il éprouve quelque sentiment de la charité parfaite, il n'osera vous répondre. Demandez-lui s'il a au moins un commencement d'amour, de cet amour qu'on distingue de celui qui accompagne l'espérance; il ne vous comprendra pas.

399. On objecte que le sentiment qui exige dans le pénitent un amour de charité étant *probable*, on ne peut s'en écarter dans la pratique; que, dans le doute, on doit suivre le parti le plus sûr quand il s'agit de la *validité* des sacrements; que l'opinion contraire a été condamnée par le pape Innocent XI. Mais nous avons fait remarquer plus haut (1) que cette condamnation n'est applicable qu'au cas où le ministre d'un sacrement préfère une matière probable à une matière certaine qui dépend de lui, qui est à sa disposition. On ne peut l'appliquer au confesseur, car ce n'est pas lui, mais le pénitent, qui fournit la matière du sacrement de réconciliation; il ne dépend pas du confesseur que le pénitent éprouve tels ou tels sentiments. Il doit seulement travailler à lui inspirer les sentiments les plus parfaits, les plus propres à assurer l'effet du sacrement; puis, lui donner l'absolution si, d'après une probabilité prudente, il lui croit les dispositions convenables, quoiqu'il ne puisse ni s'assurer, ni juger prudemment si ce pénitent éprouve un commencement d'amour parfait, de cet amour qui tient de la charité proprement dite, et qui nous fait aimer Dieu pour lui-même. Ainsi, lorsque le confesseur a fait ce que le zèle et la charité demandent de lui pour exciter dans le cœur de son pénitent les sentiments d'amour de Dieu, il peut, il doit même se comporter dans la pratique comme si l'attrition, telle qu'elle est définie par le concile de Trente, était une *disposition* prochaine et suffisante pour recevoir la grâce de la justification dans le sacrement de Pénitence. « Confessarius anxius esse non debet circa naturam amoris « in pœnitente existentis (2). »

400. Il est bien à désirer que le pénitent s'excite à la contrition avant de s'approcher du tribunal de la Pénitence, et que le repentir accompagne la confession. Cependant, il suffit que l'attrition existe au moment où l'on reçoit l'absolution : le Rituel romain le suppose clairement, lorsqu'il dit que le confesseur, ayant entendu la confession du pénitent, s'efforcera d'exciter en lui la douleur et la contrition de ses péchés : « Audita confessione,.... ad dolorem et

(1) Voyez le n° 17. — (2) Mgr Bouvier, Tract. de Pœnitentia, cap. 3. art. 3. § 2.

« contritionem efficacibus verbis adducere conabitur (1). » Ainsi, le défaut d'attrition n'empêche pas la validité de la confession comme accusation, mais il empêche la validité de l'absolution. Si donc celui qui a été absous sans avoir l'attrition revient au même confesseur, il n'est point obligé de répéter l'accusation, si ce n'est d'une manière générale, s'accusant toutefois d'avoir reçu l'absolution sans les dispositions requises.

Faut-il une nouvelle contrition toutes les fois qu'on reçoit une nouvelle absolution; par exemple, lorsqu'une personne se souvient d'un péché mortel immédiatement après avoir reçu le sacrement, est-elle obligée de faire un nouvel acte de contrition, pour recevoir une nouvelle absolution ? C'est une question controversée parmi les théologiens. Les uns la dispensent d'un nouvel acte de contrition, parce que, disent-ils, dans ce cas, le premier sentiment de douleur persévère moralement. Les autres veulent qu'elle renouvelle l'acte de contrition, parce qu'ils croient que le premier acte qui a servi de matière au premier sacrement ne peut servir au second. Quoi qu'il en soit, comme le second sentiment n'est pas moins probable que le premier, on ne doit point s'en écarter dans la pratique : le confesseur exigera donc que le pénitent fasse un nouvel acte de contrition avant de lui donner une nouvelle absolution (2).

## CHAPITRE III.

### *De la Confession.*

401. La confession sacramentelle est une accusation que le pénitent fait de ses péchés à un prêtre approuvé, pour en recevoir l'absolution.

#### ARTICLE I.

*La Confession est-elle nécessaire de droit divin ?*

La confession est nécessaire de droit divin; il est de foi qu'elle a été instituée et ordonnée par Jésus-Christ. En effet, ce divin Sauveur a revêtu ses ministres du pouvoir de remettre et de retenir les péchés : « Accipite Spiritum Sanctum : quorum remiseritis peccata, « remittuntur eis; et quorum retinueritis, retenta sunt (3). » Or, ils

---

(1) Ritual. rom. de sacramento Pœnitentiæ. — (2) Voyez S. Alphonse, lib. vi. n° 448. — (3) Joan. c. 20. v. 23.

ne peuvent exercer ce pouvoir et rendre un jugement sans connaissance de cause; il leur est impossible d'ailleurs de connaître les raisons de remettre ou de retenir, de lier ou de délier, à moins que le pénitent ne fasse lui-même la déclaration exacte de ses fautes les plus secrètes; c'est le raisonnement du concile de Trente: « Ex institutione sacramenti Pœnitentiæ jam explicata, universa « Ecclesia semper intellexit institutam etiam esse a Domino integram « peccatorum confessionem, et omnibus post baptismum lapsis jure « divino necessariam existere: quia Dominus noster Jesus Christus, « e terra ascensurus ad cœlos, sacerdotes sui ipsius vicarios reliquit, « tanquam præsides et judices; ad quos omnia mortalia crimina « deferantur, in quæ Christi fideles ceciderint; quo, pro potestate « clavium remissionis aut retentionis peccatorem, sententiam pro-« nuntient. Constat enim sacerdotes, judicium hoc, incognita « causa, exercere non potuisse, neque æquitatem quidem illos in « pœnis injungendis servare potuisse, si in genere duntaxat, et « non potius in specie, ac sigillatim, sua ipsi peccata declarassent. « Ex his colligitur opportere a pœnitentibus omnia peccata morta-« lia, quorum post diligentem sui discussionem conscientiam ha-« bent in confessione recenseri, etiamsi occultissima illa sint (1). »

402. Le précepte divin de la confession sacramentelle oblige tous ceux qui, étant baptisés, ont commis quelque péché mortel : « Om-« nibus post baptismum lapsis jure divino necessaria existit (2). » Mais quand ce précepte devient-il obligatoire? Il oblige directement, par lui-même, le pécheur qui est à l'article de la mort, ou dans un danger probable. Ainsi, le temps d'une maladie grave, un voyage périlleux ou de long cours, les préparatifs d'une bataille, l'approche d'une opération dangereuse, d'un accouchement qui doit être laborieux, sont autant de circonstances où le précepte de la confession oblige plus ou moins strictement, suivant que le danger est plus ou moins grand, plus ou moins pressant. Il oblige indirectement un pécheur, lorsqu'il ne peut, sans la confession, remplir un autre précepte auquel il est tenu : tel est le précepte de la communion; ou lorsque la confession est le moyen jugé nécessaire de surmonter une tentation grave. Plusieurs docteurs pensent que celui qui est en état de péché mortel est tenu de se confesser avant d'administrer quelque sacrement, ou de recevoir un sacrement des vivants, même autre que celui de l'Eucharistie. C'est sans contredit le sentiment le plus sûr, sentiment, par conséquent,

(1) Sess. xiv. cap. 5, et can. 3. — (2) Ibidem.

qu'on doit conseiller. Mais nous ne pensons pas qu'on puisse l'imposer à celui qui croit avoir la contrition parfaite, le sentiment contraire nous paraissant plus probable (1).

403. Est-on obligé de se confesser aussitôt après avoir commis quelque péché mortel? Peut-on différer quelque temps sans commettre un nouveau péché? Quelques théologiens pensent que celui qui a eu le malheur d'offenser Dieu mortellement, est obligé de se confesser aussitôt qu'il le peut commodément. Mais le sentiment contraire a prévalu, et on croit communément qu'il n'y a pas d'obligation de se confesser aussitôt qu'on s'est rendu coupable d'un ou de plusieurs péchés mortels. La raison qu'on en donne, c'est que le précepte de la confession est un précepte affirmatif : « Præ« cepta affirmativa, dit saint Thomas, non obligant ad statim, sed « ad tempus determinatum non quidem ex hoc quod tunc com« mode impleri possunt, sed ex hoc quod tempus necessitatem ur« gentem adducit; et ideo non opportet quod, si statim oblata « opportunitate non confiteatur, etiamsi major opportunitas non « exspectetur aliquis peccet mortaliter; sed quando ex articulo « temporis necessitas confessionis inducitur (2). » Il n'est pas même obligé de se confesser aussitôt, à raison du danger qu'il court, en différant sa confession, d'oublier le péché qu'il a commis : c'est le sentiment le plus commun, au rapport de Billuart : *sententia communior* (3). Le risque d'oublier quelque faute grave, en différant plus ou moins de se confesser, est un motif à alléguer au pénitent pour l'engager à s'approcher plus souvent du tribunal de la Pénitence. Mais il ne nous paraît pas que ce soit une raison suffisante de l'obliger à se confesser aussitôt; il serait trop dur, ce nous semble, de lui imposer l'obligation de prendre un moyen extraordinaire pour procurer à sa confession une intégrité *matérielle* que l'Église n'exige point.

404. Pour la pratique, nous dirons, suivant le sentiment qui nous paraît le plus probable, qu'un pécheur qui passerait l'année tout entière sans se confesser, violerait tout à la fois le précepte ecclésiastique et le précepte divin, à moins qu'il ne fût dans l'impossibilité morale de s'approcher du sacrement de Pénitence. On peut regarder la loi de l'Église, pour le temps où l'on doit se confesser, comme une application ou une interprétation authentique

---

(1) Voyez, ci-dessus, le n° 36.— (2) Sum. suppl. quæst. 6. art. 5. — (3) Voyez S. Alphonse, Suarez, de Lugo, Billuart, etc. — (3) Tract. de sacramento Pœnitiæ, tendissert. v. art. 3. § 1.

de la loi de Jésus-Christ. Nous ajouterons, cependant, que saint Thomas pensait différemment : « Ante statutum Ecclesiæ homo « minus tenebatur ad confessionem (1). » On ne pourrait non plus excuser d'une faute grave celui qui, ayant commis un péché mortel, négligerait pendant plusieurs mois de se confesser sans faire un acte de contrition parfaite. « Præceptum divinum, dit saint « Alphonse, per accidens obligat peccatorem etiam infra annum « ad confessionem, *si non conteritur*, ratione charitatis erga seip- « sum, ne diu maneat in mortali (2). »

### ARTICLE II.

*La Confession est-elle nécessaire de précepte ecclésiastique?*

405. La confession sacramentelle est nécessaire de précepte ecclésiastique. Tout fidèle qui est parvenu à l'âge de discrétion, est obligé de se confesser au moins une fois l'an. Voici le canon du quatrième concile de Latran : « Omnis utriusque sexus fidelis, « postquam ad annos discretionis pervenerit, omnia sua peccata « confiteatur fideliter, saltem semel in anno, proprio sacerdoti, et « injunctam sibi pœnitentiam studeat pro viribus adimplere; sus- « cipiens reverenter, ad minus in pascha, Eucharistiæ sacramen- « tum... Alioquin et vivens ab ecclesiæ ingressu arceatur, et moriens « christiana careat sepultura. Si quis autem alieno sacerdoti voluerit « justa de causa sua confiteri peccata, licentiam prius postulet et « obtineat a proprio sacerdote, cum aliter ille ipse non possit absol- « vere vel ligare. » Cette loi a été renouvelée et confirmée par le concile de Trente (3).

Pour l'explication du canon *Omnis utriusque*, il se présente plusieurs questions.

406. On demande, 1° à quel âge commence l'obligation de se confesser. La loi ne fixe point l'âge précis pour l'accomplissement de ce devoir, mais elle est obligatoire pour le fidèle qui a atteint l'âge de discrétion : *Postquam ad annos discretionis pervenerit*. Ainsi, aussitôt que les enfants savent discerner le bien d'avec le mal moral, on doit les attirer au tribunal de la Pénitence, ne fût-ce que pour leur apprendre à se confesser, et leur faire contracter de bonne heure l'habitude de la confession. On sent toutefois

---

(1) Sum. suppl. quæst. 6. art. 5. — (2) Lib. vi. n° 663. — (3) Sess. xiv. can. 8, et cap. 5.

qu'il est impossible de fixer une époque qui convienne à tous les enfants du même âge ; car l'âge de discrétion varie infiniment dans les différents enfants : il dépend beaucoup de l'esprit, du caractère, de l'éducation et des circonstances où ils se sont trouvés. Tel enfant de sept ou huit ans s'est déjà rendu coupable de plusieurs péchés, et tel autre arrive à l'âge de dix ou douze ans dans l'heureuse impuissance d'offenser Dieu. Cependant, sauf les exceptions, et pour les enfants qui ont l'usage de raison avant l'âge de sept ans, et pour ceux qui ne l'ont pas même après avoir atteint un âge plus avancé, c'est une présomption légitime fondée sur ce qui arrive le plus communément, *ex communiter contingentibus*, que la raison est développée ou se développe suffisamment à l'âge de sept, huit ou neuf ans. Aussi, c'est un abus que l'usage introduit en plusieurs endroits, d'attendre jusqu'à la première communion pour absoudre des enfants qui ont commis certaines fautes plus ou moins graves. C'est un abus dont on répondra devant Dieu, et de la part des parents qui négligent d'avertir le curé de la maladie d'un enfant qui est en danger, et de la part du curé qui néglige de le confesser, sous prétexte que cet enfant n'a que six, sept ou huit ans.

407. On demande, 2° si le canon *Omnis utriusque* oblige à la confession les fidèles qui n'ont pas de péché mortel à se reprocher. Les théologiens ne sont pas d'accord : les uns pensent que tout fidèle, même celui qui n'a que des péchés véniels, est obligé, en vertu du décret du concile de Latran, de se confesser au moins une fois l'an. Ils se fondent sur ce que le décret est général. Il s'étend, disent-ils, à tous les fidèles, *Omnis fidelis confiteatur*. Ils ajoutent que si la loi n'obligeait pas tous les fidèles indistinctement, on ne pourrait pas punir canoniquement ceux qui auraient manqué à la confession annuelle ; puisque tous ceux au moins qui ne seraient pas pécheurs notoires, pourraient répondre qu'ils n'avaient pas de péchés à se reprocher. Ce serait donc en vain que le concile aurait décerné des peines contre les contumaces. Ainsi, concluent-ils, on doit croire qu'il a voulu obliger tous les fidèles à la confession, sans en excepter ceux qui ne seraient coupables que de péchés véniels. D'autres soutiennent, au contraire, qu'on n'est obligé de se confesser qu'autant qu'on a commis quelque péché mortel. Ce sentiment nous paraît beaucoup plus probable que le premier. En effet, comme l'insinue le concile de Trente, le canon du concile de Latran n'a fait que déterminer le temps où l'on remplirait le précepte divin concernant la confession : « Neque per Lateranense

« concilium Ecclesia statuit ut Christi fideles confiterentur, quod
« jure divino necessarium et institutum esse intellexerat ; sed ut
« præceptum confessionis, saltem semel in anno, ab omnibus et
« singulis, cum ad annos discretionis pervenissent, impleretur (1). »
Le décret de Latran ne concerne donc que ceux qui sont tenus, de
droit divin, de s'approcher du tribunal de la Pénitence : or, de
droit divin, on n'est tenu de se confesser que quand on s'est rendu
coupable de quelque péché mortel.

408. D'ailleurs, selon le même concile de Trente, on n'est point
obligé de s'accuser des péchés véniels : « Venialia, quibus a gratia
« Dei non excludimur et in quæ frequentius labimur, quamquam
« recte et utiliter, citraque omnem præsumptionem in confessione
« dicantur, quod piorum hominum usus demonstrat, *taceri tamen*
« *citra culpam*, multisque aliis remediis expiari possunt. » Et un
peu plus bas, dans le même chapitre : «Constat nihil aliud in Eccle-
« sia a pœnitentibus exigi, quam ut quisque..... ea peccata confi-
« teatur quibus se Dominum et Deum suum mortaliter offendisse
« meminerit (2). » Comment, après cela, pouvoir soutenir que celui
qui n'a que des péchés véniels est tenu de se confesser pour satisfaire au précepte de l'Église? On ne peut évidemment nous objecter
ces mots du décret, *Omnis omnia sua peccata confiteatur* : autrement, il faudrait dire que celui qui a quelque péché mortel et des
péchés véniels, serait obligé de confesser, au moins une fois l'an,
non-seulement le péché mortel, mais encore les péchés véniels ; ou
qu'en commettant un péché mortel, il se trouve déchargé de l'obligation de s'accuser des péchés véniels : ce qui n'est ni rationnel,
ni admis par aucun docteur (3). Nous conclurons cependant avec
l'auteur des *Instructions* sur le Rituel de Toulon, que, *quoique,
par le précepte de la confession annuelle, on ne soit pas obligé de
se confesser, si on n'a commis que des péchés véniels, il convient
néanmoins de se présenter à un confesseur*, par la crainte de causer du scandale, et afin de déclarer qu'on ne se sent coupable d'aucun péché mortel (4). On ne pourrait même excuser entièrement
de témérité le fidèle qui, ne se croyant coupable que de péchés véniels, s'approcherait de la sainte table sans avoir pris l'avis d'un
directeur spirituel, s'il avait passé l'année entière ou même plusieurs
mois sans s'être confessé.

(1) Concil. de Trente, sess. XIV. cap. 5.—(2) Ibidem.—(3) Voyez S. Alphonse de Liguori, lib. VI. n° 667 ; Billuart, Tract. de Pœnitentia, dissert. V. art. 2; S. Antonin, Suarez, de Lugo, Laymann, etc.—(4) Du sacrement de Pénitence, § du précepte de la Confession.

**409.** On demande, 4° en quel temps on doit se confesser. Le canon *Omnis utriusque* n'a pas précisément déterminé le temps de l'année auquel on doit le faire; mais comme il ordonne en même temps de communier à Pâques, on vit s'introduire naturellement l'usage de se confesser dans le temps pascal ou dans le temps de carême. Ceux même d'entre les fidèles qui n'ont pas de faute mortelle à se reprocher, sentent qu'ils ne sauraient mieux se préparer à recevoir l'Eucharistie qu'en mettant le moins d'intervalle possible entre une bonne confession et la sainte communion. Aussi, le concile de Trente approuve la coutume de se confesser durant la Quadragésime; il la reçoit comme salutaire, comme pieuse, et digne d'être conservée dans l'Église : « Jam in universa Ecclesia, cum « ingenti animarum fructu, observatur mos ille salutaris confi- « tendi, sacro illo et maxime acceptabili tempore Quadragesimæ; « quem morem hæc sancta synodus maxime probat et amplectitur, « tanquam pium et merito retinendum (1). » Néanmoins, cet usage n'est point obligatoire; pour satisfaire au précepte de la confession annuelle, il suffit, aux termes des conciles de Trente et de Latran, de se confesser une fois l'an, *semel in anno*. Suivant les uns, l'année pour la confession commence au premier janvier; suivant d'autres, en plus grand nombre, elle commence à Pâques. D'autres, enfin, la font courir depuis la dernière confession. Quoi qu'il en soit, on n'est point en défaut, lorsque, moralement parlant, on ne met pas plus d'un an entre deux confessions : « Quovis « modo computetur, videtur sufficere, si inter unam et alteram « confessionem non intercipiatur plus quam annus (2). » Ainsi, l'on satisfait au précepte de la confession annuelle, en se confessant avant le temps pascal et même avant le carême. Cependant, si, après avoir accompli ce précepte, on se sent, à Pâques, coupable de quelque péché mortel, on est obligé de se confesser une seconde fois pour faire la communion pascale. Le précepte de la confession oblige à Pâques indirectement tous ceux qui sont souillés de quelque péché mortel, à raison de la communion qui est prescrite pour ce saint temps.

**410.** Mais n'est-on pas obligé, en France, de se confesser à Pâques, pour pouvoir satisfaire au précepte? Non : le précepte de la confession annuelle est le même pour tous les fidèles et pour toute l'Église : *Omnis fidelis confiteatur semel in anno*. Ceux de nos

---

(1) Sess. xiv. cap. 5. — (2) Billuart, de sacramento Pœnitentiæ, dissert. v. art. 3. § 3.

rituels, de nos synodes, de nos conciles particuliers qui, en déterminant le **temps pascal** pour la confession et la communion, paraissent établir la nécessité de se confesser à cette époque, ne concernent que ceux qui négligent de se confesser à Pâques, sans s'être confessés auparavant; que ceux qui ne peuvent renvoyer leur confession après le temps pascal, sans dépasser le temps prescrit pour la confession annuelle. En effet, généralement, ceux qui ne se confessent pas à Pâques, ne se confessent point pendant l'année. L'Église veut que tous les fidèles reçoivent la communion dans le temps pascal; mais elle n'exige point que les fidèles qui n'ont que des péchés véniels la fassent précéder immédiatement de la confession; elle n'exige pas même, suivant le sentiment le plus probable, qu'ils se confessent (1). Qui oserait donc soutenir que celui, par exemple, qui ne se confesse pas dans le temps pascal, parce qu'il s'est confessé huit ou quinze jours avant l'ouverture des Pâques, ne satisfait point au précepte de la confession annuelle?

411. On demande, 4° à qui l'on doit se confesser. On doit se confesser au propre prêtre, *proprio sacerdoti :* c'est-à-dire, au curé, ou à tout autre prêtre délégué par l'évêque ou par le Souverain Pontife. Le Pape, comme chef et pasteur de l'Église universelle, et l'évêque, comme pasteur de tout le diocèse, peuvent commettre un prêtre pour entendre la confession annuelle des fidèles sans l'agrément et sans la permission du curé. « Nemo, salva fide, negare
« potest etiam Summum Pontificem in tota Ecclesia, et episcopum
« in commissa sibi diœcesi *proprium esse sacerdotem*, qui fide-
« lium confessiones excipere, ac facultatem illas excipiendi alteri
« delegare valeat (2). » Mais satisfait-on au canon *Omnis utriusque*, en se confessant à un prêtre approuvé d'une manière générale, sans restriction? On satisfait, au jugement de Benoît XIV et de saint Alphonse de Liguori : « Ex iis quæ huc usque commemoravimus sa-
« tis apparet, dit ce Pape, ut impleatur mandatum Lateranensis
« concilii sæpius allatum atque a sacra Tridentina synodo renova-
« tum, quæ pariter jubet semel saltem in anno sumendam esse ab
« omnibus paschali tempore Eucharistiam, apparet, inquam, con-
« fessionis præcepto satisfacere qui peccata sua cuilibet probato sa-
« cerdoti confiteatur (3). » Saint Alphonse n'est pas moins exprès :
« Fideles libere se possunt confiteri cuicumque confessario ap-
« probato. Ita communiter : idque fuse probat Benedictus XIV,

(1) Voyez le n° 408. — (2) Benoît XIV, *de Synodo*, lib. vii. cap. 64. n° 2. —
(3) Institutio xviii.

« notific. XVIII. Et hoc etiam tempore paschali, et invito parocho...
« Et hoc saltem ex præsenti universali consuetudine hodie certum
« est, quidquid antiqui aliter dixerint (1). » Cependant cette coutume universelle, dont parle ce docteur, n'est pas en vigueur dans toutes les églises de France. Il est vrai que dans plusieurs diocèses, d'après l'usage ou le consentement exprès de l'évêque, on peut faire sa confession annuelle à tout prêtre approuvé. Mais il est encore un bon nombre de diocèses où les fidèles ont besoin d'une permission générale ou particulière de la part du curé, pour le temps pascal. Les évêques qui croient devoir tenir à cette discipline doivent veiller à ce que les curés se montrent faciles à permettre à leurs paroissiens de se confesser à tout prêtre approuvé par l'Ordinaire. La confiance ne se commande point; il faut donc laisser aux fidèles la plus grande liberté pour le choix d'un confesseur : « Peccaret sacerdos, dit saint Thomas, si non esset facilis ad præbendam licentiam alteri confitendi; quia multi sunt adeo infirmi, quod potius sine confessione morerentur quam tali sacerdoti confiterentur. Unde illi qui sunt nimis solliciti ut conscientiam subditorum per confessionem sciant, multis laqueum damnationis injiciunt, et per consequens sibi ipsis (2). »

412. Nous ajouterons que les fidèles qui se confessent quelque temps avant l'ouverture des Pâques à un prêtre approuvé, ne sont point obligés de se confesser dans le temps pascal, s'ils n'ont que des fautes vénielles à se reprocher : quels que soient les règlements particuliers de leur diocèse, ils ont satisfait au décret du concile de Latran, qui n'exige, ni qu'on déclare les fautes vénielles en confession, ni qu'on se confesse à Pâques. Un évêque ne peut s'opposer à ce que les fidèles remplissent le devoir de la confession annuelle avant le temps pascal. Au reste, dans les diocèses où il faut encore le consentement du curé pour se confesser à un autre prêtre approuvé, nous pensons qu'il serait à propos, tant pour prévenir certaines difficultés que pour assurer aux fidèles une liberté qu'on ne peut leur refuser sans danger, d'adopter au moins ce règlement que nous trouvons dans les statuts des diocèses de Bordeaux (3), d'Aix (4), de la Rochelle (5), et de Meaux (6) : « Pour
« procurer l'accomplissement du précepte de la confession pascale,

---

(1) Lib. vi. n° 564. — (2) Sum. suppl. quæst. 8. art. 4. — (3) **Statuts du diocèse de Bordeaux**, publiés par Mgr le cardinal de Cheverus, en 1836. — (4) **Statuts du diocèse d'Aix**, publiés par Mgr Bernet, en 1840. — (5) **Statuts du diocèse de la Rochelle**, de l'an 1835. — (6) **Statuts du diocèse de Meaux**, publiés par Mgr Gallard, en 1838.

« on engagera les fidèles à se confesser dès le commencement de la
« sainte quarantaine; et, après avoir lu au prône le canon *Omnis*
« *utriusque sexus fidelis*, on annoncera publiquement qu'on donne
« la permission générale de se confesser à *tout prêtre approuvé*
« dans le diocèse; et, dans le cas où un curé aurait omis cette an-
« nonce, nous y suppléons par les présentes ordonnances. » Les statuts du diocèse d'Avignon vont plus loin, et se trouvent conformes à ce que dit Benoît XIV : « Les curés publieront le canon du
« quatrième concile de Latran, *Omnis utriusque sexus*, en expli-
« quant que, par *propre prêtre*, on doit entendre *tout prêtre ap-
« prouvé*, comme l'enseignent plusieurs bulles des Souverains Pon-
« tifes et l'universalité des théologiens (1). » Suivant les statuts du diocèse de Verdun, les curés doivent annoncer publiquement aux fidèles qu'il *leur est permis de s'adresser, pour la confession annuelle, à tout prêtre approuvé* (2). Le Rituel de Paris, publié par monseigneur de Quélen, en 1839, renferme la même disposition. Nous ferons néanmoins remarquer aux confesseurs que, toutes choses égales d'ailleurs, ils doivent généralement être plus circonspects quand il s'agit d'absoudre un pénitent qu'ils ne connaissent pas, que lorsqu'il s'agit d'un pénitent dont ils connaissent la conduite et les sentiments.

413. On demande, 4° s'il y a péché mortel à passer l'année entière sans se confesser. Il est certain que celui qui, aux termes de la loi, est obligé de se confesser, pèche mortellement s'il ne le fait pas dans le courant de l'année, à moins qu'il n'ait été légitimement empêché. Et l'obligation de s'approcher du sacrement de Pénitence n'expire point avec l'année; celui qui a omis de se confesser, est obligé de réparer son omission le plus tôt possible, moralement parlant. C'est une dette à terme, dont il n'est point déchargé, s'il ne la paye pas dans le temps prescrit. Plus il diffère, plus son péché s'aggrave; il se multiplie même, suivant plusieurs théologiens, toutes les fois qu'il renouvelle la résolution de ne pas se confesser, ou qu'ayant l'occasion de le faire, il ne le fait pas; mais il n'est pas obligé de se confesser deux fois, c'est-à-dire, de recevoir deux fois le sacrement : sans quoi il faudrait dire qu'un homme qui aurait passé vingt années sans se confesser, serait obligé de le faire vingt fois pour réparer ses omissions; ce qui est contraire à ce qui se pratique dans l'Église : une seule confession suffit

---

(1) **Statuts du diocèse d'Avignon**, publiés par Mgr du Pont, en 1836. —
(2) **Statuts du diocèse de Verdun**, publiés par Mgr le Tourneur, en 1844.

pour obtenir la rémission de tous les péchés commis pendant plusieurs années. Toutefois, on ne saurait trop exhorter les fidèles qui se trouvent dans ce cas à se confesser une seconde fois, surtout à l'occasion de la communion, qui est de précepte en temps de Pâques. Celui qui, s'étant rendu coupable de péché mortel, prévoit qu'il ne pourra remplir le devoir de la confession annuelle, en différant de se confesser jusqu'à la fin de l'année, est obligé de s'approcher du tribunal de la Pénitence avant que l'empêchement soit survenu (1).

414. Nous finirons cet article en faisant remarquer, 1° qu'on ne satisfait point au précepte de l'Église par une confession volontairement nulle ou sacrilége; le pape Alexandre VII a condamné la proposition contraire, ainsi conçue : « Qui facit confessionem voluntarie nullam satisfacit præcepto Ecclesiæ (2). » On ne satisfait point non plus par une confession même involontairement nulle, ni par celle qui n'est point suivie de l'absolution. 2° Qu'on ne doit point inquiéter au tribunal de la Pénitence les fidèles qui ne se confessent qu'une fois par an, s'ils le font avec les dispositions requises; ce qu'ils peuvent certainement faire, quoiqu'ils soient exposés à se confesser d'une manière moins parfaite que ceux qui se confessent plus souvent. Mais les curés et les confesseurs ont de puissants motifs à mettre en avant, non pour les *obliger,* mais pour les *engager* à s'approcher, au moins deux ou trois fois par an, des sacrements de Pénitence et de l'Eucharistie. 3° Que les peines portées par le concile de Latran ne s'encourent point par le fait, *ipso facto;* elles ne sont que comminatoires, *arceatur.* Ainsi, un curé doit bien se donner de garde d'interdire l'entrée de l'église ou de refuser la sépulture ecclésiastique à un paroissien qui a manqué à la confession annuelle et à la communion pascale. Les évêques eux-mêmes, en France, ne croient pas devoir sévir contre ceux qui ne remplissent pas ce double devoir, à raison du trop grand nombre de ceux qui, malheureusement, s'éloignent des sacrements. 4° Qu'un curé ne peut, sans prévariquer, refuser d'entendre en confession ceux qui, n'ayant pas rempli le devoir de la confession annuelle depuis quelques années, désirent se confesser pour se préparer au sacrement de Confirmation ou au sacrement de Mariage. Il n'est pas moins coupable que celui qui refuse, à l'article de la mort, le viatique aux malades, uniquement parce qu'ils n'ont pas satisfait au devoir pas-

---

(1) Voyez Billuart, tract. de Sacramento Pœnitentiæ, dissert. v. art. 3. § 3. — (2) Décret du 24 septembre 1665.

cal avant leur maladie. Un évêque ne peut tolérer de semblables abus, qui rendraient suspecte l'orthodoxie d'un prêtre, si on ne savait qu'il n'agit que par suite d'une ignorance qu'il ne peut alléguer sans se condamner lui-même.

### ARTICLE III.

#### De l'Intégrité de la Confession.

415. La confession doit être entière. On distingue deux sortes d'intégrites : l'intégrité matérielle et l'intégrité morale. La première consiste à déclarer en confession tous les péchés mortels qu'on a commis ; la seconde existe, lorsqu'on s'accuse de tous les péchés mortels dont on se souvient, apres avoir examiné soigneusement sa conscience. L'intégrité matérielle n'est point nécessaire ; il est impossible de s'accuser des péchés qu'on ne croit pas avoir commis ; il suffit de déclarer ceux qu'on a pu se rappeler. Mais l'intégrité morale, qui, toutes choses égales, varie dans les différentes confessions, est de précepte. On est obligé, de droit divin, d'accuser tous les péchés mortels dont on se sent coupable, d'en déclarer l'espèce, d'indiquer le nombre, et de faire connaître les circonstances, du moins celles qui en changent l'espèce. « Si quis dixerit, in sacra« mento Pœnitentiæ ad remissionem peccatorum necessarium non « esse jure divino, confiteri omnia et singula peccata mortalia, « quorum memoria cum debita et diligenti præmeditatione habea« tur, etiam occulta et quæ sunt contra duo ultima Decalogi præ« cepta, et circumstantias quæ peccati speciem mutant,...... ana« thema sit (1). » On peut voir ce que nous avons dit ailleurs (2) de la distinction numérique et spécifique des péchés.

416. On doit 1° exprimer l'espèce des péchés qu'on accuse : sans cela le confesseur ne connaitrait pas la faute ; il ne pourrait pas en apprécier la griéveté, ni par conséquent appliquer les remèdes convenables : « Si enim erubescat ægrotus vulnus medico « detegere, quod ignorat, medicina non curat (3). » En effet, autre chose est de s'enivrer, autre chose est de voler, de tuer, de commettre la fornication, l'adultère. Il ne suffirait donc pas de dire : *J'ai péché mortellement.* Il ne suffirait pas même d'indiquer le genre dans lequel on a péché, en disant simplement : *J'ai péché*

---

(1) Concil. Trident. sess. XIV. can. 7, et cap. 5. — (2) Tom. I. n° 247, etc. — (3) Concil. Trident., ibidem. cap. 5.

*grièvement contre la chasteté.* Il faut faire connaître l'espèce de la faute qu'on a commise. Le pape Alexandre VII a condamné la proposition suivante : « Qui habuit copulam cum soluta, satisfacit « præcepto confessionis, dicens : *Commisi cum soluta grave peccatum contra castitatem, non exprimendo copulam* (1). »

417. On doit, 2° exprimer, autant que possible, le nombre des péchés qu'on a commis ; cela est nécessaire, et pour rendre la confession entière, et pour mettre le confesseur en état de juger s'il n'y a point d'habitude. Ainsi, le pénitent ne peut se dispenser de dire en confession, s'il s'en souvient, combien de fois il a commis tel ou tel péché. S'il croit avoir blasphémé dix fois, ni plus ni moins, il doit s'accuser d'avoir blasphémé, non pas neuf, non pas onze, mais bien dix fois. Si, comme il arrive souvent, on ne peut préciser le nombre de fois qu'on a commis une faute, il suffit de dire qu'on y est tombé à peu près tant de fois, ou par jour, ou par semaine, ou par mois, ou simplement depuis la dernière confession. De là, ces formules auxquelles on est souvent obligé de recourir quand on se confesse rarement, et qu'on a contracté quelque mauvaise habitude : *J'ai commis tel péché huit ou dix fois. — Je l'ai commis vingt fois, plus ou moins. — Je me suis enivré trente fois environ, peut-être plus, peut-être moins.* Il n'est pas rare que le confesseur ne puisse pas même obtenir ce résultat de certains pénitents qui, ayant vécu des années entières dans des habitudes criminelles, source féconde de péchés de pensées, de désirs, de paroles et d'actions, ne font connaître que très-imparfaitement le nombre de leurs péchés. Si on les interroge, ils répondent au hasard, disant plutôt trop que pas assez, comme si cela était indifférent. Il suffit alors que le confesseur connaisse l'espèce de l'habitude, le temps qu'elle a duré, le genre de vie du pénitent, les principales occasions où il s'est trouvé, avec un *à peu près* du nombre de fois qu'il est retombé par jour, ou par semaine, ou par mois : « Con- « fessarius, dit saint Alphonse, non debet esse nimis anxius circa « exquirendum numerum peccatorum in pœnitente consuetudinario, « quia sæpe est impossibile talem numerum certum habere. Plures « enim ad importunitatem confessarii solum divinando respondent « *centies, millies;* sed quis prudens eis fidem præstabit? Unde me- « lius faciet confessarius, si diligenter statum conscientiæ exquirat; « et exinde interrogando pœnitentem de lapsibus plus minusve in « die, vel hebdomada, vel mense saltem *in confuso* numerum pec-

(1) **Décret de l'an 1665.**

« catorum apprehendat durante consuetudine commissorum, quin
« certum judicium faciat cum periculo errandi (1). » Nous lisons
aussi dans Billuart : « Si tandem nullus certus vel probabilis nu-
« merus reperiri potest, sufficit, si pœnitens exponat suum statum,
« consuetudinem et moram in peccato,... v. g. meretrix : A decem
« annis me exhibui paratam ad omnes obvios ; concubinarius : A
« quinque annis usus sum concubina tanquam uxore (2). »

418. Nous ferons remarquer que celui qui, s'étant accusé de certains péchés en disant qu'il les a commis *à peu près*, *environ* tant de fois, vient à en découvrir le nombre exact, n'est point obligé de revenir sur son accusation, à moins que le nombre réel ne soit notablement plus grand que le nombre appréciatif qu'il a déclaré. La raison en est qu'une accusation approximative, qui est faite de bonne foi, comprend moralement le nombre réel, et suffit pour l'intégrité morale, la seule nécessaire pour la confession sacramentelle. Mais il en est autrement lorsque, plus tard, on découvre une erreur notable dans le nombre des péchés dont on s'est accusé ; on doit alors déclarer l'excédant, quoiqu'on ait lieu de croire que la confession ait été bonne et suivie de son effet.

419. Il faut, 3° faire connaître les circonstances qui changent l'espèce du péché, c'est-à-dire, les circonstances qui ajoutent à la malice propre d'un péché une nouvelle malice d'un autre genre : ce qui arrive, par exemple, lorsqu'on commet la fornication, ou avec une personne mariée, ou avec une parente, ou avec une personne consacrée à Dieu. Dans le premier cas, le péché est un adultère ; dans le second, c'est un inceste ; dans le troisième, c'est un sacrilége (3). Mais, pour être obligé d'exprimer ces circonstances, il est nécessaire que la malice distincte qu'elles ajoutent à l'acte principal soit mortelle.

420. Est-on obligé de déclarer les circonstances qui, sans changer l'espèce du péché, en aggravent notablement la malice ? Les docteurs sont partagés. Les uns, en grand nombre (4), pensent et enseignent que l'on doit déclarer les circonstances notablement aggravantes. La raison, disent-ils, qui nous oblige de faire connaître ces circonstances est la même que celle dont le concile de Trente s'est servi relativement aux circonstances qui changent l'espèce : c'est

---

(1) Lib. vi. n° 468. — (2) Tract. de sacramento Pœnitentiæ, dissert. viii art. 2. § 5. — (3) Voyez le tom i. n° 251, etc. — (4) Melchior Cano, Soto, Suarez, Sanchez, Gonet, Genet, Tournely, Collet, le P. Antoine, Habert, Wigandt, Sylvius, Concina, Abelly, Juenin, Billuart, Bailly, et *alii bene multi*.

que le confesseur ne connaîtrait point sans cela la grièveté du péché, et ne pourrait lui imposer une peine proportionnelle (1). Les autres, également en grand nombre, croient qu'il n'y a pas d'obligation d'expliquer les circonstances qui aggravent notablement la malice du péché. C'est le sentiment de saint Thomas : « Quidam « dicunt quod omnes circumstantiæ, quæ aliquam notabilem « quantitatem peccato addunt, confiteri necessitatis est, si me- « moriæ occurrunt. Alii vero dicunt quod non sint de necessitate « confitendæ, nisi circumstantiæ quæ ad aliud genus peccati tra- « hunt; et *hoc probabilius est* (2). » Saint Antonin s'exprime comme l'Ange de l'école (3); et saint Alphonse regarde ce sentiment comme plus probable que le sentiment contraire : « Sententia mihi pro- « babilior negat esse obligationem confitendi circumstantias aggra- « vantes (4). »

421. Nous lisons aussi dans le *Traité de la Pénitence* de Paul Boudot, mort évêque d'Arras : « Quant aux circonstances qui ne « changent pas l'espèce du péché, mais qui le rendent plus grief et « énorme, voire que quelques-uns tiennent qu'il faut les confesser ; « néanmoins l'opinion *la plus commune*, qui est aussi *la plus pro-* « *bable*, est de dire qu'il n'est pas nécessaire de le faire, quoique « ce serait très-bien fait de s'en confesser. Car, puisque déjà les « pénitents ont beaucoup de peine à discerner les circonstances qui « changent l'espèce du péché, ce serait par trop les charger que de « vouloir les contraindre à confesser celles qui aggravent notable- « ment le péché, parce qu'il y a peu d'offenses qui ne soient « beaucoup plus ou beaucoup moins grièves les unes que les autres, « même entre celles qui sont d'une semblable espèce. Ainsi, on « rendrait toujours le pénitent en scrupule et perplexité de n'avoir « pas confessé entièrement ses péchés, quand il resterait que, « quasi toujours, il aurait omis quelques-unes de telles circons- « tances (5). »

422. Le second sentiment nous paraît assez probable pour pouvoir être suivi dans la pratique. Il ne s'agit pas ici de la substance

---

(1) Sess. xiv. cap. 5. — (2) In 4. Dist. 16. art. 2. quæst. 5. — (3) Sum. part. 3. tit. 14. cap. 19. § 7. — (4) Theol. moral. lib. vi. n° 468. — (5) Traité de la Pénitence, à l'usage des pénitents et des confesseurs; Paris, 1601, in-12. — On peut citer en faveur du même sentiment Navarre, Vasquez, Tolet, de Lugo, Lessius, Bécan, Bonacina, Bonal, Gervais, Terzago, évêque de Nari, dans son instruction pour l'administration du sacrement de Pénitence, etc., etc.— Voyez sur cette question nos *Lettres* à M. le Curé de...., sur la *Justification* de la doctrine de S. Alphonse de Liguori; Besançon, 1834.

du sacrement, *de valore sacramenti*, au sujet de laquelle on ne peut suivre une opinion probable, en s'écartant de la plus sûre. On convient que l'intégrité *formelle* de la confession suffit pour l'absolution. D'ailleurs, la connaissance des circonstances simplement aggravantes ne peut guère, généralement, modifier le jugement du confesseur à l'égard du pénitent qui s'accuse, autant que possible, de tous les péchés mortels qu'il a commis, soit intérieurement, soit extérieurement. Au reste, quelque opinion qu'il embrasse sur ce point, un curé, un confesseur, un catéchiste discret, se gardera bien de décider une question que le concile de Trente n'a point décidée, de représenter comme certaine une opinion qui est certainement douteuse, comme on le voit spécialement par l'instruction publiée avec les actes du concile de Rome, de l'an 1725, en faveur des enfants qui se préparent à la première communion. On doit *exhorter* les fidèles à déclarer en confession les principales circonstances du péché, même celles qui n'en changent point l'espèce; mais nous pensons qu'il faut s'en tenir là; il serait imprudent de les y obliger sous peine de péché mortel.

423. On doit seulement leur rappeler qu'un pénitent est toujours obligé de répondre selon la vérité, quand le confesseur l'interroge sur ses péchés, afin de connaître l'état de sa conscience et les obligations qu'il a pu contracter (1). Le pape Innocent XI a condamné cette proposition : « Non tenemur confessario interroganti « fateri peccati alicujus consuetudinem (2). » D'où résulte indirectement l'obligation, pour le pénitent, de déclarer certaines circonstances qui ne changent point la malice ou l'espèce du péché. « Quia ut plurimum confessarius inquirere debet de quantitate « furti, ad hoc ut sciat quomodo se gerere debeat circa absolutio- « nem impertiendam, et obligationem restitutionis imponendam; « ideo ut plurimum tenetur pœnitens confiteri in furto circumstan- « tiam quantitatis (3). » Il en est de même des circonstances aggravantes qui entraînent une censure ou la réserve. Par exemple, celui qui a frappé un clerc doit dire si la violence a été légère, grièvre ou énorme, s'il a frappé un simple clerc ou un évêque; s'il ne le dit pas, le confesseur doit l'interroger, afin de savoir à qui il doit recourir pour obtenir la faculté d'absoudre de l'excommunication. Nous ajouterons qu'il ne faut pas confondre, comme le font plusieurs auteurs, les circonstances qui multiplient le nombre des

---

(1) *Voyez* Concilium Romanum celebratum a Benedicto papa XIII. Appendix, XXIX. — (2) Décret de l'an 1679. — (3) S. Alphonse, lib. VI. n° 468.

péchés avec celles qui ne font que d'en augmenter la malice (1).

424. La question que nous traitons nous donne l'occasion de faire une observation qui ne sera pas inutile pour les confesseurs, surtout pour ceux qui sont encore jeunes. Comme il n'est pas certain qu'on soit obligé de faire connaître en confession les circonstances notablement aggravantes, et que, toutes choses égales, il vaut beaucoup mieux, sans contredit, rester en deçà que d'aller trop loin, dans les interrogations concernant le sixième précepte et les obligations des époux, un confesseur peut, sans danger de compromettre son ministère, se borner à celles des interrogations qu'il juge nécessaires pour connaître les circonstances qui augmentent le nombre des péchés ou qui en changent l'espèce. Il ne doit pas oublier que s'il est obligé de procurer, autant que possible, l'intégrité de la confession, il est obligé plus strictement encore de ne pas scandaliser les pénitents, et d'éviter tout ce qui peut affaiblir en eux l'idée qu'ils doivent avoir de la sainteté et de la modestie sacerdotale. Ce qui est conforme à ce que disent les rédacteurs des *Conférences d'Angers sur la Pénitence*, et l'auteur des *Instructions sur le Rituel de Toulon*. Après s'être déclarés pour le sentiment le plus sévère, ils ajoutent : « Ce sentiment ne doit pas « être entendu universellement, comme s'il y avait une obligation « de confesser en toutes occasions, toutes les circonstances nota- « blement aggravantes. Ce serait un terrible embarras pour les « confesseurs, une gêne d'esprit insupportable pour les pénitents, « et une cruelle torture pour les âmes scrupuleuses; car il n'est « pas facile de discerner les circonstances qui augmentent la malice « du péché, jusqu'au point qu'on soit obligé de les confesser. « D'ailleurs, les suites seraient même dangereuses pour le pénitent « et pour le confesseur, quand il s'agirait de péchés contre le « sixième commandement (2). »

425. Quæritur utrum in confessione sint explicandi omnes gradus incestus commissi cum consanguineis usque ad quartum gradum? Prima sententia affirmat; quia est specialis reverentia inter unum gradum consanguinitatis et alium. Secunda sententia docet solum incestum cum consanguineis in primo gradu, tam lineæ rectæ quam transversalis, specie differre ab aliis gradibus. Tertia

---

(1) Voyez ce que nous avons dit dans le *Traité des Péchés*, tome I. n° 255. — (2) Conférences d'Angers, sur le sacrement de Pénitence, conf. III. quest. 3; Instructions sur le Rituel de Toulon, du sacrement de Pénitence, § *De quoi doit s'accuser le pénitent*.

sententia docet omnes incestus inter consanguineos, excepto tantum primo gradu lineæ rectæ, esse ejusdem speciei. Ratio quia, excepto primo gradu lineæ rectæ, alii gradus tantum constituunt circumstantiam aggravantem quam in confessione explicandi valde probabile est non esse obligationem. Prima sententia est minus probabilis, secunda et tertia æque probabiles videntur. Ainsi s'exprime saint Alphonse de Liguori (1). Mais le second sentiment nous paraît beaucoup plus probable que le troisième. Nous ajouterons avec le même docteur et de Lugo : Explicandum est an pater peccaverit cum filia, vel cum matre filius, cujus culpa habet diversam malitiam ratione specialis reverentiæ matri debitæ (2). Incestus autem cum affinibus varios gradus, extra primum, commune est inter doctores esse ejusdem speciei (3).

426. Y a-t-il obligation d'accuser les péchés douteux? Suivant les uns, dont le sentiment paraît le plus commun, on est obligé de les accuser non comme certains, mais comme douteux. La raison qu'on en donne, c'est que le parti le plus sûr est de s'en confesser. D'autres, au contraire, parmi lesquels on compte saint Alphonse de Liguori, pensent qu'on n'y est pas tenu. Le concile de Trente, disent-ils, ne reconnaît que l'obligation de confesser les péchés dont on a la *conscience*, que ceux dont on se *souvient*. Or, on ne peut pas dire que celui qui doute ait la *conscience* ou le *souvenir* d'un péché qui est vraiment douteux (4). Quoi qu'il en soit, on doit, dans la pratique, engager les pénitents à se confesser des péchés douteux; c'est le moyen de tranquilliser leur conscience, et d'entretenir en eux la crainte de Dieu. Nous exceptons les scrupuleux et ceux qui ont une conscience timorée : dans le doute s'ils ont consenti au péché, on doit présumer qu'ils n'ont point donné leur consentement. Nous ajouterons que si celui qui a déclaré une faute comme douteuse vient à découvrir qu'il l'a réellement commise, il doit s'en accuser de nouveau comme d'une faute certaine; car il y a une différence essentielle, en matière de confession, entre une faute certaine et une faute douteuse.

### ARTICLE IV.

*Des Motifs qui exemptent de l'intégrité de la Confession.*

427. Le premier motif qui dispense de l'intégrité de la confession, est l'oubli involontaire de quelque péché ou de quelque cir-

---

(1) Lib. VI. n° 469. — Voyez ce que nous avons dit au tome I. n° 656. — (2) S. Alphonse, lib. VI. n° 469. — (3) Ibidem. — (4) Ibidem.

constance qui en change l'espèce. Dieu ne commande point l'impossible, et l'homme n'est point toujours maître de ne point oublier. Mais l'oubli ne doit être regardé comme involontaire qu'autant que la confession a été précédée d'un examen. L'obligation de s'accuser de tous les péchés mortels dont on peut, moralement, se souvenir, entraîne l'obligation d'examiner sa conscience avant d'entrer au tribunal de la Pénitence. Cet examen demande toute l'attention qu'on a coutume d'apporter à une affaire importante ; il est nécessaire de discuter sa conscience avec soin et d'en sonder tous les replis : « Oportet a pœnitentibus omnia peccata mortalia,
« quorum *post diligentem sui discussionem* conscientiam habent,
« in confessione recenseri (1). Constat enim nihil aliud in Ecclesia
« a pœnitentibus exigi, quam ut, *postquam quisque diligentius se*
« *excusserit, et conscientiæ suæ sinus omnes et latebras explo-*
« *raverit,* ea peccata confiteatur, quibus se Dominum et Deum
« suum mortaliter offendisse meminerit (2). » Une omission grave qui a lieu, par suite non d'une négligence quelconque, mais d'une négligence notable, *mortaliter culpabilis,* rend la confession nulle et sacrilége (3). Tous les pénitents ne sont pas obligés d'employer le même temps à leur examen ; il faut avoir égard à la capacité de chacun, au retard qu'on a mis à se confesser, aux habitudes bonnes ou mauvaises qu'on a contractées : une personne timorée aperçoit et retient plus aisément les fautes graves qui échappent à la fragilité humaine, qu'une personne qui vit dans l'oubli de Dieu. Nous avons dit, *eu égard à la capacité de chacun ;* car il est des personnes qui oublient bien facilement les péchés qu'elles ont commis ; il en est qui les oublient au moment de la confession, même après se les être rappelés dans leur examen. Or, nous ne pensons pas que ces personnes soient obligées d'écrire leur confession ; il suffit qu'elles déclarent les fautes dont elles se souviennent au moment où elles se confessent : « Non est necessarium peccata scribere, ne
« memoria excidant. Imo Sotus dicit id non consulendum ob peri-
« culum evulgationis. Melius tamen Laymann et alii asserunt sua-
« dendum esse, dummodo vitetur anxietas nimia, propter quam
« scrupulosis prohiberi potest (4). »

428. Suivant le Catéchisme du concile de Trente, « si le confes-
« seur rencontre des pénitents qui ne sont nullement préparés à la

---

(1) Concil. Trident. sess. XIV. cap. 5. — (2) Ibidem. — (3) S. Alphonse ; Billuart, de sacramento Pœnitentiæ, dissert. VII. art. 2. § 4. — (4) S. Alphonse de Liguori, lib. VI. n° 471 ; Billuart, Cajetan, Sylvius, Tanner, Sporer, et alii contra alios

« confession, il les renverra, en les traitant avec beaucoup de dou-
« ceur ; les exhortera à prendre quelque temps pour penser à leurs
« péchés, et à revenir ensuite. Si ces pénitents affirment qu'ils ont
« mis toute la diligence dont ils étaient capables pour examiner
« leur conscience, comme on doit souverainement craindre qu'une
« fois renvoyés ils ne reviennent plus, il faut alors les entendre,
« surtout quand ils montrent quelque désir de se corriger, et qu'on
« peut les amener à reconnaître leur négligence, et à promettre
« qu'une autre fois ils s'examineront avec plus de soin ; ce qui,
« toutefois, demande beaucoup de précaution (1). » Cependant,
nous pensons que le parti le plus sûr, le plus utile au pénitent qui
s'est approché du sacré tribunal sans préparation, est de lui faire
commencer sa confession en l'interrogeant sur les péchés dont il a
pu se rendre coupable. S'étant confessé quoique imparfaitement
de ses principales fautes, il reviendra plus facilement, si toutefois
le confesseur juge à propos de le renvoyer pour quelque temps.
Ne perdons pas de vue ce que dit le Catéchisme qu'on vient de
citer : *Sacerdoti maxime verendum est ne semel dimissi amplius non redeant.* On doit, en tout cas, agir ainsi à l'égard de
certains pénitents qui ne peuvent se confesser qu'en répondant
aux interrogations du confesseur. Malades ou non, il est des fidèles
dont le confesseur est obligé de faire en quelque sorte la confession. « On voit beaucoup de chrétiens, dit Léon XII, se présenter
« aux ministres du sacrement de Pénitence sans s'être aucunement
« préparés, mais tels cependant que les dispositions convenables
« puissent succéder dans leur cœur à ce défaut de préparation,
« pourvu que le prêtre, revêtu des entrailles de miséricorde de
« Jésus-Christ, qui n'est pas venu pour appeler les justes mais les
« pécheurs, sache user à leur égard de zèle, de patience et de
« douceur. » Puis ce Pape ajoute qu'on ne doit point regarder
comme manquant de préparation *ceux qui, par une suite de
l'ignorance attachée à leur condition ou à la lenteur de leur
esprit, n'auraient pas suffisamment sondé leur propre conscience, étant presque incapables de le faire par leurs propres
efforts et sans le secours du prêtre*; si, toutefois, répondant aux
soins du confesseur, ils conçoivent ce sentiment de douleur et de
repentir qui est nécessaire pour recevoir la grâce de Dieu dans le
sacrement (2).

---

(1) De sacramento Pœnitentiæ, § 82. — (2) Lettre encyclique pour l'extension du jubilé de l'an 1826.

429. L'impuissance physique ou morale est un motif qui exempte de l'intégrité de la confession. Cette exemption a lieu, 1° pour ceux qui sont privés de l'usage de la parole : il suffit, soit pour la confession annuelle, soit pour celle qu'on est obligé de faire à l'article de la mort, qu'ils expliquent leurs péchés par signes, lors même qu'ils ne pourraient en expliquer qu'un seul, si d'ailleurs ils ne savent ou ne peuvent écrire. Mais sont-ils obligés de se confesser par écrit, quand ils peuvent le faire? Les uns pensent que non, parce que, disent-ils, on ne peut être tenu de recourir pour la confession à un moyen extraordinaire. Les autres, dont le sentiment est le plus commun et le plus probable, veulent que celui qui n'a pas l'usage de la parole ait recours à l'écriture. C'est l'opinion de saint Thomas (1) et de saint Alphonse de Liguori (2) ; la raison qu'on en donne, c'est que celui qui est tenu à une fin, est tenu d'en prendre les moyens : « Ratio est quia qui tenetur ad « finem, tenetur etiam ad media non difficilia (3). » Ce qui néanmoins doit s'entendre des moyens qui ne sont pas trop difficiles ; car un muet n'est point obligé d'écrire sa confession, lorsqu'il a une peine extraordinaire à le faire, ou qu'il craint que d'autres ne connaissent sa confession. C'est la remarque de saint Alphonse (4). Mais on peut facilement prévenir ce dernier inconvénient, surtout en faisant usage d'une ardoise et d'un crayon : on écrit sous les yeux du confesseur, et on efface aussitôt, au fur et à mesure qu'on se confesse.

430. 2° Pour celui qui, étant dans un état de surdité complète, ne peut ni expliquer les différentes espèces de ses péchés, ni entendre les interrogations qu'on lui fait. Cependant, s'il sait lire, le confesseur pourra l'interroger par écrit, comme on le fait pour la confession des sourds-muets qui ont reçu une éducation particulière, lorsqu'on ne peut leur parler par signes. Quant à ceux qui ne sont pas entièrement sourds, on doit les conduire à la sacristie ou dans un lieu retiré, afin de pouvoir entendre leur confession.

431. 3° Pour ceux qui, ignorant la langue du pays, ne peuvent trouver un confesseur qui les comprennent, ils peuvent, quand il s'agit de satisfaire au précepte de la confession, recevoir l'absolution sacramentelle, s'ils manifestent par quelque signe la douleur de leurs péchés. Ils ne sont point tenus, suivant le sentiment le

---

(1) In 4. Distinct. 17 quæst. 3. art. 4. — (2) Lib. vi. n° 479. — (3) S. Alphonse, ibidem. — (4) Ibidem.

plus probable, de se confesser par interprète. Nous ne voyons nulle part que Notre-Seigneur, en instituant la confession, nous ait imposé l'obligation de recourir à un tiers pour déclarer nos péchés au confesseur (1). Cependant, comme, dans le cas dont il s'agit, il y a doute sur la validité de l'absolution, on doit engager le pénitent, surtout s'il se trouve en danger, à prendre, autant que possible, un interprète pour faire sa confession : ce qu'on obtiendra facilement, si on a soin de lui faire entendre qu'il suffit qu'il déclare un seul péché véniel pour assurer le sacrement. Il y serait même obligé à l'article de la mort, dans le cas où il douterait s'il a la contrition parfaite : « Etiam tempore mortis pro- « babile est, dit saint Alphonse, eum non teneri per interpretem « confiteri, nisi infirmus dubius sit de contritione. *Sufficit tamen* « *tunc dicere unum veniale*, ut Salmanticenses et Viva cum com- « muni (2). »

432. 4° Pour les moribonds qui, ayant perdu l'usage des sens, ne peuvent se confesser, on les absout s'ils ont demandé ou s'ils sont présumés avoir demandé les secours de la religion. Nous reviendrons sur cette question. Sont également dispensés de l'intégrité de la confession, les malades qui ne s'expriment que très-difficilement, ou qui, à raison de la violence des douleurs ou de l'affaiblissement de leurs forces, ne peuvent achever leur confession sans danger d'aggraver leur maladie. Il en est de même lorsqu'on craint que le malade ne meure ou ne perde connaissance avant d'avoir fini sa confession. On ne doit point différer l'absolution au lendemain, sous prétexte que le malade peut y arriver avant de mourir; il ne faut pas risquer le salut d'une âme sur une simple probabilité. Il en est de même encore, le jour ou la veille d'une bataille, lorsque tous ceux qui doivent y prendre part ne peuvent, faute de temps, confesser tous leurs péchés. Mais, hors le cas de nécessité, le concours des pénitents n'est point une raison suffisante pour ne pas entendre entièrement les confessions. Le pape Innocent XI a condamné la proposition suivante : « Licet sacra- « mentaliter absolvere dimidiate tantum confessos, ratione magni « concursus pœnitentium, qualis, v. g. potest contingere in die « magnæ alicujus festivitatis, aut indulgentiæ (3). » Dans un naufrage, la chute d'un bâtiment, l'explosion de quelque machine, il suffit que les personnes qui en ont été victimes manifestent leur

---

(1) S. Alphonse, ibid.; Billuart, Suarez, Viva, etc., etc. — (2) Ibidem. Billuart, de sacramento Pœnitentiæ, dissert. VII. art. 3. § 1. — (3) Décret du 2 mars 1679.

douleur par quelques signes extérieurs; on leur donne l'absolution sous la forme, *Ego vos absolvo a peccatis vestris*; ce qui se fait lors même qu'on ne pourrait pas discerner s'ils réclament les secours de la religion.

433. 5° On est également dispensé de l'intégrité de la **confession**, à raison de la crainte fondée d'un dommage grave, spirituel ou temporel, qui résulterait de la confession d'une ou de plusieurs fautes, soit pour le pénitent, soit pour le confesseur, soit pour un tiers. Ainsi, par exemple, on n'est point obligé de faire une confession entière lorsqu'on ne peut la faire sans danger de se diffamer ou de causer du scandale : ce qui aurait lieu si, après avoir apporté le saint viatique à un malade, le confesseur, venant à découvrir que ses confessions sont nulles depuis plusieurs années, lui faisait faire une confession générale détaillée. Dans ce cas, il suffit que le malade s'accuse des péchés qui lui font plus de peine, et s'excite à la contrition avec le ferme propos d'achever sa confession le plus tôt possible, moralement parlant. Après quoi, le prêtre lui donnera l'absolution et le saint viatique. Autre exemple : Un jour de **première communion**, quelques moments avant de s'approcher de la sainte table, un enfant craignant de communier indignement demande à se réconcilier : ne pouvant s'adresser à son confesseur, qui dit la messe, il a recours à un autre prêtre qui est présent; il s'accuse d'avoir caché dans ses confessions précédentes un péché mortel, ou du moins qu'il croyait mortel ; et le défaut de temps ne lui permet pas de réitérer ses confessions. Comme il ne peut évidemment pas s'éloigner de la sainte table sans inconvénient, sans se compromettre aux yeux des assistants, le confesseur pourra l'absoudre, s'il est d'ailleurs disposé à réparer plus tard celles de ses confessions qui ont été nulles et sacriléges. Pour ce qui regarde le confesseur, il est dispensé d'entendre toute la confession d'un pestiféré ou d'un malade atteint de contagion, s'il ne peut sans danger pour lui-même lui faire achever sa confession; il suffit alors que le malade déclare un ou deux péchés (1); mais celui-ci serait obligé de confesser tous ses péchés, si le confesseur consentait à l'entendre. Un prêtre qui se confesse est même obligé de taire un péché, s'il ne peut s'en accuser sans s'exposer au danger de violer le sceau de la confession. Il ne pourrait, par exemple, s'accuser d'avoir absous d'une suspense, sans en avoir reçu le pouvoir, s'il avait lieu de craindre que cette accu-

---

(1) S. Alphonse, Abelly, Concina, Wigandt, Bonacina, Vasquez, etc.

sation ne fît soupçonner à son confesseur que tel ou tel a encouru cette censure (1). Ceci mérite attention ; car il arrive assez facilement qu'en se confessant d'une faute commise dans le tribunal, on fasse connaître ou au moins soupçonner celui qui s'est accusé du péché qui a été l'occasion de cette faute.

**434.** On demande si le pénitent est dispensé de déclarer une faute, lorsqu'il ne peut la déclarer sans faire connaître son complice au confesseur. Quelques docteurs croient qu'il en est dispensé ; parce que, disent-ils, le précepte naturel de conserver la réputation du prochain l'emporte sur le précepte positif de l'intégrité de la confession. Mais le sentiment contraire a prévalu, et l'on tient communément, d'après saint Bernard, saint Thomas, saint Bonaventure, saint Antonin et saint Alphonse de Liguori, qu'on n'est point dispensé de confesser une faute, lorsqu'on ne peut la déclarer sans faire connaître son complice au confesseur. La raison, c'est que d'une part on est obligé de s'accuser, autant que possible, de tous les péchés mortels qu'on a commis, et que de l'autre ce n'est point un péché de faire connaître à un confesseur la faute d'autrui, lorsqu'il y a un juste motif. Toutefois, il est important de remarquer que le pénitent ne doit point faire connaître le complice de son péché lorsqu'il peut exprimer suffisamment sa faute sans cela, ou lorsqu'il l'a confessée précédemment, comme il peut arriver dans le cas où il fait une confession générale. Il doit d'ailleurs, lorsqu'il le peut commodément, recourir à un confesseur à qui le complice soit inconnu. « Si pœnitens possit ei confiteri, qui non cognoscit « personam complicis, tenetur id facere, et in hoc omnes conve-« niunt (2). » Mais il n'est point obligé de changer de confesseur, s'il ne peut le faire sans inconvénient ; s'il éprouve une grande difficulté de s'ouvrir à d'autres qu'à son confesseur ordinaire ; si ses occupations, son état, ne lui permettent pas d'aller chercher un confesseur hors de la paroisse ; ou s'il devait rester plusieurs jours en état de péché mortel, avant de pouvoir se confesser à un prêtre qui ne connût pas le complice.

Nous finirons cet article en faisant observer que les péchés qui n'ont point été déclarés en confession, soit par suite d'un oubli involontaire, soit à raison de l'impuissance physique ou morale où se trouvait le pénitent, soit pour toute autre cause légitime, sont remis indirectement par l'absolution : « Reliqua autem peccata « quæ diligenter cogitanti non occurrunt, in universum eadem con-

---

(1) S. Alphonse, lib. vi. n° 487. — (2) Ibid. n° 489.

« fessione inclusa esse intelliguntur (1). » Mais si après la confession l'on se rappelle les péchés oubliés, ou si le motif qui exemptait de l'obligation de les confesser vient à cesser, on doit les déclarer; non qu'ils aient été remis conditionnellement comme l'insinuent quelques auteurs, mais bien parce que le précepte de la confession, pour ce qui regarde les péchés omis, n'a pas été rempli. Aussi le pape Alexandre VII a condamné la proposition contraire ainsi conçue : « Peccata in confessione omissa, seu oblita ob instans periculum vitæ, aut ob aliam causam, non tenemur in sequenti confessione exprimere (2). » Il en est de même des circonstances qui changent l'espèce du péché. On doit les expliquer en déclarant une seconde fois la faute à laquelle elles se rattachent. Mais l'obligation de déclarer les péchés omis en confession, n'est pas tellement pressante qu'il faille retourner aussitôt à confesse. Il suffit de les confesser la première fois qu'on s'approchera du tribunal de la Pénitence, *in sequenti confessione*, soit par dévotion, soit pour satisfaire au précepte de la confession (3). Il n'existe aucune loi, aucun décret qui oblige de les déclarer plus tôt.

ARTICLE V.

*Des autres qualités de la Confession.*

435. Outre l'intégrité, la confession sacramentelle doit réunir plusieurs autres qualités. Les scolastiques ont coutume de mettre au nombre de seize les conditions requises pour une bonne confession, et les comprennent dans les vers suivants :

« Sit simplex, humilis confessio, pura, fidelis,
« Atque frequens, nuda et discreta, libens, verecunda,
« Integra, secreta et lacrymabilis, accelerata,
« Fortis et accusans, et sit parere parata. »

Ces conditions peuvent se réduire à quatre principales, qui sont : l'intégrité dont nous avons parlé plus haut, la simplicité, l'humilité et la sincérité.

*La simplicité.* Le pénitent ne doit dire que ce qui a rapport à la confession de ses péchés. Quand un pénitent dit des choses étrangères à sa confession, le confesseur doit l'avertir de retrancher tout ce qui est inutile, en lui indiquant charitablement la

(1) Concil. Trident. sess. xvi. cap. 5. — (2) Décret du 24 sept. 1665. — (3) S. Alphonse, lib. vi. n° 479.

manière de se confesser. Si le pénitent demande des conseils sur des choses qui n'ont pas de rapport à la confession, le confesseur qui croira pouvoir lui en donner ne les lui donnera qu'après l'absolution.

*L'humilité.* Elle est nécessaire dans la confession ; c'est par l'humilité qu'on touche le cœur de Dieu : *Cor contritum et humiliatum, Deus, non despicies.* Le vrai pénitent paraît au tribunal de la Pénitence pour s'accuser, et non pour se justifier ; c'est un coupable qui vient demander sa grâce, et qui ne doit l'obtenir qu'en s'humiliant devant Dieu et devant celui qui en tient la place ; il ne cherche point à atténuer ses fautes, et se garde bien d'attribuer à d'autres ce qu'il ne doit attribuer qu'à sa faiblesse ou à sa malice. Il ne craint point non plus de perdre l'estime de son confesseur, qui connaît la fragilité humaine, et qui ne peut être que touché, édifié des sentiments de son pénitent.

436. *La sincérité.* La confession doit être sincère. Dieu, n'ayant point voulu que le pécheur eût au tribunal sacré d'autre accusateur et d'autre témoin que lui-même, exige qu'il déclare avec sincérité l'état de son âme. Il faut donc que le pénitent confesse ses péchés tels qu'il les connaît, et qu'il réponde franchement à toutes les interrogations qu'on lui fait, sans rien cacher ni déguiser, sans chercher de vaines excuses, sans recourir à des subterfuges, à certains détours qui ne peuvent qu'embrouiller la confession et embarrasser le confesseur. Mentir au ministre de Dieu, c'est mentir à Dieu lui-même : « Néanmoins, le défaut de sincérité n'est pas tou-
« jours une preuve que la contrition manque absolument, et les
« fautes qu'il occasionne ne sont pas toujours graves. Un pé-
« nitent cherche à s'excuser, il ne déclare pas certaines choses
« avec toute la simplicité qu'il devrait mettre dans son accusation ;
« il ne faut pas tout de suite en conclure qu'il pèche mortellement,
« et qu'il n'est point dans de bonnes dispositions. Ce qu'il fait n'est
« peut-être que la suite d'une sorte de timidité, d'une crainte d'être
« grondé, en un mot, d'une faiblesse, répréhensible, à la vérité,
« mais non pas au point d'être une faute grave : peut-être même,
« n'osant dire les choses comme elles sont, veut-il mettre le con-
« fesseur dans le cas de le questionner. Il faut donc, avant de pro-
« noncer sur la grièveté du défaut de sincérité qu'on remarque en
« lui, voir quelle a été la nature, le principe et l'objet de ses ex-
« cuses ou de son déguisement ; jusqu'où il a poussé ce dernier
« abus, et s'il y a lieu de croire qu'il l'aurait poussé jusqu'à cacher
« une chose grave, si le confesseur n'y eût pas fait attention, ou

« jusqu'à lui donner le change sur son état en matière grave (1). »

437. Le mensonge même que le pénitent commet en confession, n'est pas toujours mortel. Suivant le sentiment le plus commun, on ne pèche que véniellement, soit en s'accusant d'une faute vénielle qu'on n'a pas faite, soit en niant une faute vénielle qu'on a faite, soit en niant un péché mortel dont on a précédemment reçu l'absolution, ou qu'on est dispensé de déclarer présentement en confession (2). Il y a cependant des exceptions; car un pénitent pèche mortellement, lorsqu'il se confesse d'une faute vénielle qu'il n'a pas faite, sans en déclarer aucune autre, si d'ailleurs il reçoit l'absolution : son péché est mortel, non pas précisément à cause du mensonge, mais parce qu'il ne donne pas une matière suffisante au sacrement, et qu'il se rend coupable de sacrilége. Il y a encore péché mortel à nier une faute grave, quoiqu'on en ait déjà été absous, lorsque la déclaration de cette faute est nécessaire au confesseur pour juger s'il n'y a pas une habitude criminelle, une occasion prochaine. D'ailleurs, un pénitent pèche mortellement toutes les fois qu'il nie une faute mortelle qu'il n'a pas encore accusée, s'il n'a pas de raisons qui le dispensent de la déclarer. Il pèche encore mortellement, soit qu'il s'accuse d'une faute mortelle qu'il sait n'avoir pas commise, soit qu'il augmente ou diminue sciemment le nombre de fois qu'il a commis une faute grave. Mais il faut faire attention qu'il y a des personnes qui, par scrupule ou par simplicité, croient devoir exagérer le nombre de leurs péchés, afin d'être sûres de tout dire : la bonne foi les excuse. Le mensonge en confession, mortel ou véniel, est, toutes choses égales, plus grave que s'il était fait hors du tribunal sacré. Outre la malice que le mensonge a par lui-même, il renferme la malice du sacrilége, lorsqu'il donne lieu à la profanation du sacrement (3).

438. Que doit-on penser d'un pénitent qui divise sa confession en déclarant une partie de ses péchés à son confesseur ordinaire, et l'autre partie à un confesseur dont il n'est point connu? Nul doute que sa confession ne soit nulle et sacrilége, s'il ne confesse pas tous ses péchés mortels au même confesseur, sauf le cas où il ne pourrait le faire sans de graves inconvénients, conformément à ce que nous avons dit en parlant des causes qui dispensent de l'in-

---

(1) La *Science du Confesseur*, par une société de prêtres réfugiés en Allemagne, part. I. chap. 3. art. 2. § 2. — (2) Ibidem. — Voyez aussi S. Alphonse de Liguori, lib. VI. n° 496; Billuart, Sylvius, Sanchez, de Lugo, Suarez, Laymann, le P. Antoine, etc. — (3) S. Alphonse, lib. VI. n° 497.

tégrité de la confession. On ne pourrait non plus excuser de sacrilége celui qui, étant dans une habitude criminelle, s'adresserait de temps en temps à différents confesseurs, afin d'obtenir plus facilement l'absolution, sans travailler à se corriger. Mais on ne peut trouver mauvais qu'un pénitent qui tombe quelquefois dans une faute grave, s'en accuse d'abord à un confesseur qu'il croit digne et capable, et qu'après en avoir reçu l'absolution, il revienne à son confesseur ordinaire, auquel il ne déclare que des fautes vénielles : « Non officit integritati, per se loquendo, si quis « subinde gravius lapsus, id alteri prius confiteatur, et deinde or- « dinario suo venialia tantum, qui imprudenter id ægre ferret, « prohiberet, aut reprehenderet, nisi tamen ea occasione pœnitens « maneat in mortali occasione peccandi, aut ideo circumeat, ut li- « berius peccet; tunc enim graviter peccabit, et ob defectum at- « tritionis confessio erit nulla (1). » Mais il est important de remarquer qu'un lévite, qui se prépare au sous-diaconat, est obligé de faire connaître à son directeur les fautes graves qu'il peut avoir à se reprocher; cette connaissance est nécessaire à celui qui doit décider sa vocation.

439. Aux qualités de la confession qu'on vient d'énumérer, nous ajouterons qu'elle doit, autant que possible, être faite de vive voix : telle est la pratique constante, générale de l'Église, dont on ne peut s'écarter sans péché, sauf toutefois le cas de nécessité. Un muet peut et doit même, autant que possible, se confesser par écrit, s'il ne peut se faire comprendre suffisamment par signes (2). Nous pensons qu'on doit aussi excepter le cas où un pénitent ne peut que très-difficilement s'exprimer de vive voix, soit par un sentiment de pudeur excessive, soit pour cause d'un empêchement de langue, soit à raison de la grande difficulté de se faire comprendre autrement que par écrit. « Confessio potest fieri nutu, scripto « aliove signo : v. g. si quis ob anxietatem loqui non possit, aut « puella supra modum verecunda aliter se non possit explicare « quam scripto, quo a confessario lecto, addat voce : *De his me ac-* « *cuso*. Ita Suarez, Vasquez, cardinalis de Lugo, Laymann, Salman- « ticenses et alii.... Idem dicunt de eo qui ob impedimentum lin- « guæ valde gravem difficultatem se confitendi voce experitur (3). »

Mais il ne faut pas confondre la confession faite par écrit à un prêtre présent, avec la confession faite par lettre ou par commis-

(1) S. Alphonse, lib. vi. n° 471; de Lugo, Laymann, etc. — (2) Voyez le n° 430. — (3) S. Alphonse de Liguori, lib. vi. n° 493.

sion à un prêtre absent. La première est valide; la seconde, au contraire, est généralement regardée comme nulle, depuis le décret de Clément VIII, qui a condamné, *au moins comme fausse, téméraire et scandaleuse*, la proposition suivante, savoir : « Li-
« cere per litteras seu internuncium confessario absenti peccata
« sacramentaliter confiteri, et ab eodem absente absolutionem ob-
« tinere. » Ce Pape défend expressément de l'enseigner comme probable en aucun cas, ni de la réduire en pratique de quelque manière que ce soit : « *Aut ad praxim quovis modo deducatur* (1). »

### ARTICLE VI.

*Des Défauts qui rendent la Confession nulle, invalide.*

440. La confession peut être invalide, soit du côté du confesseur, soit du côté du pénitent. Elle est invalide du côté du confesseur, 1° s'il est privé de juridiction; 2° s'il a omis de proférer l'absolution; 3° s'il a altéré substantiellement la forme sacramentelle; 4° s'il n'a entendu aucun péché du pénitent. Je dis, *aucun péché*; parce que, s'il en a entendu quelqu'un, l'absolution est valide, dans le cas où le pénitent l'a reçue de bonne foi; mais alors le pénitent serait obligé de confesser les péchés qui n'ont pas été entendus par le confesseur. Lorsqu'un pénitent s'aperçoit que le confesseur dort ou n'entend point, il doit suspendre sa confession; s'il la continuait dans l'intention de surprendre le confesseur, et d'obtenir plus facilement l'absolution, il se rendrait grandement coupable : sa confession serait nulle et sacrilége.

La confession est invalide du côté du pénitent, 1° si, par suite d'une négligence grave dans l'examen de sa conscience, il a omis de s'accuser de quelque péché mortel; 2° s'il s'est confessé, ou plutôt s'il a reçu l'absolution sans avoir la douleur de ses péchés; 3° si, tout en faisant un acte de contrition, il n'avait pas le ferme propos de se corriger; si, par exemple, en annonçant la résolution de se réconcilier avec le prochain, ou de restituer le bien d'autrui, ou de réparer le scandale qu'il a commis, ou de s'éloigner d'une occasion prochaine de péché mortel, ou de prendre les moyens nécessaires d'éviter les rechutes, il n'avait point l'intention, la volonté de le faire; 4° si, par hypocrisie, ou par honte, ou par ma-

---

(1) Décret du 20 juin 1602. — Voyez Collet, Tract. de sacramento Pœnitentiæ, etc.

lice, il a caché quelque péché mortel, ou un péché qu'il croyait mortel; s'il a omis une circonstance qui en change l'espèce, ou toute autre circonstance qu'il se croyait obligé de déclarer sous peine de péché mortel; 5° s'il s'est rendu coupable de mensonge en matière grave dans sa confession; 6° si, en acceptant la pénitence qui lui a été imposée par le confesseur, il n'était point disposé à satisfaire; 7° s'il a partagé à dessein sa confession, en déclarant une partie des péchés mortels à un confesseur, et le reste à un autre, pour ne pas les faire connaître tous à un seul; 8° si, pour obtenir plus facilement l'absolution, sans vouloir renoncer au péché, il s'est adressé à un confesseur qui, soit ignorance, soit infirmité, n'observe point les règles de l'Église au tribunal de la Pénitence, à un prêtre qui absout, généralement, tous ceux qui se présentent, sans examiner s'ils ont les dispositions requises.

**441.** Dans ces différents cas, où le défaut vient du pénitent, la confession est nulle et sacrilége. Elle est nulle, parce que, quoique suivie de l'absolution, elle est sans effet, n'ayant point les conditions essentielles à la validité du sacrement; elle est sacrilége, parce qu'elle est volontairement nulle : en recevant l'absolution sacramentelle sans s'y être disposé, le pénitent devient la cause morale de la nullité et de la profanation du sacrement. Toute confession sacrilége est nulle; mais toute confession nulle n'est pas sacrilége. Elle est simplement nulle pour ce qui regarde le pénitent, lorsqu'il reçoit de bonne foi l'absolution d'un prêtre qui n'a pas le pouvoir de l'absoudre. Elle est encore nulle, sans être sacrilége, lorsque le pénitent, se croyant suffisamment disposé, se laisse donner l'absolution, sans avoir cependant la douleur de ses péchés à un degré suffisant pour recevoir le sacrement. Il ne fait pas tout ce qu'il faut; mais parce qu'il est peu instruit et qu'il s'en rapporte à son confesseur, dont il n'est point obligé de connaître les obligations, il est vrai de dire que sa négligence à se préparer au sacrement peut n'être que légère ou vénielle, et rendre sa confession plutôt *simplement nulle* que *sacrilége*, à prendre ce dernier mot dans sa signification rigoureuse.

**442.** La bonté ou la validité d'une confession peut être ou moralement certaine, ou probable, ou douteuse. Il en est de même de la nullité. Or, généralement, on est obligé de renouveler les confessions dont la nullité est moralement certaine ou très-probable. Une confession nulle est regardée comme non avenue. Nous ferons remarquer qu'on doit regarder une confession comme invalide, lorsque le pénitent retombe quelque temps après dans un péché d'habitude, sans avoir rien fait ni pour s'éloigner de l'occasion prochaine, ni pour résister à la tentation : une rechute aussi prompte est une preuve qu'il n'avait ni la contrition ni le ferme propos à un degré suffisant. Il en serait autrement s'il avait persévéré quelque temps, ou s'il avait apporté quelque résistance à la tentation. « Si pœnitens aliquandiu post confessionem dignos pœ« nitentiæ fructus fecit, hoc est strenue adversus tentationes et pec« candi occasiones pugnaverit, confessarius judicabit validam fuisse « confessionem. Secus si paulo post confessionem, seu data prima « occasione, lapsus fuerit. » Ainsi s'exprime Habert, cité par saint Alphonse de Liguori, qui ajoute : « Tunc enim revera moraliter « certum est confessiones fuisse nullas; nam ille qui in confessione « vere dolet et proponit emendationem, saltem per aliquod tempus « a peccato se abstinet, saltem aliquem conatum adhibet ante re« lapsum; unde qui post suas confessiones ut plurimum cito et sine « aliqua resistentia iterum cecidit, certe censendus est nullum, vel « nimis tenuem habuisse dolorem vel propositum. Aliter vero di« cendum, si per *aliquod* tempus perseveraverit, vel ante casum « *aliquam* saltem resistentiam præstiterit (1). » Dans le cas dont il s'agit, il est facile de revalider la confession, en s'adressant au même confesseur; car alors il suffit que le pénitent s'accuse des péchés omis, des sacriléges qui ont été la suite de ses mauvaises dispositions, et, d'une manière générale, de tous les péchés qu'il a déjà confessés. « C'est le sentiment le plus communément reçu, « dit saint Alphonse de Liguori : Sententia communior et non « minus probabilis dicit, quod, undecumque defectus evenerit, sive « ex parte confessarii, quia defuit jurisdictio, sive ex parte pœni« tentis, quia defuit dispositio aut integritas, non est opus repetere « confessionem (apud eumdem confessarium). Sed sufficit si con« fessarius recordetur status pœnitentis, vel resumat notitiam ejus « in confuso, et pœnitens in communi se accuset de omnibus prius « confessis (2). » Il suffit même, au jugement de plusieurs docteurs graves, que le confesseur ait le souvenir de la pénitence qu'il avait imposée, parce qu'il peut alors, disent-ils, juger suffisamment de l'état du pénitent (3). Il en serait autrement, suivant saint Alphonse, si le confesseur se rappelait seulement d'avoir imposé une pénitence, sans se rappeler en quoi consistait cette pénitence (4). Si la confession se fait à un autre confesseur, on doit répéter toutes

---

(1) Lib. VI. n° 505. — (2) Ibidem. n° 502. — (3) Ibidem. — Navarre, Tolet, Vasquez, Laymann, Sa, etc. — (4) Ibidem.

les confessions précédentes que l'on croit nulles, en accusant tous les péchés mortels qu'on peut moralement se rappeler, après avoir examiné soigneusement sa conscience.

Souvent il est difficile de discerner si une confession est valide, nulle, ou sacrilége. Dans le doute, nous pensons qu'on ne doit point exiger de confession générale, ainsi que nous l'expliquerons dans l'article suivant.

### ARTICLE VII.

#### *Des Confessions générales.*

**443.** On distingue la confession générale qui embrasse toute la vie, et celle qui ne remonte qu'à une certaine époque, à la première communion, par exemple, à une mission, à une retraite dont on a suivi régulièrement les exercices, ou à la dernière confession sur laquelle on peut prudemment compter. Or, la confession générale est nécessaire aux uns, utile à plusieurs, et nuisible à d'autres.

La confession générale est nécessaire aux uns; savoir, à tous ceux dont les confessions précédentes, depuis plus ou moins de temps, sont certainement nulles, moralement parlant, de quelque côté qu'en soit venue la nullité. Nous avons fait remarquer plus haut (1) les principales circonstances où la confession est simplement nulle, ou nulle et sacrilége en même temps. Dans ces différentes circonstances, le pénitent, dont une ou plusieurs confessions consécutives ont été invalides, doit les répéter, en s'accusant de tous les péchés mortels dont il se souvient, à moins qu'il ne retourne au même confesseur qui connaît l'état de son âme; il suffirait alors de se confesser, d'une manière générale, des péchés qu'il a déclarés précédemment (2).

**444.** Comment doit-on se comporter à l'égard d'un pénitent dont les confessions précédentes sont douteuses? Si la prudence le permet, si on n'a pas lieu de craindre de le décourager ou de lui inspirer de l'éloignement, en proposant de faire une confession plus ou moins générale, une revue plus ou moins détaillée, on lui en parlera comme d'une pratique vraiment utile et bien propre à tranquilliser la conscience. Mais nous pensons, contrairement au sentiment d'un grand nombre de docteurs, qu'on ne doit point l'exiger, qu'il y aurait des inconvénients à lui en faire une obli-

---

(1) Voyez le n° 440. — (2) Voyez le n° 442.

gation. Voici ce que dit saint Alphonse de Liguori : « Sedulo ad-
« vertendum est non esse cogendos pœnitentes ad repetendas con-
« fessiones, nisi *moraliter certo constet* eas fuisse invalidas.....
« Ratio, quia possessio stat pro valore confessionum præteritarum,
« quamdiu de earum nullitate *non constat* (1). » Il cite, entre
autres, le P. Segneri, qui n'est pas moins exprès. « Il faut éviter,
« dit ce pieux et savant missionnaire, d'être trop curieux à s'en-
« quérir des confessions passées, et de vouloir obliger les pénitents
« à les répéter de nouveau, si ce n'est en cas de nécessité; encore
« faut-il qu'elle soit *évidente*, et qu'on présume avec fondement
« qu'elles pourraient avoir été nulles, ou par le manquement de
« juridiction de la part du prêtre, ou par le défaut de contrition et
« de bon propos du côté du pénitent. Au reste, quand l'erreur et le
« défaut ne sont point *manifestes*, suivez cette règle du droit :
« Lorsque la chose est douteuse, la présomption est toujours pour
« la validité de l'acte (2). » C'est aussi la pensée du P. Palavicini :
« N'obligez jamais à faire une confession générale, surtout ceux
« que vous entendez pour la première fois, et qui n'ont pas encore
« en vous grande confiance, à moins que vous n'en ayez une raison
« *évidente*; comme s'ils ont toujours caché de *propos délibéré*
« quelque péché mortel. Pour assurer le pardon des péchés et le
« recouvrement de la grâce, si le pénitent croit de bonne foi les
« avoir déjà confessés, et n'être point tenu à une confession géné-
« rale, il suffit que la confession ordinaire soit faite avec une dou-
« leur universelle, je veux dire qui s'étende à tous les péchés com-
« mis, que l'absolution actuelle remet alors indirectement; comme
« il arrive à l'égard des fautes omises dans l'accusation après un
« diligent examen : par ce moyen, tout est mis en sûreté (3). » Nous
ajouterons, qu'en exigeant des confessions générales de tous les pénitents dont les confessions sont douteuses, on s'expose au danger
d'éloigner de la Pénitence ceux qui sont encore faibles dans la foi,
c'est-à-dire, ceux qui en ont le plus besoin. La confession générale
est un poids si pénible, soit à cause de la difficulté d'examiner sa
conscience, soit à cause de la honte ou de la répugnance à déclarer
de nouveau certains péchés plus ou moins graves, qu'on ne peut
sans inconvénient l'imposer à ceux qui n'en sentent point la nécessité.

D'après ces considérations, nous pensons même qu'il est prudent

---

(1) Lib. vi. n° 505. — (2) Instruction du Confesseur, ch. 2. — (3) Le Prêtre
sanctifié par l'administration du sacrement de Pénitence, n° 93.

de ne pas parler de confession générale à un pénitent dont les confessions précédentes sont nulles, s'il n'éprouve aucun doute sur leur validité, et qu'on ait lieu de craindre de le jeter dans le découragement, en le retirant de la bonne foi. Nous supposons d'ailleurs qu'il est présentement bien disposé, et que le confesseur a fait tout ce que la prudence lui permettait pour le faire revenir sur le passé. Dans ce cas, il recevra directement la rémission des péchés dont il s'accuse dans la confession présente, et indirectement la rémission des péchés qu'il a déclarés dans les confessions précédentes. Mais une ou plusieurs confessions étant nulles, les confessions qui suivront ne seront-elles pas aussi entachées de nullité? Le vice d'une confession précédente, qui n'est point revalidée par une nouvelle accusation des péchés mortels, n'affecte-t-il point les confessions suivantes? Non, puisque, dans l'hypothèse dont il s'agit, le pénitent est de bonne foi, soit qu'il n'ait aucun doute sur la validité de ses confessions, soit qu'il ait déposé son doute d'après l'avis de son confesseur. Collet lui-même en convient, d'après Sylvius (1) et Pontas (2) : « Constat confessiones post confessionem « nullam et non repetitam factas aliquando valere (3). »

445. La confession générale est utile à plusieurs, savoir, à ceux dont les confessions précédentes inspirent des doutes, des inquiétudes ; à ceux qui ont vécu plusieurs années dans une grande dissipation, se confessant rarement, et presque toujours d'une manière plus ou moins imparfaite ; aux gens du monde qui, après s'être plus occupés des affaires du siècle que de leur salut, veulent se retirer pour mener une vie plus tranquille, et se préparer à la mort. Elle est utile aux vieillards, qui doivent bientôt paraître devant Dieu ; ainsi qu'à ceux qui sont dangereusement malades. Mais la conduite à l'égard de ceux-ci dépend beaucoup de l'état où ils se trouvent. Souvent ils sont si faibles qu'ils ont de la peine à faire une confession ordinaire. La confession générale est encore utile aux enfants qui se préparent à la première communion, aux jeunes gens de l'un et de l'autre sexe qui se consacrent spécialement à Dieu, ou qui se disposent au sacrement de Mariage. On doit donc y exhorter les pénitents, si toutefois on le juge à propos. Les jeunes confesseurs ne sauraient être trop circonspects sur cet article.

(1) In Supplementum S. Thomæ, quæst. 9. art. 2. — (2) Dict. *Confession*, au cas 53. — (3) Tract. de sacramento Pœnitentiæ, part. II. cap. 8. § 7, nᵒˢ 864 et 872. — Voyez aussi S. Alphonse de Liguori, lib. VI. n° 503 ; Billuart, de sacramento Pœnitentiæ, dissert. VII. art. 2. § 5 ; Suarez, de sacramento Pœnitentiæ, disput. XXIII. sect. 3, etc.

446. La confession générale est nuisible à certaines personnes : nuisible aux pénitents qui, se croyant obligés de tout dire, même dans une confession générale non nécessaire, sont exposés à cacher quelque péché mortel, qu'ils ont eu beaucoup de peine à déclarer une première fois; nuisible aux âmes timorées et scrupuleuses, dont elle ne pourrait, généralement, qu'augmenter les peines et les inquiétudes, au lieu de les calmer. Toutes les fois qu'on a lieu de craindre qu'une confession générale ne nuise au pénitent, on ne doit point la permettre. Si on dit que les inquiétudes du pénitent ne sont peut-être pas sans fondement, qu'il peut se faire qu'il y ait eu précédemment des confessions nulles, nous répondrons que ces confessions ont été ou pourront être réparées par une confession suivante, faite avec toutes les dispositions requises; qu'il faut se contenter de cette réparation, quoique moins parfaite, à raison des inconvénients qu'il y aurait d'exiger ou même de laisser faire une confession générale (1).

447. Quant à la manière de faire une confession générale, il faut d'abord faire attention qu'elle demande beaucoup plus de soin quand elle est d'obligation que lorsqu'elle n'est que de conseil. Si elle est nécessaire, il est important d'en séparer les péchés commis depuis la dernière confession, afin que le confesseur connaisse mieux l'état actuel du pénitent. Dans tous les cas, il ne faut pas se montrer exigeant à l'égard des ignorants : « Quand « même le pénitent, par défaut de connaissance, dit le P. Segneri, « n'aurait, dans les confessions précédentes, expliqué le nombre de « ses péchés que d'une manière confuse, il n'est pas nécessaire de « les lui faire répéter avec plus d'exactitude; parce que ses péchés, « bien qu'expliqués confusément, ont été absous indirectement (2). » Cependant, ajoute le P. Palavicini, « en cas que le pénitent aidé « par vous en connût mieux le nombre, il devrait les déclarer de « nouveau; mais d'ordinaire cela n'arrive pas pour les ignorants; « et, dans leurs confessions tant particulières que générales, vous « pouvez, par des interrogations convenables, découvrir plus aisé- « ment en quelques instants leurs fautes, le nombre et les circons- « tances, qu'ils ne pourraient le faire dans un long intervalle de « temps. Ne vous inquiétez donc pas si jamais ils se présentent « sans s'être préparés : en les renvoyant, vous ne feriez d'ordinaire « que les embarrasser; et ils ne reviendraient plus. Commencez

---

(1) La *Science du Confesseur*, par une société de prêtres réfugiés en Allemagne, troisième partie, ch. 1, quest. 1. — (2) Instruction du Confesseur, ch. 2.

« par les interroger ; vos interrogations vous mettront souvent en
« état de pouvoir les absoudre aussitôt ; ce qui leur sera aussi utile
« qu'agréable. Si vous ne le pouvez, ces interrogations vous don-
« neront du moins tout lieu d'espérer qu'ils reviendront au temps
« marqué (1). » Nous finirons cet article en faisant observer que la
confession ou revue générale est bien facile, lorsqu'elle se fait au
même confesseur qui a entendu les confessions nulles qu'il s'agit
de réparer ; car il connaît, ou peut, par le moyen de quelques interrogations, connaître facilement l'état du pénitent (2).

## CHAPITRE IV.

### De la Satisfaction.

**448.** La satisfaction dont il s'agit consiste dans la réparation de l'injure faite à Dieu par le péché. Il faut de toute nécessité satisfaire à la justice divine. Cette satisfaction est nécessaire même à celui qui a obtenu le pardon de ses péchés par le sacrement de Pénitence. Quoique la peine éternelle ait été remise par l'absolution, il reste presque toujours une peine temporelle à subir, soit dans l'autre monde par les peines du purgatoire, soit dans cette vie par des œuvres expiatoires. Telle est la doctrine de l'Église catholique (3). Les peines satisfactoires ne sont pas seulement un moyen de nous acquitter entièrement envers Dieu ; elles sont comme un frein qui retient l'homme et l'empêche de retomber dans le péché ; elles détruisent les mauvaises habitudes par la pratique des vertus con-traires ; nous rendent plus vigilants et plus attentifs ; et nous rendent conformes à Jésus-Christ, qui a satisfait par ses travaux et ses souffrances (4).

Par un effet de la miséricorde de Dieu, nous pouvons satisfaire a sa justice, non-seulement par les œuvres expiatoires dont nous nous chargeons nous-mêmes, non-seulement par les pénitences que nous impose le confesseur, mais encore par les tribulations que le Seigneur nous envoie, si nous les mettons à profit par la résignation, la patience et l'humilité. Dieu daigne accepter, comme une vraie satisfaction, les travaux, la misère, les privations, les contradic-

---

(1) Le Prêtre sanctifié par l'administration du sacrement de Pénitence, n° 35. — (2) Voyez, ci-dessus, le n° 442. — (3) Concil. Trident. sess. xiv. can. 12, 13, 14 et 15. — (4) Ibidem. cap. 8.

tions, en un mot toutes les peines de cette vie, la mort même, lorsque nous les supportons en esprit de pénitence, en union avec Jésus-Christ, duquel notre satisfaction tire toute sa valeur (1).

449. On distingue la satisfaction *volontaire*, et la satisfaction *sacramentelle*. La première est ainsi appelée, parce que nous nous l'imposons nous-mêmes, soit avant, soit après la confession. La satisfaction sacramentelle est celle qui nous est imposée par le confesseur, et qui fait partie du sacrement de Pénitence. On la considère ou dans son principe, ou dans ses actes : sous le premier rapport, elle est partie essentielle du sacrement; elle s'identifie avec la contrition et le ferme propos, dont elle est une conséquence naturelle et rigoureuse. Sous le second rapport, elle n'est plus que partie intégrante du sacrement. On ne peut recevoir l'absolution sans être disposé à satisfaire à la justice de Dieu; mais on peut la recevoir avant de faire ce qui est nécessaire pour la satisfaction. Le confesseur peut donner l'absolution au pénitent qu'il trouve suffisamment disposé, avant qu'il ait satisfait. La doctrine contraire a été condamnée, en 1478 et en 1690, par les papes Sixte IV et Alexandre VIII. La pénitence sacramentelle est plus efficace que celle qui est volontaire; elle a une vertu qui lui est propre, vertu qui lui vient du sacrement.

### ARTICLE I.

*Le Confesseur est-il obligé d'imposer à celui qu'il confesse une pénitence proportionnée au nombre et à la grièveté de ses fautes, eu égard à son état et à ses dispositions ?*

450. Il est certain que le confesseur doit toujours imposer une pénitence, à moins que le pénitent ne soit absolument hors d'état d'en accomplir aucune, comme pourrait être un moribond. Le concile de Trente est exprès (2); telle est d'ailleurs la pratique constante de l'Église. Ainsi, le confesseur pèche, quand il n'impose aucune pénitence; et il pèche grièvement, si le pénitent a déclaré quelque péché mortel. Mais s'il ne s'est accusé que de péchés véniels ou de péchés mortels déjà confessés, il est assez probable que le confesseur ne pèche que véniellement (3). Le confesseur qui a oublié de donner une pénitence, peut être excusable de tout péché; s'il ne s'en aperçoit que lorsque le pénitent est sorti du confessionnal, il

---

(1) Concil. Trident. sess. XIV. cap. 19.— (2) Ibidem. cap. 8.—(3) S. Alphonse, lib. VI. n° 506; de Lugo, etc

ne peut, généralement, réparer cette omission que dans le cas où le pénitent reviendrait à lui pour sa confession suivante.

La pénitence sacramentelle doit être salutaire et convenable, eu égard à la qualité des péchés et à la faculté des pénitents. Voici ce que dit le concile de Trente : « Debent ergo sacerdotes Domini, « *quantum spiritus et prudentia suggerit*, pro qualitate crimi- « num, et *pœnitentium facultate*, *salutares* et *convenientes* satis- « factiones injungere : ne, si forte peccatis conniveant, et indul- « gentius cum pœnitentibus agant, *levissima* quædam opera pro « *gravissimis* debitis injungendo, alienorum peccatorum partici- « pes efficiantur. Habeant autem præ oculis ut satisfactio, quam « imponunt, non sit tantum ad novæ vitæ custodiam, et infirmi- « tatis medicamentum, sed etiam ad præteritorum peccatorum vin- « dictam et castigationem ; nam claves sacerdotum non ad solven- « dum duntaxat, sed et ad ligandum concessas, etiam antiqui Pa- « tres et credunt et docent (1). »

451. Le concile s'en rapporte à la *prudence* du confesseur, qui réglera les pénitences sur la grièveté des crimes et sur les dispositions des pénitents, *pro qualitate criminum et pœnitentium facultate*. Pour ce qui regarde la qualité des fautes, il faut avoir égard et au nombre, qui contribue beaucoup à rendre le pénitent plus coupable ; et à l'espèce, qui sert à en faire connaître la grièveté ; et à la position du pénitent, qui aggrave ou atténue la malice du péché ; et à la manière dont le péché a été commis. On a de l'indulgence pour les fautes où il y a plus de faiblesse que de malice. On remarquera, quant au nombre des péchés, qu'on ne peut pas prudemment imposer une aussi forte pénitence, à proportion, pour un grand nombre de péchés que pour un petit nombre. Un homme n'a commis qu'un péché mortel, on lui donnera certainement une pénitence plus forte et même beaucoup plus forte, à proportion, que s'il avait commis vingt, cinquante, cent péchés mortels. Sans cela, il y aurait une foule de pécheurs qu'il faudrait accabler de pénitences pour toute la vie ; leur vie même n'y suffirait pas.

452. Mais on ne saurait trop blâmer certains confesseurs qui n'ont que deux ou trois formules de pénitences pour tous les fidèles qui s'adressent à eux ; la pénitence sacramentelle doit varier suivant l'état de la conscience, les besoins et les dispositions du pénitent. Un ministre sage et discret, ne perdant pas de vue l'esprit de l'Église, dont on doit juger par la discipline actuellement en vigueur,

(1) Sess. XIV.

évitera de donner des pénitences trop fortes ou trop légères. Il aura soin que les œuvres qu'il prescrira soient tout à la fois plus ou moins gênantes et d'une exécution facile, eu égard à la force ou à la faiblesse du pénitent. Et, pour en faciliter l'accomplissement, il simplifiera et précisera les pénitences sans les surcharger de pratiques, en indiquant, au besoin, des actes à faire, pendant un certain temps, pour chaque jour ou chaque mois.

Le confesseur doit avoir égard aux facultés du pénitent, *pro pœnitentium facultate*; aux facultés physiques, savoir : au tempérament, à la santé, au travail, à la fortune. Il serait contre la prudence d'imposer des jeûnes à un homme d'une santé faible, à une femme enceinte ou qui est nourrice; des aumônes à une personne qui peut à peine se procurer le nécessaire; de longues pratiques aux malades. Toutes choses égales, la pénitence doit être diminuée plus ou moins en faveur des malades, selon qu'ils sont plus ou moins faibles. « Meminerit sacerdos, dit le Rituel romain, ægris « non esse injungendam gravem aut laboriosam pœnitentiam, sed « indicendam tantum illam quam, si convaluerint, opportuno tem- « pore peragant. Interim, juxta gravitatem morbi, aliqua oratione « aut levi satisfactione imposita et accepta, absolvantur, si opus « fuerit (1). » Si le malade a perdu la raison, il peut être absous sans qu'on lui impose aucune pénitence.

453. Le confesseur aura également égard aux dispositions morales du pénitent : « Pro pœnitentium facultate, id est, ajoute saint « Alphonse, spectata illorum infirmitate corporis et *animi* (2). » Ce qui s'accorde parfaitement avec le Rituel romain : « Confessa- « rius salutarem et convenientem satisfactionem, quantum spiritus « et prudentia suggesserit, injungat, habita ratione status, condi- « tionis, sexus, et ætatis, et *dispositionis* pœnitentium. » Aussi, nous lisons dans saint Thomas : « Pœnæ satisfactoriæ in canoni- « bus determinatæ non competunt omnibus, sed variandæ sunt se- « cundum arbitrium sacerdotis divino instinctu regulatum. Sicut « medicus aliquando non dat medicinam ita efficacem, quæ ad « morbi curationem sufficiat, ne propter debilitatem naturæ majus « periculum oriatur ; ita sacerdos divino instinctu motus non sem- « per totam pœnam, quæ uni peccato debetur, injungit, ne infir- « mus ex magnitudine pœnæ *desperet*, et *a pœnitentia* totaliter « recedat (3). Tutius est imponere minorem debito pœnitentiam

---

(1) De sacramento Pœnitentiæ. — (2) Lib. vi. n° 509. — (3) Supplément, quæst. 18. art. 4.

« quam majorem; quia melius excusamur apud Dominum propter
« multam misericordiam quam propter nimiam severitatem; quia
« talis defectus in purgatorio supplebitur (1). » Ce qui a fait dire à
Gerson, qu'il vaut mieux envoyer un pénitent en purgatoire
avec une légère pénitence, que de le précipiter en enfer avec
une plus grande qu'il n'accomplirait pas. « Tutius est cum
« parva pœnitentia quæ sponte suscipitur et verisimiliter adim-
« plebitur, ducere confessos ad purgatorium, quam cum magna
« non implenda præcipitare in infernum. Renuens pœnitentiam
« (convenientem) in hac vita stulte facit; nihilominus absolven-
« dus est, si non ex infidelitate qua credit non esse purgatorium
« aliud hoc faciat; sed propter teneritudinem corporis, aut infirmi-
« tatem, aut paupertatem, vel aliud simile (2). » Suivant saint
Raymond de Pennafort et saint Antonin, « Debet confessor dare
« talem pœnitentiam, quam credat verisimiliter pœnitentem im-
« plere, ne ipsam violando, deterius ei contingat. Quod si magna
« peccata commisit, et dicit se pœnitere, sed non posse aliquam
« duram pœnitentiam agere, animet ad hoc confessor, ostendendo
« ei gravitatem peccatorum et per consequens pœnarum et pœni-
« tentiarum sibi propter ea debitarum, et sic tandem injungat ei
« pœnitentiam, quam libenter suscipiat. Et si sacerdos non potest
« gaudere de omnimoda purgatione ejus, saltem gaudeat quod li-
« beratum a gehenna transmittit ad purgatorium (3). »

454. Les statuts synodaux (4) du cardinal de Givry, évêque
de Langres, renferment le même avis. « Caveant sacerdotes ne
« gravent pœnitentes per difficiles vel onerosas pœnitentias; sed
« eas imponant quas putant posse et *velle* pœnitentem portare, ne
« deterius contingat peccare pœnitentiam non adimplendo; etiamsi
« non deberent injungere unum *Ave Maria*. Debet sufficere sacer-
« doti, si pœnitentem liberatum videat ab offensa, et pœnam
« mittat ad purgatorium, licet pœnitentem liberatum a culpa non
« transmittat ad paradisum. » Le Rituel ou *Sacerdotale*, à l'usage
des églises de la province de Reims, publié par l'ordre du concile
provincial de cette ville, en 1585, s'exprime dans le même sens :
« Non debet confessarius pœnitentiam ullam injungere impossibi-
« lem vel nimium incommodam atque difficilem, vel quam proba-
« bile sit pœnitentem *nolle* vel non posse adimplere. Longe satius
« est pœnitentes cum exigua et levi pœnitentia quam acceptabunt

---

(1) Opuscul. LXV. § 4. — (2) Regulæ morales, n° 138. — (3) S. Raymond, Summa, lib. III. tit. 34. S. Antonin, Summa theologica, part. III. tit. 17. cap. 20. — (4) Publiés en 1538.

« et implebunt, mittere in purgatorium, quam cum magna et gravi
« ab illis non adimplenda, mittere in infernum (1). » En effet, le
premier soin du confesseur est d'empêcher son pénitent d'aller en
enfer ; c'est la fin principale du sacrement de Pénitence. Ainsi
donc, tout prêtre qui comprend bien sa mission saura, dans le
tribunal sacré, qui est un tribunal de miséricorde, compatir aux
infirmités *corporelles* et *spirituelles* de ses frères ; c'est l'esprit de
Jésus-Christ : « Non habemus pontificem, dit l'Apôtre, qui non
« possit compati infirmitatibus nostris. » Le confesseur doit, suivant l'expression du concile de Trente, imposer des pénitences
*salutaires*, eu égard et *à la qualité des fautes* et *à la faculté* ou
*disposition des pénitents :* il doit, par conséquent, tout considéré,
leur infliger les peines qu'il croira, *dans sa prudence*, les plus
utiles *au salut* de chacun. C'est donc un devoir pour lui de sonder, au besoin, les dispositions du pénitent, relativement à la
satisfaction qu'on se propose de lui prescrire. « Talem pœnitentiam
« imponet confessarius, dit saint Charles, qualem ab eo præstari
« posse judicet. Proinde aliquando, si ita expedire viderit, pœni-
« tentem interroget, an possit, anve dubitet pœnitentiam sibi in-
« junctam peragere; alioquin eam mutabit aut *minuet*(2). » Saint
François de Sales est encore plus clair et plus formel, lorsqu'il dit
que le confesseur doit demander au pénitent s'il fera *volontiers* sa
pénitence, parce que s'il voit qu'elle le met dans la peine, il fera
mieux de lui en donner une autre plus légère (3). Un pécheur peut
avoir la contrition à un degré suffisant, sans avoir encore assez de
force pour faire tout ce que réclame la justice de Dieu. Qu'on ne
dise pas qu'en agissant ainsi, on néglige l'honneur de Dieu : « Si
« expediet, dit le P. Antoine, ad bonum spirituale pœnitentis, po-
« test imponi levior pœna quam mereatur ; idque tandem cedit in
« majorem Dei gloriam, qui vult præcipue curationem pœniten-
« tis (4). » Habert parle comme Antoine, citant cette belle pensée
de Tertullien : *Honos Dei est salus hominis*(5).

455. La pénitence sacramentelle peut encore être diminuée et en
faveur du pénitent qui parait vivement touché de ses péchés, ou
qui a déjà fait plusieurs œuvres expiatoires avant sa confession,

---

(1) De sacramento Pœnitentiæ. — Voyez S. Alphonse de Liguori, lib. vi.
n° 510; la Science du Confesseur, par une société de prêtres réfugiés en Allemagne, part. i. ch. 3. art. 3, etc., etc. — (2) Instructio Pœnitentiæ. — (3) Avis
aux Confesseurs.— (4) De sacramento Pœnitentiæ, cap. 1. art. 3. — (5) **Habert**,
de Pœnitentia, cap. 10. § 7.

et en faveur de ceux qui se préparent au jubilé ou à une indulgence plénière (1).

Quoique le confesseur ne puisse imposer des pénitences égales au péché, qu'il ne puisse plus suivre que de très-loin l'ancienne pratique de l'Église, il peut néanmoins se servir des anciennes règles et pour se guider dans l'appréciation des fautes quand il s'agit d'imposer la pénitence, et pour montrer au pénitent ce qu'on aurait exigé de lui autrefois; lui représentant que la grièveté du péché et les règles de la justice divine n'ont point changé; que la peine dont il est redevable envers Dieu est toujours la même; l'exhortant par ce motif à accepter plus volontiers la pénitence qu'on lui donne, à s'en acquitter avec plus de ferveur, à y suppléer même par des pénitences volontaires, à supporter avec plus de patience et de résignation les peines, les contradictions et les misères de cette vie, et à gagner les indulgences que l'Église accorde actuellement avec d'autant plus de facilité qu'elle a plus de ménagement pour la faiblesse de ses enfants (2). Nous ajouterons qu'outre la pénitence, qui est d'obligation, le confesseur fera bien de proposer à son pénitent, par forme de conseil, et comme moyen de suppléer à l'insuffisance de la satisfaction, quelques œuvres ou pratiques particulières, faciles et propres à entretenir en lui l'esprit de pénitence.

456. Les pénitences imposées par le confesseur doivent être *afflictives* ou *vindicatives* et *médicinales* : afflictives, en punissant le péché; médicinales, en préservant le pécheur de nouvelles chutes. Ce n'est pas assez de guérir les plaies; il faut prémunir le malade contre le retour du mal. Mais les pratiques médicinales sont en même temps jusqu'à un certain point des pénitences afflictives, puisqu'il en coûte à la nature corrompue de résister au mal et de réprimer ses passions; comme aussi les pénitences afflictives sont plus ou moins médicinales : toute pratique expiatoire est un remède contre le péché. Par conséquent, si le confesseur juge que la pénitence médicinale est, tout considéré, une pénitence suffisante, et qu'il ne soit pas à propos d'en exiger davantage, il peut s'en tenir là. Le concile de Trente, en avertissant qu'on doit se proposer, par l'imposition de la pénitence, non-seulement de maintenir le pénitent dans la vie nouvelle qu'il a embrassée, mais encore de punir le péché et de venger Dieu, ne dit nulle part que ce soit par des pratiques distinctes qu'on doive produire ces deux effets (3).

(1) S. Alphonse de Liguori, lib. vi. n° 508; Suarez, Laymann, etc. — (2) La Science du Confesseur, par une société de prêtres français réfugiés en Allemagne, part. 1. ch. 3. art. 3. — (3) Ibidem.

Les actes de la pénitence, qui peuvent être l'objet de la satisfaction sacramentelle, soit afflictive, soit médicinale, se réduisent à trois chefs : la prière, qui, dans son acception générale, comprend les actes de foi, d'espérance et de charité ; l'adoration, le sacrifice, l'action de grâces, et, généralement, tous les actes de la vertu de religion ; l'aumône, qui comprend tous les actes que la charité chrétienne commande ou conseille en faveur du prochain, tous les services que nous pouvons lui rendre dans l'ordre spirituel et temporel ; le jeûne, qui comprend non-seulement l'abstinence proprement dite, mais encore les mortifications corporelles, les pratiques pénibles pour la nature, les privations en tout genre qui contrarient nos sens et l'amour-propre. Nous ne parlons ni du cilice, ni de la discipline, ni d'autres macérations extraordinaires, dont on ne doit permettre que rarement l'usage. « Le défaut de mo-
« dération des jeûnes, disciplines, haires et âpretés, dit saint
« François de Sales, rend inutiles au service de la charité les meil-
« leures années de plusieurs. »

457. Quant au choix des pratiques, lorsque les pénitents sont d'une condition à gagner leur pain à la sueur de leur front, on ne doit leur imposer ni jeûnes, ni aumônes, ni prières qui puissent les détourner de leurs travaux. Mais on peut leur prescrire certains exercices de piété pour les dimanches et fêtes, une lecture spirituelle, par exemple, la visite au Saint Sacrement, avant ou après les offices de la paroisse, la récitation des sept psaumes de la pénitence. On peut aussi leur imposer l'obligation d'entendre la messe paroissiale, d'assister aux vêpres, au sermon, au salut, ou à d'autres offices qui ne sont que de conseil. Pour ce qui regarde les jours ordinaires, on leur prescrit quelques actes de piété, quelques prières qu'ils peuvent faire facilement soit avant, soit après, soit pendant le travail : des actes de foi, par exemple, d'espérance, d'amour de Dieu, de contrition, d'humilité, de résignation ; la récitation de l'Oraison dominicale, de la Salutation angélique, d'une partie du rosaire, des litanies du saint Nom de Jésus, de la sainte Vierge. On peut aussi leur donner pour pénitence de s'arrêter un instant à la pensée de la mort, de l'enfer, de l'éternité, deux ou trois fois par jour, ou au moins avant de s'endormir ; d'offrir à Dieu, en satisfaction pour leurs péchés, les ennuis, les travaux et les peines de leur état, en renouvelant cette offrande tous les jours, pendant une semaine, un mois ; de se priver de certains amusements permis. Si le pénitent est d'une condition aisée, on a plus de latitude dans le choix des œuvres satisfactoires. Indépendamment

des actes de religion, on peut imposer des aumônes aux riches, des privations à ceux qui sont adonnés aux plaisirs; bien entendu, toutefois, qu'on aura égard aux infirmités du corps et de l'esprit, aux dispositions plus ou moins fortes ou plus ou moins faibles du pénitent. Il faut toujours voir ce qui peut être le plus avantageux, le plus utile au salut du pénitent.

458. Suivant le sentiment le plus commun, et certainement le plus probable(1), on peut prescrire, à titre de pénitence, des choses commandées d'ailleurs : l'acte qui se fait par un devoir de justice, de religion, de charité, peut en même temps se faire par un motif de pénitence. On satisfait à la justice de Dieu en faisant une restitution, en assistant à la messe le dimanche, comme on peut mériter par ces actes. Cependant on ne doit recourir à ce moyen qu'en faveur de ceux qui sont encore faibles dans la foi, faibles dans la sainte résolution de revenir à Dieu : « Hoc tamen « non faciendum, dit saint Alphonse, d'après Suarez, nisi spectata « fragilitate pœnitentis(2). » Aussi, nous pensons que le confesseur qui juge à propos de prescrire une chose à laquelle le pénitent est d'ailleurs obligé, fera bien d'y ajouter une œuvre facile qui n'est point d'obligation. On convient du reste que, toutes les fois que le confesseur n'a pas expressément fait connaître son intention, on doit supposer que l'œuvre qu'il a prescrite est une œuvre de surérogation, à moins qu'il n'y ait des raisons suffisantes de croire le contraire : c'est d'après les circonstances qu'il faut en juger. Si donc, par exemple, le confesseur dit à son pénitent, Vous entendrez une fois la messe cette semaine, il n'est pas censé vouloir consentir à ce que le pénitent se contente d'y assister le dimanche. Mais s'il lui dit, Pour pénitence, vous assisterez à la messe tous les jours de telle ou telle semaine, on ne doit point supposer qu'il ait eu l'intention de l'obliger d'entendre deux fois la messe, ni le dimanche, ni le jour de fête qui se rencontrerait dans la semaine.

459. Quant aux pénitences médicinales, dont la fin principale est de prémunir le pénitent contre la rechute, les unes sont générales, et opposées à toutes sortes de péchés; les autres sont particulières, c'est-à-dire, opposées à certains péchés. Les premières peuvent s'imposer à tous les pénitents; les dernières ne s'imposent qu'à quelques-uns, suivant leurs besoins particuliers. Les pénitences médicinales, communes ou générales, sont : la prière, la dévotion au

---

(1) S. Alphonse de Liguori, lib. vi. n° 513; Navarre, Soto, de Lugo, Suarez, Sanchez, Bonacina, Laymann, Elbel, Sporer, etc. — (2) Ibidem.

Saint Sacrement, à la sainte Vierge, à l'ange gardien, en un mot, tous les actes de la religion : la pensée de la présence de Dieu, de temps en temps pendant la journée, et principalement au moment de la tentation; la pensée de la mort, du jugement général ou particulier, de l'enfer, du paradis, de l'éternité : « In omnibus ope-« ribus tuis memorare novissima tua, et in æternum non pecca-« bis (1); » l'examen de conscience, de fréquents retours sur soi-même, la vigilance sur ses sens : « Vigilate et orate ut non intretis « in tentationem (2); » la fréquente confession. Toutefois, il ne serait pas prudent d'obliger un pénitent à la fréquentation des sacrements; on doit seulement l'y exhorter, comme au moyen le plus efficace contre le péché.

460. Les pénitences médicinales et particulières varient suivant les différentes espèces de péchés. On peut en juger par les détails suivants, concernant les péchés capitaux.

A l'orgueilleux, on prescrit des actes, des pratiques d'humilité; la considération de son propre néant, de ses défauts, des péchés qu'il a commis; la pensée des châtiments dont Dieu punit l'orgueil et en ce monde et en l'autre; la méditation sur les humiliations de Jésus-Christ. A l'ambition on oppose la vanité, le néant des grandeurs humaines et la pensée de l'éternité.

A l'avare, on impose des aumônes proportionnées à son superflu, les restitutions auxquelles il est obligé, le souvenir de la mort qui sépare de tout, du sort du mauvais riche dont il est parlé dans l'É-vangile; cette pensée : *Que sert-il à l'homme de gagner l'univers entier, s'il vient à perdre son âme?* Pour prévenir tout soupçon d'avarice ou d'intérêt, un confesseur n'imposera jamais de péni-tences dont il lui reviendrait quelque profit; par exemple, des mes-ses qu'il célébrerait lui-même, des aumônes ou des restitutions in-certaines qu'il se chargerait de distribuer aux pauvres. C'est l'avis de saint Charles.

Pour l'envieux, on l'obligera de réparer le tort qu'il aura fait au prochain dans sa réputation, son honneur ou sa fortune; de prier pour ceux-là même auxquels il est tenté de porter envie, de dire d'eux, dans l'occasion, le bien qu'il en sait.

A la luxure, le confesseur opposera la fuite des occasions pro-chaines, la rupture des liaisons criminelles ou dangereuses, l'éloi-gnement des mauvaises sociétés, des spectacles ou divertissements qui sont un écueil pour le pénitent, et généralement de tout ce qui

---

(1) Eccli. c. 7. v. 40. — (2) Marc. c. 14. v. 38.

le porte fortement à des actes intérieurs ou extérieurs contre la chasteté. Il lui ordonnera de fuir l'oisiveté, qui est la mère de tous les vices; de remplacer la lecture des romans ou autres livres dangereux par des lectures graves ou édifiantes; de veiller constamment sur ses sens, et particulièrement sur ses yeux, en lui prescrivant de ne point les arrêter sur les objets qui ont été pour lui une occasion prochaine de péché mortel; de penser de temps en temps à la mort et aux jugements de Dieu, en lui suggérant cette réflexion, surtout pour le moment de la tentation : *Que ferais-tu maintenant, si tu devais mourir aujourd'hui? Que voudrais-tu avoir fait à l'article de la mort, lorsque tu paraîtras au tribunal du souverain Juge?* Il lui imposera quelque mortification ou quelque privation plus ou moins pénible, suivant son état et ses dispositions. Dans tous les cas, il lui interdira l'usage immodéré des boissons enivrantes : *Luxuriosa res vinum* (1).

461. A la gourmandise, on doit opposer le jeûne, ou du moins quelque privation dans le boire et le manger; la considération de l'abrutissement où ce vice jette l'homme. Il exigera de celui qui est adonné à l'ivrognerie, qu'il renonce aux cabarets, qu'il évite autant que possible les occasions où il est exposé à boire avec excès; il lui donnera pour pratique cette pensée de l'Apôtre, que les *ivrognes n'entreront point dans le royaume des cieux* : mais il ne serait pas prudent de lui interdire entièrement l'usage du vin, lors même qu'à raison d'une infirmité particulière il lui en faudrait peu pour le troubler. On suppose que ce dérangement, qui lui arrive fréquemment, ne l'empêche pas de distinguer entre le bien et le mal moral, et de vaquer à ses devoirs (2).

Les remèdes contre la colère sont la douceur, la patience, et la charité chrétienne, qui *supporte tout*. Il faut la combattre par la considération, et des exemples de douceur que Jésus-Christ nous a donnés, et du triste état d'un homme qui est dans l'emportement, et des suites que la colère peut avoir pour l'éternité et même pour la vie présente. Le confesseur fera prendre aux pénitents sujets à la colère, la résolution, qu'ils renouvelleront de temps en temps, d'être continuellement en garde contre les mouvements qui s'élèvent en eux-mêmes, de les réprimer aussitôt; de s'éloigner, autant que possible, des personnes qui sont pour eux une occasion d'emportement; de ne rien faire, de ne pas répondre, ni de vive voix ni par écrit, tandis qu'ils sont dans l'émotion. On a toujours à se

---

(1) Prov. c. 20. v. 1. — (2) Voyez le tome I. n° 274, etc.

repentir, ou d'avoir parlé ou d'avoir écrit sous l'impression de la colère, de l'indignation, ou de quelque mécontentement même légitime.

Les remèdes contre la paresse spirituelle, contre cette espèce de dégoût pour le service de Dieu et l'accomplissement de ses devoirs, contre la tiédeur ou cette maladie de langueur qui est souvent plus dangereuse qu'une maladie grave, sont la prière, la fidélité aux exercices de piété communs à tous les chrétiens et propres à chaque état, la considération des menaces que Dieu fait contre la négligence et la tiédeur.

462. Comme les maladies de l'âme se rapportent en général aux sept vices capitaux, on trouve, dans les moyens que nous venons d'indiquer, les remèdes aux différentes habitudes ou espèces de péché. Ainsi, par exemple, si quelqu'un est dans l'habitude de proférer en vain le saint nom de Dieu lorsqu'il est dans la colère, on lui indiquera, pour remèdes particuliers, la douceur, la patience, et, en outre, le respect que nous devons avoir pour le saint nom de Dieu. On pourra lui donner pour pénitence de réciter plusieurs fois par jour ces deux versets de l'Oraison dominicale : *Que votre nom soit sanctifié; que votre volonté soit faite sur la terre comme au ciel.* S'il a du ressentiment contre son prochain, faites-lui dire de temps en temps cette autre prière de la même oraison : *Notre Père, pardonnez-nous nos offenses, comme nous pardonnons à ceux qui nous ont offensés.*

463. En finissant cet article, nous ferons remarquer, 1° qu'on ne doit jamais imposer une pénitence publique pour les fautes secrètes : « Pro peccatis occultis, quantumvis gravibus, manifes-« tam pœnitentiam non imponant (1). » On ne doit point non plus imposer une pénitence qui puisse faire soupçonner les fautes du pénitent, et compromettre sa réputation. Mais lorsque les fautes ont été publiques, la pénitence doit également être publique, à moins que le pénitent ne puisse suffisamment réparer le scandale, soit en réparant les torts qu'il a eus envers le prochain, soit par le changement de sa conduite. Un homme, par exemple, a affiché le mépris pour les devoirs de la religion ; s'il assiste aux offices divins, s'il s'approche des sacrements, la réparation du scandale est suffisante. 2° Qu'on peut imposer une pénitence conditionnelle, par exemple : Si vous retombez dans tel ou tel péché, vous ferez une aumône aux pauvres ; mais cette pénitence doit toujours être accom-

---

(1) **Rituale romanum**, de sacramento Pœnitentiæ.

pagnée d'une autre pénitence absolue. 3° Que, quoiqu'il soit indifférent pour la validité du sacrement que la pénitence soit donnée avant ou immédiatement après l'absolution, on doit, d'après l'usage, l'imposer auparavant; la manière dont elle est reçue par le pénitent est pour le confesseur un moyen de juger de ses dispositions. Si on avait oublié de l'imposer avant l'absolution, il faudrait l'imposer immédiatement après; elle serait alors moralement unie aux autres parties du sacrement. 4° Que la pénitence doit être déterminée et quant à son objet et pour le temps; c'est le moyen d'en faciliter l'exécution au pénitent.

### ARTICLE II.

*Le Pénitent est-il obligé d'accepter et d'accomplir la pénitence sacramentelle?*

464. L'obligation du confesseur d'imposer une pénitence, entraîne pour le pénitent l'obligation de l'accepter et de la mettre à exécution. Celui qui reçoit l'absolution sans accepter intérieurement la pénitence qu'on lui donne, sans avoir l'intention de satisfaire, n'a point la contrition, et se rend coupable de sacrilége, en privant le sacrement d'une de ses parties essentielles. Si, avant de recevoir l'absolution, le pénitent ne croit pas pouvoir faire la pénitence qu'on lui donne, il doit en avertir le confesseur, et le prier de lui en donner une autre; et celui-ci doit à son tour compatir à sa faiblesse, à moins qu'il ne s'agisse de fuir une occasion prochaine et volontaire, à laquelle le pénitent est obligé de renoncer. Si l'aversion du pénitent pour telle ou telle pénitence n'est pas fondée, on cherchera à lui faire mieux comprendre la nécessité de satisfaire à la justice divine; et s'il persévère à regarder cette pénitence comme au-dessus de ses forces, il sera prudent d'user de condescendance, et de lui donner une autre pénitence plus facile, une pénitence qu'il acceptera volontiers (1). Un pénitent peut n'être pas indigne de l'absolution, quoiqu'il ne sente pas encore tout ce qu'il doit à Dieu, tout ce qu'il se doit à lui-même. Mais que fera le pénitent, si le confesseur ne veut pas lui donner une pénitence plus facile? pourra-t-il s'adresser à un autre prêtre, et celui-ci pourra-t-il le recevoir? Nous pensons que le pénitent qui ne refuse d'accepter une pénitence que parce qu'elle lui paraît ou trop forte ou trop difficile,

---

(1) Voyez, ci-dessus, le n° 454.

peut, si le confesseur ne veut pas la modérer, recourir à un autre confesseur auquel il fera de nouveau sa confession. C'est le sentiment de Suarez et de plusieurs autres docteurs (1). Saint Alphonse de Liguori le regarde comme probable (2), et les auteurs de la *Science du Confesseur* se montrent assez favorables à cette opinion (3). Le second confesseur pourra recevoir le pénitent dont il s'agit, en examinant de près et le motif de sa démarche et ses dispositions ; entendre sa confession, lui donner une autre pénitence, et l'absoudre, s'il le juge digne d'ailleurs de l'absolution. On suppose que le pénitent quitte le premier confesseur, non pour se soustraire aux règles de l'Église ou à l'obligation de satisfaire, mais parce que, ne goûtant point la pénitence qu'on veut lui imposer, il espère trouver dans un autre confesseur un homme plus éclairé ou d'une charité plus compatissante.

465. Le pénitent est obligé d'accomplir la pénitence sacramentelle ; c'est une obligation personnelle : il doit, par conséquent, l'accomplir en personne, comme il doit avoir la contrition et se confesser par lui-même. Il y aurait certainement péché mortel à omettre sa pénitence en tout ou en partie, mais en matière grave, quand il s'agit d'une pénitence imposée pour des fautes mortelles qu'on a confessées pour la première fois. Or, on doit juger de l'omission par rapport à la pénitence comme on en juge par rapport aux commandements de l'Église, ou par rapport au vœu. D'après cette règle, si le confesseur prescrit, à titre de pénitence pour une faute grave, d'entendre une fois la messe ou de jeûner un certain jour, l'omission de cette pénitence serait mortelle, à moins que le confesseur n'eût déclaré ne vouloir y obliger le pénitent que sous peine de péché véniel ; un confesseur peut prescrire, même pour une faute mortelle, un acte de pénitence en matière grave, en n'y obligeant le pénitent que *sub levi*, du moins s'il prescrit en même temps d'autres actes auxquels il oblige *sub gravi* (4). Si la pénitence imposée pour des fautes vénielles, ou pour des fautes mortelles qui ont été confessées et remises précédemment, n'est que légère, on croit communément que celui qui ne l'accomplit pas ne pèche que véniellement : « Commune est quod si injungatur pœnitentia levis (pro ve« nialibus aut mortalibus confessis), non est obligatio illam implendi « sub gravi, etiam si tota omittatur (5). » La raison qu'on en donne,

---

(1) Coninck, Laymann, Elbel, Sporer, Holzmann, etc., etc. — (2) Lib. VI. n° 516. — (3) La Science du Confesseur, part. I. ch. 3. art. 3. § 2. — (4) Voyez S. Alphonse de Liguori, lib. VI. n° 518. — (5) Ibidem. n° 517.

c'est que le sacrement étant essentiellement complet, l'obligation de le compléter intégralement par la satisfaction sacramentelle ne peut être que légère, quand la pénitence n'est pas matière grave. Mais en est-il de même si la pénitence pour des péchés véniels ou des péchés mortels déjà confessés est matière grave? Les uns pensent que cette pénitence oblige *sub gravi*, et c'est le sentiment le plus commun; d'autres, dont le sentiment est assez probable, nient qu'il y ait obligation grave, parce que, disent-ils, le confesseur ne peut alors obliger *sub gravi*. On conçoit difficilement qu'il puisse, de son autorité propre, imposer cette obligation pour des péchés qu'on n'est point obligé de confesser, à moins cependant qu'une pénitence en matière grave ne soit jugée nécessaire pour prémunir le pénitent contre le danger de pécher mortellement. Nous ajouterons, d'après saint Alphonse, que si le pénitent n'a que faiblement satisfait pour les péchés mortels dont il se confesse de nouveau, le confesseur peut lui imposer une pénitence grave, et que le pénitent, s'il l'accepte, doit l'accomplir sous peine de péché mortel (1).

466. Le pénitent doit faire la pénitence au temps fixé par le confesseur : s'il n'y a point de temps fixé, il doit la faire le plus tôt possible, moralement parlant. S'il ne l'a pas accomplie dans le temps où il devait le faire, il doit s'en acquitter sans délai. Régulièrement, le confesseur désigne le jour ou le temps où la pénitence doit se faire, plutôt pour en hâter l'accomplissement que pour en faire tomber l'obligation. La négligence du pénitent à cet égard est plus ou moins grave, suivant qu'il diffère plus ou moins de temps sans nécessité, eu égard d'ailleurs au caractère de la pénitence et à d'autres circonstances : il y a certainement de plus graves inconvénients à différer l'accomplissement de certaines pénitences médicinales que celui d'une pénitence afflictive.

Suivant le sentiment qui nous paraît le plus probable (2), il suffit, pour accomplir la pénitence sacramentelle, de faire l'œuvre prescrite; il n'est pas nécessaire d'avoir l'intention d'accomplir le précepte. Dès que la chose commandée est faite, dès qu'on a, par exemple, assisté à la messe qu'on était obligé d'entendre, si on l'a entendue avec la piété nécessaire, le précepte est rempli, l'obligation est éteinte.

467. Peut-on accomplir sa pénitence, étant en état de péché mortel? Les uns disent qu'on le peut, les autres soutiennent qu'on ne

---

(1) S. Alphonse de Liguori, lib. vi. n° 517. — (2) S. Alphonse de Liguori, Sanchez, de Lugo, Suarez, les auteurs de la Science du Confesseur, etc.

le peut pas. Le premier sentiment est le plus commun et le plus probable. Comme on peut remplir dans l'état du péché mortel l'obligation d'entendre la messe ou de dire son bréviaire, on peut aussi s'acquitter des œuvres prescrites à titre de pénitence. On le peut même dans l'habitude du péché, et par conséquent avec l'attache qui est la suite de l'habitude, comme on pourrait, dans le même état, remplir un précepte de l'Église (1). Pèche-t-on en faisant sa pénitence dans ce triste état? On ne pèche point mortellement; mais saint Alphonse et plusieurs autres docteurs veulent qu'il y ait péché véniel, parce que, disent-ils, celui qui satisfait en état de péché mortel met obstacle à l'effet partiel du sacrement (2).

468. Que doit faire le pénitent qui s'est confessé de quelques péchés mortels, s'il s'aperçoit que le confesseur a oublié de lui donner une pénitence? Le pénitent qui s'aperçoit de cet oubli peu de temps après être sorti du tribunal, doit y retourner aussitôt, s'il peut y avoir encore union morale entre l'imposition de la pénitence et les autres parties du sacrement, afin de n'être pas privé des effets de la satisfaction sacramentelle. Mais que fera-t-il si cette union morale n'existe plus? De la Luzerne, Collet et autres théologiens décident que le pénitent est obligé de retourner à confesse pour demander une pénitence; et que, s'il ne peut pas retourner au même confesseur, il doit recommencer, au moins en gros, sa confession. Cette décision est-elle bien fondée? Il ne nous le paraît pas. Il nous semble au contraire qu'elle impose un joug pénible au pénitent, sans motif suffisant. En effet, ce motif ne peut être la faute du pénitent, puisqu'il n'y en a point de sa part. Il n'y a donc que l'intérêt du sacrement qui manque d'une partie intégrante, et la nécessité de satisfaire. Mais on pourrait demander d'abord à quel point le pénitent est obligé de réparer un défaut qui ne vient pas de lui, et qui n'est point essentiel. D'ailleurs, c'est une affaire faite : et est-il bien en son pouvoir d'y remédier? Une pénitence donnée après coup, et surtout si elle est donnée par un autre confesseur, deviendra-t-elle la partie d'un sacrement qui a précédé, d'un acte auquel il est impossible de la rattacher? Quant à la nécessité de satisfaire, sans doute elle pèse sur le pénitent; mais, à défaut d'une pénitence sacramentelle qui n'est plus en son pouvoir, ne peut-il pas satisfaire par des pénitences volontaires (3)?

(1) Voyez S. Alphonse, Navarre, Suarez, de Lugo, Concina, etc. — (2) S. Alphonse, lib. vi. n° 523; Suarez, Laymann, Wigandt, etc. — (3) La Science du Confesseur, par une société de prêtres réfugiés en Allemagne, part. 1. ch. 3. art. 3. § 2.

469. Le pénitent qui a entièrement oublié sa pénitence est-il obligé de recommencer sa confession, pour recevoir une autre pénitence? Plusieurs théologiens pensent qu'il est tenu de déclarer de nouveau ses principaux péchés. Le pénitent, disent-ils, doit faire tout son possible pour assurer l'intégrité du sacrement. D'autres, en grand nombre, soutiennent qu'il n'y est nullement obligé, lors même qu'il aurait oublié par sa faute la pénitence qu'on lui avait donnée. La raison qu'on en donne, c'est qu'on n'est point obligé de confesser une seconde fois les péchés qui ont été remis directement. Saint Alphonse se déclare pour ce sentiment, qu'il regarde comme un sentiment *commun* et *probable* (1), ajoutant toutefois que le pénitent serait tenu d'aller trouver son confesseur, si, pouvant le faire commodément, il avait lieu de croire qu'il se souvient encore de la pénitence qu'il lui a prescrite (2). Quoi qu'il en soit, nous lisons, dans l'ouvrage intitulé *la Science du Confesseur* : « Quand il ne s'agit que de pénitences légères, je ne crois pas que « des personnes pieuses et instruites elles-mêmes se fassent un de- « voir, même dans le cas où elles ont oublié ce qui leur a été pres- « crit, d'aller retrouver leur confesseur : elles tâchent d'y suppléer, « en s'imposant quelque pénitence (3). »

470. On ne peut changer soi-même la pénitence qui a été prescrite par le confesseur, même en une œuvre évidemment meilleure. Le pénitent qui ne croit pas pouvoir faire sa pénitence, ou qui ne peut la faire sans inconvénients, doit s'adresser à son confesseur autant que possible, ou à un autre confesseur, pour la faire changer ou diminuer. Ce changement ou cette diminution de la pénitence doit se faire en confession. Toutefois, si le pénitent s'adresse au même confesseur, il ne sera point nécessaire qu'il renouvelle l'accusation de ses péchés; le confesseur pourra juger suffisamment de l'état du pénitent, par la première pénitence qu'il avait imposée lui-même. Il est encore, du moins probablement, dispensé de répéter sa confession, lors même qu'il s'adresserait à un autre confesseur; il suffit de lui faire connaître les motifs de sa demande, et la pénitence qu'il a reçue de son premier confesseur. Du reste, ceux qui, dans le second cas, obligent le pénitent à s'accuser de nouveau, conviennent qu'il n'est pas nécessaire de faire une confession détaillée; que le pénitent peut se borner à donner au con-

---

(1) C'est le sentiment de Navarre, du cardinal de Lugo, de Suarez, de Laymann, de Vasquez, de Lacroix, de Viva, de Sporer, d'Holzmann, d'Elbel, de S. Alphonse, etc., etc. — (2) Lib. vi. n° 520. — (3) La Science du Confesseur, part. 1. ch. 3. art. 3. § 2.

fesseur une idée générale de l'état dans lequel il a vécu, lui disant, par exemple, qu'il a passé tant d'années dans cette habitude criminelle, en se portant à tels ou tels excès.

Une pénitence n'est pas censée révoquée parce que, dans une confession subséquente, le confesseur en impose une autre. Quelquefois la pénitence est donnée pour trois mois, six mois, un an; évidemment, celle qu'on donne dans les confessions suivantes n'empêche pas que la première ne dure jusqu'à l'expiration du terme fixé.

## CHAPITRE V.

### *De l'Absolution.*

471. L'absolution sacramentelle est une sentence par laquelle le ministre du sacrement remet les péchés du pénitent. Le confesseur ne se borne pas à déclarer que les péchés sont remis; la sentence qu'il porte est un acte judiciaire, un jugement qui absout le coupable, en opérant de lui-même la rémission des péchés (1). La formule de l'absolution qui est en usage pour l'Église latine consiste dans ces paroles : *Ego te absolvo a peccatis tuis, in nomine Patris, et Filii, et Spiritus Sancti.* Toutefois, le pronom *ego* n'est pas nécessaire : il est suffisamment renfermé dans le mot *absolvo*. Les mots *a peccatis tuis* sont aussi renfermés dans le terme *absolvo*, qui s'étend nécessairement à tous les péchés. Enfin, l'invocation des personnes de la Trinité n'est pas essentielle au sacrement de Pénitence comme au sacrement de Baptême; Jésus-Christ n'a pas ordonné d'absoudre, comme il a enjoint de baptiser, au nom du Père, et du Fils, et du Saint-Esprit. Les seuls mots essentiels pour la forme du sacrement de Pénitence sont donc *te absolvo*, comme on le croit assez généralement, et comme l'enseigne le Catéchisme du concile de Trente (2). Mais on ne peut omettre la particule *te*, à moins qu'on n'ajoute au verbe *absolvo* les mots *a peccatis* TUIS. On convient d'ailleurs qu'on ne saurait excuser de péché mortel l'omission de ces paroles *a peccatis tuis*, que quelques docteurs regardent comme nécessaires à la forme sacramentelle, lors même qu'il n'y aurait ni mépris ni scandale; l'inadvertance seule pourrait excuser

(1) Concil. Trident. sess. xiv. can. 9. — (2) De Pœnitentiæ sacramento, § 19.

le confesseur. Quant à celui qui omettrait volontairement les mots *In nomine Patris, et Filii, et Spiritus Sancti,* il ne pécherait que véniellement : il pécherait suivant le sentiment le plus probable, parce qu'il s'écarterait de l'usage de l'Église; mais le péché ne serait que véniel, ainsi que l'enseignent communément les théologiens(1).

472. Peut-on quelquefois absoudre sous condition? On distingue les conditions relatives au passé, *de præterito;* les conditions relatives au présent, *de præsenti;* et les conditions relatives au futur, *de futuro.* Or, on tient communément qu'une condition *de futuro* annule le sacrement. Mais l'absolution sous condition *de præterito* ou *de præsenti* est valide, elle est même licite, lorsqu'on absout conditionnellement pour une juste cause, savoir, lorsqu'on a lieu de craindre que le refus de l'absolution ne nuise notablement au pénitent. C'est le sentiment de saint Alphonse, qui s'appuie sur l'enseignement commun des docteurs. S'étant proposé cette question, « An « licitum sit absolvere sub conditione de præsenti vel de præterito, » il ajoute : « Respondeo affirmative cum communi doctorum contra « aliquos, dummodo justa adsit causa, nempe si negata absolutione « notabile detrimentum immineret animæ pœnitenti (2). » En effet, les sacrements étant pour les hommes, *sacramenta propter homines*, la raison des avantages et des inconvénients qui peuvent résulter pour le pénitent du parti que prendra le confesseur, doit nécessairement servir de règle à celui-ci, quand il s'agit de donner ou de différer l'absolution.

On absout, 1° sous la condition *si non accepisti absolutionem*, le pénitent qui vient de se confesser, et auquel on doute d'avoir donné l'absolution ; 2° sous la condition *si vivis*, une personne de laquelle on doute si elle est encore en vie; 3° sous la condition *si tu es capax,* l'enfant duquel on doute s'il s'est rendu coupable de péché mortel, et s'il est naturellement capable de recevoir le sacrement de Pénitence, ou, ce qui revient au même, s'il a suffisamment l'usage de raison pour offenser Dieu mortellement et recevoir l'absolution. Il en est de même d'une personne dont la démence n'est pas complète. Quoique alors le pénitent ne puisse offrir qu'une matière douteuse, on peut l'absoudre conditionnellement, tant pour ne pas le priver de la grâce sacramentelle, que par la crainte de le laisser peut-être en état de péché mortel (3). 4° Sous la condition *si tu es dispositus*, le moribond qui ne donne

---

(1) S. Alphonse de Liguori, lib. vi. n° 430. — (2) Ibidem. n° 431. — (3) Ibid. n° 432; et alii plures.

que des signes équivoques de pénitence. En est-il de même, hors le cas du danger de mort, de tout pénitent dont les dispositions sont douteuses ? Plusieurs théologiens (1) le pensent ; mais nous croyons, d'après saint Alphonse de Liguori, qu'on ne doit, dans le doute, absoudre sous la condition *si tu es dispositus*, que ceux qui sont en danger, et ceux dont on a lieu de craindre qu'ils ne tombent dans le découragement, et n'abandonnent les sacrements, si on ne leur donne pas l'absolution : « Dico non posse absolvi sub « conditione peccatorem recidivum in culpas lethales, qui non pro- « betur dispositus per signa extraordinaria, nisi esset in periculo « mortis, vel nisi (excipit Schilder, Croix) prudenter timeatur, « quod peccator ille non amplius ad confessionem redibit, et in « peccatis suis tabescet (2). »

473. Mais ne va-t-on pas encore trop loin, en disant qu'on peut absoudre, sous condition, un sujet douteux, uniquement parce qu'on a lieu de craindre qu'il ne revienne plus ? Nous ne le pensons pas : le sacrement de Pénitence étant établi pour notre salut, sa fin première et principale étant notre salut, ce serait évidemment s'écarter de son institution, que de le refuser au pécheur, quand, eu égard à ses dispositions actuelles, on croit qu'il est plus avantageux pour lui de recevoir l'absolution, fût-elle nulle, que d'éprouver un refus qui l'éloignerait peut-être pour toujours du seul moyen de salut qui lui reste. Si on use d'indulgence envers ce pénitent, on a l'espoir de l'affermir dans ses résolutions qui sont encore faibles, et de l'amener insensiblement à de meilleurs sentiments, à une conversion certaine et parfaite. En lui donnant l'absolution, on agit dans son intérêt, dans l'intérêt de son salut ; et en la lui donnant sous condition, on sauve le sacrement, c'est-à-dire le respect qui lui est dû : « *Conditio, justa causa accedente,* « *omnem reparat reverentiam sacramenti* (3). » Toutefois, il n'est

---

(1) Bertheau, théologien français, dont la *Règle du Confesseur prudent et pieux* a été, sur la seizième édition, traduite en latin par Alaric Schwartz, religieux bénédictin du monastère d'Einsidlen ; Patrice Sporer, franciscain, définiteur de son ordre, mort au commencement du XVIII<sup>e</sup> siècle ; Benjamin Elbel, qui enseignait la théologie à Salzbourg en 1735 ; Reiffenstuel, de l'ordre des Frères Mineurs de Saint-François ; le P. Mazzotta, jésuite napolitain, mort en 1748 ; Jean Reuter, du même ordre, docteur et professeur à l'Université de Trèves en 1749 ; l'abbé Nussle, professeur au collège de Soleure, dans sa *Théologie morale*, imprimée en 1824, avec l'approbation du coadjuteur de l'évêque de Bâle, etc., etc. — (2) S. Alphonse, lib. VI. n° 432. — (3) Ibidem. n° 28.

pas nécessaire d'exprimer la condition; il suffit qu'elle soit mentale, intérieure ou tacite.

Opstraet, Steyaert, Du Jardin, Pierre Dens, Gaspard et Van-Roy, tous auteurs connus pour leur sévérité, conviennent qu'on peut, hors le cas du danger de mort, absoudre, même sans condition, un pénitent dont les dispositions sont douteuses, lorsqu'on a lieu de craindre que le refus de l'absolution ne le jette dans le découragement et qu'il ne revienne plus à confesse, ou ne soit pour lui une tentation d'embrasser l'hérésie, ou une occasion de tomber dans quelque grand désordre, ou un prétexte de retourner à un confesseur qui, par impéritie ou par négligence, le laisserait persévérer dans l'état du péché. Après avoir dit qu'on peut, dans le doute, donner l'absolution à un militaire qui est sur le point d'aller au combat, à une personne qui se met en voyage sur une mer orageuse, ainsi qu'à une femme dont les couches prochaines sont dangereuses, Dens ajoute : « Similem absolvendi (pœnitentem
« dubie dispositum) necessitatem gravem admittunt Steyaert, Du
« Jardin, Gaspard, quando alias timetur pœnitentis desperatio,
« transitus ad hæreticos, aut simile grave damnum spirituale pœ-
« nitentis; v. g. relapsus ex pusillanimitate in graviora delicta.
« Addit catechismus Romanus, quando fundate *verendum est ne*
« *semel dimissi amplius non redeant* ad ullum confessarium.....
« Du Jardin cum Van-Roy adjungunt quod, si talis pœnitens (du-
« bie dispositus) revera ex imperitia et negligentia præcedentis
« confessarii in peccatis perseveret, et jam hujus prudentis confes-
« sarii monita et remedia contra peccata fidenter acceptet cum spe
« perseverandi apud confessarium, si absolvatur, sufficiens videa-
« tur necessitas impertiendi absolutionem, si alias videatur iterum
« reversurus ad imperitum et in peccatis perseveraturus. Hæc praxis
« nonnunquam pastoribus utilis, ut *oves errantes reducant* (1). »

Opstraet n'est pas moins exprès : il dit qu'il est utile d'absoudre un sujet douteux, *pœnitentem dubie dispositum*, dans le cas où le refus de l'absolution pourrait lui inspirer de la haine, de l'éloignement pour son pasteur, ou entraîner quelque grave inconvénient : « Similis necessitas (in qua per accidens aliquando utile est
« pœnitenti dubie disposito absolvi) esse potest in eo qui, negata
« absolutione, odium concepturus sit adversus suum pastorem et
« veritatem, iturus ad pejores, nunquam convertendus, etc.; ab-

---

(1) **Pierre Dens**, professeur de théologie, et supérieur du séminaire archiépiscopal de **Malines**; *de Sacramento Pœnitentiæ*, tome II. n° 157.

« solutione autem accepta, *paulatim ad certam conversionem ad-
« ducendus*. Per accidens item aliquando fit, ut sit utile Ecclesiæ
« pœnitentem dubie tantum dispositum absolvi, perniciosum vero
« non absolvi : ut si pœnitens sit magnæ autoritatis in provincia,
« urbe, pago, parochia vel communitate; qui, si absolvatur,
« plures alios ad bonum trahet; si non absolvatur, a bono aver-
« tet (1). »

Nous pourrions citer encore la Théologie de Guillaume Hérinx, évêque d'Ypres, mort en 1681, et l'*Instruction pratique* adressée au clergé de Narni par Nicolas Terzago, évêque de cette ville, prélat domestique du pape Benoît XIV, et assistant au trône pontifical. Cet ouvrage est muni des approbations de deux docteurs de Rome, dont l'un, consulteur de plusieurs congrégations, déclare y avoir trouvé une doctrine *pure en tout*, et une érudition solide très-propre à former les prêtres à l'administration fidèle et prudente du sacrement de Pénitence (2). Pour ne pas nous écarter de notre plan, nous ne rapporterons point les objections qu'on peut faire contre le sentiment que nous venons d'exposer; nous croyons y avoir répondu suffisamment ailleurs (3).

474. Ici se présente une question : Celui qui a été réconcilié dans le doute, pourra-t-il s'approcher de la sainte table? On n'admettra point à la communion l'enfant à qui l'on a donné l'absolution dans le doute s'il avait suffisamment l'usage de raison. Quant aux pénitents qui ont reçu l'absolution avec des dispositions douteuses, on ne leur conseillera point de communier; on leur proposera même, autant que la prudence le permettra, de différer leur communion, en les engageant à s'y préparer par une autre confes-

(1) Jean **Opstraet**, professeur de théologie au séminaire archiépiscopal de Malines; *Pastor bonus*, part. v. cap. 6. § 7.— Voyez aussi Thomas Du Jardin, de l'ordre des Frères Prêcheurs, et docteur de Louvain; de Officio sacerdotis qua judicis et medici in sacramento Pœnitentiæ, part. 1. sect. iv. § 1, nouvelle édition de l'an 1831, avec l'approbation du vicaire général de Mgr l'archevêque de Malines; Martin Steyaert, docteur, professeur de théologie, chanoine et doyen de Saint-Pierre de Louvain; *Theologia moralis*, etc. ; le P. Gaspard, de l'ordre du mont Carmel, professeur de théologie; *Bona praxis Confessariorum*, etc. ; Léonard Van-Roy, religieux de l'ordre des Augustins; *Theologia moralis*, etc. — (2) Istruzione pratica sopra la fedele amministrazione del sagramento della Penitenza, Roma, 1751. — Voyez aussi Gormartz, professeur au collége Romain, *Cursus theologicus*, de Pœnitentia, etc.; Discastillo, docteur de Tolède, *de Sacramentis*, etc., etc. — (3) Voyez la *Justification* de la Théologie morale du B. Alphonse de Liguori, et les *Lettres* que nous avons publiées sur le même sujet, *Besançon*, Outhenin-Chalandre.

sion. Mais si le pénitent, se croyant réconcilié avec Dieu, en vertu de l'absolution que le confesseur a cru pouvoir lui donner, tient à recevoir l'Eucharistie, soit à raison du danger où il se trouve, soit afin de donner le bon exemple à ses enfants, soit pour réparer le scandale qu'il a donné au public en s'éloignant trop longtemps des sacrements, ou si on a lieu de craindre qu'en lui défendant de communier on ne le jette dans le découragement, nous pensons qu'on peut alors le *laisser* s'approcher de la sainte table. En l'admettant à la participation de l'Eucharistie, on agit dans son intérêt, on prend le parti le plus sûr, le plus avantageux pour son salut, le plus conforme par conséquent à la fin principale des sacrements. Fût-il vrai que le pénitent n'eût pas été réellement absous de ses péchés, comme on le suppose dans la bonne foi, comme il se croit en état de grâce, s'il s'approche de la sainte table avec l'attrition, la communion aura son effet; en lui communiquant la grâce, elle lui obtiendra par elle-même la rémission de ses péchés, comme l'enseignent communément les théologiens. Ce n'est point l'état du péché, dit très-bien Collet, mais l'affection au péché mortel, qui est un obstacle aux effets du sacrement (1). Si, au contraire, il reçoit la communion sans avoir l'attrition, qu'il ne croit point nécessaire, par cela même qu'il se croit en état de grâce, cette communion sera *nulle* quant à ses effets, mais elle ne sera pas *sacrilége*; on ne peut pas dire de lui qu'il ait la *conscience* de quelque péché mortel, *sibi conscius peccati mortalis*.

# CHAPITRE VI.

*Du Ministre du sacrement de Pénitence.*

### ARTICLE I.

*Des Pouvoirs nécessaires au Ministre du sacrement de Pénitence.*

475. Le ministre du sacrement de Pénitence doit être revêtu d'un double pouvoir, du pouvoir d'Ordre et du pouvoir de juri-

_____
(1) Voyez, ci-dessus, le n° 22.

diction. Le premier pouvoir est celui que le prêtre reçoit dans l'Ordination ; le second est celui qui accorde au prêtre le droit d'exercer le pouvoir de l'Ordre sur telle ou telle personne. La puissance d'Ordre est la même dans tous les prêtres, parce que le sacerdoce est un ; la puissance de juridiction a des degrés : elle est plus ou moins étendue, car elle dépend, quant à son application, de l'ordre hiérarchique et des lois de l'Église. Or, le pouvoir d'Ordre est absolument nécessaire pour l'administration du sacrement de Pénitence : les évêques et les prêtres seuls ont le pouvoir de remettre les péchés (1). Outre ce pouvoir, les ministres du sacrement ont encore besoin du pouvoir de juridiction pour absoudre validement. L'absolution se donne par forme de jugement ; or, une sentence, dans l'ordre judiciaire, ne peut être portée que sur ceux qui sont soumis à celui qui la prononce. C'est le raisonnement du concile de Trente : « Quoniam igitur natura et ratio ju-
« dicii illud exposcit, ut sententia in subditos duntaxat feratur, per-
« suasum semper in Ecclesia Dei fuit, et verissimum esse synodus
« hæc confirmat, *nullius momenti* absolutionem eam esse debere,
« quam sacerdos in eum profert, in quem ordinariam aut subdele-
« gatam non habet juridictionem (2). »

476. On distingue, avec le concile de Trente, la juridiction ordinaire et la juridiction déléguée : la première est celle qu'on possède en vertu d'un titre, d'un bénéfice, d'un office auquel est attaché le soin des âmes ; la seconde est celle qu'on reçoit, par une commission particulière, du supérieur qui a droit de la donner. Ceux qui ont la juridiction ordinaire pour confesser sont : le Pape, dans toute l'Église ; l'évêque, dans son diocèse ; le curé, dans sa paroisse ; les supérieurs des ordres réguliers, exempts de la juridiction de l'Ordinaire, pour les religieux de leur Ordre. C'est un principe général, que ceux qui ont la puissance ordinaire peuvent déléguer ; cependant le concile de Trente, considérant que l'exercice de ce pouvoir, entre les mains d'un si grand nombre de prêtres, entraînait de grands abus, a statué qu'aucun prêtre séculier ou régulier ne pourrait entendre les confessions, ni être réputé apte à cette fonction, s'il n'avait un bénéfice à charge d'âmes, ou s'il n'avait été jugé capable par l'évêque et n'avait obtenu une approbation. « Quamvis presbyteri in sua ordinatione a peccatis absol-
« vendi potestatem accipiant, decernit tamen sancta synodus nul-
« lum, etiam regularem, posse confessiones sæcularium, etiam

---

(1) Concil. Trident. sess. XIV. can. 10. — (2) Ibidem. cap. VII

« sacerdotum, audire, nec ad id idoneum reputari; nisi aut paro-
« chiale beneficium, aut ab episcopis per examen, si illis videbitur
« esse necessarium, aut alias idoneus judicetur, et approbationem,
« quæ gratis detur, obtineat : privilegiis et consuetudine quacum-
« que etiam immemorabili non obstantibus (1). » L'approbation
qu'exige le concile n'est point la délégation, c'est un simple témoignage de la capacité du sujet, qui le met dans le cas de pouvoir
être délégué. En conséquence, si un prêtre était simplement approuvé par l'évêque, sans être délégué ni par lui, ni par le Pape,
ni par le curé, il n'aurait aucun pouvoir ; mais comme, dans la
discipline actuelle, l'évêque délègue en même temps qu'il approuve,
le droit des curés est devenu sans exercice. Il s'en est suivi aussi
qu'on a pris l'habitude de confondre ensemble l'approbation et la
délégation, et d'appeler prêtre *approuvé* celui qui a reçu de l'évêque le pouvoir d'entendre les confessions.

477. La confession faite à un prêtre non approuvé est non-seulement illicite, mais encore nulle, quand même l'évêque aurait
refusé, sans motif, d'examiner ce prêtre, ou lui aurait refusé l'approbation après l'avoir trouvé capable. Alexandre VII a condamné
cette proposition : « Satisfacit præcepto annuæ confessionis, qui
« confitetur regulari episcopo præsentato, sed ab eo injuste repro-
« bato (2). » Il est également certain que l'évêque peut limiter ou
restreindre l'approbation à certains cas, à certains temps, à certains lieux, à certaines personnes, et qu'il peut la révoquer à volonté, quoiqu'il ne convienne pas de le faire sans raison. Le même
Pape a encore condamné cette autre proposition : « Non possunt
« episcopi limitare seu restringere approbationes, quas regularibus
« concedunt ad confessiones audiendas, neque ulla ex causa revo-
« care (3). » Nous ferons remarquer que la clause, *De consensu
parochorum, rectorum*, n'entraîne point la nécessité de ce consentement, sous peine de nullité de la confession, à moins que l'é-
vêque ne l'exige expressément comme une condition *sine qua non*.
On a coutume d'apposer cette clause dans les approbations, parce
qu'il ne convient pas qu'un prêtre exerce aucune fonction dans
une église sans l'agrément du curé.

478. Pour absoudre validement, ce n'est pas assez d'être sûr
que l'évêque donnerait des pouvoirs, si on les lui demandait; car
autre chose est qu'un évêque *accorderait*, autre chose est qu'il

---

(1) Sess. XXIII, de Reformat. cap. 15. — (2) Décret du 24 septembre 1665. —
(3) Décret du 30 janvier 1659.

*accorde* réellement la juridiction. Une simple présomption ne suffit pas; mais s'il y a lieu de croire que l'évêque accorde réellement les pouvoirs pour telle ou telle circonstance actuelle, l'absolution est valide. Il n'est pas nécessaire que l'approbation de l'évêque soit manifestée par écrit ou par des paroles expresses : elle peut l'être par sa conduite, par ce qu'il a dit en d'autres occasions. Il peut même résulter de son silence une approbation tacite; ce qui a lieu lorsque, voyant un usage s'établir dans son diocèse, il ne s'y oppose point, il ne réclame point.

Un prêtre approuvé pour entendre les confessions dans un diocèse n'est pas censé approuvé dans un autre; un évêque n'ayant de juridiction que pour son diocèse, ne peut donner des pouvoirs pour un diocèse étranger. Un curé même ne peut entendre les confessions que dans sa paroisse, à moins qu'en vertu d'un usage légitime ou d'un pouvoir spécial émané de l'Ordinaire, il ne soit approuvé pour tout le diocèse, ou pour un certain nombre de paroisses autres que la sienne. Mais un prêtre approuvé pour un diocèse ou pour une paroisse ne peut-il pas entendre les fidèles d'un autre diocèse ou d'une autre paroisse qui s'adressent à son tribunal? Il est certain que tout prêtre approuvé pour les confessions, celui même qui n'a qu'une juridiction déléguée, peut entendre les voyageurs, les pèlerins, les vagabonds, qui se présentent à son tribunal. Il peut encore entendre les fidèles étrangers au diocèse, à la paroisse où il a son confessionnal. En entrant dans un lieu quelconque, le chrétien a droit de recourir aux moyens de réconciliation qu'il y trouve établis; d'ailleurs, si cela n'était, le confesseur serait obligé de demander à ses pénitents s'ils sont de sa paroisse ou de son diocèse; ce qui cependant n'est prescrit par aucune loi, ce qui paraît contraire à la pratique générale, et ne serait pas moins pénible pour le confesseur que pour certains pénitents qui tiennent à être absolument inconnus : « Hoc ipso quod quis vult con- « fiteri in aliquo loco, quoad hoc subditus fit Ordinarii illius; vel « saltem hoc valet ex consensu universali, sive conniventia episco- « porum, a quibus data præsumitur jurisdictio erga proprias oves « ob bonum ipsarum cuique sacerdoti approbato ab episcopo, ubi « confessio fit (1). » Ce principe est généralement admis. Il est vrai que plusieurs théologiens exceptent : 1° le temps pascal, pendant lequel, disent-ils, il faut se confesser à son curé, ou obtenir la per-

---

(1) Voyez S. Alphonse de Liguori, lib. vi. n° 569; le Rituel de Mgr Devie, évêque de Belley, tom. i. part. iii. tit. 5. sect. 1.

mission de se confesser à un autre prêtre ; 2° le cas où un voyageur, un fidèle quelconque partirait de son pays sans avoir d'autre motif que de se confesser ailleurs ; ils prétendent que ce fidèle agirait en fraude de la loi ; mais la première exception n'est pas fondée, puisqu'on n'est point obligé de se confesser à Pâques pour satisfaire au précepte de la confession annuelle (1). Cependant, pour éviter toute difficulté à cet égard, les curés et les confesseurs se conformeront aux règlements de leurs diocèses. La seconde exception ne nous paraît pas mieux fondée que la première : ce n'est pas agir en fraude que d'user de son droit, d'un droit fondé sur un usage général. Le pape Clément X défend seulement aux pénitents d'aller dans un autre diocèse pour se confesser, *en fraude de la réserve*, des péchés qui sont réservés dans leur diocèse, sans l'être dans le diocèse voisin.

479. Un prêtre peut-il confesser dans un diocèse étranger les fidèles du diocèse pour lequel il est approuvé ? La juridiction qu'il a sur certaines personnes le suit-elle partout ? Le commun des théologiens distingue, à cet égard, entre ceux qui ont une juridiction ordinaire, et ceux qui n'ont qu'une juridiction déléguée. Ceux qui ont une juridiction ordinaire, comme les évêques, et très-probablement les vicaires généraux, les curés, et probablement les succursalistes ou desservants, peuvent entendre partout les confessions des fidèles qui leur sont confiés ; mais il n'en est pas de même des prêtres qui n'ont qu'une juridiction déléguée : ils ne peuvent, suivant le sentiment le plus commun, exercer leur juridiction que dans l'endroit pour lequel ils sont approuvés. Les cardinaux, les évêques, et autres prélats inférieurs exempts, peuvent en tout lieu se choisir un confesseur, pourvu qu'ils s'adressent à des prêtres approuvés par l'Ordinaire. Il est même accordé aux évêques et aux cardinaux d'emmener avec eux un confesseur qu'ils ont approuvé, et de se confesser à lui, bien qu'ils se trouvent dans un autre diocèse. Quant aux curés, ils ne peuvent choisir pour confesseur qu'un prêtre approuvé par l'Ordinaire. Le pape Alexandre VII a condamné cette proposition : « Qui beneficium curatum habent, possunt « sibi eligere in confessarium simplicem sacerdotem non approba- « tum ab Ordinario (2). »

Les religieux ne peuvent se confesser à d'autres prêtres qui ne sont pas de leur Ordre, sans la permission de leur supérieur. Si le religieux qui voyage est accompagné d'un prêtre de son Ordre qui

---

(1) Voyez, ci-dessus, le n° 410. — (2) Décret du 24 septembre 1665.

soit approuvé, il doit se confesser à lui ; s'il n'est accompagné d'aucun prêtre du même Ordre, ou si le prêtre qui l'accompagne n'est point approuvé, il peut se confesser à tout autre prêtre approuvé, soit régulier, soit séculier (1).

480. Pour ce qui regarde les religieuses, *moniales*, aucun prêtre ne peut entendre leurs confessions sans un pouvoir spécial de l'évêque ou du Souverain Pontife. Le curé même n'a pas droit, en vertu de son titre, de confesser les personnes du sexe consacrées à Dieu par des vœux solennels ; mais leurs confesseurs, lors même qu'elles seraient exemptes de la juridiction de l'Ordinaire, ont besoin de l'approbation de l'évêque, ainsi que l'ont réglé les papes Grégoire XV et Benoît XIII. Les évêques et les prélats des monastères sont tenus de donner aux religieuses qui leur sont soumises, deux ou trois fois l'année, un confesseur extraordinaire, comme l'ont spécialement établi Innocent XII, Benoît XIII et Benoît XIV. Ce dernier pape, dans sa bulle *Pastoralis*, qui est du 5 août 1748, ordonne à toute religieuse de se présenter au confesseur extraordinaire, lors même qu'elle ne voudrait pas se confesser à lui. De plus, il enjoint de donner un confesseur particulier à toute religieuse qui le demande à l'article de la mort. Enfin, il veut que, si une religieuse refuse de s'adresser au confesseur ordinaire, on en députe un autre pour entendre sa confession, *pro certis vicibus* ; et il exhorte les évêques à se montrer faciles à cet égard. Il ne convient pas que l'évêque remplace le confesseur extraordinaire, qui doit entendre les confessions des religieuses deux ou trois fois par an : Benoît XIV le défend expressément.

Ce que nous avons dit des religieuses proprement dites, *de monialibus*, ne s'applique point aux personnes qui se consacrent à Dieu pour soigner les malades ou s'occuper de l'éducation de la jeunesse, sans faire de vœux solennels. On doit néanmoins, pour ce qui concerne la confession et la direction de ces personnes pieuses, se conformer aux règlements de chaque diocèse, quoique les évêques, en leur assignant des confesseurs ordinaires et extraordinaires, ne paraissent pas avoir l'intention d'ôter aux curés le pouvoir qu'ils ont, en vertu de leur titre, d'entendre en confession celles qui sont fixées dans leur paroisse. Quant à celles qui, de l'agrément de leur supérieure, sont en voyage ou se trouvent hors de la communauté, elles peuvent se confesser à tout prêtre approuvé,

---

(1) Sixte IV et Innocent VIII. — Voyez S. Alphonse de Liguori, lib. vi. n° 575.

sauf à se conformer, pour ce qui les concerne, aux institutions de leur congrégation.

481. Pour empêcher les âmes de périr à l'occasion de la réserve, en matière de juridiction, il a toujours été pieusement observé dans l'Église qu'il n'y ait aucune réserve à l'article de la mort : en conséquence, tout prêtre peut alors absoudre un pénitent de tous ses péchés, et de toutes les censures qu'il peut avoir encourues. « Pie « admodum, ne hac ipsa occasione aliquis pereat, dit le concile de « Trente, in eadem Ecclesia Dei custoditum semper fuit, ut nulla « sit reservatio in articulo mortis : atque ideo omnes sacerdotes « quoslibet pœnitentes a quibusvis peccatis et censuris absolvere « possunt (1). » Quoique le concile ne semble parler que des prêtres qui sont approuvés, qui ont une juridiction ordinaire ou déléguée, il est généralement reçu, du moins pour la pratique, que tout prêtre, même celui qui est dénué de toute juridiction, fût-il schismatique, hérétique, excommunié dénoncé, peut, à défaut d'un prêtre approuvé, absoudre validement tout pénitent qui se trouve à l'article de la mort. Dans ce cas, l'Église supplée à la juridiction qui manque au prêtre, ou plutôt elle la lui confère, en le déléguant pour la confession des mourants ou de ceux qui sont en danger. Par l'article de la mort, on entend non-seulement le moment où le fidèle va passer dans l'éternité, mais même le danger probable d'une mort prochaine où se trouvent les fidèles attaqués d'une maladie mortelle, les criminels condamnés à mort, ceux qui se préparent à une bataille, ou qui sont près de s'embarquer pour une navigation longue et dangereuse, ainsi que tous les fidèles pour lesquels on craint avec fondement une mort prochaine.

482. Nous avons dit, *à défaut d'un prêtre approuvé* : les termes du concile, *ne hac occasione aliquis pereat*, supposent assez clairement qu'un prêtre qui n'a pas d'ailleurs de juridiction ne peut absoudre un moribond en présence d'un autre prêtre qui est approuvé pour la confession, et le Rituel romain ne laisse aucun doute à cet égard : « Si periculum mortis immineat, *approbatusque* « *desit confessarius*, quilibet sacerdos potest a quibuscumque cen-« suris et peccatis absolvere (2). » Cependant, nous pensons qu'un simple prêtre, dénué de tout pouvoir, peut absoudre un malade ou quiconque est en danger, même en présence d'un prêtre approuvé, 1° lorsque celui-ci ne peut ou ne veut pas entendre ce malade en

---

(1) Concil. Trident. sess. xiv. cap. 7. — (2) Rituale Romanum, de sacramento Pœnitentiæ.

confession; 2° lorsque le malade éprouve une grande répugnance, une répugnance insurmontable à s'adresser au prêtre approuvé qui se trouve présent. L'Église est une tendre mère qui ne veut point la mort de ses enfants : on a donc lieu de croire que, dans ces différents cas, elle vient en aide au malade en déléguant le prêtre qui n'est point approuvé (1). Au reste, pour prévenir toute difficulté, il serait prudent que l'évêque réglât, dans ses statuts, que le malade qui témoigne de la répugnance pour le prêtre approuvé qui se trouve présent pût, à défaut d'un autre prêtre ayant juridiction, s'adresser à un simple prêtre non approuvé, mais capable de l'entendre en confession. On convient d'ailleurs qu'un malade qui a commencé sa confession auprès d'un ecclésiastique qui ne peut l'absoudre qu'à raison du cas de nécessité, n'est pas obligé de s'adresser au prêtre approuvé qui se présente : l'arrivée de celui-ci ne peut suspendre l'exercice de la juridiction acquise au premier confesseur pour le cas dont il s'agit.

483. Ici se présente une question : Un fidèle tombe dangereusement malade ; le curé est absent ; il ne se trouve dans la paroisse qu'un prêtre sans pouvoir : celui-ci pourra-t-il confesser le malade ? Il le pourra certainement, si le danger est ou paraît imminent, ou si le malade tient à se confesser sans délai. Mais en sera-t-il de même si le danger n'est point pressant, si le temps permet de faire venir un curé du voisinage, et que le malade consente à différer sa confession de quelques heures ? Si on peut facilement, commodément faire venir un curé du voisinage ou tout autre prêtre approuvé, on doit le faire venir ; mais si on ne peut le faire commodément, le prêtre non approuvé pourra confesser le malade, et, s'il y a lieu, lui administrer les sacrements. L'Église se montre alors facile, dans la crainte que les doutes et les perplexités de ses ministres ne privent un malade des secours de la religion, *ne quis pereat*.

Outre le cas de danger de mort, il est encore une occasion où l'Église supplée la juridiction qui manque au confesseur ; c'est lorsqu'un prêtre est muni d'un *titre coloré*, et qu'il passe publiquement pour avoir un titre réel, canonique et valide. On appelle titre *coloré* un titre qui a la *couleur*, les apparences d'un véritable titre, quoiqu'il soit réellement infecté d'un vice occulte qui le rend nul ; tel serait, par exemple, un titre entaché de simonie. Or, un

---

(1) Voyez S. Alphonse de Liguori, lib. VI. n° 563 ; Sanchez, de Lugo, Mazzotta, Sporer, etc.

titre coloré, joint à l'erreur commune, à une erreur générale, confère la juridiction à celui qui l'a reçu, soit que celui-ci connaisse, soit qu'il ignore la nullité de ce titre, soit qu'il s'agisse de la juridiction ordinaire, soit qu'il ne s'agisse que de la juridiction déléguée. Ici tous les docteurs sont d'accord : ils enseignent unanimement que l'Église, qui veille constamment sur le salut de ses enfants, a égard à la bonne foi des pénitents, et supplée, dans le cas dont il s'agit, à ce qui manque au confesseur, quelque indigne qu'il soit.

484. Mais l'erreur commune suffit-elle pour valider les actes de juridiction émanés d'un prêtre qui passe aux yeux du public pour avoir un titre, sans en avoir aucun? Les uns répondent affirmativement, les autres soutiennent au contraire que l'erreur commune, sans titre coloré, n'est pas un motif suffisant pour nous faire croire que l'Église supplée la juridiction. Ce second sentiment nous paraît plus commun, mais moins probable que le premier. Le motif qui détermine l'Église à suppléer la juridiction, lorsque le titre est nul, savoir la crainte que le défaut de pouvoir dans le confesseur n'entraîne la perte des pénitents qui sont de bonne foi, milite dans tous les cas où il y a erreur commune (1). Aussi, nous ne croyons pas qu'il y ait pour les fidèles obligation de répéter les confessions qu'ils ont faites, de bonne foi, à un prêtre qui passait publiquement pour être approuvé. Cependant, comme le sentiment contraire est certainement probable, il serait à désirer que chaque évêque fît pour son diocèse ce que le cardinal de la Luzerne a fait pour le diocèse de Langres, en suppléant la juridiction toutes les fois qu'il y a erreur commune. « Le motif de la bonne foi des pénitents, dit cet
« illustre prélat, qui a engagé l'Église à valider les absolutions don-
« nées par celui qui a un titre coloré, nous engage à déclarer que
« nous suppléons dans notre diocèse la juridiction qui manque aux
« confesseurs auxquels une erreur commune l'attribue, soit qu'ils
« aient un titre coloré, soit qu'ils ne l'aient pas. Il nous semble
« que, dès que l'erreur est commune, et par conséquent inévitable
« pour le particulier, sa bonne foi est la même, et mérite la même
« indulgence de notre part, quel que soit le titre sur lequel est fon-
« dée son erreur. Ainsi, nous déclarons valide, dans ce diocèse,
« l'absolution donnée par un prêtre non approuvé, mais qui, géné-
« ralement et sans difficulté, passe pour l'être (2). »

---

(1) Voyez de Lugo, Sanchez, Bonacina, Billuart, etc. — S. Alphonse de Liguori ne se déclare ni pour l'un ni pour l'autre sentiment. — (2) Instructions sur le Rituel de Langres, ch. 4. art. 7.

**485.** Peut-on confesser avec une juridiction probable? On peut confesser et absoudre, même hors le cas de nécessité, lorsqu'il est plus probable qu'on a la juridiction, lorsqu'on croit prudemment qu'on a les pouvoirs nécessaires pour absoudre. Telle est, dit Billuart (1), la pratique communément reçue parmi les confesseurs : d'ailleurs, s'il n'en était ainsi, les confesseurs seraient arrêtés à chaque instant ; ce qui serait aussi pénible pour eux que pour les pénitents. Si le prêtre se trompe en croyant prudemment avoir une juridiction qu'il n'a pas, on doit présumer que l'Église, qui est une tendre mère, y supplée, à raison de la bonne foi et du confesseur et des fidèles qui en reçoivent l'absolution. Il ne s'agit pas d'un défaut touchant la matière ou la forme du sacrement, auquel on ne peut remédier ni par une opinion probable, ni par une opinion plus probable, mais d'un défaut en matière de juridiction, dont l'Église peut prévenir les suites, en accordant ce qui manque à un confesseur qui croit prudemment avoir la juridiction sur telle ou telle personne, le pouvoir d'absoudre de tel ou tel cas particulier, réservé au Souverain Pontife ou à l'évêque. Quant à celui qui n'a qu'une juridiction simplement probable, il ne doit pas entendre les confessions sans s'être préalablement assuré de l'intention de l'Ordinaire. Cependant, c'est avec assez de fondement que plusieurs docteurs pensent qu'il peut absoudre un pénitent qui, se trouvant dans la nécessité de se confesser, ne peut le faire auprès d'un prêtre qui ait une juridiction certaine : « Probabile est, dit encore Billuart, esse licitum et validum uti jurisdictione probabili, « *urgente aliqua gravi causa;* puta si sacerdos indispensabiliter « teneatur celebrare, nec sit qui jurisdictionem certam aut proba- « biliorem habeat; si quis ad annum confessionem differre debeat, « aut si peccato gravatus suscipiat iter periculosum ; si in articulo « mortis habeat insuperabilem repugnantiam confiteri habenti ju- « risdictionem certam aut probabiliorem, etc. Ita saltem plures « auctores, Suarez, de Lugo, Marchantius, Sanchez, Lessius, Pon- « tius, Bonacina, Neesen, Sporer, Henno, et alii plures existiman- « tes Ecclesiam in hoc casu ob utilitatem fidelium supplere jurisdi- « ctionem, si forte desit (2). » Suivant saint Alphonse de Liguori : « Probabilius dicunt Holzmann et Elbel sufficere ad absolvendum « cum jurisdictione dubia sequentes causas : 1° si urgeat periculum « mortis; 2° si urgeat praeceptum annuae confessionis; 3° si pœni-

---

(1) De sacramento Pœnitentiæ, dissert. VI. art. 4. § 2. — (2) Ibid. — Voyez aussi S. Alphonse de Liguori, lib. VI. n° 573.

« tens deberet celebrare, vel communicare; alias infamiæ notam
« incurreret; 4° addunt Salmanticenses, si sacerdos teneretur ce-
« lebrare ex obligatione (1). » Néanmoins, nous croyons que le confesseur qui, hors le cas du danger de mort, n'absout qu'avec une
juridiction simplement probable ou douteuse, doit en avertir le
pénitent, afin que celui-ci répare, à la première occasion, ce qu'il
pourrait y avoir de défectueux dans sa confession, et qu'il s'excite
à la contrition parfaite, s'il doit communier ou célébrer la messe:
c'est le parti le plus sûr, le plus propre à tranquilliser la conscience
et du confesseur et du pénitent.

486. La juridiction ordinaire étant fondée sur le titre dont un
prêtre est revêtu, on la perd dès qu'on en est dépouillé, et l'on
ne peut plus confesser, à moins qu'on n'ait la juridiction déléguée.
Ainsi, un évêque qui quitte son siége, un curé qui quitte sa cure,
ne peut plus confesser dans son ancien diocèse, dans son ancienne
paroisse, sans un pouvoir particulier émané de l'Ordinaire. Quant
à la juridiction déléguée, elle expire au terme fixé par celui duquel
on la tient: toutefois, celui-ci peut la révoquer avant l'expiration;
mais elle ne cesse ni par la mort, ni par la démission, ni par la
déposition de celui qui l'a donnée. Nous ferons remarquer que,
lorsque la juridiction est révoquée par l'Ordinaire, elle ne cesse
qu'au moment où la révocation est notifiée à celui à qui on ôte ses
pouvoirs.

487. Ex jure communi ubique vigente statutum est, ut nullus
confessarius, quantumvis ad omnes casus reservatos approbatus,
etsi facultates obtinuerit amplissimas, possit unquam a peccato
mortali, in materia luxuriæ, cujus complex fuerit aut particeps,
absolvere valide, nisi sit pœnitens in articulo mortis, deficiente
quolibet alio sacerdote; quod insuper sic decrevit Benedictus XIV:
« Hac nostra in perpetuum valitura sanctione, quemadmodum a
« pluribus episcopis, per synodales suas constitutiones jam factum
« esse novimus, omnibus et singulis sacerdotibus, tam sæcularibus
« quam regularibus, cujuscumque ordinis ac dignitatis, tametsi
« alioquin ad confessiones excipiendas approbatis, et quovis pri-
« vilegio et indulto, etiam speciali expressione, et specialissima
« nota et mentione digna suffultis, auctoritate apostolica, et nostræ
« potestatis plenitudine interdicimus et prohibemus, ne aliquis
« eorum, extra casum necessitatis extremæ, nimirum, in ipsius

---

(1) S. Alphonse, lib. vi. n° 571. Voyez aussi Mazzotta, Tract. de Pœnitentia,
disput. ii. cap. 2. § 3, etc.

« mortis articulo, et deficiente tunc quocumque alio sacerdote, qui
« confessarii munus obire possit, confessionem sacramentalem per-
« sonæ complicis in peccato turpi atque inhonesto contra sextum
« Decalogi præceptum commisso, excipere audeat; sublata præ-
« terea illi ipso jure quacumque auctoritate et jurisdictione ad qua-
« lemcumque personam ab hujusmodi culpa absolvendam; adeo
« quidem ut absolutio, si quam impertierit, nulla atque irrita om-
« nino sit, tanquam impertita a sacerdote, qui jurisdictione, ac fa-
« cultate ad valide absolvendum necessaria privatus existit, quam
« ei per præsentes has nostras adimere intendimus. Et nihilomi-
« nus, si quis confessarius secus facere ausus fuerit, majoris quo-
« que excommunicationis pœnam, a qua absolvendi potestatem
« nobis solis, nostrisque successoribus duntaxat reservamus, ipso
« facto incurrat (1). »

488. Nomine *peccati turpis* venit omne peccatum complicis, sive viri, sive mulieris contra sextum Decalogi præceptum, etiamsi non sit copula consummatum. Requiritur autem ut mortale sit peccatum utriusque peccantis, et externum quatenus mutuum, seu ex utraque parte simul manifestatum exterius. Unde nec peccata venialia, sive ex levitate materiæ, sive ex defectu plenæ advertentiæ aut consensus, nec mortalia quamdiu sunt tantum interna, afficit reservatio seu potius privatio jurisdictionis.

*In ipsius mortis articulo:* sufficit autem ut pœnitens versetur in proximo et probabili mortis periculo; tunc enim sacerdos potest complicem absolvere, modo tamen deficiat quicumque alius sacerdos qui confessarii munus obire possit. Secus vero, si adsit sacerdos alter etiam aliunde non approbatus, qui pœnitentis confessionem excipere queat. Quod sic exponit ipse Benedictus XIV:
« Declaramus, eadem constitutione singulis, ut supra, sacerdo-
« tibus, quemadmodum interdictum non est in mortis articulo
« personam in prædicto turpi peccato complicem confitentem au-
« dire, atque ab hujusmodi quoque culpa rite contritam absolvere,
« deficiente tunc quocumque alio sacerdote, qui confessarii munus
« obire possit; ita interdici reipsa et prohiberi prædicto modo tunc
« audire et absolvere, ut si alius aliquis sacerdos non defuerit,
« etiamsi forte iste alius simplex tantummodo sacerdos fuerit, sive
« alias ad confessiones audiendas non approbatus, possit nihilomi-
« nus ipse sacerdos simplex confessionem excipere ac absolutionem
« impertiri. Porro, si casus urgentis qualitas et concurrentes cir-

(1) Constit. du 1ᵉʳ juin 1741.

« cumstantiæ, quæ vitari non possint, ejusmodi fuerint, ut alius
« sacerdos ad audiendam constitutæ in prædicto articulo personæ
« confessionem vocari, aut accedere, sine gravi aliqua exoritura
« infamia vel scandalo, nequeat; tunc alium sacerdotem perinde
« haberi censerique posse, ac si revera abesset atque deficeret, ac
« proinde in eo rerum statu, non prohiberi socio criminis sacerdoti
« absolutionem pœnitenti ab eo quoque crimine impertiri. Sciat
« autem complex ejusmodi sacerdos, et serio animadvertat fore se
« reipsa coram Deo qui irrideri non potest, reum gravis adversus
« prædictam nostram constitutionem inobedientiæ, latisque in ea
« pœnis obnoxium, si prædictæ infamiæ aut scandali pericula sibi
« ultro ipse confingat, ubi non sunt : imo intelligat teneri se gravi-
« ter hujusmodi pericula, quantum in se erit, antevertere vel re-
« movere, opportunis adhibitis mediis; unde fiat ut alteri cuivis
« sacerdoti locus pateat illius confessionis, absque illius infamia
« vel scandalo, audiendæ. Ita enim ipsum teneri vigore memoratæ
« nostræ constitutionis declaramus; et nunc quoque ita ipsi facien-
« dum esse districte mandamus et præcipimus. Quod si idem sacer-
« dos aut quovis modo sese nulla gravi necessitate compulsus inges-
« serit, aut, ubi infamiæ vel scandali periculum timetur, si alterius
« sacerdotis opera requirenda sit, ipse ad id periculum avertendum
« congrua media adhibere de industria neglexerit, atque ita per-
« sonæ indicto crimine complicis, eoque in articulo, ut præfertur,
« constitutæ sacramentalem confessionem excipere, ab eoque cri-
« mine absolutionem largiri, nulla, sicut præmittitur, necessaria
« causa cogente, præsumpserit; quamvis hujusmodi absolutio va-
« lida futura sit, dummodo ex parte pœnitentis dispositiones a
« Christo Domino ad sacramenti Pœnitentiæ valorem requisitæ non
« defuerint; non intendimus enim pro formidando mortis articulo
« eidem sacerdoti, quamvis indigno, necessariam jurisdictionem
« auferre, ne hac ipsa occasione aliquis pereat, nihilominus sacer-
« dos ipse violatæ ausu ejusmodi temerario legis pœnas nequaquam
« effugiet (1). »

489. Quid autem, si moribundus alteri quam sacerdoti socio peccati nolit confiteri? Num ab eo poterit absolvi? In isto casu absolvi potest a sacerdoti complici, si sit aliunde dispositus, ne scilicet pereat aut periclitetur.

Quod si peccatum de quo agitur semel fuerit per confessionem alteri sacerdoti factam deletum, poterit sacerdos ejusdem peccati

---

(1) Déclaration de Benoît XIV, du 8 février 1745.

particeps alia peccata sibi extranea per complicem deinceps commissa valide absolvere. Verum si quis pudor manet in sacerdote qui miseranda fragilitate in peccatum turpe cum alio impegerit, si qua sacramenti reverentia, si qua suæ salutis cura, nunquam audiet, præter casum gravis alicujus necessitatis, earum personarum confessiones quibuscum talis naturæ peccatum commiserit.

### ARTICLE II.

#### *Des Cas réservés.*

490. Un catholique ne peut contester au Pape et aux évêques le droit de se réserver l'absolution de certains péchés. Cette réserve n'a pas seulement pour objet la police extérieure de l'Église, son effet est d'annuler l'absolution qu'on donnerait d'un cas réservé sans en avoir reçu le pouvoir spécial : « Si quis dixerit, Episcopos « non habere jus reservandi sibi casus, nisi quoad externam poli- « tiam, atque ideo casuum reservationem non prohibere quominus « sacerdos a reservatis vere absolvat; anathema sit (1). » La réserve n'affecte pas seulement les délégués, mais encore ceux qui ont une juridiction ordinaire. Si elle est portée par le Pape, elle restreint la juridiction des évêques, des curés et autres prêtres approuvés pour la confession; si elle est portée par l'évêque, elle restreint la juridiction des curés et autres prêtres du diocèse.

491. Suivant la discipline actuelle, il faut cinq conditions pour la réserve d'un péché. Il faut, 1° que le péché ait été commis par un fidèle en âge de puberté. Cet âge est fixé par l'usage à quatorze ans accomplis pour les garçons, et à douze ans pour les personnes de l'autre sexe. Les péchés commis avant cet âge ne sont point réservés; tout prêtre approuvé peut en absoudre, lors même qu'on ne s'en confesserait qu'après l'âge de puberté. 2° Que le péché soit extérieur; mais il peut être extérieur sans être public, sans que celui qui le commet ait aucun témoin. 3° Qu'il soit mortel, et matériellement et formellement; on ne peut réserver un péché qu'on n'est point obligé de déclarer en confession. Par conséquent, tout ce qui empêche qu'une faute ne soit mortelle, empêche par là même qu'elle ne soit réservée. Il ne suffit pas même que la faute devienne mortelle par quelque disposition intérieure ou quelque circonstance étrangère. L'acte extérieur, considéré comme tel et

---

(1) Concil. Trident. sess. xiv. can. 11.

indépendamment des circonstances, doit être réellement mortel. Une chose légère en elle-même, une chose indifférente en soi, peut, à raison des circonstances ou de la fin que se propose le législateur, devenir l'objet de la réserve : c'est ce qu'on voit par la défense que beaucoup d'évêques ont faite, sous peine de suspense, *ipso facto,* aux ecclésiastiques de leur diocèse, de boire ou de manger dans un cabaret, à moins qu'ils ne soient en voyage. 4° Que le péché, tel qu'il est réservé, soit complet. Par conséquent, si la loi réserve telle ou telle faute purement et simplement, cette faute n'est réservée qu'autant qu'elle est consommée; toute tentative non suivie de son effet, quelque criminelle qu'elle soit, ne tombe point sous la réserve. Mais si, aux termes de la loi, il suffit pour la réserve que le péché soit commencé, ou qu'il y ait provocation au crime, le commencement de l'acte ou la provocation sera réservée. 5° Que le péché soit moralement certain. Lorsque le pénitent, après avoir soigneusement examiné sa conscience, n'est pas assuré d'avoir commis tel péché, n'est pas certain de l'avoir commis depuis l'âge de puberté, ce péché n'est pas réservé; tout prêtre approuvé peut en absoudre. Il en est de même lorsque le confesseur doute avec fondement si le péché réunit toutes les conditions requises pour le péché mortel. C'est ce qu'on appelle le doute de *fait ;* et on convient généralement que, dans ce doute, le confesseur peut se comporter comme si la réserve n'avait certainement pas lieu.

492. On fait plus de difficulté sur le doute de *droit.* Ce doute existe, lorsqu'il y a de fortes raisons pour et contre sur la question de savoir si tel ou tel péché est compris dans la loi qui établit la réserve. Les uns pensent que le confesseur ne peut absoudre, dans le doute si le péché mortel qu'on a certainement commis est réservé ou non par le droit. La raison qu'ils en donnent, c'est que, dans le doute, on doit prendre le parti le plus sûr. Les autres, dont le sentiment nous paraît plus probable, soutiennent qu'il en est du doute de *droit* comme du doute de *fait,* et que le premier doute, comme le second, fait cesser la réserve. « Juxta regulam juris in
« sexto, dit Billuart, odiosa sunt restringenda, et in pœnis benig-
« nior est interpretatio facienda. Atqui reservatio est odiosa, tum
« ipsis confessariis, quorum jurisdictionem coarctat; tum ipsis pœ-
« nitentibus, qui non possunt absolvi, dum alii absolvuntur. Item
« est pœnalis; non enim est inducta reservatio solum ut morbi
« graviores a peritioribus medicis curentur, sed etiam ut difficultate
« absolutionis et erubescentiæ comparendi coram superioribus pec-

« cata præterita puniantur, et futura caveantur... his itaque om-
« nibus attentis, videtur nobis moraliter certum aut saltem longe
« probabilius Ecclesiam non intendere reservare casus dubios sive
« sit dubium *facti*, sive *juris* (1). » Néanmoins, pour lever toute
difficulté, il est sagement réglé, dans plusieurs diocèses, que la
réserve ne s'étend qu'aux péchés moralement certains, et certainement compris dans la loi. Mais il est important de faire remarquer qu'un cas ne cesse pas d'être réservé à raison d'un doute quelconque; il faut que le doute soit prudent et raisonnable, que les raisons de part et d'autre soient égales ou à peu près égales : l'opinion particulière d'un auteur, quelque grave qu'il soit, si elle est contraire à la pratique générale, à l'enseignement des canonistes, ne suffit pas généralement pour faire naître le doute, ni par conséquent pour valider l'absolution d'un cas réservé. Nous ajouterons que la réserve peut avoir lieu, quoique ignorée du pénitent.

493. Pour juger si un cas est réservé, il faut lire avec attention la loi, en peser les expressions, les entendre à la lettre, et les prendre dans la signification la plus étroite. On ne peut pas dire, par exemple : L'adultère est un cas réservé ; donc l'inceste, la fornication avec une personne liée par le vœu de chasteté, le sont pareillement. Mais si la fornication simple était réservée, l'adultère, l'inceste, le seraient évidemment; car l'inceste et l'adultère renferment la fornication. On ne doit pas non plus, à moins que la loi ne le porte formellement, comprendre dans la réserve ceux qui ont conseillé ou ordonné le péché. De plus, lorsque la réserve tombe sur les coopérateurs, il faut que la coopération physique ou morale soit efficace.

494. Ceux qui ont droit d'absoudre des cas réservés sont : 1° le supérieur qui les a établis ; 2° ceux à qui le supérieur en a donné le pouvoir, soit général pour tous les cas, soit particulier pour quelques-uns seulement. Mais lorsqu'on obtient la permission d'absoudre d'un ou de plusieurs cas réservés, il faut faire attention aux termes dans lesquels la concession est faite, pour ne pas lui donner plus d'étendue qu'elle n'en a réellement. Il y a quelquefois des cas spécialement réservés, pour lesquels le pouvoir général d'absoudre des cas réservés ne suffit pas; il faut un pouvoir spécial. Il y a aussi des diocèses où ceux qui ont les cas réservés ne peuvent absoudre des censures réservées à l'évêque. Un confesseur

---

(1) **De sacramento Pœnitentiæ**, dissert. vi. art. 6. § 1. — Voyez aussi la *Conduite des Confesseurs* dans le tribunal de la Pénitence, part. ii. ch. 4, etc., etc.

doit s'en tenir sur ces différents points aux règlements de son diocèse. Quant aux cas réservés au Pape, le pouvoir d'absoudre du péché emporte le pouvoir d'absoudre de la censure ; car les péchés réservés au saint-siége ne le sont qu'à raison des censures qui y sont annexées.

**495.** Le confesseur à qui on vient de déclarer des péchés qu'il n'a pas le pouvoir de remettre, doit ou renvoyer son pénitent à un confesseur qui ait le droit de l'absoudre, ou demander pour lui-même les pouvoirs nécessaires à cet effet. Mais, contrairement à l'avis de M. de la Luzerne, nous pensons qu'il vaut mieux demander des pouvoirs à l'Ordinaire, que de renvoyer le pénitent à un autre prêtre, à raison de la répugnance qu'on éprouve à déclarer des fautes graves une seconde fois. Alors le confesseur demande la faculté d'absoudre de tel ou tel cas réservé, sans rien dire qui puisse faire connaître ou soupçonner le pénitent.

**496.** Il n'y a pas de réserve à l'article de la mort : « Ne hac « ipsa occasione aliquis pereat, in Ecclesia Dei custoditum sem- « per fuit ut nulla sit reservatio in articulo mortis, atque ideo « omnes sacerdotes quoslibet pœnitentes a quibusvis peccatis et cen- « suris absolvere possunt (1). » Par conséquent, tout prêtre approuvé peut absoudre des cas réservés le pénitent qui est à l'article de la mort, ou qui est dans un danger de mort probable et prochain. « Omnes sacerdotes approbati tunc æque possunt, dit le « P. Antoine, de omnibus mortalibus absolvere ; et sic, per se lo- « quendo, quoad valorem absolutionis, nullus est inter illos ordo « servandus, quia in articulo mortis nulla est reservatio (2). » Le prêtre même qui n'est point approuvé, fût-il schismatique, hérétique, excommunié dénoncé, peut, à défaut de tout autre prêtre approuvé, absoudre un moribond ; c'est le sentiment le plus sûr et le plus généralement admis : « Si periculum mortis immineat, « approbatusque desit confessarius, *quilibet* sacerdos potest a qui- « buscumque censuris et peccatis absolvere (3). » Cependant, comme il y a quelque doute à cet égard, si un prêtre vivant dans la communion de l'Église pouvait voir le moribond qui aurait reçu l'absolution de ses péchés d'un prêtre non toléré, il devrait l'absoudre de nouveau, après lui avoir fait déclarer au moins quelques péchés. Nous ferons remarquer que celui qui a été absous des cas réservés, à l'article de la mort, n'est point obligé après sa maladie

---

(1) Sess. XIV. cap. 7. — (2) Tract. de Pœnitentia, cap. 3. art. 2. quæst. 3. — (3) Rituale romanum, de sacramento Pœnitentiæ.

de se présenter au supérieur ou à un prêtre qui ait les cas réservés. Nous verrons ailleurs ce que l'on doit penser de celui qui, en ce moment, a reçu l'absolution des censures.

497. Suivant le sentiment le plus probable, un prêtre approuvé pour la confession, sans avoir aucun pouvoir particulier, peut absoudre des cas réservés un pénitent qui est, moralement parlant, dans la nécessité de se confesser, à raison de la célébration des saints mystères ou de la communion; un prêtre qui ne peut se dispenser de dire la messe, sans compromettre sa réputation ou sans danger de scandaliser les fidèles; ou un laïque qui se trouve à peu près dans le même cas par rapport à la communion. C'est le sentiment commun, *sententia communis*, de l'aveu du P. Antoine, qui se contente d'exposer les raisons pour et contre, sans prendre aucun parti(1). On suppose la circonstance assez pressante pour qu'il n'y ait pas moyen de recourir ni à l'évêque, ni à un prêtre qui ait les cas réservés. « Quod si superior adiri non possit, dit saint Alphonse, « et sit causa urgens, verbi gratia, timor infamiæ vel scandali ex « omissione confessionis vel communionis, tunc potest inferior ab-« solvere a reservatis, cum onere ut pœnitens se postea superiori « sistat. Quod etiam verum est, quamvis casus censuram reserva-« tam annexam habeat (2). » On croit avec fondement que l'Église supplée, en pareil cas, la juridiction qui manque au confesseur. L'auteur de la *Conduite des Confesseurs*, imprimée par l'ordre de M. de Luynes, évêque de Bayeux, enseigne qu'un prêtre simplement approuvé, sans avoir d'ailleurs de pouvoirs extraordinaires, « peut, selon les théologiens, absoudre des cas réservés, « même hors l'article de la mort, quand il se trouve quelque cas ré-« servé dans la confession d'une personne qui ne peut, sans un « péril probable d'infamie, de scandale ou autre inconvénient « considérable, se dispenser de recevoir un sacrement, ou de « faire une fonction sacrée qui requiert l'état de grâce, et qu'elle « ne peut aller auparavant se confesser à ceux qui ont les cas ré-« servés : la raison est que les supérieurs sont censés y consentir, « et que la loi qui oblige à éviter l'infamie, le scandale et la profa-« nation des choses saintes, et d'autres inconvénients considérables, « l'emporte sur la réservation des cas. Mais, dans cette conjonc-« ture, il faut, selon quelques auteurs, obliger les pénitents de « s'accuser de nouveau, à la première occasion, de leurs cas ré-

---

(1) Tract. de Pœnitentia, cap. 3. art. 2. — (2) Lib. vi. n° 585. — Voyez Suarez, Laymann, Palaus, Wigandt, Bonacina, Coninck, Viva, Elbel, Habert, etc.

« servés à quelqu'un de ceux qui ont le pouvoir d'en absoudre, « afin de se soumettre à la loi de la réservation, et de recevoir les « avis et même la pénitence convenable (1). »

498. Il en est probablement de même, et pour les mêmes raisons, lorsque le pénitent oublie involontairement quelque péché réservé, en se confessant à un prêtre qui n'a pas le pouvoir d'absoudre des cas compris dans la réserve. On peut bien, dit saint Alphonse, suivre ce sentiment dans la pratique, vu que c'est le sentiment commun, sentiment vraiment probable, et même certainement plus probable que le sentiment contraire : « Et cum hæc « sententia sit communis, ut fatetur ipse Antoine, et valde pro- « babilis, imo certe probabilior, bene potest deduci in praxim (2). » Cependant, dans un bon nombre de diocèses, les évêques ont cru qu'il était prudent, pour ne laisser aucun doute, de faire connaître leur intention, en déclarant que, dans les différents cas dont nous venons de parler, la réserve n'aurait pas lieu.

499. Un pénitent qui, en se confessant au supérieur ou à un prêtre qui a les cas réservés, oublie involontairement une faute de ce genre, est-il obligé de revenir à eux pour s'en accuser? ou peut-il regarder la réserve comme levée, et déclarer sa faute à tout autre prêtre simplement approuvé? Il y a encore ici deux sentiments : l'un qui oblige le pénitent à retourner à son supérieur, l'autre qui l'en dispense. Ce second sentiment, très-commun, nous paraît beaucoup plus probable que le premier ; on peut le suivre en toute sûreté, au jugement même de Collet, *practice secura*, parce qu'il a pour lui presque tous les théologiens, *unanimis pene doctorum turma* (3). En effet, le pénitent, en se confessant au supérieur ou à celui qui est délégué pour les cas réservés, obtient directement la rémission des péchés qu'il a déclarés, et indirectement la rémission des péchés involontairement oubliés. Le confesseur absout autant qu'il peut, et autant que le pénitent en a besoin : *In quantum possum, et tu indiges*.

500. On demande si un pénitent qui, en s'accusant des cas réservés à un prêtre qui avait le pouvoir d'en absoudre, a fait une confession nulle, est obligé de s'adresser, pour les mêmes péchés, à un prêtre qui ait les cas réservés? « Lorsque la nullité de la con- « fession ne vient que de la négligence du pénitent, comme d'un

---

(1) Conduite des Confesseurs dans le tribunal de la Pénitence, part. II. ch. 2. — Voyez aussi la *Science du Confesseur*, par une société de prêtres réfugiés en Allemagne, part. I. ch. 5. art. 2. § 2, etc. — (2) Lib. VI. n° 596. — (3) Tract. de Pœnitentia, part. II. cap. 8. art. 4. sect. 1.

« défaut de préparation ou de contrition, quoique assez considé-
« rable pour que la confession soit nulle, c'est un sentiment très-
« commun, dit le rédacteur des Conférences d'Angers, que la ré-
« serve des péchés dont il s'est accusé a été levée par l'absolution
« qu'il a reçue d'un confesseur qui avait le pouvoir de la lui don-
« ner (1). » La première raison qu'on donne à l'appui de cette décision, c'est que le pénitent, en se confessant ainsi de ses péchés
à un prêtre qui avait le pouvoir d'en absoudre, a satisfait à la fin
de la réserve, qui est d'obliger le coupable de se présenter au supérieur, pour écouter ses avis, et en recevoir une pénitence proportionnée à la grièveté du péché. La seconde raison, c'est que le
confesseur, dans l'absolution qu'il donne, est censé vouloir qu'elle
ait tout l'effet et toute l'étendue qu'elle peut avoir, autant que le
pénitent peut en profiter. Mais il en serait autrement si le pénitent,
se confessant d'un péché réservé, conservait de l'affection pour
ce péché, ou s'il n'était point disposé à faire la pénitence qui lui
est imposée pour ce même péché; car alors on ne peut raisonnablement supposer que ni le supérieur ni son délégué aient l'intention de lever la réserve. On convient aussi, généralement, que la
réserve ne serait point levée, si le pénitent cachait en confession le
péché qui est réservé. Enfin, de l'aveu de tous, la réserve subsiste,
lorsqu'un pénitent, coupable d'un cas réservé, a fait une confession
nulle à un prêtre qui ne pouvait l'absoudre qu'à raison du jubilé :
« Excipienda est confessio invalida, sive culpate sive inculpate facta,
« in jubilæo; quia ibi, cum pontifex non præbeat facultatem ab-
« solvendi reservata, nisi ad finem ut fideles lucrentur jubilæum,
« non censetur velle auferre reservationem, si illi jubilæum non
« lucrantur (2). »

501. Le pouvoir donné par l'évêque d'absoudre des cas qui lui
sont réservés, n'emporte pas le pouvoir d'absoudre des cas réservés au Souverain Pontife. Mais les évêques, et ceux à qui ils en
donnent le pouvoir, peuvent absoudre des cas réservés au Pape,
1° quand ils sont occultes : « Liceat episcopis in irregularitatibus
« omnibus et suspensionibus, ex delicto occulto provenientibus,
« excepta ea quæ oritur ex homicidio voluntario, et exceptis aliis
« deductis ad forum contentiosum, dispensare; et in quibuscum-
« que casibus occultis, etiam sedi apostolicæ reservatis, delinquen-

---

(1) Conférences sur les cas réservés, conf. IV. quest. 4. — Voyez S. Alphonse
de Liguori, lib. IV. n° 598; Suarez, de Lugo, etc. — (2) S. Alphonse de Liguori,
lib. VI. n° 598.

« tes quoscumque sibi subditos, in diœcesi sua per seipsos aut vica-
« rium ad id specialiter deputandum, in foro conscientiæ gratis ab-
« solvere, imposita pœnitentia salutari (1). » Un cas réservé cesse
d'être occulte, ou par la publicité de *droit*, qui résulte d'une procé-
dure juridique ; ou par la publicité de *fait*, qui a lieu, non lorsque le fait est connu de deux ou trois personnes, mais lorsque la
connaissance en est tellement répandue dans le public, qu'il ne
peut être excusé ou pallié dans le pays par aucune tergiversation.
Par conséquent, l'évêque a les mains liées, lorsqu'il y a notoriété
de *droit* ou de *fait*. Pour que le péché soit réservé au saint-siége,
il suffit qu'il y ait notoriété de fait, à moins qu'aux termes de la
loi, cette réserve n'ait lieu que lorsque le délit est juridiquement
prouvé. Mais un évêque peut-il absoudre d'un crime qui est occulte dans son diocèse, où réside le délinquant, et notoire dans un
autre pays où il a été commis ? Nous pensons qu'il peut en absoudre, s'il n'a pas lieu de craindre que le crime ne devienne public
dans l'endroit où il est occulte : « Dummodo locus, ubi crimen est
« notum, ita distet ut non sit timor quod publicetur ubi est oc-
« cultum (2). » 2° Lorsque les pénitents sont dans l'impuissance
physique ou morale d'aller à Rome. Ainsi, les évêques peuvent
dispenser, par eux-mêmes ou par leurs délégués, les malades, les
infirmes, les vieillards, les religieux, les militaires, les pauvres,
les femmes, les jeunes gens, et généralement tous ceux qui sont
sous la puissance d'autrui, lors même qu'ils pourraient écrire au
Souverain Pontife. 3° Lorsque les cas réservés sont douteux, soit
que le doute concerne le fait, soit qu'il concerne la réserve elle-
même. Nous pensons même, comme nous l'avons dit plus haut (3),
que la réserve n'a lieu, ni dans le doute de *fait*, ni dans le doute de
*droit*. Mais un évêque peut-il absoudre d'un péché certain, et certainement réservé au Souverain Pontife, dans le doute si, à raison
des circonstances dont nous venons de parler, la réserve est dévolue à l'Ordinaire ? Il est probable qu'il peut absoudre, par cela
même que la réserve devient douteuse.

502. Lorsqu'il y a nécessité de recourir à Rome pour obtenir le
pouvoir d'absoudre d'un cas réservé au Souverain Pontife, le confesseur écrit directement au cardinal grand pénitencier ; il peut
écrire en telle langue qu'il veut ; il vaut mieux cependant que ce
soit en latin. Il exposera le fait avec toute l'exactitude possible,

---

(1) Concil. Trident. sess. xiv. de Reformat. cap. 6. — (2) S. Alphonse, lib. vii.
n° 78 ; Sanchez, etc. — (3) Voyez, ci-dessus, n°ˢ 491, 492.

ayant soin de n'omettre aucune des circonstances importantes ; mais il se gardera bien de nommer le pénitent. Il donnera l'adresse de la personne à qui la réponse doit être envoyée, avec toutes les indications nécessaires pour que le bref arrive sûrement à sa destination. Les clauses du bref de la Sacrée Pénitencerie doivent être exécutées à la rigueur. Le confesseur imposera la pénitence telle qu'elle est ordonnée, ayant toutefois égard aux forces et aux dispositions du pénitent. Il est défendu de remettre le bref au pénitent ; on doit le déchirer, de manière à ce qu'on ne puisse en abuser, en le faisant servir pour un autre.

Celui qui a un indult pour absoudre des cas réservés au Pape, ne peut pas pour cela absoudre des cas réservés à l'évêque. Clément X l'a décidé de la manière la plus expresse (1). Un prêtre ne doit même faire usage de l'indult qu'il a reçu du Souverain Pontife, qu'après l'avoir présenté à l'évêque pour en faire reconnaître l'authenticité.

503. Relativement aux cas réservés à l'évêque, on demande si un confesseur qui n'a pas les cas réservés peut absoudre un étranger d'un cas qui n'est point réservé dans le diocèse du pénitent, et qui l'est dans le diocèse du confesseur ; ou du cas qui est réservé dans le diocèse du pénitent, et qui ne l'est point dans le diocèse du confesseur ? Il est généralement reçu que le confesseur ne peut absoudre dans le premier cas, puisqu'il n'a pas le pouvoir d'absoudre des péchés réservés à son évêque ; et qu'il peut absoudre dans le second, sa juridiction n'étant point restreinte par son évêque, et ne pouvant l'être par un évêque étranger. D'ailleurs, un confesseur juge ceux qui s'adressent à lui, suivant les règles de son tribunal et de son diocèse ; il n'est point obligé de connaître les règlements des autres diocèses. Cependant, un pénitent qui, s'étant rendu coupable d'un péché réservé à son évêque, passe, *en fraude de la réserve*, dans un diocèse où ce même péché n'est point réservé, ne peut en être absous par un prêtre étranger. Telle est la décision du pape Clément X (2). Agir en fraude de la réserve, *in fraudem reservationis*, c'est chercher à éluder la loi et le jugement de son supérieur : c'est par conséquent passer d'un diocèse dans un autre, uniquement ou principalement pour recevoir plus facilement l'absolution d'un cas réservé. « Eluderetur reservationis lex, si pœnitens « alio migraret ex principali motivo petendi absolutionem. Unde « bene ipse absolvi poterit, si abscesserit ad aliquam diœcesim ob

---

(1) Constit. *Superna*, du 21 juin 1670.    (2) Ibidem.

« aliquem honestum finem, puta negotii agendi, vel indulgentiæ
« lucrandæ; vel ut confiteatur cum minori incommodo, aut citius
« confessionem expediat; vel ut confessarium incognitum aut pru-
« dentiorem inveniat, qui melius eum dirigat, et tranquillitati suæ
« conscientiæ consulat, et similia (1). »

504. Il en est des pouvoirs pour les cas réservés comme des pouvoirs pour la confession en général; ils n'expirent point, ni par la mort du Pape, ni par la mort ou la démission de l'évêque ou du vicaire général qui les a accordés. Mais ils peuvent être révoqués et par celui duquel on les a reçus, et par son successeur, ou par l'administration capitulaire, le siége vacant. Dans tous les cas, s'ils ont été accordés pour un certain temps, ils cessent au terme fixé par le supérieur, à moins qu'ils n'aient été renouvelés.

Nous rapporterons, dans le *Traité des censures*, les cas réservés au Souverain Pontife; quant à ceux qui sont réservés aux évêques, on les trouve dans les Rituels ou dans les statuts des différents diocèses.

## CHAPITRE VII.

### Des Qualités du Confesseur.

505. Outre la juridiction nécessaire au prêtre pour administrer validement le sacrement de Pénitence, il a besoin de plusieurs qualités pour exercer dignement un ministère aussi important et aussi redoutable. Les principales qualités qu'un confesseur doit avoir sont la sainteté, le zèle, la charité, la douceur et la fermeté, la science, la prudence et la discrétion.

#### ARTICLE I.

### De la Sainteté nécessaire au Confesseur.

La première des qualités que doit avoir un confesseur, c'est la sainteté. Ce n'est pas assez qu'il soit en état de grâce au moment où il donne l'absolution, ce qui lui est prescrit sous peine de sacri-lége : pour être utile à ses pénitents, pour travailler efficacement

(1) S. Alphonse de Liguori, lib. vi. n° 589.

à leur conversion, et les faire avancer dans la perfection chrétienne, il doit lui-même pratiquer la perfection ecclésiastique, par une vie vraiment sacerdotale, apostolique. Il ne réussira bien à faire rentrer le pécheur en lui-même, et à lui inspirer des sentiments salutaires, qu'autant qu'il sera réellement pénétré d'une grande crainte de Dieu, de la plus vive horreur du péché. Les avis, les conseils, les exhortations d'un prêtre touchent peu les fidèles, quand ils ne partent pas du cœur, quand il n'est pas touché lui-même, ou que ses paroles, quelque évangéliques qu'elles soient, ne répondent pas à sa conduite. Aussi, quand le pécheur revient à Dieu, il ne s'adresse point à un prêtre mondain, mais à celui qui n'est plus de ce monde, et qui ne paraît dans le monde que pour y répandre l'odeur de ses vertus, et y faire aimer la religion, la piété chrétienne. Le prêtre, dit l'Apôtre, est l'homme de Dieu ; il doit donc pratiquer la justice, la piété, la foi, la charité, la patience et la douceur : « Tu autem, *o homo Dei*, hæc fuge ; sectare « vero justitiam, pietatem, fidem, charitatem, patientiam, man- « suetudinem (1). » Le prêtre, le confesseur est l'*homme de Dieu* ; il ne doit donc dépendre que de Dieu, ne dépendant plus ni du monde, ni de ses parents, ni de lui-même. D'ailleurs, de toutes les fonctions saintes, la plus délicate et la plus dangereuse pour le prêtre est sans contredit d'entendre les confessions. Il faut donc que le prêtre soit affermi dans la vertu, et qu'il se prémunisse fortement, par la pensée de la présence de Dieu, par la vigilance sur lui-même, par l'esprit de prière et de mortification, contre les différentes tentations qu'on rencontre si souvent dans le tribunal de la Pénitence. « Nemo, nisi valde sanctus, dit saint Laurent Justi- « nien, absque sui detrimento proximorum curis occupatur. » Enfin, le prêtre ne doit entrer au confessionnal que comme ministre de Jésus-Christ, ne se proposant que la gloire de Dieu et le salut des âmes.

506. Ainsi prémuni contre les dangers, allez au saint tribunal, plein de confiance en Dieu ; mais veillez-y habituellement sur votre cœur, pour en exclure tout mal, et pour y conserver une sainte ferveur. On peut y éprouver des tentations d'impatience, de vanité, des mauvais penchants, qui, sans qu'on s'en aperçoive, entraînent au relâchement ou au rigorisme, et font qu'on absout ou qu'on renvoie le pénitent mal à propos, qu'on néglige sa guérison, ou qu'on fomente peut-être en soi des passions que le sacrement

---

(1) Timoth. c. 6. v. 11.

doit détruire dans les autres. Puisque vous purifiez les âmes avec le sang de Jésus-Christ, offrez chaque confession que vous entendez à une des cinq plaies du Rédempteur; priez tantôt notre divin Sauveur, tantôt le Père céleste, de bénir vos travaux; recommandez votre ministère à la sainte Vierge, à l'ange gardien, ou à quelque saint. Si vous vous appliquez à vous-même les sentiments et les maximes que vous devez suggérer au pénitent, le ministère de la confession sera pour vous comme une méditation et une prière continuelle; vous serez constamment uni à Dieu, et vous attirerez les bénédictions du ciel sur vous et sur vos pénitents (1).

### ARTICLE II.

### *Du Zèle nécessaire au Confesseur.*

507. Après la sainteté, vient le zèle nécessaire dans le confesseur. Le prêtre ne peut être saint, comme il doit l'être, sans être animé du zèle le plus ardent pour la gloire de Dieu et le salut de ses frères. Le propre du prêtre, dit saint Anselme, est d'arracher les âmes au monde, et de les donner à Dieu : « Sacerdotis pro- « prium est animas e mundo rapere, et dare Deo. » Le simple prêtre, qui n'a pas charge d'âmes, n'est pas pour cela dispensé d'entendre les confessions; s'il n'est pas capable de confesser, il doit travailler à se mettre en état d'exercer ce ministère. C'est le sentiment de saint Alphonse de Liguori (2). Mais les curés, les vicaires, les aumôniers, y sont plus spécialement obligés, et ce n'est que par le zèle le plus vif et le plus pur qu'ils pourront surmonter les peines, les ennuis, les dégoûts qu'on éprouve au tribunal de la Pénitence. Le confesseur n'est pas à lui; il se doit à tout le monde, aux enfants comme aux vieillards, aux petits comme aux grands, aux pauvres comme aux riches, aux ignorants comme à ceux qui sont instruits, aux insensés comme aux sages, aux pécheurs comme aux justes, et même plus aux pécheurs qu'aux justes : *Non veni vocare justos, sed peccatores.* A l'exemple du bon pasteur, du pasteur par excellence, il doit sacrifier son repos pour courir après la brebis égarée, et la ramener au bercail. Un prêtre zélé passera des heures et des journées entières au confessionnal; il y recevra tous ceux qui se présenteront, sans acception de personnes; il se gardera bien de refuser l'étranger, celui qu'il ne connaît point : il pourrait,

(1) Voyez le *Prêtre sanctifié par l'administration du sacrement de Pénitence*, n° 126. — (2) Selva, ch. 9. § 1.

par un refus, être l'occasion de la perte éternelle du pécheur qui revient à Dieu. S'il ne peut recevoir à l'instant celui qui demande à se confesser, il prendra, autant que possible, les jours et les heures qui conviendront le mieux aux fidèles. Le caractère du zèle est le dévouement pour le salut de nos frères : « Ego autem liben-« tissime impendam, et superimpendar ipse pro animabus vestris; « licet plus vos diligens, minus diligar (1). » C'est un esprit de sacrifice et d'abnégation; c'est cette charité même qui est patiente, qui souffre et supporte tout : *Charitas patiens est.... Omnia suffert.... Omnia sustinet* (2).

508. « Il ne suffit pas, dit un pieux auteur, d'avoir bien accueilli « et encouragé le pénitent, il faut encore que vous le supportiez « patiemment durant le cours de sa confession. Ce sera pour vous, « il est vrai, une occasion d'exercer votre vertu ; car il est pénible « de se voir accablé par la multitude des pénitents, ou retenu par « un seul, qui, unissant aux longueurs, aux doutes, à un langage « grossier et peu intelligible, un fatras de choses et de cas em-« brouillés, cause à celui qui l'écoute un travail et un ennui que « l'amour paternel seul peut faire surmonter ; amour qui ne se lasse « jamais, et qui nous fait aimer la fatigue. Pour ranimer et nourrir « en vous cette charité, gravez profondément dans votre cœur et « méditez souvent les maximes suivantes : 1° Si Jésus-Christ n'a « pas hésité de donner son sang et sa vie pour le salut des âmes, « qui de nous, qui sommes ses ministres, pourra refuser d'y em-« ployer au moins son temps et son travail ? Pourrions-nous faire « un usage plus noble et plus avantageux de nos forces, que de les « consacrer à l'œuvre pour laquelle Dieu lui-même s'est donné tout « entier ? 2° *Qua mensura mensi fueritis, remetietur vobis* (3). « Comme si le Seigneur vous disait : Si vous prodiguez à cette âme « la patience, la consolation et les soins que demande son salut, il « sera fait à vous-même ce que vous aurez fait pour elle ; je vous « supporterai aussi de mon côté, je vous aiderai et vous sancti-« fierai. Mais si vous lui refusez tout cela, malheur à vous ! Je vous « refuserai ces mêmes avantages ; je ne serai plus si indulgent à « tolérer vos manquements ; je vous accorderai moins de secours. « Si donc vos intérêts vous touchent, sachez supporter le pénitent « avec patience. 3° Si le Seigneur réserve pour le jugement dernier « une récompense publique et éternelle aux plus petites œuvres de

---

(1) II. Corinth. c. 12. v. 15. — (2) I. Corinth. c. 13. v. 4 et 7. — (3) Matth. c. 7. v. 2.

« la charité de l'ordre inférieur, je veux dire qui concerne le tem-
« porel, quelles récompenses ne prépare-t-il pas aux œuvres de la
« charité spirituelle, qui lui est si supérieure, qui enrichit les âmes
« de la grâce, qui les nourrit, qui les délivre de l'esclavage du
« démon et des maladies spirituelles? Mais vous qui, par votre pa-
« tience, ramenez dans le sein du Père céleste des enfants égarés,
« vous n'attendrez pas jusqu'au jugement dernier à recevoir les
« grâces et les récompenses qu'il vous promet. Combien de tenta-
« tions périlleuses n'éloignera-t-il pas de vous? Combien ne vous
« en fera-t-il pas surmonter? Combien de secours spirituels ne vous
« prodiguera-t-il pas? Montrez donc une patience à toute épreuve
« durant tout le cours de la confession; et quand vous sortirez du
« saint tribunal, épuisé de fatigue, si vous avez traité vos péni-
« tents en père charitable, vous trouverez en Dieu un père qui
« vous comblera de grâces et de consolations (1). »

### ARTICLE III.

*De la Douceur et de la Fermeté nécessaires au Confesseur.*

509. Si la douceur, cette vertu éminemment chrétienne, est nécessaire à tous, elle l'est plus particulièrement encore aux ministres du sacrement de Pénitence. Obligé quelquefois de corriger le pénitent, le confesseur doit toujours le faire avec douceur. C'est l'avis de l'Apôtre : « Si præoccupatus fuerit homo in aliquo delicto,
« vos, qui spirituales estis, hujusmodi instruite in spiritu lenitatis;
« considerans teipsum, ne et tu tenteris; alter alterius onera por-
« tate, et sic adimplebitis legem Christi (2). » Nous devons d'abord considérer nos propres défauts avant de reprendre ceux d'autrui, afin de sentir pour les autres, surtout pour ceux qui nous donnent le doux nom de *père*, cette compassion dont nous avons besoin pour nous-mêmes. Souvent on réussit plus par la douceur que par la sévérité, dit le concile de Trente : « Sæpe plus erga corrigendos
« agit benevolentia quam austeritas, plus exhortatio quam minatio,
« plus charitas quam potestas (3). » Mais un confesseur ne doit pas oublier qu'il est juge; que la fermeté, par conséquent, ne lui est pas moins nécessaire que la douceur; que ces deux vertus s'allient

---

(1) **Le Prêtre** sanctifié par l'administration du sacrement de Pénitence, première partie, § 8. — (2) Galat. c. 6. v. 1 et 2. — (3) Sess. XIII. de Reformatione, cap. 1.

dans le ministre des sacrements, comme la justice et la miséricorde s'allient dans celui qui en est l'auteur : « Noli quærere fieri judex, « nisi valeas virtute irrumpere iniquitates (1). » La fermeté sans douceur, comme la douceur sans fermeté, n'est plus une vertu ; c'est une espèce de cruauté qui tue ou qui laisse périr les âmes. Malheur à celui qui impose un joug que le Seigneur n'impose point, un fardeau qu'il ne pourrait porter lui-même ! Malheur aussi, dit un prophète, à celui qui met des oreillers sous la tête des pécheurs, afin qu'ils dorment tranquillement de leur sommeil de mort ! « Væ « quæ consuunt pulvillos sub omni cubito manus, et faciunt cervi- « calia sub capite universæ ætatis ad capiendas animas (2) ! » Il est donc nécessaire que le confesseur réunisse la fermeté à la douceur, et la douceur à la fermeté ; ou, en d'autres termes, qu'il applique le plus exactement possible les règles de l'Église, tout en *compatissant*, à l'exemple du Pontife éternel, aux *infirmités* du pécheur. Suppléant de Dieu comme ministre du sacrement, comme juge et comme médecin, il ne sera le dispensateur fidèle de ses dons qu'en faisant ce que Jésus-Christ ferait lui-même, s'il siégeait en personne au tribunal sacré. Ayant constamment les yeux sur celui dont il tient la place, il craindra tout à la fois d'être trop sévère et trop indulgent ; il ne peut ni lier ni délier à volonté, contre l'ordre de Dieu : « Non potest ligare et solvere ad arbitrium, dit saint « Thomas, sed tantum sicut a Deo præscriptum est (3). » Il se rappellera néanmoins que, quoique le Seigneur soit souverainement juste, *ses commisérations sont au-dessus de toutes ses œuvres*, et qu'il vaut mieux avoir à lui rendre compte d'un excès de miséricorde que d'un excès de sévérité : « Melius est Domino rationem « reddere de nimia misericordia quam de nimia severitate. » C'est la pensée d'un auteur ancien (4), et nous la retrouvons dans le décret de Gratien, sous le titre : « Melius est errare in misericordia « remittendi quam in severitate ulciscendi. » C'est aussi la pensée de saint Ambroise : « Ad misericordiam promptior est quam ad « severitatem Spiritus Dei (5). » C'est encore la pensée du Docteur angélique (6), de saint Antonin (7), de saint Raymond de Pegnafort (8), et de saint Odilon de Cluny. Comme on reprochait à ce saint abbé d'être trop indulgent à l'égard des pécheurs, il répondait que s'il fallait être damné, il aimait mieux l'être pour avoir

---

(1) Eccli. c. 7. v. 6. — (2) Ezech. c. 13. v. 18. — (3) Sum. part. 3. quæst. 18. art. 3 et 4. — (4) L'auteur de l'*Opus imperfectum in Matthæum*. — (5) De Pœnitentia, lib. I. cap. 2. — (6) Opuscul. 65. — (7) Sum. part. 2. tit. 4. cap. 5. — (8) Sum. lib. III. tit. 34.

usé de trop de miséricorde que pour avoir montré trop de sévérité :
« Et si damnandus sim, malo tamen de misericordia quam ex du-
« ritia aut severitate damnari (1). »

### ARTICLE IV.

*De la Science nécessaire au Confesseur.*

510. Le confesseur est le dispensateur des choses saintes, le juge des consciences, le médecin des âmes; il doit donc être instruit. Un confesseur ignorant est un aveugle qui conduit un autre aveugle; ils tomberont l'un et l'autre dans l'abîme. Celui qui repousse la science sera rejeté de Dieu. Et comment pourrait-il, sans danger pour lui et pour les fidèles, siéger au tribunal de la Pénitence, dont il ne connaît point les règles? Comment pourrait-il juger, s'il ne connaît ni les lois ni l'ordre de la justice? Comment traitera-t-il les malades, s'il ignore les différents genres de maladies, les remèdes qui conviennent à chacune d'elles, et l'art de les appliquer? C'est donc une obligation pour le confesseur d'étudier constamment, tant pour acquérir que pour conserver et développer les connaissances nécessaires sur le dogme, la morale et l'administration des sacrements. Il doit étudier la théologie dogmatique, afin de pouvoir instruire avec exactitude les pénitents qui ignorent les vérités de la religion, éclaircir leurs doutes, et affermir ceux qui chancellent dans la foi. Il doit étudier la morale, dont la connaissance lui est indispensable pour éviter le rigorisme et le relâchement, qui sont l'un et l'autre plus ou moins funestes au salut des âmes. Il se rassurerait en vain sur ses sentiments de crainte de Dieu : « Ipse timor Domini, dit saint Ambroise, nisi sit secundum
« scientiam, nihil prodest; imo obest plurimum. Sunt etiam in no-
« bis qui habent timorem Dei, sed non secundum scientiam, sta-
« tuentes duriora præcepta, quæ non possit humana conditio sus-
« tinere. Timor in eo est, quia videntur sibi consulere disciplinæ,
« opus virtutis exigere; sed inscitia in eo est, quia non compa-
« tiuntur naturæ, non æstimant possibilitatem (2). »

Il faut que le confesseur soit en état de discerner entre le certain et l'incertain, entre le précepte et le conseil, entre le péché et une imperfection, entre les fautes mortelles de leur nature et celles qui

---

(1) Voyez la *Justification* de S. Alphonse de Liguori, ch. 5. — (2) Serm. in psalmum 118.

ne sont que vénielles. Il doit étudier les règles de l'Église, spécialement pour ce qui regarde l'administration du sacrement de Pénitence. Sans cette connaissance, il tombera infailliblement dans l'arbitraire, soit en refusant l'absolution à ceux qui ont droit d'être absous, soit en l'accordant à ceux qui en sont indignes, soit en la différant sans raison, et au détriment du bien spirituel de ses pénitents. Plus le confesseur sera instruit, plus il lui sera facile d'exercer le saint ministère, et de l'exercer avec fruit. Cependant, pour l'exercer convenablement, il suffit d'avoir assez de connaissance pour résoudre par soi-même et sur-le-champ les cas ordinaires, et remarquer les difficultés qui se présentent plus rarement, afin de consulter ceux qui sont capables de les résoudre. Celui qui n'aperçoit point, qui ne soupçonne point ces difficultés, ou, en d'autres termes, celui qui ne sait pas douter, lorsqu'il rencontre quelque cas extraordinaire et embarrassant, n'est point capable d'entendre les confessions. Pour la science compétente et nécessaire au confesseur, il faut qu'il sache s'arrêter à propos, pour mieux examiner les choses et éviter toute méprise.

## ARTICLE V.

*De la Discrétion nécessaire au Confesseur, spécialement pour ce qui regarde le secret de la confession.*

511. Ce n'est pas assez pour le confesseur d'être instruit, charitable et pieux; il doit être prudent et discret. La prudence est une des vertus les plus nécessaires à l'homme; mais elle l'est principalement à ceux qui sont chargés de la direction des âmes. C'est la prudence qui fait le choix du temps, du lieu, des moyens à prendre pour arriver à ses fins : elle règle tout dans l'homme, jusqu'à ses paroles, et nous fait éviter les indiscrétions, qui peuvent avoir les suites les plus fâcheuses. Le confesseur prudent et discret ne fait que les interrogations nécessaires ou vraiment utiles au pénitent. A moins que le bien général ne l'exige, il n'avertira point ceux qu'il serait dangereux de tirer de la bonne foi. En morale, lorsqu'il s'agit de questions douteuses ou controversées parmi les docteurs qui passent pour orthodoxes, il n'aura pas la prétention d'ériger ses opinions en lois, craignant autant d'exagérer que d'affaiblir les obligations de la morale chrétienne. Il se défie lui-même de sa prudence, parce que les pensées des hommes sont timides : *Cogitationes hominum timidæ;* dans le choix des opinions, il

préfère celles qui sont plus généralement reçues, ou qui se rapprochent davantage de l'esprit du saint-siége ; il ne se laisse dominer ni par les préjugés du pays qui l'a vu naître, ni par l'enseignement particulier de l'école à laquelle il appartient ; il se tient constamment en garde contre tout esprit de parti, contre l'entêtement, qui a pour principe l'ignorance ou l'orgueil, et pour résultat une certaine immobilité intellectuelle, aussi contraire à la sagesse qu'aux développements de notre instruction : « Sapientis est mutare con-« silium, dit saint Alphonse de Liguori d'après Cicéron ; nunquam « enim laudata fuit in una sententia permansio. » Quand il s'agit d'imposer une pénitence sacramentelle, le confesseur discret a égard, non-seulement à la griéveté des fautes, mais encore aux forces physiques et morales, c'est-à-dire, à l'état et aux dispositions du pénitent (1). Considérant que la fin principale des sacrements est le salut des hommes, *Sacramenta propter homines*, il accorde, ou refuse, ou diffère l'absolution, lorsque, tout considéré, il croit devoir agir ainsi dans l'intérêt spirituel de ses pénitents. Pour ce qui regarde le secret, il ne dit et ne fait jamais rien qui puisse faire connaître même indirectement, ou faire soupçonner ce qu'il sait par la confession. Poussant la discrétion jusqu'au scrupule, il ne se permet pas de parler, même en bien, de la confession des fidèles qu'il dirige ; il se comporte, à cet égard, comme s'il ne savait absolument rien, comme s'il n'avait jamais confessé personne.

512. Le confesseur est tenu, par toutes les lois naturelles et positives, divines et humaines, de garder inviolablement le secret de la confession, de tout ce qu'il ne sait que par l'accusation du pénitent. Celui qui violerait le sceau de la confession pécherait tout à la fois contre la religion, la charité et la justice ; et ce péché serait une faute énorme, un crime qui rendrait à jamais un prêtre indigne de confesser. Ni la mort dont un innocent est menacé, ni la nécessité de prévenir un malheur public, ne peuvent autoriser le confesseur à violer le secret de la confession. Fût-il menacé lui-même du dernier supplice, il devrait mourir martyr du sceau sacramentel, plutôt que de révéler directement ou indirectement ce qu'il sait par la confession d'un pénitent. Interrogé par un magistrat, non-seulement il peut, mais il doit répondre absolument comme s'il ne savait rien, comme s'il n'avait jamais entendu la confession du pénitent au sujet duquel on l'interroge. Le confesseur tient la place de Dieu, et, comme tel, il n'est sou-

---

(1) Voyez, ci-dessus, le n° 453.

mis à aucun tribunal. La mort du pénitent ne délie point le confesseur de l'obligation du secret.

513. Le secret de la confession s'étend non-seulement à tous les péchés, mortels ou véniels, intérieurs ou extérieurs, publics ou secrets, et à toutes leurs circonstances, mais encore aux vices, aux penchants, aux imperfections, aux tentations, aux défauts naturels ou accidentels, même à ceux dans lesquels il n'y a aucune faute de la part du pénitent. Il comprend, en un mot, tout ce qui peut faire de la peine, ou rendre la confession odieuse à un fidèle. Il y aurait péché mortel à révéler la confession d'un pénitent, cette révélation ne tombât-elle que sur des fautes légères, que sur un seul péché véniel *déterminé* : de l'aveu de tous, la violation du secret n'a pas de légèreté de matière. Mais y aurait-il violation, si on disait simplement d'une manière indéterminée : *Un tel s'est accusé d'un péché véniel ?* Plusieurs docteurs, entre autres saint Alphonse de Liguori et les auteurs de la *Science du Confesseur*, ne pensent pas qu'il y eût alors violation, parce que, disent-ils, celui qui se confesse est censé, par là même, s'accuser de quelque péché véniel. Nous ne partageons point cette opinion, et nous disons qu'il y aurait violation ; car il est des personnes dont la confession n'offre pas une matière certaine à l'absolution. Quoi qu'il en soit, cette conduite du confesseur serait souverainement blâmable ; elle ne pourrait que scandaliser les fidèles et produire un très-mauvais effet.

514. Le secret de la confession sacramentelle lie tous ceux qui ont, de quelque manière que ce soit, par le moyen de cette confession, connaissance des choses qui tombent sous le sceau. Il lie par conséquent le confesseur vrai, ou réputé tel ; le supérieur à qui le pénitent s'adresse pour demander la permission de se faire absoudre par son confesseur de tel ou tel cas réservé ; celui à qui le confesseur écrit pour la même fin, si ce supérieur venait à connaître le pénitent pour lequel on lui a écrit ; ceux que le confesseur consulte avec la permission du pénitent ; l'interprète qui sert d'intermédiaire entre le pénitent et le confesseur ; ceux qui ont appris quelque chose, soit du confesseur, soit d'un autre obligé au secret de la confession. Quant à ceux que le pénitent consulte lui-même relativement à sa confession, ou qui ont entendu ce qu'il disait tandis qu'il se confessait, ou qui ont compris par des gestes ou autrement ce dont il était question, ou qui ont lu le papier sur lequel le pénitent avait écrit sa confession, ils sont, de l'aveu de tous, tenus de garder le secret, qui est, suivant les uns, un secret

sacramentel, et, selon les autres, purement naturel. Le pénitent n'est point strictement obligé au secret de la confession, c'est-à-dire, au secret sacramentel : le sceau de la confession n'a été mis qu'en faveur du pénitent, et non en faveur du confesseur. Cependant le premier est tenu au secret naturel, lorsqu'il ne peut faire connaître ce que le confesseur lui a dit sans nuire à son ministère, ou sans manquer de respect au sacrement. C'est le reproche qu'ont à se faire ceux qui, par dérision, parlent des questions qui leur ont été faites en confession, des avis et des conseils qu'on leur a donnés, et des pénitences qui leur ont été imposées.

515. Relativement à la question qui nous occupe, on distingue dans l'école la révélation directe et la révélation indirecte. Il y aurait révélation directe, si on violait, de propos délibéré, le secret de la confession, en faisant expressément connaître les choses qui en sont l'objet. Les révélations directes sont tellement rares, qu'on peut dire qu'on n'en voit jamais : on a vu des prêtres apostats, et, par un effet de la protection spéciale de Dieu sur son Église, ces prêtres ont respecté le sceau de la confession; on en voit en démence, et, dans leur délire, il ne leur échappe jamais rien qui puisse compromettre le secret sacramentel. La révélation indirecte aurait lieu, si, par paroles ou par actions ou par signes, on donnait à deviner, ou si on faisait soupçonner une chose qui tombe sous le sceau. Il y aurait, par exemple, violation indirecte : 1° si le prêtre parlait à son pénitent de manière à être entendu de ceux qui sont près du confessionnal, ou si, en entendant quelque faute grave, il donnait des signes de mécontentement qui pourraient être aperçus des assistants, et leur faire juger quelle est la nature de la confession. Le confesseur doit s'observer, et parler tellement bas qu'il ne puisse jamais être entendu que du pénitent. 2° Si, ayant confessé plusieurs personnes, on disait que telle ou telle, ou simplement qu'une de celles qu'on a entendues, n'avait que des péchés véniels. 3° Si on disait qu'on n'a point absous tel pénitent, ou qu'on lui a donné telle pénitence qui fait naître le soupçon d'une faute grave, ou qu'il a commencé une confession générale. 4° Si on disait que tel crime est commun dans tel endroit où l'on a confessé, surtout si la paroisse est peu considérable, parce que le soupçon tombe sur tous les habitants. Un curé ne doit point, dans ses sermons, entrer dans les détails particuliers de certains péchés qu'il connaît par la confession. Outre que ces détails peuvent affliger ou aigrir ceux qui ont commis ces péchés, et les éloigner de la confession, il s'exposerait au danger de les révéler

indirectement. 5° Si deux confesseurs qui ont entendu la même personne parlaient entre eux de ses fautes, quand même ce seraient des péchés déclarés à tous deux. Il en serait autrement, si le pénitent leur en avait donné librement la permission ; ce qui arrive quelquefois, à raison des difficultés qu'on éprouve au sujet de la vocation à l'état ecclésiastique. 6° Si le prêtre qui a entendu plusieurs personnes donnait un billet de confession à celles qu'il a absoutes, et le refusait à celles qui n'ont pas reçu l'absolution, ou si les premières recevaient un billet ainsi conçu : *J'ai absous un tel : J'ai administré le sacrement de Pénitence à un tel : Un tel s'est approché des sacrements de Pénitence et de l'Eucharistie* ; tandis que le billet des dernières porterait seulement : *J'ai entendu la confession d'un tel.* Toutes les fois qu'un prêtre sait qu'il a entendu telle ou telle personne en confession, et que cette personne lui demande une attestation hors du tribunal de la Pénitence, il ne peut la lui refuser, d'après les connaissances acquises par la confession ; mais, en la donnant, il doit dire simplement qu'*il a entendu la confession d'un tel*, ou qu'*un tel s'est approché du tribunal de la Pénitence*, que le pénitent ait reçu ou non l'absolution. 7° Si le confesseur faisait à un pénitent des interrogations relatives à ce qu'il ne sait que par la confession d'un autre pénitent ; ou, ce qui serait plus fort encore, s'il lui refusait l'absolution parce qu'il ne se confesse pas d'un péché grave, qu'il a appris par la confession du complice. Un confesseur ne doit ni dire ni laisser entrevoir à un pénitent ce qu'il a su par la confession d'un autre.

516. Il est certainement encore d'autres manières de violer indirectement le secret de la confession, ou de s'écarter plus ou moins du respect que l'on doit au sacrement de Pénitence. Mais il serait superflu de faire ici toutes les suppositions qu'on peut imaginer : qu'il suffise d'indiquer quelques règles générales qui tendent à prévenir les imprudences, les indiscrétions. La première, et, sans contredit, la plus importante de toutes, c'est d'être extrêmement réservé dans ses discours, de ne jamais s'entretenir de confessions, ni de ce qu'on y a entendu. S'il se trouvait quelqu'un assez téméraire pour interroger un prêtre ou pour le faire parler sur ses pénitents, sur la manière dont ils se confessent, ou sur la conduite qu'il a tenue envers eux pour l'absolution, le confesseur doit lui faire remarquer son indiscrétion, se taire, ou parler comme s'il ne savait absolument rien. Si une personne voyant un pécheur notoirement indigne s'approcher de la sainte table, avait l'imprudence de se plaindre de ce que le confesseur lui a donné trop faci-

lement l'absolution, celui-ci devrait dire simplement qu'il a fait son devoir, ou garder le silence. Si c'est le pénitent lui-même qui se plaint de n'avoir pas été absous, le prêtre ne pourra rien dire, quand même le confesseur serait victime de la calomnie, comme il arrive quelquefois; il ne pourrait rien dire ni rien faire au détriment du secret.

**517.** La seconde règle générale, c'est qu'un confesseur ne peut ni rien dire ni rien faire, par suite des connaissances acquises par la confession, qui puisse rendre la confession odieuse. D'après ce principe, un prêtre ne peut, hors du tribunal, parler au pénitent, sans sa permission expresse, d'une chose qui appartient à sa confession. Tant que le pénitent est au confessionnal, on peut bien, même après lui avoir donné l'absolution, revenir sur sa confession; comme aussi on peut lui parler dans une confession des choses connues par les confessions précédentes, pourvu qu'il y ait quelque nécessité de le faire, et qu'on le fasse toujours avec discrétion. Mais, hors du tribunal, on ne doit jamais lui rappeler ce qui a rapport à sa confession; cela lui ferait naturellement de la peine. S'il s'agit de suppléer à quelque défaut de la confession, ou de détromper le pénitent qu'on a jeté dans l'erreur, il doit accorder la permission nécessaire; s'il la refuse, le confesseur ne peut pas l'avertir. On excepte le cas où le défaut viendrait uniquement du confesseur, s'il pouvait en parler au pénitent sans lui rien dire de ses fautes; si, par exemple, il n'avait qu'à lui dire qu'il a oublié de lui donner l'absolution. Toutefois, on ne serait obligé d'avertir le pénitent, dans le cas dont il s'agit, qu'autant qu'il serait en danger de mort, ou qu'on pourrait le faire sans inconvénient. Nous ajouterons qu'un confesseur peut prier particulièrement pour son pénitent, en demandant à Dieu sa conversion; examiner les questions qui l'embarrassent, et consulter ses supérieurs ou autres personnes, s'il s'y prend de manière qu'on ne puisse ni connaître ni soupçonner la personne dont il s'agit. Dans ce cas, il faut non-seulement supprimer le nom du pénitent, mais encore s'abstenir de faire connaître le temps, le lieu et autres circonstances inutiles, dont la connaissance pourrait faire deviner de qui l'on parle. De plus, pour n'avoir aucun sujet d'inquiétude, il est bon de ne point consulter sur les lieux, ni dans le voisinage, à moins qu'on ne soit sûr qu'on n'a rien à craindre pour la révélation. N'y eût-il qu'un moindre doute à cet égard, il faudrait obtenir la permission du pénitent. Le confesseur peut encore faire usage de la confession pour réformer sa propre négligence, sa trop grande sévérité, ou tout autre défaut qu'il a connu par ses pénitents; veiller d'une manière plus particulière sur certains abus relatifs à la paroisse, pourvu que les personnes dont la confession lui a fait connaître ces abus n'y soient pour rien.

518. Troisième règle générale : Lorsqu'on doute si, dans tel ou tel cas, il y aurait révélation indirecte de la confession, on doit se déclarer pour le parti le plus sûr, c'est-à-dire, le plus favorable au sceau sacramentel. La probabilité d'une opinion, quelque grave qu'elle soit, fût-elle prépondérante, ne saurait prévenir les inconvénients qui résulteraient d'un acte qu'on pourrait regarder, avec quelque fondement, comme contraire au respect qu'on doit au secret de la confession. Il ne faut pas être scrupuleux, à prendre le mot dans sa signification rigoureuse; mais il vaudrait beaucoup mieux l'être que de n'être pas assez réservé, que de s'exposer au danger de révéler, même indirectement, la confession; de faire croire aux fidèles que le prêtre fait usage des connaissances acquises au tribunal de la Pénitence, ou de leur faire soupçonner qu'il n'est pas aussi discret qu'il doit l'être. Il faut que tout pénitent soit bien persuadé qu'il peut et qu'il doit s'ouvrir aussi librement à son confesseur, qui tient la place de Dieu, que s'il se confessait à Dieu lui-même sans intermédiaire. Il faut par conséquent que le confesseur se comporte toujours extérieurement, comme s'il n'avait jamais entendu personne en confession. Ainsi, le confesseur qui ne connaît l'indignité d'un fidèle que par la confession ne peut lui refuser l'Eucharistie, lors même que celui-ci se trouverait seul à l'église, lorsqu'il demande la communion. Il ne peut non plus détourner un homme d'un mariage, ou l'empêcher de prendre un domestique, même en s'abstenant de faire connaître ce domestique, ou la personne sur laquelle on a des vues. Il ne se plaindra pas au pénitent qui s'est accusé de l'avoir volé, il ne prendra pas de précautions pour l'empêcher de le voler à l'avenir; et il sera toujours pour lui le même qu'auparavant, sans lui manifester le moindre refroidissement. Il ne renverra point une servante qu'il sait, par sa confession ou par la confession d'un autre, être indigne de toute confiance.

519. Quatrième règle générale : On ne viole point le secret de la confession, lorsqu'on parle des choses qu'on y a entendues, avec la permission du pénitent; car le sceau sacramentel est en sa faveur. Mais cette permission doit être expresse. Une permission tacite ne suffirait pas, et encore moins une permission présumée. Elle doit aussi être entièrement libre, et le confesseur ne doit jamais

la demander sans de bonnes raisons. Il est certainement des circonstances où le pénitent est obligé de donner cette permission : ce sont celles où elle est nécessaire pour empêcher un malheur public ou particulier, soit dans l'ordre temporel, soit dans l'ordre spirituel. S'il refuse la permission lorsqu'il est tenu de l'accorder, le confesseur ne peut l'absoudre. Mais, quelque déraisonnable que soit le refus, le confesseur ne peut agir comme si la permission lui était accordée. Au reste, comme il n'est pas nécessaire que le prêtre agisse lui-même dans le cas dont il s'agit ; que cela pourrait rendre la confession odieuse ; il suffit d'exiger que le pénitent fasse connaître à qui de droit le malfaiteur, l'assassin, par exemple, l'empoisonneur ou le corrupteur dont il a parlé dans sa confession. Et si le pénitent ne veut pas en parler à d'autres qu'à son confesseur, qu'à son curé, auquel il donne toute permission, celui-ci demandera que cette permission lui soit accordée hors du tribunal, tant pour pouvoir agir plus librement, que pour pouvoir dire que c'est hors de la confession qu'il a été averti de ce qui se passe. Nous le répétons : sur un sujet aussi délicat, il ne saurait y avoir excès de précaution.

# CHAPITRE VIII.

*Des Devoirs du Confesseur, au sujet des interrogations à faire au pénitent.*

520. Le confesseur n'est point obligé d'interroger le pénitent qui se confesse convenablement, qui ne laisse rien à désirer pour ce qui regarde son état et l'intégrité de la confession ; ce qui arrive communément aux pénitents instruits qui s'approchent fréquemment du tribunal de la Pénitence. Mais s'il soupçonne un défaut de sincérité de la part de son pénitent, ou s'il s'aperçoit que ce pénitent se confesse imparfaitement, qu'il ne dit certaines choses qu'à demi, ou qu'il en omet d'autres dont il doit s'accuser, il lui fera compléter sa confession en l'interrogeant prudemment. C'est un devoir pour le confesseur de l'interroger ; il y est obligé comme ministre du sacrement, comme juge et comme médecin spirituel. Les lois et les règlements de l'Église sont exprès : « Sacerdos sit discretus « et cautus, ut more periti medici superinfundat vinum et oleum « vulneribus sauciati, diligenter inquirens et peccatoris circum-

« stantias et peccati (1). » Nous trouvons la même disposition dans le Rituel romain : « Si pœnitens numerum et species et cir- « cumstantias peccatorum explicatu necessarias, non expresserit, « eum sacerdos prudenter interroget (2). »

521. Un confesseur discret fera, de la manière la plus convenable et la plus paternelle, toutes les interrogations qu'il jugera nécessaires sur l'état de son pénitent, afin de pouvoir juger de la nature et de la grièveté de ses fautes, et discerner s'il n'est point dans quelque habitude criminelle, ou dans une occasion prochaine de péché mortel, ou dans l'obligation de réparer un scandale, une injustice. Les interrogations porteront sur les obligations communes à tout chrétien, ainsi que sur les obligations particulières à l'âge et à la profession d'un chacun. Toutefois, il n'est pas nécessaire de parcourir tout le Décalogue, cela ne serait pas prudent; on fatiguerait les fidèles, et on leur rendrait la confession odieuse. Il suffit d'interroger un pénitent sur les fautes qui se commettent le plus communément parmi les personnes de sa condition, en lui faisant déclarer, autant que possible, la nature et le nombre de ses péchés, et les circonstances principales, c'est-à-dire les circonstances qui changent l'espèce du péché, et celles qui peuvent modifier le jugement du confesseur; *circumstantias explicatu necessarias*. Il ne faut pas insister sur les circonstances qui ne changent point l'espèce du péché, qui ne font qu'en augmenter la malice, lors même qu'elles seraient notablement aggravantes; car, à part quelques cas particuliers, l'obligation de déclarer ces circonstances n'est point certaine; on peut même soutenir comme plus probable le sentiment qui dispense de cette obligation (3). Quoi qu'il en soit, le confesseur qui croit qu'on est obligé de déclarer les circonstances notablement aggravantes, admettra du moins une exception pour ce qui regarde les péchés contre le sixième précepte. « Quand on « est obligé d'interroger sur cet article, dit le rédacteur des *Con-* « *férences* d'Angers, il faut prendre garde de ne pas trop entrer « dans le détail des circonstances; il faut se contenter de savoir celles « qui sont *absolument nécessaires pour faire connaître l'espèce* « *du péché*; il y a du danger à passer ces bornes, non-seulement « pour les pénitents, mais pour les confesseurs mêmes, particuliè- « rement s'ils sont jeunes (4). Les pénitents eux-mêmes, continue le

---

(1) Canon *Omnis utriusque sexus*. — (2) De sacramento Pœnitentiæ. — (3) Voyez, ci-dessus, le n° 420. — (4) Conf. VIII. sur le sacrement de Pénitence, quest. 3. — Voyez, ci-dessus, le n° 424.

« même auteur, ne doivent pas trop s'arrêter sur les péchés d'im-
« pureté, quand ils examinent leur conscience (1). »

**522.** Le confesseur qui se voit obligé d'interroger un pénitent sur le sixième précepte, doit commencer les interrogations par ce qu'il y a de moins odieux. Il demande d'abord si on s'est laissé aller à de mauvaises pensées ; puis, s'il y a lieu, il passe aux désirs, aux paroles, aux attouchements, et aux actes que le pénitent a pu se permettre sur lui-même ou sur une autre personne. Si le pénitent n'a point eu de mauvaises pensées, ou s'il y a résisté, n'y ayant point donné volontairement occasion, le confesseur ne doit pas faire de demande ultérieure. Cependant, comme il y a des enfants, et même des personnes plus ou moins avancées en âge, qui ne distinguent ni la pensée ni le désir de l'action, et qui, après avoir fait des choses criminelles, croient avoir tout dit en s'accusant de mauvaises pensées, le confesseur ne se contentera pas de leur demander s'ils se sont arrêtés à des pensées déshonnêtes ; il les interrogera sur les fautes extérieures, en leur demandant s'ils n'ont pas dit des paroles, chanté des chansons, ou fait des choses contraires à l'aimable vertu, à la chasteté ; s'ils étaient seuls lorsqu'ils ont fait le mal, *etc*. Mais il faut ici beaucoup de prudence, beaucoup de circonspection, pour ne pas apprendre aux jeunes gens ce qu'ils ignorent heureusement ; car il en est qui, étant interrogés, répondront facilement qu'ils ont eu de mauvaises pensées, qu'ils ont tenu de mauvais discours, ou qu'ils ont fait des actions déshonnêtes, quoiqu'ils n'aient aucune connaissance du vice impur. Quand, à la demande du confesseur, ils s'expliquent eux-mêmes, on voit que les pensées, les paroles et actions dont ils s'accusent, sont plutôt contre la bienséance que contre la vertu. Il serait bien imprudent de leur faire des interrogations qui pourraient leur faire connaître ou soupçonner le mal dont ils n'ont encore aucune idée : dans le doute si telle ou telle question ne leur sera pas nuisible à cet égard, on ne doit point la faire ; il faut se contenter de leur rappeler que Dieu est présent partout, qu'il voit tout, qu'il connaît tout, jusqu'à nos plus secrètes pensées ; qu'ils ne doivent jamais, par conséquent, faire, étant seuls, ce qu'ils n'oseraient faire en public ou en présence de leurs parents.

**523.** Le confesseur ne saurait non plus être trop circonspect en interrogeant les adultes et les personnes mariées. « Quand même,

---

(1) Conf. VIII. Sur le sacrement de **Pénitence**, quest. 3. — Voyez, ci-dessus, le n° 424.

« dit le P. Segneri, vous ne parleriez pas quelquefois d'une cir-
« constance nécessaire à l'intégrité matérielle de la confession,
« n'en soyez pas inquiet; un plus grand bien peut exiger ce silence.
« Contentez-vous de demander l'espèce de ce péché honteux, sans
« vous informer comment il s'est fait; et si quelqu'un, par igno-
« rance ou par défaut de pudeur, voulait s'expliquer, avertissez-le
« avec bonté que cela n'est point convenable (1). » Ne soyez pas le
premier à interroger un pénitent sur le devoir du mariage, *debitum
conjugale*, si ce n'est d'une manière générale, par exemple : Dans
votre union, vivez-vous d'une manière chrétienne? N'avez-vous
rien à vous reprocher contre la sainteté de votre état? Ordinairement, tenez-vous-en là. S'il vous expose des doutes, répondez-lui
avec le plus de brièveté et de réserve qu'il vous sera possible (2).
C'est l'avis de saint Alphonse : « Circa peccata conjugum respectu
« ad debitum maritale, ordinarie loquendo, confessarius non te-
« netur, *nec decet interrogare*, nisi uxores, an illud reddiderint,
« modestiori modo quo possit, puta, an fuerint obedientes viris in
« omnibus? De aliis taceat, nisi interrogatus fuerit (3). In hac in-
« terrogatione verbis modestioribus, quantum fieri poterit, utetur;
« v. g. *Esne obediens tuo viro etiam in rebus ad matrimonium
« spectantibus? Aut habes forsan aliquem scrupulum, qui te
« mordet circa matrimonium?* Sed hæc interrogatio, ut pluri-
« mum, omittatur cum uxoribus quæ vitam spiritualem profiten-
« tur (4). » Le confesseur qui instruirait les personnes mariées
sur tout ce qui a rapport à l'usage du mariage, serait imprudent. Il
ne doit pas oublier qu'il vaut mieux les laisser dans la bonne foi
que de les instruire, avec le danger pour elles de pécher formellement là où elles ne pécheraient que matériellement, ou avec le
danger pour le confesseur de les scandaliser, et d'affaiblir en elles
l'idée que tout fidèle doit avoir de la sainteté et de la modestie sacerdotales.

Nous avons dit, *ordinairement;* car si le confesseur a lieu de
craindre que le pénitent ne manque de sincérité au sujet de certaines
fautes graves contre la sainteté du mariage, il l'interrogera le plus
convenablement possible. Mais si, comme il arrive souvent, on
doute qu'il y ait obligation d'interroger tel ou tel pénitent sur le
point dont il s'agit, nous pensons qu'on ne doit pas le faire; il y a
moins d'inconvénients, surtout pour les jeunes confesseurs, à rester
en deçà qu'à aller trop loin.

(1) Le Confesseur instruit, ch. 2.— (2) Le Prêtre sanctifié par le sacrement de
Pénitence, part. 1. ch. 23. — (3) Praxis confessarii, n° 41. —(4) Ibidem. n° 35.

**524.** Le confesseur ne doit faire, sur quelque matière que ce soit, que les interrogations nécessaires ou vraiment utiles au pénitent. Il ne se permettra point de lui demander ni son nom, ni le nom de sa paroisse ; cette question serait inutile, déplacée, indiscrète ; car le pénitent est peut-être un pécheur qui ne se confesse que parce qu'il trouve un confesseur dont il espère n'être jamais connu. Cependant, si un prêtre ne pouvait confesser que les fidèles de telle ou telle paroisse ; s'il ne lui était pas permis de recevoir d'autres fidèles à son tribunal, il devrait prévenir le pénitent, dont il ignore le domicile, qu'il n'a de pouvoirs que pour les fidèles de tel ou tel endroit. Mais il faut remarquer que tout prêtre qui a le pouvoir de confesser dans une paroisse, sans pouvoir confesser dans une autre, peut entendre tous ceux qui se présentent à son confessionnal, de quelque pays qu'ils soient, à moins que l'Ordinaire n'ait expressément restreint l'approbation aux fidèles de la paroisse qui lui a été assignée.

Nous ajouterons que, dans le cas où un pénitent qu'on ne connaît pas s'accuse de quelque faute énorme, le confesseur doit lui demander s'il n'est pas étranger au diocèse ; si l'absolution de son péché n'est point réservée à son évêque, et si ce n'est point en fraude de la réserve, *in fraudem reservationis*, qu'il ne s'adresse pas à un prêtre de son diocèse ; car, s'il était en fraude, on ne pourrait l'absoudre (1).

**525.** Ce ne serait pas seulement une indiscrétion, mais une faute grave de la part du confesseur, d'exiger d'un pénitent, et même de demander, qu'il lui fît connaître le nom de son complice. Benoît XIV le défend rigoureusement dans sa constitution *Ubi primum*. Mais autre chose est de demander au pénitent le nom de son complice, autre chose de lui faire les interrogations nécessaires pour connaître la nature du péché et les circonstances qui en changent l'espèce : « Confessarii bene possunt et tenentur, ad integri-
« tatem confessionis servandam, exquirere circumstantias neces-
« sarias, nempe quæ vel speciem mutant, vel exquirendæ sunt ut
« pœnitentis conscientiæ consulatur ; puta si confessarius exquirat
« an persona complicis sit in primo vel secundo gradu, si ligata
« voto, si sit ancilla, si habitet in eadem domo, licet veniat in
« cognitionem complicis (2). »

**526.** Le confesseur peut-il absoudre un pénitent qui nie avoir fait une faute grave, que le confesseur sait qu'il a commise ? Si le

---

(1) Voyez, ci-dessus, le n° 503. — (2) S. Alphonse, lib. vi. n° 491.

confesseur ne le sait que pour l'avoir appris par la confession du complice, et que le pénitent ne s'en accuse pas, il l'exhortera à faire une bonne confession, à déclarer tout ce qui lui fait de la peine, ne lui faisant que les interrogations qu'il lui ferait s'il ne savait rien, ou l'interrogeant si adroitement, que le pénitent ne puisse pas même soupçonner que le confesseur connaît son péché par la confession de son complice. Sa confession étant faite, on peut, par exemple, lui demander s'il a tout dit, s'il s'est accusé de tous ses péchés. Après quoi le confesseur l'absoudra, quoiqu'il n'ait pas avoué sa faute, si d'ailleurs il n'y a pas d'obstacle à ce qu'il reçoive l'absolution ; il ne peut se servir de la connaissance qu'il a pour convaincre le pénitent. Quand le confesseur ne connaît la faute que par un bruit public et incertain, il doit s'en rapporter à la déclaration du pénitent, si, après avoir été averti qu'un défaut de sincérité rendrait sa confession sacrilége, il déclare n'avoir pas commis la faute qu'on lui reproche : au for intérieur, on doit croire au témoignage de celui qui se confesse, soit qu'il dépose pour ou contre lui-même : « In confessione est credendum peccatori confi- « tenti et pro se et contra se (1). » Nous pensons qu'il faudrait encore s'en tenir à la déclaration d'un pénitent qui aurait été juridiquement condamné, si l'opinion publique était partagée sur son innocence ou sa culpabilité.

527. Mais en serait-il de même si le pénitent avait été juridiquement convaincu de quelque crime, sans qu'il y eût aucune réclamation dans le pays? Il y en a qui pensent qu'on peut l'absoudre, quoiqu'il refuse d'avouer sa faute ; parce que, disent-ils, on doit présumer qu'il s'en est confessé. Mais s'il s'est confessé, pourquoi ferait-il difficulté de le dire à son confesseur? Nous pensons donc que si le pénitent s'obstine à nier le crime qu'on lui reproche, malgré les preuves que l'on a de sa culpabilité, il ne doit point être absous, à moins qu'il ne se trouve en danger. Ainsi, l'aumônier, le prêtre qui entend la confession d'une personne qui, étant condamnée à mort, ne veut pas avouer son crime, attendra jusqu'au dernier moment pour lui donner l'absolution, à moins que, tout considéré, il n'ait lieu de douter si elle est véritablement coupable ; car, dans le doute, il faudrait se prononcer en sa faveur ; ce serait encore le cas de faire l'application de la maxime de saint Thomas:

---

(1) S. Thomas, Opuscul. xii. Ad fratrem Gerardum Bisontinum; S. Antonin, S. Vincent Ferrier, etc. — Voyez aussi les Conférences d'Angers, sur le sacrement de Pénitence, conf. viii. quest. 3.

« In confessione est credendum peccatori confitenti et pro se et
« contra se. » Ce que nous avons dit du pénitent dont la faute est
juridiquement constatée s'applique naturellement, pour le for intérieur, à celui qui a fait une faute dont le confesseur a la certitude, ou pour l'avoir vu faire, ou pour l'avoir apprise de plusieurs personnes dignes de foi qui affirment en avoir été témoins, ou parce qu'ayant été commise publiquement, elle est devenue notoire dans le pays. Sauf le cas de nécessité, le confesseur ne peut absoudre ce pénitent tant qu'il persiste à nier sa faute, à moins qu'il ne se justifie de manière à la rendre douteuse ; car si, d'après ses explications, le confesseur vient à douter de sa culpabilité, malgré toutes les apparences qu'il a contre lui, on pourra l'absoudre : *Credendum est confitenti pro se et contra se.*

528. L'obligation d'interroger le pénitent entraîne l'obligation de l'avertir et de l'instruire, lorsqu'il est dans l'erreur ou l'ignorance de ses devoirs. Mais il en est de cette dernière obligation comme de la première ; elle est subordonnée aux règles de la prudence, et varie suivant les circonstances. Premièrement, le confesseur doit avertir le pénitent qui est dans l'erreur, toutes les fois que cette erreur est en matière grave, et qu'elle est vincible et mortellement coupable ; dans ce cas, le silence du confesseur ne pourrait être que nuisible au pénitent. Secondement, lorsqu'il est interrogé ou consulté par le pénitent ; mais il doit le faire prudemment, se bornant, en certains cas, à dire précisément ce qu'il faut, et seulement ce qu'il faut, pour répondre exactement à la question. Par exemple, si un homme qui a fait un vœu de chasteté vous demande, après s'être marié, si son mariage est valide, ou s'il peut rendre le devoir conjugal, vous lui répondrez affirmativement pour l'un et l'autre cas, sans lui dire qu'il ne peut pas demander lui-même le devoir conjugal, jusqu'à ce que vous lui ayez obtenu la dispense, que vous solliciterez à son insu. Troisièmement, il est tenu d'instruire le pénitent, lorsque l'ignorance, invincible ou non, a pour objet les vérités de la religion, dont la connaissance est regardée par tous ou par un certain nombre de docteurs comme nécessaire au salut de nécessité de moyen. Quatrièmement, lorsque l'erreur invincible du pénitent tourne au détriment du bien public, et cela quand même le confesseur n'a pas lieu d'espérer que son avertissement soit bien reçu : *Hinc monendus esset qui bona fide putaret se esse sacerdotem, cum non esset, ob sacramenta quæ invalide conferret.* Cinquièmement, quand il a lieu d'espérer qu'en retirant le pénitent de la bonne foi, ses avis auront

leur effet, sans qu'il en résulte d'ailleurs de plus graves inconvénients.

529. Enfin, il faut avertir un pénitent lorsque son ignorance, quelle qu'elle soit, peut devenir pour lui une occasion de quelque péché mortel, ou un sujet de scandale, soit pour ses enfants ou ses domestiques, soit pour ses subordonnés, soit pour les fidèles en général. Si donc un pénitent a contracté des liaisons vraiment dangereuses, dont cependant il ne voit pas le danger, on doit l'avertir; sa bonne foi ne le mettrait point à l'abri du péché auquel il s'est imprudemment exposé. On doit également avertir les pères et mères qui, par ignorance ou par insouciance, ne pensent point à faire instruire leurs enfants sur les vérités de la religion, ni à leur faire remplir les devoirs du chrétien. Il faut en dire autant des maîtres à l'égard de leurs domestiques, des chefs d'établissements et d'ateliers à l'égard de leurs employés et de leurs ouvriers. C'est un devoir pour le confesseur de les avertir et de les reprendre, s'ils n'interdisent pas à leurs subordonnés les discours obscènes, les fréquentations ou les assiduités entre personnes de différent sexe; s'ils les empêchent d'assister à la messe les dimanches et fêtes de commandement, d'entendre la parole de Dieu. Le confesseur est encore obligé d'avertir, et le prêtre qui, au scandale des fidèles, célèbre les saints mystères avec trop de précipitation, celui qui, par exemple, met moins d'un quart d'heure pour dire la messe, et le curé qui néglige la prédication, l'instruction des enfants, la visite des malades.

530. A part les différents cas dont on vient de parler, on ne doit point, suivant le sentiment le plus commun, tirer de la bonne foi le pénitent dont l'erreur est invincible, si on n'espère pas qu'il se rende aux avis qu'on lui donnerait; si on prévoit ou si on juge prudemment que ces avis lui seraient plus nuisibles qu'utiles. Ni la prudence ni la charité ne permettent de l'avertir : de deux maux il faut choisir le moindre; or, c'est un moindre mal de laisser ce pénitent commettre un péché matériel, que de l'exposer au danger de commettre un péché formel, et de se rendre coupable devant Dieu (1). On doit même garder le silence en matière de restitution, lorsqu'on a lieu de craindre que l'avertissement ne demeure sans résultat : « Ubi non speratur fructus, omittenda est monitio etiam

---

(1) Voyez ce que nous avons dit au tome 1er, n° 60. — Voyez aussi S. Alphonse de Liguori, lib. vi. n° 610; Navarre, Suarez, Bonacina, Sanchez, Laymann, la Croix, de Lugo, Holzmann, etc., etc.

« de restitutione facienda. Ratio est, quia confessarius, cum præ-
« videt quod monendo de restitutione, pœnitens non parebit et in
« peccatum formale incidet, magis præcavere debet ejus spirituale
« damnum quam damnum alterius temporale. Bene tamen adver-
« tunt Viva et Roncaglia non facile judicandum quod pœnitens,
« cognita veritate, monitioni non obtemperabit (1). » Il en est de
même lorsqu'il s'agit d'un mariage contracté avec un empêchement dirimant : il faut laisser le pénitent dans la bonne foi, à
moins qu'on n'ait lieu de croire qu'il n'y aura pas de difficulté
pour la revalidation de ce mariage. Encore, dans ce dernier cas,
ne faudrait-il avertir le pénitent qu'après avoir fait lever l'empêchement par une dispense. Nous reviendrons sur cet article dans le
*Traité du sacrement de Mariage.*

# CHAPITRE IX.

*Des Devoirs du Confesseur au sujet de l'Absolution.*

531. Nous l'avons dit : le prêtre n'est pas le maître des sacrements ; il ne peut en disposer à volonté. Ministre et mandataire de
Jésus-Christ, dispensateur de ses dons, il ne peut lier ni délier
qu'en suivant l'ordre établi de Dieu, qu'en observant les règles de
l'Église, fidèle interprète de l'Écriture et de la tradition : « Non
« potest ligare et solvere ad arbitrium, sed tantum sicut a Deo præ-
« scriptum est (2). » Il n'est pas permis à un confesseur, ni d'accorder l'absolution à celui qu'il juge prudemment dépourvu des
sentiments d'une véritable attrition, ni de la refuser à celui qu'il
juge prudemment animé de ces sentiments, ni de la différer, si ce
n'est dans le cas où il juge prudemment que ce délai sera vraiment
utile au pénitent.

532. Premièrement, il n'est pas permis d'absoudre ceux qu'on
juge prudemment incapables ou indignes de l'absolution : Tels
sont, dit le Rituel romain, ceux qui ne donnent aucun signe de
douleur ; qui refusent de déposer les haines et les inimitiés, ou de
restituer le bien d'autrui, lorsqu'ils le peuvent ; ou de quitter une

---

(1) S. Alphonse, lib. vi. n° 614 ; de Lugo, Laymann, Viva, Roncaglia, Sanchez, Ledesma, Suarez, Henno, Sporer, Elbel, Holzmann, etc. — Voyez le
tome 1er, n° 967. — (2) Sum. part. 3. quæst. 18. art. 3 et 4.

occasion prochaine de péché ou de renoncer au péché de toute autre manière, et de changer de vie : tels sont encore ceux qui ont donné quelque scandale public, à moins qu'ils ne fassent cesser ce scandale par une satisfaction exemplaire : Videat diligenter sacer-
« dos, quando et quibus conferenda, vel neganda, vel differenda
« sit absolutio, ne absolvat eos, qui talis beneficii sunt incapaces :
« quales sunt qui nulla dant signa doloris; qui odia et inimicitias
« deponere, aut aliena, si possunt restituere, aut proximam pec-
« candi occasionem deserere, aut alio modo peccata derelinquere,
« et vitam in melius emendare *nolunt;* aut qui publicum scandalum
« dederunt, nisi publice satisfaciant, et scandalum tollant (1). »
Aussi, le cardinal Bellarmin s'élève avec force contre certains ministres, plus communs de son temps qu'aujourd'hui, qui, oubliant leur caractère, leur dignité, et la responsabilité qui pèse sur le confesseur, donnent l'absolution à tous avec une facilité extrême, *summa facilitate omnibus manum imponunt,* sans discerner entre ceux qui sont bien disposés et ceux qui ne montrent aucune disposition. Puis il ajoute : « Non esset hodie tanta facilitas pec-
« candi, si non esset tanta facilitas absolvendi. Veniunt homines
« *onusti peccatis,* et qui *millies* in eadem ceciderunt, et veniunt
« sæpe sine *ullo* signo doloris, vel pridie, vel ipso die summæ ce-
« lebritatis, et statim absolvi, et ad sanctam communionem acce-
« dere volunt. Et nos, judices inconsiderati, dispensatores infi-
« deles, manum imponimus, *omnibus* dicimus : *Ego te absolvo,*
« *vade in pace.* Sed væ nobis, cum Dominus rationem ponet cum
« servis (2) ! » Saint Thomas de Villeneuve n'est pas moins énergique contre le relâchement des confesseurs qui délient sans discernement aucun tous ceux qui se présentent : « Duas tibi claves
« Dominus dedit, absolvendi scilicet et ligandi, et tu *sine discus-*
« *sionis examine neminem ligas, omnes absolvis;* una tantum
« clave, neque integra quidem uteris..... O medice, cur cui abso-
« lutionis beneficium exhibeas, *non discernis* (3)? » Les prêtres dont parlent ces docteurs sont des prêtres sans zèle pour la gloire de Dieu, sans zèle pour le salut des âmes. Ce sont des pasteurs qui égorgent le troupeau de leur maître, des médecins qui tuent les malades.

533. Secondement, on ne doit point refuser l'absolution à ceux qu'on juge prudemment dignes de ce bienfait. Le prêtre peut et

---

(1) Rituale romanum, de sacramento Pœnitentiæ. — (2) Conc. VIII. Dom. IV. adventus. — (3) Serm. in feria VI. post Dominicam IV. Quadragesimæ.

doit, comme l'enseigne Richard de Saint-Victor, absoudre ceux qui sont vraiment pénitents : « Valent et *debent* sacerdotes vere « pœnitentium et debitam satisfactionem suscipientium peccata re- « mittere, et a debito damnationis absolvere (1). » Si on doit craindre d'absoudre un pénitent qui n'a pas les dispositions convenables, on doit craindre également de refuser l'absolution à celui qui est suffisamment préparé. Généralement, lorsqu'on juge prudemment et probablement que le pénitent apporte les dispositions requises au sacrement, et qu'il tient à le recevoir, on est tenu, en justice, de lui donner l'absolution : « Confessarius, dit Billuart, « tenetur ex justitia absolvere pœnitentem rite confessum et legi- « time dispositum, nisi adsit justa ratio aliquandiu differendi ab- « solutionem; quia pœnitens rite confessus et legitime dispositus « habet jus ad absolutionem vi cujusdam contractus innominati, « *facio ut facias*, quo jure in re gravissima, sine gravissima in- « juria privari non potest (2). »

534. Nous avons dit, *lorsqu'on juge prudemment et probablement*; car, ordinairement, on ne doit absoudre un pénitent qu'autant que, d'après une probabilité prudente, on le juge suffisamment disposé, suffisamment contrit. Celui qui ne donne aucun signe, aucune marque de contrition, ne fût-il coupable que de péchés véniels, ne peut être absous. Mais il suffit d'avoir une probabilité prudente des dispositions du pénitent, une probabilité forte et prépondérante. La certitude morale proprement dite n'est point nécessaire : « Non requiritur in confessario moralis certitudo, dit « Antoine de Goritia, sed prudens judicium, quod pœnitens *hic et* « *nunc* habeat verum dolorem, efficax propositum (3). » Saint Alphonse est exprès : « Sufficit quod confessarius habeat prudentem « probabilitatem de dispositione pœnitentis, et non obstet ex alia « parte prudens suspicio indispositionis; alias vix ullus posset ab- « solvi, dum quæque signa pœnitentium non præstant nisi proba- « bilitatem dispositionis, ut recte docet Suarez, ubi ait quod « *oportet* et *sufficit*, ut confessarius prudenter et probabiliter ju- « dicet pœnitentem esse dispositum (4). »

535. Mais à quelle marque reconnaîtra-t-on les dispositions du pénitent? Règle générale : lorsqu'un pénitent vient de lui-même à confesse, qu'il s'accuse franchement de ses péchés, qu'il dit en

---

(1) De potestate ligandi et solvendi, cap. 9. — (2) De sacramento Pœnitentiæ, dissert. VI. art. 10. § 4. — (3) Epitome Theologiæ moralis, etc. Lugduni, 1831. — (4) Lib. VI. n° 460; et Praxis confessarii. n° 75.

avoir la douleur avec le ferme propos, qu'il accepte la pénitence qu'on lui impose, et reçoit avec docilité les avis qu'on lui donne, on doit le croire suffisamment disposé; sa confession est un signe de contrition, à moins qu'il n'y ait quelque présomption positive du contraire : « Spontanea confessio est signum contritionis, nisi « obstet aliqua positiva præsumptio in contrarium; omnes enim « conveniunt quod dolor per confessionem manifestatur (1). » Un simple soupçon sur la sincérité du pénitent, la crainte qu'il ne retombe dans le péché, ne sont pas des raisons suffisantes de lui refuser l'absolution. Si, la confession étant faite, les dispositions du pénitent paraissent douteuses, c'est un devoir pour le confesseur de l'instruire, de l'exhorter, et de l'exciter à la contrition : après quoi, si le pénitent se montre touché, et déclare avoir la douleur de ses péchés, si d'ailleurs il n'est pas dans une occasion prochaine et volontaire de péché mortel, on l'absoudra. Nous ne pouvons guère juger des dispositions *actuelles* du pénitent que par ce qu'il nous dit lui-même de son intérieur. C'est pourquoi, comme le dit Suarez, s'il n'offre pas d'abord des signes de douleur suffisants, le confesseur doit lui demander s'il déteste sincèrement ses péchés; et s'il répond affirmativement, on est obligé de s'en rapporter à sa parole : « Quando non habet *sufficientia* signa doloris, potest et « *debet* interrogare pœnitentem, an ex animo detestetur peccatum, « cui affirmanti *credere tenetur* (2). » Le P. Valère Renaud, dans son livre de la *Prudence du confesseur*, qui est, au jugement de saint François de Sales, grandement utile à ceux qui exercent le saint ministère, s'exprime comme Suarez : « Debet confessarius ob-« servare, ut si, audita confessione, et cum opus esse judicaverit, « cohortatione aliqua adhibita, non habeat sufficientia signa præ-« sentis doloris in pœnitente, interroget ipsum an de peccatis suis « doleat ex animo : cui serio affirmanti *credere tenetur* (3). » Nous trouvons la même disposition dans les Statuts synodaux publiés par le cardinal de la Baume, archevêque de Besançon : « Postulabit « sacerdos, ante absolutionem, an pœniteat eum de peccatis, et an « proponat abstinere, cum gratia Dei, ab iis quæ confessus est, et « ab alio omni peccato mortali : si *affirmet*, absolvetur (4). » De là cette maxime de saint Thomas et de saint Antonin : Au tribunal

---

(1) S. Alphonse, lib. VI. n° 459. — (2) De Pœnitentia, disput. XXXII. — (3) De Prudentia et cæteris in confessario requisitis, auctore P. Valerio Reginaldo Burgundo Usiensi, cap. 21. — Il était d'Usiers, en Franche-Comté. — (4) Statuta Synodalia Bisontinæ ecclesiæ metropolitanæ, Lugduni, 1575. — Voyez aussi *Concilia* Germaniæ, par Schanat, etc.

sacré, il faut s'en rapporter au témoignage du pénitent pour ou contre lui : « In foro confessionis creditur homini et pro se et con-« tra se. »

536. On dira peut-être que l'on ne doit avoir égard à la déclaration du pénitent que quand il s'agit d'un *fait*, d'un acte qu'il dit avoir *fait*, *vu* ou *entendu*, et non des *dispositions du cœur*, au sujet desquelles il est facile de se faire illusion. Mais si vous prétendez que l'on ne doit avoir aucun égard aux paroles du pénitent, parce qu'il peut se faire illusion sur ses dispositions intérieures, comment vous comporterez-vous à l'égard de tant de pénitents dont la conduite extérieure n'offre rien ni pour ni contre l'absolution? Et si, à l'exemple de ces théologiens qui n'accordent l'absolution qu'à regret, qui semblent avoir peur de la miséricorde de Dieu, vous admettez qu'on ne peut absoudre un pénitent qu'autant qu'il éprouve quelque sentiment ou un commencement d'amour parfait, veuillez nous dire le moyen de vous assurer de ce sentiment. Sera-ce par la prière, par l'aumône, le jeûne, la mortification, les larmes du pénitent? Mais la crainte de l'enfer nous fait faire ces choses plus efficacement encore que l'amour de Dieu. Il faut donc, de toute nécessité, que vous vous en rapportiez à ce que vous diront vos pénitents sur les motifs qui les font agir, à moins que, pour prévenir tout sacrilége, vous ne preniez le parti de ne faire aucun usage du pouvoir d'absoudre.

537. Nous ne nous écartons point de l'esprit du saint-siége. Le pape Léon XII, après avoir rapporté les règles du Rituel romain sur l'absolution, dans sa lettre encyclique pour l'extension du jubilé de l'an 1826, continue en ces termes : « Il n'est sans doute
« personne qui ne voie combien ces règles sont opposées à la con-
« duite de ces ministres qui, sur l'aveu de quelque péché *plus*
« *grave*, ou à la vue d'un homme *souillé d'une foule de péchés*
« *de tout genre*, prononcent aussitôt qu'ils ne peuvent absoudre;
« refusant ainsi d'appliquer le remède à ceux-là mêmes dont la
« guérison est l'objet principal du ministère que leur a confié celui
« qui a dit : *Ce ne sont pas ceux qui se portent bien, mais les*
« *malades, qui ont besoin de médecin;* ou de ces ministres à qui
« tous les soins qu'on a pris d'examiner sa conscience, tous les
« signes de douleur et de bon propos, paraissent à peine suffisants
« pour qu'ils croient pouvoir absoudre, et qui, après tout, pensent
« avoir pris un sage parti, en remettant l'absolution à un autre
« temps. Car s'il est une affaire où l'on doive garder un juste
« milieu, c'est ici surtout que ce milieu est nécessaire, de peur

« qu'une trop grande facilité à donner l'absolution n'invite à pé-
« cher plus facilement, ou que trop de sévérité ne détourne les pé-
« nitents de la confession, et ne les amène à désespérer du salut.
« On voit beaucoup de chrétiens, il est vrai, se présenter au mi-
« nistre du sacrement de Pénitence sans être aucunement préparés,
« *multi prorsus imparati*; mais tels cependant que les dispositions
« convenables puissent succéder dans leur cœur à ce défaut de pré-
« paration, si le prêtre, *revêtu des entrailles de miséricorde de
« Jésus-Christ, qui n'est pas venu pour appeler les justes, mais
« les pécheurs*, sait user à leur égard de zèle, de patience, et de
« douceur. S'il manque à ce devoir, on peut le dire aussi peu préparé
« à entendre les péchés des pénitents que ceux-ci à les confesser. »

538. « On doit, en effet, regarder comme manquant de prépa-
« ration, non les pécheurs coupables des plus grands crimes, non
« ceux qui se seraient éloignés de la confession, même pendant un
« grand nombre d'années, car la *miséricorde du Seigneur est sans
« bornes*, et le *trésor de sa bonté est infini;* non ceux qui, par une
« suite de l'ignorance attachée à leur condition, ou de la lenteur
« de leur esprit, n'auraient pas suffisamment sondé leur propre
« conscience, étant presque incapables d'y parvenir par leurs seuls
« efforts et sans le secours du prêtre ; mais ceux-là seulement qui,
« malgré le soin nécessaire que met le confesseur à les interroger,
« sans cependant leur être trop à charge; malgré sa charité, dont
« toutes les ressources, jointes aux plus ferventes prières adressées
« à Dieu du fond du cœur, auraient été épuisées pour les porter à
« la détestation de leurs fautes, sont jugés, suivant les règles de la
« prudence, dépourvus de ce sentiment de douleur et de repentir,
« qui seul peut les disposer à obtenir la grâce de Dieu dans le sacre-
« ment. Au reste, quelles que soient les dispositions de ceux qui
« se présentent au ministre de la Pénitence, ce qu'il doit craindre
« par-dessus tout, c'est d'avoir à se reprocher qu'aucun d'eux ne
« se retire avec la défiance de la bonté de Dieu, ou avec la haine
« du sacrement de la réconciliation. S'il y a donc un juste motif de
« différer l'absolution, le prêtre devra persuader aux pénitents, dans
« le langage le plus paternel qu'il lui sera possible, que sa charge
« et son devoir, que le salut même de leur âme, l'exigent absolu-
« ment ; et il les engagera, par l'onction de la bonté la plus tou-
« chante, à revenir *au plus tôt*, afin qu'après avoir accompli fidè-
« lement les pratiques salutaires qui leur auront été prescrites,
« dégagés des chaînes du péché, ils retrouvent la vie dans les dou-
« ceurs de la grâce divine. »

**539.** On voit, par cette encyclique, que Léon XII condamne la conduite de ces confesseurs qui, sur l'aveu de quelque faute grave, ou à la vue d'un pénitent qui s'est rendu coupable d'un grand nombre de péchés, *multiplici peccatorum genere infectum*, déclarent aussitôt qu'ils ne peuvent l'absoudre, et ne font rien pour le préparer à l'absolution ; comme si une certaine crainte de mal appliquer les remèdes nécessaires à un malade, pouvait justifier le médecin qui attendrait pour le soigner qu'il fût à peu près guéri. Ce Pape ne veut pas non plus qu'on regarde un pénitent comme manquant de préparation et indigne de l'absolution, parce qu'il aura commis de grands crimes, ou qu'il aura passé plusieurs années sans s'approcher du tribunal de la Pénitence ; mais celui-là seulement que le confesseur *juge prudemment* dépourvu d'attrition, malgré les soins qu'il a pris pour le disposer au sacrement. « Im-
« parati illi tantummodo sunt judicandi, non qui vel gravissima
« admiserint flagitia, vel qui plurimos etiam annos abfuerint a con-
« fessione, vel qui rudes conditione, aut tardi ingenio non satis in
« se ipsos inquisierint, nulla fere industria sua id sine sacerdotis
« ipsius opera assecuturi ; sed qui, adhibita ab eo necessaria, non
« qua præter modum graventur, in iis interrogandis diligentia,
« omnique in iisdem ad detestationem peccatorum excitandis, non
« sine fusis ex intimo corde ad Deum precibus, exhausta charitatis
« industria, sensu tamen doloris ac pœnitentiæ, quo saltem ad Dei
« gratiam in sacramento impetrandam disponantur, carere *pruden-*
« *ter judicentur.* »

**540.** Peut-on absoudre le pénitent dont les dispositions sont douteuses ? Si, après avoir fait tout ce que le zèle et la charité demandent de lui, le confesseur doute des dispositions du pénitent ; si, tout considéré, il ne peut prudemment se prononcer ni pour ni contre l'absolution dans tel ou tel cas particulier, il doit, généralement, la différer quelque temps. En différant, il prendra le parti qui sera tout à la fois le plus utile au pénitent et le plus favorable au sacrement. Nous avons dit, *généralement* : car on excepte, 1° le cas où le pénitent est en danger de mort, lorsque le danger paraît probable et prochain. Il vaut mieux exposer un sacrement à la nullité, que d'exposer une âme à la damnation éternelle : les sacrements sont pour les hommes, et non les hommes pour les sacrements ; *sacramenta propter homines*. Nous exceptons 2° le cas où le confesseur a lieu de craindre qu'à raison du délai de l'absolution, le pénitent ne tombe dans le découragement et n'abandonne la confession. Suivant le sentiment qui nous paraît le plus probable, on peut alors absoudre le pénitent, du moins conditionnellement, sans exprimer la condition. En effet, le sacrement de Pénitence étant établi pour notre salut, sa fin première et principale étant notre salut, ce serait s'écarter de son institution que de le refuser au pécheur qui le demande, quand, eu égard a ses dispositions actuelles, on croit qu'il est plus avantageux pour lui de recevoir l'absolution, fût-elle nulle, que d'éprouver un refus, qui l'éloignerait peut-être pour toujours du seul moyen de salut qui lui reste. En usant d'une indulgence particulière à l'égard de ce pénitent, on a l'esperance de le ramener insensiblement à de meilleurs sentiments (1).

541. Troisièmement, lorsqu'on croit le pénitent suffisamment disposé, on ne doit différer de l'absoudre que dans le cas où l'on juge prudemment que le délai lui sera vraiment utile, d'après la connaissance qu'on a de ses sentiments. Si donc on a lieu de craindre que le délai de l'absolution n'éloigne le pénitent, ou n'affaiblisse en lui la confiance qu'il doit avoir en son confesseur, ou ne le contrarie fortement, il ne serait pas prudent de lui différer l'absolution, puisqu'il a d'ailleurs les dispositions requises pour recevoir le sacrement. Mais si le délai est, au jugement du confesseur, le moyen propre à inspirer au pénitent une plus vive horreur du péché, et à le prémunir contre la rechute, sans qu'on ait à craindre aucun inconvénient, il est prudent de différer l'absolution pour quelque temps : ce délai doit être court; quand il s'agit d'une simple habitude, qui ne provient point d'une occasion prochaine, huit, dix, quinze ou vingt jours au plus suffisent, comme l'enseigne saint Alphonse (2).

Après avoir exposé les règles les plus générales concernant l'administration du sacrement de Pénitence, nous allons expliquer les règles particulières dans les chapitres suivants.

## CHAPITRE X.

*Des Devoirs du Confesseur à l'égard de ceux qui sont dans l'habitude du péché.*

542. On entend ici par *habitude* ce penchant, cette propension, cette facilité qu'on a contractée pour le péché par la répétition des

---

(1) Voyez, ci-dessus, le n° 472, etc. — (2) Lib. vi. n° 463, et Praxis confessarii, n° 72.

actes du même genre. Cette propension nous porte plus ou moins fortement au péché, suivant que l'habitude est plus ou moins invétérée, plus ou moins intense. Toutes choses égales, l'habitude devient beaucoup plus dangereuse lorsqu'elle provient d'une occasion prochaine. On distingue pour la direction les *habitudinaires* et les *récidifs*. On appelle habitudinaire celui qui se confesse pour la première fois de quelque mauvaise habitude. Le récidif est celui qui, ayant été averti par son confesseur d'une mauvaise habitude, est retombé dans les mêmes péchés.

### ARTICLE I.

### Des Habitudinaires.

543. Peut-on absoudre un simple habitudinaire? Les uns prétendent qu'on ne peut ordinairement l'absoudre la première fois; les autres, en beaucoup plus grand nombre, pensent qu'on peut l'absoudre, s'il se propose sérieusement de se corriger, lorsqu'il n'y a pas d'ailleurs quelque présomption positive qui empêche de le croire suffisamment disposé. « Consuetudinarius, dit saint Al« phonse, intelligitur hic qui prima vice suum pravum habitum « confitetur, et iste bene potest absolvi, etiamsi *nulla emendatio* « *præcesserit*, modo eam serio proponat, ut cum sententia com« munissima dicit Croix. Ratio, quia talis pœnitens ex una parte « non est præsumendus malus, ita ut velit indispositus ad sacra« mentum accedere; ex altera autem bene præsumitur dispositus, « dum peccata sua confitetur, cum ipsa spontanea confessio sit si« gnum contritionis, nisi obstet aliqua *positiva præsumptio* in « contrarium; omnes enim conveniunt quod dolor per confessionem « manifestatur. Nec valet dicere quod eadem prava consuetudo est « signum indispositionis; nam licet pravus habitus reddat peccato« rem propensiorem ad peccatum, non tamen dat præsumptionem « suæ infirmæ voluntatis. Attende quæ docet catechismus romanus: « *Si, audita confessione, judicaverit* (sacerdos) *neque in enu« merandis peccatis diligentiam, neque in detestandis dolorem « omnino defuisse, absolvere potest* (1). Nota, *omnino defuisse* (2). » Aussi, comme le fait remarquer Billuart, le Rituel romain, que nous avons cité plus haut (3), ne met point les habitudinaires au

---

(1) Catech. Concil. Trident. De sacramento Pœnitentiæ, n° 82. — (2) S. Alphonse, lib. VI. n° 459. — (3) Voyez, ci-dessus, le n° 532.

nombre de ceux à qui on doit refuser ou différer l'absolution : « Rituale romanum Pauli V, agens de iis quibus concedenda, vel « differenda, vel deneganda est absolutio, inter eos quibus dicit « differendam aut denegandam absolutionem, non numerat con- « suetudinarios. Ergo, conclut cet auteur judicieux, censet eis esse « concedendam. Non dici potest argumentum esse negativum ; « quia, ut dixi, non agit solum de iis quibus deneganda est abso- « lutio, sed etiam de iis quibus concedenda (1). » Saint François de Sales suppose également qu'on peut absoudre ceux qui sont dans l'habitude du péché, s'ils témoignent la douleur d'avoir offensé Dieu, avec le ferme propos de ne plus l'offenser à l'avenir (2) ; ce qui s'accorde parfaitement avec la lettre encyclique de Léon XII pour le jubilé de 1826 (3). Et le bienheureux Léonard de Port-Maurice est exprès : il dit qu'on peut absoudre le pécheur d'habitude, « si, n'ayant jamais été averti ni réprimandé par aucun con- « fesseur touchant son état funeste, et si, actuellement éclairé par « des avis efficaces, il promet de cœur de changer, accepte avec joie « toute sorte de pénitence préservatrice ou satisfactoire, et montre « une ferme résolution de se corriger (4). »

544. Il est vrai qu'on se corrige plus ou moins difficilement, suivant qu'on est plus ou moins pervers, ou qu'on a vécu plus ou moins longtemps dans une habitude criminelle, *perversi difficile corriguntur*. Mais, quoique cette habitude nous rende plus enclins au péché, elle n'est point par elle-même une preuve, ni même une présomption du défaut de la volonté de revenir sincèrement à Dieu. L'habitude, ou la propension qui en est l'effet, survit ordinairement à la conversion, même dans celui qui est vraiment pénitent. Pour changer notre cœur, il ne faut qu'un instant, qu'un mouvement de la grâce ; tandis que, pour déraciner l'habitude, il faut une continuation d'actes difficiles et répétés pendant un temps plus ou moins considérable, suivant l'intensité de cette habitude. Aussi les Pères tiennent moins à la durée du temps qu'aux sentiments actuels du pénitent : « Temporis moram non quæro, sed « animæ correptionem, dit saint Jean Chrysostome (5). » Saint Jean Damascène s'exprime dans le même sens : « Quamvis non omni- « genam pœnitentiam præstiteris, Deus tamen ne *parvam* quidem « et ad *breve tempus* factam repudiat ; verum et huic quoque am-

---

(1) De sacramento Pœnitentiæ, disseit. vi. art. 10. § 6. — (2) Avertissements aux Confesseurs. — (3) Voyez, ci-dessus, le n° 539. — (4) Discorso mistico, morale, n° 13. — (5) Homil. xiv. in epist. ii ad Corinth.

« plam mercedem constituit. Non *temporis quantitate,* sed *animi* « *affectione* pœnitentia ponderatur (1). » On peut donc absoudre un pénitent avant qu'il soit corrigé de ses mauvaises habitudes, s'il donne présentement de vrais signes de repentir et de ferme propos : « Quoties pœnitens affert vera signa doloris et propositi, « toties bene poterit absolvi (2). » Ce n'est point l'amendement futur, mais la douleur actuelle avec le propos d'éviter le péché, qui est la disposition nécessaire pour la réconciliation ; on peut même absoudre un pénitent, quoiqu'on juge qu'il retombera : « Dispo- « sitio sufficiens est dolor et propositum præsens, non emendatio « futura, atque ita pœnitens poterit absolvi, licet judicetur re « lapsurus (3). » Il n'est pas nécessaire que le confesseur se persuade ou juge probablement que le pénitent persévérera ; il suffit qu'il croie prudemment qu'il est présentement dans la disposition d'éviter le péché (4). Quiconque connaît la faiblesse humaine, l'inconstance de l'homme, qui dans un jour, dans une heure quelquefois, éprouve successivement les affections les plus contradictoires, concevra facilement que la prévision que le confesseur peut avoir de la rechute même prochaine du pénitent, n'est pas toujours incompatible avec le jugement probable et prudent qu'il porte sur ses dispositions actuelles, relativement au sacrement. « Lubrica est « natura humana, dit saint Jean Chrysostome, cito decipitur ; sed « cito a fraude se expedit : et sicut confestim cadit, ita confestim « erigitur (5). »

545. Enfin, le ferme propos, la volonté sincère d'éviter le péché, peut très-bien se concilier dans le pénitent avec la crainte de retomber ; cette crainte est même une preuve du désir qu'il a de mener une vie chrétienne. Il n'est pas nécessaire, dit Gerson, que le pénitent croie qu'il ne péchera plus dans la suite ; ce serait une témérité semblable à celle de Pierre : « Plane non oportet contritum « firmiter credere quod de cætero non peccabit ; alioquin temeritas « esset, qualis in Petro (6). » Ainsi, le confesseur n'a pas lieu de concevoir des inquiétudes sur les dispositions du pénitent, parce que celui-ci, qui a le sentiment de sa faiblesse, témoigne qu'il

---

(1) Sacra Pararella, *de Pœnitentia.* — (2) S. Alphonse de Liguori, lib. vi. n° 459. — (3) Ibid. n° 459 ; de Lugo, Suarez, Sanchez, etc. — (4) Suarez, de sacramento Pœnitentiæ, disput. xxxii. sect. 1 ; Renaud, *Reginaldus*, de Prudentia in cæteris in Confessario requisitis, cap. 21 ; le P. Segneri, dans son Confesseur instruit, ch. 4 ; S. Alphonse, lib. vi. n° 459. — (5) Adhort. ad Theodorum lapsum. lib. ii. n° 2. — Voyez aussi la lettre de S. Jérôme à Rustique. — (6) Serm. de Pœnitentia.

craint de retomber, s'il est d'ailleurs disposé à mettre en pratique les moyens qu'on lui prescrit (1). Il n'est pas même nécessaire que le pénitent promette d'éviter le péché ; il suffit qu'il soit actuellement dans la disposition de l'éviter. Le confesseur sera donc circonspect, quand il s'agira d'exiger de semblables promesses. « Si « peccatum, dit le même docteur, est valde inordinatum et contra « omnem honestatem potest presbyter interdum facere ut promit- « tat ipse culpabilis non velle recidivare, ad ostendendum et magis « inordinationem et obligationem quæ jam ipsum obligat, scilicet « præceptum Dei. Cum tamen peccata sunt communia, vel si cogitat « confessor quod per hujusmodi promissionem persona non citius « abstinebit, non sunt requirendæ hujusmodi promissiones et jura- « menta. Et quia difficile est scire illas circumstantias, securius est, « de communi cursu, abstinere ab hujusmodi promissionibus fa- « ciendis et postulandis. » Mais, comme le dit saint Alphonse, le pénitent qui déclarerait à son confesseur qu'il retombera certainement dans tel ou tel péché, ne pourrait être absous : « Talis pœni- « tens, priusquam absolvatur, disponi debet ut speret, non per vi- « res suas, sed per Dei auxilium a peccatis liberatum iri (2). »

546. On ne peut nous objecter la condamnation portée par le pape Innocent XI contre la proposition suivante : « Pœnitenti ha- « benti consuetudinem peccandi contra legem Dei, naturæ, aut « Ecclesiæ, etsi emendationis spes nulla appareat, nec est neganda, « nec differenda absolutio, dummodo ore proferat se dolere et « proponere emendationem (3). » Car on peut seulement conclure de cette condamnation, qu'on ne doit point absoudre le pécheur d'habitude qui n'offre aucun espoir d'amendement, *nulla spes emendationis*, quoiqu'il dise de bouche avoir la douleur de ses péchés. Si donc il y avait, nous ne disons pas quelque amendement, mais quelque espérance d'amendement, on pourrait absoudre ce pénitent, sans aller contre le décret du saint-siége : « Ibi, « dit saint Alphonse de Liguori, non excluditur absolute consue- « tudinarius utcumque talis, sed qui nullam dat emendationis spem. « Igitur consuetudinarius, qui dat aliquam emendationis spem, « modo hæc sit solida et fundata, potest absolvi (4). » Le bienheureux Léonard de Port-Maurice explique le même décret comme saint Alphonse (5).

547. Quoiqu'on puisse absoudre un habitudinaire qui donne pré-

---

(1) Serm. contra Luxuriam. — (2) Lib. VI. n° 451. — (3) Décret de l'an 1679. — (4) Lib. VI. n° 450. — (5) Discorso mistico, morale, n° 13.

sentement de vrais signes de repentir, on peut quelquefois lui différer l'absolution. Il est même prudent de le faire, s'il s'est rendu coupable de quelques grandes fautes, ou s'il a passé plusieurs années sans s'approcher du tribunal de la Pénitence, à moins qu'on n'ait lieu de craindre de le jeter dans le découragement, ou qu'il ne puisse que difficilement retourner au même confesseur. Il faut tendre la main à ceux qui sont encore faibles; le Sauveur du monde n'est point venu pour briser le roseau qui est abattu, ni pour éteindre la mèche qui fume encore : « Arundinem quassatam non « confringet, et linum fumigans non extinguet (1). » Sur quoi le judicieux Estius, que Benoît XIV qualifie de *doctor fundatissimus*, fait l'observation suivante : « Christi exemplum hac in re male « advertunt qui animas peccatis oneratas et mœrentes alienant a pœ- « nitentia, non condescendentes infirmitati (2). » C'est aussi la pensée de saint Jérôme : « Qui peccatori non porrigit manum, nec portat « onus fratris, quassatum calamum confringit; qui scintillam fidei « contemnit in parvulis, lignum extinguit fumigans (3). » Aussi, plus la foi s'est affaiblie parmi nous, plus il est nécessaire d'user de condescendance à l'égard des pécheurs qui reviennent à Dieu : *Infirmum in fide suscipite*. C'est pourquoi nous pensons, d'après saint Alphonse, qu'on doit rarement différer l'absolution aux habitudinaires ou aux récidifs qui apportent les dispositions absolument nécessaires pour recevoir le sacrement : « Regulariter « censeo, non esse differendam absolutionem pœnitenti qui relapsus « est ex intrinseca fragilitate, quia in tali pœnitente magis speran- « dum profuturam fore gratiam sacramenti, quam dilationem ab- « solutionis (4). »

Si le pénitent n'est pas suffisamment disposé, s'il y a un juste motif de lui refuser ou de lui différer l'absolution, le confesseur lui exprimera le regret de ne pouvoir l'absoudre présentement; il lui persuadera, dans le langage le plus paternel qu'il lui sera possible, que sa charge et son devoir, ainsi que le salut de ce pénitent, ne lui permettent pas d'agir autrement; et l'engagera, par l'onction de la bonté la plus touchante, à revenir au plus tôt, *quam primum*, afin qu'après avoir accompli fidèlement les pratiques salutaires qui lui auront été prescrites, il puisse recevoir le sacrement de la réconciliation (5). Mais il n'attendra pas, pour l'absoudre,

---

(1) Matth. c. 12. v. 20. — (2) In Matth. c. 20. v. 12. — (3) Voyez Cornelius a Lapide sur S. Matthieu, c. 20. v. 12. — (4) Lib. vi. n° 463 ; Sanchez, de Lugo, Laymann, Sporer, Tolet, etc. — (5) Encyclique de Léon XII, pour le jubilé de 1826.

que l'habitude soit détruite : le pénitent peut y avoir renoncé et détester sincèrement ses péchés, quoiqu'il conserve encore, malgré lui, le penchant qui est né de cette habitude.

### ARTICLE II.

### *Des Récidifs.*

548. On doit différer l'absolution au *récidif*, c'est-à-dire, à l'habitudinaire qui, après avoir été averti par son confesseur, est retombé dans les mêmes péchés, jusqu'à ce qu'on remarque en lui des signes extraordinaires de conversion, des marques d'après lesquelles on puisse juger prudemment qu'il a les dispositions requises : « Peccator recidivus rediens cum eodem habitu pravo non « potest absolvi, nisi afferat extraordinaria signa suæ dispositio- « nis (1). » La facilité avec laquelle il est retombé est une présomption qu'il n'est point pénitent : « Quando jam in alia confessione « fuit admonitus, et eodem modo cecidit, nullo adhibito conatu, « et nullo impleto ex mediis a confessario præscriptis, frequens ille « relapsus signum præbet, vel saltem prudentem dat suspicionem « quod sua pœnitentia non sit vera : qui enim firme proponit rem « sibi moraliter possibilem, non ita facile sui propositi obliviscitur, « sed saltem per *aliquod* tempus perseverat, et *difficilius* aut *ra-* « *rius* cadit (2). » On distingue deux sortes de signes de contrition : les signes *ordinaires* et les signes *extraordinaires*. Les premiers consistent dans la confession, lorsqu'elle est libre ou spontanée de la part du pénitent, et dans la déclaration que ce pénitent fait à son confesseur qu'il se repent de ses péchés, qu'il se propose de les éviter dans la suite, acceptant sans difficulté la pénitence qu'on lui impose, et les moyens qu'on lui prescrit contre la rechute. Les signes extraordinaires sont des signes particuliers, qu'on regarde comme autant de motifs que le confesseur a de juger prudemment des dispositions du pénitent. Un de ces signes suffit pour fonder un jugement probable et prudent, lorsqu'il est solide et fondé, et qu'il n'est point affaibli par quelque signe contraire et positif (3). Plusieurs signes réunis, quoique moins sensibles, peuvent avoir le même effet; c'est au confesseur à en apprécier la valeur dans les cas particuliers.

---

(1) S. Alphonse de Liguori, lib. vi. n° 459. — (2) S. Alphonse, ibidem. — (3) S. Alphonse, Praxis confessarii, n° 73.

**549.** Les principaux signes extraordinaires de contrition sont : 1° si le pénitent manifeste une douleur plus vive par ses larmes, ses soupirs, ou des paroles qui partent du cœur : « Nullas patitur « veniæ moras vera conversio, dit le pape saint Léon ; et in dispen- « sandis Dei donis non debemus esse difficiles, nec accusantium se « lacrymas gemitusque negligere, cum ipsam pœnitendi affectio- « nem credamus ex Dei inspiratione conceptam (1). » Sur quoi saint Alphonse ajoute : « Nota, *credamus;* quapropter ordinarie, nisi « aliud percipiatur oppositum, credendus est pœnitens ex inspira- « tione Dei lacrymas effundere (2). » Les larmes qui sont l'effet d'un sermon ou de l'exhortation du confesseur peuvent être regardées, le plus souvent, comme un signe de componction. Mais il n'en est pas de même de celles qui sont occasionnées par quelque affliction particulière, ou par un motif purement naturel, ou par la sensibilité d'un tempérament efféminé.

2° Si, ayant éprouvé les mêmes tentations, il a néanmoins diminué le nombre de ses chutes, *minor peccatorum numerus;* ou si, étant dans l'habitude de tomber fréquemment, par exemple, plusieurs fois par semaine, il s'est abstenu du péché pendant un temps considérable, vingt ou trente jours ; ou s'il n'a succombé qu'après une grande résistance. Nous suivons saint Alphonse (3) et le bienheureux Léonard de Port-Maurice. Celui-ci enseigne qu'on peut absoudre un pécheur, « si, ayant profité des avis que d'autres « confesseurs lui ont donnés auparavant, il a mis en usage les re- « mèdes qui lui ont été prescrits, et si, corrigé *en partie*, il tombe « *plus rarement* dans ses péchés d'habitude (4). Je ne prétends pas, « dit-il, que les pénitents puissent *tout d'un coup* se débarrasser « d'une habitude invétérée ; j'exige seulement *quelques* efforts né- « cessaires de leur part pour la déraciner. Si, pendant ces jours de « délai, ils retombent dans leurs fautes ordinaires, mais un peu « moins souvent, ne laissez pas de leur accorder l'absolution, parce « que ces rechutes proviennent plus de la fragilité que de la malice. « Ce peu d'amendement vous assure qu'il y a espérance d'un amen- « dement plus parfait, *adest spes emendationis* (5). »

**550.** 3° Si le pénitent a fait, de lui-même et pour se disposer à recevoir l'absolution, quelques œuvres particulières, des jeûnes, des aumônes, des prières qui n'étaient point d'obligation ; ou si,

---

(1) Epist. LXXXII. — (2) Lib. VI. n° 460. — (3) Ibidem. — (4) Discorso mistico, morale, n° 13. — (5) Ibidem. n° 19. — Voyez aussi Navarre, le cardinal **Tolet**, **Renaud**, *Reginaldus;* Segneri, Wigand, Laymann, Sporer, Mazzotta, etc.

après quelques rechutes, il vient spontanément se jeter aux pieds de son confesseur, avec un désir plus vif de changer de vie et de rentrer en grâce avec Dieu, surtout s'il a eu de grands obstacles à surmonter pour se confesser : s'il lui a fallu, par exemple, faire un long voyage, ou s'exposer à la perte d'un profit considérable, ou vaincre le respect humain, qui malheureusement retient captifs un grand nombre de pécheurs, principalement les jeunes gens, qui n'osent s'approcher du tribunal de la Pénitence.

4° S'il se confesse pendant une mission, une retraite, parce qu'il a entendu un sermon qui l'a touché d'une manière particulière ; ou s'il s'approche du sacré tribunal parce qu'il a été frappé de la justice divine à l'occasion de la mort d'un pécheur, ou de quelque fléau, de la guerre par exemple, de la peste, du choléra, d'une épidémie, dont on est menacé.

5° Si, depuis sa dernière confession, il a réparé, autant que possible, le tort qu'il a fait au prochain, le scandale qu'il a commis.

6° Si, par la crainte du sacrilége, il s'accuse des péchés que la honte lui a fait cacher dans les confessions précédentes. Les efforts qu'il a faits alors peuvent, généralement parlant, rassurer le confesseur sur ses dispositions (1).

551. Après avoir indiqué les signes extraordinaires ou particuliers de la contrition, on comprendra facilement que l'on ne doit point absoudre le récidif dans les cas suivants, savoir : « 1° si, « quoique averti deux ou trois fois du danger de son état par un « confesseur zélé, il retombe toujours, et plus souvent peut-être, « dans les mêmes péchés, et ne montre aucune disposition qui fasse « espérer son changement. 2° Si on n'aperçoit pas en lui une plus « grande horreur du péché que par le passé, et qu'on juge par sa « froideur qu'il veut tromper, en disant qu'il déteste le péché. « 3° S'il n'a pas tenu compte des remèdes que ses confesseurs lui « ont indiqués, et qu'il ne s'inquiète nullement d'avoir négligé de « s'en servir. 4° Si, par le passé, il a toujours vécu dans la même « négligence, occupé uniquement de contenter ses passions, et s'il « n'a pas fait le moindre effort pour se corriger ; si, au contraire, « en tombant toujours plus souvent dans ses péchés d'habitude, il « a prouvé par là qu'il se mettait peu en peine de son salut éternel. « 5° S'il ne vient se confesser que par nécessité, parce que l'époque « de Pâques l'y oblige, parce que son maître, son père ou sa mère « le lui commandent, ou parce qu'il est dans l'usage de s'approcher

---

(1) S. Alphonse, lib. vi. n° 460 ; le bienheureux Léonard de Port-Maurice, etc.

« du sacrement tous les huit jours, ou par tout autre motif fondé
« sur le respect humain, et qu'il ne désire pas ou qu'il ne désire
« que faiblement de changer de conduite et de remplir les devoirs
« de bon chrétien. 6° S'il excuse ses fautes, conteste avec son con-
« fesseur, repousse les pénitences préservatives ou expiatoires qui
« lui sont imposées, et témoigne par son indocilité qu'il est incor-
« rigible et obstiné dans ses habitudes criminelles. 7° Enfin, si on
« voit en lui une grande inclination au péché, une mauvaise ten-
« dance tellement prononcée qu'elle fasse connaître qu'il y est for-
« tement attaché, et que, malgré ses protestations d'une vraie dou-
« leur de ses fautes, le confesseur ne peut prudemment y ajouter
« foi, et a droit, au contraire, de conclure, d'un attachement si
« marqué pour le mal, qu'il n'a pas un repentir véritable. » Ainsi
s'exprime le bienheureux Léonard de Port-Maurice (1).

552. Pour absoudre un récidif, on ne doit pas attendre qu'il ait
déraciné l'habitude; il suffit qu'en travaillant à se corriger, il ait
diminué le nombre de ses rechutes. Mais cette diminution, ce
changement doit être sensible, notable, plus ou moins toutefois,
selon que les dispositions actuelles que le pénitent montre d'ailleurs
sont plus ou moins satisfaisantes. Le sacrement de Pénitence est un
des moyens les plus propres à prémunir contre la rechute, surtout
quand il s'agit d'une habitude contre le sixième précepte; il est,
pour les pécheurs habitudinaires et récidifs, ce que les remèdes
sont à l'égard des malades atteints d'une fièvre lente, dont les
accès sont plus ou moins fréquents : ordinairement, ils n'opèrent
une parfaite et constante guérison qu'après avoir été réitérés plusieurs fois; la convalescence est longue. « Il ne faut pas confondre
« le fruit d'une seule confession avec le fruit de plusieurs. Un bon
« remède, qui n'est pris qu'une fois, ne peut avoir le même effet
« que lorsqu'il est pris pendant longtemps. Comme on dit qu'un
« remède est efficace lorsque, étant pris aujourd'hui, il arrête la
« fièvre, quoiqu'il ne l'empêche pas de revenir quelques jours après,
« et que la guérison totale soit réservée à la continuation du re-
« mède, qui emporte, avec la fièvre, les mauvaises humeurs qui
« l'occasionneraient de nouveau; de même, Dieu n'a pas donné à
« chaque confession une force illimitée qui produise tous les effets.
« Chaque confession bien faite efface toutes les fautes accusées avec
« une véritable douleur; mais elle n'en ôte pas les suites, qui sont
« la faiblesse et le penchant à retomber; elle diminue, mais elle ne

(1) *Discorso mistico*, morale, n° 14.

« dompte pas entièrement la force de la mauvaise habitude. Cet
« effet, d'après le cours ordinaire de la Providence, est réservé à
« la continuation des confessions, qui délivrent peu à peu le pé-
« cheur des suites du péché, et le fortifient tellement, que son âme
« jouit ensuite d'une santé solide et constante (1). »

553. Nous lisons aussi dans saint Alphonse de Liguori : « Deus
« male habituato magis succurrit, et ideo plusquam a dilatione ab-
« solutionis, sperari potest emendatio a gratia sacramenti, quæ illum
« fortiorem reddet, reddetque efficaciora media quæ ipse adhibebit
« ad habitum extirpandum. Cur enim, recte dicunt Salmanticences
« (De Pœnit. C. V, n° 68), magis sperari debet quod peccatori
« gratia carenti prosit dilatio absolutionis, quam prosit amico Dei
« absolutio qua gratiam recepit? Et cardinalis Toletus (lib. V, c. 13),
« loquendo præcise de peccato pollutionis, censet ad tale vitium
« vitandum non esse remedium efficacius quam sæpe se munire sa-
« cramento Pœnitentiæ ; subditque hoc sacramentum maximum
« esse frenum hujusmodi peccatum committentibus. Et qui eo non
« utuntur, inquit quod non sibi promittant emendationem nisi per
« miraculum. Et in facto sanctus Philippus Nerius (ut legitur in
« ejus vita) maxime medio frequentis confessionis utebatur pro re-
« cidivis in tali vitio. Huic quoque confert id quod ait Rituale roma-
« num, agendo de Pœnitentia : *In peccata facile recidentibus uti-*
« *lissimum fuerit consulere, ut sæpe confiteantur, et, si expediat,*
« *communicent.* Et dicendo, *facile recidentibus,* certe intelligit
« loqui de eis qui nondum pravum habitum extirpavere. Aliqui
« auctores qui per solam rigoris viam videntur velle animas salvas
« facere, dicunt recidivos pejores fieri, cum ante emendationem ab-
« solvuntur. Sed ipse scire vellem ab his magistris meis, an omnes
« recidivi, cum sine absolutione dimittuntur carentes gratia sacra-
« menti, omnes evadant fortiores, et omnes emendentur? Quot ego
« miseros novi in exercitio missionum, qui dimissi sine absolu-
« tione, vitiis et desperationi se abjecerunt, et per plurimos annos
« omiserunt confiteri (2). »

554. Quelques auteurs objectent que la vraie pénitence ne consiste pas seulement à pleurer les péchés qu'on a commis, mais à
ne plus commettre dans la suite les péchés qu'on doit pleurer.
« Pœnitentiam agere, dit S. Grégoire le Grand, est et perpetrata

---

(1) Le Prêtre sanctifié par l'administration du sacrement de Pénitence, n° 94.
— (2) Praxis confessarii, n° 77. — Voyez les maximes de S. Philippe de Néri,
dans le Manuel des Confesseurs, de M. l'abbé Gaume.

« mala plangere, et plangenda non perpetrare (1). » Ce n'est point faire pénitence, mais se moquer de Dieu, que de faire encore ce dont on se repent : « Irrisor est, non pœnitens, qui adhuc agit « quod pœnitet. » Ce sont les paroles de saint Isidore de Séville (2). Mais voudrait-on nous faire entendre qu'il n'y a de vraie pénitence que celle du pécheur qui, après s'être réconcilié avec Dieu, ne retombe plus dans le péché? Ce serait une doctrine désespérante, une erreur contraire à l'Ecriture sainte, à la tradition, à l'enseignement de l'Église. Suivant le concile de Trente, le pécheur peut être absous par la sentence du prêtre, non *une fois*, mais *toutes les fois* qu'ayant commis le péché, il aura recours au sacrement avec des sentiments de pénitence (3). Il faut donc entendre les expressions de saint Grégoire et de saint Isidore dans un autre sens, dans le sens que leur donne saint Thomas. Suivant le Docteur angélique, être pénitent, c'est pleurer les péchés qu'on a commis, et ne pas commettre, ni par acte ni par affection, en même temps qu'on se repent, les péchés qu'on doit pleurer. Celui-là n'est point pénitent qui, tandis qu'il se repent, fait cela même dont il se repent, ou qui se propose de faire ce qu'il a fait précédemment, ou pèche actuellement en quelque genre que ce soit. Puis il ajoute que la rechute qui suit la pénitence n'empêche pas que cette pénitence n'ait été réelle et sincère. « Pœnitere est ante acta pec-
« cata deflere, et flenda, non committere; scilicet, *simul dum*
« *flet*, vel *actu* vel *proposito*. Ille enim est irrisor, non pœnitens,
« qui, *simul dum pœnitet*, agit quod pœnitet, vel *proponit*
« *iterum se facturum quod gessit*, vel etiam *actualiter* peccat,
« eodem vel alio genere peccati. Quod autem aliquis postea peccat,
« vel actu vel proposito, non excludit quin prima pœnitentia vera
« fuerit : nunquam enim veritas prioris actus excluditur per actum
« contrarium subsequentem. Sicut enim *vere* cucurrit, qui *postea*
« sedet; ita vere pœnituit, qui *postea* peccat (4). » Saint Raymond de Pennafort (5) et le Maître des *sentences* (6) nous donnent la même explication du passage de saint Grégoire. Concluons donc, avec un ancien docteur de Sorbonne, « que les passages des Pères et
« des docteurs qui semblent dire que la contrition n'est point
« réelle, ni la pénitence entière, quand on retombe dans le péché
« mortel, peuvent se prendre en deux façons, savoir : ou que la

(1) In Evang. lib. II. homil. 34. — (2) Lib. II. De summo bono, c. 16. — (3) Sess. XIV. cap. 2. — Voyez aussi le Catéchisme du Concile de Trente, *de sacramento Pœnitentiæ*, n° 16. — (4) Sum. part. 3. quæst. 84. art 10. — (5) Sum. lib. III. tit. 34. § 1. — (6) Lib. IV. dist. 14.

« pénitence est fausse lorsque, en même temps que l'on se repent,
« on n'a pas le propos de s'abstenir du péché par après, ou que,
« si on retombe dans ses premières fautes, la pénitence qu'on a
« faite perd sa force et son énergie, de manière qu'elle ne peut
« plus rien pour notre salut, tandis que nous demeurons dans nos
« péchés. C'est ainsi que les Pères doivent être entendus et in-
« terprétés. Il suffit donc d'avoir un ferme propos d'amender sa
« vie, voire que par après on ne viendrait à bout d'effectuer un
« si bon propos (1). »

555. Quant aux moyens d'apprécier l'amendement des récidifs, il faut avoir égard à la situation morale du pénitent, aux circonstances où il se trouve, à la manière dont se commet le péché, à la force et à la fréquence des tentations, et au nombre des rechutes. C'est par là qu'on peut juger si les rechutes sont un effet de la malice ou de la fragilité humaine. Celui qui, par exemple, pèche par suite d'une habitude plus ancienne, et par conséquent plus difficile à déraciner ; celui qui est d'un naturel plus fortement porté au mal ; celui qui, pour commettre le péché, a éprouvé un plus grand nombre d'assauts dans le même espace de temps, mérite, à nombre égal de rechutes, plus d'indulgence, parce qu'on remarque chez lui plus de fragilité et moins de malice, que celui qui s'est trouvé dans des circonstances différentes et plus favorables au bien. Lorsqu'il s'agit d'actes qui se font facilement et promptement, comme le consentement intérieur à des pensées de haine ou d'impureté, il y a pour l'ordinaire moins de malice que dans les actes extérieurs. De même, parmi les actes extérieurs, il y a moins de malice dans les péchés de parole que dans ceux qui réclament l'usage des mains ; moins de malice à pécher seul qu'avec un autre, à être séduit qu'à séduire. Il résulte de là que vous pourrez absoudre un pénitent qui, habitué à dire de mauvaises paroles six fois ou même plus de six fois par jour, n'en a proféré qu'une fois à peu près chaque jour pendant une semaine entière ; et qu'il sera mieux de différer l'absolution à celui qui, habitué à pécher par action presque tous les jours, est retombé deux ou trois fois dans huit jours ; car le premier montre plus d'efforts pour se corriger que le second. Cependant, si celui-ci se trouve dans des circonstances où le délai l'exposerait à un plus grand dommage

---

(1) Paul Boudot, mort évêque d'Arras en 1635, *Traité du sacrement de Pénitence*, etc. — Voyez aussi la *Justification* de S. Alphonse de Liguori, ch. 9.

spirituel, par exemple, si on a lieu de craindre qu'il ne tombe dans le découragement; s'il ne peut revenir au même confesseur; s'il est à la veille de recevoir le sacrement de Mariage sans pouvoir différer, on peut user d'indulgence à son égard, et l'absoudre après avoir fait tout ce que la charité peut suggérer pour l'exciter à la plus vive douleur de ses péchés (1).

556. On doit aussi avoir égard à l'âge du pénitent. Toutes choses égales, on sera plus indulgent envers les jeunes gens, soit parce qu'ils sont naturellement plus inconstants, plus mobiles, passant du bien au mal et du mal au bien avec la même facilité; soit parce que souvent il est à craindre, surtout dans les diocèses où la foi s'est affaiblie, que le délai de l'absolution ne décourage les jeunes gens, à raison des efforts qu'ils ont à faire pour vaincre le respect humain qui tend à les éloigner des sacrements. Toutefois, en donnant ici plus d'étendue à l'indulgence, le confesseur n'absoudra le pénitent qu'autant qu'après l'avoir excité à la contrition il jugera prudemment qu'il déteste ses péchés, et qu'il est réellement dans l'intention de changer de vie.

## CHAPITRE XI.

*Des Devoirs du Confesseur envers ceux qui sont dans l'occasion prochaine du péché.*

557. Il ne s'agit ici que de l'occasion du péché mortel; car on n'est point obligé de déclarer en confession les péchés véniels. Or, on entend par occasion tout objet *extérieur* qui, en frappant nos sens, fait naître en nous la pensée du mal et nous porte au péché. On distingue l'occasion *éloignée* et l'occasion *prochaine*. La première est celle qui ne porte que faiblement et indirectement au péché, de sorte que celui qui se trouve dans cette occasion ne tombe que rarement. On n'est point obligé de fuir les occasions éloignées : autrement, il faudrait sortir du monde; car on trouve partout de ces sortes d'occasions. Cependant, comme il y a des occasions qui, sans être prochaines, sont plus ou moins dange-

---

(1) Voyez le *Prêtre sanctifié*, n° 90, etc.; le *Manuel des Confesseurs*, par M. l'abbé Gaume, tom. II. n° 321, etc.

reuses, c'est un devoir pour le confesseur d'y faire attention ; d'exciter avec prudence et précaution, suivant la nature de ces occasions, la vigilance des pénitents, et de les en éloigner autant que possible : tels sont, par exemple, certains jeux, les danses, les bals et les spectacles. Quoique ces divertissements profanes ne soient pas une occasion de péché mortel pour tous, on doit en faire remarquer le danger à tous, et en détourner les pénitents, sans exiger toutefois qu'ils y renoncent absolument, à moins qu'ils n'y trouvent le danger probable de pécher mortellement (1).

L'occasion prochaine est celle qui nous porte si fortement au péché, qu'il est probable ou vraisemblable que celui qui s'y trouve tombera dans le péché mortel. Il y a des occasions qui sont prochaines de leur nature ; ce sont celles qui portent par elles-mêmes au péché : telles sont la lecture des livres obscènes, la fréquentation des lieux de débauche, la présence d'une personne qu'on retient à la maison, si on est dans l'habitude de pécher avec elle : on les appelle occasions *absolues*, *naturelles*. Il en est d'autres qui ne sont prochaines qu'accidentellement : on les appelle *relatives* ou *personnelles*, parce qu'elles ne sont occasions de péché que par rapport à certaines personnes : tels sont les cabarets, pour ceux qui sont sujets à l'ivrognerie ; le jeu, pour ceux qui s'y laissent emporter à des blasphèmes ; la danse, les spectacles, pour les personnes qui ne peuvent y prendre part sans tomber fréquemment dans quelque péché mortel contre le sixième précepte. Tels sont encore, pour certaines personnes faibles ou ignorantes, les emplois les plus honnêtes, les fonctions les plus saintes. Enfin, l'on distingue les occasions volontaires, que l'on peut faire cesser plus ou moins facilement ; et les occasions involontaires, qui sont indépendantes de la volonté : telles sont les occasions que l'on ne peut absolument quitter, ou dont on ne peut se séparer sans scandale ou sans danger de compromettre sa réputation.

558. Comment connaître si une occasion de péché est prochaine ? Ce discernement n'est pas facile, soit parce que les théologiens ne s'accordent pas à nous donner les mêmes règles, soit parce qu'on est souvent embarrassé quand il s'agit de faire l'application de celles qui sont le plus généralement adoptées. Néanmoins, on doit regarder comme prochaine toute occasion, soit absolue, soit relative, où l'on est tombé fréquemment. « Occasio proxima *per se* « est illa in qua homines communiter, *ut plurimum*, peccant :

---

(1) Voyez le tome I. n° 647, etc.

« proxima *per accidens* est illa quæ, licet per se respectu aliorum
« non sit proxima, eo quod non sit apta de sua natura communi-
« ter inducere homines ad peccatum, tamen respectu alicujus est
« proxima; vel quia hic in illa occasione, et si non *fere semper*,
« nec *frequentius*, *frequenter* tamen cecidit; vel quia, spectata
« ejus *præterita* fragilitate, *prudenter* timetur ipsius lapsus. Unde
« perperam dicunt Navarrus, Lugo et Viva cum aliis non esse in
« occasione proxima adolescentes, qui laborando cum fœminis
« peccant consensu, verbis aut tactibus, eo quod, ut dicunt, non
« *fere semper* in talibus occasionibus peccant; nam, ut diximus,
« ad occasionem proximam constituendam sufficit ut homo *fre-*
« *quenter* in ea labatur. Notandum vero quod aliquando occasio,
« quæ respectu aliorum est proxima, respectu hominis valde pii
« et cauti poterit esse remota (1). Ex præmissis infertur esse in oc-
« casione proxima, 1° qui domi retinet mulierem cum qua *sæpe*
« peccavit. Et hic notandum quod si quis non habet ad suam dis-
« positionem mulierem, cum qua peccat, sed cum ea peccat sem-
« per ac accedit in illius domum, tunc illuc accedere erit occasio
« proxima, etiamsi semel in anno accederet. 2° Qui in ludo *fre-*
« *quenter* labitur in blasphemias vel fraudes. 3° Qui in aliqua
« domo, caupona, aut conversatione (*frequenter*), incidit in
« ebrietatem, rixas, verba aut gestus lascivos (aut cogitationes
« obscœnas). » Ainsi s'exprime saint Alphonse de Liguori (2).

559. Selon le bienheureux Léonard de Port-Maurice, « on
« donne communément le nom d'*occasion prochaine* à celle où,
« attendu les circonstances de la personne, du lieu et de l'expé-
« rience passée, on pèche toujours, ou presque toujours, ou du
« moins *fréquemment*. C'est ce qui la distingue de l'occasion
« éloignée, dans laquelle, eu égard aux mêmes circonstances, on
« ne pèche que *rarement*. Ainsi, l'occasion prochaine n'est jamais
« telle que quand elle a, d'une manière absolue ou relative, une
« union *fréquente* avec le péché. Tel est le caractère propre
« qu'assignent les théologiens pour distinguer l'occasion prochaine
« de l'occasion éloignée... Mais il est à propos de remarquer que
« **nous** n'entendons pas ici que la *fréquence* des chutes soit tou-
« jours *absolue* quant au temps et quant aux actes, de sorte que
« pour constituer l'occasion prochaine il soit nécessaire de pécher
« tous les jours ou presque tous les jours, ou de commettre dans

(1) S. Alphonse de Liguori, lib. vi. n° 452. — (2) Ibidem et Praxis confessarii, n° 64.

« le même espace de temps un certain nombre de péchés. Non;
« mais il suffit qu'elle soit *relative* au nombre de fois qu'on s'est
« exposé à l'occasion. Ainsi, un homme ne tient pas, à la vérité,
« dans sa propre maison, la personne avec laquelle il a coutume
« de pécher, moins encore il l'entretient ailleurs dans sa dépen-
« dance; le concubinage serait trop évident. Mais il la visite dans
« une maison qui ne lui appartient pas, et, pour cacher son intri-
« gue et tromper les regards de ceux qui épient ses démarches, il
« ne la visite qu'une seule fois par mois, et même plus rarement.
« Il est certain que s'il pèche le *plus souvent* (1) quand il se rend
« dans cette maison, si de douze fois l'année il n'en passe pas cinq
« ou six sans tomber, il doit être infailliblement réputé dans l'oc-
« casion prochaine du péché. Quelquefois encore il ne faudra pas
« s'attacher au nombre matériel des chutes, mais plutôt à exami-
« ner quelle est l'influence de l'occasion sur le péché, et jusqu'à
« quel point le péché dépend de l'occasion. Toutes ces considéra-
« tions sont abandonnées à la prudence du confesseur, qui pèsera
« mûrement le fait avec toutes les circonstances (2). »

560. Ainsi, on se comportera comme si l'occasion était prochaine envers une personne qui n'a fait encore qu'une seule chute,
si, étant déjà fort portée d'elle-même au mal, elle se trouve continuellement en présence de son séducteur, qui, à raison de sa position, a beaucoup d'ascendant sur elle; *ut si ancilla facilis semel
peccaverit cum hero, præsertim si ab eo peccati emolumentum
speret.* Elle est évidemment dans un danger prochain de rechute.

---

(1) La *Méthode de Direction*, par un directeur du séminaire de Besançon, définit les occasions prochaines celles qui « nous mettent dans un danger pro-
« bable, moral et prochain de pécher; ce qui fait que celui qui s'y trouve
« tombe *presque toujours* dans le péché : In ea positus sæpius peccat, ainsi
« qu'on s'exprime dans l'école. » Chap. 7. art. 2. § 1. Nous n'admettons point cette notion, quoiqu'on la trouve dans plusieurs théologiens : pour que l'occasion du péché soit *prochaine*, il suffit que celui qui s'y trouve tombe fréquem-
ment, *sæpe, frequenter*, comme le dit S. Alphonse. Toutefois, nous sommes loin d'accuser l'auteur de cette *Méthode* d'avoir voulu favoriser le relâchement pour l'absolution de ceux qui sont dans l'occasion du péché; car, citant d'une manière incomplète et quelquefois inexacte les *Avertissements* de S. Charles *aux Confesseurs*, il se montre encore plus sévère que ce grand archevêque, auquel certainement personne ne reprochera d'avoir été trop indulgent : *Quem nemo certe dicet plus æquo indulgentem.* C'est la remarque de Benoît XIV, *de Synod. diœces.* lib. VII. cap. 63. On peut voir dans l'introduction du *Manuel des Confesseurs*, de M. l'abbé Gaume, et dans la *Justification* de la Théologie de S. Al-
phonse, ce que nous avons dit de la *Méthode de Direction.* — (2) *Discorso mistico e morale*, n°ˢ 21 et 23.

Ce danger subsisterait encore, bien que jusqu'ici elle n'ait pas succombé, si, étant fortement tentée par son maître, elle ne se sentait pas assez forte pour résister à la séduction. Quoique l'occasion prochaine proprement dite ne soit pas encore formée, le danger n'en est pas moins réel. Il faudrait, par conséquent, exiger de cette personne qu'elle quittât la maison, si elle pouvait le faire *commodément* (1). « Qui amat periculum, in illo peribit (2). » Nous ajouterons que, quand il s'agit d'apprécier le nombre des fautes qui caractérisent l'occasion prochaine du péché mortel, on doit faire attention non-seulement aux péchés extérieurs, mais encore aux péchés de pensée, aux désirs criminels, en examinant, toutefois, si c'est telle ou telle occasion qui est la cause morale des mauvaises pensées.

561. Peut-on absoudre le pénitent qui est dans une occasion prochaine et volontaire? Premièrement, on ne peut jamais absoudre, ni celui qui cherche directement l'occasion prochaine du péché, ni celui qui se trouvant volontairement, sans nécessité aucune, dans cette occasion, ne veut pas la quitter; car évidemment il conserve de l'affection au péché. Aussi, le pape Innocent XI a condamné cette proposition : « Potest aliquando absolvi, qui in proxima « occasione peccandi versatur, quam *potest* et *non vult* omittere, « quinimo directe et ex proposito quærit, aut ei se ingerit (3). »

Secondement, plusieurs théologiens pensent qu'on peut, généralement, absoudre une première ou une seconde fois le pénitent qui est dans une occasion prochaine et volontaire, avant même qu'il l'ait fait cesser, pourvu qu'il soit dans la ferme résolution de l'éloigner au plus tôt; mais il faut distinguer entre les occasions qui sont présentes ou continues, et les occasions qui ne sont point présentes, qui ne viennent que par intervalle : telles sont les occasions qui se rencontrent au jeu, dans les cabarets, dans les visites et les conversations. Si l'occasion est présente, *ut si quis concubinam domi detineat*, on ne doit point ordinairement absoudre le pénitent qu'il n'ait préalablement ôté l'occasion; la promesse de la quitter le plus promptement possible ne suffit pas. La raison en est que l'éloignement d'une semblable occasion est très-difficile, et exige une grande violence; d'où l'on a lieu de craindre que le pénitent, qui n'est pas encore affermi dans la vertu, n'ait pas le

---

(1) Voyez S. Alphonse de Liguori, lib. vi. n° 452. — (2) Eccli. c. 3. v. 27. — (3) Décret de l'an 1679.

courage d'exécuter sa résolution, et ne demeure exposé au danger prochain d'offenser Dieu (1).

562. Nous avons dit, *ordinairement*, car cette règle admet plusieurs exceptions. La première est en faveur des moribonds, dont l'état ne permet pas d'attendre qu'ils aient renvoyé la personne qui est pour eux une occasion de péché. Car s'ils peuvent le faire sans scandale et sans se diffamer, on doit exiger qu'ils la renvoient avant de recevoir l'absolution. S'ils s'y refusent sans raison légitime, c'est une preuve qu'ils n'ont point renoncé au péché. La seconde exception est pour le cas où le pénitent donnerait des signes tellement extraordinaires de contrition, qu'on pourrait juger prudemment qu'il n'est plus exposé au danger prochain de manquer à la résolution d'éloigner l'occasion. Cependant, si, même dans ce cas-là, on peut *commodément* différer l'absolution, il serait prudent de le faire (2). La troisième exception a lieu pour ceux qui se confesseraient étant à une distance considérable de leur domicile. Il serait trop dur d'exiger qu'ils retournassent chez eux pour éloigner l'occasion, et revinssent ensuite recevoir l'absolution. On doit y suppléer autant qu'on le peut, en les affermissant contre le danger de la rechute. Il en serait de même pour le cas où le pénitent ne pourrait revenir, ou du moins que longtemps après. On peut l'absoudre, s'il paraît résolu à éloigner l'occasion sur-le-champ : autrement, il serait obligé, ou de répéter sa confession à un autre prêtre, ou de rester longtemps privé de la grâce du sacrement ; ce qui serait pour lui un poids trop onéreux ou une trop grande privation (3). La quatrième exception est pour le cas où le pénitent, faute d'instruction, est arrivé jusqu'à ce moment sans remarquer ni l'occasion prochaine ou le danger qui l'accompagne, ni l'obligation où il était de s'en éloigner. On peut, dit Billuart, l'absoudre une première fois, mais une fois seulement, avant qu'il ait quitté l'occasion, s'il est d'ailleurs disposé (4). Enfin, on peut excepter le cas où le pénitent, ayant des raisons graves de recevoir tout de suite l'absolution, donnerait des marques non équivoques de repentir. On pourrait l'absoudre après l'avoir affermi dans ses bonnes résolutions. « Le soin de s'assurer si le pénitent ne retom« bera pas, est moins essentiel que celui de voir s'il a les disposi« tions requises pour recevoir l'effet du sacrement. Ce dernier soin

---

(1) S. Alphonse, *ibidem*; S. Charles, *ibidem*; le B. Léonard de Port-Maurice, Discorso mistico e morale. — (2) S. Alphonse, *ibidem*; Roncaglia, etc. — (3) S. Alphonse, lib. VI. n° 454. — (4) De sacramento Pœnitentiæ, dissert. VI. art. 10. § 5; Mgr Bouvier, de Pœnitentia, etc.

« est indispensable, puisque le défaut de disposition entraîne la
« profanation ou au moins la nullité du sacrement. Le premier est
« sans doute nécessaire; mais si, en voulant prendre toutes les pré-
« cautions usitées pour assurer la conservation de la grâce, on s'ex-
« pose à des inconvénients très-graves, par exemple, si l'on expose
« le pénitent à la tentation de persister dans le péché, ou à celle de
« recevoir un sacrement qui demande l'état de grâce sans avoir
« reçu l'absolution, la prudence et le bien de cette âme demandent
« qu'on se relâche de ces précautions. En voulant garantir le péni-
« tent du malheur de perdre la grâce après l'avoir recouvrée, on
« l'exposerait à un malheur non moins grand, et peut-être beaucoup
« plus probable (1). »

563. Pour ce qui regarde les occasions qui ne sont point présentes, qui ne s'offrent que par intervalle, si le pénitent se propose fermement de les quitter, on peut l'absoudre une ou deux fois (2), et même trois fois (3), avant qu'il ait exécuté sa résolution. Si, après cela, il ne se corrige pas, on doit lui différer l'absolution jusqu'à ce qu'il ait enlevé l'occasion, ou qu'il ait donné des preuves d'un véritable amendement. Après avoir dit que si le pénitent est dans une occasion prochaine, volontaire et *présente*, le confesseur ne doit point lui donner l'absolution qu'il n'ait premièrement quitté effectivement cette occasion, saint Charles ajoute :
« Et quant aux autres occasions, comme de jeux, de regards,
« conversations, gestes, etc., il ne doit point aussi lui accorder
« cette même grâce qu'il ne promette de s'en abstenir : que s'il
« l'avait promis autrefois et ne s'en était pas néanmoins corrigé,
« il doit alors, quelque promesse qu'il en fasse, lui différer l'abso-
« lution jusqu'à ce qu'il voie *quelque* amendement (*qualche*
« *emendazione*). Et parce qu'il peut arriver qu'avec toutes les ins-
« tructions et les conseils qu'un sage et zélé confesseur a donnés
« à son pénitent, il ne peut pas néanmoins se retirer de l'occasion
« du péché sans *grand péril ou scandale*, le confesseur, en ce cas,
« se doit servir des remèdes qui suivent. En premier lieu, il diffé-
« rera de lui donner l'absolution jusqu'à ce qu'il voie des preuves
« certaines d'un véritable amendement; et s'il ne peut pas diffé-
« rer de l'absoudre sans le mettre en danger d'infamie, et que
« d'ailleurs il trouve en lui de si grandes marques de sa disposi-

---

(1) La *Science du Confesseur,* par une société de prêtres réfugiés en Allemagne, part. II. ch. 3. art. 2. — (2) S. Charles, dans ses *Avertissements.* — (3) S. Alphonse, lib. VI. n° 454.

« tion et de son affection à recevoir les remedes qu'il jugera né-
« cessaires pour son amendement, il lui doit ordonner ceux qui lui
« paraîtront plus à propos et plus nécessaires : comme, par exemple,
« de ne se trouver jamais seul avec cette personne, lui prescrire
« certaines prières, quelques mortifications de la chair, et surtout
« de se confesser souvent, et autres semblables ; lesquelles s'il ac-
« cepte, le confesseur *le peut absoudre* (1). Et si, après avoir fait
« cette diligence, ou un autre confesseur l'ayant faite auparavant,
« ce pénitent ne s'est pas corrigé, il ne lui doit donner l'absolution
« qu'il ne se soit effectivement séparé de l'occasion, si ce n'est que
« nous ayant consulté sur ce qu'il doit faire en telle occasion, sans
« néanmoins découvrir la personne, *nous ayons été d'avis de le*
« *faire* (2). »

564. Parlant des différentes occasions *relatives et personnelles*,
ce saint archevêque continue : « Les occasions de péché de la se-
« conde sorte, c'est-à-dire qui ne le sont pas d'elles-mêmes, mais
« seulement à l'égard de la personne qui s'y rencontre, sont les cho-
« ses qui, quoique licites en soi, laissent néanmoins juger avec fon-
« dement que le pénitent retombera dans les mêmes péchés qu'il y
« a déjà commis, s'il y persévère, comme il a fait par le passé. Tel-
« les sont ordinairement à plusieurs, par la corruption du siècle, la
« guerre, le trafic, la magistrature, la profession d'avocat, de procu-
« reur, et d'autres semblables exercices, dans lesquels celui qui est
« habitué à pécher *souvent* mortellement par blasphème, larcins,
« injustices, calomnies, haines, fraudes, parjures, et autres sembla-
« bles offenses de Dieu, sait que, continuant ces mêmes exercices,
« il se rencontrera dans les mêmes occasions, et qu'il n'a pas sujet de
« croire qu'il doive résister à l'avenir plus puissamment au péché
« qu'il n'a fait auparavant ; et l'on a raison de présumer qu'il re-
« tombera par conséquent dans les mêmes péchés. C'est pourquoi

(1) La *Méthode de Direction*, imprimée pour la première fois en 1772, par l'ordre de l'évêque de Toul, sous le titre d'*Instructions sur les fonctions du ministère pastoral*, et réimprimée depuis sous le titre qu'elle porte aujourd'hui, après avoir été retouchée et augmentée par un directeur du séminaire de Besançon, rapporte en partie, d'après la traduction latine, le passage que nous venons de citer ; mais il est tellement altéré, qu'il est impossible d'y reconnaître la doctrine de S. Charles sur les occasions. En effet, au chapitre 7. art. 2. § 4. n° 3, on fait dire à S. Charles tout le contraire de ce qu'il dit dans ses *Avertissements*. — (2) Avvertimenti di san Carlo per li Confessori, § 19. Nous suivons la *traduction française* qui a été publiée par l'ordre de l'assemblée du clergé de France, vers l'an 1655. Cette traduction est plus littérale et plus exacte que la traduction latine.

« ces personnes doivent, comme dit saint Augustin, ou abandon-
« ner cet exercice qui leur est dangereux, ou pour le moins ne
« l'exercer qu'avec la permission et de l'avis d'un directeur ver-
« tueux et intelligent, lequel ne doit point absoudre une personne
« qui est en cet état, s'il juge probablement qu'elle retombera dans
« les mêmes péchés, demeurant dans les mêmes occasions ; mais
« il doit attendre *quelque temps* des preuves de son amende-
« ment (1). »

565. « Le confesseur doit bien plus exactement prendre garde
« à cette sorte d'exercice et actions qui ne sont ni nécessaires ni
« utiles, parce que, quoiqu'elles ne soient pas au rang des occa-
« sions qui portent d'elles-mêmes au péché mortel, et qu'elles ne
« doivent pas, par conséquent, être ordinairement évitées de toutes
« sortes de personnes, elles donnent néanmoins une pente au mal,
« et entraînent facilement et souvent à divers péchés mortels ;
« comme d'aller au bal, converser avec des blasphémateurs, avec
« des querelleurs et autres mauvaises compagnies, fréquenter les
« cabarets, demeurer dans l'oisiveté, et semblables choses, à l'oc-
« casion desquelles on a accoutumé de pécher mortellement ; parce
« qu'il ne doit point absoudre ceux qui s'y engagent que, premiè-
« rement, ils n'y renoncent et qu'ils ne promettent de s'en abstenir
« effectivement. Si néanmoins il semble au confesseur qu'il peut
« avec fondement ajouter foi, à la *première et seconde fois*, à la
« promesse que fait le pénitent de sortir de cette occasion, il pourra
« l'absoudre sur cette assurance ; *mais il ne doit pas le faire da-*
« *vantage* (2) ; et, voyant la troisième fois qu'il ne lui a pas été fi-
« dèle, il différera de lui donner l'absolution jusqu'à ce qu'il témoi-
« gne actuellement de s'être séparé de ces occasions (3). » On
remarquera que saint Charles met les bals parmi les occasions *relatives* ou *personnelles*, et non parmi celles qui, *étant absolues* ou
*naturelles*, sont prochaines à l'égard de tous.

Que faire à l'égard d'un pénitent qui se trouve dans une occasion
prochaine et volontaire, mais une occasion qui ne se présente que
rarement ; par exemple, une fois par an, ou tous les deux ou trois
ans ? S'il paraît disposé à renoncer entièrement à cette occasion,
on peut l'absoudre une première, une seconde fois, comme l'enseigne saint Charles, et même une troisième fois, au jugement de

---

(1) Avvertimenti, *ibidem*. — (2) Ibidem. — (3) Voyez ce que nous avons dit des danses et des spectacles, au tom. I. n° 645, etc.

saint Alphonse (1). C'est aussi l'avis de monseigneur Bouvier (2). Si, après cela, il ne s'est ni corrigé ni éloigné de l'occasion, on lui différera l'absolution jusqu'à ce qu'il donne des signes extraordinaires de contrition.

566. Parlant des fiancés et des jeunes gens de l'un et de l'autre sexe qui se visitent dans l'intention de contracter mariage, saint Alphonse s'exprime ainsi : « Et hic caveant confessarii a permittendo « sponsis domos sponsarum adire, et puellis earumque parentibus « sponsos admittere, quia raro evenit quod tales sponsi non laban- « tur, saltem in verba, aut cogitationes turpes in hujusmodi occa- « sione, dum omnes aspectus et colloquia sponsos inter sunt incen- « tiva ad peccandum : estque moraliter impossibile ipsos invicem « conversari, et non sentire stimulos ad eos turpes actus qui tem- « pore matrimonii deinde succedere debent (3). » Mais il ne nous paraît guère possible de mettre en pratique, du moins parmi nous, l'avis de ce saint et savant docteur : sur ce point, il faut tenir compte des mœurs et des usages du pays. Nous pensons donc qu'on ne doit point inquiéter ni le jeune homme ni la jeune personne, fiancés ou non, qui se voient de temps en temps dans l'intention de s'établir ensemble, pourvu que les visites aient lieu avec l'agrément et en présence des parents. C'est en se voyant que ces jeunes gens apprendront à se connaître, et commenceront cette union que le mariage doit consommer en la sanctifiant et en la rendant indissoluble. « Non est neganda absolutio juveni et puellæ, qui aliquo « tempore se invisant animo matrimonium contrahendi; nemo « enim tenetur ducere personam ignotam, sed per aliquod tempus « potest experiri quibus moribus alter sit præditus (4). »

567. Mais il n'en est pas de même des jeunes gens qui ne pensent point à se marier ; nous dirons donc avec saint Alphonse : « Gene- « raliter autem loquendo de adolescentibus et puellis qui invicem « se adamant, quippe non sunt isti omnes indistincte de gravi culpa « damnandi, sed ordinarie puto ipsos difficulter esse extra occasio- « nem proximam lethaliter peccandi. Id nimium experientia patet, « nam ex centum adolescentibus vix duo aut tres in occasione a « mortalibus invenientur immunes; et si non in principio, saltem « in progressu : tales enim adamantes prius conversantur invicem « ob propensionem ; deinde propensio fit passio : postquam radi-

---

(1) Lib. vi. n° 454. — (2) De Pœnitentia, etc. — (3) Praxis confessarii, n° 64 ; et Theol. moral. lib. vi. n° 452. — (4) Roncaglia, cité par S. Alphonse, *ibidem*. — Voyez le tom. 1. n° 641.

« cem in corde fixerit, mentem obtenebrat, et eos in mille cri-
« mina ruere facit. Hinc cardinalis Picus de Mirandula, episcopus
« Albanensis in sua diœcesi, per edictum suos admonuit confessa-
« rios ne tales adamantes absolverent, si postquam *ter* ab aliis jam
« fuerint admoniti, ab hujusmodi amore sectando non abstinuis-
« sent, præsertim tempore nocturno, aut diu, aut clam, aut
« intra domos (cum facili periculo osculorum et tactuum), aut
« contra parentum præceptum, aut cum altera pars prorumpit in
« verba obscœna, aut cum scandalo (prout si in ecclesia), aut
« cum conjugatis, claustralibus, aut clericis in sacris. Et hoc ge-
« neraliter advertendum, quod ubi agitur de periculo peccati for-
« malis, et præcipue peccati turpis, confessarius quanto magis
« rigorem cum pœnitente adhibebit, tanto magis ejus saluti pro-
« derit; et contra, tanto magis cum illo immanis erit, quanto ma-
« gis benignus erit in permittendo, ut ille in occasione maneat,
« aut se immitat. S. Thomas de Villanova confessarios in hoc con-
« descendentes vocat eos, *impie pios*. Hæc charitas est contra cha-
« ritatem (1). »

**568.** Ce que nous avons dit jusqu'ici de l'obligation de faire cesser l'occasion du péché, s'applique plus particulièrement à l'occasion *volontaire* : il nous reste donc à parler de l'occasion *involontaire* ou *nécessaire*. Or, si l'occasion est nécessaire *physiquement;* par exemple, si le pénitent est en prison avec la personne *quacum peccavit*, ou s'il est à l'article de la mort, sans avoir ni le temps ni le moyen de renvoyer cette personne, on peut absoudre ce pénitent, quoique l'occasion subsiste. Il en est de même, comme l'enseignent communément les docteurs, lorsque l'occasion est nécessaire *moralement;* c'est-à-dire, lorsque le pénitent ne peut s'en éloigner sans scandale, sans grave inconvénient pour sa vie, ou sa réputation, ou ses biens même temporels. La raison en est que l'occasion du péché n'est pas proprement un péché en elle-même, et n'entraîne pas la nécessité de pécher. Ainsi, l'occasion n'est point incompatible avec un vrai repentir et un ferme propos de ne pas retomber : l'Écriture ne dit pas : Celui qui est dans le danger y périra, mais celui qui aime le danger. Or, on ne peut dire que celui-là aime le danger, qui s'y trouve malgré lui; mais on suppose que le pénitent est bien disposé à employer tous les moyens nécessaires, afin de rendre *éloignée* l'occasion qui est *prochaine*. Ces moyens sont, surtout dans l'occasion du péché contre

---

(1) *Praxis confessarii*, n° 65.

le sixième précepte, d'éviter toute familiarité, et même, autant que possible, la vue du complice; de s'approcher fréquemment des sacrements de Pénitence et d'Eucharistie, de se recommander souvent à Dieu, en renouvelant plusieurs fois le jour la résolution de ne plus pécher, et d'en quitter l'occasion aussitôt que faire se pourra (1).

569. Ainsi, on regarde comme capables d'absolution ceux qui ne consentent pas à quitter un emploi, un office, une charge, une profession, une maison qui sont pour eux une occasion prochaine de péché, si, ne pouvant les quitter sans un grave dommage, ils sont d'ailleurs résolus de se corriger et de prendre les moyens nécessaires pour cela. On convient cependant qu'il est utile de leur différer quelque temps l'absolution, quand ce ne serait que pour les rendre plus attentifs à pratiquer les moyens prescrits. Saint Alphonse pense même que le confesseur y est obligé toutes les fois qu'on peut la différer *commodément*, c'est-à-dire, sans inconvénient, surtout lorsqu'il s'agit d'une occasion en matière odieuse, *de materia turpi* (2). Si le pénitent, après avoir été absous deux ou trois fois, retombe toujours de la même manière, on doit lui refuser l'absolution jusqu'à ce qu'il ait ôté l'occasion (3). C'est ici qu'il faut appliquer le précepte de l'Évangile : « Quod si oculus tuus « dexter scandalizat te, erue eum, et projice abs te (4). » On excepte cependant le cas où le pénitent donnerait des marques si extraordinaires de contrition, qu'on pourrait concevoir une espérance prudente de son amendement (5).

Pour exempter un pénitent de l'obligation de quitter une occasion prochaine de péché mortel, il n'y a de raison suffisante que l'impossibilité *physique* ou *morale*. Ce n'est pas assez d'une cause utile ni d'une cause honnête, comme le prouve la condamnation des propositions suivantes : « Proxima occasio peccandi non est « fugienda, quando causa aliqua utilis aut honesta non fugiendi « occurrit (6). Non est concubinarius ad ejiciendam concubinam, « si hæc nimis utilis esset ad oblectamentum concubinarii, vulgo « *regalo*, dum deficiente illo nimis ægre ageret vitam, et aliæ « epulæ tædio magno concubinarium afficerent; et alia famula « nimis difficile inveniretur (7). » Ainsi, on ne peut autoriser le

---

(1) Voyez S. Alphonse, lib. vi. n° 455; Navarre, de Lugo, Sanchez, Viva, Sporer, Mazzotta, Laymann, Elbel, etc. — (2) Ibidem. — (3) S. Alphonse, *ibidem*; S. Charles, le B. Léonard de Port-Maurice. — (4) Matth. c. 5. v. 29. — (5) S. Alphonse, *ibidem*. — (6) Décret d'Innocent XI, de l'an 1679. — (7) Décret d'Alexandre VII, de l'an 1666.

pénitent à rester dans l'occasion prochaine du péché que lorsqu'il ne peut s'en séparer sans danger de donner du scandale, ou de compromettre sa réputation, ou de faire une perte considérable.

570. Mais la gravité de ces inconvénients est relative aux personnes, et le confesseur doit y faire attention. Telle somme, par exemple, qui est peu de chose pour un riche ou une personne aisée, sera considérable pour un domestique, un ouvrier. Telle crainte de nuire à sa réputation, en s'éloignant de l'occasion, sera prise en considération pour celui-ci, tandis qu'elle ne sera d'aucune valeur pour un autre qui n'a rien à perdre de ce côté-là. Le même inconvénient qui n'arrêtera point une personne forte fera la plus vive impression sur un caractère plus faible et plus craintif, sur un esprit qui se grossit naturellement les objets. C'est donc un devoir pour le confesseur d'écouter tranquillement le pénitent, et de voir non pas seulement à quel point les inconvénients sont graves en eux-mêmes, mais quelle impression ils font sur l'esprit du pénitent. Si tel ou tel inconvénient, quoique peu grave en lui-même, fait une impression vive sur le pénitent, on ne peut plus dire que c'est par attache au péché qu'il reste dans l'occasion ; on doit donc y avoir égard toutes les fois qu'après lui avoir montré les choses dans leur vrai point de vue, on reconnaît qu'il est de bonne foi. Le confesseur n'oubliera point non plus de faire entrer en considération le plus ou moins d'influence qu'a l'occasion pour entraîner au mal, le plus ou moins de faiblesse dans le pénitent, le plus ou moins de moyens qu'il a pour rendre l'occasion *éloignée,* et se prémunir contre la rechute.

## CHAPITRE XII.

*Des Devoirs du Confesseur envers ceux qui ne sont pas suffisamment instruits des vérités de la religion, ou qui sont dans l'ignorance de ce qui a rapport à leur état.*

571. Il est des vérités qu'on ne peut ignorer sous peine de damnation ou sans danger pour le salut. Tout fidèle est obligé de savoir et de croire explicitement qu'il n'y a qu'un seul Dieu, créateur du ciel et de la terre ; qu'il y a trois personnes en Dieu, le Père, le Fils et le Saint-Esprit, et que ces trois personnes ne font

qu'un seul Dieu ; que Dieu le Fils, la seconde personne de la très-sainte Trinité, s'est fait homme pour nous ; qu'il est mort en croix pour nous sauver ; que nous avons une âme qui est immortelle ; qu'après cette vie il y a un paradis où une récompense éternelle pour les justes, et un enfer pour punir éternellement les pécheurs qui seront morts dans l'impénitence finale. On est également obligé de connaître les principales obligations de la morale chrétienne, ce qui concerne les sacrements qu'on doit recevoir, et les devoirs de son état. Mais cette connaissance a bien des degrés ; elle est plus ou moins claire, plus ou moins étendue.

572. Or, on ne peut absoudre le pénitent qui ignore les principaux mystères de la foi, les mystères de la Trinité et de l'Incarnation, soit qu'on regarde la connaissance de ces deux mystères comme nécessaire de nécessité *de moyen*, soit qu'on ne la regarde que comme nécessaire de nécessité *de précepte* (1). Le saint-siége a condamné la proposition suivante : « Absolutionis capax est homo, « quantumvis laboret ignorantia mysteriorum fidei, et etiamsi, « per negligentiam etiam culpabilem, nesciat mysterium sanctis- « simæ Trinitatis et Incarnationis D. N. Jesu Christi (2). » Mais un confesseur zélé aura soin d'instruire lui-même ses pénitents sans délai, autant qu'il est nécessaire pour les mettre en état de recevoir l'absolution. C'est l'avis de saint Alphonse de Liguori (3) et du bienheureux Léonard de Port-Maurice, dont nous croyons devoir citer les instructions sur le point dont il s'agit : « Si le pénitent « ne connaît pas les principaux mystères de l'Unité et de la Trinité « de Dieu, de l'Incarnation du Verbe, des récompenses et des « peines que Dieu réserve aux hommes, il n'est pas en état de « recevoir l'absolution, jusqu'à ce qu'il ait acquis la connaissance « de ces mystères, et qu'il puisse au moins faire un acte de foi ; « c'est-à-dire que, suivant l'explication de plusieurs docteurs, il « comprenne, autant que sa grossière intelligence le lui permet, « qu'il y a trois personnes qu'on appelle le Père, le Fils et le « Saint-Esprit, lesquelles personnes forment un seul Dieu. Quant « à l'Incarnation, que la seconde personne s'est fait homme et « s'appelle Jésus-Christ, et que cependant, quoique le Christ soit « Dieu et homme, il n'y a qu'un seul Christ : enfin, pour ce qui « regarde les peines et les récompenses, que Dieu réserve le « paradis aux bons et l'enfer aux méchants. Je ne conseillerai

---

(1) Voyez le tom. I. n° 329. — (2) Décret d'Innocent XI, de l'an 1679. — (3) *Praxis confessarii*, n° 22.

« jamais de renvoyer de tels pénitents recevoir ailleurs l'instruc-
« tion qui leur est nécessaire, parce qu'on n'obtiendrait d'autre
« résultat de ce renvoi que de les laisser dans les ténèbres de
« l'ignorance jusqu'à la mort. Par conséquent, il n'y a pas de
« meilleur expédient que de leur enseigner brièvement, et en termes
« adaptés à leur capacité, les principaux mystères; de leur faire
« faire un acte de foi, d'espérance, d'amour de Dieu et de contri-
« tion, et de leur enjoindre d'aller trouver leurs curés, qui les en
« instruiront plus complétement, ainsi que des autres mystères
« qu'il importe de savoir, *necessitate præcepti*. Les soins que l'on
« donne à ces pénitents ne prendront pas autant de temps qu'on
« pourrait bien le croire d'abord; car tout se fait ici très-briève-
« ment (*con somma brevità*). Ensuite on leur dira de s'accuser
« de la faute qu'ils ont commise en négligeant d'apprendre ces
« vérités, et on leur accordera l'absolution. Mais il arrive souvent
« qu'on rencontre une ignorance aussi profonde chez les personnes
« qui habitent les villes, qui ont l'esprit plus cultivé, et qui pour-
« tant rougiraient fortement d'être interrogées sur les mystères.
« Comme il faut que le confesseur sache à quoi s'en tenir sur ce
« point très-important, et comme ces personnes, livrées à la vanité
« et au libertinage, manquent ordinairement à l'obligation de faire
« en temps et lieu les actes que nous venons de mentionner, j'ai
« l'habitude de leur insinuer avec douceur que le moyen le plus
« efficace pour la validité du sacrement, et pour le recevoir avec
« la plus grande utilité, est de commencer par les actes de foi,
« d'espérance, de charité et de contrition. J'ajoute ensuite : Si
« vous le trouvez bon, *nous les ferons ensemble*; répétez donc
« du fond de votre cœur les paroles que je profère : Je crois, ô
« mon Dieu, parce que vous, qui êtes la vérité infaillible, l'avez
« ainsi révélé à la sainte Église, que vous êtes un seul Dieu en
« trois personnes égales, qu'on appelle le Père, le Fils et le Saint-
« Esprit; je crois que le Fils s'est fait homme; qu'il est mort pour
« nous sur la croix; qu'il est ressuscité et monté au ciel, d'où il
« reviendra pour juger tous les hommes, et donner le paradis aux
« bons et les peines de l'enfer aux méchants (1). »

573. Nous ferons remarquer, 1° qu'on doit suivre la méthode
du bienheureux Léonard, toutes les fois que le confesseur soupçonne avec fondement que le pénitent ne sait pas tout ce qu'il est
obligé de savoir (2). Mais s'il juge à propos de l'interroger sur ce

---

(1) *Discorso mistico e morale*, n° 30. — (2) Voyez le tome I. n° 329, etc.

point, il doit le faire bien adroitement, pour ne pas avoir l'air, à ses yeux, de vouloir lui faire le *catéchisme* : ce qui pourrait le déconcerter, et l'éloigner pour longtemps de la confession. D'ailleurs, ceux même des pénitents qui connaissent suffisamment, du moins en substance, les principaux mystères de la foi, seraient souvent embarrassés de répondre catégoriquement aux questions qu'on leur ferait sur les premières vérités de la religion, parce que, ne s'attendant pas à être interrogés, ils se troubleraient facilement.

Nous ferons remarquer, 2° que, « dans un pays catholique où « le culte s'exerce publiquement, où l'on fait sans cesse le signe de « la croix au nom de la sainte Trinité, où le signe auguste de « notre Rédempteur se trouve à l'église, dans les maisons, dans « les champs, souvent avec l'image de Jésus-Christ attaché à la « croix, dans un état propre à exciter l'attention; où l'on célèbre « chaque année la mémoire de la naissance, de la mort et de la « résurrection du Sauveur; où l'image de Marie tenant Jésus entre « ses mains, et d'autres images représentant les diverses circons-« tances de sa vie, sont à chaque instant sous les yeux; il est difficile « qu'on puisse ignorer les grands mystères de la sainte Trinité et de « l'Incarnation de manière à ce que les absolutions qu'on a reçues « soient nulles. On peut certainement les connaître ou les croire, « sans être en état de les énoncer. » Ainsi s'exprime Mgr Devie, évêque de Belley (1).

574. On remarquera, 3° que, pour ce qui regarde les actes de foi, d'espérance et de charité, les fidèles sont obligés, sans doute, d'en faire de temps en temps; mais on ne doit point regarder comme indignes de l'absolution ceux qui négligent d'apprendre les formules de ces actes; elles sont certainement utiles, mais elles ne sont point obligatoires. La récitation du Symbole est *l'acte de foi* par excellence; en disant, *Je crois à la vie éternelle*, on fait un *acte d'espérance*; ces deux versets de l'Oraison dominicale, *que votre nom soit sanctifié, que votre volonté soit faite sur la terre comme au ciel*, renferment un *acte d'amour de Dieu*; comme aussi nous faisons un *acte de contrition*, en priant le Père céleste de *nous pardonner nos offenses, comme nous pardonnons à ceux qui nous ont offensés*. Pour faire des actes de foi, d'espérance, de charité, il n'est pas nécessaire d'en énoncer le motif (2). Il ne saurait donc y avoir de difficulté, pour ce qui regarde l'instruction

---

(1) Rituel du diocèse de Belley, tom. I. part. III. tit. 5. sect. 5. — (2) Voyez ce que nous avons dit sur cette question, au tom. I. n° 334.

nécessaire au pénitent, à l'égard des fidèles qui, tout en ignorant les formules des actes des vertus théologales, savent, *en langue vulgaire*, le *Credo* et le *Pater*, qui est pieusement et habituellement suivi de l'*Ave Maria;* si d'ailleurs ils comprennent passablement l'acte de contrition, c'est-à-dire, s'ils ont quelque notion du péché comme offense de Dieu, et de la nécessité de la pénitence comme réparation du péché.

575. On remarquera, 4° qu'il est des fidèles qui, à raison de leur ignorance et de leur incapacité, réclament une sollicitude et une indulgence particulières de la part du confesseur. On lit dans la *Méthode de Direction*, dite de Besançon : « Il y en a chez qui « cette ignorance (des mystères de la foi, de l'Oraison dominicale, « du Symbole, des commandements de Dieu, des sacrements) est « involontaire, comme dans certaines personnes qui, à raison du « grand âge, ou de la grossièreté, ou des infirmités, ne peuvent « plus rien apprendre ni rien retenir par mémoire. D'autres sont « dans cette même ignorance, parce qu'ils vivent dans une pa- « roisse où le pasteur n'instruit pas, ou instruit mal et sans fruit. » (*Il y a des curés qui prêchent beaucoup, et n'instruisent pas; qui parlent beaucoup, et n'enseignent pas; qui déclament beaucoup, et n'évangélisent pas.*) « Dans ce cas, le pénitent est « plutôt incapable qu'indigne de l'absolution; on doit l'instruire « avant l'absolution, s'il est encore capable d'instruction; mais s'il « en est incapable, le confesseur doit lui faire former (*en l'aidant*) « des actes de foi, d'espérance, de désir de sa fin dernière, d'amour « de Dieu, de contrition de ses péchés, et de ferme propos de n'y « pas retomber. Après cela, on peut l'absoudre s'il n'y a pas « d'autre empêchement; mais il faudra à chaque confession lui « faire renouveler les mêmes actes (1). » « Lorsque, avec tous les ef- « forts que la charité peut faire, dit l'abbé Cocatrix (2), on ne peut « pas venir à bout d'instruire les personnes bornées, si elles joi- « gnent une vie chrétienne à une volonté sincère d'apprendre, c'est « une marque qu'elles ne sont pas intérieurement dépourvues de la « foi, quoiqu'elles ne puissent point la professer sous les formules « ordinaires ; et, d'après cette espérance, on ne doit point les priver « des sacrements. Il en est de même de ceux en qui la décrépitude « de l'âge a produit cette incapacité. » Que de chrétiens, aujour-

---

(1) Méthode de Direction, ch. 7. art. 5. — (2) Rédacteur de l'ouvrage intitulé *la Science du Confesseur, ou Conférences ecclésiastiques sur le sacrement de Pénitence*, par une société de prêtres français réfugiés en Allemagne, part. II. ch. 3. art. 1.

d'hui, qui vivent dans la plus grande ignorance des vérités de la religion ! Cependant, n'en doutons pas, il en est un bon nombre parmi eux qui s'approcheraient volontiers du tribunal de la Pénitence, s'ils n'étaient retenus par la difficulté de savoir comment s'y prendre pour se confesser, ou s'ils espéraient trouver dans un curé un homme de Dieu, qui, à l'exemple du Sauveur, se chargerait de leurs infirmités, et leur faciliterait la confession, en n'exigeant d'eux que ce que le Seigneur exige, que ce dont ils sont, pour le moment, moralement capables.

576. On remarquera, 5° que le pénitent qui n'est pas suffisamment instruit des vérités de la religion, ne peut recevoir l'absolution qu'autant qu'il est dans la disposition d'employer les moyens de s'instruire qui sont à sa portée. Le confesseur pourra même lui prescrire, à titre de pénitence, de lire ou de se faire lire quelque ouvrage sur la doctrine chrétienne, d'assister aux catéchismes ou aux instructions de la paroisse. Si, ayant été averti deux ou trois fois de l'obligation de s'instruire des vérités que tout chrétien doit savoir (1), il négligeait de le faire, il se rendrait par là même indigne de l'absolution. Mais on ne perdra pas de vue qu'un pénitent peut être suffisamment instruit, sans pouvoir cependant rendre compte de sa foi, ou répondre aux questions qui lui seraient faites.

577. Le prêtre qui exerce le ministère pastoral ou le ministère de la réconciliation, le magistrat, l'avocat, le notaire, le médecin, l'apothicaire, qui n'a pas la science compétente, est obligé de travailler à l'acquérir, ou de renoncer à ses fonctions. Mais le confesseur ne peut être que rarement embarrassé sur ce point; car, ordinairement, celui qui n'a pas la science nécessaire à son état, qui n'en connaît pas les règles, ne se confesse guère de ses manquements, il ne s'en aperçoit point; plus on est ignorant, moins on se défie de soi : le caractère de l'ignorance, en morale, étant de s'ignorer elle-même, et de laisser ignorer les fautes dont elle est la cause ou l'occasion. D'ailleurs, un confesseur ne prendra pas sur lui de prononcer, d'une manière absolue, sur l'incapacité d'un homme qui exerce publiquement un emploi, au su et avec le consentement de ses supérieurs.

---

(1) Voyez le tom. I. n°ˢ 329, 330, 331.

## CHAPITRE XIII.

*Des Devoirs du Confesseur envers les malades et les moribonds.*

578. Ici, nous entendons par *malades* ceux qui sont dans un danger de mort probable et prochaine, et par *moribonds* ceux qui se meurent ou qui ont peu de temps à vivre. Or, c'est un devoir strict et rigoureux, devoir de religion, de charité et de justice, pour un curé, un desservant, ou tout autre prêtre qui a charge d'âmes, d'administrer les sacrements aux malades et aux moribonds, à moins qu'ils n'en soient *certainement* indignes. On ne doit pas attendre que le malade appelle le ministre de la religion; on est obligé de le prévenir : le bon pasteur court après la brebis égarée; il n'attend pas qu'elle revienne d'elle-même. « Parochus « imprimis meminisse debet, dit le Rituel romain, non postremas « esse muneris sui partes ægrotantium curam habere. Quare, cum « primum noverit quempiam ex fidelibus curæ suæ commissis « ægrotare, *non exspectabit ut ad eum vocetur*, sed ultro ad illum « accedat, idque non *semel* tantum, sed *sœpius*, quatenus opus « fuerit (1). » Il ne sera point retenu par l'appréhension d'un refus de la part du malade ou de ceux qui l'entourent, ni par la crainte de tout autre désagrément, ni par la considération des désordres ou de l'impiété du mourant : plus sa conduite a été immorale, scandaleuse, impie, plus l'obligation du prêtre est grande, plus il doit être alarmé à la vue du danger où se trouve un de ses frères, un de ses enfants en Jésus-Christ. Sur cent, sur mille pécheurs qui, ayant vécu des années entières dans l'indifférence, l'incrédulité ou le libertinage, ne pensent point à demander les secours de la religion, n'y en eût-il qu'un seul qui dût, dans ses derniers moments, se convertir au Seigneur, à la voix du pasteur, ce serait encore un devoir pour celui-ci de leur offrir à tous son ministère. Or, ce n'est pas un sur mille, un sur cent, sur dix, mais bien le plus grand nombre qui reviennent à Dieu, lorsqu'ils ont le bonheur de tomber entre les mains d'un curé, d'un saint prêtre qui les aime tendrement, et sait *compatir* à leurs *infirmités* spirituelles et corporelles.

(1) De visitatione et cura infirmorum. — Nous trouvons le même avertissement dans les Rituels de Paris, de Besançon, de Périgueux, etc.

579. En apprenant qu'un de ses paroissiens qui ne pratique pas la religion est tombé malade, le curé s'empressera de lui faire une visite; si le danger n'est pas pressant, il se contentera, pour la première fois, de lui témoigner toute la part qu'il prend à sa maladie, et de lui dire, *en le quittant*, qu'il priera Dieu pour sa *guérison* : le malade en sera touché. Si le curé n'est pas admis, il chargera les parents d'être les interprètes de ses sentiments auprès du malade, ajoutant qu'il ne l'oubliera point ; et il aura soin de revenir lui-même, ou d'envoyer quelqu'un de temps en temps, pour s'informer de l'état de son malade : « Si ignotos prorsus homines, si
« sacrorum negligentes, si impietate famosos morbo teneri noverit,
« omni opera conetur parochus, ut illos ad salutem quacumque via
« reducat. Eosdem igitur sive parentum, sive amicorum ope, sive
« alio meliori quo poterit modo prudenter commoneat, ut jam cu-
« ras omnes et cogitationes in suam salutem intendant. Studiose
« et industrie sciscitetur ipse, vel per alios, an melius se habeat
« ægrotus; nec preces, nec ad Deum supplicationes, nec quidquam
« omissum inexpertumve relinquat, donec ipsi ad ægrotum pateat
« aditus : sic bonus pastor errantem ovem quæritet, si forte inven-
« tam humeris ad ovile reportaverit; nec fatigatus unquam, nisi,
« viribus exhaustis, subsistat (1). »

580. Si le danger devient pressant, et que le malade ne parle pas de se confesser, le curé lui dira, ou si, malgré sa demande, il n'est pas admis, il lui fera dire simplement qu'il viendra *tel jour* et *à telle heure*, pour lui demander à quel prêtre il désire s'adresser pour la confession, absolument comme si on le supposait disposé à recevoir les sacrements. On ne doit jamais proposer à quelqu'un de se confesser, sans ajouter en même temps qu'il peut s'adresser à tout prêtre approuvé par l'évêque, ou qu'on le lui permet; et quand il s'agit d'un malade, le curé doit lui offrir de faire venir lui-même le prêtre qu'on lui désignera. Il est des malades qui ne font difficulté de se confesser que parce que, d'un côté, ils éprouvent une répugnance insurmontable à s'adresser à leur curé, et que, de l'autre, ils ne croient pas pouvoir s'adresser à un autre prêtre, ou qu'ils craignent, en le faisant, d'encourir sa disgrâce, en blessant sa susceptibilité. L'expérience vient à l'appui de nos observations. Si, après avoir épuisé tous les moyens que peuvent suggérer la prudence et la charité, le curé ne peut déterminer le malade à se confesser, il aura du moins la consolation d'avoir rempli son

---

(1) Rituel de Paris de l'an 1839, de sacramento Extremæ Unctionis, § 1. n° 3.

devoir ; il ne lui restera plus qu'à adorer en secret la justice de Dieu, qui se manifeste quelquefois, par anticipation, d'une manière bien terrible, sur les pécheurs qui méconnaissent sa miséricorde infinie.

581. Le confesseur doit entendre la confession du malade qui est en état de la faire ; mais il doit l'aider pour éviter de le fatiguer. Si le malade ne peut faire sa confession entière, il faut se contenter de ce qu'il peut déclarer en détail, et lui faire dire qu'il s'accuse en général de tous les péchés qu'il a commis. Le confesseur prononcera lui-même cette confession générale, en disant au malade : Dites avec moi, de tout votre cœur : *Je m'accuse de tous les autres péchés que j'ai commis en pensées, paroles, actions et omissions, contre Dieu, contre le prochain et contre moi-même.* Après quoi, si l'état du malade le permet, on l'excite à la contrition, avant de lui donner l'absolution ; mais, en tout cas, on ne lui parlera pas trop longtemps, sauf à le revoir souvent pendant sa maladie. S'il s'agit d'un malade en danger de mort, que le médecin ou le chirurgien ne peut quitter qu'un instant, d'une femme en travail d'enfant, par exemple, il suffira qu'il s'accuse d'une manière générale ; et le confesseur l'absoudra sans dire les prières qui précèdent la formule de l'absolution, et se contentera d'une onction pour le sacrement des mourants. Il en serait de même pour ce qui regarde la confession, si celui qui doit se confesser était avec un autre malade dans un même lit, ce qui peut arriver quelquefois *conjugibus ægrotantibus, quorum neuter in alterum lectum transferri potest.*

582. Lorsqu'un malade conserve la connaissance, on ne doit l'absoudre qu'autant qu'il donne quelque signe de contrition ; mais, dans le doute, on se déclare en faveur du pénitent ; on ne peut lui refuser l'absolution que dans le cas où il en est certainement indigne : *sacramenta propter homines.* Ainsi, de l'aveu de tous, on doit absoudre le malade qui témoigne de la douleur de ses péchés, quelque doute que l'on ait sur ses dispositions présentes, et quelque préjugé que fournisse contre lui sa vie passée. Cependant, il est certaines choses sur lesquelles le confesseur doit être moins indulgent. Si le malade a commis quelque grand scandale, il faut en exiger la réparation, en présence de deux ou trois personnes au moins. S'il a publié quelques écrits contre la religion, contre l'Église ou ses ministres, ou contre la morale, il faut en exiger la rétractation par écrit, ou de vive voix, en présence de quelques témoins. Dans le cas où, faute d'être suffisamment instruit de ce qui a rapport à la doctrine de l'Église catholique et romaine, il

ne conviendrait pas de ses erreurs, il suffirait qu'il promît de s'en rapporter au jugement du saint-siége. De même, s'il y a une occasion prochaine de péché mortel dont il puisse se séparer actuellement, comme une femme de mauvaise vie demeurant chez lui au scandale de la paroisse, le confesseur en ordonnera la séparation. Mais que fera le confesseur, si le malade n'est marié que civilement? Nous pensons que, s'il n'y a pas d'empêchement *dirimant* de mariage, le curé peut alors donner la bénédiction nuptiale, toutes les fois que les deux parties consentent à la recevoir. La cérémonie se fait en présence de deux témoins. Si le malade refuse la bénédiction nuptiale, on lui refusera l'absolution, à moins qu'il ne déclare, en présence de quelques personnes, vouloir la recevoir à l'église aussitôt qu'il aura recouvré la santé. Dans ce dernier cas, qui n'est guère vraisemblable, on pourrait encore l'absoudre, sans exiger la séparation *quoad tectum* : et toutes les fois qu'on peut absoudre un malade qui est en danger, dans un danger pressant, on est obligé de le faire : il vaut mieux exposer le sacrement à la profanation, que l'homme à la damnation éternelle : *sacramenta propter homines*. Si les parties qui n'ont contracté que devant l'officier civil sont liées par un empêchement *dirimant* de droit *ecclésiastique*, et que le malade, après avoir demandé pardon, en présence de quelques fidèles, du scandale qu'il a commis, promette de faire tout ce qui dépendra de lui pour se conformer aux lois de l'Église, en cas qu'il revienne en santé, on lui donnera l'absolution. On suppose que le danger est urgent; car si l'état du malade permet de recourir à l'Ordinaire, il faut lui écrire le plus promptement possible, afin d'obtenir la dispense, s'il croit pouvoir l'accorder. Enfin, que fera le curé, le confesseur, dans le cas où il s'agit d'un empêchement dont l'Église ne dispense pas, dont elle ne peut dispenser? Exemple : En vertu d'une loi qui permettait le divorce, un homme se sépare de sa femme et convole en secondes noces; et quelque temps après, sa femme légitime vivant encore, il tombe dangereusement malade. Le curé se présente; le malade demande à se confesser, déclare à ceux qui le visitent qu'il se repent du grand scandale qu'il a commis, répète qu'il ne regarde plus sa femme *légale* comme une épouse, qu'il ne veut plus avoir avec elle d'autres relations que celles qu'entraînent les conventions matrimoniales pour la communauté des biens : le danger devient pressant. Peut-on l'absoudre? Nous croyons qu'on le peut, mais à une condition, savoir : qu'il fera, devant les assistants, la promesse de se conformer exactement, s'il survit, à l'*agenda* qui sera donné par l'évêque, concernant la conduite qu'il doit tenir dans cette triste position.

583. Le malade qui s'est rendu coupable de quelque injustice *certaine* et *notoire* ne peut être admis à la participation des sacrements qu'autant qu'il aura, autant que possible, réparé cette injustice, ou qu'il aura pris les mesures nécessaires pour en assurer la réparation : « Non remittitur peccatum, nisi restituatur abla« tum, cum restitui potest. » Il est également tenu de réparer, par tous les moyens possibles, le tort qu'il a fait à son prochain, ou dans sa personne, ou dans sa réputation, ou dans ses biens de fortune, que ce tort soit public ou non. On ne peut l'absoudre, s'il refuse de faire présentement ce qu'il peut faire sans se diffamer; et il faut remarquer que ce ne serait point se diffamer que de remettre une certaine somme ou un billet à un parent, à un ami ou à toute autre personne discrète et digne de confiance, en chargeant ce dépositaire de remettre ou de faire arriver, par voie sûre, ce billet, cette somme à qui de droit. Le confesseur peut, à défaut de tout autre, recevoir ce dépôt; il y est encore obligé, lorsque le malade tient à ce que son confesseur se charge lui-même de cette commission. Mais un confesseur ne consentira jamais à recevoir de son pénitent, malade ou non, un billet qu'il serait obligé lui-même de faire valoir auprès des héritiers de ce pénitent, lors même que la somme du billet serait destinée à réparer une injustice. Si le pénitent n'a pas d'autre moyen de restituer, il est dispensé de le faire pour le moment (1). Un confesseur ne doit point se charger d'une restitution, quand il ne peut la faire sans compromettre son ministère, sans rendre la confession odieuse. « De même, dit M. Joly « de Choin, ancien évêque de Toulon, si le dépôt que veut faire le « malade est pour faire quelque action de *charité* et de *suréro-* « *gation*, soit en faveur des pauvres ou des hôpitaux, ou de quel« que personne particulière non prohibée par la loi, quoique le « confesseur puisse s'en charger sans blesser sa conscience, il n'est « pas toutefois à propos qu'il s'en charge, pour ne pas s'exposer à « tous les inconvénients qui peuvent en arriver (2). »

584. Pour ce qui regarde le malade, le moribond qui est privé de l'usage de ses sens, nous disons, premièrement, que s'il a témoigné le désir de se confesser avant de perdre toute connaissance, on doit l'absoudre. Telle est la pratique généralement suivie dans

---

(1) Voyez le tome I. n° 1036. — (2) Instructions sur le Rituel de Toulon, *du sacrement de Pénitence*, § de la Prudence du Confesseur à l'égard des malades.

l'Église, conformément aux décisions des Papes et des conciles, et aux instructions du Rituel romain : « Quod si inter confitendum, « vel etiam antequam incipiat confiteri, vox et loquela ægro defi- « ciat, nutibus et signis conetur, quoad ejus fieri poterit, peccata « pœnitentis cognoscere : quibus utcumque vel in genere vel in spe- « cie cognitis, vel etiam si confitendi desiderium sive per se sive « per alios ostenderit, absolvendus est (1). » En effet, la manifestation du désir de se confesser est une espèce de confession générale; celui qui, dans ses derniers moments, demande un confesseur, s'accuse implicitement d'avoir péché : *His enim actibus infirmus jam se peccatorem fatetur* (2).

585. Nous disons, secondement, d'après le sentiment le plus commun, qu'il faut également absoudre le moribond qui a vécu chrétiennement, quoique au moment où il a été frappé il n'ait pas témoigné le désir de se confesser : ce désir se présume, et y eût-il du doute si l'absolution est valide, on doit la donner : les sacrements sont pour les hommes, et non les hommes pour les sacrements : *sacramenta propter homines*. Mais alors, ainsi que dans les cas suivants, on doit l'absoudre sous cette condition tacite, *Si tu es dispositus* (3). En sera-t-il de même si, avant l'accident qui le prive de l'usage de ses sens, le moribond a mené une vie peu chrétienne; s'il a donné du scandale; ou si, sans être hostile à la religion, il ne la pratiquait que très-imparfaitement, n'assistant que très-rarement aux offices de l'Église? Nous croyons qu'on doit encore l'absoudre, toujours pour les mêmes raisons : il vaut mieux exposer le sacrement à la nullité, que l'homme à la damnation. Qui sait, en effet, si ce moribond n'a pas donné des marques extérieures de contrition au moment où il a été frappé, sans qu'il se trouvât personne qui pût en rendre témoignage ou qui pût le comprendre? Qui sait même si, dans le moment actuel, les mouvements qu'il fait, ses soupirs, ses plaintes, ne sont point des marques qu'il veut donner de son repentir? On a vu des malades qui, paraissant privés de l'usage de tous leurs sens, entendaient ce qu'on leur disait, sans pouvoir se faire entendre, ni manifester leurs sentiments par aucun signe.

586. Nous disons, troisièmement, qu'on ne devrait pas, suivant le plus grand nombre des théologiens, absoudre un moribond qui a perdu l'usage de raison dans l'acte même du crime, dans le duel,

---

(1) Rituale romanum, de sacramento Pœnitentiæ. — (2) S. Alphonse, lib. VI. n° 480. — (3) Voyez S. Alphonse, Collet, etc.

par exemple, dans l'adultère, dans une injuste agression, ou dans un état d'ivresse. Cependant, il paraît assez probable à saint Alphonse de Liguori qu'on pourrait l'absoudre s'il était catholique. « Hæc sententia satis probabilis mihi est; si enim licite absolvi po-
« test et debet ægrotus sensibus destitutus, qui nullum dederit
« pœnitentiæ signum, si christiane vixerit, eo quod de ipso pru-
« denter præsumi potest, quod in extremo vitæ, si aliquod lucidum
« intervallum habet, velit absolutionem sacramentalem recipere;
« sic etiam potest et debet absolvi (intellige semper sub conditione)
« homo catholicus, *etiamsi in actuali peccato destituatur :* pro
« hoc enim etiam merito præsumi potest, quod ipse in proximo
« periculo suæ damnationis constitutus cupiat omnimodo suæ æter-
« næ saluti consulere. Dixi, *homo catholicus;* nam secus dicendum
« est de hæretico. Hæretici enim, etiam si in eo casu dent signa
« pœnitentiæ, non debent absolvi, nisi expresse absolutionem pe-
« tant; quia tales nunquam prudenter præsumi valent ea signa præ-
« bere in ordine ad confessionem, quam summopere abhorrent (1). »
Nous suivrions ce sentiment dans la pratique; car, pour absoudre un moribond, il suffit qu'on ne fasse aucune injure au sacrement, et qu'il ne soit pas *tout à fait constant* que le moribond est indigne d'absolution. Or, la condition qu'on met au sacrement empêche qu'on ne lui fasse injure, et il n'est pas tout à fait certain que cet homme soit indigne de l'absolution. C'est le raisonnement de Collet (2). D'ailleurs, nous lisons dans les *Instructions pour les Pasteurs*, imprimées en 1817, avec l'autorisation de Mgr l'évêque de Chambéry : « Si le pécheur recevait, *in actu peccati*, un coup
« mortel après lequel il ne donnât point de marque de connaissance,
« presque tous les théologiens disent qu'il ne faut pas l'absoudre.
« Comme cependant les médecins pensent bien qu'un homme peut
« réellement être en vie, et par conséquent user de sa raison encore
« plusieurs heures sans en donner aucun indice, il en est qui doutent.
« Des malades revenus d'une extrémité où ils ne paraissaient avoir
« aucun sentiment, ont dit ensuite que dans cet état ils désiraient
« beaucoup l'absolution, mais qu'ils n'avaient pu le témoigner
« que par des signes qu'on n'apercevait pas. Qui sait si la même
« chose ne peut pas arriver une seule fois au malheureux dont on
« parle? Mais si c'est le cas de dire, *sacramenta propter homines*,

---

(1) Lib. vi. n° 483. — (2) De Pœnitentia, part. ii. cap. 5. art. 4. sect. 3. § 5. conclus. 3.

« c'est aussi bien le cas de dire à haute voix : *Sacramenta damus,*
« *securitatem non damus* (1). »

## CHAPITRE XIV.

*Des Devoirs du Confesseur à l'égard des personnes pieuses et des personnes consacrées à Dieu.*

587. L'obligation pour un curé, pour un prêtre, de confesser et de diriger les personnes pieuses, lui rappelle l'obligation où il est lui-même d'étudier et de pratiquer la piété et la perfection chrétienne. Le confesseur des personnes pieuses doit, avant tout, discerner entre la vraie et la fausse piété, entre une piété superficielle et une piété solide. C'est une illusion de faire consister la piété et la perfection dans le nombre des pratiques extérieures, comme de faire beaucoup de prières, d'être longtemps à l'église, de prendre part à toutes les dévotions, d'entrer dans les confréries, de se confesser et de communier souvent. Ces pratiques sont certainement bonnes et utiles, plusieurs même sont nécessaires pour entretenir et augmenter en nous la piété ; mais elles ne sont, pour ainsi dire, que l'écorce de la vraie dévotion. Les caractères de la piété sont une foi vive, la crainte et l'amour de Dieu, la vigilance sur soi-même, la mortification des sens, l'humilité, la douceur, la résignation, une patience qui supporte tout, la charité qui nous interdit la médisance, la calomnie, et tout sentiment de vengeance. En un mot, on ne peut être pieux sans être parfait chrétien ; et le chrétien parfait est celui qui remplit régulièrement les obligations communes à tous et les devoirs de son état, en y ajoutant la ferveur, cette promptitude à se porter aux choses de Dieu, un désir plus vif et plus efficace de lui plaire en tout, une pratique plus ou moins étendue des conseils évangéliques, suivant la position de chacun.

Toutefois, la piété chrétienne a des degrés : elle commence, se développe, et arrive à la perfection. Encore, étant devenue parfaite, elle n'est pas la même pour tous : *alius sic, alius vero sic,* dit l'Apôtre. De là pour le confesseur la nécessité de suivre pas à pas les pénitents qui pratiquent la piété, d'observer leurs progrès et

(1) Instructions pour les Pasteurs, ou manière d'administrer le sacrement de Pénitence et de gouverner une paroisse ; première partie, ch. 7.

d'étudier les desseins que le Seigneur a sur eux. Dieu ne conduit pas toutes les âmes par la même voie : autre est la voie d'une personne mariée, autre celle d'une personne libre. Celui qui est obligé à un travail continuel pour subsister ne peut faire tout ce que fera celui qui est dans l'aisance. Les obligations d'un séculier ne sont pas les mêmes que celles d'un prêtre, d'un curé, d'un religieux ; ils ne sont pas tous par conséquent appelés au même genre de perfection. Et parmi les religieux, les uns sont appelés à la vie contemplative, les autres à la vie active. Outre cette diversité qui naît de la différence des états et des conditions, il en est une autre qui vient de l'attrait de Dieu, qui n'inspire pas à tous les mêmes dispositions, les mêmes goûts : il appelle les uns à une vie austère, les autres à une vie plus douce et plus proportionnée à la faiblesse humaine. Celui-ci est attiré à la pratique de la pénitence et de la mortification ; celui-là à la pratique des œuvres de charité. Enfin, Dieu, qui est le maître de ses actes comme il l'est de ses dons, en appelant certaines âmes au même genre et au même degré de perfection, peut, dans sa sagesse, diversifier les moyens, les occasions, les épreuves, les obstacles à surmonter, et il est toujours admirable dans ses œuvres et dans ses saints : *mirabilis Deus in sanctis.*

588. Il est important que tout confesseur connaisse plus ou moins, suivant qu'il a plus ou moins de personnes pieuses à diriger, les principaux moyens d'avancer dans la piété et la perfection chrétienne. Ces moyens, tant intérieurs qu'extérieurs, sont : 1° De mettre toute sa confiance en Dieu, et de se défier absolument de soi-même ; de ne pas s'inquiéter après ses fautes, de s'en humilier sur-le-champ, en recourant à Dieu par un acte de contrition et de ferme propos : puis il faut se tranquilliser, quand même on tomberait cent fois le jour, dit saint Alphonse de Liguori (1). 2° D'éviter tout péché de propos délibéré, quelque léger qu'il soit : *Qui spernit modica, paulatim decidet.* 3° De travailler à se détacher de plus en plus des biens du monde, des plaisirs même permis, des amusements les plus innocents. Vanité des vanités ! tout est vanité : « Vanitas vanitatum, et omnia vanitas, præter amare « Deum, et illi soli servire. Ista est summa sapientia, per contemp- « tum mundi, tendere ad cœlestia regna (2). » 4° De fuir les inutilités et les familiarités des personnes de différent sexe, fussent-elles vraiment pieuses. Sous le voile d'affections spirituelles, l'ennemi du salut glisse souvent certaines affections ou petites attaches qui

---

(1) Praxis confessarii, n° 163. — (2) De Imitatione Christi, lib. I. cap. 1.

ne sont pas pures. 5° De se réjouir intérieurement, ou du moins être parfaitement résigné, quand on se voit méprisé. Oh! la belle action que fait une âme qui embrasse les mépris! cette vertu est une des plus précieuses, surtout dans les communautés. Il faut, avec cela, nourrir dans son cœur une affection particulière pour nos ennemis, chercher à leur rendre service, leur faire du bien, les honorer ou du moins en dire le bien qu'on en sait, et les recommander spécialement à Dieu : telle fut la pratique de tous les saints. 6° De désirer ardemment d'aimer Dieu de tout son cœur; de se conformer à sa sainte volonté en tout, principalement en ce qui contrarie nos désirs; d'obéir exactement à la règle, à ses supérieurs, à son directeur spirituel. « *L'obéissance*, dit le père Vincent Caraffe, *est la reine de toutes les vertus; car toutes les vertus obéissent à l'obéissance.* » La parfaite obéissance consiste à faire promptement, ponctuellement, de bonne grâce, les choses qui nous sont commandées, toutes les fois qu'il n'est pas constant qu'elles soient contraires à un ordre supérieur. On ne doit pas faire difficulté de mettre de côté les mortifications, l'oraison, la communion, ou autres exercices de piété, quand l'obéissance nous les interdit, soit directement, soit indirectement. 7° D'avoir constamment la pensée de la présence de Dieu : *tout le mal vient,* disait sainte Thérèse, *de ce que nous ne pensons pas à la présence de Dieu.* 8° De rapporter toutes ses pensées, ses affections, ses désirs, ses paroles, ses actions, ses démarches à Dieu, *in Gloriam Dei*, en pensant, en désirant, en parlant et en agissant toujours dans l'union avec Jésus, *in nomine Jesu*, comme le dit l'Apôtre, de manière à vivre constamment avec Jésus et de la vie de Jésus : *Vivo autem, jam non ego; vivit vero in me Christus* (1). 9° D'avoir une dévotion particulière à saint Joseph, à son ange gardien, à son saint patron, mais surtout à la sainte Vierge, que l'Église appelle notre vie, notre espérance. « Il est moralement impossible, « dit saint Alphonse, qu'une âme fasse de grands progrès dans la « perfection, sans une dévotion tendre et toute spéciale envers la « Mère de Dieu (2). » 10° De faire, autant que possible, un jour de retraite chaque mois, et une retraite de plusieurs jours chaque année.

589. A ces moyens, qui nous donnent une juste idée de la piété et de la perfection chrétienne, il faut ajouter l'oraison mentale, la mortification et la fréquentation des sacrements. Sans ces trois

---

(1) **Galat. c. 2. v. 20.** — (2) **Praxis confessarii**, n° 171.

derniers moyens, les premiers sont impuissants et ne se soutiennent pas longtemps. Ainsi donc, lorsque le confesseur voit une âme qui a horreur du péché mortel, et annonce des dispositions particulières pour la piété, il doit l'engager à mettre en pratique l'oraison mentale, l'esprit de mortification et la fréquente communion.

Premièrement, il doit l'engager à faire l'oraison mentale, c'est-à-dire, à consacrer chaque jour quelques moments à la méditation des vérités éternelles et des obligations du chrétien. Quoique la méditation ne soit pas nécessaire au salut comme la prière, elle l'est cependant, jusqu'à un certain point, pour se conserver dans la grâce de Dieu, ou du moins pour avancer dans la piété et la perfection. C'est l'oubli des vérités de la religion qui souille la terre de crimes et peuple l'enfer : « Desolatione desolata est omnis terra, « quia nullus est qui recogitet corde (1). » Au contraire, celui qui pense souvent et sérieusement à la mort, au jugement de Dieu, à l'éternité, ne tombera pas dans le péché : « Memorare novissima « tua, et in æternum non peccabis (2). » Si on demandait aux réprouvés : Pourquoi êtes-vous dans l'enfer ? Nous sommes en enfer, répondraient-ils, parce que, étant sur la terre, nous n'avons pas pensé à l'enfer. L'âme qui abandonne l'oraison, dit sainte Thérèse, n'a pas besoin du démon pour se damner, elle se place de ses propres mains dans l'enfer. « O Dieu ! s'écrie saint Alphonse, que de bien « pourraient faire les confesseurs, s'ils étaient un peu soigneux à « cet égard ? Mais quel compte n'ont-ils pas à rendre à Dieu s'ils ne « le font pas, puisqu'ils sont obligés de faire tous leurs efforts pour « procurer l'avancement spirituel de leurs pénitents ! Combien « d'âmes ils pourraient mettre dans le chemin de la perfection, et « préserver des rechutes dans le péché mortel, s'ils avaient l'atten-« tion de les initier à l'oraison, et de leur demander, au moins au « commencement de leur vie spirituelle, si elles l'ont faite ou non ! « Lorsqu'une âme est affermie dans l'oraison, il est rare qu'elle s'é-« loigne de Dieu : c'est pourquoi vous ne devez pas conseiller l'orai-« son seulement aux personnes craignant Dieu, mais encore aux « pécheurs. Pourquoi retournent-ils à leurs vomissements ? C'est ordi-« nairement parce qu'ils ne réfléchissent pas (3). » Le pénitent vous dira peut-être qu'il n'a ni le temps ni le lieu convenable. Ne vous arrêtez point à cette difficulté ; dites-lui de faire oraison tous les jours, ou dans la matinée, ou dans l'après-midi, lorsqu'il est plus

---

(1) Jerem. c. 12. v. 11. — (2) Eccli. c. 7. v. 40. — (3) Praxis confessarii, n° 124.

tranquille, à l'église ou à la maison, ou dans les champs. Bien plus on peut méditer en marchant ou en travaillant ; il suffit de tenir son esprit élevé à Dieu. Celui qui cherche Dieu le trouve en tout lieu et en tout temps (1). Quant à la durée de l'oraison, c'est à la prudence du confesseur de la déterminer : il est certain qu'une demi-heure ne suffit pas pour arriver à un degré sublime de perfection ; mais ce temps suffit pour les personnes qui commencent (2). On peut même utilement initier un pénitent à l'oraison, en ne lui demandant d'abord que dix, quinze ou vingt minutes de méditation.

590. C'est un devoir pour le confesseur d'entretenir les âmes pieuses dans la pratique de l'oraison, et de les soutenir contre le découragement. Le Seigneur a coutume d'attirer l'âme qui vient de se donner à lui par des lumières spéciales, des larmes et des consolations sensibles ; mais, quelque temps après, il en ferme la source, afin de l'élever à une plus grande perfection, en la détachant de ces douceurs sensibles dans lesquelles il se glisse facilement quelque imperfection et quelque retour d'amour-propre. Sans doute les consolations, les attraits surnaturels sont des dons de Dieu, mais ils ne sont pas Dieu lui-même : ainsi, pour détacher une âme de ses dons, et la forcer en quelque sorte d'aimer d'un amour plus pur celui qui en est l'auteur, il permet qu'elle ne trouve plus dans l'oraison ses anciennes jouissances, mais du dégoût, des aridités, des peines, et quelquefois des tentations. Ayez le plus grand soin de relever le courage de cette âme affligée, de peur qu'elle n'abandonne l'oraison et les communions qu'elle a coutume de faire. Rappelez-lui ce que disait saint François de Sales, qu'une once d'oraison faite au milieu de la désolation pèse plus devant Dieu que cent livres faites au milieu des consolations. En effet, ajoute saint Alphonse, celui qui aime Dieu pour les consolations, aime plus les consolations de Dieu que Dieu lui-même (3).

591. Souvent le Seigneur éprouve d'une manière particulière les âmes plus avancées dans le chemin de la perfection. Il leur semble que Dieu les abandonne ; les exercices de piété, les communions, les mortifications, ne servent qu'à les affliger davantage, parce que, les faisant avec la plus grande peine et le plus grand dégoût, elles se croient plus coupables devant Dieu ; quelquefois même il leur semble qu'elles ont de la haine pour Dieu, que Dieu les a réprouvées, et qu'il commence, dès cette vie, à leur faire

---

(1) Voyez *Praxis confessarii*, n° 125. — (2) S. Alphonse, ibidem. — (3) Ibidem.

sentir les peines de l'enfer, en les abandonnant. De là des tentations même de blasphème, d'incrédulité, et surtout de désespoir. Un confesseur éclairé qui rencontre une âme dans cet état ne paraîtra point embarrassé; il l'exhortera fortement à ne rien craindre, et à mettre plus que jamais sa confiance en Dieu. Dites-lui que personne ne perd Dieu sans savoir qu'il le perd. Dites-lui que toutes ces tentations de blasphème, d'incrédulité, d'impureté et de désespoir, ne sont pas des consentements, mais des peines qui, étant supportées avec résignation, rendent plus intime son union avec Dieu. Dites-lui que Dieu ne saurait haïr une âme qui l'aime et qui a bonne volonté; que c'est ainsi qu'il traite les âmes les plus chères à son cœur. « C'est par les aridités et les tentations, dit « sainte Thérèse, que le Seigneur éprouve ses amis. Quand la sé- « cheresse durerait toute la vie, l'âme ne doit pas abandonner l'o- « raison : le temps viendra où tout sera payé. » Exhortez-la donc à espérer fermement de grandes choses, puisque Dieu la conduit par la voie la plus sûre, la voie de la croix. Et, en attendant, recommandez-lui bien, premièrement, de s'humilier et de se reconnaître digne d'un pareil traitement à cause de ses infidélités passées; secondement, de se résigner entièrement à la volonté de Dieu, s'offrant à souffrir ces peines, et même de plus grandes, selon qu'il lui plaira; troisièmement, de s'abandonner, comme si elle était morte, entre les bras de la bonté divine, et à la protection de Marie, que l'Église appelle la *mère de la miséricorde et la consolatrice des affligés* (1).

592. On rencontre quelquefois, mais bien rarement, dans l'état religieux, et même dans le monde, des âmes privilégiées qui ont obtenu le don de *contemplation*, et éprouvent les effets extraordinaires qui en sont la suite. Il faut au confesseur autant de prudence que de lumières, pour discerner dans ces âmes ce qui vient de Dieu et ce qui n'en vient pas. L'esprit de ténèbres sait se transformer en esprit de lumières pour nous inspirer de l'orgueil et nous perdre. On remarque d'ailleurs des personnes qui confondent les inspirations subites avec les révélations proprement dites, certaines affections nerveuses avec les ravissements, les songes pieux avec les visions surnaturelles. Mais si on ne doit pas croire tout ce qu'on entend dire des extases, des visions et révélations, il serait certainement téméraire de les rejeter toutes sans examen. Le bras

---

(1) S. Alphonse de Liguori, *Praxis confessarii*, n° 130; voyez aussi le *Manuel des Confesseurs*, par M. l'abbé Gaume, tom. II. n° 249, etc.

de Dieu n'est point raccourci; il n'a pas entièrement retiré de son Église les dons visibles qui ont illustré les premiers temps du christianisme. Il faut qu'un confesseur observe les règles tracées par l'Apôtre : « Nolite omni spiritui credere; sed probate spiritus si ex « Deo sint (1). Spiritum nolite extinguere. Prophetias nolite sper- « nere. Omnia autem probate : quod bonum est tenete (2). » Ainsi, dans la pratique, lorsqu'un pénitent parle d'effets extraordinaires, le confesseur doit avoir égard à la nature des faits, à l'impression qu'ils font sur le pénitent; à l'âge, à la qualité, à l'instruction, au caractère et au tempérament de ce pénitent. Il y a telles personnes dont les rapports ne méritent aucune confiance : nous voulons parler des personnes d'un esprit étroit et borné, qui voient partout du merveilleux; de celles qui n'ont qu'une piété assez commune, qui peut-être même ont à peine le suffisant pour être comptées parmi les personnes pieuses : généralement, Dieu ne favorise de grâces privilégiées et n'éprouve par des voies extraordinaires que ceux qu'il a élevés à un haut degré de perfection, ou qui sont visiblement dans la voie pour y arriver. C'est pourquoi on doit regarder comme des illusions les prétendues extases ou visions, qui n'ont point d'autre résultat, pour le pénitent, que de lui inspirer des sentiments de vanité, d'orgueil ou d'insubordination. Il en est de même des visions que croient avoir certaines personnes d'une imagination malade ou exaltée; de celles qui sont sujettes aux vapeurs, aux affections hypocondriaques et hystériques. Mais il est des pénitents d'un esprit calme et tranquille, qui demandent plus de ménagement dans le cas dont il s'agit. Si celui qui se confesse croit avoir eu une vision en songe, s'il en est fortement persuadé, quoique le fait puisse être réel, comme nous le voyons dans l'Écriture sainte, cette possibilité du surnaturel n'empêchera pas le confesseur de lui dire qu'il ne faut pas croire aux songes; mais il n'entreprendra pas de dissuader ce pénitent, n'ayant pas de preuves convaincantes à faire valoir contre lui. Il n'y a pas d'inconvénient à le laisser dans la bonne foi, si d'ailleurs il n'abuse pas de cette vision fausse ou réelle. Il tiendra la même conduite toutes les fois que les effets extraordinaires que le pénitent croira avoir éprouvés ne sont pas évidemment surnaturels, ayant soin de le prémunir contre tout sentiment d'amour-propre, de lui inspirer la défiance de soi-même, l'esprit d'humilité et d'obéissance. Nous lisons dans saint Alphonse : « Si le confesseur voit évidemment que les visions ne sont que l'ef-

---

(1) Joan. I. epist. c. 4. v. 1. — (2) I. Thessal. c. 5. v. 19, 20 et 21.

« fet de l'imagination ou l'œuvre de l'ennemi, soit parce qu'elles
« affaiblissent dans l'âme l'obéissance, l'humilité ou les autres
« vertus, alors il doit le déclarer sans détour au pénitent. S'il n'en
« sait rien ou s'il doute, il ne doit pas dire qu'elles sont diaboliques
« ou imaginaires, comme quelques-uns qui se montrent trop incré-
« dules, tandis que d'autres, trop crédules, les prennent pour vraies.
« Vous devez dire à votre pénitent de demander à Dieu qu'il le
« retire d'une voie aussi périlleuse, protestant qu'il ne veut le con-
« naître ici-bas que par la foi. Du reste, insinuez-lui de retirer de
« ses visions, vraies ou fausses, un fruit certain, c'est-à-dire, d'être
« plus fidèle à Dieu. De cette sorte, le démon en eût-il été l'auteur,
« le pénitent n'aura pas été victime de ses illusions (1). » Ne l'ou-
blions pas, les voies extraordinaires sont bien rares : « Que les âmes
« ne se rassurent pas, dit sainte Thérèse, sur les visions et les ré-
« vélations particulières, et n'y fassent pas consister la perfection.
« Sans doute il en est de vraies, mais beaucoup sont fausses et
« trompeuses : or, il est difficile de distinguer une vérité parmi de
« nombreux mensonges. Plus on les recherche, plus on les estime,
« plus aussi on s'éloigne de la voie établie de Dieu, comme la plus
« sûre, la voie de la foi et de l'humilité (2). »

593. La mortification, tant intérieure qu'extérieure, est, comme l'oraison, nécessaire pour avancer dans la piété, la perfection chrétienne : c'est donc un devoir pour le confesseur de former ses pénitents à l'esprit de mortification ; mais il doit être discret et réservé. Lorsque les âmes commencent à se donner à Dieu, dans un premier moment de ferveur, elles voudraient se livrer aux plus grandes macérations. On doit les modérer : car le moment de la sécheresse arrivant, comme il arrive d'ordinaire, il est dangereux que l'âme, privée de la ferveur sensible, laisse aussi toutes les mortifications, et que, tombant dans le découragement, elle quitte l'oraison et même la piété, comme des choses qui ne sont pas faites pour elle, et qu'ainsi elle perde tout. Quelquefois aussi cette ferveur conduit les personnes qui commencent à des indiscrétions qui les font tomber malades : alors, pour se guérir, elles abandonnent tous leurs exercices de piété, au grand danger de ne pas les reprendre. Il faut se montrer difficile, surtout quand il s'agit d'un pénitent qui veut retrancher une partie du sommeil qui lui est nécessaire. Lorsqu'on n'a pas assez de sommeil, la tête souffre, et,

---

(1) Praxis confessarii, n° 140. — (2) Voyez S. Alphonse, *Praxis confessarii*, n° 144.

la tête souffrant, on est incapable de faire sa méditation et ses autres exercices de piété. Le premier soin du confesseur sera donc d'affermir dans la vie spirituelle les personnes qui s'adonnent à la piété : ensuite, suivant leur condition, leur santé et leur ferveur, il leur permettra quelques mortifications corporelles. Mais il ne fera, ni comme certains directeurs qui semblent faire consister la perfection dans les jeûnes et dans l'usage des macérations, ni comme ceux qui semblent rejeter les mortifications extérieures comme inutiles à l'avancement spirituel. Les mortifications corporelles aident à la mortification intérieure ; elles sont jusqu'à un certain point nécessaires, quand on peut prudemment les pratiquer, pour réprimer les passions, la concupiscence et la sensualité. Aussi tous les saints en ont pratiqué, les uns plus, les autres moins. Il est bien vrai qu'on doit tenir principalement à la mortification intérieure, sans laquelle seraient inutiles et les haires et les cilices. Mais ne permettre jamais aucune mortification corporelle, ce serait une erreur, ou méconnaître les règles de la vie spirituelle. Toutefois, « ordinairement parlant, tenez pour règle générale de n'accorder « les mortifications extérieures qu'autant qu'on vous les demandera ; « car elles servent de peu, si on ne les pratique avec une grande « ferveur; et en les donnant, accordez toujours moins qu'on ne « vous demande (1). »

594. Les mortifications les plus utiles et les moins dangereuses sont les mortifications *négatives* ou *privatives*. L'obéissance même, ordinairement parlant, n'est pas nécessaire pour les exercer. En voici quelques-unes : se priver de voir ou d'entendre des choses curieuses, parler peu, se contenter des mets qui ne sont pas de notre goût, ou mal assaisonnés, s'éloigner du feu pendant l'hiver, choisir les choses les plus viles, se réjouir quand il manque quelque chose même nécessaire ; c'est en cela que consiste la vertu de pauvreté, suivant ce mot de saint Bernard : « *Virtus paupertatis non « est paupertas, sed amor paupertatis.* » Ne pas se plaindre des incommodités de la saison, des mépris, des contradictions, des persécutions, des peines ou des infirmités. Croire que Dieu admet à son amitié les personnes amies de leurs aises, c'est folie, dit sainte Thérèse (2).

595. Enfin, la fréquentation des sacrements de Pénitence et

---

(1) S. Alphonse, *Praxis confessarii*, n° 146. — Voyez aussi l'Introduction à la Vie dévote, par S. François de Sales, part. III, ch. 263. — (2) S. Alphonse, *ibidem*.

d'Eucharistie est nécessaire pour avancer et se soutenir dans la piété. Pour ce qui regarde la confession des personnes pieuses, nous ferons remarquer, 1° que si une personne ne se confesse que de fautes vénielles, sans douleur de les avoir commises et sans propos de s'en corriger, elle ne peut recevoir le sacrement. L'absolution serait nulle et même sacrilége, si le pénitent s'apercevait qu'il manque de contrition, ou si, tout en croyant avoir la contrition, il ne l'avait pas, par suite d'une négligence mortelle. Il n'en serait pas de même s'il se confesse, avec les dispositions requises, d'une des fautes vénielles qu'il a commises ; car un péché véniel pouvant être remis sans que les autres le soient, offre alors une matière suffisante au sacrement. 2° Que le confesseur ne doit pas généralement s'inquiéter au sujet de la contrition d'une personne qui fréquente les sacrements et n'accuse que des péchés véniels, si d'ailleurs il la croit vraiment pieuse. 3° Que quand les personnes qui vivent dans une continuelle crainte de Dieu se plaignent de n'avoir pas de contrition, cela ne vient que de ce qu'elles voudraient sentir la contrition, et c'est une marque assurée qu'elles l'ont en effet. 4° Que si le pénitent qui ne s'accuse habituellement que de fautes légères montre une affection volontaire et bien prononcée pour un péché véniel, ce qui peut se reconnaître par les fréquentes rechutes dans le même péché, il est à propos de lui différer quelque temps l'absolution, lorsqu'il s'agit d'une faute notable parmi les fautes vénielles, ou même de toute autre faute, si on a d'ailleurs lieu de croire que le délai de l'absolution sera utile au pénitent. 5° Que si une personne qui se confesse fréquemment, une ou deux fois par semaine, n'accuse que de simples imperfections ou des fautes douteuses, le confesseur n'est pas obligé de se tourmenter pour trouver une matière certaine, afin de pouvoir lui donner l'absolution ; car il n'est pas nécessaire de l'absoudre pour l'envoyer à la sainte table. Au reste, dans le doute s'il y a matière sacramentelle ou non dans la confession, le confesseur peut se procurer une matière certaine, en faisant déclarer au pénitent une faute passée mortelle ou vénielle. 6° Qu'il est de la prudence du confesseur d'avertir les personnes de piété de s'accuser toujours de quelques péchés de leur vie passée, en terminant ainsi chaque confession : *Je m'accuse de nouveau des péchés dont je me suis rendu coupable contre la charité, ou contre la chasteté, ou contre telle ou telle vertu.* Il n'est pas nécessaire d'entrer dans le détail. Il est bon aussi de les avertir de se rappeler, d'une manière générale, les principales fautes qu'elles ont eu à se reprocher autrefois, lorsqu'elles se prépareront pour la confession, afin de pouvoir, par ce moyen, s'exciter plus facilement à la contrition. 7° Que le confesseur doit tendre à abréger les confessions des personnes pieuses sur les points dont le détail ne conduit à rien, en les amenant, autant qu'il est en lui, à ne dire que ce qui est nécessaire ou utile. Le confesseur lui-même doit être court, surtout avec les personnes de différent sexe.

596. Quant à la **sainte** communion, elle sera plus ou moins fréquente, suivant les **dispositions** plus ou moins parfaites du pénitent. Il faut être plus parfait pour communier tous les jours ou à peu près tous les jours, que pour communier une fois par semaine (1). Toutefois, il n'est pas nécessaire, pour communier tous les jours ou à peu près tous les jours, d'être exempt d'imperfections. Si cela était, quel est le prêtre qui osât dire la messe tous les jours? Il suffit de faire habituellement l'oraison mentale, de désirer d'avancer dans l'amour de Dieu, et d'être détaché de toute affection au péché véniel; ce qui a lieu lorsqu'on ne commet aucun péché, quelque léger qu'il soit, de propos délibéré. Il n'est pas nécessaire non plus, pour communier aussi fréquemment, d'éprouver, une dévotion sensible, ni pendant, ni même après la communion. « Licet tepide, dit saint Bonaventure, tamen « confidens de misericordia Dei fiducialiter accedas; quia qui se in« dignum reputat, cogitet quod tanto magis eget medico, quanto « senserit se ægrotum; neque ideo quæris te jungere Christo, ut « tu eum sanctifices, sed ut tu sanctificeris ab illo. » Puis il ajoute : « Neque prætermittenda est sancta communio, si quandoque non « sentit homo specialem devotionem, cum se ad illam præparare « studeat, vel in ipsa perceptione vel post forte minus devotus se « sentit quam vellet (2). » Nous lisons aussi dans l'*Introduction à la vie dévote*, par saint François de Sales : « Si on vous demande « pourquoi vous communiez si souvent, dites que deux sortes de « personnes ont besoin de communier souvent, les parfaits et les « imparfaits : les parfaits, afin de se conserver dans la perfection, « et les imparfaits, afin de pouvoir justement prétendre à la per« fection; les forts, afin qu'ils ne deviennent pas faibles, et les fai« bles, afin qu'ils deviennent forts; les malades, afin d'être guéris; « et les sains, afin de ne pas devenir malades. Pour vous, comme « étant imparfaite, inférieure et faible, vous avez besoin de com« munier souvent. Dites que ceux qui ne sont point engagés dans

---

(1) Voyez ci-dessus, les n°s 254, 255. — (2) De Profectu religios. cap. 78.

« les affaires du monde doivent communier souvent, parce qu'ils
« en ont la facilité, et ceux qui ont des affaires, parce qu'ils ont
« besoin de la communion. » Cependant, si le confesseur s'aperçoit
que le pénitent ne profite pas de la fréquente communion, qu'il
ne se corrige pas des fautes vénielles, qu'il s'y laisse aller volontairement et de propos délibéré, il faudrait lui restreindre l'usage de
la communion, ne fût-ce que pour le rendre plus vigilant, et ranimer en lui la crainte de Dieu. Il en serait autrement, si, ne retombant que par fragilité, il s'humiliait à la vue de son indignité, et
désirait de puiser dans la communion les forces dont il a besoin
pour se vaincre et se corriger de ses imperfections (1).

597. Ce que nous avons dit des personnes avancées dans la piété
et la perfection chrétienne s'applique, généralement, à la direction des personnes de l'un et de l'autre sexe qui ont embrassé la
vie religieuse, de celles qui se sont consacrées à Dieu pour soigner
les malades ou suivre l'éducation de la jeunesse, ainsi qu'à la direction des ecclésiastiques qui sont appelés à un plus haut degré de
sainteté que les simples fidèles. Aussi le prêtre qui est désigné pour
entendre la confession des religieuses doit se bien pénétrer de l'esprit de leurs règles, afin de les faire observer en tout. Il lui faut de
plus une étude, une connaissance particulière de la vie monastique ou religieuse. Il est nécessaire aussi que celui qui confesse et
dirige quelques ecclésiastiques soit pénétré lui-même de la sainteté
que le Seigneur exige de ses ministres. En tout cas, ce confesseur
n'oubliera pas qu'il doit tout peser au poids du sanctuaire, et qu'il
ne peut, quand il s'agit du refus ou du délai de l'absolution, s'écarter des règles que nous avons exposées plus haut.

# CHAPITRE XV.

*Des Devoirs du Confesseur envers les Scrupuleux.*

598. Le scrupule est une appréhension mal fondée, une vaine
frayeur, une crainte outrée qu'il n'y ait du péché où réellement il
n'y en a point. Cette crainte trouble le repos de l'âme et la remplit
d'inquiétude ; c'est une maladie cruelle, quelquefois opiniâtre, qui
demande de la part du confesseur une charité et une patience à
toute épreuve. Une âme scrupuleuse qu'on ne voudrait pas enten-

---

(1) Voyez S. Alphonse, *Praxis confessarii*, n° 149, etc.

dre, qui ne pourrait trouver un confesseur compatissant, ne tarderait pas à perdre la tête, peut-être la vie même, ou à se livrer aux plus grands désordres. Les symptômes de cette maladie peuvent se réduire à quatre principaux : 1° Changer sans cesse de sentiment sur la plus légère apparence, jugeant tantôt permis et tantôt illicite ce qu'on va faire ou ce qu'on a fait. 2° Se repaître souvent de réflexions minutieuses et même extravagantes sur les plus légères circonstances de ses actions. 3° Consulter beaucoup, et ne s'en rapporter cependant qu'à soi-même. 4° Enfin, agir avec une certaine anxiété qui trouble l'esprit, paralyse en quelque sorte les facultés de l'âme.

Les scrupules viennent quelquefois de Dieu ; non qu'il soit l'auteur de nos illusions, mais il nous prive des lumières qui les dissiperaient, ou pour nous punir de certaines fautes, ou pour nous humilier. D'autres fois, ils viennent du propre fonds de l'homme, c'est-à-dire, d'un naturel disposé au doute et à la crainte, ou d'une imagination vive et féconde en difficultés, ou d'une légèreté de l'esprit qui change facilement d'opinions, ou d'un esprit étroit qui ne saisit une idée qu'à demi, que d'un seul côté, quoiqu'il la saisisse vivement ; ce qui l'empêche de faire un juste discernement entre le bien et le mal. Ils peuvent aussi venir du démon, qui, désespérant de pouvoir faire tomber une âme dans le péché, cherche à la troubler, afin de l'empêcher de faire le bien, et de la jeter dans le découragement.

599. Les docteurs assignent beaucoup de règles pour la conduite des scrupuleux, des règles générales et des règles particulières ; mais, comme le dit saint Alphonse, ce n'est point, ordinairement parlant, par des règles particulières qu'il faut conduire les scrupuleux. Avec des règles particulières, ils ne peuvent jamais se décider ; ils sont toujours dans le doute si telle ou telle règle particulière est applicable au cas actuel, qui leur paraît toujours différent du cas supposé par le confesseur (1). Or, continue le même docteur, après la prière, le meilleur, et on peut dire l'unique remède contre les scrupules, c'est d'obéir en tout à son confesseur, de suivre aveuglément ses conseils, ses avis et ses ordres. Le confesseur s'efforcera donc d'inculquer au scrupuleux deux maximes fondamentales : la première, qu'il obéisse à son père spirituel, toutes les fois qu'il n'y a pas évidemment péché. En effet, ce n'est pas à l'homme qu'il obéit, mais à Dieu lui-même, qui a dit : *Qui vos*

---

(1) Theol. moral. lib. I. n° 14 ; et Praxis confessarii, n° 96.

*audit me audit.* Telle est la doctrine de tous les théologiens, et de tous les maîtres de la vie spirituelle, appuyés sur l'autorité de saint Bernard, de saint Antonin, de saint François de Sales, de saint Philippe de Néri, de saint Jean de la Croix, de saint Ignace de Loyola, du bienheureux Denis le Chartreux, du bienheureux Humbert, du grand Gerson, et autres docteurs. La seconde, que son plus grand scrupule doit être de ne pas obéir, à cause du grand danger auquel il s'expose de perdre la paix, la dévotion, la piété, la crainte de Dieu, et peut-être la raison, la santé, et même son âme. Les scrupules peuvent venir au point de le réduire à se donner la mort par désespoir, comme il est arrivé à plusieurs, ou à s'abandonner au torrent du vice. De plus, faites entendre au scrupuleux qu'avec Dieu il ne faut pas compter la plume à la main. Le Seigneur veut pour notre plus grand bien que nous vivions dans l'incertitude de notre salut. Ainsi, lorsque nous faisons ce qui nous est moralement possible pour ne pas l'offenser, nous devons compter sur sa miséricorde, et, tout en reconnaissant que nous ne pouvons nous sauver sans le secours de sa grâce, nous devons toujours la lui demander avec persévérance, confiance et tranquillité. « Le « meilleur, disait saint François de Sales, c'est de marcher à l'a- « veugle sous la conduite de la divine Providence parmi les ténèbres « et les perplexités de cette vie. Il faut se contenter de savoir de son « père spirituel qu'on marche bien, sans chercher à le voir. On ne « s'est jamais perdu en obéissant (1). »

600. Ensuite, le confesseur aura soin : 1° De parler souvent au scrupuleux de la grande confiance que nous devons avoir en Jésus-Christ, mort pour nous sauver, et en sa très-sainte Mère, qu'on n'invoque jamais en vain. 2° De lui interdire la lecture des ouvrages propres à réveiller le scrupule; de l'éloigner des sermons où l'on traite des vérités terribles, de la mort, des jugements de Dieu, de l'enfer, de l'éternité; de le détourner de la conversation des personnes scrupuleuses; de lui défendre de s'examiner sur les choses qui lui donnent des scrupules. 3° Si le scrupule consiste dans la crainte d'avoir consenti à de mauvaises pensées, par exemple, à des pensées contre la foi, la pureté ou la charité, on lui dira hardiment que ces pensées ne sont que des tentations et des peines, qu'il n'y a ni consentement ni péché; qu'il ne doit s'en accuser que lorsqu'il peut affirmer par serment y avoir consenti (2). 4° Si le

---

(1) S. Alphonse, *Praxis confessarii*, n° 95. — (2) Theol. moral. lib. I. n° 14; et Praxis confessarii, n° 96.

scrupuleux se tourmente sur les confessions précédentes, s'il craint de n'avoir pas suffisamment expliqué tous ses péchés, d'avoir omis certaines circonstances, ou de n'avoir pas eu la contrition nécessaire, on ne lui permettra pas de revenir sur le passé, à moins qu'il ne soit certain d'avoir omis en confession un péché certainement mortel, ou une circonstance qui en change l'espèce en matière grave. Dans le cas même où il aurait oublié par inadvertance quelque faute mortelle, s'il n'en est pas assuré comme d'une chose qu'il pourrait affirmer par serment, il serait dispensé de l'intégrité de la confession, dont un inconvénient moins grave peut nous exempter (1). « Sur ce point, soyez ferme, ajoute saint Alphonse, à vous
« faire obéir ; si le pénitent n'obéit pas, reprenez-le fortement,
« ôtez-lui la communion, et mortifiez-le le plus que vous pourrez.
« Les scrupuleux doivent ordinairement être traités avec douceur ;
« mais sur l'article de la soumission, il faut les mener rudement,
« *magnus rigor est adhibendus* ; car s'ils perdent l'ancre de l'o-
« béissance, ils feront naufrage : ou ils deviendront fous, ou ils se
« précipiteront dans le désordre (2). » Cependant, pour prévenir ou pour ne pas hâter ce malheur, nous réclamons la patience, la bonté, la charité du confesseur, à l'égard de certains scrupuleux dont les organes sont si fatigués, l'esprit si faible, qu'ils n'ont plus la force d'obéir dans le cas dont il s'agit, de suivre un traitement aussi sévère que celui qui nous est indiqué par saint Alphonse. Nous pensons que, pour ne pas les briser ou les jeter dans le désespoir, on doit *compatir à leur infirmité*, et leur accorder quelque chose, en cédant à leurs scrupules pour un certain temps ; c'est imiter le médecin qui, sur les instances de son malade, lui laisse prendre un remède inutile, et peut-être même plus ou moins nuisible, lorsqu'il craint avec fondement que le refus de ce remède ne lui occasionne une crise mortelle.

601. Pour ce qui regarde les scrupules qu'on éprouve à l'occasion des prières, le moyen de s'en défaire est de s'abstenir absolument de répéter celles qu'on a faites, de quelque obligation qu'elles soient. Le confesseur tiendra donc à ce que le pénitent ne répète jamais aucune prière ; car après une répétition l'on n'est pas plus en repos. Cette répétition ne rend pas plus attentif : la mauvaise habitude de répéter nous porte à le faire sans cesse ; et on devient distrait à force de vouloir prier sans distraction. Si, à l'occasion du Bréviaire, le scrupuleux est fatigué de l'idée

---

(1) Voyez, ci-dessus, le n° 431, etc. — (2) **Praxis confessarii**, n° 97.

de l'obligation, le confesseur lui dira de le réciter, comme s'il n'y était pas obligé, et si cela ne suffit pas pour le tranquilliser, on aura recours à l'évêque pour faire lever l'obligation. Celui-ci répondra au confesseur qu'il dispense absolument le pénitent de la récitation de l'office divin pour tout le temps que dureront les scrupules.

602. Il est des personnes qui craignent de pécher dans toutes leurs actions. Il faut recommander aux scrupuleux de ce caractère d'agir librement et de passer hardiment par-dessus leurs scrupules; on doit même les y obliger, pour tous les cas où ils ne voient pas évidemment que leur action est mauvaise. Peu importe qu'ils agissent avec la crainte actuelle, c'est-à-dire, sans déposer leur scrupule, ce qu'on ne doit presque jamais attendre des scrupuleux; une semblable crainte n'est point un véritable dictamen de la conscience, ni un doute pratique. Non, ce n'est pas agir contre sa conscience que de vaincre ou de mépriser un scrupule, une crainte mal fondée. « Mille scrupules s'élèvent dans quelques per-
« sonnes, qui aboient comme des chiens, menaçant de déchirer
« ceux qui marchent par la voie des commandements de Dieu :
« nous ne pouvons mieux les réprimer et les étouffer qu'en les mé-
« prisant. » C'est la pensée de Gerson (1).

## CHAPITRE XVI.

*De la Manière d'administrer le sacrement de Pénitence.*

603. Hors le cas de nécessité, le confesseur doit être en soutane et en surplis pour entendre les confessions. Il ne doit jamais confesser les personnes du sexe ailleurs que dans l'église, et dans un confessionnal auquel est adaptée une grille fixe, à moins qu'elles ne soient sourdes ou infirmes : on pourrait alors les recevoir à la sacristie, où il doit toujours y avoir une grille. Quand elles sont malades ou infirmes, au point de ne pouvoir venir à l'église, on peut les confesser chez elles; mais on doit laisser ouverte la porte de l'appartement où est la malade, de sorte que le prêtre puisse être vu de ceux qui sont dans la chambre voisine (2). Pour ce qui regarde les femmes qui, s'étant déjà confessées, n'ont qu'à

---

(1) Tract. de præparatione ad Missam, consideratione VI. — Voyez aussi S. Alphonse, lib. I. n° 19. — (2) *Avvertimenti* de S. Charles Borromée aux confesseurs.

se réconcilier, les confesseurs s'en tiendront aux règlements du diocèse ou à l'usage des lieux.

604. « On ne doit point, dit saint Charles, entendre les confes-
« sions des personnes du sexe, ni avant le lever ni après le coucher
« du soleil. » Cependant, lorsqu'il y a un grand nombre de pénitents, le confesseur peut entendre même les femmes le soir ou avant le jour; mais alors il doit tenir un cierge allumé auprès du confessionnal : encore retiendra-t-il une des pénitentes à l'église, non loin du confessionnal, jusqu'à ce qu'il ait entendu la personne qui doit se confesser la dernière. Un prêtre ne saurait prendre trop de précautions pour ne pas fournir l'occasion de parler à tant de personnes qui ont les yeux ouverts sur sa conduite, et qui cherchent à le trouver en défaut, afin de pouvoir justifier leurs désordres. Pour la même raison, le confesseur qui a sa réputation à cœur ne souffrira jamais que les personnes du sexe viennent chez lui, sous prétexte de direction; indépendamment de la perte de son temps, il donnerait lieu à des soupçons, et s'exposerait à un danger toujours plus grand qu'on ne croit. Il faut sans doute, comme nous l'avons dit plus haut, conduire dans les voies de la perfection les personnes que le Seigneur y appelle, mais il est essentiel de ne leur parler qu'au confessionnal, et de le faire aussi brièvement que possible.

605. « Il faut que les confessionnaux soient placés en un lieu
« de l'église si découvert, qu'ils puissent être vus de toutes parts,
« et il serait aussi très-bon qu'avec cela ils fussent en un lieu où ils
« pussent avoir quelque défense qui empêchât que, durant que
« quelqu'un se confesse, les autres ne s'en approchent de trop
« près : et si cela ne se peut rencontrer, le confesseur doit avoir
« soin de remédier à cet abus, faisant écarter ceux qui seront trop
« près du confessionnal avant qu'il se mette dedans, et s'il est né-
« cessaire, durant même qu'il entendra les confessions (1). » Dans tous les cas, il aura soin de s'observer pendant la confession, pour ne pas parler trop haut, et n'être entendu que du pénitent; il ne fera aucun mouvement qui indique la surprise ou l'indignation; il s'exposerait à fermer la bouche à celui qui se confesse, et à violer indirectement le sceau de la confession.

606. « Le confesseur doit, dans l'administration de ce sacre-
« ment, ordonner et régler de telle sorte son intention, qu'il n'y
« soit porté par aucun respect temporel, mais par la seule gloire de

---

(1) Avvertimenti de S. Charles.

« Dieu et par le désir du salut des âmes. C'est pourquoi il faut que
« toutes les fois qu'on le demandera, ou qu'il se mettra de lui-
« même en devoir pour entendre les confessions, il élève son esprit
« à Dieu, et adresse actuellement son intention à cette fin, con-
« sidérant avec attention qu'il va laver ses pénitents dans le très-
« précieux sang de Jésus-Christ, notre Sauveur. Et parce qu'il y
« a beaucoup de danger dans l'administration de ce sacrement,
« comme de manquer en la décision des cas et des obligations qui
« se rencontrent, de donner la grâce de l'absolution à ceux qui en
« sont indignes, ou de rester, en quelque façon, souillé soi-même
« des impuretés et des ordures qu'on entend dire aux autres, le prê-
« tre ne doit aussi jamais aller pour ouïr les confessions qu'il n'ait
« auparavant demandé à Dieu par quelque prière, selon la commo-
« dité qu'il en aura, les lumières et les grâces de n'y commettre
« point d'erreur, et de laver de telle sorte les taches des âmes de
« ses pénitents, que la sienne n'en demeure point souillée. Il doit
« aussi prier pour la véritable conversion de ceux desquels il va
« entendre la confession (1). » Le confesseur entretiendra ces sentiments pendant la confession, élevant de temps en temps son cœur
à Dieu, surtout dans les moments où il éprouvera plus d'ennui, de
dégoût, de difficulté, de danger. C'est alors qu'il faut se rappeler
quelques-unes des prières courtes, mais ferventes, dont l'Écriture
sainte est remplie : *Deus, in adjutorium meum intende. Cor
mundum crea in me, Deus. — Eripe me, Domine, de luto, ut
non infigar. — Adjuva me, et salvus ero. — Domine, salva nos,
perimus* (2).

**607.** Le prêtre étant assis au confessionnal dans un grand recueillement, le pénitent se prosterne à ses pieds, à moins qu'il ne
puisse le faire pour cause d'infirmité, fait le signe de croix et
demande la bénédiction, en disant : *Benedic mihi, pater, quia
peccavi;* ou en langue vulgaire : *Bénissez-moi, mon père, parce
que j'ai péché.* Au mot *pater*, le confesseur se souviendra qu'il
est le père de ses pénitents, qu'il doit les aimer tendrement et
se dévouer pour leur salut. « Ayez donc pour eux un cœur de
« père, dit saint François de Sales; recevez-les avec affection;
« écoutez-les avec bonté; que la grossièreté de leurs manières, que
« leur ignorance, que leur faiblesse, qu'aucune autre imperfec-
« tion ne vous dégoûte; et ne leur retranchez jamais vos soins

---

(1) S. Charles, Instructions, etc. — (2) Mgr Devie, évêque de Belley, dans le
Rituel qu'il a publié pour son diocèse, tom. I. part. III. tit. 5.

« pendant qu'il y aura quelque espérance d'amendement (1). » Le prêtre, ayant la tête découverte, bénit le pénitent, en faisant le signe de la croix sur lui, en même temps qu'il dit : *Deus sit in corde tuo et in labiis tuis, ut rite confitearis peccata tua; in nomine Patris* †, *et Filii, et Spiritus sancti. Amen.* Après quoi, il se couvre de sa barrette. Puis le pénitent dit le *Confiteor* en latin ou en langue vulgaire, jusqu'à ces mots, *verbo et opere* inclusivement. Il dit ensuite le temps qu'il y a depuis sa dernière confession; s'il a fait ou omis la pénitence qui lui a été imposée; et s'accuse de tous ses péchés en les déclarant le plus exactement possible. Sa confession étant achevée, il y ajoutera : Je m'accuse généralement de tous les péchés que je puis avoir commis, et dont je ne me souviens pas; j'en demande pardon à Dieu; et à vous, mon père, pénitence et absolution, si vous me jugez digne de la recevoir. Cela fait, il achève aussitôt le *Confiteor* en latin ou en langue vulgaire, comme il l'aura commencé, se frappant trois fois la poitrine à ces mots : *Mea culpa, mea culpa, mea maxima culpa.*

608. La récitation du *Confiteor* n'est point d'obligation, comme on le voit par le Rituel romain : « Pœnitens confessionem gene-
« ralem latina vel vulgari lingua dicat, scilicet, *Confiteor,* etc.;
« vel saltem utatur his verbis : *Confiteor Deo omnipotenti, et*
« *tibi, pater.* » Néanmoins il faut, autant que possible, faire apprendre le *Confiteor* en langue vulgaire à tous les fidèles, et conserver l'usage de le faire réciter à ceux qui se confessent. Seulement, comme le dit saint François de Sales, « Quand il y a
« presse de pénitents qui se confessent souvent, on peut les avertir
« qu'ils disent le *Confiteor* à part eux, avant que de se présenter
« au confesseur, afin qu'immédiatement étant arrivés devant lui,
« et ayant fait le signe de la croix, ils commencent à s'accuser;
« car ainsi il ne se fait nulle omission, et l'on gagne beaucoup de
« temps (2). »

609. Pendant que le pénitent s'accusera de ses péchés, le confesseur l'écoutera avec la plus grande attention, évitant de regarder dans l'église ou autour du confessionnal. Il ne doit point non plus fixer le pénitent, surtout si c'est une personne de différent sexe. Il le laissera parler sans l'interrompre : pour l'ordinaire, il vaut mieux ne pas l'interroger, jusqu'à ce qu'il ait dit tout ce qu'il a préparé, à moins qu'il ne témoigne le désir d'être in-

---

(1) **Avis aux Confesseurs.** — (2) Ibidem.

terrogé, ou que les accusations qu'il fait ne demandent quelque explication essentielle (1). Si quelquefois le confesseur juge à propos de faire des reproches à son pénitent, il doit les lui faire d'une manière bien paternelle. Mais il ne se permettra jamais de lui en faire quand il s'accuse d'une faute considérable ; il doit plutôt lui adresser quelques paroles d'encouragement, qui lui ouvriront le cœur, et lui inspireront la confiance d'achever les aveux pénibles qui lui restent à faire (2).

Le pénitent ayant achevé sa confession, le confesseur verra, dans sa sagesse, s'il doit lui faire quelques interrogations, tant pour compléter ou assurer l'intégrité de la confession, que pour juger s'il y a lieu de lui accorder l'absolution. Nous l'avons dit plus haut (3), et nous le répétons d'après saint François de Sales : « Le pouvoir des confesseurs n'est pas un pouvoir arbitraire, ils sont « comptables à Dieu des absolutions qu'ils refusent comme de « celles qu'ils donnent (4). » Ainsi, « Après que le pénitent aura « fait sa confession avec autant d'intégrité qu'il aura pu, le con- « fesseur réfléchira devant Dieu s'il doit lui accorder, différer, ou « peut-être lui refuser l'absolution : si rien n'empêche qu'il ne la « lui accorde sur-le-champ, après lui avoir fait remarquer l'énor- « mité de ses fautes, lui avoir prescrit les règles pour éviter la « rechute, lui avoir enjoint les satisfactions auxquelles il pour- « rait être obligé, et lui avoir imposé une pénitence convena- « ble et proportionnée, il l'excitera à la contrition et l'absou- « dra (5). »

610. Le confesseur, se découvrant, dit d'abord : *Misereatur tui omnipotens Deus, et dimissis peccatis tuis perducat te ad vitam æternam. Amen.* Ensuite, tenant la main droite élevée vers le pénitent, il ajoute : *Indulgentiam, absolutionem et remissionem peccatorum tuorum tribuat tibi omnipotens et misericors Deus. Amen.* Il ne doit point omettre l'imposition de la main, quoiqu'elle ne soit certainement pas essentielle au sacrement. Après avoir dit *Indulgentiam*, etc., il continue : *Dominus noster Jesus Christus te absolvat* (il se couvre); *et ego auctoritate ipsius, te absolvo ab omni vinculo excommunicationis, suspensionis et interdicti, in quantum possum, et tu indiges. Deinde ego te absolvo a peccatis tuis, in nomine Patris* †, *et Filii, et Spiritus*

---

(1) Rituel romain, de sacramento Pœnitentiæ. — (2) S. François de Sales, Avis aux Confesseurs; Mgr Devie, Rituel de Belley, tom. I, etc. — (3) Voyez, ci-dessus, n° 531. — (4) Constitutions synodales, etc. — (5) Ibidem.

*sancti. Amen.* Si le pénitent est laïque, on omet le mot *suspensionis.* Puis le prêtre, se découvrant, récite la prière suivante : *Passio Domini nostri Jesu Christi, merita beatæ Mariæ virginis et omnium sanctorum, quidquid boni feceris et mali sustinueris, sint tibi in remissionem peccatorum, augmentum gratiæ, et præmium vitæ æternæ. Amen.* Après quoi il renvoie le pénitent, en lui disant : *Allez en paix, et priez Dieu pour moi.*

611. Nous ferons remarquer : 1° qu'on peut omettre, dans les confessions plus fréquentes et plus courtes, *in confessionibus frequentioribus et brevioribus,* les trois prières qui commencent par *Misereatur tui, Indulgentiam* et *Passio Domini* (1). Il en est de même, dit saint François de Sales, quand il y a une foule de pénitents, et qu'on a lieu de craindre de n'avoir pas assez de temps pour les entendre tous en confession (2). 2° Que, dans un cas de nécessité urgente à raison du danger de mort, on peut se contenter de dire : *Ego te absolvo ab omnibus censuris, et peccatis, in nomine Patris* †, *et Filii, et Spiritus sancti. Amen* (3). 3° Que si le confesseur ne juge pas à propos d'absoudre le pénitent, il pourra lui donner la bénédiction suivante, après l'avoir averti que ce n'est pas l'absolution sacramentelle qu'il lui donne : *Benedictio Dei omnipotentis, Patris* †, *et Fili, et Spiritus Sancti, descendat super te, et maneat semper. Amen.* En tous cas, pour que ceux qui sont près du confessionnal ne puissent pas connaître si le confesseur accorde ou refuse l'absolution, il doit faire extérieurement les mêmes cérémonies à l'égard de tous les pénitents.

« Le confesseur, au tribunal de la Pénitence, tient la place de
« Jésus-Christ; il parle en son nom, exerce ses pouvoirs, distribue
« les mérites de son sang : qu'il en ait toujours l'esprit, la douceur,
« la charité, surtout quand il refuse ou diffère l'absolution. Mais
« qu'il n'oublie pas que les jugements qu'il prononce sur les péni-
« tents ne sont pas en dernier ressort; qu'ils seront, un jour, ré-
« visés par le souverain Juge, qui examinera alors les motifs qui
« l'ont porté à donner ou à refuser l'absolution : heureux, s'il n'a
« jamais eu d'autres vues que le plus grand bien des âmes qui lui
« étaient confiées (4) ! »

---

(1) Rituel romain, de sacramento Pœnitentiæ. — (2) Avis aux Confesseurs. — (3) Rituel romain. — (4) Mgr Devie, Rituel de Belley, tom. I, etc.

## TRAITÉ DU SACREMENT DE L'EXTRÊME-ONCTION.

612. « Nous lisons dans l'Écriture sainte : *Dans toutes vos œu-
« vres souvenez-vous de vos derniers moments, et vous ne pé-
« cherez jamais.* Cela fait assez entendre aux curés qu'ils ne doi-
« vent manquer aucune occasion d'exhorter les fidèles à méditer
« continuellement la pensée de la mort. Et comme le sacrement de
« l'Extrême-Onction rappelle nécessairement cette pensée, il s'en-
« suit qu'ils doivent en parler souvent, non-seulement parce qu'il
« est très-utile et très-convenable d'expliquer les mystères qui ont
« rapport au salut, mais encore parce que les fidèles, en se rap-
« pelant que c'est pour tous une nécessité de mourir, trouveront
« dans ce souvenir un moyen de réprimer leurs passions déréglées.
« Il arrivera de là que l'attente de la mort les troublera moins, et
« même qu'ils rendront d'immortelles actions de grâces à Dieu,
« qui, après avoir ouvert l'entrée à la vie véritable par le sacre-
« ment de Baptême, a bien voulu instituer encore le sacrement de
« l'Extrême-Onction, afin qu'au sortir de cette vie mortelle nous
« ayons un chemin plus sûr pour aller au ciel (1). »

# CHAPITRE PREMIER.

*De la Notion et de l'Institution du sacrement de l'Extrême-Onction.*

613. Le sacrement de l'Extrême-Onction est ainsi appelé, parce que l'onction qui se fait pour l'administration de ce sacrement est la dernière de celles que Notre-Seigneur Jésus-Christ a instituées pour la sanctification des hommes. On l'appelle aussi le sacrement des *Infirmes*, des *Mourants*, parce qu'il a été institué en faveur de ceux qui sont en danger de mort. Ainsi l'Extrême-Onction est un sacrement institué par Jésus-Christ, par lequel les malades reçoivent, en vertu de l'onction faite par le prêtre et de la prière qui y est jointe, des grâces particulières pour le soulagement du corps

---

(1) Catech. Concil. Trident. De Extremæ Unctionis sacramento, § 1.

et la rémission des péchés. « Infirmatur quis in vobis, dit l'apôtre
« saint Jacques, inducat presbyteros, et orent super eum, ungen-
« tes eum oleo in nomine Domini : et oratio fidei salvabit infirmum,
« et alleviabit eum Dominus ; et si in peccatis sit, remittentur ei (1). »
On voit, par ce passage, que l'Extrême-Onction est un véritable
sacrement, puisque les péchés sont remis par l'onction qui se fait
avec l'huile au nom du Seigneur. Telle est aussi la doctrine constante de l'Église catholique, comme nous l'apprenons des Pères,
des conciles, et notamment du concile de Trente, qui a prononcé
anathème contre quiconque enseignerait ou penserait le contraire.
« Si quis dixerit Extremam Unctionem non esse vere et proprie
« sacramentum a Christo Domino nostro institutum, et a beato Ja-
« cobo apostolo promulgatum, sed ritum tantum acceptum a Pa-
« tribus, aut figmentum humanum ; anathema sit (2). » L'Extrême-
Onction, comme l'enseigne ce concile, est d'institution divine ;
saint Jacques l'a promulguée, et en a recommandé l'usage aux fidèles ; mais ce n'est pas lui qui l'a instituée, c'est Jésus-Christ lui-
même. Dieu seul peut communiquer à un élément matériel la vertu
de produire la grâce et d'effacer les péchés.

## CHAPITRE II.

### De la Matière et de la forme du sacrement de l'Extrême-Onction.

614. La matière de ce sacrement est l'huile d'olive, consacrée
par l'évêque : « Quintum sacramentum est Extrema Unctio, cujus
« materia est oleum olivæ per episcopum benedictum, dit le pape
« Eugène IV (3). » Le concile de Trente n'est pas moins exprès :
« Intellexit Ecclesia materiam (hujus sacramenti) esse oleum ab
« episcopo benedictum (4). » En effet, l'huile est très-propre à figu-
rer les effets de ce sacrement : de même que cette matière adoucit
les douleurs du corps, ainsi la vertu de l'onction sacrée diminue
et affaiblit la tristesse et la douleur de l'âme. D'ailleurs, l'huile ré-
tablit la santé, donne de la joie, sert d'aliment à la lumière, et renouvelle les forces du corps, quand elles sont abattues par la fa-

---

(1) Jacob. Epist. c. 5. v. 14 et 15. — (2) Concil. Trident. sess. xiv. De sacramento Extremæ Unctionis, can. 1. — (3) Eugène IV, Decret. ad Armenos. —
(4) Sess. xiv. De sacramento Extremæ Unctionis, cap. 1.

tigue. Or, tous ces effets représentent ce que la vertu de l'Extrême-Onction opère dans le malade (1).

L'huile qui doit servir pour l'Extrême-Onction doit être bénite par l'évêque, comme le disent Eugène IV et le concile de Trente. Mais cette bénédiction est-elle nécessaire de nécessité de sacrement? Les docteurs ne sont pas d'accord : les uns pensent qu'elle n'est nécessaire que de nécessité de précepte; les autres, en plus grand nombre, la croient nécessaire de nécessité de sacrement. On ne peut, dans la pratique, s'écarter de ce dernier sentiment : celui qui se servirait d'huile commune pécherait mortellement, parce qu'il risquerait la validité du sacrement. Il en serait de même du prêtre qui emploierait une huile même bénite, mais d'une autre bénédiction que celle que l'Église fait pour l'huile des *Infirmes*. Ainsi, le prêtre qui, par ignorance ou par inadvertance, aurait pris du saint chrême ou de l'huile des catéchumènes pour administrer le sacrement des *Mourants*, serait obligé de recommencer avec l'huile qui a été bénite pour l'Extrême-Onction (2); il le ferait sans solennité, sans les cérémonies d'usage, afin de prévenir le scandale ou les murmures de la part des fidèles. Cependant, à défaut de l'huile des *Infirmes*, on pourrait, dans un cas de nécessité, administrer conditionnellement l'Extrême-Onction à un mourant avec le saint chrême ou l'huile des catéchumènes, sauf à réitérer le sacrement aussitôt qu'on aura pu se procurer une matière certaine (3).

615. Quand un curé voit que l'huile des *Infirmes* est sur le point de manquer, ce qui arrive souvent dans les cas d'épidémie, et qu'il ne peut commodément s'en procurer autant qu'il lui en faut, il doit ajouter à ce qui reste d'huile bénite une quantité moindre d'huile commune, et recommencer ainsi chaque fois qu'il en aura besoin. On fait la même chose quand on n'a plus assez de saint chrême ou d'huile des catéchumènes. Au reste, les curés sont obligés de faire renouveler chaque année les saintes huiles; celui qui négligerait de le faire commettrait une faute grave (4). Pour ce qui regarde la tenue des saintes huiles, nous ferons remarquer qu'il n'est pas permis de les conserver à la maison (5).

Suivant le Rituel romain, l'onction doit se faire sur les yeux, les oreilles, les narines, la bouche, aux mains, aux pieds et aux reins; mais cette dernière onction n'a jamais lieu pour les femmes,

---

(1) Catech. concil. Trident. de Extremæ Unctionis sacramento, § 10. — (2) Voyez S. Alphonse, les Conférences d'Angers, les Actes de l'Église de Milan, etc. — (3) S. Alphonse, lib. vi. n° 709. — (4) Ibidem. n° 708. — (5) Voyez, ci-dessus, le n° 107.

et on l'omet pour les hommes quand le malade ne peut se remuer commodément. D'autres Rituels ne parlent point de l'onction sur les reins, mais ils en prescrivent une pour la poitrine. Chacun doit suivre, à cet égard, l'usage de son diocèse.

616. Mais les cinq principales onctions sont-elles nécessaires ? Tous conviennent qu'elles sont au moins nécessaires de nécessité de précepte ecclésiastique, et que celui qui en omettrait une volontairement, sans raison, pécherait mortellement. Quant à la question de savoir si elles sont toutes nécessaires de nécessité de sacrement, les théologiens ne se trouvent plus d'accord. Les uns, en bon nombre, pensent qu'une seule onction suffit pour la validité du sacrement ; et ce sentiment est certainement probable. Les autres, au contraire, soutiennent que l'onction des cinq sens est essentielle. Quoi qu'il en soit, on est obligé de suivre ce second sentiment dans la pratique ; hors le cas de nécessité, il n'est pas permis d'exposer un sacrement à la nullité. Nous avons dit, *hors le cas de nécessité ;* car en temps de peste, ou lorsqu'on a lieu de craindre que le mourant n'expire avant d'avoir reçu toutes les onctions, on peut n'en faire qu'une, avec cette formule : *Per istam sanctam unctionem, et suam piissimam misericordiam, indulgeat tibi Dominus quidquid deliquisti per sensus, visum, auditum, gustum, odoratum et tactum.* Il convient de faire cette onction générale à la tête. Si le malade survit, nous pensons qu'on doit réitérer le sacrement, sous condition, en faisant toutes les onctions prescrites par le Rituel (1).

617. La forme sacramentelle de l'Extrême-Onction consiste dans les paroles que le prêtre prononce en faisant chaque onction : « Hujus autem sacramenti forma, qua sancta romana Ecclesia uti- « tur, solemnis illa precatio est, quam sacerdos ad singulas unc- « tiones adhibet, cum ait : *Per istam sanctam unctionem, et suam* « *piissimam misericordiam, indulgeat tibi Dominus quidquid* « *per visum, sive per auditum, etc., deliquisti* (2). » Que ce soit là la forme véritable de ce sacrement, saint Jacques nous l'apprend par ces paroles : *Et orent super eum, et oratio fidei salvabit infirmum.* Aussi la forme est conçue en forme de prière, quoique cet apôtre n'ait pas exprimé positivement les paroles qui doivent la composer ; et ce n'est pas sans fondement que plusieurs docteurs regardent comme nulle la formule indicative (3).

---

(1) S. Alphonse de Liguori, lib. vi. n° 710. — (2) Rituale romanum ; Decretum Eugenii IV ad Armenos ; concil. Trident. sess xiv, etc. — (3) Voyez S. Alphonse de Liguori, lib. vi. n° 711 ; S. Thomas, suppl. quæst. 29. art. 8.

## CHAPITRE III.

*Des Effets du sacrement de l'Extrême-Onction.*

618. Il est de foi que l'onction des *Infirmes* confère la grâce, remet les péchés et soulage les malades : « Si quis dixerit, sacram « infirmo unctionem non conferre gratiam, nec remittere peccata, « nec alleviare infirmos, sed jam cessasse, quasi olim tantum fuerit « gratia curationum, anathema sit. » Telle est la décision du dernier concile général (1). Suivant le même concile, ce sacrement efface les péchés qui restent à expier, et les restes du péché; il soulage et fortifie l'âme du malade, en excitant en lui une grande confiance en la miséricorde de Dieu; de sorte que le malade souffre plus patiemment les douleurs de la maladie, et qu'il résiste plus facilement aux tentations du démon. Enfin, il rend quelquefois la santé aux malades, autant que cela peut être expédient pour le salut de celui qui la reçoit. « Res porro et effectus hujus sacra-
« menti illis (S. Jacobi) verbis explicatur : *Et oratio fidei salvabit*
« *infirmum; et alleviabit eum Dominus; et si in peccatis sit,*
« *dimittentur ei.* Res etenim hæc gratia est Spiritus Sancti; cujus
« unctio *delicta,* si quæ sint adhuc expianda, ac peccati reliquias
« abstergit; et ægroti animam alleviat et confirmat, magnam in
« eo divinæ misericordiæ fiduciam excitando : qua infirmus suble-
« vatus, et morbi incommoda ac labores levius fert, et tentationibus
« dæmonis calcaneo insidiantis facilius resistit : et sanitatem cor-
« poris interdum, ubi saluti animæ expedierit, consequitur (2). »

619. Ce sacrement remet-il les péchés mortels? Le Catéchisme du concile de Trente enseigne qu'il remet les péchés, et principalement les péchés moins graves, qu'on appelle communément véniels, mais que les fautes mortelles sont effacées par le sacrement de Pénitence; que l'Extrême-Onction n'a point été directement instituée *primario loco,* pour remettre les péchés mortels; que c'est l'objet et la fin du Baptême et de la Pénitence (3). Cependant, on convient que l'Extrême-Onction remet les péchés mortels, au moins indirectement ou secondairement : « Commune est inter doctores per hoc

---

(1) Concil. Trident. sess. XIV, de sacramento Extremæ Unctionis, can. 2. — (2) Ibidem. cap. 2. — (3) De Extremæ Unctionis sacramento, § 18.

« sacramentum remitti peccata tam venialia quam mortalia, si hæc
« infirmus invincibiliter ignoret habeatque attritionem, qua aufe-
« ratur obex peccati (1). » Il peut certainement arriver qu'un malade, par suite d'une négligence qui ne va pas jusqu'au mortel,
reçoive l'absolution sans avoir les dispositions requises; ou qu'après
l'avoir reçue dignement, il tombe dans un péché mortel qu'il
n'aperçoit pas, ou qu'il oublie presque aussitôt, sans avoir la
pensée de s'en confesser : « Alors, dit le rédacteur des *Conférences
d'Angers*, s'il reçoit l'Extrême-Onction avec douleur de ses péchés,
et qu'il ne mette point d'obstacle à la grâce de ce sacrement, il obtiendra la rémission de ses fautes, non-seulement par *accident* en
tant que le péché mortel est incompatible avec la grâce sanctifiante,
mais comme un effet propre de l'Extrême-Onction, qui a été instituée à ce dessein par Jésus-Christ (2). *Si in peccatis sit, remittentur ei*. De là, cette forme du sacrement : « Per istam sanctam un-
« ctionem et suam piissimam misericordiam, indulgeat tibi Dominus
« *quidquid* per visum *deliquisti* (3). »

L'Extrême-Onction efface, de l'aveu de tous, les fautes vénielles.
Elle efface également les restes du péché, *peccati reliquias*, et en
délivrant le malade de la peine temporelle, proportionnellement
aux dispositions avec lesquelles il reçoit le sacrement; et en le gué-
rissant des faiblesses et des langueurs spirituelles qui restent dans
l'âme, même après qu'elle a été purifiée du péché, et qui l'empêchent de s'élever à Dieu.

# CHAPITRE IV.

### *Du Ministre du sacrement de l'Extrême-Onction.*

620. Les évêques et les prêtres consacrés par l'imposition des
mains de l'évêque peuvent seuls administrer l'Extrême-Onction :
« Infirmatur quis in vobis? Inducat *presbyteros* Ecclesiæ. » — « Os-
« tenditur illic, ajoute le concile de Trente, proprios hujus sacra-
« menti ministros esse Ecclesiæ presbyteros. Quo nomine, eo loco,
« non ætate seniores aut primores in populo intelligendi veniunt;

---

(1) S. Alphonse de Liguori, lib. vi. n° 731. — (2) Conférences sur l'Extrême-
Onction, quest. 4. — (3) Voyez S. Alphonse, ibidem. Voyez aussi ce que nous
avons dit, au n° 22, des sacrements des *vivants* en général.

« sed aut episcopi, aut sacerdotes ab ipsis rite ordinati (1). » Ainsi, tout prêtre, par cela même qu'il est prêtre, peut, en vertu de l'Ordination, administrer validement l'Extrême-Onction ; mais il n'y a que l'évêque et le curé, et les prêtres commis par l'évêque ou le curé, qui puissent l'administrer licitement. C'est aux curés qu'on doit s'adresser, quand les malades sont en danger de mort ; et ils sont obligés de l'administrer même à ceux de leurs paroissiens qui auraient été confessés et communiés par d'autres. Néanmoins, en l'absence du curé, tout autre prêtre, soit séculier, soit régulier, peut et doit, dans un cas de nécessité pressante, administrer ce sacrement à un malade qui est menacé d'une mort prochaine.

621. Aussitôt qu'un curé, ou tout autre prêtre qui a charge d'âmes, sait qu'un malade confié à ses soins est en danger, il doit s'empresser de lui procurer les secours de la religion. Un prêtre zélé ne négligera aucun moyen pour lui procurer une sainte mort : prières, visites, exhortations, sacrifices, il emploiera tout, s'il le faut, pour préparer ce malade aux derniers sacrements, et lui en faire recueillir les fruits. « Quel malheur, quel crime, s'écrie
« Mgr l'évêque de Belley, si les pasteurs étaient de connivence avec
« les lâches déserteurs de la foi, et voyaient de sang-froid l'abîme
« s'ouvrir sous les pas de ceux qu'ils doivent aimer comme leurs en-
« fants, et dont ils doivent répondre *âme pour âme !* Qu'ils exami-
« nent attentivement la conduite des médecins qui entourent les
« malades auprès desquels ils sont appelés simultanément : quelle
« assiduité, que de remèdes, que de soins, pour sauver une vie
« qui doit finir ! Ils ne craignent pas même d'augmenter pour un
« instant les douleurs du malade, en employant des remèdes rebu-
« tants, et qui sont toujours douteux et hasardés ; tandis que les re-
« mèdes spirituels que le Tout-Puissant met entre nos mains ont
« une efficacité qui dépend de nous, et nous procurent une vie qui
« commence pour ne plus finir (2). »

622. Les curés et les confesseurs ne doivent pas se persuader que tout leur ministère soit rempli, lorsqu'ils ont administré les derniers sacrements à leurs malades. Ils continueront à les voir, et à les voir le plus souvent qu'il leur sera possible, pour les soutenir et les fortifier, aux approches de la mort, contre les attaques de l'ennemi du salut : « Nec putet suo satisfactum officio sacerdos, si

---

(1) Sess. XIV. De sacramento Extremæ Unctionis, cap. 3 et can. 4. — (2) Rituel du diocèse de Belley, publié par Mgr Devie, part. III. tit. 6.

« semel tantum ægrotum inviserit, dum unctio fuit adhibenda :
« sed quam diutissime poterit, eum consoletur; et inculcet quæ
« spectant ad salutem, sicut in *Manuali* præscriptum reperiet,
« eique quousque e vivis excesserit, assistat, et operam impendat.
« Qui autem in ea re se negligentem præstiterit, a decano vel
« archidiacono ad episcopum deferatur increpandus graviter, et
« incuriæ suæ pœnas arbitrarias luiturus. » Ainsi s'exprime le concile provincial de Reims, de l'an 1583 (1). Un évêque ne peut tolérer la conduite d'un curé, d'un desservant ou d'un aumônier qui néglige de visiter les malades, après leur avoir donné l'Extrême-Onction.

# CHAPITRE V.

### *Du Sujet du sacrement de l'Extrême-Onction.*

623. Conformément à la pratique générale et constante de l'Église, fondée sur le texte même de saint Jacques, *infirmatur quis in vobis*, on ne peut conférer l'Extrême-Onction qu'aux fidèles qui sont dangereusement malades. Le pape Eugène IV et le concile de Trente l'enseignent expressément. Aussi, nous lisons dans le Rituel romain : « Debet hoc sacramentum infirmis præberi, qui,
« cum ad usum rationis pervenerint, tam graviter laborant ut mor« tis periculum imminere videatur, et iis qui præ senio deficiunt, et
« in diem videntur morituri etiam sine alia infirmitate (2). » Pour recevoir ce sacrement, il faut être en danger de mort, danger probable et prochain, ou à raison d'une maladie proprement dite, ou à raison d'une grande caducité : la vieillesse, surtout quand elle est très-avancée, est une véritable maladie, *senectus ipsa morbus est*. Ainsi, on ne donne l'Extrême-Onction, ni aux condamnés à mort, ni à ceux qui entreprennent un voyage dangereux, ni à ceux qui se préparent au combat, ni enfin à ceux qui courent un risque quelconque, autre que celui qui vient d'une maladie. Mais on regarde comme malade celui qui a été empoisonné ou qui a reçu une blessure dangereuse. Quant aux femmes enceintes, on ne doit point leur administrer le sacrement des *Infirmes* lorsqu'elles sont près du terme de leur délivrance, de quelque frayeur qu'elles soient

(1) **De Extrema Unctione.** — Voyez aussi les conciles de Bordeaux, de l'an 1583; de Narbonne, de l'an 1609, etc. — (2) **De sacramento Extremæ Unctionis.**

frappées, ni même au moment de leurs couches, à moins que l'excès de leurs souffrances ou quelque accident ne les mette en danger de mort : « Hoc sacramentum, dit Eugène IV, nisi infirmo « de cujus morte timetur, dari non debet (1); mais c'est une faute « très-grave, comme l'enseigne le Catéchisme du concile de Trente, « d'attendre, pour donner l'Extrême-Onction au malade, que tout « espoir de guérison soit perdu, et que la vie commence à l'aban- « donner avec l'usage de raison et des sens. Car il est certain que la « grâce communiquée par ce sacrement est beaucoup plus abon- « dante lorsque le malade conserve encore, en le recevant, sa « raison pleine et entière, et qu'il peut encore exciter en lui les « sentiments de la foi et de la piété. Il faut donc que les pasteurs « aient soin de donner toujours ce remède divin et essentiellement « salutaire par sa vertu propre, dans le moment où ils jugeront que « la piété et la foi des malades pourront le rendre plus utile et plus « efficace (2). »

624. On ne donne point l'Extrême-Onction aux enfants qui n'ont pas encore atteint l'usage de raison; mais on ne doit pas attendre, pour la leur donner, qu'ils aient fait leur première communion; il suffit qu'ils aient été capables de commettre quelque péché (3). On ne l'administre point non plus à ceux qui, quoique avancés en âge, n'ont jamais eu l'usage des facultés intellectuelles. Il en est autrement pour ceux qui n'ont pas toujours été privés de l'usage de raison : on peut leur donner l'onction des *Infirmes*, si, avant de tomber en démence, ils ont donné quelques signes de religion. On la donne aussi aux malades qui ont perdu toute connaissance, lorsqu'ils ont demandé, ou qu'on peut présumer qu'ils ont demandé à recevoir les derniers sacrements. Mais on la refuse aux fous et aux furieux, quand on a lieu de craindre qu'ils ne commettent quelque irrévérence contre le sacrement; aux pécheurs publics qui meurent dans l'impénitence finale, et à tous ceux à qui on ne croit pas pouvoir accorder l'absolution. Il faut également la refuser à ceux qui meurent dans l'acte du péché mortel (4), lors même qu'on croirait pouvoir les absoudre (5). Cette différence, que nous mettons entre le sacrement de Pénitence et celui de l'Extrême-Onction, vient de ce que ce second sacrement est moins nécessaire au salut que le premier.

---

(1) Decret. ad Armenos. — (2) De Extremæ Unctionis sacramento, § 18. — (3) Voyez S. Alphonse de Liguori, lib. vi. n° 720; les Conférences d'Angers. — (4) Rituel romain. — (5) Voyez, ci-dessus, le n° 586.

On donne l'Extrême-Onction à la même personne, dans différentes maladies, aussi souvent que ces maladies le demandent; mais on n'en réitère l'administration, dans la même maladie, que lorsque le malade, après une certaine convalescence, est retombé de nouveau dans le danger. Il ne faut pas se montrer difficile sur ce point : dans le doute, on doit se prononcer en faveur du malade, et lui réitérer le sacrement (1).

625. L'Extrême-Onction n'est point nécessaire au salut de nécessité de *moyen*. Est-elle nécessaire de nécessité de *précepte?* Plusieurs théologiens, entre autres le Rédacteur des *Conférences d'Angers* (2), pensent qu'elle n'est point nécessaire; qu'il n'y a aucun précepte général, ni divin, ni ecclésiastique, qui oblige tous les fidèles à recevoir ce sacrement dans le danger de mort. Saint Alphonse regarde ce sentiment comme *assez probable* (3). Mais il nous paraît plus probable que tous ceux qui sont dangereusement malades sont obligés de recevoir l'Extrême-Onction : car, comme l'a décidé le concile de Trente, tous les sacrements sont nécessaires au salut (4). Quoi qu'il en soit, les docteurs s'accordent à dire qu'on peut être indirectement obligé de recevoir l'Extrême-Onction, à cause des tentations violentes auxquelles les malades sont exposés à l'article de la mort. Il en serait de même si on avait sujet de craindre du scandale, en se privant de ce sacrement. Il y aurait péché mortel à le refuser par mépris. « Neque vero tanti sa-
« cramenti contemptus absque ingenti scelere et ipsius Spiritus
« Sancti injuria esse posset (5). »

626. Suivant le Catéchisme du concile de Trente, on doit, autant que possible, administrer les sacrements de Pénitence et d'Eucharistie avant le sacrement de l'Extrême-Onction : « Quoniam vero
« omni studio curare oportet, ne quid sacramenti gratiam impe-
« diat; ei vero nihil magis adversatur quam alicujus peccati morti-
« feri *conscientia*; servanda est catholicæ Ecclesiæ perpetua con-
« suetudo, ut, ante Extremam Unctionem, Pœnitentiæ et Eucharistiæ
« sacramentum administretur (6). » Ce qui est conforme au Rituel romain : « Illud imprimis ex generali Ecclesiæ consuetudine obser-
« vandum est, ut, si tempus et infirmi conditio permittat, ante Ex-
« tremam Unctionem, Pœnitentiæ et Eucharistiæ sacramenta infir-

---

(1) S. Alphonse, lib. vi. n° 715; les Conférences d'Angers, les Instructions sur le Rituel de Langres, etc. — (2) Conférences sur l'Extrême-Onction, quest. 2. — (3) Lib. vi. n° 733. — (4) Sess. vii. can. 4. — (5) Concil. Trident. sess. xiv. cap. 3. de Extrema Unctione. — (6) De Extrema Unctione, § 23.

« mis præbeantur (1). » Dans les diocèses où cette pratique s'est conservée, les curés ne doivent point s'en écarter. Mais si l'usage contraire a prévalu, on peut, sans difficulté, administrer l'Extrême-Onction avant le saint viatique.

## CHAPITRE VI.

### *De la Manière d'administrer l'Extrême-Onction.*

**627.** On doit, pour l'administration de ce sacrement, se conformer exactement aux prescriptions du Rituel. Il y aurait péché mortel à omettre les prières qui se récitent immédiatement avant ou après l'administration de l'Extrême-Onction (2). Cependant, si on a à craindre que le malade n'expire avant que la cérémonie soit terminée, il faut commencer par les onctions, sauf à suppléer les prières omises, si le malade survit. En tout cas, on peut, dit saint Alphonse, omettre la récitation des psaumes et des litanies; ces prières ne sont que de conseil, comme l'insinue le Rituel romain (3). Néanmoins, il convient de les réciter quand on n'a pas lieu de craindre de fatiguer le malade; on doit même le faire, autant que possible, si le Rituel du diocèse ou l'usage des lieux le demande. Il y aurait péché mortel à conférer l'Extrême-Onction sans être revêtu du surplis et de l'étole, à moins que le danger ne fût si pressant qu'il ne permît pas de les prendre; car alors on pourrait probablement administrer le sacrement sans étole et même sans surplis (4). Il y aurait encore péché mortel à intervertir volontairement l'ordre des onctions (5).

**628.** Le curé, ou autre prêtre, qui doit administrer le sacrement de l'Extrême-Onction, fera préparer les choses nécessaires dans la chambre du malade; c'est-à-dire, une table couverte d'une nappe blanche pour y reposer les saintes huiles, un crucifix, un bassin ou une assiette, avec autant de petits pelotons de coton ou d'étoupe qu'il y a d'onctions prescrites par le Rituel, un peu de mie de pain pour nettoyer les doigts du prêtre, de l'eau pour laver ses mains, et un cierge pour l'éclairer quand il fera les onctions.

---

(1) De sacramento Extremæ Unctionis. — (2) S. Alphonse, lib. vi. n° 727. Tambourin, Elbel, Bonacina, etc. — (3) S. Alphonse, ibidem. — (4) Ibidem. — (5) Voyez, ci-dessus, le n° 37.

Puis, après avoir fait avertir le peuple par un coup de cloche, il se revêt d'un surplis et d'une étole violette, prend avec décence l'huile des *Infirmes*, se fait précéder d'un ou de plusieurs clercs portant une croix sans bâton, le vase qui contient l'eau bénite, et une torche ou flambeau, suivant la coutume des lieux.

629. Entrant dans la chambre du malade, le prêtre dit : *Pax huic Domui*, etc.; dépose le vase des saintes huiles sur la table, prend la croix qu'il fait baiser au malade; et, l'ayant remise, il reçoit de la main du clerc l'aspersoir, et asperge en forme de croix, le malade, la chambre et les assistants, en disant : *Asperges me, Domine*, etc. Si le malade demande à se confesser, le prêtre fera retirer les assistants, entendra sa confession, l'absoudra à moins qu'il ne soit certainement indigne de l'absolution. S'il s'est confessé auparavant, on lui demandera, à voix basse, autant qu'on le jugera à propos, s'il n'a plus rien sur la conscience qui lui fasse de la peine; et s'il désire de se réconcilier, on l'entendra de nouveau en confession (1). Après quoi, si son état le permet, on lui fera une courte exhortation.

630. L'exhortation finie, le prêtre dira : *Adjutorium nostrum*, etc. — *Dominus vobiscum*, etc. — *Oremus. Introeat, Domine, Jesu Christe*, etc. — *Oremus. Exaudi nos, Domine sancte*, etc. Si on est pressé, on peut omettre ces oraisons, ou en omettre une partie. Puis le malade dit le *Confiteor*, en latin ou en langue vulgaire. S'il ne peut le dire lui-même, le clerc, étant à genoux, le dira pour lui. Le *Confiteor* achevé, le prêtre dit *Misereatur tui*, etc. — *Indulgentiam, absolutionem*, etc. Ici, avant de commencer les onctions, le prêtre avertit les assistants de prier pour le malade, en les invitant à réciter, pendant la cérémonie, les psaumes de la pénitence et les litanies des saints, ou autres prières, selon qu'il le jugera convenable : *Ubi commodum fuerit, pro loco et tempore, et adstantium numero vel qualitate* (2).

Se tournant vers le malade, le prêtre dit, en faisant les signes de croix indiqués : *In nomine Patris* †, *et Filii* †, *et Spiritus* † *Sancti, extinguatur in te*, etc. Après avoir achevé cette oraison, il trempe son pouce de la main droite ou la spatule dans les saintes huiles, et fait en forme de croix les onctions sur les parties du corps désignées dans le Rituel, disant, en même temps les paroles sacramentelles qui répondent à chacune d'elles.

631. Le prêtre commence l'onction par l'œil droit, la paupière

---

(1) Voyez, ci-dessus, le n° 237. — (2) **Rituale romanum**.

étant fermée; il oindra ensuite l'œil gauche, n'achevant de prononcer les paroles de la forme qu'à la dernière onction. Il en est de même pour l'onction des oreilles, des mains et des pieds. Avant de commencer l'onction des yeux, il est utile de faire dire au malade : *Mon Dieu, je vous demande pardon de tous les péchés que j'ai commis par la vue*. Et ainsi des autres sens. En faisant l'onction sur les yeux, le prêtre dit : *Per istam sanctam unctionem* †, *et suam piissimam misericordiam, indulgeat tibi Dominus quidquid per visum deliquisti. Amen.* Si le clerc qui assiste le prêtre est dans les Ordres sacrés, il essuiera, avec les petits pelotons de coton ou d'étoupe préparés pour cela, les parties du corps où l'on aura fait les onctions; mais si le *servant* est laïque, ou si, étant clerc, il n'est pas dans les Ordres sacrés, le prêtre les essuiera lui-même. Ensuite il fait les onctions aux oreilles, aux narines, sur la bouche, les lèvres fermées; aux mains, à l'intérieur, ou si le malade est prêtre, à l'extérieur; aux pieds, par-dessus, ou à la plante, suivant l'usage des lieux; puis aux reins, si cette dernière onction doit avoir lieu. Si le malade manque d'une des parties extérieures sur lesquelles on fait l'onction, il faut la faire sur la partie la plus proche de celle qui manque sans rien changer à la forme. Les onctions achevées, le prêtre nettoiera ses doigts avec de la mie de pain, lavera ses mains, et fera jeter dans le feu les étoupes qui auront servi aux onctions; ainsi que la mie de pain, et l'eau avec laquelle il s'est lavé. Si, comme il est prudent de le faire en temps de peste, on a fait les onctions avec une baguette, on en brûle l'extrémité qu'on a trempée dans les saintes huiles.

632. Cela fait, le prêtre se rapproche du malade, et se tournant vers lui, il dit : *Kyrie, eleison*, etc. — *Pater noster*, etc. — *Et ne nos*, etc. — *Salvum fac*, etc. — *Mitte ei*, etc. — *Esto*, etc. — *Nihil proficiat*, etc. — *Domine exaudi*, etc. — *Dominus vobiscum*, etc. — *Oremus. Domine Deus*, etc. — *Oremus. Respice*, etc. — *Oremus. Domine sancte*, etc. Les oraisons étant finies, le prêtre adresse au malade quelques paroles de consolation, pour le porter à souffrir patiemment, et le fortifier contre la crainte et les tentations de l'ennemi du salut.

Avant de sortir, le prêtre fera baiser la croix au malade, et la placera dans un endroit où le malade puisse la voir commodément: il lui dira de la regarder souvent, et de la saluer du moins intérieurement par ces mots : *O crux, ave, spes unica!* O croix, mon espérance et mon amour! Il lui laissera aussi, près de son lit, de l'eau bénite, et il avertira les parents et ceux qui sont autour du malade de prier pour lui, et de lui dire de temps en temps quelques paroles de piété et d'édification. S'il s'aperçoit que le malade approche de sa fin, il restera, autant que possible, auprès de lui, et ne l'abandonnera pas qu'il n'ait rendu l'esprit à Dieu : il récitera les prières des agonisants qu'on trouve dans le Rituel.

# CHAPITRE VII.

### *De la Sépulture ecclésiastique.*

633. C'est un devoir pour les curés, d'observer exactement les usages et les cérémonies dont la sainte Église catholique notre mère, appuyée sur une tradition constante et sur les constitutions des Souverains Pontifes, se sert pour les funérailles de ses enfants. Ils doivent regarder ces cérémonies comme de vrais mystères de la religion, des marques de la piété chrétienne, et comme des suffrages très-salutaires aux âmes des fidèles trépassés. C'est pourquoi ils feront ces cérémonies avec tant de modestie, de gravité, de dévotion, qu'on reconnaîtra que ce n'a été ni le gain, ni l'avarice, qui ont été le motif de leur institution, mais uniquement l'intention de soulager les morts et d'édifier les vivants (1). Quoi de plus propre à nous faire rentrer en nous-mêmes, qu'une cérémonie funèbre, que la présence d'un cadavre, qui nous met sous les yeux la vanité et le néant des choses de ce monde? Pour ce qui regarde le cérémonial et l'ordre à suivre pour les funérailles, on doit se conformer aux prescriptions du Rituel et aux usages des lieux. Et, pour prévenir toute difficulté, on évitera tout ce qui peut être contraire à la loi civile et aux règlements de police, concernant les inhumations. Comme la connaissance en est nécessaire à un curé, nous allons les rapporter.

634. « Aucune inhumation ne sera faite sans une autorisation, « sur papier libre et sans frais, de l'officier de l'état civil, qui ne « pourra la délivrer qu'après s'être transporté auprès de la per- « sonne décédée, pour s'assurer du décès, et que vingt-quatre heu- « res après le décès, hors les cas prévus par les règlements de po- « lice (2). Ceux qui, sans l'autorisation préalable de l'officier public, « dans le cas où elle est prescrite, auront fait inhumer un individu

---

(1) Rituel romain. — (2) Cod. civ. art. 77.

« décédé, seront punis de six jours à deux mois d'emprisonnement,
« et d'une amende de 16 francs à 50 francs, sans préjudice de la
« poursuite des crimes dont les auteurs de ce délit pourraient être
« prévenus dans cette circonstance (1). » Il est même défendu à
tous curés ou desservants de faire la levée du corps, ou de l'accompagner hors de l'église, qu'il ne leur apparaisse de l'autorisation
donnée par l'officier de l'état civil pour l'inhumation, à peine d'être poursuivis comme contrevenant aux lois (2).

635. « Aucune inhumation n'aura lieu dans les églises, temples,
« synagogues, hôpitaux, chapelles publiques, et généralement dans
« aucun des édifices clos et fermés où les citoyens se réunissent
« pour la célébration de leurs cultes, ni dans l'enceinte des villes
« et bourgs (3). » Toutefois, le chef de l'État permet l'inhumation
dans les églises, quand une circonstance extraordinaire ou le rang
des défunts réclame cette exception. « Il y aura, hors de chacune
« des villes et bourgs, à la distance de trente-cinq à quarante mè« tres au moins de leur enceinte, des terrains spécialement consa« crés à l'inhumation des morts..... Ils seront clos de murs de deux
« mètres au moins d'élévation (4). Dans les communes où l'on pro« fesse plusieurs cultes, chaque culte doit avoir un lieu d'inhuma« tion particulier ; et, dans le cas où il n'y aurait qu'un seul cime« tière, on le partagera par des murs, haies ou fossés, en autant
« de parties qu'il y aura de cultes différents, avec une entrée par« ticulière pour chacun, et en proportionnant cet espace au nombre
« d'habitants de chaque culte (5). » En tout cas, conformément aux
règlements ecclésiastiques, les curés doivent avoir soin d'affecter
une partie du cimetière à l'inhumation des enfants morts sans baptême, et de ceux auxquels les canons refusent les honneurs de la
sépulture ecclésiastique. Il suffit absolument qu'on puisse distinguer
cette partie du cimetière, du terrain qui est consacré à la sépulture
des fidèles qui meurent dans la communion de l'Église.

De droit commun, un défunt doit être inhumé dans le cimetière
du lieu qu'il a habité. Ainsi, lorsqu'il y a plusieurs communes dans
une paroisse, et que chaque commune a un cimetière, le défunt
doit être enterré dans celui de sa commune, quand même il ne serait pas situé dans le chef-lieu de la paroisse. S'il y a plusieurs paroisses dans une seule commune, c'est dans le cimetière paroissial
qu'il doit être enterré. Enfin, si une fraction de paroisse ou de com-

---

(1) Cod. pénal, art. 358. — (2) Décret du 23 juillet 1805. — (3) Décret du 13 prairial an XII. — (4) Ibidem. art. 2 et 3. — (5) Ibidem. art. 14.

mune possède un lieu consacré aux sépultures, c'est dans ce dernier que doit se faire l'inhumation du décédé habitant cette fraction de paroisse ou de commune (1).

636. Tout curé doit savoir à qui on doit refuser la sépulture ecclésiastique. Or, suivant les canons, on doit refuser la sépulture ecclésiastique, c'est-à-dire les cérémonies et les prières de l'Église : 1° Aux païens, aux juifs, à tous les infidèles. 2° Aux apostats, *Apostatis a christiana fide.* On doit mettre au nombre des apostats ceux qui, dans leurs écrits, professent l'athéisme, ou le matérialisme, ou le panthéisme, ou le déisme, c'est-à-dire la négation de la révélation chrétienne. 3° Aux hérétiques qui professent ouvertement leurs erreurs, ainsi qu'aux schismatiques notoires. 4° Aux excommuniés publics et notoires, ainsi qu'à ceux qui sont nommément interdits, s'ils sont morts sans avoir témoigné le désir de se réconcilier avec l'Église. 5° A ceux qui se sont donné la mort par colère ou par désespoir, si, avant de mourir, ils n'ont manifesté aucun repentir. On ne refuse pas la sépulture ecclésiastique à ceux qui se suicident par frénésie ou autre excès de maladie, ou étant en démence. 6° A ceux qui, tués en duel, ont expiré sur-le-champ, lors même qu'ils auraient donné, avant leur mort, des signes de pénitence. Cependant si, se sentant atteint du coup mortel, il réclamait un prêtre ou les secours de la religion, et que ce fait fût constaté par plusieurs témoins, nous pensons qu'on peut tempérer la rigueur des canons, et accorder au duelliste la sépulture ecclésiastique. Le refus, quoique canonique, n'en serait pas compris, parmi nous, dans le cas dont il s'agit. S'il meurt à la maison ou tandis qu'on le porte à la maison, il ne peut y avoir de difficulté : il suffit qu'il ait montré du repentir, pour pouvoir être inhumé avec les cérémonies de l'Église. 7° Aux pécheurs publics et notoires qui meurent dans l'impénitence : tels sont, par exemple, ceux qui vivent publiquement dans l'adultère ou le concubinage. Mais il faut que l'impénitence soit certaine, et tellement publique, tellement scandaleuse, que ce serait un nouveau scandale de rendre, à ceux qui ont été jusqu'au dernier moment rebelles à l'Église et à Dieu, les honneurs qui sont réservés à ceux qui meurent chrétiennement. Dans le doute si on doit ou non les refuser dans tel ou tel cas particulier, si on ne peut recourir à l'évêque, il faut se déclarer pour la sépulture : *In dubio odiosa sunt restringenda.* 8° A ceux qui sont morts dans l'acte du crime, s'ils n'ont pas eu le temps de

---

(1) Décision du ministre de l'intérieur, du 14 août 1804.

témoigner du repentir ; mais il faut que le crime soit public et bien avéré : tel serait le cas d'un assassin qui serait tué par la personne qui se défendrait. 9° A ceux qui, passant publiquement pour ne s'être pas confessés dans l'année et n'avoir pas reçu le sacrement de l'Eucharistie à Pâques, sont morts sans donner aucun signe de contrition. Mais comme aujourd'hui il y a malheureusement un trop grand nombre de personnes qui ne remplissent ni le devoir de la confession annuelle, ni celui de la communion pascale, on est obligé de modifier ce règlement, en restreignant le refus de la sépulture ecclésiastique à celles d'entre elles qui, par impiété, auraient publiquement refusé les sacrements à l'article de la mort. Si, par exemple, le malade avait renvoyé le prêtre, blasphémant en présence de ceux qui l'entouraient, sans que celui-ci pût obtenir de lui parler en particulier avant sa mort, on lui refuserait la sépulture ecclésiastique. Néanmoins, dans le cas où les personnes qui assistaient le moribond affirmeraient qu'avant d'expirer ou de perdre toute connaissance, il a demandé un prêtre ou réclamé les secours de la religion, on pourrait lui donner la sépulture avec les cérémonies et les prières de l'Église. Si le prêtre parle au malade des sacrements en particulier, ce qu'il faut faire autant que possible lorsqu'il n'y a pas de scandale à réparer, et qu'il passe dans l'opinion publique pour s'être confessé, quoiqu'il n'en ait rien fait, on lui donnera la sépulture ecclésiastique (1), à moins qu'il ne se trouve dans un des cas précités où l'on doit la refuser.

637. Pour ce qui regarde les comédiens, aucune loi générale ne les exclut comme tels de la sépulture ecclésiastique : on ne doit donc en priver que ceux qui ont refusé les secours de la religion (2).

---

(1) Statuts des diocèses de Toulouse et de Bordeaux, de l'an 1836; et du diocèse de Périgueux, de l'an 1839. — (2) Voyez le tome I. n° 649; et, ci-dessus, le n° 53.

## TRAITÉ DU SACREMENT DE L'ORDRE.

638. « Si on fait attention à la nature et au caractère des autres
« sacrements, on voit aisément qu'ils dépendent tous en quelque
« sorte du sacrement de l'Ordre; puisque sans l'Ordre les uns ne
« peuvent être administrés, et que les autres ne peuvent l'être avec
« les cérémonies et les rites de l'Église. C'est pourquoi il est *néces-*
« *saire* que les curés, en traitant la matière des sacrements, expli-
« quent avec un soin plus particulier ce qui regarde le sacrement de
« l'Ordre. Cette explication leur sera très-utile à eux-mêmes, aux
« autres clercs, et au peuple : à eux-mêmes, parce qu'en traitant
« cette matière, ils seront plus portés à ranimer en eux la grâce
« qu'ils ont reçue dans ce sacrement; aux autres ecclésiastiques,
« appelés comme eux à l'héritage de Seigneur, parce qu'ils se sen-
« tiront animés du même zèle, et qu'en acquérant la connaissance
« des choses concernant leur vocation, ils pourront plus facilement
« s'élever aux autres degrés de l'Ordination; aux simples fidèles
« enfin, d'abord, parce qu'ils comprendront combien les ministres
« de l'Église sont dignes d'être honorés; et ensuite, parce qu'ils
« seront souvent entendus ou par des parents qui destineront leurs
« enfants au ministère sacré, ou par des jeunes gens qui embrasse-
« ront spontanément l'état ecclésiastique, quand ils le connaîtront
« suffisamment (1). » Cependant, que de paroisses où les fidèles
ignorent complétement ce que c'est qu'un lévite, un prêtre, un évêque! Ne serait-ce pas là une des causes du petit nombre de fidèles
qui aspirent au sacerdoce, et du peu de considération qu'on a pour
le prêtre, pour le ministre de la religion?

# CHAPITRE PREMIER.

*De la Notion et de l'Institution du sacrement de l'Ordre.*

639. Il existe dans la loi nouvelle, d'après l'institution de Jésus-
Christ, un sacerdoce visible, un corps de ministres spécialement

---

(1) Catéchisme du concile de Trente, de Ordinis sacramento, § 1.

chargés d'offrir le sacrifice de la messe, de remettre les péchés et de gouverner l'Église de Dieu ; un état particulier, essentiellement distinct de l'état des laïques ou du commun des fidèles ; une hiérarchie qui comprend différents ordres, comme autant de degrés par lesquels on arrive au sacerdoce. On définit l'*Ordre* ou l'*Ordination* en général, un rite par lequel on reçoit le pouvoir plus ou moins étendu d'exercer les fonctions qui ont rapport au culte de Dieu ; ou, d'une manière plus particulière, un sacrement qui confère, avec la grâce, le pouvoir de consacrer le corps et le sang de Jésus-Christ, d'administrer les sacrements, de prêcher l'Évangile, et d'exercer les fonctions qui ont rapport au culte divin.

640. Il est de foi que l'*Ordre* ou l'*Ordination* est un sacrement. On le prouve par les saintes Écritures, par la tradition constante de l'Église, par l'enseignement des saints Pères, par les décisions des Souverains Pontifes, et par les décrets des conciles, notamment du concile de Trente : « Si quis dixerit Ordinem, sive sacram Or« dinationem, non esse vere et proprie sacramentum a Christo Do« mino institutum ; vel esse figmentum quoddam humanum, exco« gitatum a viris rerum ecclesiasticarum imperitis ; aut esse tantum « ritum quemdam eligendi ministros verbi Dei, et sacramentorum ; « anathema sit (1). » Il est encore de foi qu'outre le sacerdoce, il y a dans l'Église catholique d'autres ordres majeurs et mineurs, par lesquels, comme par certains degrés, on tend au sacerdoce : « Si quis dixerit, præter sacerdotium non esse in Ecclesia catholica « alios ordines, et majores et minores, per quos, velut per gradus « quosdam, in sacerdotium tendatur ; anathema sit (2). »

Le concile de Trente compte sept ordres : le sacerdoce, qui comprend la prêtrise et l'épiscopat qui en est la plénitude, le diaconat, le sous-diaconat, et les ordres d'acolyte, d'exorciste, de lecteur, et de portier. Le sacerdoce, le diaconat et le sous-diaconat sont appelés ordres *majeurs* et *sacrés* ; les quatre autres ordres, *mineurs*. Quoique spécifiquement distincts, ces divers ordres ne constituent génériquement qu'un seul sacrement, parce qu'ils tendent tous au sacerdoce, dont la fin principale est l'oblation du sacrifice, à laquelle ils concourent selon la mesure de pouvoir qui leur est attribuée (3). Quant à la tonsure, elle n'est point un ordre proprement dit, mais une préparation, une disposition aux ordres, *præambulum ad Ordinem*, dit saint Thomas.

---

(1) Concil. Trident. sess. xxiii. can. 3 et cap. 3. — (2) Ibidem. can. 2. — (3) S. Thomas, in 3 sent. dist. 24. quæst. 4. art 2.

Quand on dit qu'il est de foi que l'Ordre est un sacrement, on ne prétend pas parler de tous les ordres ; car l'Église n'a rien défini sur ce sujet. Néanmoins, 1° il est incontestable que le sacerdoce est un sacrement. 2° Il est moralement certain qu'on doit en dire autant du diaconat. 3° Il en est de même, très-probablement, de l'épiscopat. 4° Il est plus probable qu'on ne peut regarder comme sacrement, ni le sous-diaconat, ni les ordres mineurs (1).

## CHAPITRE II.

*De la Matière et de la Forme du sacrement de l'Ordre.*

641. Les docteurs ne sont pas d'accord entre eux sur la matière et la forme du sacrement de l'Ordre. Le plus grand nombre regardent l'imposition des mains comme la seule matière du diaconat, de la prêtrise et de l'épiscopat; et la prière qui accompagne cette imposition, comme la seule forme sacramentelle. D'autres y ajoutent la présentation, qui est faite à celui qui est ordonné, des instruments avec lesquels il doit exercer ses fonctions, et les paroles dont se sert l'évêque en les présentant. Il y a même quelques docteurs qui regardent ce dernier rite comme étant seul essentiel au sacrement. On invoque en faveur du second et du troisième sentiment le décret d'Eugène IV, ainsi conçu : « Sextum sacramentum « est Ordinis, cujus materia est illud per cujus traditionem confertur « Ordo, sicut presbyteratus traditur per calicis cum vino et patenæ « cum pane porrectionem. Diaconatus vero per libri Evangeliorum « dationem. Subdiaconatus vero per calicis vacui cum patena va- « cua superposita traditionem ; et similiter de aliis per rerum ad « ministeria sua pertinentium assignationem. Forma sacerdotii talis « est : Accipe potestatem offerendi sacrificium in Ecclesia pro vivis « et mortuis, in nomine Patris, et Filii, et Spiritus Sancti. Et sic « de aliorum Ordinum formis, prout in Pontificali Romano late « continetur (2). » Suivant ce décret, la présentation des instruments, et les paroles qui l'accompagnent, font au moins partie de la *matière* et de la *forme* du sacrement de l'Ordre.

642. Il est certain que l'imposition des mains est essentielle au

---

(1) Voyez S. Alphonse de Liguori; les Conférences d'Angers, etc., etc. — (2) Decret. ad Armenos.

sacrement. On voit dans l'Écriture que c'est par l'imposition des mains que les Apôtres ordonnaient les évêques, les prêtres et les diacres. Ainsi, les Pères et les conciles se servent des mots *imposition des mains*, pour exprimer l'Ordination des prêtres. Expliquant quel est le ministre du sacrement de l'Extrême-Onction, le concile de Trente dit en termes exprès que ce sont les évêques et les prêtres ordonnés par l'imposition des mains : « Aut episcopi, « aut sacerdotes ab ipsis rite ordinati, *per impositionem manuum* « *presbyterii* (1). » Aussi, dans l'Église grecque, les ordinations, dont la validité n'est point contestée, ne se font que par l'imposition des mains ; à moins qu'on n'admette, avec quelques savants, que la présentation des instruments se pratique aussi chez les Grecs, quoique d'une manière différente et moins explicite que chez les Latins : « L'évêque, dit Bergier (2), assis devant l'autel, met la « main sur la tête de l'ordinand qui est à genoux près de lui, et il « lui applique le front contre l'autel chargé des instruments du « saint sacrifice, en lui disant : *La grâce divine élève ce diacre à* « *la dignité du sacerdoce.* »

Pour ce qui regarde Eugène IV, il est constant qu'il n'exclut point l'imposition des mains du rite sacramentel ; que s'il n'en parle pas dans son Décret, c'est qu'elle était en usage chez les Arméniens comme ailleurs, et qu'il suffisait de leur faire connaître les usages de l'Église romaine, concernant la présentation des instruments, qu'ils ne pratiquaient pas. Quant à ceux qui s'appuient sur ce décret pour soutenir que la présentation des instruments est essentielle au sacrement, on peut leur répondre que les mots *materia* et *forma* ne doivent pas être pris ici dans leur signification rigoureuse, qu'ils expriment seulement que le rite dont il s'agit est une partie *intégrante* du sacrement de l'Ordre, à peu près comme la satisfaction qui suit l'absolution fait partie du sacrement de Pénitence. Autrement, il faudrait dire qu'Eugène IV a défini que le sous-diaconat et les quatre ordres mineurs sont de vrais sacrements : ce qui n'est certainement pas ; puisque, de l'aveu de tous, il est à peine probable que ces divers ordres soient d'institution divine.

Quoi qu'il en soit, il ne peut y avoir de difficulté dans la pratique ; car, vu la diversité des opinions, on observe scrupuleusement tous les rites qui sont regardés par quelques docteurs comme

---

(1) Dictionnaire de Théologie, au mot *Prêtrise*. — (2) Voyez aussi l'ouvrage du P. Morin : *Commentarius de sacris Ecclesiæ ordinationibus*, etc.

essentiels à l'Ordination. Et dans le cas où, par inadvertance, un de ces rites aurait été omis, on aurait soin de le suppléer.

## CHAPITRE III.

### Des Effets du sacrement de l'Ordre.

643. Les principaux effets du sacrement de l'Ordre sont la grâce et le caractère. Il est de foi que ce sacrement nous communique l'Esprit-Saint, et nous imprime un caractère ineffaçable, qui ne permet pas de réitérer jamais l'Ordination : « Si quis dixerit, per « sacram Ordinationem non dari Spiritum Sanctum, ac proinde « frustra episcopos dicere : *Accipe Spiritum Sanctum ;* aut per « eam non imprimi characterem ; vel eum qui sacerdos semel fuit, « laicum fieri posse ; anathema sit (1). » Quoique le sacrement de l'Ordre soit principalement pour le bien et l'avantage de l'Église, il est certain qu'il produit dans l'âme de celui qui le reçoit la grâce sanctifiante, *gratiam sanctificationis*, dit le Catéchisme du concile de Trente (2) ; grâce qui augmente en nous la justice et la charité ; grâce sacramentelle que l'on reçoit par l'imposition des mains, et qui, en nous rendant plus dignes, nous rend par là même plus propres à exercer les fonctions saintes. C'est cette grâce que l'Apôtre avait en vue, lorsqu'il disait à Timothée : « Noli negligere « gratiam, quæ in te est, quæ data est tibi per prophetiam, cum « impositione manuum presbyterii (3). » Et ailleurs : « Admoneo te, « ut resuscites gratiam Dei, quæ est in te per impositionem ma- « nuum mearum (4). » La grâce que confère ce sacrement n'est point ce qu'on appelle la première grâce sanctifiante, qui d'un pécheur fait un juste ; c'est la seconde grâce, qui rend un juste plus juste encore. Ce n'est que *par accident*, comme on dit dans l'école, qu'il confère quelquefois la première grâce (5).

644. La grâce n'est pas la même dans tous ceux qui la reçoivent ; elle varie suivant les dispositions du sujet : le caractère, au contraire, est le même dans tous. Une autre différence entre le caractère et la grâce, c'est que celle-ci peut se perdre, tandis que le

---

(1) Concil. Trident. sess. XXIII. can. 4. — (2) De Ordinis sacramento, § 57. — (3) I. Timoth. c. 4. v. 14. — (4) II. Timoth. c. 1. v. 6. — (5) Voyez, ci-dessus, le n° 22.

caractère ne se perd jamais : il est indélébile. Il est impossible qu'un prêtre cesse d'être prêtre ; les diverses condamnations qu'il peut subir, la déposition, la dégradation, lui font perdre, il est vrai, le droit d'exercer les fonctions de son ordre ; mais elles ne peuvent lui ôter le caractère qu'il a reçu. Il en est de même du pouvoir d'Ordre, inhérent au caractère : il est inamissible. Ainsi, un prêtre, quelque indigne qu'on le suppose, peut toujours consacrer validement le corps et le sang de Jésus-Christ ; et un évêque schismatique, hérétique, apostat ou déposé, pourrait toujours conférer validement les Ordres et la Confirmation. Il en est encore de même, non de la juridiction qui est attachée à un titre et qui se perd avec ce titre, mais de l'aptitude, de l'habilité à recevoir la juridiction.

Il n'y a que les Ordres qui participent à la nature du sacrement qui produisent la grâce sacramentelle et impriment le caractère. Ainsi, quoique le sous-diaconat forme un lien qui ne permet pas à celui qui l'a reçu de rentrer dans l'état séculier, comme il est plus probable qu'il n'est point un sacrement, il est par là même plus probable qu'il ne produit ni le caractère ni la grâce sacramentelle.

## CHAPITRE IV.

### *Du Ministre du sacrement de l'Ordre.*

645. Les évêques seuls sont les ministres ordinaires du sacrement de l'Ordre. Telle est la doctrine du concile de Trente, fondée sur la tradition générale et constante de l'Église, ainsi que sur l'autorité des livres saints, où l'on ne voit aucune ordination qui n'ait été faite par les Apôtres, dont les évêques sont les successeurs : « Sacrosancta synodus declarat, præter cæteros ecclesiasticos gra- « dus, episcopos, qui in Apostolorum locum successerunt, ad hunc « hierarchicum ordinem præcipue pertinere ; et positos, sicut idem « apostolus ait : A Spiritu Sancto, regere Ecclesiam Dei ; eosque pres- « byteris superiores esse ; ac sacramentum Confirmationis conferre ; « *ministros Ecclesiæ ordinare ;* atque alia pleraque peragere ipsos « posse *quarum functionum potestatem reliqui inferioris Ordi-* « *nis nullam habent* (1). Ils sont même ministres nécessaires du diaconat, de la prêtrise et de l'épiscopat : seuls, exclusivement à tout autre, ils peuvent ordonner les évêques, les prêtres et les dia-

---

(1) Concil. Trident. sess. XXIII. cap. 4 et can. 7.

cres. Quant au sous-diaconat, on tient communément que le Souverain Pontife peut déléguer un simple prêtre pour le conférer. Il en est de même, à plus forte raison, des Ordres mineurs, et de la tonsure, qui n'est pas un ordre proprement dit. Aussi, les abbés ont le droit de conférer la tonsure et les Ordres mineurs aux réguliers soumis à leur juridiction. Mais il n'est pas moins vrai de dire que l'évêque seul est le ministre ordinaire, même des Ordres inférieurs.

646. Tout évêque peut conférer validement les Ordres à quelque sujet que ce soit; mais il ne le peut pas toujours licitement. L'Église veut que chacun soit ordonné par son propre évêque, même pour ce qui regarde la tonsure : « Unusquisque autem, dit le concile « de Trente, a proprio episcopo ordinetur. Quod si quis ab alio pro« moveri petat, nullatenus id ei, etiam cujusvis generalis aut spe« cialis rescripti vel priveligii prætextu, etiam statutis temporibus « permittatur; nisi ejus probitas ac mores Ordinarii sui testimonio « commendentur : si secus fiat, ordinans a collatione Ordinum per « annum, et ordinatus a susceptorum Ordinum executione, quandiu « proprio Ordinario videbitur, sit suspensus (1). »

Mais quel est le propre évêque relativement à l'Ordination? Selon le droit (2), un évêque peut être le propre évêque d'un sujet à quatre titres, savoir : ou parce que le sujet a pris naissance dans son diocèse, ou parce qu'il y a son domicile, ou parce qu'il y possède un bénéfice, ou enfin parce qu'il est un de ses familiers. Ainsi, un évêque peut ordonner : 1° ceux de ses diocésains qui sont nés dans son diocèse; et lorsqu'un homme a pris naissance dans un diocèse étranger, à l'occasion du voyage ou du séjour temporaire de ses parents, qui n'y ont pas leur domicile de droit, ce n'est point l'évêque de ce diocèse qui est son propre évêque par rapport à l'ordination, mais bien l'évêque du diocèse où est le domicile de ses parents : « Subditus ratione originis, dit le pape Innocent XII, « is tantum sit ac esse intelligatur, qui naturaliter natus est in illa « diœcesi in qua ad Ordines promoveri desiderat, dummodo tamen « ibi natus non fuerit accidenti occasione, nimirum itineris, officii, « legationis, mercaturæ, vel cujusvis alterius temporalis moræ seu « permanentiæ ejus patris in illo loco : quo casu nullatenus ejus« modi fortuita nativitas, sed vera tantum et naturalis patris origo « erit attendenda (3). » 2° Celui qui a un bénéfice dans son diocèse,

---

(1) Sess. XXIII, de Reformatione, cap. 8. — (2) Cap. *cum Nullus*, in 6°; concil. Trident. ibid. cap. 6. — (3) Bulla *Speculatores*.

lorsque ce bénéfice est suffisant pour son entretien. 3° Celui qui a fixé son domicile dans son diocèse, c'est-à-dire celui qui y a établi son habitation, non pour un certain temps, mais avec l'intention d'y demeurer toujours, quand même il n'y aurait pas longtemps qu'il y serait arrivé : « Ille est subditus ratione domicilii, qui adeo « stabiliter domicilium suum in aliquo loco constituit ut suum per- « petuo ibi manendi animum demonstraverit (1). » 4° Celui qui a été son familier pendant trois années entières et consécutives, encore qu'il ne soit pas son diocésain ; mais à condition que l'évêque qui l'ordonne lui procurera aussitôt un bénéfice. Telles sont les dispositions du droit, auxquelles se trouvent conformes plusieurs conciles de France, entre autres les conciles de Sens, de l'an 1528 ; d'Aix, de l'an 1585 ; et de Narbonne, de l'an 1609.

647. « Si quelqu'un disait, ajoute le Rédacteur des *Conférences* « *d'Angers,* que les assemblées générales du clergé de France ont « réglé que, pour l'Ordination, on n'aurait égard qu'à l'évêque du « lieu de la naissance, et non pas à celui de la demeure ou du bé- « néfice ; et que par conséquent, suivant l'usage de l'Église de « France, l'évêque de la naissance est le seul qui puisse passer pour « le propre évêque, on ne se croirait pas obligé d'accorder cette con- « séquence, parce qu'on n'est pas persuadé que ces sortes d'assem- « blées du clergé aient le pouvoir de faire de nouvelles lois ecclésias- « tiques, ni d'abroger ou de changer celles qui sont faites, et qui « sont approuvées par l'Église universelle (*les assemblées géné-* « *rales du clergé de France n'avaient pas l'autorité des conciles* « *généraux*). Mais il n'est pas nécessaire d'entrer en cette discus- « sion puisque, dans les assemblées du clergé, on n'a pas arrêté « que les évêques ne pourraient conférer les Ordres qu'à ceux qui « seraient nés dans leurs diocèses, et qu'on y est seulement convenu « d'écrire une lettre circulaire à tous les évêques de France, pour « les *exhorter* à en user de la sorte ; ce qui paraît par les délibéra- « tions des assemblées de 1635, de 1655, de 1660 et de 1665. On « ne doit donc pas dire que les évêques de France ne peuvent lici- « tement conférer les Ordres qu'à ceux qui sont nés dans leurs dio- « cèses ; et s'il arrivait que l'on reçût les Ordres de son évêque de « domicile ou de bénéfice, on n'encourrait pas les censures portées « contre ceux qui se font ordonner par un évêque étranger (2). » Ainsi, comme un simple fidèle devient diocésain de l'évêque dans

---

(1) Innocent XII, bulla *Speculatores*. — (2) Conférence II° sur le sacrement de l'Ordre, quest. 3.

le diocèse duquel il a fixé son domicile sans esprit de retour, *cum animo ibi perpetuo manendi*, cet évêque peut l'ordonner comme *sien*, sans la permission de l'évêque du lieu d'*origine*. Mais l'ordinand doit toujours présenter des lettres testimoniales de la part de l'évêque du diocèse où il est né, constatant qu'il n'y a pas d'empêchement canonique à son ordination : « Ordinandus debet sem-
« per habere litteras testimoniales ab episcopo originis, etiamsi in
« ætate infantili ab illius diœcesi discesserit, saltem ad testifican-
« dum de natalibus ac ætate, prout a sacra congregatione refert
« P. Zacharia (1). »

648. Pour ce qui regarde les réguliers, ils doivent recevoir les Ordres de l'évêque du lieu où ils ont leur monastère. Ils sont dispensés de recourir à l'évêque du lieu de leur naissance, auquel ils ont cessé d'appartenir par la profession religieuse : ils ne sont ordonnés par celui-ci qu'autant qu'ils résident, comme religieux, dans le diocèse où ils sont nés. Il en est de même des réguliers, qui ne sont attachés à aucun monastère : ils doivent être ordonnés par l'évêque du diocèse où se trouve la maison à laquelle ils appartiennent (2). Il ne s'agit que des réguliers profès ; les novices ne sont pas exempts de la loi commune : ils doivent par conséquent être ordonnés ou par l'évêque du lieu de leur naissance, ou par l'évêque du diocèse où ils ont leur domicile de droit. Il ne faut pas non plus confondre les réguliers ou religieux proprement dits avec les membres d'une congrégation où l'on ne fait pas de vœux : ils restent soumis, quant à l'ordination, à leur propre évêque d'*origine* ou de domicile, conformément à ce qui vient d'être dit.

649. Un évêque peut ordonner un sujet étranger, muni d'une *excorporation* ou d'un *dimissoire* de la part de son propre évêque. Dans le premier cas, l'évêque qui ordonne, *incorpore* le sujet à son diocèse, le fait *sien*, et le soumet à sa juridiction ; dans le second, il n'ordonne que par délégation, et le sujet qui reçoit les Ordres demeure soumis à l'évêque qui *l'a envoyé*. On doit se conformer strictement à ce qui est porté dans le *dimissoire*, pour le temps, pour les Ordres à recevoir, et pour l'évêque qui est autorisé à faire l'Ordination. Si les lettres dimissoriales sont limitées à un certain temps, elles expirent au terme fixé ; si elles sont adressées en général à tout évêque conservant la communion avec le saint-siége, alors on peut recevoir les Ordres qui sont exprimés de tout

---

(1) S. Alphonse de Liguori, lib. vi. n° 787 ; Lacroix, lib. vi. part. ii. n° 2251.
— (2) Concil. Trident. sess. xxiii, de Reformatione, cap. 10.

évêque catholique ; si elles sont adressées spécialement à un seul évêque, on ne peut être ordonné que par celui qui est désigné ; si elles sont adressées à tel évêque spécialement et à tout autre avec sa permission, on ne pourra être ordonné que par lui ou par celui qu'il aura désigné lui-même.

650. C'est l'évêque propre de l'ordinand, celui qui a le droit de l'ordonner, qui peut lui donner des lettres dimissoriales ; les grands vicaires n'ont ce pouvoir qu'autant qu'il est formellement exprimé dans leurs lettres. Quant aux vicaires capitulaires, ils peuvent donner des lettres dimissoriales, mais seulement après que le siège épiscopal a vaqué pendant un an, ou lorsqu'un diocésain est pressé de recevoir les Ordres à raison d'un bénéfice dont il est pourvu, ou auquel il a droit (1). Pour ce qui concerne les réguliers, si l'évêque diocésain par lequel ils doivent être ordonnés est absent ou ne fait pas d'ordination, ils peuvent être ordonnés par un autre évêque, en vertu d'un dimissoire émané de leurs supérieurs ; mais alors ils doivent être munis d'une attestation de leur évêque ou de son vicaire général, ou de son secrétaire, portant que, dans le diocèse où ils ont leur monastère, on ne donne pas les Ordres. Les supérieurs des maisons religieuses ne doivent pas, à dessein d'éluder les règlements, attendre ni le temps de l'absence de leur évêque, ni le temps où il ne confère pas les Ordres, pour faire ordonner leurs religieux par un autre évêque : cela leur est défendu sous des peines graves (2).

Un dimissoire n'expire point par la mort de l'évêque qui l'a donné (3). Ainsi, l'ordination faite sur un dimissoire, même après la mort ou la démission de celui qui l'a accordé, doit être regardée comme canonique.

Un évêque ne doit tonsurer ou ordonner un sujet qu'après s'être assuré, par tous les moyens possibles, que l'ordinand a rempli toutes les formalités prescrites par les canons, et qu'il est tout à la fois digne et capable de recevoir les Ordres pour lesquels il se présente. Il est obligé de l'examiner ou de le faire examiner avant de l'ordonner. Les réguliers, quoique munis de lettres testimoniales et d'un certificat d'études, ne sont point dispensés de cet examen :

---

(1) Concil. Trident. sess. vii, de Reformatione, cap. 10. — (2) Voyez S. Alphonse de Liguori, lib. vi. n° 768, et la Constitution de Benoît XIV, *Impositi nobis*, de l'an 1747. — (3) S. Alphonse de Liguori, lib. vi. n° 787 ; de la Luzerne, le Rédacteur des Conférences d'Angers, Rébuffe, Navarre, Zérola, Sanchez, Bonacina, Suarez, Sylvius, Henriquez, Cabassut, etc.

« Regulares quoque nec in minori ætate, nec sine diligenti episcopi
« examine ordinentur (1). »

## CHAPITRE V.

*Du Sujet du sacrement de l'Ordre.*

651. Les hommes seuls peuvent recevoir les Ordres; les femmes sont absolument incapables de toute ordination; et un homme ne peut être validement ordonné qu'après avoir reçu le Baptême; l'ordination même d'un catéchumène serait nulle. L'Église exige aussi que l'on ne donne la tonsure qu'à ceux qui ont été confirmés; mais la confirmation n'est nécessaire que de nécessité de précepte ecclésiastique : celui qui reçoit la tonsure et les Ordres sans être confirmé, commet une faute grave; mais il n'en est pas moins validement ordonné. Quant à ce qui regarde l'ordination des enfants qui n'ont pas encore l'usage de raison, les uns pensent qu'elle serait nulle; les autres, au contraire, enseignent qu'elle est valide, ajoutant toutefois que celui qui a été ainsi ordonné n'a point contracté les obligations qu'entraîne l'ordination. Ce second sentiment est le plus généralement reçu ; et Benoît XIV le regarde comme certain. En effet, nous lisons dans l'*Instruction* de ce Pape *sur les Rites des Cophtes* : Concordi theologorum et canonistarum suffragio
« definitum est *validam* sed *illicitam* censeri hanc ordinationem,
« dummodo nullo laboret substantiali defectu materiæ, formæ, et
« intentionis in episcopo ordinante; non attenta contraria sententia,
« quæ raros habet asseclas, et quæ supremis tribunalibus et con-
« gregationibus Urbis nunquam arrisit. Æque tamen certum et
« exploratum est, per hanc Ordinum collationem, non subjici
« promotos obligationi servandæ castitatis, nec aliis oneribus ab
« Ecclesia impositis; cum electio status a libera cujusque pendeat
« voluntate, et Altissimo nostra, non autem aliena, vota reddere
« teneamur (2). »

Il ne suffit pas d'avoir l'usage de raison pour être admis à l'Ordination ; il faut être appelé de Dieu, et observer en tout les lois de l'Église concernant l'Ordination.

---

(1) Concil. Trident. sess. xxiii. cap. 12; sess. vii. cap. 11. — (2) Instructio super dubiis ad Ritus Ecclesiæ et nationis Cophtorum.

## ARTICLE I.

### *De la Vocation à l'état ecclésiastique.*

**652.** Pour entrer dans la cléricature et arriver au sacerdoce, il faut être appelé de Dieu : la nécessité d'une vocation divine ne peut être contestée. L'exemple des pontifes de l'ancienne loi, des Apôtres, de Jésus-Christ lui-même, qui n'est entré en possession de son sacerdoce que par la volonté de son Père ; la doctrine de tous les siècles de l'Église, sa discipline constante, et son attention dans le choix de ses ministres, tout montre qu'il n'est pas permis de s'introduire dans le ministère des autels sans l'ordre du Seigneur. « Nec quisquam sumit sibi honorem, dit saint Paul, sed qui voca« tur a Deo, tanquam Aaron. Sic et Christus non semetipsum clari« ficavit ut pontifex fieret ; sed qui locutus est ad eum : Filius meus « es tu (1). » Ce serait une usurpation de s'ingérer de soi-même dans les fonctions saintes : « Amen amen dico vobis : qui non intrat per « ostium in ovile ovium, sed ascendit aliunde, ille fur est et latro. « Qui autem intrat per ostium, pastor est ovium... Ego sum ostium; « per me si quis introierit, salvabitur (2). » Aussi les Pères regardent comme un crime digne des plus terribles anathèmes, la démarche de ceux qui ne craignent pas de se constituer les ministres de Dieu sans vocation : « Quicumque, dit saint Augustin, se in epis« copatus aut presbyteratus aut diaconatus officium impudenter co« nantur ingerere, quomodo cumbusti sunt Core, Dathan et Abiron « in corpore, sic isti exurentur in corde (3). » C'est donc une obligation pour tous ceux qui se destinent à l'état ecclésiastique, d'examiner sérieusement leur vocation avant que de prendre aucun engagement. L'affaire est importante : leur salut éternel, ainsi que le salut du peuple chrétien, en dépend, dit saint Alphonse (4).

Mais comment connaître si on est appelé à l'état ecclésiastique ? Il y a des marques auxquelles on peut le reconnaître. Les marques d'une vraie vocation sont : l'inclination, la pureté d'intention, la sainteté, l'esprit ecclésiastique, la science, et l'appel de l'évêque, joint au suffrage des fidèles.

**653.** 1° *L'inclination* : La première marque est une inclination soutenue pour l'état ecclésiastique ; c'est un attrait intérieur dont on

---

(1) Hebr. c. 5. v. 4, etc. — (2) Joan. c. 10. v. 1, etc. — (3) Serm. 98. — (4) Lib. vi. n° 802.

ne se rend pas compte, un penchant comme inné qui nous porte vers le sanctuaire, un goût sensible et prononcé pour les fonctions sacerdotales. Quand cet attrait est calme, fort et constant, s'il est d'ailleurs accompagné d'une certaine aptitude à faire ce qui a rapport au culte divin, on peut le regarder comme venant de Dieu, comme une voix secrète par laquelle il fait connaître qu'il destine tel ou tel au service des autels. Mais celui qui n'a pas d'inclination pour l'état ecclésiastique, ni d'aptitude à en remplir les fonctions, ne peut, sans témérité, recevoir les Ordres sacrés. Le sacerdoce nous impose des obligations pénibles et multipliées. Or, comment pourra-t-on s'en acquitter dignement, si on n'en porte pas le goût dans le fond de son cœur? Dans aucun état, on ne fait bien que ce que l'on aime à faire : ce qui s'applique particulièrement à notre état, sans contredit le plus difficile à bien remplir. Aussi, on ne saurait trop déplorer l'aveuglement de certains parents qui, par des vues d'intérêt, forcent un jeune homme à se présenter à l'Ordination, malgré sa répugnance ou son défaut d'attrait pour le saint ministère.

654. 2° *La pureté d'intention* : c'est-à-dire, le désir de travailler exclusivement à la gloire de Dieu et au salut des âmes. C'est pour cette double fin que Jésus-Christ est venu sur la terre, et qu'il a établi son sacerdoce. Il est nécessaire qu'un lévite soit dégagé de toutes vues humaines : celui qui s'acheminerait vers le sanctuaire, ou pour se soustraire au service militaire, ou pour se procurer une aisance qu'il ne trouve pas dans sa famille, ou pour satisfaire son ambition, ne serait point appelé de Dieu. Celui qui se recherche lui-même, ne trouvera point le Seigneur : et que pourra-t-il faire s'il n'est pas avec Dieu, ou si Dieu n'est pas avec lui?

655. 3° *La sainteté :* Il faut être saint pour s'engager dans l'état ecclésiastique : « Quis ascendet in montem Domini? aut quis « stabit in loco sancto ejus? Innocens manibus et mundo corde (1). » Voici ce que dit l'Apôtre, écrivant à Timothée : « Oportet episcopum « *irreprehensibilem* esse,... sobrium, prudentem, ornatum, pudi- « cum, hospitalem, doctorem, non vinolentum, non percussorem, « sed modestum, non litigiosum, non cupidum... Non neophytum, « ne in superbiam elatus, in judicium incidat diaboli. Oportet au- « tem illum et testimonium habere bonum ab iis qui foris sunt, ut « non in opprobrium incidat et in laqueum diaboli. Diaconos si- « militer *pudicos*, non bilingues, non multo vino deditos, non « *turpe lucrum* sectantes : habentes mysterium fidei in conscientia

(1) Psal. 23. v. 3 et 4.

« *pura. Et hi autem probentur primum*, et sic ministrent *nullum crimen* habentes (1). » — « Exemplum esto fidelium, in verbo, in conversatione, in charitate, in fide, in *castitate* (2). » — « Habentes autem alimenta et quibus tegamur, his contenti sumus. Nam qui volunt divites fieri, incidunt in tentationem, et in laqueum diaboli, et desideria multa inutilia et nociva, quæ mergunt homines in interitum et perditionem. Radix enim omnium malorum est cupiditas : quam quidam appetentes erraverunt a fide, et inseruerunt se doloribus multis. Tu autem, *o homo Dei*, hæc fuge : sectare vero justitiam, pietatem, fidem, charitatem, patientiam, mansuetudinem. Certa bonum certamen fidei, apprehende vitam æternam, in qua vocatus es, et confessus bonam confessionem coram multis testibus (3). » Ailleurs : « Oportet episcopum sine crimine esse, sicut Dei dispensatorem; non superbum, non iracundum, non vinolentum, non percussorem, non turpis lucri cupidum; sed hospitalem, benignum, sobrium, justum, *sanctum*, continentem (4). » Ce que dit saint Paul de la piété, des vertus et de la sainteté nécessaires à l'évêque et au diacre, les Pères et les conciles l'appliquent constamment aux prêtres et aux autres clercs, dans une juste proportion.

656. Les Ordres sacrés exigent la sainteté dans ceux qui les reçoivent : « Sanctitas vitæ requiritur ad Ordinem, » dit Saint Thomas. » Par l'ordination, ils deviennent médiateurs entre Dieu et son peuple ; ils doivent donc être saints et devant Dieu et devant les hommes : devant Dieu, par la pureté de leur conscience ; devant les hommes, par une réputation sans tache : « Efficiuntur medii inter Deum et plebem; et ideo debent bona conscientia nitere quoad Deum, et bona fama quoad homines (5). » Et cette sainteté doit être une sainteté non commune : « Ad idoneam executionem Ordinum non sufficit bonitas qualiscumque, sed requiritur bonitas *excellens*; ut sicut illi qui Ordinem suscipiunt, super plebem constituuntur gradu Ordinis, ita et superiores sint *merito sanctitatis* (6). » Aussi, après avoir fixé l'âge auquel on peut recevoir les Ordres sacrés, le concile de Trente ajoute : « Sciant tamen Episcopi non singulos in ea ætate constitutos debere ad hos Ordines assumi; sed dignos duntaxat et quorum *probata vita senectus sit* (7). » On ne doit, dit le catéchisme romain, conférer le

---

(1) I. Timoth. c. 3. v. 2, etc. — (2) Ibidem. c. 4. v. 12. — (3) Ibidem. c. 6. v. 8, etc. — (4) Tit. c. 1. v. 7, etc. — (5) Suppl. quæst. 36. art. 1. — (6) ibidem. quæst. 35. art. 1. — (7) Sess. xxiii, de Reformatione, cap. 12.

ministère sacré qu'à ceux qui peuvent en remplir les fonctions par la sainteté de leur vie, par leur science, leur foi et leur prudence : « Hujus tanti officii onus nemini temere imponendum est ; sed iis « tantum qui illud *vitæ sanctitate, doctrina, fide, prudentia* susti- « nere possint (1). »

657. Il n'est pas nécessaire, pour recevoir les Ordres sacrés, d'avoir conservé l'innocence première ; mais il faut, de toute nécessité, que celui qui a eu le malheur de la perdre l'ait recouvrée par la pénitence, et soit tellement affermi dans la vertu, dans la crainte de Dieu, qu'un directeur éclairé puisse prudemment juger ou du moins espérer, ou qu'il ne retombera pas dans le péché mortel, ou que, s'il y retombe, il se relèvera aussitôt, et ne contractera jamais aucune habitude criminelle, aucune de ces habitudes qui le rendraient indigne de monter à l'autel. Il faut, par conséquent, que celui qui a vécu un certain temps dans l'état du péché soit éprouvé, et que, pendant les épreuves, on remarque en lui une foi vive, une grande crainte de Dieu, de l'horreur pour le crime, pour le sacrilége, et, en outre, une volonté forte et bien prononcée de ne jamais commettre le péché de propos délibéré, de quelque genre et quelque léger qu'il soit. Ne dites pas que nous allons trop loin ; que si on exigeait d'aussi grandes dispositions, on ne trouverait plus assez de prêtres pour le ministère pastoral ; car, comme le dit saint Thomas, Jésus-Christ n'abandonnera point son Église, et il vaut mieux avoir peu de prêtres qui soient bons et vertueux, que d'en avoir beaucoup qui n'aient pas l'esprit de leur état : « Melius « esset habere paucos ministros bonos quam multos malos (2). » C'est aussi la pensée du pape Innocent III : « Satius est, maxime « in Ordinatione sacerdotum, paucos bonos quam multos malos ha- « bere ministros (3). »

658. Ainsi, on doit éloigner des Ordres sacrés, non-seulement ceux qui ont commis quelque grand scandale ou quelque grand crime, comme l'homicide, l'adultère, mais encore ceux qui n'ont pas une chasteté éprouvée : « Nemo ad sacrum Ordinem permitte- « tur accedere, nisi aut virgo, aut probatæ castitatis (4). » De là nous tirons les conclusions suivantes, dont nous laissons toutefois l'application à la prudence d'un directeur éclairé : 1° Qui jam puberes turpia perpetrarunt cum aliis personis, sive ejusdem,

---

(1) Catech. concil. Trid. de Ordinis sacramento, § 3. — (2) Suppl. quæst. 36. art. 4. — (3) Caput *Cum sit ars*, etc. Concil. Latran, IV. — (4) Decretal. lib. I. tit. 13. cap. 9.

sive alterius sexus, non semel aut iterum et quasi ex inopinatis occursibus, sed voluntarie, deliberate, frequenter et per longum tempus, a statu ecclesiastico repelli debent, dit Mgr Bouvier, évêque du Mans, nisi forte extraordinaria conversionis, pietatis et castitatis exhibeant signa, nec non iis præditi sint dotibus quibus judicetur eos futuros esse perutiles Ecclesiæ (1). » On suppose une épreuve suffisante, une épreuve de plusieurs années, continue le même prélat, dont l'expérience et l'autorité sont d'un grand poids : 2° Qui aliquoties tantum cum mulieribus peccata luxuriæ *consummarunt*, a ministerio sacro communiter excludendi sunt, propter pericula quæ in illo exercendo necessario invenirent; ad Ordines sacros igitur non admittendi sunt, nisi forte in monasterio, in collegio vel in alio loco a mulieribus sejuncto vitam agere debeant, aut nisi tanta conversionis præbeant indicia, ut periculum relabendi judicatur improbabile (2). Il faut encore ici une épreuve de plusieurs années. *Aliquoties* : combien de fois? Nous pensons qu'une seule fois suffit, si la faute a été préméditée, pleinement délibérée, à moins que l'ordinand n'ait conçu la plus vive horreur pour tout ce qui peut blesser la modestie, ou être pour lui une occasion quelconque de retomber dans le péché. 3° Qui nunquam prædicta (luxuriæ cum mulieribus) consummarunt peccata, sed vehementer inclinantur ad mulieres, libenter cum illis jocose loquuntur, nimia familiaritate utuntur, turpes cogitationes inde nascentes non ægre ferunt, eis quandoque adhærent, non apparent ferventes, neque in studio, neque in oratione, neque in aliis piis exercitiis, a sacris Ordinibus arceantur : in periculis sacri ministerii naufragium facerent. 4° Qui inveteratam habuerunt consuetudinem in incontinentias secretas incidendi, onus perpetuæ castitatis non nisi imprudenter sibi imponerent, nisi a pluribus annis sincere conversi, non solum se contineant, sed sobrii sint, vigiles, laboriosi, a mundanis oblectamentis alieni, graves, modesti, pii et ferventes. 5° Qui in hujusmodi incontinentias quandoque relabuntur, sive in seminario, sive tempore feriarum (vacances), etiamsi tam inveteratam consuetudinem sic peccandi non habuissent, probandi sunt donec diutius se continuerint et ferventius vivant (3). Quelle sera la durée de cette épreuve? Si le sujet n'est retombé qu'une fois ou deux, plutôt par faiblesse que de propos délibéré, et qu'il soit vivement touché de sa faute, nous pensons que l'espace de six mois entre la dernière rechute et le sous-

---

(1) Tract. de Ordine, cap. 7. art. 2. — (2) Ibidem. — (3) Ibidem.

diaconat peut absolument suffire ; mais, généralement, il faudrait au moins un an, s'il était retombé facilement, sans avoir fait d'efforts pour résister. Il peut certainement être digne de l'absolution la veille de l'ordination, et même immédiatement après sa rechute ; mais autre chose est de recevoir le sacrement de Pénitence, autre chose évidemment de prendre des engagements irrévocables et de faire le vœu perpétuel de chasteté. On doit y faire attention, pour ne pas tomber dans une erreur qui serait aussi funeste aux ordinands qu'à l'Église (1).

659. 4° *L'esprit ecclésiastique :* Cet esprit comprend un désir ardent pour la gloire de Dieu et le salut des âmes, le dévouement pour les intérêts de la religion et de l'Église catholique, apostolique, romaine ; l'amour de la retraite, de la prière et de l'étude ; l'esprit de sagesse et de subordination ; le détachement des biens, des honneurs et des plaisirs de ce monde, en un mot, l'abnégation de soi-même. Celui qui n'a pas l'esprit ecclésiastique n'a ni la perfection, ni la sainteté nécessaire à notre état ; il ne peut donc être admis aux Ordres sacrés. Ainsi, on éloignera du sous-diaconat celui qui ne remplit ses devoirs de séminariste que par manière d'acquit, *ad oculum servientes ;* celui qui n'a pas de goût pour la prière ou pour l'étude ; celui qui vit habituellement dans la dissipation, ou qui, étant vain, orgueilleux, colère, emporté, n'a rien fait pour se corriger ; celui dont la conduite, pendant les vacances, annonce un esprit mondain, ou de la passion pour le jeu. On éloignera aussi les jeunes gens d'un caractère opiniâtre, singulier, original, ceux chez lesquels on remarque des travers d'esprit : ils ne peuvent généralement que compromettre la dignité du sacerdoce, du moins lorsqu'ils exercent le ministère pastoral.

660. 5° *La science :* « Labia enim sacerdotis custodient scientiam, « et legem requirent ex ore ejus ; quia angelus Domini exercituum « est (2). » Le degré de science convenable aux Ordres qu'on a reçus, aux emplois qu'on occupe dans l'Église, aux divers offices qu'on y remplit, est d'une obligation si étroite pour les clercs, que l'Église elle-même ne peut en dispenser. Et, pour ce qui regarde les ordinands qui se préparent à la prêtrise, le concile de Trente exige qu'ils soient examinés et jugés capables d'instruire le peuple des choses nécessaires à tous pour le salut, et d'administrer les sacrements aux fidèles. « Ad populum docendum ea quæ scire om-

---

(1) Voyez S. Alphonse, lib. vi. n° 63 ; Benoît XIV, de Synodo diœcesana, etc ; les Conférences d'Angers, sur les *États*, etc. — (2) Malach. c. 2. v. 7.

« nibus necessarium est ad salutem, ad administranda sacramenta, « diligenti examine præcedente, idonei comprobentur (1). » Or, s'ils sont obligés d'enseigner aux fidèles ce qu'ils doivent savoir pour faire leur salut, il faut nécessairement qu'ils soient instruits de la doctrine de l'Église, concernant le dogme, la morale et le culte divin. C'est une témérité de prétendre pouvoir, sans cette science, donner des avis salutaires et des instructions exactes en matière de religion. Comment pourront-ils faire connaître au peuple la nature et les effets des sacrements, et les dispositions nécessaires pour les recevoir avec fruit, s'ils ne les connaissent pas eux-mêmes d'une manière toute particulière? On n'exige pas le même degré de science pour tous; mais il est indispensablement nécessaire que tous ceux qui se présentent aux Ordres sacrés, pour exercer un jour les fonctions pastorales, aient donné des preuves non équivoques de leur capacité, de leur aptitude à acquérir la science compétente dont nous avons parlé plus haut (2). Un évêque n'admet point au sous-diaconat, ni celui qui n'a que de la mémoire, sans pénétration, sans jugement; ni celui qui, sans être dépourvu de bon sens, n'a pas de mémoire, ne peut, moralement parlant, rien apprendre par cœur : l'un et l'autre sont incapables de diriger et d'instruire convenablement les fidèles. Il n'admettrait pas non plus, pour le ministère sacré, celui qui n'aurait pas de goût pour la science ecclésiastique, quel que fût son talent, et quelques dispositions qu'il eût pour les sciences profanes : « Quia tu scientiam « repulisti, et ego repellam te, sacerdotio ne fungaris mihi (3). »

661. Nous ferons remarquer ici que, l'étude étant nécessaire à un prêtre pour conserver et développer les connaissances acquises avant l'Ordination, c'est un devoir pour l'évêque de tenir à ce que les conférences qu'il a organisées, dans son diocèse, sur la théologie dogmatique, morale et canonique, soient régulièrement suivies par les curés et les confesseurs, ou d'interroger ceux d'entre eux qui, en négligeant d'étudier les choses saintes, deviennent incapables, ou donnent à douter s'ils ont les connaissances nécessaires pour remplir leurs fonctions; car c'est sous la responsabilité de l'évêque qu'un prêtre exerce le ministère sacré (4).

662. 6° *L'appel de l'évêque* : Chargés du dépôt de la foi, c'est aux évêques qu'il appartient de le perpétuer dans l'Église, en y

---

(1) Sess. XXIII. cap. 14, de Reformatione. — (2) Voyez, ci-dessus, le n° 510. — (3) Osée, c. 4. v. 6. — (4) Voyez S. Alphonse de Liguori, lib. VI. n° 792; Benoît XIV, Instit. IX.

perpétuant le sacerdoce de Jésus-Christ. En les établissant pour gouverner l'Église de Dieu, l'Esprit-Saint leur a confié le choix des ministres qui doivent coopérer avec eux à la sanctification des peuples. Aussi, comme l'enseigne le concile de Trente, un évêque ne doit ordonner que ceux qu'il aura jugés utiles ou nécessaires à ses églises : « Nullus debet ordinari, qui, *judicio sui episcopi,* non « sit utilis aut necessarius suis ecclesiis (1). » Mais il n'est pas nécessaire que l'évêque juge par lui-même des dispositions intellectuelles et morales des ordinands ; il ne peut, généralement, les connaître que par ceux qu'il a chargés de la direction de son séminaire. C'est au séminaire que les jeunes gens examinent et éprouvent leur vocation ; c'est là qu'on juge s'ils doivent être appelés à l'examen ; c'est là qu'après les examens, dans le silence de la retraite, ils se décident sur l'avis de leur directeur de conscience, auquel ils sont obligés de faire connaître tous les secrets de leur cœur, leurs dispositions, leurs penchants, leurs inclinations, les vues qu'ils se proposent, les motifs qui les ont conduits jusqu'à la porte du sanctuaire. Si alors le directeur dit à un ordinand qu'il le croit appelé de Dieu, qu'il avance et avec crainte et avec confiance : « Qui ti- « ment Dominum, speraverunt in Domino ; adjutor eorum et pro- « tector eorum est (2). » Si, au contraire, il ne le croit pas appelé, il doit se retirer. Dans le cas où le directeur doute, l'ordinand doit attendre et s'éprouver : il ne pourrait sans témérité s'engager dans l'état ecclésiastique. S'il veut consulter un autre directeur, celui-ci ne pourra prudemment l'entendre sans en avoir obtenu, pour lui et pour le premier directeur, la permission expresse, libre et entière, de conférer ensemble sur ses dispositions intérieures, et sur les fautes qui rendent sa vocation douteuse.

663. L'évêque ou ceux qui le représentent n'appellent un jeune homme aux Ordres sacrés qu'après s'être assurés du suffrage du peuple. Aujourd'hui, c'est par le curé que l'on connaît l'opinion publique d'une paroisse concernant la démarche de celui qui s'achemine vers le sanctuaire. On ne doit point ordonner un séminariste qui a contre lui l'opinion des fidèles. Aussi, c'est une obligation pour les curés de surveiller d'une manière particulière les lévites qui passent leurs vacances dans leurs familles, et d'instruire exactement l'évêque ou les directeurs du séminaire de tout ce qui peut influer sur leur vocation : aucune considération ne doit les

---

(1) **Sess.** XXIII, de Reformatione, cap. 16. — (2) Psal. 113.

empêcher de remplir un devoir aussi essentiel, une des plus graves obligations de leur ministère.

### ARTICLE II.

*Des autres Conditions prescrites pour l'Ordination.*

664. L'Église a réglé ce qui a rapport à l'âge des ordinands, au temps et au lieu des Ordinations, à l'ordre qu'on y doit observer, et au moyen d'assurer une honnête subsistance aux clercs.

1° *De l'âge des ordinands.* Quoiqu'on puisse tonsurer les enfants dès l'âge de sept ans, il ne convient pas de le faire ; le concile de Trente exige que ceux qu'on admet à la tonsure soient instruits des éléments de la foi, qu'ils aient reçu le sacrement de Confirmation, qu'ils sachent lire et écrire, et qu'on puisse raisonnablement conjecturer qu'ils choisissent cet état pour servir Dieu avec fidélité (1). Or, on ne trouve pas communément ces instructions et ces espérances dans un enfant de sept ans. Pour les Ordres mineurs, comme ils exigent des dispositions plus parfaites, des connaissances plus étendues, on ne les donne guère, parmi nous, que lorsque les sujets approchent du temps fixé pour les Ordres sacrés. Or, il faut, pour le sous-diaconat, vingt-deux ans commmencés ou vingt et un an accomplis ; pour le diaconat, vingt-trois ans commencés ou vingt-deux ans accomplis ; pour la prêtrise, vingt-cinq ans commencés ou vingt-quatre ans accomplis (2). Par rapport à l'épiscopat, le concordat de 1801 en a fixé l'âge à trente ans : celui de Léon X et de François I$^{er}$ n'exige que vingt-sept ans. Il n'y a que le Souverain Pontife qui puisse dispenser de l'âge prescrit pour les Ordres sacrés. Celui qui se fait ordonner frauduleusement avant l'âge prescrit encourt la suspense, *ipso facto* (3).

665. 2° *Du temps prescrit pour les Ordinations.* On peut donner la tonsure tous les jours de l'année, à toute heure et en tout lieu : la Rubrique du Pontifical est expresse. Pour les quatre Ordres mineurs, on peut les conférer, du moins à un certain nombre de clercs, les jours de dimanche et de fêtes doubles, *ex præcepto*, mais seulement le matin (4). Les sous-diacres, les diacres et les prêtres ne peuvent être ordonnés qu'aux samedis des Quatre-Temps et aux samedis qui précèdent immédiatement le dimanche

---

(1) Sess. XXIII, de Reformatione, cap. 4. — (2) Ibidem. cap. 12. — (3) S. Alphonse de Liguori, lib. VI, n° 799 ; de la Luzerne, le Rédacteur des Conférences d'Angers, etc. — (4) Pontificale Romanum.

de la Passion et le jour de Pâques. Hors ces six jours, on ne peut les ordonner canoniquement, si ce n'est en vertu d'une dispense du Pape, qui permette de faire l'Ordination *extra tempora*. Le sacre d'un évêque ne peut se faire qu'un jour de dimanche ou à une fête d'apôtre ; il faudrait une dispense de Rome pour le faire un autre jour.

666. 3° *Des interstices.* L'Église met un certain intervalle entre les différents Ordres. Cet intervalle ou interstice est d'un an entre les Ordres mineurs et le sous-diaconat, entre le sous-diaconat et le diaconat, entre le diaconat et la prêtrise (1). Il y a aussi des interstices entre les différents Ordres mineurs ; mais un usage assez généralement reçu en France autorise les évêques à les conférer tous le même jour. Au reste, l'évêque peut dispenser des interstices. Mais on ne doit point conférer à un sujet deux Ordres sacrés le même jour ; le concile de Trente le défend expressément (2). Il n'est pas permis non plus de lui donner le même jour le sous-diaconat avec les Ordres mineurs, à moins qu'on ne puisse invoquer la coutume contraire qui s'est établie dans quelques diocèses (3). On suppose que cette coutume réunit toutes les conditions requises pour pouvoir déroger au droit commun, dont on ne doit pas s'écarter arbitrairement.

667. 4° *Des Ordinations per saltum.* On appelle Ordination *per saltum* celle par laquelle on reçoit un Ordre supérieur, sans avoir reçu préalablement les Ordres inférieurs. Cette Ordination est contraire aux lois de l'Église, mais elle est valide. Le saint-siége, en condamnant les Ordinations *per saltum*, prescrit simplement de conférer au sujet les Ordres qui ont été omis, sans exiger la réitération de l'Ordre qui a été conféré. On excepte cependant l'épiscopat, dans le cas où il aurait été conféré à un sujet qui n'aurait pas reçu la prêtrise. Il est nécessaire d'avoir reçu le premier degré du sacerdoce pour être capable du second.

668. 5° *Du lieu où doit se faire l'Ordination.* Elle doit se faire à l'Église, et, autant que possible, à la cathédrale, en présence du clergé : « Ordinationes sacrorum ordinum, in cathedrali ecclesia, « vocatis præsentibusque ad id Ecclesiæ canonicis, publice cele-« brentur (4). » Cependant, il est assez généralement reçu qu'un évêque peut conférer les Ordres sacrés dans sa chapelle.

---

(1) Concil. Trident. sess. XXIII, de Reformatione, cap. 11. — (2) Ibidem. cap. 13. — (3) S. Alphonse de Liguori, lib. VI. n° 797 ; S. Antonin, Navarre, Suarez, Holzmann, de la Luzerne, le Rédacteur des Conférences d'Angers. — (4) Concil. Trident. sess. XXIII, de Reformatione, cap. 8.

669. 6° *Du titre clérical.* Par titre clérical on entend l'assurance d'une honnête subsistance pour celui qui veut recevoir les Ordres sacrés. Ce titre est nécessaire; l'Église l'exige impérieusement pour l'honneur du sacerdoce : elle ne veut pas qu'un prêtre, un diacre, un sous-diacre, soit réduit à une mendicité honteuse pour leur caractère(1). On distingue trois sortes de titres, sans l'un desquels il n'est pas permis d'élever un clerc à l'ordre du sous-diaconat; savoir, le titre de bénéfice, le titre de pauvreté religieuse, et le titre de patrimoine. Pour qu'un clerc puisse être ordonné sous-diacre sur un titre de bénéfice, il faut qu'il soit constant qu'il en est canoniquement pourvu, qu'il en jouit paisiblement, et que le revenu en est suffisant pour un honnête entretien, *quod sibi ad victum honeste sufficiat.* Ni l'espérance, ni même l'assurance d'obtenir un bénéfice, ne sont des titres suffisants pour l'Ordination. Pour juger si un bénéfice est d'un revenu convenable, on doit avoir égard aux temps, aux lieux, aux personnes, et aux charges du bénéfice : c'est pour cette raison que la quotité du titre clérical n'est pas la même dans tous les diocèses. A défaut d'un bénéfice, on peut être promu aux Ordres sacrés sous le titre de profession religieuse; mais il faut que l'évêque s'assure que ceux qui se présentent pour recevoir les Ordres sur le titre de pauvreté religieuse, en ont véritablement fait profession; il ne peut ordonner, sous ce titre, que les réguliers profès. Quant au clerc qui n'a ni le titre de bénéfice, ni le titre de pauvreté religieuse, il peut être ordonné avec un titre patrimonial. Mais ce titre doit être fondé sur un immeuble, ou sur une rente perpétuelle ou viagère; l'argent comptant, les biens meubles, le revenu que l'on ne posséderait que pour un temps, ne pourraient servir de titre. Il faut de plus que le clerc jouisse actuellement et paisiblement du revenu patrimonial : les espérances les mieux fondées ne suffisent pas; et il en est de même d'un revenu contesté. Enfin, le revenu doit être suffisant pour la subsistance d'un clerc, ou au moins de la quotité fixée par les règlements du diocèse. Cependant, vu le triste état où se trouve l'Église en France, les évêques n'exigent de titre clérical que d'un certain nombre d'ordinands. Le droit, pour ce qui regarde le titre de bénéfice, a peu d'application parmi nous; si on n'ordonnait que ceux des clercs qui peuvent se procurer un titre patrimonial, il faudrait laisser le plus grand nombre de paroisses sans prêtre et sans culte. Mais un évêque, pour ne pas s'écarter

---

(1) Concil. Trident. sess. xxi, de Reformatione, cap. 2.

de l'esprit de l'Église, n'admet aux Ordres sacrés que les sujets nécessaires ou utiles à son diocèse; il ne doit pas en ordonner d'autres, à moins qu'ils n'aient un titre patrimonial, ou le titre de pauvreté religieuse.

Outre les conditions dont nous avons parlé, il est nécessaire que l'ordinand soit exempt de toute irrégularité (1).

## CHAPITRE VI.

*De la Tonsure et des Ordres en particulier.*

### ARTICLE I.

*De la Tonsure.*

670. La tonsure est une cérémonie sainte établie par l'Église, pour faire entrer ceux qui la reçoivent dans l'état ecclésiastique, et les disposer aux Ordres. C'est une espèce de noviciat pour éprouver si ceux qui sont agrégés au clergé par cette cérémonie se rendront dignes d'être élevés au rang des ministres de l'autel. L'évêque confère la tonsure en coupant les cheveux à celui qui la reçoit; et celui-ci répète, d'après l'évêque, les paroles, « Dominus pars hæreditatis « meæ; et calicis mei : tu es, qui restitues hæreditatem meam mihi; » paroles qu'un ecclésiastique, qu'un prêtre devrait méditer souvent. Ensuite, l'évêque revêt le tonsuré du surplis, en disant : « Induat « te Dominus novum hominem, qui secundum Deum creatus est « in justitia et in sanctitate veritatis. » Il est à propos que le tonsuré dise lui-même ces paroles, *Induat* ME *Dominus*, etc.; et il doit conserver l'habitude de les dire toutes les fois qu'il prend son surplis. La tonsure donne droit de porter l'habit ecclésiastique, de posséder les bénéfices simples, et de jouir du privilége attaché au canon, *Si quis, suadente diabolo*, etc. Mais elle impose l'obligation aux clercs de se consacrer d'une manière plus particulière au service de Dieu et de son Église, en leur rappelant qu'ils ont choisi le Seigneur pour leur partage : « Fili charissime, dit le pontife au « tonsuré, animadvertere debes, quod hodie de foro Ecclesiæ factus « es, et privilegia clericalia sis sortitus; cave igitur, ne propter « culpam tuam illa perdas, et habitu honesto, bonisque moribus « atque operibus Deo placere studeas. »

(1) Voyez, plus bas, le *Traité des irrégularités*.

## ARTICLE II.

### *De l'Ordre de Portier.*

671. Les portiers, comme le nom l'indique, ont été établis pour veiller à la garde des portes de l'église; c'est pourquoi l'évêque fait toucher les clefs de l'église à celui qu'il ordonne, en même temps qu'il dit : « Sic age, quasi redditurus Deo rationem pro iis rebus, « quæ his clavibus recluduntur. » Après quoi l'archidiacre le conduit à la porte de l'église, qu'il ferme et ouvre aussitôt; puis il lui présente la corde de la cloche pour la lui faire sonner. « Ostiarium « oportet percutere cymbalum et campanam, aperire ecclesiam et « sacrarium, et librum aperire ei qui prædicat. Provide igitur, « ajoute le pontife, ne per negligentiam tuam, illarum rerum quæ « intra ecclesiam sunt, aliquid depereat, certisque horis domum « Dei aperias fidelibus; et semper claudas infidelibus. Stude etiam, « ut, sicut materialibus clavibus ecclesiam visibilem aperis et clau« dis, sic et invisibilem Dei domum, corda scilicet fidelium, dictis, « et *exemplis tuis* claudas diabolo, et aperias Deo; ut divina verba « quæ audierint, corde retineant, et opere compleant. »

## ARTICLE III.

### *De l'Ordre de Lecteur.*

672. L'Ordre de lecteur est ainsi appelé, parce que la fonction de celui qui l'a reçu est de lire dans l'église l'Écriture sainte, les homélies des saints Pères, et de faire le catéchisme. C'est pourquoi l'évêque, quand il ordonne le lecteur, lui remet un livre entre les mains, en disant : « Accipe, et esto verbi Dei relator, habiturus, si « fideliter et utiliter impleveris officium tuum, partem cum iis, qui « verbum Dei bene administraverunt ab initio. » En rappelant au lecteur ses fonctions, l'évêque lui rappelle ainsi les obligations que tout prédicateur doit se rappeler de temps en temps : « Lecto« rem oportet legere ea quæ prædicat, et lectiones cantare; et be« nedicere panem, et omnes fructus novos. Stude igitur verba Dei, « videlicet lectiones sacras distincte et aperte, ad intelligentiam et « ædificationem fidelium, absque omni mendacio falsitatis pro« ferre; ne veritas divinarum lectionum incuria tua ad instruc« tionem audientium corrumpatur. Quod autem ore legis, corde « credas, et opere compleas; quatenus auditores tuos, verbo pari-

« ter et *exemplo tuo*, docere possis. Ideoque dum legis, sta in alto
« loco ecclesiæ, ut ab omnibus audiaris et videaris, figurans posi-
« tione corporali te *in alto virtutum gradu* debere conversari;
« quatenus cunctis, a quibus audiris et videris, *cœlestis vitæ for-*
« *mam* præbeas. »

## ARTICLE IV.

### De l'Ordre d'Exorciste.

673. L'exorciste a le pouvoir d'invoquer le nom du Seigneur sur ceux qui sont possédés par des esprits immondes. Toutefois, ce pouvoir ne s'exerce plus que d'après l'autorisation expresse de l'évêque. L'évêque confère cet Ordre, en faisant toucher à l'ordinand le missel ou le livre des exorcismes, en même temps qu'il prononce ces paroles : « Accipe et commenda memoriæ, et habe potestatem im-
« ponendi manus super energumenos, sive baptizatos, sive cate-
« chumenos. » Voici l'avertissement de l'évêque à l'ordinand : « Exor-
« cistam oportet abjicere dæmones, et dicere populo, ut qui non
« communicat, det locum, et aquam in ministerio fundere. Acci-
« pis itaque potestatem imponendi manum super energumenos ; et
« per impositionem manuum tuarum, gratia Spiritus Sancti, et ver-
« bis exorcismi, pelluntur spiritus immundi a corporibus obsessis.
« Stude igitur, ut sicut a corporibus aliorum dæmones expellis, ita
« ab animo tuo, et corpore omnem immunditiam, et nequitiam
« ejicias, ne illi succumbas, quem ab aliis tuo effugas ministerio.
« Disce per officium tuum vitiis imperare, ne in tuis moribus ali-
« quid sui juris inimicus valeat vindicare. Tunc enim recte in aliis
« dæmonibus imperabis, cum prius in teipso eorum multimodam
« superas nequitiam. » Le prêtre est exorciste ; il suivra donc les avis que l'Église lui donne par l'organe de l'évêque.

## ARTICLE V.

### De l'Ordre d'Acolyte.

674. Le dernier des Ordres mineurs est celui d'acolyte. Il communique le pouvoir de porter les cierges allumés, et de préparer le pain et le vin pour le saint sacrifice de la messe. L'évêque ordonne les acolytes, en leur faisant d'abord toucher le cierge et le chandelier qu'il leur présente, en même temps qu'il dit : « Accipe cerofe-
« rarium cum cereo, et scias te ad accendenda ecclesiæ luminaria
« mancipari, in nomine Domini. » Ensuite, il lui met entre les

mains une burette vide, en disant : « Accipe urceolum, ad sugge-
« rendum vinum et aquam in Eucharistiam sanguinis Christi, in
« nomine Domini. » Dans une allocution qui précède ces deux cérémonies, l'évêque lui dit : « Acolythum oportet ceroferarium ferre,
« luminaria ecclesiæ accendere; vinum et aquam ad Eucharistiam
« ministrare. Stude igitur susceptum officium digne implere. Non
« enim Deo placere poteris, si lucem Deo manibus præferens, ope-
« ribus tenebrarum inservias, et per hoc aliis exempla perfidiæ
« præbeas. Sed sicut veritas dicit : Luceat lux tua coram homini-
« bus, ut videant opera tua bona, et glorificent Patrem tuum qui in
« cœlis est. Et, sicut apostolus Paulus ait : In medio nationis pravæ
« et perversæ, luceas sicut luminare in mundo verbum vitæ conti-
« nens. Sint ergo lumbi tui præcincti, et lucernæ ardentes in ma-
« nibus tuis, ut sis filius lucis. Abjicias opera tenebrarum, et indua-
« ris arma lucis. Eras enim aliquando tenebræ, nunc autem lux in
« Domino. Ut filius lucis ambula. Quæ sit vero ista lux, quam tan-
« topere inculcat Apostolus, ipse demonstrat, subdens : fructus
« enim lucis est in omni bonitate, et justitia, et veritate. Esto igitur
« sollicitus in omni justitia, bonitate et veritate, ut et te, et alios,
« et Dei ecclesiam illumines. Tunc etenim in Dei sacrificio digne
« vinum suggeres et aquam, si tu ipse Deo sacrificium, per castam
« vitam et bona opera, oblatus fueris. » Si nous rapportons les
instructions du Pontifical, c'est parce que nous ne pouvons ni les
lire, ni les adresser aux ordinands, sans en être édifié. Que le prêtre
n'est-il pénétré de la sainteté des différents Ordres qu'il a reçus, et
des obligations qu'ils nous imposent!

### ARTICLE VI.

#### Du Sous-Diaconat.

675. C'est par les Ordres mineurs qu'on doit s'élever aux Ordres
majeurs, dont le premier est le sous-diaconat. Les fonctions du
sous-diacre, comme l'indique le nom, sont de servir le diacre à
l'autel, de préparer le calice et la patène, de lire l'épître, de mettre
de l'eau dans le vin destiné au sacrifice, de laver les linges sacrés.
Les sous-diacres contractent l'obligation de garder la chasteté
perpétuelle, de réciter l'office divin, de porter l'habit ecclésiastique, et d'observer les canons concernant les clercs qui sont dans les
Ordres sacrés. Pour ce qui regarde l'ordination, l'évêque avertit
l'ordinand qu'il est encore libre, et l'invite à réfléchir encore sur
la démarche qu'il veut faire : « Fili dilectissime, ad sacrum subdia-

« conatus ordinem promovendus, iterum atque iterum considerare
« debes attente, quod onus hodie ultro appetis. Hactenus enim li-
« ber es, licetque tibi pro arbitrio ad sæcularia vota transire, quod
« si hunc ordinem susceperis, amplius non licebit a proposito resi-
« lire, sed Deo, cui servire regnare est, perpetuo famulari; et cas-
« titatem, illo adjuvante, servare oportebit, atque in Ecclesiæ minis-
« terio semper esse mancipatum. Proinde, dum tempus est, cogita;
« et, si in sancto proposito perseverare placet, in nomine Domini,
« huc accede. » Les ordinands n'attendront pas à ce moment pour
penser aux engagements qu'ils contractent par le sous-diaconat.

Le pontife, après avoir invoqué la cour céleste sur celui qu'il va
consacrer au service des autels, lui rappelle ses fonctions et ses obligations : puis il lui présente le calice et la patène vides, en disant :
« Vide cujus ministerium tibi traditur : ideo te admoneo, ut ita te
« exhibeas, ut Deo placere possis. » Les ordinands doivent avoir
grand soin de toucher le calice et la patène avec la main, ainsi que
les burettes garnies, le bassin et le manuterge.

676. Ensuite, il leur donne l'amict, le manipule et la tunique,
en prononçant les paroles suivantes, qui répondent à chacune de ces
cérémonies : « Accipe amictum, per quem designatur castigatio
« vocis. In nomine Patris, et Filii, et Spiritus Sancti. — Accipe ma-
« nipulum, per quem designantur fructus bonorum operum. In
« nomine Patris, et Filii, et Spiritus Sancti. — Tunica jucunditatis
« et indumento lætitiæ induat te Dominus. In nomine Patris, et
« Filii, et Spiritus Sancti. » Après quoi, il lui fait toucher le livre
des épîtres ou le missel, en même temps qu'il dit : « Accipe librum
« epistolarum, et habe potestatem legendi eas in Ecclesia sancta
« Dei, tam pro vivis quam pro defunctis. In nomine Patris, et
« Filii, et Spiritus Sancti. »

Le sous-diacre n'oubliera point ces paroles que le pontife lui
adresse avant l'ordination : « Subdiaconum oportet aquam ad mi-
« nisterium altaris præparare; diacono ministrare; pallas altaris et
« corporalia abluere; calicem et patenam in usum sacrificii eidem
« offerre. Oblationes quæ veniunt in altare, panes propositionis
« vocantur; de ipsis oblationibus tantum debet in altare poni,
« quantum populo possit sufficere, ne aliquid putridum in sacrario
« remaneat. Pallæ, quæ sunt in substratorio altaris, in alio vase
« debent lavari, et in alio corporales pallæ. Ubi autem corporales
« pallæ lotæ fuerint, nullum aliud linteamen debet lavari, ipsaque
« lotionis aqua in baptisterium debet vergi. Stude itaque, ut ista
« visibilia ministeria, quæ diximus, nitide et diligentissime com-

« plens, invisibilia horum exemplo perficias..... Esto ergo talis,
« qui sacrificiis divinis, et Ecclesiæ Dei, hoc est corpori Christi
« digne servire valeas, in vera et catholica fide fundatus; quoniam,
« ut ait Apostolus, omne quod non est ex fide, peccatum est,
« schismaticum est, et extra unitatem Ecclesiæ est. *Et ideo, si*
« *usque nunc fuisti tardus ad ecclesiam, amodo debes esse assi-*
« *duus; si usque nunc somnolentus, amodo vigil; si usque nunc*
« *ebriosus, amodo sobrius; si usque nunc inhonestus, amodo*
« *castus.* »

ARTICLE VII.

*Du Diaconat.*

677. Les fonctions du diacre sont de servir le prêtre à l'autel, de chanter l'évangile, de concourir à l'oblation du saint sacrifice et à la consécration des saintes huiles. Ils peuvent porter le Saint Sacrement, renfermé dans le ciboire ou l'ostensoir, et, avec la permission de l'évêque, donner la communion, baptiser et prêcher (1). On ne doit admettre personne au diaconat qui n'en soit vraiment digne. Aussi, lorsque l'archidiacre présente un ordinand, le pontife demande une garantie sur ses dispositions, en lui adressant cette demande : *Scis illum dignum esse?* L'archidiacre, saisi d'émotion à la pensée de la responsabilité qui pèse sur lui, répond : « Quan-
« tum humana fragilitas nosse sinit, et scio, et testificor ipsum dig-
« num esse ad hujus *onus* officii. » Le peuple même est consulté :
« Si quis habet aliquid contra illos, dit l'évêque en élevant un peu
« la voix, pro Deo, et propter Deum cum fiducia exeat et dicat :
« verumtamen, memor sit conditionis suæ. » La plupart des assistants ne comprennent pas cette invitation, mais les ecclésiastiques présents doivent y faire une attention particulière, et sont obligés en conscience de remplir les intentions de l'Église (2).

678. Ensuite le pontife lui donne des avis, invoque les anges et les saints sur lui tandis qu'il est prosterné en signe de mort, récite des prières, et lui fait l'imposition de la main droite, en disant : « Accipe Spiritum Sanctum, ad robur, et ad resistendum
« diabolo, et tentationibus ejus. In nomine Domini. » Après quoi, il lui donne l'étole et la dalmatique, et lui fait toucher le livre des évangiles, en prononçant les paroles qui répondent à ces diffé-

(1) Voyez, ci-dessus, les n°ˢ 73 et 203. — (2) Mgr Devie, Rituel du diocèse de Belley.

rentes cérémonies : « Accipe stolam candidam de manu Dei ; adimple
« ministerium tuum ; potens enim est Deus, ut augeat tibi gratiam
« suam : qui vivit et regnat in sæcula sæculorum. » — « Induat te
« Dominus indumento salutis ; et vestimento lætitiæ, et dalmatica
« justitiæ circumdet te semper. In nomine Domini. » — « Accipe po-
« testatem legendi Evangelium in Ecclesia Dei, tam pro vivis quam
« pro defunctis. In nomine Domini. »

679. Les diacres, les prêtres par conséquent, ne sauraient revenir trop souvent sur ces paroles de l'évêque aux ordinands : « Prove-
« hendi, filii dilectissimi, ad leviticum ordinem, cogitate magno-
« pere ad quantum gradum Ecclesiæ ascenditis. Diaconum enim
« oportet ministrare ad altare, baptizare, et prædicare..... Eccle-
« siam Dei, veluti tabernaculum, portare et munire debetis ornatu
« sancto, prædicatu divino, exemplo perfecto.... Et vos, filii dilec-
« tissimi, qui ab hæreditate paterna nomen accipitis, estote as-
« sumpti a carnalibus desideriis, a terrenis concupiscentiis, quæ
« militant adversus animam ; estote *nitidi, mundi, casti*, sicut
« decet ministros Christi et dispensatores mysteriorum Dei.....
« Estote ab omni illecebra carnis alieni, sicut ait Scriptura, Mun-
« damini qui fertis vasa Domini. Cogitate beatum Stephanum,
« merito præcipuæ castitatis ab Apostolis ad officium istud elec-
« tum. Curate, ut quibus Evangelium ore annuntiatis, vivis operi-
« bus exponatis, ut de vobis dicatur : Beati pedes evangelizantium
« pacem, evangelizantium bona. Habete pedes vestros calceatos
« sanctorum exemplis, in præparatione Evangelii pacis. » Ils se rap-
pelleront cette prière que le pontife fait à Dieu pour eux : « Abundet
« in eis totius forma virtutis, auctoritas modesta, pudor constans,
« innocentiæ puritas, et spiritualis observantia disciplinæ. In mori-
« bus eorum præcepta tua fulgeant, ut suæ castitatis exemplo imi-
« tationem sanctam plebs acquirat ; et bonum conscientiæ testimo-
« nium præferentes, in Christo firmi et stabiles perseverent. »

### ARTICLE VIII.

#### *De la Prêtrise.*

680. Les fonctions du prêtre sont d'offrir le saint sacrifice de la messe, de bénir le peuple et les choses qui sont à son usage, de présider l'assemblée des fidèles, de prêcher, de baptiser et d'administrer les sacrements dont l'administration n'est point réservée à l'évêque : « Sacerdotem oportet offerre, benedicere, præesse,

« prædicare, et baptizare. » L'Ordination du prêtre est plus imposante encore que celle du diacre. L'archidiacre présente les ordinands, et l'évêque lui demande s'il les croit dignes : *Scis illos esse dignos?* Après la réponse de l'archidiacre, qui se donne pour garant de leurs bonnes dispositions, l'évêque consulte le peuple, en invitant les assistants à dire librement ce qui peut s'opposer à l'Ordination : « Quid de eorum actibus, aut moribus noveritis; quid
« de merito sentiatis, libera voce pandatis; et his testimonium
« sacerdotii magis pro merito quam affectione aliqua tribuatis. Si
« quis igitur habet aliquid contra illos, pro Deo, et propter Deum,
« cum fiducia exeat, et dicat : verumtamen memor sit conditionis
« suæ (1). »

681. Ensuite, après leur avoir rappelé leurs obligations, le pontife invoque la cour céleste sur eux, leur impose les mains avec les prêtres qui l'assistent, leur met l'étole, qu'il fait descendre sur la poitrine en forme de croix, en disant : « Accipe jugum Domini,
« jugum enim ejus suave est, et onus ejus leve; » et leur donne la chasuble, en prononçant ces paroles : « Accipe vestem sacerdota-
« lem, per quam charitas intelligitur, potens est enim Deus, ut
« augeat tibi charitatem, et opus perfectum. » Ainsi la chasuble est comme le manteau dont le prêtre, le curé, l'évêque, doit couvrir les défauts du prochain, de ses paroissiens, de ses diocésains. Puis il leur fait l'onction aux mains avec l'huile des catéchumènes, en même temps qu'il dit : « Consecrare et sanctificare digneris, Do-
« mine, manus istas, per istam unctionem et nostram benedictio-
« nem. Amen. Ut quæcumque benedixerint, benedicantur, et quæ-
« cumque consecraverint, consecrentur, et sanctificentur, in nomine
« Domini nostri Jesu-Christi. » Après quoi, il leur présente un calice avec du vin, et la patène avec une hostie, et les leur fait toucher, en disant : « Accipe potestatem offerre sacrificium Deo, mis-
« sasque celebrare, tam pro vivis quam pro defunctis. In nomine
« Domini. »

682. Au moment où l'évêque offre la sainte hostie, les nouveaux prêtres disent avec lui les prières de la messe jusqu'à la fin, ayant soin de ne pas le précéder, surtout en prononçant les paroles de la consécration. Après avoir donné la sainte communion, et s'être purifié les doigts, le pontife dit le répons : « Jam non dicam
« vos *servos* sed *amicos* meos, quia omnia cognovistis, quæ opera-
« tus sum in medio vestri. » Paroles consolantes! l'évêque ne les

---

(1) Voyez, ci-dessus, le n° 677.

oubliera pas, car il a l'occasion de les répéter de temps en temps. Que le prêtre se les rappelle donc aussi, afin que dans ses peines, ses tribulations, ses embarras, il ait toujours recours à son évêque, il lui ouvre son cœur, non-seulement comme à un père avec lequel on n'est pas toujours libre, mais comme au plus sincère, au plus dévoué, au plus tendre des amis. Qu'il suive fidèlement ses avis, ses conseils, ses instructions, et il trouvera toujours un ami dans son évêque : *Vos amici mei estis, si feceritis quæ præcipio vobis*(1).

683. Ce répons étant achevé, les prêtres nouvellement ordonnés font leur profession de foi, en récitant le Symbole des Apôtres ; puis ils viennent l'un après l'autre se mettre à genoux aux pieds du pontife, qui leur impose les mains, en disant : « Accipe Spiritum « Sanctum, quorum remiseris peccata, remittuntur eis ; et quorum « retinueris, retenta sunt. » Après ces paroles, il déplie la chasuble, pour annoncer que l'Ordination est complète, en même temps qu'il dit : « Stola innocentiæ induat te Dominus ; » et demande à chacun la promesse d'obéissance, de déférence ou de respect qu'il lui doit, à lui-même ou à son propre évêque, s'il est étranger, ou à son supérieur, s'il est régulier : « Promittis mihi, et successo- « ribus meis, *reverentiam*, et *obedientiam* ? » Le prêtre répond : *Promitto* ; et le pontife l'embrasse en lui disant : *Pax Domini sit semper tecum*. Heureux le prêtre qui est fidèle à cette promesse, et pour l'*obéissance* et pour le *respect!* Il conservera la *paix du Seigneur*, et il sera puissant en œuvres : *Vir obediens loquetur victoriam* (2).

684. Après l'Ordination, le pontife recommande aux nouveaux prêtres de dire, après leur première messe, trois autres messes, la première de *Spiritu Sancto*, la seconde de *Beata Virgine*, et la troisième *pro defunctis*. Est-on obligé de dire ces trois messes à l'intention de l'évêque, ou peut-on les appliquer à d'autres, en recevant des honoraires? Voici ce que dit saint Alphonse : « Ex verbis episcopi « recte infert Mazzotta non esse obligationem applicandi prædictas « missas juxta intentionem episcopi, ideoque ipsi bene possunt « missas pro aliis applicare etiam cum stipendio (3). » Au reste, ajoute saint Alphonse : « Patet quod hujusmodi missæ non prius « dicendæ sunt, quam adveniant dies non impediti. » Quant aux diacres et aux sous-diacres récemment ordonnés, ils réciteront le nocturne de l'office du jour que l'évêque désigne, et qui est ordi-

---

(1) Pontificale Romanum. — (2) Proverb. c. 21. v. 28. — (3) S. Alphonse, lib. vi. n° 829; Mazzotta, de Sacrificio Missæ, cap. 4. § 3.

nairement celui de l'office du jour. Ceux qui ont reçu la tonsure ou les Ordres diront les sept psaumes de la pénitence, avec les litanies, versets et oraisons.

**685.** Un des moyens d'entretenir et de ranimer en nous l'esprit sacerdotal, qui est l'esprit même de Jésus-Christ, c'est de méditer souvent ces paroles que le pontife adresse aux ordinands : « Cum « magno timore ad tantum gradum ascendendum est, ac provi- « dendum, ut cœlestis sapientia, probi mores, et diuturna justitiæ « observatio ad id electos commendent..... Dominus septuaginta « duos elegit, ac binos ante se in prædicationem misit; ut doceret, « verbo simul et facto, ministros Ecclesiæ suæ *fide et opere debere* « *esse perfectos;* seu gemina dilectionis, Dei scilicet, et proximi « virtute fundatos..... Itaque, filii dilectissimi, quos ad nostrum « adjutorium fratrum nostrorum arbitrium consecrandos elegit, « servate in moribus vestris *castæ et sanctæ vitæ integritatem*. « Agnoscite quod agitis. Imitamini quod tractatis, quatenus mortis « dominicæ mysterium celebrantes, mortificare membra vestra a « vitiis et concupiscentiis omnibus procuretis. Sit doctrina vestra « spiritualis medicina populo Dei. Sit odor vitæ vestræ delectamen- « tum Ecclesiæ Christi; ut prædicatione atque exemplo ædificetis « domum, id est, familiam Dei, quatenus nec nos de vestra provec- « tione, nec vos de tanti officii susceptione damnari a Domino, sed « remunerari potius mereamur. »

### ARTICLE IX.

### *De l'Épiscopat.*

**686.** L'Ordre de l'épiscopat fait partie du sacerdoce, dont il est le complément, la plénitude. Les évêques, successeurs des Apôtres, sont établis pour gouverner l'Église de Dieu. « Episcopum oportet « judicare, interpretari, consecrare, ordinare, offerre, baptizare « et confirmare. » Le sacre de celui qui est *élu* pour l'épiscopat doit se faire par trois évêques : l'un est le *consécrateur*, et les deux autres sont *assistants*. Cependant, nous pensons que la consécration faite par un seul évêque serait valide; elle devient même licite, lorsque le Souverain Pontife permet que les évêques *assistants* soient remplacés par de simples prêtres.

**687.** Pour ce qui regarde la cérémonie du sacre, le consécrateur reçoit d'abord le serment de l'élu, dont la formule contient les dispositions suivantes : « Ego N., electus Ecclesiæ N. ab hac

« hora in antea fidelis et obediens ero Beato Petro Apostolo,
« sanctæque Romanæ Ecclesiæ, et Domino nostro, Domino N.
« Papæ N. suisque successoribus canonice intrantibus... jura, ho-
« nores, privilegia, et auctoritatem Romanæ Ecclesiæ, Domini
« nostri Papæ et successorum prædictorum, conservare, defen-
« dere, augere, et promovere curabo..... Regulas sanctorum Pa-
« trum, decreta, ordinationes, seu dispositiones, reservationes,
« provisiones, et mandata apostolica, totis viribus observabo, et
« faciam ab aliis observari..... Apostolorum limina singulis trien-
« niis (vel quadrienniis (1), vel quinquenniis, vel decenniis) person-
« naliter per meipsum visitabo; et Domino nostro, ac successoribus
« præfatis rationem reddam de toto meo pastorali officio, ac de re-
« bus omnibus ad meæ Ecclesiæ statum, ad cleri et populi discipli-
« nam, animarum denique, quæ meæ fidei traditæ sunt, salutem
« quovismodo pertinentibus; et vicissim mandata apostolica humi-
« liter recipiam, et quam diligentissime exequar. Quod si legitimo
« impedimento detentus fuero, præfata omnia adimplebo per cer-
« tum nuntium ad hoc speciale mandatum habentem. »

688. Ensuite le consécrateur procédant à l'examen de l'élu, lui adresse un certain nombre de questions, parmi lesquelles nous remarquons celles-ci : « Vis ea, quæ ex divinis Scripturis intelligis,
« plebem, cui ordinandus es, et verbis docere, et exemplis?» *L'élu répond* : « Volo. — Vis traditiones orthodoxorum Patrum, ac decre-
« tales sanctæ et Apostolicæ sedis constitutiones veneranter susci-
« pere, docere, ac servare? *R.* Volo. — Vis Beato Petro Apostolo,
« cui a Deo data est potestas ligandi ac solvendi, ejusque vicario
« Domino nostro, Domino N. Papæ N. suisque successoribus Ro-
« manis Pontificibus, fidem, subjectionem et obedientiam, secun-
« dum canonicam auctoritatem, per omnia exhibere? *R.* Volo. —
« Vis mores tuos ab omni malo temperare, et quantum poteris,
« Domino adjuvante, ad omne bonum commutare? *R.* Volo. — Vis
« castitatem, et sobrietatem, cum Dei auxilio, custodire et docere?
« *R.* Volo. — Vis semper in divinis esse negotiis mancipatus, et a
« terrenis negotiis vel lucris turpibus alienus, quantum te humana
« fragilitas consenserit posse? *R.* Volo. — Vis humilitatem et pa-
« tientiam in te ipso custodire, et alios similiter docere? *R.* Volo.
« — Vis pauperibus et peregrinis, omnibusque indigentibus esse,
« propter nomen Domini, affabilis et misericors? *R.* Volo. »

---

(1) Ad tempus singulorum quadrienniorum tenentur Germani, Galli, Hispani, Belgæ, etc. *Pontificale Romanum.*

**689.** Le consécrateur, aidé par les deux évêques assistants, met, sans prononcer aucune parole, le livre des Évangiles sur le cou et sur les épaules de l'élu; puis ils touchent tous trois sa tête des deux mains, en disant : *Accipe Spiritum Sanctum.* Ensuite le consécrateur, ayant récité quelques prières, oint avec le saint chrême la tête et les mains de l'élu, joignant à ces onctions les prières suivantes : « Ungatur et consecretur caput tuum, cœlesti benedictione, « in ordine pontificali. In nomine Patris, et Filii, et Spiritus Sancti. « — Ungantur manus istæ de oleo sanctificato, et chrismate sancti- « ficationis : sicut unxit Samuel David regem et prophetam, ita « ungantur et consecrentur. »

Après l'onction de la tête, et avant celle des mains, le Pontife consécrateur chante ou dit à haute voix : Hoc, Domine, copiose « in caput ejus influat; hoc in oris subjecta decurrat; hoc in totius « corporis extrema descendat; ut tui spiritus virtus, et interiora « ejus repleat, et exteriora circumtegat. Abundet in eo constantia « fidei, puritas dilectionis, sinceritas pacis. Sint speciosi munere « tuo pedes ejus ad evangelizandum pacem, ad evangelizandum « bona tua. Da ei, Domine, ministerium reconciliationis in verbo, « et in factis, in virtute signorum et prodigiorum. Sit sermo ejus, « et prædicatio, non in persuasibilibus humanæ sapientiæ verbis, « sed in ostentione spiritus et virtutis. Da ei, Domine, claves regni « cœlorum, ut utatur, non glorietur potestate, quam tribuis in ædi- « ficationem, non in destructionem. Quodcumque ligaverit super « terram, sit ligatum et in cœlis; et quodcumque solverit super ter- « ram, sit solutum et in cœlis. Quorum retinuerit peccata, retenta « sint; et quorum remiserit, tu remittas. Qui maledixerit ei, sit ille « maledictus; et qui benedixerit ei, benedictionibus repleatur. Sit « fidelis servus et prudens, quem constituas tu, Domine, super fa- « miliam tuam : ut det illis cibum in tempore opportuno et ex- « hibeat omnem hominem perfectum. Sit sollicitudine impiger, « sit spiritu fervens; oderit superbiam; humilitatem ac veritatem « diligat, neque eam unquam deserat, aut laudibus, aut timore « superatus. Non ponat lucem tenebras, nec tenebras lucem; non « dicat malum bonum, nec bonum malum. Sit sapientibus et insi- « pientibus debitor ut fructum de profectu omnium consequatur. « Tribuas ei, Domine, cathedram episcopalem, ad regendum Ec- « clesiam tuam, et plebem sibi commissam. Sis ei auctoritas, sis « ei potestas, sis ei firmitas : multiplica super eum benedictionem « et gratiam tuam, ut ad exorandam semper misericordiam tuam, « tuo munere idoneus, et tua gratia possit esse devotus. »

**690.** Les deux onctions étant faites, le consécrateur présente à l'élu le bâton pastoral, l'anneau et le livre des Évangiles, en lui disant : « Accipe baculum pastoralis officii, ut sis in corrigendis « vitiis pie sæviens, judicium sine ira tenens, in fovendis virtuti- « bus auditorum animos demulcens, in tranquillitate severitatis « censuram non deserens. — Accipe annulum, fidei scilicet signa- « culum, quatenus sponsam Dei, sanctam videlicet Ecclesiam, in- « temerata fide ornatus, illibate custodias. — Accipe Evangelium, « et vade, prædica populo tibi commisso ; potens est enim Deus, « ut augeat tibi gratiam suam : qui vivit et regnat in sæcula sæcu- « lorum. »

# CHAPITRE VII.

## Des Obligations des Clercs.

**691.** Parmi les obligations des clercs, les unes sont communes à tous ceux qui ont reçu les Ordres sacrés, les autres particulières à ceux qui exercent le ministère pastoral, ou remplissent quelques fonctions ecclésiastiques.

### ARTICLE I.

#### De l'Obligation de garder le célibat.

**692.** Les clercs étant appelés à un plus haut degré de sainteté, l'Église leur impose l'obligation de vivre dans la continence ; elle ne les admet au sous-diaconat qu'autant qu'ils prennent solennellement l'engagement de garder la chasteté. Cette obligation est grave, et l'Église n'en a dispensé que très-rarement ceux qui l'avaient contractée, le faisant toujours à regret ; et ceux qui ont obtenu cette dispense ne pouvaient plus monter à l'autel ni exercer les fonctions saintes. Ce serait un crime, un sacrilège, de la part d'un clerc qui est dans les Ordres sacrés, de tenter de se marier ; son mariage serait frappé de nullité, et il ne pourrait attirer sur lui que les malédictions du ciel et de la terre : « Si quis dixerit, « clericos in sacris ordinibus constitutos, vel regulares castitatem « solemniter professos, posse matrimonium contrahere, contrac- « tumque validum esse, non obstante lege ecclesiastica vel voto ;

« et oppositum nil aliud esse quam damnare matrimonium, posse-
« que omnes contrahere matrimonium, qui non sentiunt se cas-
« titatis, etiamsi eam voverint, habere donum; anathema sit (1). »
Cette discipline est une conséquence de ce que l'Eglise nous enseigne sur l'excellence de la virginité, qui l'emporte sur le mariage, quoique sanctifié par le sacrement : « Si quis dixerit statum conju-
« galem anteponendum esse statui virginitatis vel cœlibatus, et
« **non esse melius ac beatius manere in virginitate aut cœlibatu**,
« quam jungi matrimonio; anathema sit (2). »

693. L'obligation pour les prêtres, les diacres et sous-diacres, de vivre dans la continence, entraîne pour eux l'obligation d'éviter tout ce qui peut rendre leur vertu suspecte. C'est pourquoi les canons leur défendent de prendre des femmes à leur service, ou ne le leur permettent qu'à certaines conditions. Nous lisons dans les actes du premier concile de Nicée : « Vetuit omnino magna synodus ne
« liceat episcopo, nec presbytero, nec diacono, nec ulli eorum qui
« sunt in clero, introductam habere mulierem præterquam utique
« matrem, vel sororem, vel amitam, vel eas solas quæ omnem sus-
« picionem effugiant. » On trouve la même défense dans les conciles d'Elvire, de l'an 305 : de Carthage, de l'an 348 ; de la même ville, de l'an 397 ; d'Arles, de l'an 506 ; d'Angers, de l'an 453 ; de Tours, de l'an 461 ; d'Agde, de l'an 506 ; d'Orléans, de l'an 511 ; de Lérida, de l'an 524 ; de Clermont, de l'an 549 ; de Bragues, de l'an 563 ; de Tours, de l'an 567 ; de Mâcon, de l'an 581 ; de Lyon, de l'an 583 ; de Séville, de l'an 590 ; de Tolède, de l'an 633 ; de Châlons, de l'an 650 ; de Bragues, de l'an 675 ; de Constantinople, de l'an 692 ; de Rome, de l'an 643 ; de Soissons, de l'an 774 ; de Fréjus, de l'an 791 ; de Reims, de l'an 813 ; de Mayence, de l'an 888 ; de Nantes, de Metz, de Pavie, ainsi que dans plusieurs autres conciles qu'il serait trop long de citer.

694. Nous ferons remarquer qu'en défendant aux clercs de prendre des femmes à leur service, plusieurs conciles mettent les nièces au nombre des personnes qui ne sont point comprises dans la défense ; mais d'autres conciles ne les y mettent point. Les conciles d'Elvire, d'Angers, de Tours, de Lyon, de Tolède, que nous venons d'indiquer, n'étendent point aux nièces l'exception faite par le concile de Nicée. Le canon du concile de Bragues, de l'an 675, ne permet aux clercs d'avoir que leur mère avec eux, excluant formellement les sœurs. Les conciles de Fréjus, de Nantes, de

---

(1) Concil. Trident. sess. XXIV. can. 9. — (2) Ibid. can. 10.

Mayence, de Metz, de Pavie, sont encore plus sévères; ils ne souffrent aucune exception. « Nulla femina, dit Théodulfe d'Orléans, « cum presbytero in una domo habitet. Quamvis enim canones « matrem et sororem et hujusmodi personas in quibus nulla sit « suspicio, cum illo habitare concedant, hoc nos modis omnibus « idcirco amputamus, quia in obsequio, sive occasione illarum, « veniunt aliæ feminæ quæ non sunt ei affinitate conjunctæ, et « eum ad peccandum alliciunt (1). » Ces règlements, quoique conformes aux sentiments de saint Augustin, ne pourraient plus être suivis, vu surtout la difficulté qu'il y aurait aujourd'hui de trouver des domestiques qui convinssent aux clercs. La plupart des évêques ont même tempéré la rigueur des anciens canons, en permettant à un prêtre de prendre à son service une personne du sexe, âgée de cinquante ou quarante ans, dont la vertu et la piété offrent toutes les garanties qu'on peut désirer.

695. Nous le répétons, le prêtre doit être saint, et devant Dieu, et devant les hommes; il doit donc éviter non-seulement ce qui est contraire à la sainteté, à la modestie sacerdotale, mais encore tout ce qui peut rendre sa vertu suspecte. Le soupçon seul d'incontinence flétrit un prêtre dans l'opinion publique, lui enlève l'estime, le respect, la confiance des peuples, le livre à leurs mépris, et devient, pour plusieurs, une occasion de blasphèmes ou de propos contre la religion et ses ministres. La réputation du prêtre n'est pas à lui seul, il la doit au sacerdoce, à l'Église, au peuple de Dieu : il sera donc tout à la fois vertueux et prudent; il s'éloignera donc des personnes de différent sexe; il craindra de se trouver seul avec elles; il ne les visitera que lorsqu'il y sera obligé, ou pour remplir son ministère, ou s'acquitter d'un devoir de charité, d'une bienséance indispensable; il s'interdira toute assiduité, toute familiarité, toute inutilité, surtout avec celles qui n'ont pas encore atteint un âge avancé. Que le prêtre soit sévère pour lui-même; qu'il fuie, nous ne disons pas les occasions prochaines, mais, autant que possible, les occasions éloignées, de quelque genre qu'elles soient : « Fuge « ergo, dilecte mihi, fuge occasiones, non dico proximas, sed re- « motas et remotissimas; nihil in hac materia leve reputes, si gra- « via certo cavere cupias : fugere in hoc conflictu vincere est (2). »

---

(1) Capitulaire de l'an 797. can. 12. — (2) Voyez le tom. 1. n° 668.

## ARTICLE II.

### *De l'Obligation de réciter l'Office divin.*

**696.** L'office divin, qu'on nomme *le Bréviaire*, est d'obligation pour tous ceux qui sont dans les Ordres sacrés. On contracte cette obligation en recevant le sous-diaconat; mais le sous-diacre qui vient d'être ordonné n'est obligé, pour le jour de l'Ordination, qu'à la partie de l'office qui correspond à l'heure de son inauguration : si elle a lieu à neuf heures, par exemple, il n'est obligé qu'à dire tierce et la suite de l'office du jour. S'il avait dit les petites heures avant l'Ordination, il serait tenu probablement de les dire de nouveau, comme sous-diacre et comme ministre de l'Église. L'obligation de réciter les prières canoniales est bien ancienne dans l'Église : s'étant d'abord introduite par la pratique des Apôtres et des premiers chrétiens, elle a été confirmée par les conciles et les règlements des premiers pasteurs, qui, en la rendant plus étroite, l'ont restreinte aux clercs qui sont dans les Ordres sacrés, à ceux qui ont un bénéfice, et aux religieux. Aussi, tous les docteurs s'accordent à regarder comme péché mortel l'omission volontaire de l'office divin ou d'une partie notable de cet office. Et ce péché est plus ou moins grave, suivant que la partie omise est plus ou moins considérable; plus grave, par exemple, dans celui qui omet tout l'office que dans celui qui en omet la moitié. Plusieurs docteurs vont jusqu'à dire que l'on commet autant de péchés mortels qu'on omet d'heures canoniales; mais ce sentiment ne nous paraît point probable, les différentes parties de l'office divin ne faisant qu'un tout moral. Au reste, il est assez généralement reçu que l'omission, même d'une petite heure entière, ou d'une partie égale en quantité à une petite heure, est matière suffisante pour un péché mortel (1).

**697.** De droit commun, c'est le Bréviaire romain qu'on doit réciter. Voici ce que nous lisons dans la bulle *Quod a nobis* de saint Pie V : « Quæ divini officii formula pie olim ac sapienter a
« summis pontificibus, præsertim Gelasio ac Gregorio primis con-
« stituta, a Gregorio autem septimo reformata, cum diuturnitate
« temporis ab antiqua institutione deflexisset, necessaria visa res
« est, quæ ad pristinam orandi regulam conformata revocaretur.

---

(1) Voyez S. Alphonse de Liguori, lib. IV. n° 147; Collet, etc.

« Alii enim præclaram veteris Breviarii constitutionem, multis locis
« mutilatam, alii incertis et alienis quibusdam commutatam, de-
« formarunt. Plurimi specie officii commodioris allecti, ad brevi-
« tatem novi Breviarii, a Francisco Quignonio tituli sanctæ Crucis
« in Jerusalem presbytero cardinale compositi, confugerunt. Quin
« etiam in provincias paulatim irrepserat prava illa consuetudo,
« ut episcopi in ecclesiis, quæ ab initio communiter cum ceteris
« veteri romano more horas canonicas dicere ac psallere consue-
« vissent, privatum sibi quisque Breviarium conficerint, et illam
« communionem uni Deo, una et eadem formula, preces et laudes
« adhibendi, dissimillimo inter se ac pœne cujusque episcopatus
« proprio officio, discerperent. Hinc illa tam multis in locis divini
« cultus perturbatio; hinc summa in clero ignoratio cæremoniarum
« ac rituum ecclesiasticorum, ut innumerabiles ecclesiarum minis-
« tri, in suo munere indecore, non sine magna piorum offensione,
« versarentur... Auctoritate præsentium, tollimus in primis et abo-
« lemus Breviarium novum a Francisco cardinale prædicto editum...
« Ac etiam abolemus quæcumque alia Breviaria, vel antiquiora, vel
« quovis privilegio munita, vel ab episcopis in suis diœcesibus per-
« vulgata, omnemque illorum usum de omnibus orbis ecclesiis,
« monasteriis, conventibus, militiis, ordinibus virorum et mulie-
« rum, etiam exemptis, in quibus alias officium divinum Romanæ
« Ecclesiæ ritu dici consuevit, aut debet : illis tamen exceptis, quæ
« ab ipsa prima institutione, a sede apostolica approbata, vel con-
« suetudine, quæ, vel ipsa institutio, ducentos annos antecedat,
« aliis certis Breviariis usa fuisse constiterit : quibus ut inveteratum
« illud jus dicendi et psallendi suum officium, non adimimus, sic
« eisdem, si forte hoc nostrum quod modo pervulgatum est, magis
« placeat, dummodo episcopus et universum capitulum in eo con-
« sentiant, ut id in choro dicere et psallere possint, permittimus.
« Omnes vero, et quascumque apostolicas et alias permissiones, ac
« consuetudines, et statuta etiam juramento, confirmatione aposto-
« lica, vel alia firmitate munita, necnon privilegia, licentias, et in-
« dulta precandi et psallendi, tam in choro quam extra illum, more
« et ritu Breviariorum sic suppressorum,... quacumque causa con-
« cessa, approbata, et innovata, quibuscumque concepta for-
« mulis, ac decretis et clausulis roborata, omnino revocamus......
« Statuentes (hoc nostrum) Breviarium ipsum nullo unquam tem-
« pore vel totum, vel ex parte mutandum, vel ei aliquid addendum,
« vel omnino detrahendum esse : ac quoscumque, qui horas cano-
« nicas ex more et ritu ipsius Romanæ Ecclesiæ jure vel consuetu-

« dine dicere vel psallere debent, propositis pœnis per canonicas
« sanctiones constitutis in eos qui divinum officium quotidie non
« dixerint, ad dicendum et psallendum posthac in perpetuum horas
« ipsas diuturnas et nocturnas, ex hujus Romani Breviarii præscri-
« pto et ratione omnino teneri : neminemque ex iis, quibus hoc di-
« cendi psallendique munus necessario impositum est, *nisi hac sola
« formula satisfacere posse.* Jubemus igitur omnes et singulos
« patriarchas, archiepiscopos, episcopos, abbates, et ceteros eccle-
« siarum prælatos, ut omissis quæ sic suppressimus et abolevimus,
« ceteris omnibus etiam privatim per eos constitutis, Breviarium
« hoc in suis quisque ecclesiis, monasteriis, conventibus, ordinibus,
« militiis, diœcesibus, et locis prædictis, introducant (1). »

698. Il est des diocèses en France dont la liturgie, plus ou moins différente de la liturgie romaine, n'a pour elle ni la sanction du temps, ni celle du saint-siége : cependant les ecclésiastiques de ces diocèses peuvent dire le Bréviaire qu'ils ont entre les mains, en s'en rapportant à la sagesse de leur évêque, pour ce qui regarde la réforme jugée nécessaire en droit. Aujourd'hui, tous les évêques tendent à rétablir dans leurs églises, autant que possible, l'uniformité liturgique ; mais s'ils ne croient pas pouvoir, de leur autorité propre, substituer un rite quelconque au rite légitimement établi, ni introduire ou fabriquer un Bréviaire différent de celui qui est prescrit ou autorisé par l'Église romaine, la mère et la maîtresse de toutes les Églises, ils ne peuvent pas toujours non plus, sans de plus graves inconvénients, supprimer brusquement les abus qu'ils trouvent en vigueur dans leurs diocèses. Au reste, en attendant, tout prêtre peut réciter le Bréviaire romain en particulier : le cardinal de la Luzerne en est convenu lui-même dans ses *Instructions* sur le Rituel de Langres (2).

699. L'office que l'on doit faire est celui du jour, et il se fait suivant le rite prescrit. Substituer sans cause un office notablement plus court à l'office du jour serait très-probablement une faute grave. Il y aurait encore faute mortelle si ce changement se faisait souvent, lors même que les deux offices seraient égaux ou à peu près égaux ; mais s'il n'arrivait que rarement, que trois ou quatre fois par an, la faute ne serait que vénielle : c'est le sentiment de saint Alphonse de Liguori et de plusieurs autres docteurs (3). Il est probable aussi

---

(1) Voyez aussi la bulle *Cum in Ecclesia*, de Clément VIII, et la bulle *Divinam* d'Urbain VIII. — (2) Chapitre 8. art. 3. — (3) Lib. IV. n° 161, Suarez, Bonacina, Sporer, Layman, etc.

que le voyageur peut dire l'office qui se fait dans le lieu où il se trouve (1). Quant à celui qui, par inadvertance, dit un office pour un autre, il ne pèche point, et nous ne le croyons pas obligé, lors même qu'il s'aperçoit de sa méprise à temps, de dire l'office du jour : l'Église n'est pas censée vouloir aggraver jusqu'à ce point la récitation du Bréviaire. Cependant, si l'office qu'on a pris pour un autre est beaucoup plus court, il serait bon de dire une partie de l'office omis, comme à titre de compensation ; plusieurs auteurs pensent qu'on y est même obligé : un ecclésiastique pieux le fera, et fera bien ; mais il ne nous paraît pas qu'il y ait faute grave à ne pas le faire. Nous ferons remarquer que celui qui s'aperçoit de son erreur avant d'avoir achevé l'office doit reprendre l'office du jour à l'endroit où il en est, et le continuer jusqu'à la fin. Nous ajouterons que celui qui a dit un office pour un autre, qui a dit, par exemple, le lundi l'office du mercredi, doit, suivant les uns, dire le mercredi l'office du lundi, tandis que, selon d'autres, il doit dire l'office du jour, quoiqu'il l'ait dit précédemment : l'un et l'autre sentiment nous paraît assez probable pour pouvoir être indifféremment suivi dans la pratique (2).

700. Il faut se conformer, pour la récitation du Bréviaire, à l'ordre établi entre les différentes heures canoniales, dire matines avant laudes, laudes avant prime, les petites heures avant vêpres, et vêpres avant complies. On ne peut excuser de tout péché véniel l'interversion qui se fait sans cause aucune ; mais, à moins qu'il n'y ait mépris formel, elle ne peut, quelque déraisonnable qu'elle soit, devenir mortelle (3). Les causes qui excusent l'interversion sont : 1° l'invitation qui vous est faite par un supérieur ou par un ami de réciter votre Bréviaire avec lui ; 2° l'assistance au chœur, dont vous suivrez l'office, quoique vous soyez en retard pour la récitation du Bréviaire ; 3° la difficulté de se procurer un Bréviaire. Ainsi, celui qui a un diurnal peut réciter les petites heures avant matines et laudes, s'il ne croit pas pouvoir se procurer un Bréviaire avant midi.

On doit aussi se conformer aux règles de la Rubrique pour le temps de la récitation de l'office divin. Matines et laudes peuvent être dites la veille au soir, lorsque le soleil commence à être plus près de son coucher que de midi, mais non auparavant ; si on ne les dit pas la veille, on doit les dire le matin. Les petites heures,

---

(1) S. Alphonse, ibidem. — (2) Voyez S. Alphonse, ibidem. — (3) Voyez S. Alphonse, Collet, etc.

du moins les deux premières, se disent aussi dans la matinée; vêpres se récitent après midi, hors le temps de la Quadragésime, et complies au soir. Mais il y a bien des motifs qui autorisent à avancer ou à retarder la récitation de l'office divin : « Ut quis licite possit « anticipare vel postponere debitum tempus horarum, sufficit, dit « saint Alphonse, quævis causa utilis vel honesta, nimirum concio « paranda vel audienda, periculum supervenientis occupationis « sive laboris, major devotio sive quies, tempus aptius ad studen-« dum, et simile (1). » Il y aurait péché véniel à dire, sans raison, vêpres et complies dans la matinée, ou à renvoyer matines et laudes après midi. Nous disons *péché véniel*; car, pour éviter le péché mortel, il suffit que l'office du jour soit dit avant minuit : « Ad vitandum mortale sufficit dici omnes horas a media nocte « usque ad alteram mediam noctem, præterquam quod matutinum « pridie possit anticipari (2). » Mais, à l'exception de matines et laudes, qu'on peut réciter la veille, l'office doit se dire dans l'espace du jour pris mathématiquement et à la rigueur. Ainsi, celui qui dit vêpres et complies, ou complies seulement, après minuit, ne satisfait pas au précepte pour cette partie de l'office; et celui qui arrive à minuit sans avoir pu dire son Bréviaire, n'est tenu à rien; si, au contraire, il peut en dire une partie avant minuit, il est obligé de la dire.

701. On doit dire son Bréviaire sans interruption; l'interrompre quelque temps sans cause, serait une faute vénielle; et cette faute, comme vénielle, est plus ou moins grave, selon que l'interruption est plus ou moins longue. Mais on peut interrompre la récitation de l'office pour des raisons tirées de la nécessité ou de quelque utilité : « Causæ autem justæ interrumpendi officium sunt : quælibet utilitas « propria vel alia quæ incommode differretur; item urbanitas, « aut devotio, ut dicere missam, exsequi mandata superiorum; si « excipias confessionem alicujus qui non libenter exspectaret; si « velis aliquid agere, aut notare ut tollas distractionem sive solli-« citudinem, ne obliviscaris, modo hoc non fiat frequenter. Licite « etiam potest intermitti aliqua brevis oratio inter orandum, vel « affectus (3). » Un curé peut encore interrompre son office toutes les fois qu'il est appelé par un malade, ou qu'on l'avertit qu'il est attendu pour l'administration du Baptême, il doit même l'interrompre dans ces différents cas. Doit-on répéter le psaume ou

---

(1) Lib. iv. n° 173. — (2) S. Alphonse, ibidem. n° 172; Collet, Pontas, etc. — (3) S. Alphonse, lib. iv. n° 168.

l'heure, la partie de l'office qu'on a cru pouvoir interrompre? « On n'est point obligé, dit Collet, de répéter ce qu'on a déjà dit « lorsqu'on est un peu avancé, à moins qu'il n'y ait entre la cessa- « tion et la reprise un long intervalle, tel que serait celui d'une « heure entière ou davantage (1). » Saint Alphonse est encore moins exigeant : il dispense absolument de répéter ce qu'on a dit; la raison qu'il en donne, c'est que tous les psaumes, tous les versets ont une signification complète, et sont suffisamment unis par l'intention qu'on a de continuer, ou même par la simple récitation subséquente. Ce sentiment, qui a pour lui un grand nombre de docteurs, est probable, plus probable même que l'opinion de Collet; et nous pensons qu'on peut le suivre en sûreté de conscience (2).

702. Nous ferons remarquer qu'on peut séparer matines et laudes, et les réciter comme si elles formaient deux heures distinctes, en terminant la première par l'oraison (3). On peut encore séparer les nocturnes les uns des autres, mais on ne doit pas le faire sans cause : toutefois, il ne paraît pas qu'il puisse y avoir faute grave à les séparer sans raison, même en étendant la séparation au delà de trois heures. Nous ne croyons pas non plus que celui qui commence matines ce soir par la récitation d'un nocturne, soit obligé de le répéter demain; ce que nous avons dit des psaumes et des versets s'applique naturellement aux nocturnes, savoir, qu'ils ont une signification complète, et qu'ils s'unissent par l'intention de celui qui les récite, ou par la récitation elle-même.

703. L'office divin est une prière *vocale* ; on doit par conséquent le réciter en prononçant chaque mot, chaque syllabe; il ne suffit pas de méditer, ni de lire des yeux. Mais est-il nécessaire que celui qui dit son Bréviaire s'entende lui-même? Nous pensons, d'après Sylvius, que cela n'est point nécessaire; il suffit que la prononciation soit distincte et articulée; l'Église n'en exige pas davantage. D'ailleurs, comme le dit le Rédacteur des *Conférences d'Angers*, « il est très-inutile, et il ne serait pas même convenable « de détourner son attention du sens des prières, pour examiner « si on s'entend parler (4). » Mais ceux qui récitent alternativement l'office au chœur ou ailleurs, doivent parler assez haut pour s'entendre tous les uns les autres; car il est nécessaire que chacun

---

(1) Traité de l'Office divin, part. I. ch. 6. — (2) Voyez S. Alphonse, lib. VI. n° 168. — (3) S. Alphonse, ibidem; Navarre, Suarez, Sanchez, Lessius, Abelly, etc. — (4) Conf. II. Sur les États, quest. 3. — Voyez aussi S. Alphonse, lib. IV. n° 163.

entende les versets, les leçons, capitules et oraisons qu'il ne récite pas lui-même. Quant à ceux qui ont perdu l'usage de la parole, ils ne sont point tenus de réciter leur Bréviaire mentalement. La loi ordonne tout autre chose qu'une prière intérieure (1).

**704.** Le Bréviaire réclame de l'attention et de la dévotion de la part de celui qui le dit ; de là cette prière qu'on a coutume de faire avant de commencer : « Aperi, Domine, os meum, ad bene-« dicendum nomen tuum ; munda quoque cor meum ab omnibus « vanis, perversis et alienis cogitationibus ; intellectum illumina, « affectum inflamma, ut *digne, attente, ac devote* hoc officium « recitare valeam. » D'abord, pour dire l'office, il est nécessaire d'avoir l'intention de le dire ; mais l'intention virtuelle suffit, ou, ce qui revient au même, il suffit de prendre son Bréviaire dans ce but.

Quant à l'attention, elle doit être extérieure et intérieure ; mais il n'est pas nécessaire qu'elle soit actuelle ; une semblable attention n'est pas toujours en notre pouvoir ; il suffit de craindre les distractions pour en avoir. Ceux qui sont habituellement occupés du saint ministère sont exposés à être distraits comme ceux qui s'occupent des affaires du siècle ; avec la différence toutefois que les distractions de ceux-ci sont, de leur nature, bien plus contraires à la fin de l'office divin que les distractions des premiers. Il faut donc que celui qui dit le Bréviaire éloigne, autant que possible, toutes les pensées étrangères à une action si sainte, ne s'y arrêtant jamais volontairement. Si, de propos délibéré, il se laissait aller aux distractions sans penser ni à Dieu, ni au sens des paroles, ni aux paroles elles-mêmes, il pécherait certainement ; et si les distractions pleinement volontaires et réfléchies duraient pendant une partie notable de l'office, le péché deviendrait mortel, et l'on ne satisferait point au précepte. Nous avons dit, *volontaires et réfléchies ;* car, pour manquer l'office, il ne suffit pas d'être distrait, ni de l'être volontairement ; il faut de plus remarquer qu'on a des distractions incompatibles avec la récitation de l'office divin : « Ut dicatur ali-« quis officio non satisfacere, non solum requiritur ut voluntarie se « distrahat, sed plene advertat se distrahere (2). » Afin de réciter convenablement, dignement son Bréviaire, on doit le dire autant que possible à l'église ou dans un lieu tranquille, éloigné de tout bruit, de tout ce qui peut distraire, ayant soin de renouveler de temps en temps son attention. Au reste, on ne doit pas, générale-

---

(1) Conf. d'Angers, ibidem. — (2) S. Alphonse, lib. iv. n° 177.

ment parlant, obliger ceux qui ont plus ou moins de distractions, à répéter leur office; ces sortes de répétitions sont ordinairement inutiles, car on n'est pas plus content la seconde fois que la première : il faut même interdire toute répétition aux scrupuleux (1). Mais celui qui doute avec fondement, sans pouvoir déposer son doute, s'il n'a pas omis quelque partie de l'office, est tenu de la réciter; la loi possède, l'obligation de réciter le Bréviaire est certaine; on ne peut y satisfaire par une récitation vraiment douteuse.

705. Il y a plusieurs causes qui excusent l'omission du Bréviaire, savoir, l'impuissance physique, l'impuissance morale, et la dispense. 1° L'*impuissance physique;* elle a lieu pour celui qui a perdu l'usage de la parole, pour celui qui est aveugle, ainsi que pour ceux qui n'ont pas de Bréviaire et qui ne peuvent s'en procurer. Cependant on pense communément que ces derniers et les aveugles sont obligés de réciter les parties de l'office qu'ils savent de mémoire, sans être obligés toutefois d'apprendre ce qu'ils ne savent pas : c'est une règle générale, qu'on est tenu de dire la partie de l'office qu'on peut dire, quand même on ne pourrait dire le reste, comme on le voit par la condamnation de cette proposition : « Qui non potest recitare matutinum et laudes, potest autem reli- « quas horas, ad nihil tenetur, quia major pars trahit ad se mi- « norem (2). »

706. 2° L'*impuissance morale;* celui qui ne peut dire son Bréviaire sans qu'il en résulte de graves inconvénients pour lui-même ou pour d'autres, est dispensé : *Lex Ecclesiæ non obligat cum tanto incommodo.* Ainsi, on exempte de l'office celui qui, dans un temps de persécution, serait exposé, en le disant ou en portant un Bréviaire, au danger d'être reconnu comme chrétien ou catholique, et d'être victime de la fureur des infidèles, des hérétiques ou des tyrans. On excuse encore le malade qui ne peut réciter le Bréviaire sans danger d'aggraver la maladie ou de retarder la convalescence; celui qui, sans être dangereusement malade, éprouve des douleurs de tête si violentes, qu'il n'est pas moralement capable de s'occuper d'une affaire sérieuse. Mais une indisposition légère ne dispense pas de l'office. Dans le doute si celui qui est malade ou convalescent peut remplir ce devoir sans danger, on doit s'en rapporter à l'avis du médecin ou d'un homme prudent. Si le doute subsiste, le malade peut, en sûreté de conscience, s'exempter de

---

(1) Voyez, ci-dessus, le n° 601. — (2) Innocent XI, décret de l'an 1679.

la récitation de l'office : l'Église ne veut pas la mort de ses enfants (1). Enfin, l'on regarde comme dispensé de la récitation du Bréviaire, le prêtre qui est dans la nécessité de vaquer à certaines obligations incompatibles avec l'office, ou à des œuvres de charité si importantes et si pressées, qu'il ne peut les renvoyer au lendemain sans grave inconvénient ; comme, par exemple, s'il s'agissait d'arrêter un incendie, une inondation, de confesser ou de baptiser un mourant, d'administrer le viatique ou l'Extrême-Onction, d'entendre certaines personnes qui se présentent au tribunal de la Pénitence, et dont on ne peut différer la confession sans danger de les éloigner des sacrements. Dans ces différents cas, si on n'est pas libre avant minuit, ou si on n'a que le temps de prendre la nourriture nécessaire, on est déchargé de l'office du jour ou de la partie de l'office qui reste à dire : le devoir de la charité l'emporte sur celui de la prière.

707. 3° *La Dispense* : le Souverain Pontife peut dispenser de l'office divin de la manière la plus absolue, même les bénéficiers. L'évêque peut aussi en dispenser dans des cas particuliers, mais seulement pour un certain temps. Il dispense, par exemple, ceux qui, à raison de quelque infirmité physique ou morale, ne peuvent que très-difficilement dire leur Bréviaire ; tels sont ceux qui sont menacés de perdre la vue en le récitant ; ceux qui ont des maladies de langueur qui réclament un repos absolu ; ceux qui sont tellement tourmentés par les scrupules au sujet de l'office, qu'il serait dangereux qu'ils ne perdissent la santé, si on ne les dispensait du Bréviaire. C'est en le disant sans y être obligés qu'ils le diront bien, et qu'ils pourront se guérir.

### ARTICLE III.

#### *De la Tonsure et de l'Habit ecclésiastique.*

708. Les clercs sont obligés de porter la tonsure ou *couronne*, et l'habit ecclésiastique. Les conciles généraux et particuliers, les constitutions des Souverains Pontifes, les statuts synodaux des différents diocèses, en un mot toutes les lois de l'Église concernant les mœurs des clercs, leur imposent, même sous des peines graves, l'obligation d'avoir les cheveux courts avec une tonsure bien marquée, proportionnée à leur Ordre, et de porter un habit modeste

---

(1) Instructions sur le Rituel de Toulon, *du Bréviaire.*

qui les distingue des gens du monde. La forme de l'habit clérical n'a pas été la même dans tous les temps, et n'est pas la même pour tous les lieux : c'est aux évêques à régler, sur ce point, ce qui leur paraît plus convenable, eu égard à l'usage du pays ; mais ils doivent tenir à ce que cet habit s'éloigne autant que possible de l'habit séculier. Voici ce que dit le concile de Trente : « Oportet clericos « vestes proprio congruentes ordini semper deferre ; ut per decen- « tiam habitus extrinseci morum honestatem intrinsecam ostendant. Tanta autem hodie aliquorum inolevit temeritas religionis- « que contemptus, ut propriam dignitatem et honorem clericalem « parvi pendentes, vestes etiam deferant publice *laïcales*, pedes in « diversis ponentes, unum in divinis, alterum in carnalibus. Prop- « terea omnes ecclesiasticæ personæ, quantumcumque exemptæ, « quæ aut in sacris fuerint, aut dignitates, personatus, officia, aut « beneficia qualiacumque ecclesiastica obtinuerint, si, postquam « ab episcopo suo, etiam per edictum publicum, moniti fuerint, « honestum habitum clericalem, illorum ordini et dignitati con- « gruentem, et juxta ipsius episcopi ordinationem et mandatum, « non detulerint, per suspensionem ab ordinibus, ac officio, et bene- « ficio, ac fructibus, redditibus, et proventibus ipsorum benefi- « ciorum, necnon, si semel correpti denuo in hoc deliquerint, etiam « per privationem officiorum et beneficiorum hujusmodi coerceri « possint, et *debeant* (1). »

709. En France, où les évêques ont toujours montré beaucoup de zèle pour la discipline ecclésiastique, la soutane, qui est un habit long de couleur noire pour les simples prêtres, et qui descend jusqu'aux talons, *vestis talaris*, est de rigueur pour le costume clérical. Parmi nous, il est ordonné à ceux qui sont dans les Ordres sacrés de porter la soutane dans le lieu de leur résidence, et cela, dans un bon nombre de diocèses, sous peine d'une suspense *latæ* ou *ferendæ sententiæ* (2). Ce n'est qu'en voyage qu'on leur permet de remplacer la soutane par la soutanelle, ou par un habit qui les fasse reconnaître facilement pour des ecclésiastiques. Encore est-il à désirer qu'ils ne quittent jamais la soutane ; nous la regardons comme le second ange gardien du prêtre. Plusieurs conciles, entre autres celui de Bordeaux, de l'an 1583, de Bour-

(1) Sess. XIV. cap. 6. — (2) Voyez les statuts des diocèses de Meaux, de l'an 1691 ; de Besançon, de 1707 ; de Belley, de l'an 1749 ; de Toulouse, de l'an 1836 ; de Sarlat, de l'an 1729 ; de Périgueux, de l'an 1822 et 1839 ; de la Rochelle, de l'an 1835 ; d'Aix, de l'an 1840, etc.

ges, de l'an 1584, interdisent aux clercs l'usage de tout vêtement apparent qui ne serait pas de couleur noire. Les ecclésiastiques ne doivent non plus porter aucune espèce d'anneaux : l'anneau est une marque de dignité réservée aux prélats : « Annulos non defe-
« rant, nisi quibus ex dignitatis officio convenit (1). » Enfin, conformément à l'esprit du concile de Trente, qui ne veut rien de laïque dans le costume clérical, les statuts de plusieurs diocèses (2) ne permettent pas d'autre chapeau que le chapeau triangulaire, qui est le chapeau ecclésiastique en usage à Rome, dans les différentes parties d'Italie, et généralement en France; et improuvent le pantalon, qui ne va pas mieux avec la soutane que le chapeau rond (3). Les fidèles ne peuvent voir qu'avec peine le prêtre qui semble honteux de l'être, et qui paraît rougir de porter les marques de son état.

### ARTICLE IV.

*Des Choses que les canons défendent plus spécialement aux Clercs.*

710. Les canons défendent aux clercs le luxe, la chasse, la fréquentation des cabarets, les jeux de hasard et les jeux publics, les divertissements profanes qu'on tolère dans les laïques, le commerce, la gestion des affaires temporelles, plus ou moins incompatible avec l'esprit lévitique, l'exercice de la médecine et de la chirurgie. Nous lisons dans le concile de Trente : « Sic decet
« omnino clericos in sortem Domini vocatos, vitam moresque suos
« omnes componere, ut habitu, gestu, incessu, sermone aliisque
« omnibus rebus nihil, nisi grave, moderatum ac religione ple-
« num præ se ferant; *levia etiam delicta, quæ in ipsis maxima,*
« *essent*, effugiant, ut eorum actiones cunctis afferant veneratio-
« nem. Cum igitur, quo majore in Ecclesia Dei et utilitate et orna-
« mento hæc sunt, ita etiam diligentius sint observanda; statuit
« sancta synodus ut, quæ alias a Summis Pontificibus et a sacris
« conciliis de clericorum vita, honestate, cultu doctrinaque reti-

(1) Concil. d'Aix, de l'an 1585; de Narbonne, de 1551; statuts de Besançon, de 1707; de Grenoble, de 1828; d'Avignon, de 1836; de Périgueux, de 1839; de Verdun, de 1844. — (2) Statuts de Grenoble, de 1828; de Saint-Diez, de 1833; d'Avignon, de 1836; de Périgueux, de 1822 et 1839, etc. — (3) Statuts de Grenoble, de 1828; d'Avignon, de 1836; de Toulouse, de 1836; de Périgueux, de 1839; de Verdun, de 1844, etc.

« nenda, ac simul de luxu, comessationibus, choreis, aleis, lusibus,
« ac quibuscumque criminibus : necnon sæcularibus negotiis fu-
« giendis copiose ac salubriter sancita fuerunt, eadem in posterum
« iisdem pœnis vel majoribus, arbitrio Ordinarii imponendis, ob-
« serventur (1). Sancta synodus admonet episcopos omnes, ut se-
« cum ea sæpe meditantes, factis etiam ipsis, ac vitæ actionibus,
« quod est veluti perpetuum quoddam prædicandi genus, se mu-
« neri suo conformes ostendant, imprimis vero ita mores suos
« omnes componant, ut reliqui ab eis frugalitatis, modestiæ,
« continentiæ, ac, quæ nos tantopere commendat Deo, sanctæ hu-
« militatis exempla petere possint. Quapropter, exemplo Patrum
« nostrorum in concilio Carthaginiensi, non solum jubet, ut epis-
« copi modesta supellectili et mensa ac frugali victu contenti sint;
« verum etiam in reliquo vitæ genere ac tota ejus domo caveant,
« ne quid appareat, quod a sancto hoc instituto sit alienum, quod-
« que non simplicitatem, Dei zelum, ac vanitatum contemptum
« præ se ferat (2). (Canonici) ab illicitis venationibus, aucupiis,
« choreis, tabernis, lusibusque abstineant (3). »

711. La défense du luxe pour les clercs n'est qu'une application des règles de l'Évangile sur la simplicité chrétienne, sur le détachement des choses de la terre, la charité envers les pauvres, et l'obligation de faire l'aumône, dont le luxe tarit la source. Nous n'avons pas à nous arrêter sur cet article pour ce qui regarde les évêques de France, les chanoines, les curés et les desservants ; les ennemis du clergé leur reprocheraient plutôt, s'ils osaient, leur simplicité tout apostolique. Le concile de Trente ordonne aux ecclésiastiques de s'abstenir de la chasse illicite, *a venationibus illicitis*. Le mot *illicitis* suppose qu'il est une chasse permise ou non défendue aux clercs ; c'est celle qui se fait sans bruit, sans chiens et sans armes à feu. Mais les conciles et les statuts synodaux leur défendent expressément, sous des peines plus ou moins graves, de chasser avec des chiens ou des armes à feu (4). Il leur est même défendu de porter des armes, de quelque espèce qu'elles soient, si ce n'est dans les occasions où la sûreté personnelle paraît l'exiger (5) : les armes du prêtre sont la prière et la patience. Il est également défendu aux ecclésiastiques de coucher ou de

---

(1) Sess. XXII, de Reformatione, cap. 1. — (2) Sess. XXV, de Reformatione, cap. 1. — (3) Ibidem, sess. XXIV, cap. 12. — (4) Voyez les conciles de Latran, de 1215 ; de Nantes, de 1264 ; de Bordeaux, de 1583. — (5) Statuts de Besançon, de 1707 ; de Périgueux, de 1679 et 1839 ; de Verdun, de 1592, 1650 et 1844, etc.

manger ou de boire dans les hôtelleries, cafés, auberges et cabarets, à moins qu'il n'y ait nécessité, ou qu'à l'occasion d'un voyage on ne soit à la distance d'une ou de deux lieues de son domicile (1).

712. Il leur est défendu de jouer ou de prendre part au jeu, même comme simples spectateurs, dans les cafés, hôtelleries, auberges, et dans tout autre endroit où se tient quelque jeu public, de quelque espèce qu'il soit. Les jeux de hasard, publics ou non, leur sont pareillement interdits (2). Quant aux jeux permis ou tolérés par l'usage, on ne peut trouver mauvais qu'un prêtre y consacre quelques moments pour cause de délassement; mais il aura soin de ne jamais jouer qu'à un jeu modéré; il se tiendra constamment en garde contre la passion du jeu, passion dangereuse, qui lui ferait perdre le respect des peuples, un temps qui ne lui appartient pas, l'argent des pauvres, l'esprit de Dieu, l'esprit intérieur, si nécessaire aux ministres de Jésus-Christ. Le moyen le plus efficace de se prémunir contre cette passion, ce serait de ne jamais jouer de l'argent, ou de ne jouer qu'à condition que le gain sera pour les pauvres de la paroisse où l'on joue. Qu'on prenne aussi la résolution de ne plus jouer après neuf heures du soir : les statuts des diocèses de Belley, de 1749; de Grenoble, de 1838; de Périgueux, de 1839, défendent aux ecclésiastiques de jouer la nuit. Il n'est pas permis aux clercs de prendre part, en aucune manière, ni aux danses, ni aux représentations théâtrales, ni aux bouffonneries des baladins et des histrions (3).

713. Les canons leur interdisent aussi tout trafic, tout négoce, tout commerce, tout gain sordide ou indigne de leur état : « Nemo « militans Deo implicat se negotiis sæcularibus, » dit l'Apôtre. Ils leur défendent d'être fermiers, associés ou caution (4); et comme les lettres de change, si elles ne sont pas acquittées au temps convenu, exposent le débiteur à la contrainte par corps, il est sagement réglé, dans plusieurs diocèses (5), qu'un ecclésiastique ne

(1) Conciles de Milan, de 1565; de Reims, de 1583; de Bordeaux, de 1583, etc.; statuts des diocèses de Besançon, d'Aix, d'Alby, d'Avignon, de Toulouse, de Périgueux, de Limoges, de Poitiers, de Verdun, etc. — (2) Conciles de Reims, de 1583; de Bordeaux, de 1583; de Milan, de 1565, etc. — (3) Conciles de Reims, de 1583, etc. — (4) Conciles de Carthage, de 397; de Chalcédoine, de 451; d'Aquilée, de 791; de Paris, de 829; de Londres, de 1102; de Latran, de 1179; d'Avignon, de 1368; de Reims, de 1583; de Bordeaux, de la même année; de Bourges, de 1584, etc. — Voyez aussi la Constitution de Benoît XIV, *Apostolicæ servituti*, etc. — (5) Statuts de Toulouse, de 1836; d'Avignon, de 1836; de Rodez, de 1833; de Périgueux, de 1839, etc.

peut en signer aucune sans la permission de l'évêque. Il leur est défendu d'aller aux foires et aux marchés publics, soit pour y vendre soit pour y acheter quelque chose, soit pour y faire tout autre acte de commerce (1). Dans plusieurs diocèses, les curés ou desservants ne peuvent acheter aucun immeuble dans la paroisse où ils exercent le saint ministère, sans avoir pris préalablement l'avis de leur évêque (2). Enfin, les clercs doivent éviter, autant que possible, toute contestation en matière d'intérêt, et n'entreprendre aucun procès qu'ils n'aient consulté l'Ordinaire : *Lites fugiant*, dit le concile de Bordeaux de l'an 1583 (3). L'exercice de la médecine et de la chirurgie est interdit aux ecclésiastiques : « Ne clericus sacris initiatus artem medendi faciat (4) : » ils peuvent seulement indiquer, dans le cas d'une nécessité pressante et imprévue, le régime et les remèdes les plus simples et les plus communs.

ARTICLE V.

## Des Obligations des Évêques.

714. Plus l'évêque est élevé en dignité, plus il doit être saint ; plus son pouvoir est étendu, plus aussi ses obligations sont grandes et multipliées (5). Les principales obligations d'un évêque sont : de donner l'exemple de toutes les vertus chrétiennes et sacerdotales, qu'il doit pratiquer lui-même au plus haut degré ; de résider dans son diocèse, et de le visiter autant et aussi souvent que possible, dans toutes ses parties ; d'instruire les peuples, tantôt par la prédication, tantôt par des lettres pastorales, reprenant ceux qui s'élèvent contre la science de Dieu, et s'opposant aux nouveautés en matière de doctrine ; de veiller constamment sur son troupeau, afin de connaître les abus qui tendent à s'introduire, et de prendre les moyens que le zèle et la prudence lui suggéreront pour les arrêter ; de ne confier la direction de ses séminaires qu'à des prêtres instruits, sages et pieux, qui sauront former les jeunes gens à la

---

(1) Conciles de Bordeaux, de 1583 ; de Bourges, de 1584 ; statuts de Besançon, de 1707 ; de Verdun, de 1750 et 1844 ; de Meaux, de 1838 ; de Périgueux, de 1839, etc. — (2) Statuts des diocèses de Lyon, de 1827 ; de Grenoble, de 1828 ; de Maurienne, de 1829 ; de Rodez, de 1833 ; d'Avignon, de 1836 ; de Périgueux, de 1839 ; de Verdun, de 1844, etc. — (3) Voyez aussi les statuts des diocèses de Toulouse, de 1836 ; de Périgueux, de 1839 ; de Verdun, etc. — (4) Conciles de Milan, de 1565. — (5) Voyez, ci-dessus, les n°s 687 et 688.

pratique des vertus propres à l'état ecclésiastique, et leur inspirer surtout l'esprit de subordination, le plus grand respect pour les décisions et les actes du Souverain Pontife, ainsi que pour les décisions et les actes de l'évêque; de ne mettre à la tête des paroisses que des sujets capables, et dignes de sa confiance et de la confiance des fidèles : il vaut mieux laisser une paroisse sans prêtre que de lui en donner un qui est incapable, ou dont la vertu est équivoque. Il doit choisir le plus digne, *quem cæteris magis idoneum judicaverit*, dit le concile de Trente, c'est-à-dire le plus capable de faire le bien, eu égard et au caractère de la paroisse, et à l'âge, aux mœurs, à la doctrine et à la prudence du sujet, *ætate, moribus, doctrina, prudentia, et aliis rebus ad vacantem Ecclesiam gubernandam opportunis* (1). Toutes choses égales, il faut certainement choisir celui qui a le plus de talent, mais on ne peut non plus se dispenser de préférer ceux qui ont une instruction suffisante aux sujets plus instruits, mais moins pieux, moins prudents: « Qui præditus est majori sanctitate, aut prudentia, præferendus « est ei qui sola præminet scientia. » Ce sont les expressions de saint Alphonse de Liguori (2). « Il est certain, dit le même docteur, « qu'un curé pieux pourra faire plus de bien en un seul mois qu'un « autre plus instruit, mais moins saint, n'en fera dans tout le cours « de l'année (3). » En effet, quel est celui qui fait des prodiges dans une paroisse? Est-ce le savant, l'homme de lettres, l'homme d'esprit, celui qui brille dans un salon? Non ; mais bien l'homme de Dieu, celui qui est véritablement humble de cœur et d'esprit, celui qui ne court ni après l'or ni après l'argent. Le prêtre qui fait des prodiges est celui qui vit comme les hommes apostoliques, qui prêche comme les hommes apostoliques, qui administre les sacrements comme les hommes apostoliques. Et c'est parce que l'évêque est obligé de donner la préférence au plus digne, qu'il ne peut pas toujours se rendre aux vœux d'une paroisse qui voudrait se choisir un curé, et encore moins à la demande d'un prêtre qui voudrait se choisir une paroisse: *Qui petit indignus est*. C'est la pensée de saint Thomas.

715. Un autre devoir de l'évêque est de s'informer si les curés et autres ecclésiastiques du diocèse observent les statuts, tant pour ce qui les concerne personnellement comme simples prêtres, que

---

(1) Sess. xxiv, de Reformatione, cap. 18. — Voyez Benoît XIV, de Synodo diœcesana, cap. 8.— (2) Lib. iv. 92. — (3) Instruction pratique pour les Confesseurs ch. 7.

pour ce qui regarde le culte divin, l'administration des sacrements, la prédication et l'instruction de la doctrine chrétienne, la visite des malades. Les évêques étant, de droit divin, supérieurs aux simples prêtres, ceux-ci, quel que soit leur rang dans la hiérarchie ecclésiastique, sont obligés de se conformer aux statuts, aux constitutions synodales, aux ordonnances épiscopales, qui n'ont rien de contraire aux dogmes de la foi, ni aux mœurs, ni aux constitutions canoniques (1). Il doit aussi s'occuper des communautés religieuses, et veiller à ce que leurs constitutions respectives soient exactement observées en tout, et principalement pour ce qui regarde la liberté dans les élections. Il protégera et soutiendra de tout son pouvoir les ordres religieux : ils ne peuvent avoir pour ennemis que les ennemis de l'Église.

716. Enfin, c'est un devoir pour tous les évêques de reconnaître et de défendre les droits du saint-siége, les prérogatives de l'Église romaine, les décisions du Souverain Pontife, successeur de saint Pierre et vicaire de Jésus-Christ; ils en ont pris l'engagement au pied des autels (2). D'ailleurs, ce n'est qu'en respectant l'autorité du chef de l'Église qu'un évêque fera respecter l'autorité épiscopale : il faut savoir obéir, pour commander utilement. Écoutez ce que dit saint François de Sales : « Puisque les conciles donnent au « Souverain Pontife le nom d'évêque œcuménique, et au siége « qu'il occupe celui de trône de l'Église universelle (3); que les « saints Pères et les empereurs l'appellent le Père de l'univers, « l'Évêque des patriarches, le Recteur de toutes les Églises, et le « Chef de la milice sacrée (4); puisque enfin il est le Pasteur de « l'Église romaine, c'est-à-dire, de celle qui est la mère et la nour- « rice de toutes les autres, aussi bien que le centre de leur unité, « dans laquelle, suivant la remarque de Tertullien (5), les Apôtres « ont fait couler leur doctrine avec leur sang; personne ne peut « douter que tous les ministres du Sanctuaire ne soient obligés « d'avoir pour lui un profond respect et une crainte filiale; de s'ap- « procher avec confiance de sa personne sacrée, autant de fois que « leur nécessité spirituelle l'exigera; d'écouter sa voix, de révérer « ses décisions comme celles du Pasteur de tous les fidèles, qui tient « sur la terre la place de Jésus-Christ; et de prier incessamment

---

(1) Voyez Benoît XIV, de Synodo, etc.; les Conférences d'Angers, sur les États et les Synodes, etc. — (2) Voyez, au n° 686, le serment que fait l'évêque à la cérémonie de son sacre. — (3) Conciles de Chalcédoine et de Constantinople. — (4) Cassiodore, epist. 9; Théodose, Novel. constit. tit. 24; S. Cyprien, epist. 45. — (5) De Præscriptionibus, cap. 30; S. Chrysostome, Homil. 55. in Matth.

« pour lui, comme faisaient les premiers chrétiens pour saint Pierre,
« dont il est le successeur, afin d'obtenir de Dieu toutes les grâces
« qui lui sont nécessaires pour résister généreusement à tous les
« ennemis de la sainte Église qu'il gouverne, et conduire sainte-
« ment le troupeau que Jésus-Christ a racheté de son propre sang,
« et qu'il a confié à ses soins (1). » Et Bossuet : « C'est cette chaire
« romaine tant célébrée par les Pères, où ils ont exalté comme à
« l'envi *la principauté de la chaire apostolique; la principauté
« principale, la source de l'unité, et dans la place de Pierre
« l'éminent degré de la chaire sacerdotale; l'Église mère qui
« tient en sa main la conduite de toutes les autres Églises; le
« Chef de l'épiscopat, d'où part le rayon du gouvernement; la
« chaire principale, la chaire unique, en laquelle seule tous
« gardent l'unité* : vous entendez dans ces mots saint Optat, saint
« Augustin, saint Cyprien, saint Irénée, saint Prosper, saint Avite,
« saint Théodoret, le concile de Chalcédoine et les autres; l'Afri-
« que, les Gaules, la Grèce, l'Asie, l'Orient et l'Occident unis en-
« semble. — Tout est soumis aux clefs de Pierre; tout, rois et
« peuples, pasteurs et troupeaux : nous le publions avec joie, car
« nous aimons l'unité, et nous tenons à gloire notre obéissance.
« C'est à Pierre qu'il est ordonné premièrement d'*aimer plus que
« tous les autres* apôtres, et ensuite de *paître* et *gouverner tout*,
« et les *agneaux* et les *brebis*, et les petits et les mères, et les
« pasteurs eux-mêmes : *pasteurs à l'égard des peuples* et *brebis à
« l'égard de Pierre*, ils honorent en lui Jésus-Christ (2). »

717. Un évêque ne peut se suffire à lui-même; il a besoin d'un ou de plusieurs vicaires généraux. En France, l'évêque en a deux qui sont rétribués par le gouvernement, et l'archevêque en a trois. Les vicaires généraux sont amovibles; et leurs pouvoirs, plus ou moins étendus, selon la teneur de leurs lettres, tombent avec l'évêque. On doit regarder comme nulles les dispenses, permissions ou facultés, qu'un vicaire général aurait la témérité d'accorder contre la volonté bien connue de son évêque. Nous ferons remarquer aussi que celui à qui un vicaire général a refusé une permission ne doit point la demander à un autre, sans lui faire connaître le refus du premier : autrement la grâce qu'il obtiendrait deviendrait subreptice. Ce serait différent s'il s'adressait à l'évêque. Comme aujourd'hui le tribunal de l'officialité n'a plus, parmi nous, la juridiction *contentieuse* qu'il tenait de la puissance civile, c'est

---

(1) **Constitutions synodales**, part. II. — (2) Sermon sur l'unité de l'Église.

un vicaire général qui remplit les fonctions d'official, pour les affaires qui dépendent de la juridiction ecclésiastique et *volontaire*. Mais quoique les choses aient changé, un évêque n'est pas dispensé des règles canoniques quand il s'agit de juger, d'excommunier, de suspendre, d'interdire *a sacris*, ou de destituer un prêtre accusé en matière grave.

718. Enfin, un évêque ne pouvant étendre sa surveillance en même temps sur toutes les paroisses, il est nécessaire, plus ou moins, selon l'étendue du diocèse, qu'il établisse, de distance en distance, des *vicaires forains*, ou des *archi-prêtres*, ou des *doyens* (la dénomination varie suivant les provinces), en les chargeant de lui rendre compte de ce qui se passe dans leur district ou canton. Mais les doyens sont obligés de remplir bien exactement leur commission. Ils sont tenus, en conscience, de veiller à ce que les règlements du diocèse soient exécutés, et d'avertir soigneusement l'évêque des contraventions, ainsi que des imprudences, des fausses démarches, des déréglements des ecclésiastiques de leur arrondissement, du moins lorsque les avis qu'ils auront donnés charitablement n'auront eu aucun effet; de tenir spécialement à ce que les conférences organisées dans le diocèse se tiennent régulièrement, et toujours de la manière la plus convenable et la plus propre à édifier les fidèles; de se rendre auprès des curés ou des desservants malades, afin de leur faire administrer, s'il y a lieu, les derniers sacrements. A la mort d'un prêtre, ils veilleront à ce qu'il ne se perde rien de ce qui appartient à l'église ou au presbytère (1).

### ARTICLE VI.

#### *Des Obligations des Chanoines.*

719. Nous n'indiquerons que les principales obligations des chanoines. D'abord, ils sont obligés de résider; ils ne peuvent s'absenter au delà du temps que les statuts du chapitre leur accordent pour les vacances. Ils ont, assez généralement, deux ou trois mois de l'année, pendant lesquels ils peuvent s'absenter; mais il ne leur est pas permis de s'absenter plus longtemps (2). Les jours d'absence doivent être déduits sur le total des vacances; sans quoi il serait

---

(1) Voyez les Conciles de Reims, de l'an 1564; de Milan, de 1565; de Toulouse, de l'an 1590; de Narbonne, de l'an 1609; de Bordeaux, de l'an 1624, etc., etc. — (2) Concil. Trident. sess. XXIV, de Reformatione, cap. 12.

facile à un chanoine d'éluder les statuts qui lui défendent de s'absenter plus de deux ou trois mois ; et, comme l'office public est d'obligation pour le chapitre tous les jours de l'année, les chanoines sont tenus de prendre si bien leur temps qu'ils ne s'absentent jamais tous ensemble : ils doivent faire en sorte que l'office canonial ne soit point interrompu. Un chanoine qui ne résiderait pas, sans être dispensé de la résidence, pécherait mortellement contre la vertu de religion et contre la justice. Lorsqu'un chanoine ne réside pas, l'évêque doit lui faire des monitions canoniques ; et s'il n'obéit pas, il y a lieu à procéder contre lui pour lui ôter son titre (1).

720. La seconde obligation des chanoines est l'assistance assidue à l'office canonial : c'est un devoir dont l'exacte observation leur est recommandée par toutes les lois ecclésiastiques. Mais il ne suffit pas de se trouver à chaque office ; ils doivent y assister depuis le commencement jusqu'à la fin, et chanter ou psalmodier, ou, au moins, suivre l'office du chœur. Il n'est pas permis à un chanoine de dire son Bréviaire en particulier, ou de faire une lecture quelconque pendant que le chœur chante ou psalmodie. Il ne doit pas non plus, généralement, entendre les confessions, ou dire la messe, dans le temps où il est obligé d'assister à l'office. Les théologiens et les canonistes sont unanimes (2). Cependant, il y a plusieurs causes qui dispensent de l'assistance au chœur : ainsi, on regarde comme déchargés de l'obligation d'y assister, ceux qui sont dans l'impossibilité physique ou morale de réciter l'office ou de se rendre au chœur, ainsi que ceux qui ont reçu de l'évêque des commissions incompatibles avec les fonctions de chanoine. Mais un évêque ne peut, de son autorité propre, multiplier ces commissions au point de faire cesser ou interrompre l'office du chapitre, qui comprend la messe canoniale.

721. La troisième obligation des chanoines est de donner au clergé et aux fidèles l'exemple de la régularité, de la piété, du recueillement dans le lieu saint, du respect pour les actes de l'évêque, de la fidélité à observer les statuts du diocèse, les constitutions synodales, les ordonnances ou règlements concernant la réformation des mœurs et la discipline ecclésiastique. Il est convenable, à la vérité, que, dans les lieux mêmes où cet usage est tombé en dé-

---

(1) Célestin III, cap. ex parte. *de Clericis non residentibus*; concil. Trident. sess. XXIV, de Reformatione, cap. 12. — (2) Voyez Benoît XIV, Instit. CVII ; les Conférences d'Angers, sur les États, conf. VI. quest. 3.

suétude, l'évêque consulte son chapitre sur les règlements qu'il se propose de publier; car il n'est pas rare de trouver dans un chapitre des hommes dont les observations peuvent être utiles; mais, obligé ou non de demander l'avis des chanoines, il n'a pas besoin de leur consentement pour publier ses ordonnances ou ses constitutions, et les rendre obligatoires, si ce n'est en certains cas exprimés dans le Droit. Sur ce point, on doit, dit Benoît XIV, avoir égard à la coutume des lieux : « Multum hac in re deferendum est « locorum consuetudini... Necesse utique non est ut episcopus « novas constitutiones in synodo promulgaturus, totius cleri sen-« tentiam efflagitet; sed satis est, si sui capituli *consilium* expo-« scat, *etsi illud sequi non teneatur*, nisi in ipsis constitutionibus « aliquid decernatur de re, puta de Ecclesia parochiali alicui colle-« gio aut monasterio perpetuo unienda, ad quam jura majoris par-« tis capitularium exigunt consensum. Quinimmo ab ipsa obliga-« tione petendi capituli consilium solutus erit episcopus qui *per* « *legitime praescriptam consuetudinem*, jus sibi acquisierit novas « leges condendi et publicandi *inconsulto capitulo* (1). » Or, en France, depuis longtemps, les évêques sont en possession d'exercer seuls, et sans la participation de leurs chapitres, les fonctions de la juridiction ecclésiastique, comme de faire des statuts et règlements pour la discipline; ils ne sont obligés de requérir le consentement des chanoines que pour ce qui concerne les intérêts du chapitre (2). Un évêque ne pourrait non plus, sans le concours de son chapitre, substituer le rite romain à un rite particulier qui serait légitimement autorisé par la bulle *Quod a nobis* du pape S. Pie V; mais ce concours ne lui serait point nécessaire, s'il s'agissait de faire disparaître ce qui, depuis cette bulle, se serait introduit arbitrairement dans la liturgie de son diocèse (3). Il n'aurait pas besoin non plus de l'agrément des chanoines pour arrêter les abus qui s'établiraient dans le chapitre.

722. Une autre obligation du chapitre est de pourvoir à l'administration du diocèse, lorsque le siége épiscopal vient à vaquer. C'est un droit qui lui est accordé par le concile de Trente; c'est un devoir en même temps qu'il doit remplir dignement, en se conformant aux canons, de manière à éviter tout ce qui pourrait ren-

---

(1) De Synodo diœcesana, lib. VIII. cap. 1. — (2) Voyez les Conférences d'Angers, sur les Synodes; les Mémoires du clergé, la Jurisprudence canonique de Guy du Rousseau de la Combe, le Dictionnaire de Droit canonique, etc. — (3) Voyez, ci-dessus, le n° 697.

dre ses actes nuls ou douteux : « Officialem seu vicarium, infra
« octo dies post mortem episcopi, constituere, vel existentem con-
« firmare omnino teneatur, qui saltem in jure canonico sit doctor,
« vel licentiatus, vel alias, quantum fieri poterit, idoneus : si secus
« factum fuerit, ad metropolitanum deputatio hujusmodi devolva-
« tur. Et si Ecclesia ipsa metropolitana fuerit, aut exempta, capi-
« tulumque, ut præfertur, negligens fuerit, tunc antiquior episco-
« pus ex suffraganeis in metropolitana, et propinquior episcopus
« in exempta œconomum et vicarium idoneos possit constituere (1). »
Le chapitre n'a que huit jours, à partir de la connaissance certaine
de la mort de l'évêque, ou de l'acceptation par le Pape de sa démission, pour élire un économe et un vicaire administrateur,
qu'on nomme *vicaire capitulaire*, ou, improprement, *vicaire
général capitulaire*. Le concile ne parle que d'un vicaire ; mais
comme en France, à raison de l'étendue des diocèses, les archevêques ont trois vicaires généraux rétribués par le gouvernement, et
que les évêques en ont deux, les chapitres sont dans l'usage d'en
nommer plusieurs à la mort de l'archevêque et à la mort de l'é-
vêque ; nous pensons qu'on peut sans peine se conformer à cet
usage. Mais peut-on en nommer plus de trois pour les archevêchés,
et plus de deux pour les évêchés ? Nous ne le croyons pas : admettre que le chapitre peut nommer un plus grand nombre de vicaires
capitulaires, c'est admettre par là même qu'il peut, au mépris de
la loi, se constituer administrateur du diocèse : car s'il peut élire
quatre, cinq, six, sept vicaires capitulaires, pourquoi n'en pourrait-il pas élire huit, neuf ou dix, c'est-à-dire tous ses membres ?
Nous ferons remarquer que les chanoines titulaires seuls peuvent
concourir à cette élection : quels que soient les règlements de l'é-
vêque défunt à cet égard, ni les anciens vicaires généraux, ni celui
qui fait les fonctions d'archidiacre, ni le curé de la cathédrale, ni
le supérieur du séminaire, ne peuvent concourir à l'élection des
vicaires capitulaires, à moins qu'ils ne soient eux-mêmes chanoines
titulaires.

723. Par l'élection, l'exercice de la juridiction du chapitre passe
au vicaire capitulaire : « Ad eum, dit Benoit XIV, transfertur exer-
« citium totius jurisdictionis episcopalis penes capitulum existen-
« tis (2). » Quoi qu'en pensent quelques auteurs, le chapitre ne peut
se réserver aucun acte d'administration, et ne peut révoquer un

---

(1) Sess. xxiv, de Reformatione, cap. 16. — (2) De Synodo diœcesana, lib. ii. cap. 9.

vicaire capitulaire que pour une cause jugée suffisante par la sacrée congrégation dite des *évêques et des réguliers*, ainsi que l'a déclaré plusieurs fois cette congrégation (1). Mais, à la mort du vicaire ou du dernier des vicaires capitulaires, le chapitre peut en élire d'autres, toujours sans condition et sans restriction aucune (2). Ce n'est point au chapitre, mais à l'évêque futur que le vicaire capitulaire doit rendre compte de son administration.

## ARTICLE VII.

### Des Obligations des Curés.

724. Les curés, les desservants, tous ceux qui ont charge d'âmes, ont de grandes obligations à remplir envers ceux qui leur sont confiés. Déjà nous avons parlé de l'obligation où ils sont d'administrer les sacrements et de visiter les malades; déjà nous avons expliqué les qualités du confesseur, qualités nécessaires à tous ceux qui exercent le ministère pastoral. Nous avons fait connaître aussi particulièrement, dans ce traité, les vertus ecclésiastiques que les curés, par cela même qu'ils sont établis pour l'édification et le salut des peuples, doivent pratiquer à un plus haut degré que les simples prêtres. Nous nous bornerons donc, pour ne pas nous écarter de notre plan, à dire un mot de l'obligation pour un curé de résider dans sa paroisse, d'instruire ses paroissiens, de leur donner le bon exemple, et de les aimer comme un bon père aime ses enfants.

Les curés et desservants sont tenus, même de droit divin, de résider exactement dans leur paroisse : y manquer serait une faute plus ou moins grave contre la religion, contre la charité et contre la justice. Celui qui, sans nécessité aucune et sans permission, s'absente pendant un temps considérable, ne peut en conscience retenir les revenus de son bénéfice à proportion de son absence. Il en serait de même d'un évêque, d'un chanoine, ou de tout autre ecclésiastique dont le bénéfice ou les fonctions réclament la résidence : c'est la décision du concile de Trente (3). La résidence est d'une nécessité si absolue, qu'elle oblige, au péril même de la vie, toutes les fois qu'elle est nécessaire au bien spirituel des parois-

---

(1) Voyez Benoît XIV, de Synodo diœcesana, lib. II. cap. 9; Mgr Bouvier, Tract. de Ordine, cap. 5. art. 2; Ferraris, Bibliotheca canonica, etc. — (2) Concil. Trid. sess. XXIV, de Reformatione, cap. 16. — (3) Sess. XXIII, de Reformatione, cap. 1.

siens, comme en temps de peste, ou durant le siége d'une ville. C'est alors, ou dans des circonstances semblables, que l'obligation de la résidence devient plus rigoureuse, parce que la nécessité de la présence du pasteur est plus grande, et qu'on a plus besoin du secours de son ministère. Rien ne peut alors dispenser un curé de la résidence ; il doit se sacrifier plutôt que d'abandonner son troupeau : *Bonus pastor animam suam dat pro ovibus suis.*

725. Dans tous les cas, la résidence à laquelle on est obligé doit être personnelle ; on ne peut s'éloigner de sa paroisse sous prétexte qu'on se fait remplacer, à moins qu'on n'y soit autorisé par son supérieur ; et celui-ci ne le permet qu'à ceux qui ont des raisons plus ou moins fortes, selon que l'absence doit être plus ou moins longue. Elle doit être perpétuelle ; il ne suffit pas d'être dans sa paroisse les jours de dimanche et de fêtes de commandement, il faut y être tous les jours, moralement parlant ; car tous les jours il y a quelque chose à faire pour les paroissiens ; tous les jours le ministère du prêtre peut être nécessaire à quelques fidèles. Ce n'est pas assez non plus d'y passer la nuit et une partie de la matinée : celui qui, sans raison légitime, s'absente tous les jours, ou presque tous les jours, ou trois ou quatre fois par semaine, sortant le matin pour ne rentrer qu'au soir, ne peut être en sûreté de conscience : outre le danger de laisser mourir des malades sans sacrements, il perd son temps, se met hors d'état de remplir exactement ses devoirs, et scandalise les peuples. Une vie aussi dissipée est incompatible avec l'esprit ecclésiastique, avec l'amour de la retraite, de la prière et de l'étude, nécessaire à tout prêtre, et spécialement à ceux qui sont chargés de la direction des âmes.

726. Il est des raisons qui autorisent un pasteur, un curé, à s'absenter du lieu de sa résidence : ces raisons sont, comme le dit le concile de Trente, la charité chrétienne, *christiana charitas*; une nécessité urgente, *urgens necessitas*; l'obéissance que l'on doit à ses supérieurs, *debita obedientia*; et l'utilité évidente de l'Église ou de l'État, *evidens Ecclesiæ vel Reipublicæ utilitas*. Quand un curé peut alléguer un de ces motifs, il obtient de son évêque la permission de s'absenter, en se faisant remplacer par un prêtre approuvé, tant pour l'administration des sacrements que pour la célébration de la sainte messe, aux jours où elle est d'obligation. Quant à certains cas particuliers, si pressants qu'ils ne laissent pas le temps de recourir à l'évêque, les curés s'en tiendront aux règlements ou aux usages du diocèse.

727. De toutes les obligations des curés, desservants et autres

prêtres ayant charge d'âmes, la plus essentielle est celle d'instruire les fidèles confiés à leurs soins sur les devoirs du chrétien. Ils sont tenus de faire une instruction à la messe de paroisse tous les dimanches et jours de fêtes de commandement. Voici le texte du concile de Trente : « Archipresbyteri, plebani, et quicumque paro-
« chiales, vel alias curam animarum habentes Ecclesias quocumque
« modo obtinent, per se, vel alios idoneos, si legitime impediti
« fuerint, *diebus saltem dominicis et festis solemnibus*, plebes sibi
« commissas pro sua et *earum capacitate* pascant *salutaribus ver-*
« *bis; docendo* quæ scire omnibus necessarium est ad salutem, an-
« nuntiandoque eis cum *brevitate* et *facilitate* sermonis, vitia quæ
« eos declinare, et virtutes quas sectari oporteat; ut pœnam æter-
« nam evadere, et cœlestem gloriam consequi valeant. Id vero si
« quis eorum præstare negligat, provida pastoralis episcoporum
« sollicitudo non desit, ne illud impleatur : parvuli petierunt pa-
« nem, et non erat qui frangeret eis (1). » Aussi, les conciles provinciaux et les statuts de tous les diocèses insistent sur l'obligation pour les curés ou desservants de faire, ou, en cas d'empêchement, de faire faire une instruction à leurs paroissiens au moins tous les dimanches. Il est même défendu, sous peine de suspense *ferendæ sententiæ*, dans un bon nombre de diocèses, de laisser passer trois dimanches de suite sans faire aucune instruction pastorale. Malheur à moi, disait l'Apôtre, si je ne prêche pas l'Évangile ! c'est pour moi un devoir, une nécessité : « Si evangelizavero, non est mihi
« gloria; necessitas enim mihi incumbit : væ enim mihi est, si non
« evangelizavero (2). » Malheur donc aux pasteurs, aux curés qui négligent d'annoncer la parole divine ! ils répondront devant Dieu des désordres qui résultent de l'ignorance des peuples.

728. Mais il ne suffit pas de prêcher pour accomplir le devoir de la prédication; car, ainsi que nous l'avons fait remarquer plus haut, il est des prêtres qui prêchent beaucoup et n'instruisent pas, qui parlent beaucoup et n'enseignent pas, qui déclament beaucoup et n'évangélisent pas. Il faut donc instruire, enseigner, *Euntes docete*, prêchant l'Évangile à toute créature, aux grands et aux petits, aux savants du siècle et aux ignorants, aux riches et aux pauvres, mais surtout aux pauvres, à ceux qui sont comme abandonnés du reste des hommes : *Prædicate Evangelium omni creaturæ* (3). Prêchez, insistez à temps, à contre-temps, mais prêchez

---

(1) Sess. v, de Reformatione, cap. 2.— (2) I. Corinth. c. 9. v. 16. — (3) Marc. c. 16. v. 15.

la parole de Dieu et non la parole des hommes ; *Prædica verbum, insta opportune, importune*; avertissez, suppliez, reprenez les pécheurs, mais toujours en toute patience, et en les instruisant : *Argue, obsecra, increpa in omni patientia et doctrina* (1). Prêchez Jésus-Christ et Jésus-Christ crucifié, ne vous prêchant point vous-même : c'est ainsi que prêchaient les Apôtres : « Non enim « nosmetipsos prædicamus, sed Jesum Christum Dominum nos- « trum (2). Nos autem prædicamus Christum crucifixum (3). Et « ego, disait saint Paul aux Corinthiens, cum venissem ad vos, « fratres, veni non in sublimitate sermonis aut sapientiæ, annuntians « vobis testimonium Christi. Et sermo meus et prædicatio mea non « in persuasibilibus humanæ sapientiæ verbis, sed in ostensione spi- « ritus et virtutis… Quæ et loquimur non in doctis humanæ sapien- « tiæ verbis, sed in doctrina spiritus, spiritualibus spiritualia com- « parantes (4). » C'est dans cet esprit qu'ont prêché dans tous les temps les hommes apostoliques, les hommes de Dieu, les vrais pasteurs, ceux qui paissent leurs troupeaux de paroles salutaires, se mettant toujours à la portée des peuples confiés à leurs soins, et ne cherchant qu'à faire connaître et à faire aimer Jésus-Christ : « Plebes sibi commissas pro sua et earum capacitate pascant saluta- « ribus verbis. »

729. Il est certainement important qu'un curé prêche ou fasse prêcher quelquefois dans le courant de l'année des sermons bien faits et choisis avec discernement. Mais ce n'est point par des sermons qu'on satisfait à l'obligation d'instruire ses paroissiens. Le moyen d'instruire le plus efficace sans contredit, et le plus facile, quoiqu'il demande du travail et de la préparation, c'est d'expliquer l'Évangile, et d'exposer la doctrine de l'Église sur le dogme, la morale et les sacrements. La manière d'instruire avec fruit, c'est 1° de lire tous les dimanches et jours de fêtes l'évangile du jour, et, cette lecture achevée, de proposer aux fidèles une pensée, une réflexion, une résolution pratique, facile à retenir même par les plus ignorants ; 2° d'exposer ensuite et d'expliquer, d'une manière claire et précise, un article, une question, un point du Symbole des Apôtres, ou du Décalogue, ou des sacrements, ou ce qui a rapport au culte divin, aux cérémonies de l'Église ; 3° de suivre pour cette exposition, l'ordre et même la lettre du catéchisme du diocèse, revenant de temps en temps, par occasion, sur les premières vérités de la

---

(1) II. Timoth. c. 4. v. 2. — (2) II. Corinth. c. 4. v. 5. — (3) I. Corinth. c. 1. v. 23. — (4) Ibid. c. 2. v. 1, 4 et 13.

religion que tout chrétien est obligé de croire explicitement, et sur les principaux points de la morale, eu égard aux besoins de la paroisse ; 4° de finir l'instruction par un mot d'exhortation analogue au sujet qu'on a traité. Mais il ne faut pas oublier qu'on doit être court et bien posséder ce qu'on dit, afin de ne pas fatiguer les fidèles ; *cum brevitate et facilitate sermonis :* ce sont les paroles du concile de Trente. « Croyez-moi, dit saint François de Sales ; c'est « par expérience, et longue expérience, que je vous dis ceci : plus « vous direz, moins on retiendra. Quand un discours est trop long, « la fin fait oublier le milieu, et le milieu fait oublier le commen- « cement. » L'instruction familière dont il s'agit ne doit pas durer plus d'une demi-heure ; et, eu égard aux circonstances, il est quelquefois à propos de la réduire à quinze et même à dix minutes. Toutes choses égales, il vaudrait mieux être trop court que trop long : « Minus populis noceret nimia brevitas quam nimia prolixi- « tas (1). » Le cours d'instructions que nous proposons n'est point un cours de théologie : on doit en bannir toute discussion, et toute question, sinon inutile en soi, du moins inutile aux simples fidèles. Aussi ne faut-il que deux ou trois ans au plus pour expliquer toute la doctrine catholique.

730. Cette méthode n'est pas nouvelle ; nous la trouvons indiquée par plusieurs conciles, ainsi que par les Rituels et les statuts d'un grand nombre de diocèses (2). Nous nous contenterons de citer les *Constitutions synodales* de Maurienne, de 1829 : « Pour « apprendre la théologie, les prêtres sont obligés d'étudier une suite « de traités pendant plusieurs années. De même, pour instruire les « fidèles, il faut leur développer toutes les vérités qu'ils doivent « savoir, par des explications détaillées, suivies et liées, qui puis- « sent produire sur eux le même effet qu'une suite de traités. Nous « ordonnons, en conséquence, que, dans toutes les paroisses de « notre diocèse, il soit fait chaque dimanche une instruction, mise « à la portée du commun des fidèles, et en suivant l'ordre du caté- « chisme diocésain. Une expérience constante prouve qu'il n'y a « de paroisses bien instruites que celles où la doctrine chrétienne a « été enseignée de cette manière, et que partout où l'on se borne à « faire des prônes ou des exhortations sur des sujets détachés, le « peuple tombe bientôt dans la plus déplorable ignorance. »

---

(1) Rituels de Tours et de Châlons. — (2) Voyez les conciles de Cambrai, de 1565 ; de Rouen, de 1581 ; de Bordeaux, de 1624 ; les anciens Rituels de Besançon, de Bordeaux, de Bourges, de Périgueux, de Sarlat, de Poitiers, de Limoges, de Bayeux, de Chartres, de Coutances, de Meaux, de Troyes, de Saint-Diez, etc.

**731.** Le prédicateur doit être exact, se rappelant qu'il n'est pas plus permis d'ajouter que de retrancher un *iota* à la loi. Voici ce que nous lisons dans l'*Instruction pastorale* que l'évêque d'Angoulême adressait à ses curés en 1780 : « Soyez exacts dans votre « morale. Ne confondez pas les conseils avec les préceptes, ce qui « est certain avec ce qui est opinion, ce qu'on éprouve d'involon- « taire avec ce qui est du choix de notre libre arbitre. Ayez une « grande attention à mettre des correctifs aux propositions géné- « rales, lorsqu'elles le demandent : elles en demandent presque « toujours. Mille circonstances peuvent rendre une action louable « ou criminelle, diminuer le péché ou le rendre plus énorme. Ne « hasardez rien dans les détails. Ne condamnez pas en chaire ce « que vous croyez pouvoir permettre dans le tribunal de la Péni- « tence. Ménagez l'infirmité humaine dans les circonstances qui « l'exigent. Souvenez-vous de ces paroles du Sauveur : *J'aurais* « *encore beaucoup de choses à vous dire, mais vous êtes trop* « *faibles pour les entendre*; et aussi ce que disait l'Apôtre aux « Corinthiens : *Je ne vous ai parlé que comme à des petits en-* « *fants en Jésus-Christ; je ne vous ai nourris que du lait de la* « *parole, et non pas comme des hommes spirituels, parce que* « *vous n'en êtes pas capables.* La loi est sainte, belle et aimable : « un faux zèle la rend quelquefois difforme et rebutante (1). » Nous ajouterons : Soyez réservés en parlant des vérités éternelles ; et, tout en admirant l'éloquence de Massillon, évitez les exagérations que ce célèbre orateur s'est permises dans ses sermons sur *le petit nombre des élus* et *l'impénitence finale*, dont la lecture est capable de jeter certaines âmes dans le désespoir (2).

**732.** Un curé prudent s'observera en parlant contre les vices : il sait qu'il réussira mieux en prêchant les vertus contraires qu'en les attaquant ouvertement ; et il sera toujours extrêmement attentif à ne compromettre, en chaire, qui que ce soit, ni directement, ni indirectement : moins sa paroisse est considérable, plus il doit, à cet égard, être circonspect dans les détails. Ce n'est que par la prudence, la douceur, et la patience, qu'on peut faire cesser un abus; c'est la pensée de Benoît XIV. Parlant des marchés qui se tenaient le dimanche dans quelques villes d'Italie, et qui malheureusement se tiennent aujourd'hui

---

(1) Instruction pastorale de M. de Broglie, évêque d'Angoulême, pour la publication des statuts du diocèse. — (2) Pour ce qui regarde le petit nombre des élus, voyez les *Institutions ecclésiastiques* de Benoît XIV, et le *Dictionnaire de Théologie*, par Bergier, édit. de Besançon.

dans plusieurs villes de France, il s'exprime ainsi : « Quia malum
« universale est, ac alte radices egit, opus est prudentia et matu-
« ritate, ne fructu careat medela, ac vulnus exasperet. *Quod pos-*
« *sumus exigendum est, non quod optamus*. Admonitionibus
« proinde uti satius videtur quam minis; et si minæ quandoque
« intententur, servandum est exacte monitum sapientissimum sancti
« Augustini, epist. XXII, ad Aurelium Carthaginiensem episcopum,
« qui agens de auferenda conviviorum licentia totam passim Afri-
« cam fœde occupante, sub inani obtentu honorandi festa marty-
« rum, scripsit : *Non aspere quantum existimo, non duriter;*
« *non modo imperioso ista tolluntur; magis docendo quam ju-*
« *bendo; magis monendo quam minando; sic enim agendum est*
« *cum multitudine; severitas autem exercenda est in peccata*
« *paucorum. Et si quid minamur, cum dolore fiat, de Scripturis*
« *comminando vindictam futurorum, ne nos ipsi in nostra po-*
« *testate, sed Deus in nostro sermone timeatur* (1). » Ce que dit
saint Augustin s'applique particulièrement aux abus qui accompagnent les fêtes patronales.

733. Un curé n'est pas seulement obligé de prêcher le dimanche, il doit de plus faire le catéchisme aux enfants; et c'est un devoir pour l'évêque de veiller à ce que les curés s'acquittent de cette obligation : « Episcopi, dit le concile de Trente, *saltem do-*
« *minicis et aliis festivis diebus*, pueros in singulis parochiis fidei
« rudimenta et obedientiam erga Deum et parentes diligenter ab
« iis, ad quos spectabit, doceri curabunt; et, si opus sit, etiam
« per censuras ecclesiasticas compellent (2). » De tout temps les conciles ont insisté sur la nécessité de l'instruction religieuse des enfants, et les statuts synodaux de tous les diocèses renferment, sur cet article, des règlements dont les curés ne peuvent s'écarter sans se rendre coupables devant Dieu. Le Seigneur bénit le ministère du prêtre qui instruit les enfants et les forme à la pratique de la vertu, en leur inspirant la piété chrétienne et la piété filiale, l'obéissance envers Dieu et envers leurs parents, *obedientiam erga Deum et parentes*. Aussi, les pères et mères aiment un curé qui s'occupe de leurs enfants.

734. Un autre devoir pour les curés, devoir qui leur est commun avec les évêques, c'est de donner le bon exemple en tout : « In omnibus teipsum præbe exemplum bonorum operum, in doc-
« trina, in integritate, in gravitate (3). Exemplum esto fidelium,

---

(1) Constit. Paternæ charitatis. — (2) Sess. XXIV, de Reformatione, cap. 4.
— (3) Tit. c. 2. v. 7.

« in verbo, in conversatione, in charitate, in fide, in castitate (1). »
Un prêtre, dont la vie serait ou passerait pour être scandaleuse, serait un fléau pour une paroisse : celui qui, sans être scandaleux, à prendre ce mot dans sa signification rigoureuse, n'édifie pas, est au moins inutile ; c'est l'arbre qui ne produit ni de bons ni de mauvais fruits : il doit être arraché. Mais le prêtre qui édifie par sa piété, par sa douceur, par son humilité, sa patience, sa modestie, sa charité, par son désintéressement, son amour pour les pauvres ; celui qui prêche d'exemple le détachement des biens de ce monde, la fuite des plaisirs et de l'oisiveté, l'obéissance, le respect pour la réputation du prochain, le pardon des injures ; celui qui se montre en tout comme ministre de Jésus-Christ, comme l'homme de Dieu ; le bon curé, en un mot, oh ! celui-là est un trésor pour un peuple ; il passera, mais c'est en faisant le bien ; et son nom, demeurant en vénération dans sa paroisse, sera une bénédiction pour les générations futures.

735. Nous ajouterons qu'un curé doit aimer ses paroissiens comme un bon père aime ses enfants ; il doit les aimer pour Dieu et à cause de Dieu, et non pour lui-même, non par intérêt ; il doit les aimer malgré les peines, les ennuis, les tribulations, l'ingratitude qu'il éprouve dans sa paroisse : « Ego autem *libentissime* im-
« pendam, et superimpendar ipse pro animabus vestris ; licet *plus*
« *vos diligens, minus diligar* (2). » Il doit les aimer tous, sans acception de personnes, les petits comme les grands, les pauvres comme les riches, pleurant avec ceux qui pleurent, se réjouissant avec ceux qui sont dans la joie, compatissant aux infirmités spirituelles ou corporelles de ceux qui sont faibles, se faisant tout à tous, bien moins pour se gagner à lui-même tous les cœurs, que pour les gagner à Jésus-Christ. Le bon curé, celui qui aime sincèrement ses paroissiens, s'il éprouve du désagrément, de la contradiction, en fera part à son évêque et à ceux qui peuvent l'aider de leurs conseils ; mais il ne s'en plaindra pas : se croyant heureux de souffrir pour la justice, il fera du bien à ceux qui le haïssent, bénira ceux qui le maudissent, priera pour ceux qui le persécutent ou qui le calomnient. Non, on ne l'entendra jamais dire du mal, ni de sa paroisse en général, ni de ceux dont la conduite l'afflige, ni même de ses ennemis ; et, si on lui en parle, il saura les excuser, en disant d'eux le bien qu'il en sait, comme un père excuse ses enfants. La charité du bon prêtre est forte, plus

---

(1) I. Timoth. c. 12. — (2) II. Corinth. c. 12. v. 15.

forte que la mort ; on peut le tuer ; le vaincre, jamais : *Sacerdos occidi potest, non vinci*, dit saint Cyprien.

736. Nous l'avons dit : un curé doit aimer ses paroissiens pour Dieu ; et c'est parce qu'il doit les aimer pour Dieu et non pour lui-même, qu'il n'hésitera pas, amovible ou non, à s'en séparer, et à faire le sacrifice de son affection, si son évêque l'appelle dans une autre paroisse pour le plus grand bien. Au reste, un évêque ne fait rien arbitrairement, il connaît l'esprit de l'Église et de ses règlements ; et un succursaliste, un desservant, qui est tout à la fois vertueux, instruit et prudent, *probus, doctus et prudens*, devient inamovible *de fait* : l'évêque ne le retire point malgré lui d'une paroisse où il fait le bien. Non, il ne suffit pas d'être accusé, pour être jugé coupable par un évêque ; et ce n'est point par la calomnie qu'on obtiendra de lui le changement d'un prêtre. D'ailleurs, un évêque sait *compatir* aux infirmités et aux besoins de ses diocésains, de ses coopérateurs par conséquent : *Non habemus pontificem qui non possit compati infirmitatibus nostris* ; il n'a recours à son autorité que lorsqu'il y est obligé pour le salut des âmes, ou pour prévenir le scandale, ou pour sauver le prêtre et le sacerdoce.

Quand un curé ou un desservant ne peut plus, au jugement de l'évêque, remplir ses fonctions, il est obligé, en conscience, ou de donner sa démission, ou d'accepter un vicaire, ou, au moins, de se faire aider, si l'Ordinaire le juge convenable, par ceux de ses confrères qui pourront s'occuper de sa paroisse (1).

(1) Concil. Trident. sess. VI, de Reformatione, cap. 2 ; sess. XXI, de Reformatione, cap. 6.

## TRAITÉ DU SACREMENT DE MARIAGE.

**737.** « Les pasteurs doivent se proposer de diriger les fidèles dans
« la voie de la perfection et du bonheur, et désirer pour eux ce que
« l'Apôtre désirait aux Corinthiens, lorsqu'il leur écrivait ces mots:
« *Je voudrais que tous les hommes fussent comme moi*, c'est-à-dire,
« qu'ils vécussent dans la continence ; car il n'y a pas de bonheur
« plus grand en ce monde que d'avoir l'esprit tranquille, dégagé
« des soins de la terre, en paix du côté de la concupiscence et des
« passions, uniquement occupé de la piété et de la méditation des
« choses saintes. Mais, dit le même Apôtre, *chacun a reçu de*
« *Dieu un don particulier ; l'un d'une manière, et l'autre d'une*
« *autre ;* et le ciel a attaché de grands biens au Mariage, qui est
« devenu l'un des sept sacrements de l'Église catholique. Notre-
« Seigneur lui-même a voulu honorer de sa présence la solennité
« des noces. Tout cela prouve assez qu'on doit instruire les fidèles
« sur cette matière, vu surtout que saint Paul et le prince des Apô-
« tres nous parlent, dans plusieurs endroits de leurs épîtres, de la
« dignité et des devoirs particuliers du Mariage. Inspirés par l'Es-
« prit-Saint, ils sentaient parfaitement combien il était utile à la so-
« ciété chrétienne que les fidèles connussent la sainteté du Mariage,
« et n'y portassent aucune atteinte. Ils savaient combien l'ignorance,
« à cet égard, et les fautes qui en sont la suite, devaient attirer de
« calamités sur l'Église (1). »

# CHAPITRE PREMIER.

*Notions générales sur le Mariage comme contrat et comme*
*sacrement.*

**738.** Le Mariage, *matrimonium*, est ainsi appelé du mot *mater*,
parce que la femme se marie pour devenir mère, et que la première

---

(1) Catechismus concil. Trident. de Matrimonii sacramento, § I.

éducation de l'enfant dépend naturellement de la mère. On l'appelle aussi union conjugale, *conjugium*, parce qu'il unit l'homme et la femme, et les met, pour ainsi dire, sous le même joug. Enfin, on donne au Mariage le nom de *noces*, du mot latin *nuptiæ*, parce que la fiancée se couvre d'un voile par pudeur, et pour marquer, ce semble, l'obéissance et la soumission que la femme doit au mari. On considère le Mariage comme contrat et comme sacrement.

### ARTICLE I.

*De la Notion et de l'Institution du Mariage comme contrat.*

739. Abstraction faite du sacrement, le Mariage est l'union conjugale, *maritalis*, de l'homme et de la femme, entre personnes habiles à se marier ensemble, laquelle les oblige à vivre perpétuellement dans une seule et même société : « Matrimonium est viri et « mulieris maritalis conjunctio, inter legitimas personas, indivi- « duam vitæ consuetudinem retinens. » Cette union conjugale naît de l'acte, du contrat, du pacte, par lequel l'homme et la femme se prennent pour époux, et forment un lien qui ne peut être dissous (à part deux exceptions dont nous parlerons plus bas) que par la mort naturelle de l'un ou de l'autre des conjoints. C'est dans l'obligation que contractent ceux qui se marient, dans le lien qui les unit, que consiste l'essence du mariage ; il peut exister et réunir toutes les conditions requises à sa validité, sans être *consommé* : « Non defloratio virginis facit conjugium, sed pactio conjugalis. » Le Mariage ne peut avoir lieu qu'entre les personnes capables de le contracter, *inter legitimas personas*; il doit être par conséquent conforme aux lois divines, naturelles et positives, aux lois de l'Église, à qui le législateur suprême a confié la sainteté du Mariage et le salut des hommes, et aux lois du pays, pour ce qui regarde les effets temporels et civils, l'exécution des conventions matrimoniales, la communauté des biens : « Matrimonium, dit saint Tho- « mas, in quantum est officium naturæ, statuitur jure naturali; in « quantum est officium communitatis, statuitur jure civili; in « quantum est sacramentum, statuitur jure divino (1). »

740. Le Mariage est saint, car il a Dieu pour auteur. Nous lisons dans la *Genèse* que Dieu créa l'homme et la femme, qu'il les

---

(1) In 4 Sententiarum, distinct. 34. quæst. 1. art. 1.

bénit et leur dit ; Croissez et multipliez : *Crescite et multiplicamini* (1). Et encore : « Il n'est pas bon que l'homme soit seul ; fai« sons-lui un aide qui lui ressemble. » Plus bas, l'histoire sainte ajoute qu'Adam n'ayant point d'aide qui lui fût semblable, « le « Seigneur lui envoya un doux sommeil ; et que pendant qu'il était « endormi il lui tira une côte, et qu'il forma de cette côte une « femme qu'il présenta à Adam, et qu'Adam la voyant, dit : C'est « l'os de mes os et la chair de ma chair. Elle sera appelée du nom « pris de l'homme, parce qu'elle a été tirée de l'homme. C'est « pourquoi l'homme abandonnera son père et sa mère, et il s'atta« chera à sa femme, et ils seront les deux dans une seule chair : « *Quamobrem relinquet homo patrem suum, et matrem, et ad« hærebit uxori suæ ; et erunt duo in carne una* (2). »

Cependant ces paroles, *Croissez et multipliez*, n'ont point pour objet d'imposer à tous l'obligation du Mariage; elles indiquent simplement quel est le but de son institution. Et non-seulement, dans l'état actuel de la race humaine, déjà suffisamment multipliée, personne n'est tenu de se marier, mais encore les saintes lettres nous représentent la virginité comme un état plus saint et plus parfait que l'état du Mariage : ce qui est d'ailleurs conforme à la tradition de tous les temps et aux décisions de l'Église : « Si quis « dixerit, statum conjugalem anteponendum esse statui virginitatis « vel cœlibatus, et non esse melius ac beatius manere in virginitate « vel cœlibatu, quam jungi matrimonio ; anathema sit (3). »

741. Voici les motifs qui doivent déterminer au Mariage l'homme et la femme qui sont appelés à cet état : le premier, c'est l'instinct naturel qui porte les deux sexes à se réunir dans l'espérance de se secourir et de s'aider mutuellement à supporter les incommodités de la vie, les infirmités et les peines de la vieillesse. Le second motif est d'avoir des enfants, moins pour laisser des héritiers de ses biens et de ses richesses que pour donner à Dieu des serviteurs fidèles ; et c'est là la fin véritable pour laquelle Dieu institua le Mariage dès le commencement. Aussi ceux-là commettent un crime qui empêchent, par quelque moyen que ce soit, la conception ou la naissance des enfants ; ils sont homicides, dit le Catéchisme du concile de Trente : *Hæc homicidarum impia conspiratio existimanda est* (4). Le troisième motif, qui a lieu depuis la chute du premier homme, est d'user du Mariage comme d'un re-

---

(1) Genes. c. 1. v. 28. — (2) Ibidem. c. 2. v. 21, 22, 23, 24. — (3) Concil. Trident. sess. xxiv. can. 10. — (4) De Matrimonii sacramento, § 15.

mède contre la concupiscence; ce qui a fait dire à l'Apôtre que chaque homme doit vivre avec sa femme, et chaque femme avec son mari, pour éviter la fornication : « Propter fornicationem au-
« tem unusquisque suam uxorem habeat, et unaquæque suum
« virum habeat,... nolite fraudare invicem, nisi forte ex consensu
« ad tempus, ut vacetis orationi : et iterum revertimini in idipsum,
« ne tentet vos satanas propter incontinentiam (1). » Tels sont les motifs qui doivent diriger ceux qui veulent contracter Mariage d'une manière sainte et pieuse, comme il convient aux enfants des saints de le faire. Que les fidèles cherchent donc dans le Mariage la vertu et la conformité des mœurs, plutôt que les richesses, la naissance et la beauté : il n'y a que la vertu qui puisse rendre des époux heureux. Cependant, ceux qui, en se mariant, auraient principalement en vue les richesses, la beauté, ou l'éclat de la naissance, ne seraient point pour cela blâmables, puisque de telles fins ne sont pas contraires à la sainteté du Mariage. Aussi, nous ne voyons pas dans l'Écriture que Jacob ait été coupable pour avoir préféré Rachel à Lia, à cause de sa beauté (2).

### ARTICLE II.

#### De la Notion et de l'Institution du sacrement de Mariage.

742. Le sacrement de Mariage est un sacrement qui sanctifie l'union de l'homme et de la femme, et leur confère la grâce nécessaire pour se sanctifier dans leur état. Le but du Mariage, en tant qu'union naturelle, est la propagation du genre humain; mais il a été élevé à la dignité du sacrement, afin que les enfants qui en proviendraient fussent élevés dans la vraie religion, pour servir Dieu et Jésus-Christ, notre Sauveur. Aussi, cette union sainte de l'homme et de la femme est-elle donnée par Jésus-Christ lui-même comme symbole de l'union étroite et mystérieuse qui existe entre lui et son Église, et comme un signe sensible de l'amour infini qu'il a pour nous. En effet, de tous les liens qui unissent les hommes entre eux et qui les rapprochent les uns des autres, il n'en est point de plus étroit que le Mariage. L'homme et la femme ont l'un pour l'autre l'amour le plus vif et le plus fort. Voilà pourquoi l'Écriture nous représente si souvent l'union de Jésus-Christ avec son

---

(1) I. Corinth. c. 7. v. 2. — (2) Catechismus concil. Trident. de Matrimonii sacramento, § 15.

Église sous l'image des noces et du Mariage. Les Juifs et même les gentils étaient persuadés qu'il y avait quelque chose de divin dans le Mariage, qu'ils ont toujours distingué des contrats ordinaires, des contrats purement civils. Cependant il n'est devenu sacrement proprement dit que par l'institution de Jésus-Christ.

743. Or, que le Mariage soit un vrai sacrement sous la loi évangélique, c'est un dogme qui a été constamment reçu dans l'Église, et qui ne peut être contesté par un catholique. Saint Paul écrivant aux Éphésiens leur dit : « Les maris doivent aimer leurs femmes « comme leurs propres corps. Celui qui aime sa femme s'aime lui-« même ; car personne ne hait sa propre chair, mais il la nourrit « et l'entretient, comme fait le Christ à l'égard de son Église : « parce que nous sommes les membres de son corps, nous sommes « de sa chair et de ses os. A cause de cela, l'homme quittera son « père et sa mère, et il s'attachera à sa femme; et ils seront les « deux en une seule chair. Ce sacrement est grand ; mais je dis dans « le Christ et dans l'Église : *Sacramentum hoc magnum est*, *ego* « *autem dico in Christo et in Ecclesia* (1). » Ces paroles, *sacramentum hoc magnum est*, se rapportent évidemment au Mariage; en ce sens que l'union de l'homme et de la femme, dont Dieu est l'auteur, est le sacrement, c'est-à-dire le signe sacré de la très-sainte union qui lie Notre-Seigneur avec son Église. Et les anciens Pères, qui ont interprété ce passage, montrent que c'est là le vrai sens du texte de saint Paul ; et le pape Eugène IV (2), ainsi que le concile de Trente (3), l'ont entendu de la même manière (4). Il est donc de foi que le Mariage est un vrai sacrement institué par Jésus-Christ, ou que, par une suite de la surabondance des grâces attachées à la loi nouvelle, Notre-Seigneur a élevé le Mariage à la dignité de sacrement, pour la sanctification des époux, qui doivent être, par la sainteté, les images de Jésus-Christ et de son Église : « Si quis dixerit, matrimonium non esse vere et proprie unum ex « septem legis evangelicæ sacramentis a Christo Domino institutum, « sed ab hominibus in Ecclesia inventum, neque gratiam conferre; « anathema sit (5). »

---

(1) Ephes. c. 5. v. 28, 29, 30, 31 et 32.—(2) Decret. ad Armenos.— (3) Sess. XXIV, Doctrina de sacramento Matrimonii. — (4) Catech. concil. Trident. de Matrimonii sacramento, § 19. — (5) Concil. Trident. sess. XXIV. can. 1.

## ARTICLE III.

### *De la Matière et de la Forme du sacrement de Mariage.*

744. Il est incontestable qu'il ne peut y avoir de sacrement dans le Mariage sans contrat ; que le contrat est la base et le fondement du sacrement, et que ce contrat doit être légitime ou valide ; que le sacrement ne peut s'asseoir sur un contrat nul, car un contrat nul n'est point un contrat. On s'accorde aussi généralement à reconnaître que le contrat est la matière du sacrement, ou que le sacrement trouve sa matière dans le contrat. L'opinion de quelques auteurs qui font consister la matière sacramentelle dans l'imposition des mains du prêtre, est une opinion singulière et dénuée de fondement, opinion contraire à la pratique générale et constante de l'Église. Mais quand il s'agit de déterminer sous quel rapport le contrat est la matière du sacrement, les théologiens ne se trouvent plus d'accord : les uns, distinguant le contrat du sacrement, regardent le contrat comme matière, et la bénédiction du prêtre comme forme sacramentelle ; les autres, en plus grand nombre, ne voyant dans la bénédiction nuptiale qu'une cérémonie nécessaire de *nécessité de précepte*, et *non de sacrement*, pensent que le contrat ou l'acte par lequel l'homme et la femme se prennent pour époux renferme tout à la fois la matière et la forme du sacrement, sans cependant expliquer la chose de la même manière. Ceux-ci font reposer la matière dans la tradition du pouvoir que les deux parties se donnent mutuellement l'une envers l'autre, et la forme dans l'acceptation qu'elles font réciproquement de ce pouvoir. Ceux-là font consister la matière et la forme dans les paroles ou les signes par lesquels les deux contractants expriment leur consentement au Mariage. Ces paroles ou ces signes, en tant qu'ils expriment la tradition du pouvoir que les parties se donnent mutuellement, constituent la matière ; et en tant qu'ils expriment l'acceptation, ils constituent la forme sacramentelle.

745. L'Église abandonne cette controverse aux discussions de l'école, et ne se prononce point. Ce silence ne peut être un sujet d'inquiétude pour les fidèles ; car, dans chaque mariage contracté selon les formalités que l'Église a prescrites, on trouve tout ce qui constitue le sacrement ; c'est-à-dire une matière, une forme et un ministre qui applique l'une et l'autre, quoiqu'on ne puisse définir en quoi consiste précisément chacune de ces trois choses. Il suffit de savoir qu'il y a certainement sacrement toutes les fois que deux

personnes habiles à contracter mariage se prennent et s'acceptent mutuellement pour époux, en présence de deux témoins et de leur propre prêtre, et que celui-ci ratifie leur mariage par la bénédiction de l'Église. Mais M. de la Luzerne s'est trompé, en disant que la *bénédiction nuptiale est essentielle à la validité du Mariage* (1); car ceux mêmes qui la regardent comme nécessaire à la validité du *sacrement*, ne la croient nullement nécessaire à la validité du *contrat* naturel et canonique.

746. Le consentement des parties contractantes est essentiel au Mariage. Ce consentement doit être intérieur, réel et non fictif, extérieur ou manifesté, réciproque, et donné librement de part et d'autre. Suivant le sentiment le plus probable, celle des parties qui ne consent qu'extérieurement, sans avoir l'intention de s'obliger, ne contracte point. Cependant elle ne devrait point être admise à faire valoir ce défaut de consentement contre l'engagement qu'elle a eu l'air de contracter sérieusement : autrement les obligations les plus sacrées deviendraient illusoires. Ainsi, celui qui n'a donné qu'un consentement simulé à son mariage, ne peut se séparer de son conjoint; il doit continuer de vivre avec lui, après avoir toutefois renouvelé son consentement : ce qu'il peut faire sans aucune formalité, sans la présence du curé, sans même être obligé de prévenir l'autre partie. Telle est la décision du pape saint Pie V.

747. Le consentement requis pour la validité du Mariage doit être non-seulement sincère, mais extérieur de part et d'autre. Il n'y a pas de contrat sans convention et sans acceptation réciproque, ce qui ne peut se faire par de simples actes intérieurs de la volonté. Il est prudent d'exiger que ce consentement se manifeste d'une manière positive. Dans le cas où l'une des parties ne répondrait point au prêtre qui lui demande si elle consent à prendre l'autre partie pour épouse, son silence ne devrait pas être pris pour une approbation; et on ne devrait pas lui donner la bénédiction. Mais il n'est pas absolument nécessaire que le consentement soit exprimé par des paroles : les muets, qui connaissent la nature et les obligations du Mariage, sont capables de se marier, quoiqu'ils ne puissent exprimer leur consentement que par signes : « Surdi et « muti, dit le pape Innocent III, possunt contrahere matrimonium « per consensum mutum sine verbis (2). » Les muets exceptés, les

---

(1) Instructions sur le Rituel de Langres, ch. 9. art. 1. — (2) Cap. *Tuæ fraternitati* de Sponsalibus et Matrimonio.

fiancés doivent donner leur consentement par paroles : telle est la pratique constante et générale de l'Église.

Il faut exiger aussi que le consentement soit absolu : ce n'est pas que le consentement conditionnel *de præsenti vel præterito* soit invalide et annule le Mariage ; mais il serait illicite. Les curés doivent refuser leur ministère à des Mariages auxquels les parties ne veulent donner qu'un consentement conditionnel.

### ARTICLE IV.

### *Des Effets du sacrement de Mariage.*

748. Il est de foi que le sacrement de Mariage confère la grâce aux époux qui n'y mettent point d'obstacle (1). Mais comme ce sacrement est du nombre de ceux qu'on appelle sacrements des *vivants*, il est établi, non pour produire la *première* grâce sanctifiante qui justifie le pécheur, mais la *seconde* qui rend le juste plus juste encore ; ce n'est qu'accidentellement, *per accidens*, qu'il confère quelquefois la *première* et qu'il remet le péché mortel (2). A la grâce sanctifiante se rattache la grâce sacramentelle, qui donne aux époux la force nécessaire pour remplir dignement leurs obligations et soutenir les charges du Mariage. Jésus-Christ, dit le concile de Trente, instituteur des sacrements, nous a mérité par sa passion la grâce pour perfectionner l'amour naturel des époux, pour affermir l'union indissoluble qui existe entre eux, et les sanctifier par l'accomplissement des devoirs de leur état : « Gratiam vero, « quæ naturalem illum amorem perficeret, et indissolubilem unita- « tem confirmaret, conjugesque sanctificaret, ipse Christus venera- « bilium sacramentorum institutor atque perfector, sua nobis pas- « sione promeruit (3). » L'effet de la grâce produite par le sacrement de Mariage, est donc de fixer et d'arrêter l'amour mutuel et l'affection réciproque des deux époux, et de les détourner de tout attachement et de tout plaisir étranger, afin qu'en toutes choses le Mariage soit honorable, et le lit nuptial sans tache : *Honorabile connubium in omnibus, et thorus immaculatus* (4).

Il est assez probable que quand le sacrement de Mariage n'a pas eu son effet, faute de disposition de la part de ceux qui l'ont reçu, la grâce sacramentelle revit par la pénitence. Si cela n'était,

---

(1) Concil. Trident. sess. xxiv. can. 1. — (2) Voyez, ci-dessus, le n° 22. — (3) Sess. xxiv, Doctrina de sacramento Matrimonii. — (4) Hebr. c. 13. v. 4.

il aurait bien rarement son effet ; car on ne peut le réitérer pendant la vie des deux conjoints.

### ARTICLE V.

### *Du Ministre du sacrement de Mariage.*

749. D'abord, il est certain que la présence du curé des parties contractantes est nécessaire à la validité du Mariage, partout où le décret du concile de Trente, concernant les mariages clandestins, est en vigueur. Il est également incontestable que de tout temps le Mariage des fidèles a été bénit par l'Église, et que les curés doivent, pour la formule de cette bénédiction, se conformer aux usages de leur province, ainsi que le prescrit le dernier concile général. Mais la bénédiction nuptiale est-elle nécessaire de nécessité de sacrement? le ministère du prêtre est-il indispensable pour conférer aux époux la grâce sacramentelle? Les théologiens ne sont pas d'accord. Un certain nombre, depuis Melchior Cano, pensent que le prêtre est ministre du sacrement de Mariage. Les autres, au contraire, dont le sentiment est certainement plus commun et plus probable, ne reconnaissent pas, dans le Mariage, d'autre rite sacramentel que l'acte extérieur et sensible par lequel les parties contractantes se prennent pour époux. Suivant ce sentiment, Notre-Seigneur a établi le sacrement de Mariage en élevant simplement à la dignité de sacrement l'union légitime de l'homme et de la femme, ou en attachant à cette union une grâce particulière qu'elle n'avait pas auparavant, la grâce qui sanctifie l'amour naturel des époux et les époux eux-mêmes. Aussi, il est remarquable que le pape Eugène IV et le concile de Trente, en parlant du mariage des chrétiens, identifient tellement le sacrement avec le contrat, qu'ils ne nous laissent pas voir d'autre élément ni d'autre ministre pour le sacrement que le contrat et les parties contractantes. En effet, Eugène IV, exposant aux Arméniens la doctrine de l'Église latine sur la matière, la forme et le ministre de chaque sacrement, se contente de dire que le septième sacrement est le sacrement de Mariage, et que la cause efficiente du Mariage est le consentement mutuel des parties, ordinairement exprimé par des paroles, *de præsenti* : « Septimum est sacramentum
« Matrimonii, quod est signum conjunctionis Christi et Ecclesiæ,
« secundum Apostolum dicentem : *Sacramentum hoc magnum est;*
« *ego autem dico in Christo et in Ecclesia.* Causa efficiens Matri-

« monii regulariter est mutuus consensus per verba de præsenti
« expressus. »

750. Quant au concile de Trente, il est vrai qu'il exige la présence du curé ou d'un autre prêtre délégué par lui ou par l'Ordinaire, comme indispensablement nécessaire pour la validité du Mariage; mais rien dans son décret, pas même la bénédiction qu'il prescrit, n'indique qu'il l'ait regardé comme ministre du sacrement. Si les paroles du prêtre, *Ego vos in matrimonium conjungo*, étaient sacramentelles, elles seraient les mêmes pour toute l'Église latine. Or, cela n'est pas; car voici ce que dit le concile : « Parochus, viro et muliere interrogatis, et eorum mutuo consensu « intellecto, *vel* dicat: Ego vos in matrimonium conjungo, in no- « mine Patris, et Filii, et Spiritus Sancti; *vel* aliis utatur verbis, « juxta receptum uniuscujusque provinciæ ritum (1). »

Quoi qu'il en soit pour ce qui regarde la pratique, les curés auront soin de suivre exactement les prescriptions du Rituel de leur diocèse, concernant les prières, les bénédictions et les cérémonies relatives à la célébration du Mariage.

751. Les *articles organiques* défendent aux ministres de la religion de donner la bénédiction nuptiale à ceux qui ne justifieront pas en bonne forme avoir contracté devant l'officier civil. Mais il n'appartient pas plus au gouvernement de régler ce qui concerne la bénédiction nuptiale que ce qui a rapport aux sacrements de Baptême et de Pénitence; il n'a pas plus le droit de défendre que d'ordonner qu'on administre un sacrement dans tel ou tel cas particulier. Ce n'est point à la puissance séculière à nous tracer des règles pour la dispensation des choses saintes. « Qu'on nous re- « garde, dit saint Paul, comme les ministres de Jésus-Christ et « les dispensateurs des mystères de Dieu, c'est-à-dire, des sacre- « ments (2). » Écoutez le pape Gélase, parlant à l'empereur Anastase : « Quoique votre dignité vous élève au-dessus du reste des « hommes, vous êtes néanmoins soumis aux évêques pour tout ce « qui tient à la foi et à l'administration des sacrements. Il ne faut « pas que dans ces affaires vous prétendiez les assujettir à vos « ordres; il faut, au contraire, que vous suiviez leurs décisions. « Dans tout ce qui est de l'ordre civil, ces mêmes évêques sont « soumis à vos lois; vous devez à votre tour leur être soumis en

---

(1) Sess. XXIV, de Reformatione Matrimonii, cap. 1. — Voyez, sur cette question, S. Alphonse de Liguori, Billuart, les Conférences d'Angers, etc. — (2) I. Corinth. c. 4.

« tout ce qui concerne les saints mystères dont ils sont les dispen-
« sateurs (1). » Si nous n'étions forcé de nous restreindre, nous
pourrions citer les Pères, les Papes, et les conciles de tous les
temps. Toutes les lois canoniques sur l'administration des sacrements nous rappellent à l'ordre hiérarchique, qui les explique avec
une entière indépendance de la puissance temporelle. Nos rois
l'ont reconnu ; l'article 12 de l'édit de 1606 porte : « Conformément
« à la doctrine du concile de Trente, nous voulons que les causes
« concernant les mariages soient et appartiennent à la connaissance
« et juridiction des juges d'Église (2). » Si on nous dit que notre
législation ne reconnaît plus de sacrements, qu'elle ne voit plus
dans le Mariage que l'union naturelle et civile de l'homme et de la
femme, n'aura-t-on pas une raison de plus d'être étonné que le législateur s'occupe de la bénédiction nuptiale? Que lui importe alors
qu'un ministre de la religion accorde ou refuse ses prières et ses
bénédictions à ceux qui les réclament? Cependant, comme on peut
suivre la loi civile dont il s'agit sans aller contre l'esprit de l'Église,
plus tolérante que ceux qui l'accusent d'*intolérantisme*, il est prudent pour un curé de s'y conformer. On peut dire aujourd'hui ce
que l'Apôtre disait de son temps : *Videte, fratres, quomodo caute
ambuletis..... quoniam dies mali sunt* (3).

## ARTICLE VI.

### *Du Sujet du sacrement de Mariage.*

752. Le Baptême est nécessaire pour recevoir les autres sacrements ; il faut donc avoir été baptisé pour être capable de recevoir
le sacrement de Mariage. Le mariage des Juifs et des païens peut
bien être valide comme contrat, mais il ne peut l'être comme sacrement. Et il n'est pas même probable que le fidèle qui se marie
avec un infidèle, en vertu d'une dispense du Souverain Pontife, reçoive le sacrement ; car ce n'est ni l'union du mari, ni l'union de
la femme, mais bien l'union de l'homme et de la femme, qui est
le signe de l'union de Jésus-Christ et de son Église, et qui peut
conférer la grâce. Si, lorsque les infidèles embrassent la foi, on ne
leur fait point renouveler leur mariage, si on ne le bénit point,

---

(1) Collect. concil. du P. Labbe, tom. IV. col. 1181. — (2) Code civil commenté dans ses rapports avec la Théologie morale, Paris, 1829.—(3) Ephes. c. 5.
v. 15, 16.

c'est parce que, suivant les uns, ce mariage devient sacrement par suite du Baptême qu'on leur confère, ou que, selon d'autres, il n'est plus matière apte au sacrement ; ou enfin parce que la bénédiction nuptiale qu'on leur donnerait pourrait faire croire aux infidèles qu'on regarde leurs mariages comme nuls ; ce qui les éloignerait de la vraie religion.

Mais les hérétiques et les schismatiques qui observent, en se mariant, les règles de l'Église, contractent validement, et reçoivent le sacrement, de l'aveu de tous, s'ils reçoivent la bénédiction nuptiale. Ceux mêmes d'entre eux qui ne reconnaissent pas le sacrement de Mariage, le *reçoivent* très-probablement, sans recourir au ministère du prêtre, si, en se mariant, ils ont l'intention au moins implicite de le faire chrétiennement. Quoi qu'il en soit, l'Église n'exige point que les hérétiques ou schismatiques qui, après avoir validement contracté Mariage, retournent à l'unité, se présentent devant un prêtre pour renouveler leur consentement et recevoir la bénédiction nuptiale.

753. Il n'est pas nécessaire, pour la validité du Mariage, que les parties se présentent en personne au curé qui doit recevoir leur consentement ; on peut se marier par procureur. Mais pour que ce Mariage soit valide, il faut plusieurs conditions. On exige, 1° que le fondé de pouvoir ait une procuration non-seulement générale à l'effet du Mariage, mais particulière pour épouser telle personne ; 2° que le fondé de pouvoir exécute lui-même la procuration, à moins qu'il n'ait reçu le pouvoir de la faire exécuter par un autre ; 3° que la procuration ne soit pas révoquée avant la célébration du Mariage ; 4° que le fondé de pouvoir suive exactement les clauses de sa procuration. Le Mariage par procureur est valable comme contrat, et, très-probablement, comme sacrement. Néanmoins, cette manière de se marier n'étant point usitée parmi nous, si ce n'est pour le mariage des princes, un curé ne doit point recevoir le consentement des parties par procureur, ni par lettres, sans avoir pris l'avis de l'Ordinaire.

De quelque manière que l'on se marie, le Mariage n'est valide qu'autant que les parties ne sont liées par aucun empêchement dirimant, et qu'elles remplissent toutes les formalités prescrites par l'Église, sous peine de nullité. Elles doivent aussi, pour la licité de l'acte, se conformer en tout aux lois canoniques concernant la célébration des mariages.

754. Pour recevoir dignement et avec fruit le sacrement de Mariage, il faut être en état de grâce. Celui qui le recevrait ayant la

conscience chargée d'un péché mortel, se rendrait coupable de sacrilége, et se priverait des grâces si nécessaires aux époux. Il doit donc se préparer au Mariage par le sacrement de Pénitence, ou au moins en s'excitant à la contrition parfaite (1) : il serait même obligé de se confesser, s'il désirait recevoir la sainte communion avant de se marier (2). Mais pourquoi n'oblige-t-on pas à la confession ceux qui se disposent au Mariage, ceux du moins qui ont quelque faute grave à se reprocher? Nous pensons qu'on ne doit point les y obliger, parce que l'Église ne les y oblige pas; elle se contente d'exhorter. Voici les termes du concile de Trente : « Sancta synodus « conjuges *hortatur*, ut antequam contrahant, vel saltem triduo « ante Matrimonii consummationem, sua peccata diligenter confi« teantur, et ad sanctissimum Eucharistiæ sacramentum pie acce« dant. » Cependant, comme il est plus facile de se réconcilier avec Dieu par la confession que par la contrition parfaite, les curés engageront les fiancés à s'approcher du sacrement de Pénitence : ils l'exigeront même, autant que la prudence le permettra, dans les diocèses où c'est l'usage de ne donner la bénédiction nuptiale qu'à ceux qui se sont confessés. Mais alors les parties ne sont point obligées de s'adresser à leur curé, il suffit qu'elles lui présentent un billet de confession. Aucun prêtre ne se permettra de le délivrer à ceux qui ne se seraient point présentés à son tribunal.

755. Nous avons dit, *autant que la prudence le permettra*; car quand l'une des parties s'est approchée du tribunal de la Pénitence, on peut donner la bénédiction nuptiale sans que l'autre partie se confesse, si on a lieu de craindre qu'elle ne s'en tienne au mariage civil plutôt que de se soumettre à cette exigence. On le fait en faveur du fiancé qui remplit son devoir. Cependant, pour ce cas, comme pour celui où ni l'une ni l'autre partie ne voudrait se confesser, le curé suivra les instructions de son évêque, qui peut bien certainement l'autoriser à donner la bénédiction nuptiale, soit pour prévenir, soit pour faire cesser le scandale d'un mariage purement civil (3). Il doit également s'en rapporter à la décision de l'Ordinaire pour ce qui regarde le Mariage d'un catholique avec un hérétique; le Mariage de ceux qui n'ont pas encore fait leur première communion ou qui ignorent les premiers éléments de la religion; le Mariage des comédiens, des personnes qui ne sont unies que civilement ou qui vivent

---

(1) Voyez, ci-dessus, les n°ˢ 47 et 150. — (2) Voyez le n° 248. — (3) Voyez les statuts des diocèses de Bordeaux, de l'an 1836; d'Aix, de l'an 1840; de Périgueux, de l'an 1840; de la Rochelle, de l'an 1835, etc.

dans le libertinage sous le même toit, sans pouvoir se séparer. Et il ne faut pas être étonné si aujourd'hui un évêque se montre plus indulgent que dans un temps, déjà loin de nous, où, à raison de l'harmonie des lois civiles avec les lois canoniques, on pouvait facilement empêcher ces alliances irrégulières, incomplètes, qui scandalisent les faibles, affligent l'Église et les vrais fidèles.

756. Quant à l'absolution des pénitents qui se disposent prochainement au sacrement de Mariage, le confesseur doit suivre les mêmes règles qu'à l'égard des autres pénitents : cependant, toutes choses égales, on est plus indulgent, pour ce qui concerne les épreuves, à l'égard des fiancés qui sont dans une habitude criminelle ou dans une occasion prochaine, si cette habitude ou cette occasion doit cesser par le Mariage. « Lorsqu'un homme, dit M. de « la Luzerne, est engagé dans une habitude criminelle, ou dans « une occasion prochaine de péché, dont on peut espérer que le « Mariage le retirera, qu'il *paraît* détester cette habitude et cette « occasion, le confesseur doit s'écarter de la sévérité des règles « ordinaires et donner l'absolution, que dans tout autre cas il au- « rait refusée (1). » Mais s'il ne croit pas pouvoir l'absoudre, parce qu'il ne remarque en lui aucun signe de contrition, il se contentera de lui dire qu'il regrette de ne pouvoir lui donner l'absolution, ajoutant qu'il ne doit point communier, et qu'il faut être en état de grâce pour recevoir le sacrement de Mariage; qu'il ne doit point, par conséquent, se présenter pour la bénédiction nuptiale sans s'être excité à la contrition parfaite, dont il aura soin de lui rappeler les motifs. Il serait imprudent, dangereux, de lui faire entendre qu'il ne peut se marier sans avoir été absous, sous peine de commettre un sacrilége, puisque, d'après le sentiment certainement probable et bien fondé que nous avons exposé plus haut, il suffit qu'il soit contrit ou qu'il se croie prudemment contrit de ses péchés pour recevoir un sacrement des *vivants*, autre que celui de la sainte Eucharistie (2).

(1) Instructions sur le Rituel de Langres, ch. 9. art. 2. — Voyez ce que nous avons dit au n° 552; voyez aussi la Théologie de Mgr Bouvier, *de Matrimonio*, cap. 1. art. 2. § 2; les Conférences d'Angers, sur le Mariage, etc. — (2) Voyez, ci-dessus, le n° 149.

# CHAPITRE II.

## *Des Fiançailles.*

**757.** Les fiançailles, en latin *sponsalia*, sont une convention par laquelle un homme et une femme se promettent réciproquement de se marier un jour : *Sponsalia futurarum sunt nuptiarum promissa* (1). On distingue deux sortes de fiançailles : les fiançailles ecclésiastiques, qui se font en face de l'Église et avec la bénédiction du prêtre; et les fiançailles non ecclésiastiques, qui sont les simples promesses que les parties se font entre elles sans cérémonie religieuse. Les fiançailles ecclésiastiques ne sont pas en usage partout; les abus qui les accompagnent le plus souvent les ont fait tomber dans un grand nombre de diocèses. Les curés ne pourraient les rétablir sans l'agrément de l'Ordinaire, comme ils ne pourraient, de leur autorité propre, les supprimer dans les endroits où elles se célèbrent encore.

### ARTICLE I.

### *Des Conditions requises pour la validité des Fiançailles.*

**758.** Les fiançailles sont une convention ; elles doivent donc réunir toutes les conditions essentielles à la validité des contrats (2). Ce sont des *promesses* de mariage ; mais, pour juger s'il y a vraiment promesse, il faut qu'il paraisse clairement, par les termes et par la manière dont on s'exprime, eu égard surtout aux circonstances, que celui qui promet a l'intention de s'obliger ; de sorte que la personne à qui l'on fait la promesse puisse prudemment y compter comme sur un engagement : sans cela, ce n'est plus qu'un simple discours, qu'un projet, *propositum*, qui ne renferme pas d'obligation stricte. Les promesses de mariage, comme toute autre convention, doivent être *sincères* ; une promesse feinte est impuissante, et ne peut obliger d'elle-même. Cependant, celui qui a eu l'air de consentir sérieusement ne serait pas admis à prouver que sa pro-

---

(1) Decret. causa xxx. quæst. 5. cap. 3. — (2) Voyez le tome I. n° 734, etc., n° 781, etc.

messe n'est qu'une fiction, que sa parole n'est qu'un jeu; il est donc tenu, même au for intérieur, à faire ce qu'il a promis, absolument comme s'il avait promis sincèrement. Elles doivent être *extérieures*, c'est-à-dire manifestées par paroles ou par des signes équivalents; *mutuelles*, c'est-à-dire faites et acceptées réciproquement par les deux parties : une promesse non acceptée n'oblige pas; elle est comme non avenue.

759. De plus, il est nécessaire que les parties contractantes soient libres et capables de contracter. Les fiançailles des enfants de famille doivent être faites au su et avec le consentement de leurs parents; autrement elles sont conditionnelles de leur nature, et n'obligent qu'autant que les parents consentiront à leur exécution. Cependant, les fiancés ne peuvent retirer leur parole sans s'être assurés du refus de consentement de la part de leurs père et mère, ou de ceux qui les représentent. Quant aux personnes mariées, elles ne peuvent, en aucune manière, promettre d'épouser, même des personnes libres, après la mort de leur conjoint : ces sortes de promesses sont immorales et contraires à toutes les lois. Pour ce qui regarde la capacité, toute promesse de mariage de la part de celui qui n'a pas l'usage de raison, ou qui est incapable de se marier, d'une incapacité absolue, est radicalement nulle. Les lois canoniques exigent, pour la validité des fiançailles, au moins l'âge de sept ans. Les curés et les confesseurs ne s'en tiendront pas là; ils feront tout ce qui dépendra d'eux pour détourner, non-seulement de toute promesse, mais encore de toute pensée de mariage, les jeunes gens qui n'ont pas l'âge suffisant pour se marier. Enfin, les fiançailles sont un contrat important, elles demandent par conséquent de l'une et l'autre partie un consentement pleinement volontaire, parfaitement libre. Toute erreur sur le motif déterminant, toute violence ou toute crainte injuste et assez grave pour faire impression sur une personne raisonnable, eu égard à son âge, à son sexe et à sa condition, annule les fiançailles.

760. En faisant des promesses de mariage, les parties ont coutume d'en fixer le terme; d'autres fois, elles ne s'engagent que sous certaines conditions. L'effet du terme plus ou moins éloigné consiste à empêcher, jusqu'à son expiration, l'une des parties d'exiger l'exécution des fiançailles; mais la fixation du terme n'empêche pas que les fiançailles ne soient, dès l'instant du contrat, validement contractées, et ne produisent dès lors les effets qui en résultent. Il n'en est pas de même des fiançailles conditionnelles : ici l'obligation est suspendue, jusqu'à ce que la condition soit ac-

complie; en sorte que si la condition manque, les fiançailles deviennent nulles; mais, tant que la condition est pendante, les parties ne peuvent contracter d'autres engagements. Les conditions que l'on appose aux fiançailles doivent être moralement possibles et honnêtes. Toute condition contraire aux bonnes mœurs est nulle, et rend nulle la convention qui en dépend (1). Ainsi, nous ne pensons pas que celui qui promet à une personne de l'épouser, si elle consent à pécher avec lui, soit tenu d'exécuter sa promesse. Seulement, si, le péché étant commis, *sponsa inde conceperit*, le séducteur est obligé de l'épouser, non en vertu de sa promesse, mais afin de prévenir le scandale, d'assurer le sort de l'enfant, et de réparer, autant que possible, la faute qu'il a commise : il ne serait dispensé de cette obligation morale que dans le cas où le mariage, n'étant pas convenablement assorti, ne pourrait avoir que des suites fâcheuses (2).

### ARTICLE II.

#### *De l'Obligation qui résulte des Fiançailles.*

761. Les fiançailles, solennelles ou privées, ecclésiastiques ou non, publiques ou secrètes, obligent, en conscience, sous peine de péché mortel. Il n'en est pas des promesses de mariage comme du mariage lui-même; en invalidant les mariages clandestins, le concile de Trente n'a point invalidé les fiançailles faites sans le ministère du prêtre et sans témoins (3). Si les parties sont convenues entre elles du temps où le mariage aurait lieu, elles doivent exécuter leur promesse au temps fixé, moralement parlant; si elles n'ont pas fixé de terme, elles sont obligées de l'accomplir à la première demande que l'une des parties fait à l'autre, si toutefois celle qui est requise n'a pas de raison qui l'autorise à différer l'exécution de sa promesse. Mais que fera le confesseur à l'égard d'un fiancé qui refuse de tenir parole, sans autre raison qu'un changement de volonté? Le confesseur l'exhortera à remplir ses engagements; et, après l'avoir éprouvé quelque temps, s'il ne peut le déterminer à exécuter sa promesse, nous pensons qu'il ne doit point l'inquiéter, dans la crainte qu'un mariage fait sans inclination n'ait des suites fâcheuses; mais alors il exigera de ce pénitent, s'il

---

(1) Cod. civ. art. 1172. — (2) Voyez le tome I, n°ˢ 753 et 1015. — (3) Voyez les Conférences d'Angers, sur le Mariage, etc.

y a lieu, l'indemnité qui serait réclamée par l'autre partie (1).

762. En contractant des fiançailles, on ne peut stipuler une peine contre la partie qui refuserait d'épouser l'autre. Ces stipulations sont défendues par le droit canonique, comme contraires à la pleine et entière liberté avec laquelle le Mariage doit se contracter ; car elles peuvent déterminer l'un des fiancés à épouser l'autre contre son gré, par la crainte de subir la peine, ou de payer la somme qui aurait été stipulée entre eux (2). On doit donc regarder ces stipulations comme non avenues, du moins à l'égard de celle des parties qui a des raisons de rompre son engagement. Quant à celle qui le violerait sans cause, sans aucun motif légitime, plusieurs docteurs, entre autres saint Alphonse de Liguori, pensent qu'elle serait liée par les stipulations pénales apposées aux fiançailles, et qu'en retirant injustement sa parole, elle serait tenue, en conscience, de payer la somme convenue (3). Comme le sentiment contraire est plus favorable à la liberté que demandent les mariages, nous le préférons, en ce sens que nous ne forcerions point celui qui est infidèle à sa promesse à payer la somme convenue ; nous nous contenterions de l'*exhorter* à traiter, sur ce point, avec la partie intéressée, sans préjudice de ce qui peut être dû d'ailleurs à celle-ci, à titre de dédommagement. Pour ce qui regarde les arrhes ou présents de noces qu'il est assez d'usage qu'un fiancé fasse à sa fiancée, elle n'est pas tenue de les rendre, si c'est par la faute du fiancé que la promesse est dissoute. Mais s'il n'y a pas de faute de la part du fiancé, et, à plus forte raison, si c'est par la faute de la fiancée que le Mariage n'a pas lieu, elle est obligée de les rendre : elle ne pourrait les conserver sans injustice. De même, si l'un ou l'autre des fiancés vient à mourir avant le Mariage, les arrhes doivent être restituées au survivant qui les a données.

### ARTICLE III.

#### *De la Dissolution des Fiançailles.*

763. Les fiançailles, quoique valides, peuvent légitimement être dissoutes. Quand deux personnes se promettent de se marier ensemble, elles n'ont l'intention de s'engager qu'à condition qu'il ne

---

(1) Mgr Bouvier, tract. de Matrimonio, cap. 2. art. 2 ; Conférences d'Angers, sur le Mariage, conf. 11. quest. 3. — (2) Decretal. lib. IV. tit. 2. cap. 29. — (3) S. Alphonse, lib. VI. n° 853. — Voyez aussi Billuart, Mgr Bouvier, etc.

surviendra rien qui les empêche de tenir la parole qu'elles se sont données. Aussi, il y a plusieurs causes qui dispensent les fiancés de l'obligation d'exécuter leur promesse.

1° Les fiançailles sont dissoutes par le consentement libre des deux parties, si elles ont l'âge de puberté ; elles peuvent l'une et l'autre renoncer au droit qu'elles ont acquis réciproquement. 2° Les impubères qui se sont fait des promesses de mariage peuvent les résilier aussitôt qu'ils sont arrivés à l'âge de puberté. Cette condescendance a paru nécessaire pour remédier aux engagements pris par des jeunes gens sans expérience ; mais le droit ne leur permet pas de retirer leur parole, tandis qu'ils sont impubères. 3° Quand un des fiancés entre en religion, l'autre est dégagé de sa promesse, et peut se marier ou prendre des engagements avec une autre personne, même avant que son fiancé ait fait les vœux solennels ; mais celui-ci ne devient libre que par la profession ou par la réception des Ordres sacrés. 4° Si une des parties contracte mariage avec une autre personne que sa fiancée, elle pèche mortellement ; mais son mariage étant valide, elle ne peut, du vivant de son conjoint contracter le mariage qu'elle avait promis. Il en serait autrement d'une seconde promesse en faveur d'une autre personne, cette promesse serait nulle de soi : on ne peut s'engager au préjudice d'un tiers. 5° Si depuis les fiançailles il est survenu un empêchement de mariage, soit dirimant, soit prohibant, la promesse ne peut plus être effectuée. Mais il faut distinguer entre l'empêchement perpétuel et absolu, qui ne peut être levé par aucune dispense, et l'empêchement qui peut être levé : dans le premier cas, les fiançailles sont dissoutes ; dans le second, si l'empêchement provient de la faute de l'une des parties, celle qui est innocente devient libre, et se trouve dégagée de sa promesse. Quant à la partie coupable, si l'autre l'exige, elle doit, suivant le sentiment le plus probable, faire lever l'empêchement, en sollicitant elle-même et à ses frais la dispense qu'elle a rendue nécessaire. Ainsi, par exemple, si, après les promesses faites, le fiancé a eu commerce avec la parente de sa fiancée à un degré prohibé, il en est résulté un empêchement d'affinité : alors la fiancée n'est point obligée de l'épouser ; mais si elle tient au mariage promis, le fiancé n'est point dégagé de sa parole : il serait contraire aux règles de l'équité qu'il pût tirer avantage de son crime (1). 6° Quand l'un

(1) Voyez Sanchez, Bonacina, Collet, Concina, les Conférences d'Angers, les Instructions sur le Rituel de Langres, etc.—Voyez aussi S. Alphonse de Liguori, lib. VI. n° 857, etc.

des fiancés diffère sans raison l'exécution de sa promesse au delà du temps qui a été fixé, l'autre est libre de retirer sa parole. De même, lorsque le fiancé a quitté le pays sans en rien dire, ou qu'il est absent depuis longtemps sans avoir donné de ses nouvelles, la fiancée peut contracter mariage avec un autre. 7° Si l'un des fiancés commet avec une autre personne le péché de fornication, la partie innocente n'est pas tenue d'accomplir sa promesse; mais celle qui est coupable n'acquiert pas, par sa faute, le droit de retirer sa parole. Si les deux parties étaient coupables de la même infidélité, ni l'une ni l'autre ne pourrait en conscience refuser d'accomplir sa promesse; car quoique, toutes choses égales, la faute de la fiancée soit plus infamante que celle du fiancé, une partie n'aurait pas droit de faire des reproches à l'autre.

764. Enfin, tout changement notable survenu dans le corps, dans l'esprit, dans les mœurs, dans la fortune de l'un des fiancés, suffit pour opérer la résiliation des promesses de mariage. Une personne ne s'engage ou est censée ne s'engager que sous la condition qu'il n'arrivera pas de changement considérable dans l'état de la personne à qui l'on fait une promesse. D'abord, pour ce qui regarde le *corps*, si une des parties, après les fiançailles, contracte une infirmité contagieuse ou une infirmité grave et durable, telle que l'hydropisie, l'épilepsie, la paralysie, ou si elle éprouve la perte d'un œil, d'un bras ou d'un autre membre, ce changement donne lieu à la dissolution des fiançailles. Il en est de même de toute difformité notable, ou telle que la personne qui en est atteinte ne peut plus plaire à l'autre partie. On est délivré de ses engagements, non-seulement par les infirmités graves qui surviennent à la personne qu'on avait promis d'épouser, mais encore par celles qu'on éprouve soi-même; ce qui arrive lorsque, à raison de ses infirmités, on n'est plus en état de remplir les devoirs du Mariage ou d'en supporter les charges.

765. Quant au changement dans l'*esprit*, si l'un des fiancés tombe en démence; si son humeur, aigrie par une maladie ou la contradiction, fait qu'il traite avec dureté ceux qui l'approchent; ou s'il est survenu entre les deux parties une antipathie insurmontable, qui laisse entrevoir dans leur union une discorde continuelle, alors évidemment on peut résilier les fiançailles. Il en est de même du changement notable dans les *mœurs* ou dans l'honneur d'un fiancé : s'il s'était perdu de réputation, s'il avait commis quelque crime, ou s'il avait embrassé l'hérésie, il est certain que l'autre fiancé serait déchargé envers lui de toute obligation. Enfin, tout

changement considérable dans *la fortune* d'un fiancé suffit pour faire résilier une promesse de mariage. Ainsi, par exemple, lorsque de deux fiancés qui possédaient un bien proportionné, l'un vient à être ruiné par un cas fortuit, ou éprouve une perte considérable, on convient généralement que l'autre est libre de retirer sa parole. Cette décision devient encore plus plausible si les parties étaient convenues d'une dot qui n'existe plus. En est-il de même dans le cas inverse, c'est-à-dire si, après les fiançailles, il survient à l'un des fiancés une fortune disproportionnée à celle de l'autre partie? Les théologiens ne sont pas d'accord : plusieurs pensent que le fiancé dont il s'agit acquiert le droit de résilier sa promesse (1). Ce sentiment nous paraît plus probable que le sentiment contraire. Un événement qui aurait empêché que les fiançailles ne fussent contractées est une cause suffisante pour en faire cesser l'obligation : or, il est bien vraisemblable que si le fiancé eût prévu ce qui lui est arrivé depuis, il n'eût point pris d'engagement avec une personne dont la fortune n'eût plus été en proportion avec la sienne; mais, en résiliant sa promesse, il peut être tenu à un dédommagement envers l'autre partie.

766. Si les différents défauts de *corps*, d'*esprit*, de *mœurs* ou de *fortune*, dont nous venons de parler, existaient avant les fiançailles, mais avaient été dissimulés, la partie qui les aurait ignorés aurait droit, aussitôt qu'elle en a connaissance, de rompre son engagement, parce qu'elle ne l'aurait pris que par erreur.

Un fiancé ou quiconque recherche une personne en mariage, doit, en conscience, lui faire connaître ceux de ses défauts, de quelque genre qu'ils soient, dont la connaissance suffirait, au jugement d'un homme prudent, pour opérer la résiliation des fiançailles ou empêcher le mariage. Mais on n'est pas obligé de découvrir celles des fautes secrètes, ceux des défauts cachés, qui ne peuvent nuire à l'autre partie, ni être un obstacle à l'accomplissement des devoirs du mariage, ni troubler l'union des époux dans le cas où ils viendraient à être connus (2). Toutefois, on ne doit ni rien dire ni rien faire qui puisse induire en erreur la partie intéressée; et lorsqu'on est interrogé par celle-ci ou par ses parents, on doit répondre selon la vérité.

767. Quand les fiançailles n'ont point été célébrées à l'église, il n'est pas nécessaire de recourir à l'officialité pour en faire prononcer la résiliation, vu surtout qu'il serait dangereux de forcer un

---

(1) Voyez S. Alphonse de Liguori, lib. vi. n° 876, etc. — (2) Ibid. n° 863.

fiancé à contracter une alliance pour laquelle il a de la répugnance. Quant au dédommagement qui peut être dû par la partie qui refuse injustement d'exécuter sa promesse, il convient que les deux parties entrent en arrangement, ou qu'elles s'en rapportent à l'avis d'une ou de plusieurs personnes prudentes et désintéressées.

Nous finirons cet article en faisant remarquer que, quelque solennelles qu'aient été les fiançailles, les fiancés doivent constamment veiller sur eux-mêmes, et s'interdire tout ce qui est contraire à la vertu, à la modestie chrétienne : « Sponsis non licent tactus « impudici, etsi liceant amplexus et oscula in signum amoris, ex « more patriæ (1). »

## CHAPITRE III.

### Des Bans ou Publications de Mariage.

768. Ici on entend par *ban* la publication ou proclamation qui se fait à l'église du mariage que les parties qui sont dénommées se proposent de contracter, avec injonction à ceux qui sauraient des empêchements audit mariage, de les révéler.

#### ARTICLE I.

##### Nécessité des Publications de Mariage.

769. Le concile de Trente prescrit trois publications, qui doivent se faire publiquement à l'église, pendant la messe paroissiale, trois dimanches ou trois jours de fêtes consécutifs, par le propre curé des parties contractantes; après quoi, s'il n'y a pas d'opposition légitime, on procède à la célébration du mariage : « Sancta « synodus præcipit ut in posterum, antequam matrimonium con- « trahatur, ter a proprio contrahentium parocho, tribus continuis « diebus festivis, in ecclesia, inter missarum solemnia, publice de- « nuntietur inter quos matrimonium sit contrahendum : quibus « denuntiationibus factis, si nullum legitimum opponatur impedi- « mentum, ad celebrationem matrimonii in facie Ecclesiæ proce- « datur (2). » Ce décret est en pleine vigueur parmi nous; notre lé-

---

(1) Voyez, ci-dessus, le n° 566. — (2) Sess. XXIV, de Reformatione, cap. 1.

gislation civile, en sécularisant le Mariage, n'a pu porter atteinte aux lois de l'Église. Les publications, au nombre de trois, sont donc d'obligation, et cette obligation est grave; le curé qui assisterait à un mariage sans en avoir fait les publications prescrites, et sans avoir obtenu dispense, pécherait mortellement. Cependant, elles ne sont point nécessaires à la validité du Mariage : leur omission, pour quelque motif que ce soit, n'en entraîne point la nullité.

770. Selon le concile de Trente, le Mariage doit être annoncé trois fois : on a pensé qu'une seule publication serait insuffisante pour avertir tous les fidèles. Les publications se font trois jours de dimanches ou de fêtes de commandement; il ne suffirait pas de les faire aux jours de fêtes de dévotion. On doit les faire à différents jours; deux publications faites en un seul jour, quoique à différentes messes, ne tiendraient lieu que d'une publication. Le même concile prescrit de publier les bans trois jours de fêtes consécutifs. A s'en tenir aux termes du décret, on pourrait absolument faire les proclamations d'un mariage trois jours de fêtes qui se suivent immédiatement; mais il est assez généralement reçu, même dans les pays où le cas peut se présenter à raison du grand nombre de fêtes conservées, que les trois publications ne doivent pas se faire trois jours consécutifs, qu'il doit y avoir un intervalle au moins d'un jour franc entre la première et la seconde, ou entre la seconde et la troisième publication. Il ne peut y avoir de difficulté pour les curés, s'ils se conforment exactement à ce qui se pratique dans leur diocèse. Il en est de même pour l'intervalle à observer entre la dernière publication et la célébration du Mariage. En France, le mariage civil ne doit se célébrer que le troisième jour, depuis et non compris celui de la dernière, c'est-à-dire de la seconde publication faite par le maire de la commune. Quand, après les publications ecclésiastiques, les parties laissent écouler un temps considérable avant la célébration du Mariage, il faut réitérer ces publications et les faire comme la première fois, à moins que l'évêque n'en juge autrement. Le temps de cette interruption est réglé différemment par les différents Rituels. Suivant le Romain, il suffit qu'il se soit écoulé deux mois : « Si infra duos menses post « factas denuntiationes matrimonium non contrahatur, denuntia- « tiones repetantur, nisi aliter episcopo videatur. »

771. C'est au prône de la messe paroissiale que l'on doit publier les bans. S'il y a dans une église plusieurs messes de paroisse, le curé peut indifféremment publier à celle qu'il veut; mais il convient de choisir celle qui est la plus fréquentée. La publication qui

se ferait à une messe privée, à une messe non paroissiale, serait nulle. On ne peut non plus publier les bans à vêpres, quel que soit le concours des fidèles. Cependant si, tout étant préparé pour le mariage, la cérémonie ne pouvait être différée sans de graves inconvénients, le curé qui, par oubli, aurait omis la dernière publication à la messe, pourrait la faire à vêpres; et s'il ne s'apercevait de son oubli qu'après vêpres, il pourrait procéder à la célébration du mariage, présumant raisonnablement la dispense, que l'évêque ne refuse jamais en pareilles circonstances (1).

Enfin, c'est dans l'église paroissiale des parties contractantes que l'on doit publier les bans, c'est-à-dire, dans l'église de la paroisse où elles ont leur domicile; et si elles sont de deux paroisses différentes, la publication doit être faite dans chacune des deux paroisses. Ceux qui demeurent dans le territoire d'une *annexe* ou d'une *chapelle vicariale*, où se fait régulièrement l'office paroissial, doivent y faire publier leur mariage; et cela suffit, à moins que l'évêque n'exige qu'il soit publié dans l'église du chef-lieu de la paroisse.

772. Le concile de Trente n'ayant rien réglé concernant ceux qui ont changé de domicile, les évêques de France ont adopté les anciennes ordonnances de nos rois. Suivant ces ordonnances, celui qui est majeur acquiert le domicile, relativement au mariage, par une résidence de six mois dans la paroisse où il demeure actuellement, s'il est venu d'une autre paroisse du même diocèse; ou par une résidence d'un an, s'il est venu d'un autre diocèse. Ce domicile de six mois ou d'un an étant acquis, il suffit de faire publier les bans dans la paroisse où l'on se trouve présentement. Mais la personne qui n'est pas établie dans la paroisse depuis six mois ou un an, doit faire publier ses bans et dans la paroisse où elle demeure, et dans celle où elle avait acquis domicile auparavant.

Quant aux mineurs ou aux personnes âgées de moins de vingt-cinq ans accomplis, ils n'ont pas d'autre domicile pour le mariage que celui de leurs parents ou de ceux sous la puissance desquels ils se trouvent; et, s'ils ont un autre domicile de fait, ils doivent faire publier leurs bans dans la paroisse où ils demeurent, et dans celle de leurs père et mère ou de leur tuteur. Ces dispositions ont été modifiées par le Code civil: 1° en ce que le domicile, quant au mariage, s'établit aujourd'hui par six mois d'habitation continue dans la même commune, lors même que les parties viendraient

---

(1) Mgr Bouvier, tract. de Matrimonio. cap. 3. art. 2.

d'un diocèse étranger; 2° en ce que la majorité, relativement au mariage, est fixée à vingt et un ans accomplis pour les filles, et à vingt-cinq ans pour les garçons (1).

773. Un curé peut-il s'en tenir au droit civil pour ce qui regarde le domicile où l'on doit faire les publications de mariage? Non, évidemment. Le droit civil est pour l'officier civil, et le droit canonique est pour le curé; il doit donc se conformer en tout aux règlements de son diocèse et aux instructions de son évêque, auquel seul il appartient de statuer sur le point dont il s'agit. On doit encore recourir à l'évêque toutes les fois qu'il se présente des difficultés qui n'ont point été prévues par les règlements; ce qui arrive assez souvent pour le mariage des ouvriers, des domestiques, des militaires, des réfugiés, des vagabonds. Règle générale : quand il s'agit du mariage des militaires, des étrangers, ou de ceux qui n'ont pas de domicile fixe, il est prudent, très-prudent de publier les bans et dans la paroisse où ils se trouvent présentement, et dans leur paroisse d'origine, ou au moins d'écrire au curé de cette dernière paroisse, pour s'assurer, autant que possible, s'ils ne sont pas liés par un premier mariage. Cependant, s'il s'agit du mariage d'un militaire qui vient de rentrer dans ses foyers, nous pensons qu'il n'est pas nécessaire de faire publier ses bans dans la paroisse où il était en garnison avant de quitter le régiment, soit parce qu'il n'y est pas connu des fidèles, soit parce qu'il n'a pu se marier, tandis qu'il était au service, sans que sa famille en fût informée.

On trouve dans tous les Rituels une formule pour la publication des bans; les curés s'y conformeront exactement, ayant soin de la lire à haute et intelligible voix, de manière à être entendus de tous les fidèles.

774. Lorsque les bans ont dû être publiés dans différentes paroisses, le curé qui doit donner la bénédiction nuptiale ne la donnera qu'après s'être assuré que les publications ont été faites sans opposition. Il exigera par conséquent une lettre ou un certificat du curé ou du vicaire qui a publié les promesses de mariage. Ordinairement, ce certificat ne doit être délivré que vingt-quatre heures après la dernière publication : il faut que les fidèles aient le temps d'examiner s'il y a lieu à dénoncer quelque empêchement. Si le curé connait l'écriture de celui qui a délivré le certificat, ou s'il croit pouvoir prudemment s'en rapporter aux parties qui le lui remettent, il pourra procéder à la célébration du mariage sans autre formalité:

---

(1) Code civil, art. 74, 148 et 167.

autrement il aura soin d'exiger que le certificat soit légalisé par l'Ordinaire; le maire n'est point compétent pour cette légalisation.

### ARTICLE II.

#### De la Dispense des Publications de Mariage.

775. La publication des bans est susceptible de dispense. Le concile de Trente laisse à la prudence des évêques d'en dispenser (1). Ce pouvoir se communique aux vicaires généraux, et s'étend aux vicaires capitulaires, le siége vacant; mais les curés ne peuvent, en vertu de leur titre, dispenser d'aucune publication. On demande ici s'il est nécessaire, quand les parties sont de différents diocèses, de recourir aux deux évêques pour en obtenir la dispense d'un ou de plusieurs bans? C'est une question controversée parmi les canonistes : les uns pensent que ce double recours est nécessaire, parce que, disent-ils, un évêque ne peut dispenser que ses diocésains; les autres, au contraire, soutiennent qu'il suffit d'avoir la dispense de l'évêque dans le diocèse duquel la célébration du mariage doit avoir lieu. La raison qu'ils en donnent, c'est que l'évêque qui dispense son diocésain d'une certaine formalité pour le mariage dispense par là même l'autre partie de la même formalité. Le premier sentiment est plus généralement suivi en France. Quoi qu'il en soit, si l'une des parties ou toutes les deux sont établies dans un diocèse depuis quelque temps, lors même qu'elles n'y auraient pas encore acquis le domicile d'un an, l'évêque pourra certainement les dispenser des publications qui devraient avoir lieu dans les diocèses où elles demeuraient auparavant.

776. Les évêques ne dispensent pas sans cause; mais, toutes choses égales, il faut de plus fortes raisons pour être dispensé de deux bans que pour l'être d'un seul, de bien plus fortes encore pour être dispensé des trois publications que pour l'être de deux seulement. Aussi, un curé ne doit solliciter aucune dispense, sans exposer dans la supplique, quelque faibles qu'ils soient, les motifs de ceux qui la demandent. L'évêque jugera dans sa sagesse s'ils sont suffisants. On dispense des bans quand on a lieu de craindre une opposition injuste; lorsque les parties ou l'une d'elles doivent faire un voyage qui ne peut être différé sans inconvénients;

---

(1) Sess. XXIV, de Reformatione Matrimonii, cap. 1.

quand on craint que dans l'intervalle des publications il ne survienne quelque difficulté qui fasse manquer un mariage d'ailleurs bien assorti, ou qui doit rapprocher et réconcilier les familles des parties contractantes; quand on approche du temps où les noces sont prohibées, et qu'on ne peut retarder le mariage sans courir quelque risque. On dispense aussi, même de toute publication, les personnes qui ne sont mariées que civilement, pour les déterminer plus facilement à se marier en face de l'Église, lorsqu'on sait d'ailleurs qu'il n'y a pas d'empêchement canonique à leur mariage : on cherche à les ramener à Dieu par tous les moyens possibles. Il est encore d'autres causes de dispense de bans : elles sont laissées à l'appréciation des évêques.

Quand l'évêque a accordé la dispense de quelques bans, le curé doit en avertir les fidèles, et dire, en publiant le mariage, que c'est pour la première ou seconde et dernière publication. Il serait bon même d'annoncer, comme cela se pratique dans quelques diocèses, qu'il n'y a plus que tant de jours avant la célébration du mariage.

### ARTICLE III.

*De l'Obligation de révéler les empêchements de Mariage.*

777. En ordonnant les publications de mariage, l'Église impose aux fidèles l'obligation de révéler les empêchements, soit dirimants, soit prohibants, qu'ils connaissent. De l'aveu de tous, cette obligation est grave, principalement pour ce qui regarde les empêchements dirimants; et elle n'est pas restreinte aux habitants de la paroisse dans laquelle se fait la publication, elle s'étend généralement à tous ceux qui ont connaissance de l'empêchement qui existe au mariage qu'on vient de publier. On doit même, suivant le sentiment le plus généralement reçu, révéler les empêchements secrets, quand même on serait seul à les savoir et qu'on ne pourrait les prouver. Le témoignage d'un seul ne suffit pas pour faire prononcer la nullité d'un mariage, mais il peut être assez grave pour en empêcher la célébration.

778. Quelque strict que soit le précepte qui oblige à la révélation des empêchements de mariage sur la publication des bans, il y a cependant des causes qui dispensent de les révéler, et des cas où on ne le doit point. 1° L'ignorance où l'on est si le fait que l'on sait entraîne un empêchement de mariage, excuse de péché ceux qui ne le

déclarent pas. Cette ignorance est très-commune; le peuple n'est point canoniste. 2° On est dispensé de révéler un empêchement, quand on sait ou qu'on a lieu de croire que les parties en ont obtenu dispense. 3° On n'est obligé de déclarer que les empêchements que l'on sait. Ainsi, on n'est point tenu de révéler ceux qu'on ne connaît que par des bruits vagues, ou sur le rapport de personnes peu dignes de foi. Les fidèles ne sont pas même obligés d'examiner si ces bruits sont bien ou mal fondés; mais il en est autrement pour le curé : il est tenu d'office de s'assurer, autant que possible, s'il n'y a pas d'empêchement aux mariages de ses paroissiens. 4° Ceux qui, par état, sont tenus au secret d'un empêchement, tels que les médecins, les chirurgiens, les sages-femmes, les avocats, ne doivent pas le révéler. Il en est de même, à notre avis, de ceux qui ont été consultés comme amis. Nous ne parlerons pas du secret de la confession; il est inviolable : le confesseur qui ne connaît un empêchement que par la confession sacramentelle ne sait rien, ou il doit, dans tous les cas, se comporter comme s'il ne savait absolument rien. 5° On est dispensé de la révélation d'un empêchement, lorsqu'on ne peut le révéler sans se diffamer soi-même : la personne qui a commis un péché d'où est résulté un empêchement, ou qui a été complice de ce péché, n'est point obligée de révéler sa turpitude. 6° Celui qui, en révélant un empêchement, a lieu de craindre de s'attirer la vengeance des parties contractantes, et de s'exposer ainsi à de graves inconvénients, n'est point tenu à la révélation. Néanmoins, il peut facilement prévenir ces désagréments, en disant confidentiellement au curé ce qu'il sait; celui-ci ne le compromettra point.

779. C'est au curé qui a publié les bans que l'on doit faire la déclaration de l'empêchement. Cependant, il est convenable et conforme aux règles de la charité de s'adresser d'abord aux parties elles-mêmes, autant qu'on peut le faire sans inconvénient. Si les parties averties de l'empêchement, persistent à vouloir s'épouser, on doit en faire part au curé, qui, après avoir examiné mûrement les choses, aura recours à l'évêque, si la déclaration qu'on lui a faite mérite d'être prise en considération. Il ne serait pas juste que le premier venu fût admis à faire manquer ou à faire retarder un mariage sans aucun motif. Dans le doute, on s'en rapportera à la décision de l'évêque, qui peut alors dispenser de tout empêchement canonique. Mais que fera le curé dans le cas dont il s'agit, si le temps ne permet pas de recourir à l'évêque? On suppose que les parties ne consentent pas à différer leur mariage. Nous pensons

qu'il peut se rendre à leur vœu, recevoir leur consentement, et leur accorder la bénédiction nuptiale : le doute du curé ne suffit pas pour priver les parties d'un droit acquis.

780. Lorsque les parents dont le consentement est requis pour le mariage font opposition au point de faire suspendre les publications civiles, le curé doit aussi suspendre les publications qui se font à l'église, soit parce qu'il ne doit pas assister au mariage des enfants de famille sans le consentement de leurs père et mère, ou de ceux sous la puissance desquels ils se trouvent présentement, soit parce que les lois civiles, en France, ne lui permettent pas de donner la bénédiction nuptiale avant qu'ils aient passé devant l'officier civil. Mais, cette formalité étant remplie, si d'ailleurs les parents ne paraissent pas disposés à attaquer l'acte civil, le curé peut procéder à la célébration du mariage. Il ne sera point arrêté par les réclamations d'un créancier, ou d'une personne qui se plaint de l'infidélité de l'une des parties contractantes; car, ainsi que nous l'avons fait remarquer plus haut, on ne pourrait forcer quelqu'un à exécuter la promesse de mariage qu'il a faite antérieurement en faveur d'un autre, lors même que cette promesse aurait été accompagnée ou suivie du péché de fornication, et qu'il serait né un enfant de ce commerce criminel (1).

## CHAPITRE IV.

### *Des Empêchements de Mariage.*

781. On appelle empêchements de mariage un obstacle qui s'oppose à ce qu'une personne se marie : c'est le défaut d'une condition requise pour la licité ou la validité du Mariage. On distingue deux sortes d'empêchements : les empêchements *dirimants*, qui rendent le Mariage nul, invalide; et les empêchements appelés simplement *prohibitifs* ou *prohibants*, qui rendent le Mariage illicite, sans porter atteinte à sa validité.

(1) Voyez, ci-dessus, les n°ˢ 759 et 760, et le tome I. n° 1016.

## ARTICLE I.

### *Du Pouvoir d'établir des Empêchements de Mariage.*

782. Le Mariage n'est point un contrat ordinaire ; c'est un contrat d'institution divine : on ne peut donc l'assimiler aux contrats purement naturels ou civils. Le Mariage a été élevé par Jésus-Christ à la dignité de sacrement proprement dit ; il est donc soumis au domaine et à la juridiction de l'Église. Aussi, c'est un dogme catholique, un article de foi, que les causes matrimoniales regardent les juges ecclésiastiques, et que l'Église peut, en vertu de sa constitution native ou d'un pouvoir qui lui est propre, établir des empêchements de Mariage, soit prohibitifs, soit dirimants ; des empêchements qui rendent les parties inhabiles à contracter : « Si « quis dixerit, causas matrimoniales non spectare ad judices eccle- « siasticos; anathema sit (1). Si quis dixerit, Ecclesiam non potuisse « constituere impedimenta Matrimonium dirimentia, vel in iis con- « stituendis errasse ; anathema sit (2). » Les empêchements dirimants de Mariage, établis par l'Église, ne sont pas seulement des obstacles à la confection du sacrement, ainsi que le prétendent quelques auteurs, entre autres le rédacteur des *Instructions sur le Rituel de Langres*, qui n'a pas toujours su se prémunir assez contre certains préjugés parlementaires ; ils rendent le contrat lui-même invalide, en s'opposant efficacement à la formation de tout engagement naturel, du lien matrimonial. Celui qui est arrêté par un empêchement canonique est tout à la fois *inapte* à recevoir le sacrement, et inhabile à contracter ; et ce n'est même que parce qu'il ne peut contracter, que le sacrement, se trouvant sans base et sans fondement, manque de matière et devient nul. En effet, quiconque fait attention aux termes du concile de Trente, remarque que les empêchements dirimants tombent directement sur le contrat : « Si quis dixerit, clericos in sacris ordinibus constitutos, vel regu- « lares castitatem solemniter professos, posse *Matrimonium con-* « *trahere, contractumque validum esse* non obstante *lege eccle-* « *siastica* vel *voto....;* anathema sit (3). » Et dans un autre endroit : « Qui aliter quam præsente parocho vel alio sacerdote, de ipsius

---

(1) Concil. Trident. sess. xxiv. can. 12.— (2) Ibidem. can. 4. — (3) Ibidem. can. 9.

« parochi seu Ordinarii licentia, et duobus vel tribus testibus, Ma-
« trimonium contrahere attentabunt; eos sancta synodus *ad sic
« contrahendum omnino inhabiles reddit;* et hujusmodi *contra-
« ctus irritos* et *nullos* esse decernit, prout eos præsenti decreto
« *irritos facit et annulat* (1). »

783. Nous ajouterons que la bulle *Autorem fidei*, du 28 août 1794, qui a été adressée par Pie VI, *à tous les fidèles,* et qui a été reçue par toutes les Églises sans réclamation, condamne comme hérétique et comme subversive des décrets du concile de Trente, la doctrine du synode de Pistoie, qui prétendait que le droit d'apposer des empêchements dirimants au contrat de Mariage n'appartient originairement qu'à la puissance civile. Cette constitution déclare que l'Église a toujours pu et qu'elle peut, en vertu d'un *pouvoir qui lui est propre*, établir des empêchements qui rendent le Mariage nul, même quant *au lien* ou contrat naturel. « Doctrina
« synodi asserens, *ad supremam civilem potestatem duntaxat
« originarie spectare contractui Matrimonii apponere impedi-
« menta ejus generis quæ ipsum nullum reddunt, dicunturque
« dirimentia.....* subjungens, *supposito assensu vel conniventia
« principum, potuisse Ecclesiam juste constituere impedimenta
« dirimentia ipsum contractum Matrimonii;* quasi Ecclesia non
« semper potuerit ac possit, in christianorum matrimoniis, *jure
« proprio,* impedimenta constituere, quæ *Matrimonium* non solum
« impediant, sed et *nullum reddant quoad vinculum,* quibus chri-
« stiani obstricti teneantur etiam in terris infidelium in eisdemque
« dispensare, canonum III, IV, IX, XII, sessionis XXIV concilii Tri-
« dentini eversiva et *hæretica*. » On doit donc regarder comme absolument nuls, et quant au sacrement et quant au contrat naturel, les mariages de ceux qui, sans être légitimement dispensés, n'observent pas les formalités prescrites par l'Église sous peine de nullité.

784. Quant à la puissance temporelle, elle peut, sans contredit, régler ce qui a rapport aux effets civils, aux droits respectifs des époux sur les biens de la communauté matrimoniale; en un mot, c'est à elle à statuer sur le temporel du Mariage; mais voilà tout son domaine: elle ne peut, ni directement, ni indirectement, porter atteinte au sacrement de Mariage; elle ne peut par conséquent annuler le contrat naturel, sans lequel il n'y a pas de sacrement. Les lois humaines ou civiles ne suffisent pas, dit saint Thomas, pour

(1) Concil. Trident. de Reformatione Matrimonii, cap. 1.

établir des empêchements de Mariage; il est nécessaire que l'autorité de l'Église intervienne: « Prohibitio legis humanæ non sufficeret ad impedimentum Matrimonii, nisi legi interveniret Ecclesiæ auctoritas, quæ idem interdiceret (1). » Telle est la doctrine du saint-siége, qui ne reconnaît et n'a jamais reconnu d'autre cause de nullité, pour le mariage des chrétiens, que la violation des lois ecclésiastiques. Nous pourrions citer le bref d'Urbain VIII au sujet du mariage de Gaston, frère de Louis XIII, avec Marguerite, princesse de Lorraine; les écrits, les lettres et les instructions de Benoît XIV, le témoignage de Clément XIII; mais, pour ne pas nous écarter de notre plan, nous nous bornerons à rapporter la lettre de Pie VI à l'évêque de Motola. En 1788, cet évêque, se permettant de juger en appel, comme délégué du roi des Deux-Siciles, une cause matrimoniale jugée en première instance à la cour archiépiscopale de Naples, déclara nul le mariage par une sentence du 7 juillet, qu'il rendit publique au mois d'août, après l'avoir fait approuver par le roi. Le 16 septembre suivant, le pape Pie VI lui adressa une lettre qui respire tout à la fois et la bonté d'un père et l'autorité du docteur suprême. Le Pontife lui dit d'abord qu'il lui parle comme celui qui, étant assis sur la chaire de Pierre, a reçu de Jésus-Christ le pouvoir d'enseigner et de confirmer ses frères; il l'engage avec charité à reconnaître l'erreur dans laquelle il est tombé misérablement; il lui représente qu'il a porté une sentence indigne de ce nom, nulle pour bien des causes, n'étant au fond qu'un acte scandaleux, injurieux à la juridiction de l'Église; que le Mariage étant un des sept sacrements de la loi évangélique, l'Église a *seule* tout droit et tout pouvoir de juger de la validité ou de l'invalidité des mariages; que le concile de Trente déclare généralement anathème quiconque dira que les causes matrimoniales n'appartiennent pas aux juges ecclésiastiques; que les paroles de ce concile sont tellement *générales*, qu'elles renferment et embrassent *toutes les causes*, et que toutes ces causes regardent *uniquement* les juges ecclésiastiques; que tel est le sentiment universel des canonistes, sans excepter ceux-là mêmes que leurs écrits ne montrent aucunement favorables aux droits de l'Église. Puis il cite Van-Espen, qui s'exprime ainsi : « Il est reçu d'un consentement unanime que les causes des sacrements sont purement ecclésiastiques, et que quant à la substance de ces sacrements, elles regardent *exclusivement* le juge ecclésiastique, et que le

---

(1) In 4. Dist. 42. quæst. 11. art. 2.

« juge séculier ne peut rien statuer sur leur *validité* ou *invalidité*, « parce que de leur nature elles sont purement spirituelles. Et « certes, s'il est question de la validité du Mariage même, le seul « juge ecclésiastique est compétent, et lui seul peut en connaî- « tre (1). » Le Pape n'en demeure pas là. Après avoir rappelé à l'évêque de Motola la doctrine de l'Église, il ajoute : « Il est temps « maintenant que nous vous indiquions les peines que les canons « infligent dans ces cas. Déjà vous avez entendu le décret du con- « cile de Trente, qui soumet à l'anathème tous ceux qui nient que « les causes matrimoniales appartiennent à l'Église et aux juges « ecclésiastiques : or, il est certain que ce canon comprend, non- « seulement ceux qui enseignent que les puissances souveraines du « siècle ont le pouvoir de faire des lois sur le Mariage, mais encore « ceux qui autorisent cette doctrine par leurs actes (2). » D'après un acte aussi important de la part du vicaire de Jésus-Christ, joint à la pratique constante du siége apostolique, il y aurait au moins de la témérité à soutenir l'opinion de M. de la Luzerne et de quelques auteurs modernes, qui accordent à la puissance civile le droit d'apposer des empêchements dirimants au contrat de mariage, et d'annuler ainsi le sacrement. Il faut certainement rendre à César ce qui est à César, mais il faut également rendre à Dieu ce qui est à Dieu.

### ARTICLE II.

*Quels sont les Empêchements dirimants de Mariage.*

785. Il y a quatorze empêchements dirimants, et même quinze, si on sépare l'erreur sur la condition de l'erreur sur la personne. Ils sont renfermés dans les vers suivants :

« Error, conditio, votum, cognatio, crimen ;
« Cultus disparitas, vis, ordo, ligamen, honestas ;
« Amens, affinis, si clandestinus et impos ;
« Si mulier sit rapta, loco nec reddita tuto :
« Hæc facienda vetant connubia, facta retractant. »

Nous nous écarterons de l'ordre suivi par le poëte, et nous parlerons : 1° du défaut d'usage de raison et du défaut d'âge ; 2° de

---

(1) Van-Espen, Jus Ecclesiast. part. III. tit. 2. cap. 1. — (2) Voyez le savant ouvrage du P. Martin, *de Matrimonio et potestate ipsum dirimendi Ecclesiæ soli, exclusive propria*, pars secunda ; Mgr Bouvier, Institutiones Theologicæ de Matrimonio, etc. ; le Code civil commenté dans ses rapports avec la Théologie morale, etc.

l'impuissance relativement au mariage ; 3° de l'erreur sur la personne ou sur la condition ; 4° de la crainte et de la violence ; 5° du rapt ; 6° du lien provenant d'un premier mariage ; 7° du lien provenant des Ordres sacrés ; 8° du lien provenant de la profession religieuse ; 9° de la parenté ; 10° de l'affinité ; 11° de l'honnêteté publique ; 12° de l'empêchement du crime ; 13° de la disparité du culte ; 14° de la clandestinité.

§ I. *Du Défaut d'usage de raison, et du Défaut d'âge.*

786. Le Mariage étant un contrat, suppose un consentement réel, volontaire et parfaitement libre ; par conséquent, ni les enfants qui n'ont pas atteint l'âge de raison, ni les adultes qui sont en démence, ne sont capables de contracter mariage. Il y a des personnes qui sont entièrement privées de l'usage de raison ; il en est qui le recouvrent par intervalles ; d'autres enfin qui, sans être privées des facultés intellectuelles, ont l'esprit extrêmement faible. Les premières ne peuvent contracter validement ; les secondes peuvent absolument contracter pendant qu'elles ont des intervalles lucides : il en est de même des dernières. Mais pour celles-ci, comme pour celles qui n'ont l'usage de raison que par intervalles, les curés et les confesseurs doivent les éloigner de la pensée du mariage, dont elles ne pourraient que très-imparfaitement remplir les obligations ; et ils ne doivent pas consentir à leur mariage sans avoir consulté l'évêque.

787. L'âge où l'on peut contracter validement mariage est l'âge de puberté, qui est fixé par les canons à douze ans accomplis pour les filles, et à quatorze ans accomplis pour les garçons. Aujourd'hui, parmi nous, suivant le Code civil, l'homme avant dix-huit ans, et la femme avant quinze ans révolus, ne peuvent contracter mariage.

Il est certain que le mariage des impubères, c'est-à-dire, des personnes qui n'ont pas atteint l'âge prescrit par les canons, est nul, lors même qu'il ne leur manquerait que quelques jours pour avoir l'âge de puberté. Cependant, le droit admet une exception en faveur des impubères en qui la malice et le développement du corps suppléent le défaut d'âge. « In quibus malitia supplet aetatem ; id « est, qui ante pubertatis annos generare possunt. »

La fixation de l'âge requis pour le Mariage étant de droit ecclésiastique, on pourrait absolument, en vertu d'une dispense, se marier avant d'avoir douze ou quatorze ans révolus. Mais un mariage contracté par des jeunes gens sans expérience, sans une certaine connaissance des hommes et des choses, ne peut guère avoir que des suites fâcheuses. Aussi, ni les parents, ni les pasteurs, ne favorisent de semblables mariages.

## § II. *De l'Impuissance relativement au Mariage.*

788. Impotentia de qua hic agitur est inhabilitas ad actum conjugalem perfectum, seu generationi aptum. Multiplex distinguitur: alia *antecedens*, quæ sic vocatur quia matrimonium præcedit; et alia *consequens*, quæ matrimonio jam contracto supervenit; alia *perpetua*, quæ nulla arte licita sanari potest, et alia *temporalis*, quæ aliquo naturali remedio potest removeri; alia *naturalis*, quæ oritur ex naturali corporum dispositione, quæ ad usum matrimonii idonea non est, et alia *accidentalis*, quæ venit ab extrinseco, v. g. ex morbo, imaginatione, odio, verecundia, aliave causa; alia tandem *absoluta*, quæ locum habet respectu omnium alterius sexus personarum, et alia *respectiva*, quæ locum non habet, nisi quoad aliquam personam.

789. His præmissis, dicimus 1° matrimonium non dirimi per impotentiam *consequentem*, ei nempe supervenientem; quippe quod semel valide contractum dissolvi non potest, præter duos casus, de quibus infra dicturi sumus. 2° Matrimonium non dirimi per impotentiam *temporalem;* cum enim ea sit arte medicorum aut Ecclesiæ precibus sanabilis, nec proinde omnem procreandæ prolis adimat spem, obex esse nequit contrahendo valide matrimonio. 3° Matrimonium dirimi per impotentiam *antecedentem* et *perpetuam*, sive *absolutam*, sive *respectivam*, sive *naturalem*, sive *accidentalem;* quamvis enim ad matrimonii essentiam minime pertineat, ut illud consummetur, potentiam tamen ad ejus consummationem vel usum ita necessario requiritur, ut sine ea non possit subsistere matrimonium. Hæc autem impotentia est impedimentum dirimens, jure non solum ecclesiastico, sed et naturali.

790. Si dubium sit an impotentia *antecedens* perpetua sit, an temporalis, ab Ecclesia conceditur triennium conjugibus, ut eo temporis spatio mediis possibilibus ac licitis, impotentiam tollere conentur. Porro, durante illa triennali experientia, licite possunt cohabitare et actum conjugalem intentare ad recognoscendum an matrimonium consummare valeant, ideoque iis ea omnia permittuntur quæ licita sunt valide nuptis. In foro conscientiæ trien-

nium ab initio matrimonii computandum est probabilius (1). In dubio, an intra illud triennium reapse consummatum fuerit matrimonium, necne, judicandum est fuisse consummatum (2). Si autem dubitetur an impotentia præcesserit matrimonium, discrepant doctores. Verum si impotentia sit naturalis, præsumitur præcessisse matrimonium; naturalia enim plerumque sunt perpetua. Si sit accidentalis, præsumitur matrimonium non præcessisse; et hoc in favorem matrimonii. Denique, si dubium sit an impotentia sit naturalis, an accidentalis, præsumitur esse accidentalis, donec contrarium probetur.

791. Alia res est conjugum impotentia, alia sterilitas; steriles enim non sunt ad actum conjugalem impotentes; hinc valide contrahunt, et senes qui matrimonium consummare valent, et mulieres quo possunt excipere semen humanum, etsi non retineant. Secus tamen de iis qui senio confecti facti sunt incapaces usus matrimonii, tunc enim valide non possunt contrahere, nec uti licite matrimonio antea valide contracto.

Cæterum, summopere caveat confessarius, ne in re gravis adeo momenti ac tot difficultatibus obnoxia temere procedat, aut quidquam propria auctoritate decernat; sed casum rite examinatum cum omnibus suis circumstantiis ad Ordinarium deferat, cujus tunc erit, juxta locorum leges, statuere ac determinare quid in simili negotio fieri oporteat. Imo, ut nobis videtur, neque confessarius prudens et discretus de impotentia conjuges interrogabit; neque eos etiam quos credit impotentes præmonebit; neque ipsis ea de re consulentibus ultimo respondebit, nisi prius ipse consuluerit episcopum. Verumtamen, quoniam sponsus qui, interrogatis medicis, dubitat an sit ad actum conjugalem aptus, abstinere debet a contrahendo matrimonio, confessarius cui dubium istud exposuerit, illi suadebit ut abstineat.

## § III. *De l'Erreur.*

792. On distingue ici quatre sortes d'erreurs : l'erreur quant à la personne, l'erreur quant à la condition, l'erreur quant à la qualité, et l'erreur quant à la fortune. L'erreur sur la personne a lieu lorsque, croyant épouser une personne, on en épouse une autre. Ainsi fut trompé Jacob, lorsque, se croyant l'époux de Rachel, il

---

(1) S. Alphonse de Liguori, lib. vi. n° 1103; Sanchez, etc. — (2) S. Alphonse, ibidem.

se trouva marié avec Lia. Cette erreur rend le mariage radicalement nul : il n'y a pas de contrat, pas de mariage par conséquent sans consentement; or, évidemment il n'y a pas de consentement là où il y a une erreur sur la personne : celui qui, par exemple, épouse Marie croyant épouser Anne, n'a pas la volonté d'épouser Marie; il n'y a donc pas de mariage. Cet empêchement est de droit naturel, il ne peut être levé par aucune dispense; de sorte qu'il n'y a pas d'autre moyen de revalider le mariage, que de faire intervenir le consentement de la partie qui a été surprise.

Il y a erreur quant à la fortune ou à la qualité, lorsqu'on épouse une personne qu'on croit riche, noble, vertueuse, et qu'il se trouve qu'elle n'est ni riche, ni noble, ni vertueuse. Cette erreur ne rend pas le mariage nul; elle n'exclut point le consentement : c'est la personne même qu'on épouse, et non ses qualités, qui ne sont qu'un accessoire au mariage; elles peuvent être le motif du consentement, mais elles n'en sont pas l'objet. Cependant, si l'erreur quant à la fortune ou à la qualité emportait une erreur quant à la personne, le mariage serait nul; par exemple, si Paul donne son consentement en faveur d'une personne qu'on lui assure être la fille de tel seigneur et héritière de ses biens, et que la chose ne soit pas, l'erreur de Paul retombe sur la personne elle-même, et invalide le mariage.

L'erreur quant à la condition, *error conditionis*, a lieu lorsqu'une personne de condition libre en épouse une qui est esclave, la croyant libre. Cette erreur est un empêchement dirimant. Mais un homme et une femme esclaves peuvent se marier ensemble, comme une personne libre peut, si cela lui convient, en épouser une qui est esclave. Le défaut de consentement de la part des maîtres n'entraîne point la nullité du mariage.

### § IV. *De la Crainte et de la Violence.*

793. Le consentement libre de l'une et de l'autre partie contractante est essentiel au contrat de mariage; par conséquent, tout ce qui détruit ce consentement ou l'affaiblit notablement rend le mariage nul. Or, il peut arriver que la crainte imprimée par la violence détruise ou affaiblisse le consentement nécessaire à la validité du mariage; c'est pourquoi la violence est mise au nombre des empêchements dirimants. Mais toute espèce de violence ou de crainte n'annule pas le mariage : on distingue donc plusieurs sortes de

violences : la violence *physique* ou *absolue*, et la violence *morale*. La première est l'application actuelle d'une cause physique, qui fait produire à un homme un acte contraire à sa volonté : telle est la violence qu'on lui fait lorsqu'on le conduit en prison. La seconde est celle qui s'exerce sur la volonté même, et qui la détermine à agir par la crainte qu'elle inspire. La violence *physique* ôte entièrement la liberté, et forme, de l'aveu de tous, un empêchement dirimant de droit naturel ; celle qui n'est que *morale* ne détruit point la liberté, mais elle lui porte atteinte, et la gêne plus ou moins, suivant qu'elle est plus ou moins grave. De là on distingue encore la crainte griève et la crainte légère ; celle qui procède d'une cause extérieure, libre et injuste ; et celle qui vient d'une cause purement naturelle, qu'on ne peut regarder comme injuste ; la crainte qui est inspirée dans la vue du mariage et celle qui a tout autre objet ; enfin, la crainte qui n'est que révérentielle. Cette dernière crainte ne nuit point à la validité du mariage. Ainsi, celui qui se marie par la crainte de déplaire à son père, à sa mère, à un supérieur, contracte validement.

794. Pour que la crainte imprimée par la violence annule le mariage, il faut qu'elle soit grave, qu'elle soit produite par une cause extérieure et libre ; qu'elle vienne d'un sujet injuste, et qu'elle soit imprimée dans la vue de contraindre ou de déterminer à tel ou tel mariage. 1° Il faut que la crainte soit assez grave pour faire impression sur une personne raisonnable, eu égard à son âge, à son sexe et à sa condition. Il faut par conséquent que le mal dont on est menacé, si on refuse de consentir au mariage, soit considérable : tel que, par exemple, la mort, la privation d'un membre, la perte de son honneur, de son état, d'une partie notable de sa fortune. Il faut de plus que les menaces soient sérieuses ou regardées comme telles, et que celui qui les fait passe pour être capable et avoir les moyens de les exécuter. Ni la crainte d'un dommage léger, ni la menace d'un plus grand mal de la part de celui à qui on peut résister, ne sont assez fortes pour opérer la contrainte, ou pour gêner la liberté au point d'annuler le mariage. Nous ferons remarquer qu'il n'est pas nécessaire, pour que l'empêchement subsiste, que la menace tombe directement sur la personne qu'on veut forcer au mariage ; elle a le même effet lorsqu'on la dirige sur son père, sa mère, son frère, sa sœur, ou sur toute autre personne qui lui est chère. Un fils que l'on engagerait au mariage en le menaçant de maltraiter son père ou d'autres proches parents, ne serait pas validement marié.

795. 2° La crainte, à quelque degré qu'elle soit, ne forme un empêchement dirimant que quand elle est produite par une cause extérieure et libre, c'est-à-dire par quelque personne. Celui qui se marierait par suite de la crainte des jugements de Dieu, ou pour éviter un malheur naturel, se marierait validement ; cette crainte ne porte point atteinte à la liberté ; elle détermine la volonté, mais elle ne la force point, ne la contraint point. 3° Il est nécessaire qu'elle procède d'une cause injuste : si la crainte vient d'une cause juste, le mariage est valide. Un père trouvant un homme en faute avec sa fille, le menace de porter sa plainte en justice s'il n'épouse cette fille qu'il a séduite ; et la crainte du déshonneur le détermine à ce mariage : dans ce cas, il n'y a pas d'empêchement dirimant. Il en serait autrement, s'il l'avait menacé de le tuer ; la crainte serait injuste, et rendrait le mariage nul : personne n'a droit de se faire justice. 4° Enfin, pour que la crainte soit un empêchement, il faut qu'elle soit inspirée dans la vue d'extorquer le consentement d'une personne pour le mariage. Un homme retenu en prison pour dettes consent, pour être élargi, à épouser la fille de son créancier : le mariage est valide, car rien ne le force à se marier ; c'est de lui-même et librement que le débiteur consent au mariage. Il n'en serait pas de même si on le retenait en prison parce qu'il refuse de donner son consentement.

L'empêchement dirimant provenant de la crainte tient tout à la fois du droit naturel et du droit canonique : aussi l'Église n'en dispense pas.

## § V. *Du Rapt.*

796. Le rapt dont il s'agit ici est l'enlèvement d'une femme, fait avec violence, d'un lieu où elle était en sûreté, pour la mettre au pouvoir du ravisseur, à dessein de la part de celui-ci de contracter mariage avec elle. Le rapt est un empêchement dirimant : « Decer-« nit sancta synodus, inter raptorem et raptam, quamdiu ipsa in « potestate raptoris manserit, nullum posse consistere matrimo-« nium. Quod si rapta a raptore separata, et in loco tuto et libero « constituta, illum in virum habere consenserit, eam raptor in « uxorem habeat : nihilominus raptor ipse ac omnes illi consilium, « auxilium et favorem præbentes, sint ipso jure excommunicati (1). » Pour qu'il y ait empêchement, il faut 1° qu'il y ait violence, et

---

(1) Concil. Trident. sess. xxiv, de Reformatione Matrimonii, cap. 6.

que cette violence soit faite à une femme; il n'a pas lieu par l'enlèvement d'un homme; 2° que la femme soit enlevée de la maison ou du lieu où elle était en sûreté, et qu'elle soit en la puissance du ravisseur; car, à partir du moment où elle est rendue à sa liberté, elle peut épouser celui qui l'avait enlevée; 3° que l'enlèvement ait lieu à dessein, de la part du ravisseur, d'épouser la personne enlevée; c'est le sentiment le plus communément reçu parmi les canonistes (1).

797. On demande si la *séduction*, improprement appelée *rapt de séduction*, forme un empêchement dirimant. Il y a séduction lorsque quelqu'un, à force de prières, de sollicitations, de présents ou de promesses, de caresses ou autres artifices, fait sortir de la maison paternelle une jeune personne mineure, qu'il emmène avec lui, non malgré elle, mais malgré ses parents, dans l'intention de l'épouser. Elle consent au mariage, mais ses parents n'y consentent pas; s'ils y consentent, il n'y aurait plus, de l'aveu de tous, ni rapt, ni séduction. Or, les auteurs ne répondent pas uniformément à la question qu'on vient de proposer. Presque tous les théologiens français prétendent que la séduction est un empêchement dirimant, soit parce que, disent-ils, le concile de Trente ayant déclaré nul le mariage fait par rapt, sans distinction, a compris le rapt de séduction dans l'universalité de son décret; soit parce que le rapt de séduction étant plus commun, plus facile et plus dangereux, il était plus important encore de mettre obstacle à cette espèce de rapt qu'au rapt de violence; soit parce que, selon plusieurs d'entre eux, les anciennes ordonnances ne laissent aucun doute sur ce point. Comme ces motifs ne paraissent pas concluants à tous, quelques auteurs modernes ajoutent l'usage ou la coutume des Églises de France. Le sentiment contraire est assez généralement suivi par les théologiens et les canonistes étrangers, qui, ne reconnaissant d'autre rapt que le rapt de violence, nient que la séduction soit un empêchement dirimant. C'est aussi le sentiment de quelques auteurs français, entre autres de Simonnet, de Cabassut, de M. Vernier, et de l'auteur de la Théologie de Périgueux, qui s'exprime ainsi : « Impedimentum non contrahitur, si mulier « importunis solum precibus aut dolo extrahatur; tunc enim pro- « prie non est raptus, cum desit violentia (2). »

Ce second sentiment est certainement plus probable, et beau-

---

(1) Voyez S. Alphonse de Liguori, lib. vi. n° 1107; Billuart, Sanchez, Coninck, Sporer, Vega, etc. — (2) Theologia moralis, jussu episcopi Petrocoriensis edita, Tract. de Matrimonio, cap. 9.

coup plus probable, que le premier. En effet, 1° c'est une maxime de droit, que les lois qui établissent ou des peines, ou des inhabilités, ou des incapacités, doivent s'interpréter avec **tous** les tempéraments dont elles sont susceptibles, à la différence des lois favorables qui s'interprètent largement : *Odia convenit restringi et favores ampliari* (1). La pensée du législateur, conforme aux règles de l'équité, est donc qu'on s'en tienne aux termes de la loi. Or, évidemment, les termes dont se sont servis les Pères du concile de Trente, *raptor, rapere, rapta*, ne sont point synonymes de *seductor, seducere, seducta*. Si vous dites que le concile n'exclut pas la séduction, qu'il ne fait aucune distinction entre cette espèce de rapt et la violence, on vous répondra que cela ne suffit point : pour que la séduction soit un empêchement dirimant, il faudrait prouver que le concile l'a comprise dans son décret *In raptores*; et on ne le prouve pas, et on ne peut le prouver. D'ailleurs, si on persiste à vouloir que la séduction ne soit pas moins contraire à la liberté que la violence, que sous le mot *raptores* le concile comprenait celui de *seductores*, de quel droit s'est-on permis de restreindre la séduction aux personnes âgées de moins de vingt-cinq ou de vingt et un ans? Car, de l'aveu de tous, le rapt peut avoir lieu à l'égard d'une femme majeure.

798. 2° Le rapt de séduction nous vient des anciennes ordonnances et de la jurisprudence des parlements. Après avoir invoqué le concile de Trente, le cardinal de la Luzerne ajoute : « Au reste, « cette question n'en peut pas être une parmi nous. L'article 42 de « l'ordonnance de Blois parle expressément de ceux qui *se trouvent* « *avoir suborné fils ou filles*. Une déclaration du 22 novembre « 1730 porte entièrement sur le rapt de séduction, et confirme « l'ordonnance de Blois et la déclaration de 1639 sur ce sujet. « Ainsi, il n'y a aucun doute que cette sorte de rapt n'annule le « mariage, de même que le rapt de violence; et les tribunaux ne « manquent jamais de juger conformément à ces lois (2). » Mais ni les ordonnances de nos rois, ni la jurisprudence des tribunaux séculiers, ne peuvent établir des empêchements dirimants, si ce n'est quant aux effets civils seulement (3).

799. 3° L'empêchement de séduction tire toute sa force de la résistance ou du défaut de consentement des pères de famille, ou de

---

(1) Reg. xv, Juris in Sexto. — (2) Instructions sur le Rituel de Langres, chap. 9. art. 4. § 16. — Voyez aussi les Conférences d'Angers, sur le Mariage, conf. xii. quest. 4; les Conférences de Paris, sur le Mariage, t. ii; le Dictionnaire de Droit canonique, etc. — (3) Voyez, ci-dessus, le n° 784.

ceux sous la puissance desquels se trouve la personne qui se laisse séduire ; car, suivant nos jurisconsultes et nos canonistes, qui les ont suivis parfois avec trop de confiance, cet empêchement ne s'étend pas aux femmes majeures, et n'a lieu, pour les mineures, qu'autant que leurs parents s'opposent au mariage. Si le père d'une fille mineure consent, le mariage est valide ; s'il ne consent pas, le mariage est nul. Or, cette jurisprudence tend évidemment à rendre illusoire cet autre décret du concile de Trente, qui condamne ceux qui prétendent que les pères et mères peuvent, par un refus de consentement, annuler le mariage de leurs enfants : « Tametsi dubi-
« tandum non est clandestina matrimonia, libero contrahentium
« consensu facta, rata et vera esse matrimonia, *quamdiu Ecclesia*
« *ea irrita non fecit*; et proinde jure damnandi sint illi, ut eos
« sancta synodus anathemate damnat, qui ea vera ac rata esse ne-
« gant; quique falso affirmant matrimonia, *a filiis familias sine*
« *consensu parentum contracta, irrita esse, et parentes ea rata*
« *vel irrita facere posse*, etc. (1). »

800. 4° Quant à la coutume qu'on invoque en faveur de l'empêchement de séduction, elle ne peut avoir force de loi. C'est un principe reçu par les théologiens français, comme par les théologien étrangers, qu'une coutume fondée sur la fausse interprétation d'une loi n'a pas d'effet : « Quelque ancien et quelque universel
« que soit un usage, dit le Rédacteur des *Conférences d'Angers*,
« s'il ne s'est introduit et conservé que dans la fausse supposition
« d'une loi qui n'exista jamais, et sans laquelle néanmoins on
« n'avait aucune intention de s'y assujettir, il ne peut acquérir le
« sacré caractère d'une loi. L'erreur commune, tant qu'elle sub-
« siste, forme une obligation, mais commence-t-on à être désa-
« busé, les choses reviennent à leur premier état, et la société rentre,
« à cet égard, dans son ancienne liberté (2). » Or, l'usage qui règne dans la plupart des diocèses de France, relativement à l'empêchement de séduction, s'est introduit parmi nous, sur l'autorité de nos canonistes et de nos jurisconsultes, qui ont donné au décret du concile de Trente plus d'étendue qu'il n'en a, et aux lois du royaume une vertu qu'elles n'ont pas. D'ailleurs, le saint-siége ne reconnaît pas de coutumes particulières sur une matière aussi grave que celle dont il s'agit. Gaston, frère de Louis XIII, ayant épousé

---

(1) Sess. XXIV, de Reformatione Matrimonii, cap. 1. — (2) Conférences d'Angers, sur les Lois, conf. XI, première question. — Voyez aussi S. Alphonse de Liguori, que nous avons cité dans le tom. I. n° 144 ; Collet, *de Legibus*, cap. 7; les Théologies de Poitiers, de Toulouse, etc.

Marguerite de Lorraine sans le consentement du roi, Louis XIII consulta l'assemblée du clergé de 1635 sur cette question : Si les mariages des princes du sang qui peuvent prétendre à la succession de la couronne, peuvent être valables et légitimes sans le consentement du roi. L'assemblée fut d'avis que « les coutumes des « États peuvent faire que les mariages soient nuls et non valable- « ment contractés, quand elles sont raisonnables, affermies par « une prescription légitime, et *autorisées de l'Église*; que la cou- « tume de France ne permet pas que les princes du sang, et sur- « tout les plus proches, et qui sont présomptifs héritiers de la cou- « ronne, se marient sans le consentement du roi, beaucoup moins « contre sa volonté et sa défense. » Cette décision ayant souffert des difficultés, l'évêque de Montpellier fut chargé de la porter à Rome, et de la soutenir auprès du Pape. Mais Urbain VIII refusa de la confirmer, disant qu'il ne pouvait regarder comme invalide un mariage contracté avec toutes les conditions prescrites par le concile de Trente; que s'il était contraire aux coutumes de France, on pouvait le déclarer nul quant *aux effets civils*, mais *non quant au sacrement* (1).

801. 5° Enfin, Napoléon, voulant faire casser le mariage de son frère Jérôme, s'adressa à Pie VII, alléguant, entre autres causes de nullité, le défaut de consentement des parents et le rapt de sé- duction. Le Pape lui répondit par une lettre datée du 26 juin 1805, dans laquelle nous lisons le passage suivant : « L'Église, bien loin « de déclarer nuls, quant au lien, les mariages faits sans le consen- « tement des parents et des tuteurs, les a, même en les blâmant, « déclarés valides dans tous les temps, et surtout dans le concile de « Trente. Il est également contraire aux maximes de l'Église de « déduire la nullité du mariage du *rapt* ou *séduction* : l'empêche- « ment du rapt n'a lieu que lorsque le mariage est contracté entre « le *ravisseur* et la personne *enlevée*, avant que celle-ci soit remise « en sa pleine liberté. Or, comme il n'y a pas d'*enlèvement* dans le « cas dont il s'agit, ce qu'on désigne dans le mémoire par le mot « de *rapt de séduction* signifie la même chose que le défaut de « consentement des parents, duquel on déduit la *séduction* du mi- « neur, et ne peut en conséquence former un empêchement diri- « mant *quant au lien* (2). »

---

(1) Voyez la collection des procès-verbaux des assemblées du clergé de France, tome II, p. 857. — (2) Histoire du pape Pie VII, par M. le chevalier Artaud, tom. II. chap. 6.

## § VI. *Du Lien provenant d'un premier Mariage.*

802. Tant que le lien provenant d'un mariage validement contracté subsiste, il empêche qu'on ne puisse validement en contracter un second. L'homme ne peut avoir plusieurs femmes en même temps, et la femme ne peut avoir plusieurs maris : « Si quis dixerit « licere christianis plures simul habere uxores, et hoc nulla lege « divina prohibitum ; anathema sit (1). » Et le Mariage entre chrétiens, une fois consommé, ne peut être dissous que par la mort de l'un ou de l'autre conjoint : le lien conjugal est indissoluble ; il ne peut être rompu, ni du consentement mutuel des deux parties, ni par l'adultère, ni par tout autre crime, ni par aucune puissance humaine : « Dimittet homo patrem et matrem, et adhærebit uxori « suæ, et erunt duo in carne una. Itaque jam non sunt duo, sed « una caro. Quod ergo Deus conjunxit, homo non separet (2). »

803. Lorsque l'un des conjoints vient à mourir, celui qui reste est libre de se remarier ; mais il ne convient pas de convoler à de secondes noces immédiatement après qu'on a recouvré sa liberté : suivant le Code civil qui nous régit, la femme ne peut contracter un nouveau mariage qu'après dix mois révolus depuis la dissolution du mariage précédent (3). Néanmoins, le mariage fait en contravention de cette loi serait valide, du moins canoniquement. Toutes les fois qu'il se présente pour la bénédiction nuptiale une personne que l'on ne connaît pas, le curé doit s'assurer si elle est libre. S'il découvre qu'elle a été mariée, il exigera l'extrait de l'acte de la sépulture de son conjoint, examinant avec soin si cet acte est en bonne forme. L'absence de l'un des époux, quelque longue qu'elle soit, n'est pas une preuve de sa mort. On ne doit pas non plus s'en rapporter ni au témoignage d'une ou deux personnes intéressées au second mariage, ni à certains bruits vagues, incertains, qui n'ont pas d'autre fondement que de simples présomptions. Au reste, pour peu qu'il y ait d'embarras sur ce point, un curé ne procédera pas à la célébration du mariage sans avoir consulté son évêque.

804. Nous avons dit : 1° que le mariage entre chrétiens, une fois consommé, ne peut être dissous. Mais si, avant la consommation, *ante usum Matrimonii*, l'un des deux époux veut em-

---

(1) Concil. Trident. sess. XXIV. can. 2. — (2) Math. c. 19. v. 5 et 6. — (3) Cod. civ. art. 228.

brasser l'état religieux, il est libre de se séparer, et le lien conjugal est rompu par la profession solennelle de religion; de sorte que celle des parties qui est restée dans le siècle peut légitimement contracter un autre mariage : « Si quis dixerit, matrimonium ratum « non consummatum, per solemnem religionis professionem alte- « rius conjugum non dirimi; anathema sit (1). » Aussi, lorsque, après la célébration du mariage et avant la cohabitation, l'un des époux, l'homme ou la femme, témoigne le désir d'entrer en religion, on lui accorde le terme de deux mois pour se décider à se rendre dans un monastère, ou à vivre maritalement avec son conjoint. La profession qui annule le mariage est celle qui se fait dans un ordre religieux proprement dit, par l'émission des vœux solennels. Ni les vœux simples, ni la promotion au sacerdoce, ne peuvent dissoudre le mariage, même non consommé. Mais la profession religieuse n'a la force de dissoudre le mariage que lorsqu'il n'a pas été suivi de la consommation (2). N'eussent-ils consommé le mariage qu'une seule fois, les époux seraient liés de la manière la plus absolue. Ils pourraient alors d'un consentement mutuel, se séparer, et embrasser l'un et l'autre l'état religieux; mais leur profession laisserait subsister le lien conjugal en son entier. Un homme marié peut aussi, le mariage continuant de subsister, se séparer de son épouse et recevoir légitimement les Ordres sacrés, mais à deux conditions : la première, que la femme y consentira spontanément, volontairement, librement; la seconde, qu'elle fera le vœu de continence perpétuelle. On n'exige pas strictement que la femme se fasse religieuse, surtout lorsqu'elle est avancée en âge. On excepte cependant le cas où le mari serait appelé à l'épiscopat. Celui qui a été admis aux saints Ordres du consentement de sa femme, qui a fait, de son côté, vœu de continence, ne doit plus habiter avec elle, mais exercer les fonctions sacrées comme n'étant plus de ce monde : *De mundo non estis.*

805. Nous avons dit : 2° que le mariage des chrétiens étant consommé, est absolument indissoluble. En est-il de même du mariage des infidèles? Leur mariage ne peut-il pas être dissous par la conversion de l'un ou de l'autre époux? Si la partie qui reste infidèle consent à vivre paisiblement avec celle qui est convertie à la foi sans qu'il y ait aucun danger pour celle-ci, le mariage subsiste; en sorte que le chrétien ne peut se séparer de l'infidèle : « Si quis fra-

---

(1) Concil. Trident. sess. xxiv. can. 6. — (2) Lib. iii. Decretal. tit. 32. cap. 7.

« ter uxorem habet infidelem, et hæc consentit habitare cum illo,
« non dimittat illam. Et si qua mulier fidelis habet virum infide-
« lem, et hic consentit habitare cum illa, non dimittat virum (1). »
La question se réduit donc à savoir si le mariage peut se dissoudre
lorsque l'époux infidèle refuse d'habiter avec l'époux converti à la
foi. Or, les jansénistes, et quelques auteurs imbus des préjugés
parlementaires, parmi lesquels nous remarquons le Rédacteur des
*Instructions sur le Rituel de Langres*, prétendent que, même
dans le cas dont il s'agit, le mariage ne peut être dissous, et que la
partie qui a embrassé la foi ne peut contracter un second mariage.
Mais cette opinion est contraire à l'enseignement de presque tous
les théologiens, et aux décisions des Souverains Pontifes. Voici ce
que dit saint Paul : « Quod si infidelis discedit, discedat; non enim
« servituti subjectus est frater aut soror in hujusmodi : in pace
« autem vocavit nos Deus (2). » Ce qui doit s'entendre d'une séparation qui, en affranchissant le fidèle de la *servitude*, lui rend la
liberté, et lui permet de contracter un autre mariage. « Si enim
« alter infidelium conjugum ad fidem catholicam convertatur, dit le
« pape Innocent III, altero, vel nullo modo, vel non sine blasphemia
« divini nominis, vel ut eum pertrahat ad mortale peccatum, ei coha-
« bitare volente, qui relinquitur ad secunda, si voluerit, vota trans-
« ibit, et in hoc casu intelligimus quod ait Apostolus : Si infidelis
« discedit, discedat, etc. (3). » Benoît XIV n'est pas moins exprès :
« *Certum* est infidelium conjugium, ex privilegio in fidei favorem
« a Christo Domino concesso et per Apostolum Paulum I ad Co-
« rinth., cap. 7, promulgato, dissolvi, cum conjugum alter chri-
« stianam fidem amplectitur, renuente altero, in sua infidelitate
« obdurato, cohabitare cum converso, aut cohabitare quidem vo-
« lente, sed non sine contumelia Creatoris, hoc est non sine periculo
« subversionis conjugis fidelis, vel non sine execratione sanctissimi
« nominis Christi et christianæ religionis despicientia. Ex hoc vero
« fit integrum non esse conjugi converso transire ad alia vota,
« priusquam infidelis interpellatus, aut absolute recusaverit cum
« eo cohabitare, aut animum sibi esse ostenderit, cum illo quidem
« cohabitandi, sed non sine Creatoris contumelia (4). » C'est aussi
la doctrine de saint Pie V et de Grégoire XIII. Telle est d'ailleurs,
et telle a **toujours été**, la pratique du saint-siége (5).

(1) I. Corinth. c. 7. n°⁸ 12, 13 et 14. — (2) Ibidem. v. 15. — (3) Lib. IV. Decretal.
tit. 19. cap. 7. — (4) De Synodo diœcesana, lib. VI. cap. 4. — (5) Ibidem. —
Voyez les **Conférences d'Angers**, sur le Mariage; **Mgr Bouvier**, de Matrimonio, etc.

## § VII. *Du Lien provenant des Ordres sacrés.*

806. Le lien provenant des Ordres sacrés, c'est-à-dire du sous-diaconat ou des Ordres supérieurs, est un obstacle à la validité du Mariage. Ni les sous-diacres, ni les diacres, ni les prêtres, ni les évêques, ne peuvent contracter un Mariage valide : « Si quis dixe-« rit, clericos in sacris Ordinibus constitutos, vel regulares castita-« tem solemniter professos, posse matrimonium contrahere, con-« tractumque validum esse, non obstante lege ecclesiastica vel voto; « anathema sit (1). » Il n'en est pas de même des Ordres mineurs ; ceux qui les ont reçus peuvent se marier. L'empêchement dirimant dont nous parlons n'est que d'institution ecclésiastique ; il est par conséquent susceptible de dispense ; il n'appartient qu'au Souverain Pontife d'en dispenser, et il n'en dispense que très-rarement, que dans certaines circonstances extraordinaires dont il lui appartient d'apprécier toute la gravité.

## § VIII. *Du Lien provenant de la Profession religieuse.*

807. Il en est de la profession religieuse comme des Ordres sacrés ; elle rend inhabile à contracter mariage : le vœu solennel de chasteté qu'elle renferme est un empêchement dirimant qui rend le mariage nul. Le concile de Trente, que nous venons de citer, prononce anathème contre ceux qui diront que les réguliers qui ont fait solennellement profession de chasteté peuvent contracter mariage, et que leur mariage est valide. Il n'en est pas de même du vœu simple de chasteté, il ne forme qu'un empêchement prohibant. On excepte cependant le vœu simple que les novices de la Compagnie de Jésus font après deux ans de noviciat : ils ne peuvent plus contracter validement mariage : ainsi l'a réglé Grégoire XIII, par la bulle *Ascendente Domino*. Suivant le sentiment le plus probable, le vœu solennel de chasteté n'est qu'un empêchement dirimant de droit ecclésiastique. Aussi le pape peut en dispenser ; mais il n'en dispense que bien rarement.

## § IX. *De l'Empêchement de Parenté.*

808. On distingue trois sortes de parentés : la parenté naturelle, la parenté spirituelle, et la parenté légale. La parenté naturelle

---

(1) Concil. Trident. sess. XXIV. can. 9.

est le lien qui unit entre elles les personnes qui descendent d'une même tige, qui sont du même sang. On l'appelle consanguinité, *consanguinitas, quasi sanguinis unitas*. La parenté ou affinité spirituelle est celle qui se contracte dans le Baptême et dans la Confirmation. La parenté légale est celle qui résulte de l'adoption.

1° *De la parenté naturelle*. On considère trois choses dans la parenté naturelle, ou proprement dite : la tige ou souche commune, la ligne et le degré. On appelle tige les père et mère, ou le père ou la mère seulement, dont les parents tirent leur origine commune. La ligne est la suite des personnes qui descendent d'une même tige directement ou indirectement. On distingue la ligne directe et la ligne collatérale. La ligne directe est celle des personnes qui descendent d'une même tige, l'une par l'autre : ainsi, le bisaïeul, l'aïeul, le père, le fils, le petit-fils, sont parents en ligne directe. Cette ligne est ascendante ou descendante : elle est ascendante, autant qu'elle comprend ceux de qui on est né ; et descendante, en tant qu'elle se compose de ceux à qui on a donné le jour. La ligne collatérale est formée par ceux qui ont une souche commune, mais qui ne sont pas nés les uns des autres : les frères, les sœurs, les oncles, tantes, neveux et nièces, petits-neveux, petites-nièces, cousins, cousines, etc., sont parents en ligne collatérale. Le degré est l'intervalle ou la distance qui se trouve entre la tige ou souche commune, et les parents qui en descendent. Deux personnes peuvent être parentes à égal degré, ou à un degré inégal : elles sont parentes à égal degré quand elles sont à une même distance de la souche commune : les frères, par exemple, sont parents au même degré ; et il en est de même des cousins germains. Elles sont parentes à un degré inégal, quand l'une est plus proche que l'autre de la souche commune : l'oncle et la nièce, par exemple, ne sont pas parents au même degré ; l'un est au premier, et l'autre au second. Lorsqu'il y a inégalité dans les degrés de parenté, on dit de deux personnes qu'elles sont parentes d'un degré à un autre, comme du premier au second, au troisième, au quatrième, au cinquième, ainsi de suite.

809. La manière de compter les degrés de parenté n'est pas la même pour la ligne directe que pour la ligne collatérale. En ligne directe, il y a autant de degrés que de générations depuis la souche, ou, ce qui revient au même, autant de degrés qu'il y a de personnes, sans compter celle qui fait souche : ainsi, le fils est au premier degré ; le petit-fils, au second ; l'arrière-petit-fils, au troisième. Si on remonte de celui-ci au bisaïeul, on trouve quatre

degrés. Quant à ce qui regarde la ligne collatérale, ou les degrés sont égaux de part et d'autre, ou ils sont inégaux. Dans le premier cas, il y a autant de degrés de parenté entre deux personnes qu'il y a de générations entre chacune d'elles et la souche commune; ou, ce qui est la même chose, ces deux personnes sont éloignées entre elles d'autant de degrés qu'elles le sont de la souche commune. Ainsi, les frères et sœurs, qui sont au premier degré en ligne directe de la tige qui est leur père, sont entre eux en ligne collatérale au premier degré. Par la même raison, les cousins germains sont au deuxième; les issus de cousins germains sont au troisième, et les enfants de cousins issus de germains sont au quatrième. Dans le droit civil, on ne suit pas la même supputation que dans le droit canonique, pour les degrés en ligne collatérale. Les jurisconsultes comptent les degrés par le nombre des personnes qui descendent d'une souche commune; de sorte que le frère et la sœur sont au deuxième degré, les cousins germains au quatrième, les issus de germains au sixième, et ainsi de suite. Mais on doit s'en tenir, sur ce point, à ce qui est réglé par les canons.

Lorsque deux personnes sont parentes, en ligne collatérale, à un degré inégal, c'est-à-dire, lorsqu'elles ne sont pas à la même distance de la tige commune, elles ne sont censées parentes que dans le degré le plus éloigné où se trouve l'une des deux personnes. L'oncle et la nièce, par exemple, qui sont parents du premier au second, ne sont réputés parents qu'au second : le degré le plus éloigné emporte le plus proche : *Gradus remotior trahit ad se propinquiorem.*

810. La parenté en ligne directe est un empêchement dirimant, à quelque degré que ce soit; cet empêchement s'étend à l'infini, et il est de droit naturel, du moins pour le premier degré. Le même empêchement a lieu en ligne collatérale, jusqu'au quatrième degré inclusivement (1); mais il ne s'étend pas plus loin; en sorte que si les parties ne sont parentes qu'au cinquième degré, ou que l'une d'elles soit au cinquième, l'autre fût-elle au quatrième, au troisième, au deuxième, et même, s'il était possible, au premier, elles peuvent légitimement contracter mariage sans dispense. Les enfants naturels sont compris, comme les autres, dans la loi qui interdit le mariage jusqu'au quatrième degré de consanguinité. Nous ferons remarquer qu'il peut y avoir entre deux personnes une

---

(1) Concilium Lateranense iv, an. 1215; Decretal. lib. iv. cap. 8.

double parenté, un double empêchement par conséquent ; ce qui arrive, par exemple, lorsque deux frères épousent les deux sœurs. Leurs enfants sont parents au deuxième degré, et du côté paternel, et du côté maternel. On doit y faire attention ; car la dispense de l'un de ces deux empêchements n'entraîne point la dispense de l'autre, et ne suffit pas pour rendre les parties habiles à contracter. L'empêchement de parenté, en ligne collatérale, est de droit ecclésiastique et non de droit naturel, si ce n'est peut-être entre frère et sœur.

811. 2° *De la parenté spirituelle*. La parenté, l'alliance ou affinité spirituelle se contracte : 1° entre celui qui a administré le Baptême et celui qui le reçoit ; 2° entre le ministre et les père et mère de celui qui est baptisé ; 3° entre les parrain et marraine d'une part, et le baptisé de l'autre ; 4° entre le parrain et la marraine encore d'une part, de l'autre les père et mère de celui qui a reçu le Baptême (1). Nous avons parlé ailleurs de cet empêchement (2). Pour ce qui regarde la Confirmation, le parrain et la marraine contractent, et avec la personne confirmée et avec ses père et mère, la même affinité que dans le Baptême (3). L'empêchement d'affinité spirituelle est de droit ecclésiastique, et peut être levé par une dispense.

812. 3° *De la parenté légale*. Elle se contracte par l'adoption. On l'appelle parenté, alliance ou affinité *légale*, parce que l'adoption a été introduite par les lois *civiles*, dont l'Église a confirmé les dispositions relativement au mariage (4). L'adoption a été établie en France par nos lois, qui en règlent les conditions. Or, suivant l'article 348 du Code civil, « le mariage est prohibé : entre l'adoptant, « l'adopté et ses descendants ; entre les enfants adoptifs du même « individu ; entre l'adopté et les enfants qui pourraient survenir à « l'adoptant ; entre l'adopté et le conjoint de l'adoptant, et récipro- « quement entre l'adoptant et le conjoint de l'adopté. » On doit, au for ecclésiastique, se conformer à cet article : « Cognationem lega- « lem, dit Benoît XIV, et quæ ex ea ad nuptias profluunt obstacula, « eo prorsus modo, quo a jure civili statuta fuerant, universim re- « cepit approbavitque Nicolaus I, in responsione ad *consulta Bul- « garorum*. Quamobrem, si quæstio incidat, sive in tribunali ec- « clesiastico, sive etiam in synodo, an in hoc vel illo casu adsit

---

(1) Concil. Trident. sess. xxiv, de Reformatione Matrimonii, cap. 2. — (2) Voyez, ci-dessus, les n°s 117 et 118. — (3) Concil. Trident. ibidem. — Voyez, ci-dessus, le n° 159. — (4) Decret. causa 3. quæst. 3. cap. 1 et 6. tit. 12. — Decretal. lib. iv.

« impedimentum cognationis legalis, necessario recurrendum erit
« ad leges civiles, atque ad earumdem normam controversia deci-
« denda (1). » Mais il ne faut pas perdre de vue que l'adoption ne
forme un empêchement dirimant, quant au lien, qu'en vertu d'une
loi de l'Église. « Legibus humanis prohibitum est inter tales (adop-
« tantem et adoptatum) matrimonium contrahi; et talis prohibitio
« est per Ecclesiam approbata : *et inde est quod legalis cognatio
« matrimonium impediat.* Prohibitio legis humanæ non sufficeret
« ad impedimentum matrimonii, nisi interveniret Ecclesiæ aucto-
« ritas, quæ idem etiam interdicit. » Ainsi s'exprime saint Thomas (2).

## § X. *De l'Empêchement d'Affinité.*

813. L'affinité ou l'alliance est une sorte de parenté qu'une personne contracte avec les parents de celle qu'elle a connue charnellement. On distingue deux sortes d'affinités : l'affinité légitime, qui résulte de l'usage du mariage; et l'autre illégitime, qui naît d'un mauvais commerce, *ex copula illicita*. De droit ecclésiastique, l'une et l'autre affinité est un empêchement dirimant entre les personnes alliées. C'est le commerce charnel qui constitue cet empêchement : lorsque le mariage n'a pas été consommé, l'empêchement d'affinité n'a pas lieu; mais il y a un autre empêchement d'honnêteté publique, que nous expliquerons à l'instant. Ce que nous disons du mariage s'applique à la fornication; elle ne produit l'affinité qu'autant qu'elle est consommée : « Non oritur affinitas ex copula
« illicita, nisi consummatus fuerit actus fornicationis aut adulterii
« aut incestus ad generationem aptus. » Il faut remarquer aussi qu'on ne contracte l'affinité qu'avec les parents proprement dits de la personne qu'on a connue soit licitement, soit illicitement; elle ne s'étend point à ses alliés : *Affinitas non parit affinitatem.*
D'après ce principe, les deux frères peuvent épouser les deux sœurs; le père et le fils peuvent épouser la mère et la fille; un homme peut épouser successivement les veuves de deux frères. De même, celui qui a épousé la sœur de Titius pourra, après la mort de sa femme, épouser la veuve de ce même Titius.

814. L'affinité en ligne directe, soit ascendante, soit descendante, est, comme la parenté, un empêchement dirimant jusqu'à

---

(1) De Synodo diœcesana, lib. vii. cap 36. — (2) In 4. Sent. dist. 42. quæst. 11. art. 2, et Sum. suppl. quæst. 57. art. 2.

l'infini. Un homme ne peut épouser ni la mère ou l'aïeule, ni les filles ou petites-filles de sa femme. Il en est de même de la femme envers les ascendants ou descendants de son mari. En ligne collatérale, l'empêchement d'affinité légitime s'étend au quatrième degré inclusivement (1), et l'empêchement provenant de l'affinité illégitime, *ex copula illicita*, ne s'étend qu'au deuxième degré (2).

815. Les degrés d'affinité se comptent absolument de la même manière que les degrés de parenté. Ainsi, le mari est au premier degré d'affinité avec la mère, la fille et la sœur de sa femme; il est au deuxième degré avec sa cousine germaine, ainsi de suite. De même, celui qui a contracté une affinité par un commerce illicite ne peut épouser ni la mère, ni l'aïeule, ni la fille, ni la petite-fille, ni la sœur, ni la cousine germaine de celle avec laquelle il a péché; mais il peut épouser la cousine issue des cousins germains de cette même personne. L'empêchement d'affinité est perpétuel: il ne cesse ni par la mort de la personne qu'on a connue charnellement, ni par un autre mariage. L'homme qui aurait été marié deux fois ne pourrait validement épouser ni une parente de sa première femme, ni une parente de la seconde à un degré prohibé.

816. On demande quelle est l'affinité qui résulte d'un mariage nul. On suppose que ce mariage a été suivi du commerce charnel. Or, nous pensons qu'à s'en tenir au texte de la loi, comme on le doit en pareilles matières, l'affinité ne s'étend qu'au deuxième degré, soit que le mariage ait été contracté de bonne foi, soit qu'il ait été contracté dans la mauvaise foi. Dans le premier cas, l'union charnelle, *copula carnalis*, quoique excusable à raison de l'ignorance des parties, n'est point légitime: elle ne peut donc étendre l'empêchement jusqu'au quatrième degré. Dans le second cas, l'union est, de l'aveu de tous, illicite, et ne produit l'empêchement qu'au deuxième degré. Mais, dans l'un et l'autre cas, le mariage nul entraîne l'empêchement d'honnêteté publique jusqu'au quatrième degré, à moins que le mariage ne soit nul par défaut de consentement.

L'empêchement d'affinité n'est-il que de droit ecclésiastique, même pour le premier degré, soit en ligne collatérale, soit en ligne directe? C'est une question controversée parmi les théologiens. Nous pensons que cet empêchement n'est que de droit ecclésiastique, même pour le premier degré, en quelque ligne que ce soit.

---

(1) Concil. Lateran. IV, an. 1215. — (2) Concil. Trident. sess. XXIV, de Reformatione Matrimonii, cap. 4.

En effet, rien ne prouve que le mariage entre alliés soit nul de droit naturel ou de droit évangélique. Le Souverain Pontife peut donc dispenser de l'empêchement d'affinité à tous les degrés (1).

817. Quelquefois l'affinité illégitime survient pendant le mariage, par le commerce illicite de l'un ou de l'autre époux. Il est certain que cette sorte d'affinité ne dissout pas le mariage; elle prive seulement la partie coupable du droit de demander à l'autre partie le devoir conjugal, sans la dispenser toutefois de l'obligation de le rendre, lorsque la partie innocente l'exige. Mais, les confesseurs y feront attention, cette privation ne résulte que de la faute consommée, *ex copula perfecta*, entre l'un des époux et les parents de l'autre conjoint au premier ou au second degré : « Post matrimo-« nium, si conjux rem habet cum consanguinea vel consanguineo « alterius conjugis, tunc contrahit impedimentum ad petendum (de-« bitum conjugale), ut communiter dicunt doctores, modo incestus « sit cum consanguineis conjugis in primo vel secundo gradu (2). » Nous ajouterons que, selon le sentiment qui nous paraît le plus probable, la privation du droit des époux ne s'encourt, ni par celui qui ignore, d'une ignorance non affectée, la loi qui inflige cette peine; ni par celui qui ignore si la personne avec laquelle il pèche lui est alliée au second degré (3). En tout cas, le confesseur ne doit point avertir le pénitent de la peine dont il s'agit, sans être préalablement muni du pouvoir nécessaire pour lui rendre la faculté d'user de ses droits; et il n'attendra pas pour dispenser ce pénitent qu'il le trouve digne de l'absolution; il peut le rétablir dans l'exercice de ses droits, sans l'absoudre; et il y aurait généralement de graves inconvénients à lui faire connaître la peine qu'il a encourue, sans lui en accorder aussitôt la dispense.

## § XI. *De l'Empêchement d'Honnêteté publique.*

818. L'empêchement d'*honnêteté publique* est fondé sur une proximité, sur une espèce d'affinité qui naît de deux causes : savoir, des fiançailles valides, et d'un mariage contracté qui n'a point été consommé. Cet empêchement, qui est de droit ecclésiastique, a été établi, parce qu'il ne paraît pas *honnête* que celui qui s'est fiancé avec une personne épouse la proche parente de sa fiancée, ni que

---

(1) Voyez Billuart, Tract. de Matrimonio, dissert. vi. art. 5. § 3; le cardinal de la Luzerne, Instructions sur le Rituel de Langres, ch. 9. art. 4. § 14, etc. — (2) S. Alphonse, lib. vi. n° 1070. — (3) S. Alphonse, ibidem.

celui qui s'est marié, même sans consommer le mariage, épouse, après avoir recouvré sa liberté, une personne parente de sa première femme à un certain degré.

L'empêchement d'honnêteté publique résultant des fiançailles, a lieu entre les fiancés et leurs parents légitimes ou illégitimes au premier degré (1). Il ne va pas plus loin. Ainsi, un fiancé ne peut épouser une parente au premier degré de sa fiancée, c'est-à-dire qu'il ne peut, sans dispense, se marier ni avec la mère, ni avec la fille, ni avec la sœur de sa fiancée. De même, une fiancée ne peut épouser ni le père, ni le fils, ni le frère de son fiancé; mais les fiancés peuvent validement contracter mariage avec les autres parents. Ils peuvent aussi épouser les alliés de leurs parents, à quelque degré que soit leur alliance. Ainsi, par exemple, un fiancé contracte validement, sans dispense, avec la belle-mère, ou la belle-sœur, ou la belle-fille de sa fiancée.

819. Depuis le concile de Trente, les fiançailles qui sont nulles, invalides, pour quelque cause de nullité que ce soit, ne produisent point l'empêchement d'honnêteté publique; mais il y a empêchement toutes les fois que les fiançailles ont été validement contractées, quoiqu'elles aient été résiliées depuis, lors même que les deux parties se seraient rendu réciproquement leur parole. Ni la raison de l'empêchement, ni l'empêchement lui-même, ne dépendent de la volonté des fiancés. Si les fiançailles ont été faites sous condition, elles ne font naître l'empêchement qu'autant que la condition s'accomplit; le consentement des parties contractantes est en suspens jusqu'à l'accomplissement de la condition : et si la condition ne s'accomplit pas, les fiançailles tombant sans avoir formé d'engagement, cessent par là même de pouvoir former l'empêchement.

820. Est-il nécessaire, pour la validité des fiançailles, qu'elles aient été célébrées à l'église, avec les cérémonies d'usage? Non, évidemment; il n'en est pas des fiançailles comme du mariage; elles peuvent être valides sans la présence du curé. Mais les fiançailles privées et non solennelles, celles qui ne se font qu'à la maison, en présence des parents, devant un notaire ou même sans le ministère d'un notaire, produisent-elles l'empêchement d'honnêteté publique? Il doit passer pour certain, comme le dit très-bien le Rédacteur des *Conférences d'Angers*, que cet empêchement naît des promesses de mariage faites à la maison en présence des familles, comme il naît des fiançailles qui ont été célébrées à l'église, en présence du

---

(1) Concil. Trident. sess. XXIV, de Reformatione Matrimonii, cap. 3.

curé. « La raison qu'on en rend, continue le même auteur, c'est
« que les fiançailles ne sont autre chose que des promesses de ma-
« riage, et que des promesses de mariage qui sont valides obli-
« gent ceux qui les ont faites à les accomplir, soit qu'elles aient été
« faites à la face de l'Église, soit qu'elles aient été faites à la maison.
« Par conséquent, elles produisent aussi l'empêchement de l'hon-
« nêteté publique, car il n'y a aucune raison de dire qu'elles ont
« la force d'obliger ceux qui les ont faites à les accomplir, et qu'elles
« n'ont pas celle de produire l'empêchement de l'honnêteté publi-
« que ; vu que le concile de Trente ne demande rien autre chose,
« pour faire naître cet empêchement, que des fiançailles qui soient
« valides. On peut ajouter qu'un empêchement dirimant et la cause
« qui le produit étant établis par le droit commun dans l'Église,
« ils doivent avoir lieu et être les mêmes partout. Ainsi, puisque les
« fiançailles qui sont valides produisent l'empêchement de l'honnê-
« teté publique dans les diocèses où on les célèbre à l'église, elles
« doivent aussi produire le même effet dans ceux où l'on n'a pas
« coutume de les célébrer à l'église ; et comme, dans les diocèses
« où la coutume est établie de célébrer les fiançailles à l'église, elles
« ne cessent pas d'être valides pour n'y avoir pas été faites, il s'en-
« suit qu'elles y produisent pareillement l'empêchement de l'honnê-
« teté publique. Par conséquent, il faut dire que les fiançailles qui
« sont valides produisent cet empêchement en tous lieux, encore
« qu'elles n'aient pas été faites à l'église. C'est le sentiment des ca-
« nonistes de Rome, contre lequel l'auteur des *Conférences de*
« *Paris* ne dit rien d'assez fort pour le détruire (1). »

821. L'empêchement d'honnêteté publique qui vient d'un mariage contracté et non consommé, s'étend au quatrième degré inclusivement. Le mariage, quoique invalidement contracté, opère
l'empêchement d'honnêteté publique, à moins que la nullité ne
vienne du défaut de consentement, comme de l'erreur, de la violence, de la privation de l'usage de raison. Le mariage étant nul
par suite du défaut de consentement dans une des parties contractantes, il n'y a pas d'empêchement d'honnêteté publique.

Cet empêchement, soit qu'il provienne des fiançailles, soit qu'il
résulte d'un mariage non consommé, est perpétuel, et subsiste même
après la mort de l'une des parties qui l'ont fait naître. Si donc
Paul ayant promis à Pauline de se marier avec elle, vient à mou-

---

(1) Conférences d'Angers, sur le Mariage, conf. xiii. quest. 1 — Voyez aussi
Pontas, Dictionnaire des cas de conscience, etc.

rir avant la célébration du mariage, Pauline ne pourra épouser aucun des parents de Paul au premier degré. De même, si Pierre, marié à Pétronille, perdait sa femme, même avant d'avoir consommé le mariage, il ne pourrait épouser aucun des parents de Pétronille jusqu'au quatrième degré inclusivement.

### § XII. *De l'Empêchement du Crime.*

822. L'empêchement du crime tire son origine de l'adultère seul ou de l'homicide seul, ou de l'adultère et de l'homicide réunis. Cet empêchement est d'institution ecclésiastique, et ne regarde que ceux qui veulent contracter un second mariage.

1° *De l'adultère seul.* Pour que l'adultère produise l'empêchement entre les deux personnes qui le commettent, il faut : 1° qu'il soit *formel;* celui qui pèche avec une personne mariée, ignorant son mariage, ou croyant de bonne foi que le mariage n'est pas valide, ou qu'il est dissous par la mort de l'autre époux, n'est point lié par l'empêchement dirimant; 2° que le crime soit consommé, *copula perfecta ad generationem apta;* 3° qu'il y ait vraiment adultère. Il est nécessaire, par conséquent, que les parties où l'une d'elles soient réellement et validement mariées : un mariage nul n'étant point un mariage, le péché qui se commet n'est point un adultère. 4° Que l'adultère ait été accompagné d'une promesse de mariage : les personnes qui tombent dans l'adultère, sans faire aucune promesse de se marier ensemble quand elles seront devenues libres, peuvent, après la mort de leur conjoint, contracter validement mariage entre elles. Il est indifférent que cette promesse ait été faite avant ou après l'adultère, pourvu qu'elle ait été faite avant la dissolution du premier mariage. 5° Que cette promesse ait été manifestée par parole ou par quelque signe extérieur; 6° qu'elle ait été sincère ou regardée comme telle, qu'elle ait été acceptée, et non révoquée.

Il résulte de ce qui vient d'être dit, que l'adultère seul sans promesse de mariage ne produit point l'empêchement. Cependant, ceux qui, étant mariés, tenteraient de contracter un second mariage, et le consommeraient par l'adultère, ne seraient point à l'abri des rigueurs de la loi. D'un côté, il y aurait adultère; de l'autre, le consentement que les deux coupables se donnent est une promesse ou renferme éminemment une promesse de mariage; il y aurait donc empêchement. Quant à la promesse ou à la tentative d'un second mariage, le premier mariage subsistant, elle ne peut seule, quelque immorale qu'elle soit, constituer l'empêchement de crime.

823. 2° *De l'homicide seul.* Lorsque les deux parties ont concouru ensemble au meurtre du premier époux de l'une d'elles, et cela dans la vue de se marier ensemble, il résulte de ce crime un empêchement qui les rend inhabiles à contracter mariage l'une avec l'autre : il n'est pas nécessaire qu'elles aient commis le péché d'adultère. Pour qu'il y ait empêchement par suite du meurtre, il faut, 1° que le crime ait été consommé, c'est-à-dire que la mort s'en soit suivie ; 2° que les deux parties aient concouru à la mort du premier mari ou de la première femme, ou physiquement ou moralement, soit en ordonnant ou en conseillant, soit en préparant ou en facilitant les moyens de commettre le crime : celui qui aurait assassiné un homme afin de pouvoir épouser sa femme pourrait validement épouser cette femme, si elle n'avait eu aucune part au crime ; 3° que les coupables aient commis le crime dans l'intention de se marier ensemble : sans cette intention, l'empêchement n'existerait pas. Mais est-il nécessaire que l'une et l'autre agissent en vue de contracter mariage, et qu'elles se manifestent réciproquement leur intention ? Nous croyons que cela est nécessaire, et c'est le sentiment le plus commun parmi les canonistes.(1).

824. 3° *De l'adultère et de l'homicide réunis.* L'adultère joint à l'homicide produit l'empêchement du crime. Mais il faut pour cela, 1° que l'adultère soit réel, formel et consommé ; 2° que l'homicide soit également consommé, c'est-à-dire que la mort s'en soit suivie ; 3° que celui qui donne la mort à un époux ait l'intention d'épouser la personne avec laquelle il a commis l'adultère. Mais il n'est pas nécessaire, dans le cas dont il s'agit, que les deux personnes qui désirent s'unir ensemble soient complices de l'homicide ; il suffit que ce crime ait été commis par l'une des deux, même à l'insu de l'autre. Un mari qui fait mourir sa femme dans la vue d'en épouser une avec laquelle il a eu un mauvais commerce ; un homme qui, dans cette intention, tue le mari d'une femme dont il a abusé, ne peuvent validement contracter le mariage qui a été le but de leur crime. On regarde comme coupable d'homicide celui qui y a concouru efficacement, soit physiquement, soit moralement, en l'ordonnant, en le conseillant, en fournissant les moyens

---

(1) S. Alphonse de Liguori, lib. VI. n° 1034 ; Bailly, les Théologies de Poitiers, de Toulouse, etc.

pour l'exécution. Mais une simple approbation de l'homicide qui a été commis ne forme ni la complicité, ni un empêchement.

## § XIII. *De la Différence du Culte.*

825. La différence de religion, *cultus disparitas*, est un empêchement dirimant entre les chrétiens et les infidèles. Celui qui est baptisé ne peut épouser validement un païen, un mahométan, un juif. Mais cet empêchement n'est que de droit ecclésiastique, le Pape peut en dispenser. Quant au mariage d'un catholique avec un hérétique, il n'est point invalide à raison de la différence du culte; il n'est qu'illicite. L'Église interdit ces sortes d'alliances, et cette interdiction ne peut être levée que par une dispense du Souverain Pontife. Ici, la différence de religion n'est qu'un empêchement prohibant, dont nous parlerons dans l'article suivant.

## § XIV. *De la Clandestinité.*

826. Il ne faut pas confondre le mariage secret avec le mariage clandestin. Le mariage secret est celui qui a été célébré avec toutes les formalités requises, mais qui n'est point connu dans le public, et que les parties tiennent caché pour des raisons particulières. Le mariage clandestin, depuis le concile de Trente, est celui qui n'a pas été fait en présence du curé et du nombre de témoins prescrit. Le premier est valide, le second est nul dans les lieux où le décret dudit concile a été publié. Voici la teneur de ce décret : « Tametsi « dubitandum non est clandestina matrimonia, libero contrahen- « tium consensu facta, rata et vera esse matrimonia, quandiu Ec- « clesia ea irrita non fecit; et proinde jure damnandi sint illi, ut « eos sancta synodus anathemate damnat, qui ea vera ac rata esse « negant... Qui aliter quam præsente parocho, vel alio sacerdote, « de ipsius parochi seu Ordinarii licentia et duobus vel tribus tes- « tibus matrimonium contrahere attentabunt, eos sancta synodus « ad sic contrahendum omnino inhabiles reddit, et hujusmodi con- « tractus irritos et nullos esse decernit, prout eos præsenti decreto « irritos facit, et annulat.... Decernit insuper ut hujusmodi decre- « tum in *unaquaque parochia* suum robur post triginta dies habere « incipiat, a die primæ publicationis in eadem parochia factæ, nu- « merandos (1). »

---

(1) **Concil. Trident. sess.** xxiv, de **Reformatione Matrimonii, cap. 1.**

Les mariages clandestins, quoique illicites, étaient valides, *rata et vera*, avant la tenue du concile de Trente; et ils ont continué de l'être dans les États, les provinces, les diocèses, les *paroisses* où le décret de ce concile contre la clandestinité n'a jamais été publié. Mais la publication en a été faite en France dans toutes les paroisses catholiques. Aussi ce décret se trouve-t-il rapporté ou cité dans les actes des conciles provinciaux de Reims, de Rouen, de Tours, de Bourges, de Bordeaux, d'Aix, qui ont eu lieu sur la fin du XVI$^e$ siècle; dans les constitutions synodales et dans les Rituels de tous les diocèses du royaume. Il faut donc tenir pour certain que les mariages des catholiques, contractés en France autrement que par-devant le curé et deux ou trois témoins, sont nuls, et quant au sacrement, et quant au contrat naturel, et quant au lien qui ne peut résulter que d'une union légitime : *Hujusmodi contractus irritos et nullos, esse decernit.*

827. Expliquons le décret : 1° *Præsente*. C'est la présence du curé, sa présence seule, en ce qui le concerne, qui est nécessaire pour rendre le mariage valide, en l'empêchant d'être clandestin. La bénédiction nuptiale n'est point essentielle au contrat; elle ne l'est que pour le sacrement, si toutefois on suppose, contrairement au sentiment le plus commun, que le prêtre est ministre du sacrement de Mariage. Ainsi, on regarde comme valide, quoique illicite, le mariage d'un homme et d'une femme qui, s'étant présentés devant leur curé avec deux témoins, lui ont déclaré qu'ils se prenaient respectivement pour époux, nonobstant le refus du curé, qui n'a point voulu leur prêter son ministère. Il n'y a pas lieu de croire, dit le Rédacteur des *Conférences d'Angers,* d'après Fagnan, que le concile de Trente, qui a pris tant de mesures pour assurer la liberté dans les mariages, au point qu'il condamne ceux qui prétendent qu'il dépend des pères et mères de rendre nuls ou valides les mariages de leurs enfants, ait voulu que les mariages fussent réellement soumis au consentement et à l'approbation des curés; qu'ils fussent nuls si les curés refusaient d'y prendre part comme témoins (1). Il n'est pas juste de faire dépendre la liberté du mariage de la volonté du curé. C'est la réflexion de Benoît XIV : « Neque porro æquum est ut ab arbitrio vel facto parochi pendeat « libertatem matrimonii impedire (2). » C'est aussi la doctrine de la sacrée congrégation des cardinaux, établie pour l'interprétation

---

(1) Conférences d'Angers, sur le Mariage, conf. VI. quest. II. — (2) De Synodo diœcesana, edit. an. 1775. lib. VIII. cap. 23.

du concile de Trente : elle a déclaré qu'un mariage auquel un curé a assisté malgré lui, ou qui a été contracté en sa présence contre son intention, est valide, si d'ailleurs il n'y a pas d'empêchement. Il suffit donc, pour que le mariage soit valide, qu'il ait été fait en présence du curé et des témoins, pourvu que le curé ait été présent moralement, c'est-à-dire qu'il ait pu remarquer ce qui se passait devant lui (1).

828. 2° *Parocho*. Le curé dont le concile de Trente exige la présence est celui de la paroisse où les parties contractantes ont présentement leur domicile; elles ne peuvent s'adresser pour leur mariage qu'à leur curé, ou à un prêtre délégué par qui de droit. Si les parties sont de différentes paroisses, il n'est pas nécessaire que les deux curés assistent au mariage; la présence de l'un ou de l'autre suffit; et il n'importe que ce soit le curé du mari ou celui de la femme, comme l'a déclaré plusieurs fois la congrégation des cardinaux interprètes du concile de Trente. En effet, tout curé ayant droit de marier son paroissien a, par là même, le droit de le marier avec la personne qu'il veut épouser. Il est plus convenable, il est vrai, que le mariage se célèbre dans la paroisse de la femme, ainsi que cela se pratique le plus souvent; mais cette convenance n'est point un obstacle à ce que les parties puissent validement et même licitement se marier en présence du curé de l'autre paroisse. L'opposition du curé de la future, à cet égard, serait injuste et sans effet : elle annoncerait d'ailleurs une susceptibilité bien peu digne d'un ministre de Jésus-Christ (2). Quand un particulier a deux domiciles différents, c'est dans la paroisse où il passe la plus grande partie de l'année qu'il doit être marié : s'il demeure à peu près autant de temps dans l'une que dans l'autre paroisse; s'il fait dans celle-ci comme dans celle-là ce qui annonce un vrai domicile, il est libre de se marier dans celle des deux qu'il voudra. Lorsqu'une maison est située sur le territoire de deux paroisses, elle est censée être en entier de la paroisse sur laquelle est la principale porte. S'il s'élève à cet égard quelque doute, les curés sauront lever la difficulté en laissant les parties libres de se marier dans l'une ou l'autre paroisse. Il serait fâcheux qu'on fût alors dans la nécessité de recourir à l'évêque.

829. On demande combien de temps il faut avoir résidé dans une

---

(1) Voyez les Conférences d'Angers, sur le Mariage; Benoît XIV, *de Synodo diœcesana*, Fagnan, S. Alphonse de Liguori, Mgr Bouvier, etc. — (2) Voyez les Conférences d'Angers, sur le Mariage, conf. VI. quest. 3.

paroisse pour y acquérir domicile, relativement à la célébration du mariage. Suivant notre ancienne jurisprudence, que l'on suit encore dans la plupart des diocèses de France, un curé ne peut marier que ceux de ses paroissiens qui demeurent *actuellement et publiquement dans sa paroisse au moins depuis six mois, à l'égard de ceux qui demeuraient auparavant dans une paroisse du même diocèse; et depuis un an, pour ceux qui demeuraient dans un autre diocèse.* Aujourd'hui, d'après le Code civil, *le domicile, quant au mariage, s'établit par six mois d'habitation continue dans la même paroisse*, de quelque diocèse qu'on soit venu. Les curés se conformeront sur ce point aux règlements de leur diocèse respectif. Mais il est important de remarquer qu'aujourd'hui, comme autrefois, ceux qui demeurent présentement dans une paroisse où ils sont venus à dessein de s'y fixer indéfiniment, *cum animo perpetuo manendi*, doivent être regardés comme paroissiens du curé de cette paroisse pour la célébration de leur mariage, quoiqu'il n'y ait pas encore six mois ou un an qu'ils y résident. En quittant une paroisse sans esprit de retour, et en s'arrêtant dans une autre où ils transportent leur domicile, ils cessent par le fait d'être paroissiens du curé de la première paroisse, et deviennent en même temps paroissiens du curé de la seconde. Or, c'est de son curé qu'on doit recevoir les sacrements. « D'après cela, nous pen-
« sons qu'il n'y a point de temps fixé pour acquérir domicile à l'effet
« de la célébration du mariage, et qu'un curé a droit de marier ceux
« qui se sont rendus ses paroissiens publiquement et sans fraude,
« quoiqu'ils ne le soient que depuis peu de temps. » Ainsi s'exprime le cardinal de la Luzerne (1). C'est aussi la doctrine du Rédacteur des *Conférences d'Angers*, qui cite à l'appui une décision de la sacrée congrégation des cardinaux interprètes du concile de Trente (2).

830. Toutefois, le curé ne mariera ceux qui sont récemment établis dans sa paroisse qu'après s'être assuré qu'ils sont libres, et avoir fait publier leur mariage, si le Rituel du diocèse l'exige, dans la paroisse où ils avaient leur domicile auparavant. On suppose d'ailleurs que les parties contractantes ont réellement l'intention de se fixer dans la paroisse qu'ils habitent actuellement : on

---

(1) Instructions sur le Rituel de Langres, ch. 9. art. 4. § xviii. — (2) Conf. vi, sur le Mariage, quest. 3 et 4. — Voyez aussi S. Alphonse de Liguori, lib. vi. n° 1090; Benoît XIV, Institutiones ecclesiasticæ, instit. xxxii; Mgr Bouvier, de Matrimonio, etc.

peut en juger par les circonstances. Les personnes qui quitteraient leur paroisse, en fraude de la loi, conservant l'intention d'y rentrer après avoir contracté dans une autre paroisse, ne pourraient se marier en présence du curé de cette dernière paroisse, à moins qu'elles n'y eussent résidé six mois ou un an, suivant les règlements du diocèse.

831. On convient qu'une personne qui, pour quelque motif que ce soit, réside, depuis six mois ou un an, dans une paroisse autre que celle où elle a son domicile, peut s'y marier validement et même licitement. Mais elle conserve très-probablement le droit de se marier devant le curé de la paroisse où est son domicile proprement dit. Celui qui a fait une résidence de six mois dans une paroisse, n'est pas privé du droit de célébrer son mariage dans le lieu de son véritable domicile, pour avoir acquis le droit de le célébrer ailleurs (1). Ainsi, les militaires, par exemple, les domestiques, les ouvriers, qui ont acquis un domicile suffisant, quant au mariage, dans la paroisse où ils résident présentement, sont libres, mineurs ou majeurs, de se marier dans la paroisse où ils ont leurs parents et leur domicile. Quant aux mariages des vagabonds, les curés ne doivent point les célébrer sans avoir obtenu la permission de l'évêque; celui qui les marierait sans cette permission pécherait gravement; cependant le mariage serait valide, suivant le sentiment commun des canonistes (2).

832. Quand nous disons que le mariage doit se faire en présence du *curé* des parties contractantes, nous n'excluons ni le prêtre qui est chargé par l'évêque de desservir une paroisse vacante, ni le desservant d'une succursale. C'est au desservant d'une paroisse à célébrer les mariages qui se font dans cette paroisse; et il peut les célébrer, en vertu de la commission qui lui donne droit d'exercer les fonctions de curé, à l'égard de tous ceux qui appartiennent à la paroisse qui lui est confiée par l'évêque. Et, pour que le mariage soit valide, il n'est point nécessaire que le curé ou celui qui le remplace soit exempt des censures ecclésiastiques. On regarde comme valide le mariage qui serait célébré par un curé suspens, interdit, excommunié, irrégulier, schismatique : tant qu'il n'a pas renoncé à son titre ou qu'il n'en a pas été privé par sentence, il peut assister comme témoin aux mariages de ses paroissiens.

(1) Mgr Bouvier, *de Matrimonio*, cap. VII. art. 5. § 1; Gibert, *Consultations cononiques*, sur le Mariage; Tronchet, Locré, Merlin, Toullier, Paillet, etc. — (2) S. Alphonse, lib. VI. n° 1089; Sylvius, Billuart, Sanchez, Laymann, Pontius, Palaus, Ledesma, Coninck, Henriquez, Bonacina, Barbosa, etc.

Mais il faut que celui dont le concile exige la présence soit curé ou desservant, *parochus*. Les mariages faits devant un intrus, c'est-à-dire devant celui qui n'a pas une institution canonique, sont absolument nuls. Ainsi, par exemple, on regarde comme invalides les mariages qui ont été célébrés par des prêtres *intrus*, à l'époque du schisme qui a éclaté en France sur la fin du dernier siècle. On excepte seulement le mariage de ceux qui, durant la persécution, ne pouvaient nullement, ou ne pouvaient sans de graves inconvénients, recourir au vrai curé, ou à tout autre prêtre catholique qui avait été délégué par l'évêque légitime. Cette exception est fondée sur ce que l'Église n'a pas l'intention d'obliger, lorsqu'il est impossible d'observer ses lois, ou lorsqu'on ne peut les observer sans courir de grands dangers (1). Quant au prêtre qui, ayant un titre coloré, émané de celui à qui il appartient de le donner, passe publiquement, par erreur commune, pour être le curé d'une paroisse, il peut validement marier les fidèles de cette paroisse. Voyez ce que nous avons dit du titre coloré avec erreur commune, et de l'erreur commune sans titre coloré, en parlant du pouvoir nécessaire au ministre du sacrement de Pénitence (2).

833. 3°. *Vel alio sacerdote, de ipsius parochi seu Ordinarii licentia.* On peut se marier non-seulement devant le curé de la paroisse où l'on a acquis le domicile quant au mariage, mais encore devant tout autre prêtre délégué ou par le curé de cette paroisse, ou par l'évêque, ou par le Souverain Pontife. Un évêque peut marier ses diocésains, ou déléguer un autre prêtre que le curé pour leurs mariages. Les vicaires généraux ont, à cet égard, le même pouvoir que l'évêque; mais ils ne doivent point en abuser. Le desservant d'une succursale, d'une annexe, d'une paroisse vacante, cure ou succursale, peut aussi se faire remplacer pour les mariages des fidèles dont il est chargé. Le vicaire même d'un curé pouvant, en vertu d'une commission générale, faire dans la paroisse ce que le curé n'y fait pas, a droit de déléguer un autre prêtre pour les mariages qu'il doit faire : *Delegatus ad universalitatem causarum, delegare potest* (3). Mais celui qui est délégué pour un cas particulier, fût-il délégué par l'évêque ou par le curé, ne peut subdéléguer, à moins que la commission ne renferme expressément cette

---

(1) On peut voir dans les *Conférences* d'Angers, édition de Besançon, l'*Instruction* du cardinal Caprara sur les Mariages contractés irrégulièrement pendant la révolution.— (2) Voyez, ci-dessus, les n°ˢ 483 et 484.— (3) Conférences d'Angers, Instructions sur le Rituel de Langres, Dictionnaire de Théologie, par Bergier; Barbosa, Mgr Bouvier, etc.

faculté : *Delegatus ad unam causam tantum, subdelegare non potest.* La délégation nécessaire pour la célébration d'un mariage doit être expresse, elle ne se présume pas. Cependant, lorsque le curé des parties contractantes les adresse à un curé d'une autre paroisse en le déléguant pour le mariage, si le délégué ne se trouve pas sur les lieux, ou s'il est empêché, son vicaire peut très-probablement le remplacer. En déléguant un curé pour le mariage, on est censé déléguer, à son défaut, celui qui est chargé d'office de le remplacer.

834. 4° *Et duobus vel tribus testibus.* Le concile de Trente ne détermine point les qualités des témoins; par conséquent, toute personne de l'un et de l'autre sexe, qui a assez de discernement pour connaître ce qui se passe à la célébration du mariage, peut en être témoin. Il est nécessaire que les témoins soient présents à la cérémonie, physiquement et moralement, de manière à ce qu'ils puissent en rendre compte et attester que le mariage a été célébré. L'acte du mariage doit être inscrit sur les registres de la paroisse, et signé par le curé qui l'a rédigé, ainsi que par les témoins. Si les témoins ne peuvent ou ne savent signer, il en est fait mention dans l'acte.

Le mariage doit se faire à l'église paroissiale des parties ou de l'une des parties contractantes; mais cela n'est point prescrit sous peine de nullité; il peut même se faire licitement ailleurs avec la permission de l'évêque. Cette permission se présume en faveur du mariage de deux personnes unies civilement, dont l'une est retenue à la maison pour une cause de maladie qui la met dans un danger prochain.

835. Nous ferons remarquer que le prêtre qui s'ingérerait sans permission à marier d'autres que ses paroissiens, encourrait la suspense *ipso facto*, pour tout le temps qu'il plairait à l'Ordinaire du curé qui aurait dû célébrer le mariage (1).

### ARTICLE III.

#### *Des Empêchements prohibitifs ou prohibants.*

836. L'empêchement prohibitif ou prohibant est celui qui rend le mariage illicite sans porter atteinte à sa validité. Nos canonistes réduisent les empêchements prohibants au nombre de quatre, et les renferment dans ce vers latin :

« Ecclesiæ vetitum, tempus, sponsalia, votum. »

(1) Concil. Trident., sess. xxiv, de Reformatione Matrimonii, cap. 1.

Ces quatre empêchements sont donc, la défense de l'Église, le temps prohibé, les fiançailles et le vœu. Mais, outre que le second de ces empêchements rentre dans le premier, la défense de l'Église, *Ecclesiæ vetitum*, n'exprime pas assez clairement les différents empêchements de droit ecclésiastique qui rendent le mariage illicite. Aussi, sans parler de la défense particulière de l'évêque ou du curé, ou plutôt de la non-permission, relativement au mariage de ceux qui ne sont pas en règle, nous comptons six empêchements prohibants, savoir : le défaut de publication de bans ; le défaut de consentement de la part des parents ; la différence du culte entre les catholiques et les hérétiques ; la défense de se marier en certains jours de l'année ; les fiançailles ; le vœu simple de chasteté. Comme nous avons expliqué le premier de ces empêchements (1), il nous reste seulement à parler des autres.

### § I. *Du Défaut de consentement des parents.*

**837.** On blâme les mariages que les enfants de famille contractent sans consulter leurs père et mère, à moins que la trop grande cupidité de leurs parents ne les mette dans la nécessité de se marier sans leur agrément. Le respect et l'obéissance qu'un enfant doit à ses père et mère demandent qu'il ne s'engage dans le Mariage, qui est l'affaire la plus importante de la vie, que du consentement de ceux à qui il doit tout. Aussi, l'Église a-t-elle toujours détesté et défendu les mariages contractés par les enfants de famille sans le consentement de leurs parents (2). Ces mariages entre mineurs sont même nuls, parmi nous, non quant au lien, mais quant aux effets civils. « Le fils qui n'a pas atteint l'âge de vingt-cinq ans « accomplis ; la fille qui n'a pas atteint l'âge de vingt et un ans ac- « complis, ne peuvent contracter mariage sans le consentement de « leurs père et mère : en cas de dissentiment, le consentement du « père suffit (3). Si l'un des deux est mort, ou s'il est dans l'impos- « sibilité de manifester sa volonté, le consentement de l'autre suf- « fit (4). » — « Si le père et la mère sont morts, ou s'ils sont dans « l'impossibilité de manifester leur volonté, les aïeuls et les aïeules « les remplacent. » — « S'il y a dissentiment entre l'aïeul et l'aïeule « de la même ligne, il suffit du consentement de l'aïeul. S'il y a dis-

---

(1) Voyez, ci-dessus, le n° 758, etc. — (2) Concil. Trid. sess. XXIV. cap. 1. — (3) Cod. Civ., art. 148. — (4) Ibidem, art. 149.

« sentiment entre les deux lignes, ce partage emportera consente-
« ment (1). »

838. Les enfants doivent, à tout âge, respecter leurs père et mère : il convient donc qu'ils ne se marient pas sans avoir demandé leur consentement. Suivant le Code civil, « les enfants de famille ayant « atteint la majorité fixée par l'article 148 (que nous venons de rap-« porter), sont tenus, avant de contracter mariage, de demander, « par acte respectueux et formel, le consentement de leur père et « de leur mère; ou celui de leurs aïeuls et aïeules, lorsque leur père « et leur mère sont décédés, ou dans l'impossibilité de manifester « leur volonté (2). » — « Depuis la majorité fixée par l'article 148, « jusqu'à l'âge de trente ans accomplis pour les fils, et jusqu'à l'âge « de vingt-cinq ans accomplis pour les filles, l'acte respectueux « prescrit par l'article précédent, et sur lequel il n'y aurait pas de « consentement au mariage, sera renouvelé deux autres fois, de « mois en mois; et, un mois après le troisième acte, il pourra être « passé outre à la célébration du mariage (3). » — « Après l'âge de « trente ans, *pour les fils, et après l'âge de vingt-cinq ans, pour « les filles*, il pourra être, à défaut de consentement, sur un acte « respectueux, passé outre, un mois après, à la célébration du « mariage (4). » — « S'il n'y a ni père ni mère, ni aïeuls ni aïeules, « ou s'ils se trouvent dans l'impossibilité de manifester leur vo-« lonté, les fils *mineurs de vingt et un ans*, ou filles mineures de « vingt et un ans, ne peuvent contracter mariage sans le consente-« ment du conseil de famille (5). »

839. Comme les formalités exigées par la loi civile pour les mariages des enfants de famille n'ont rien de contraire à l'esprit de l'Église, un curé ne procédera point à la célébration de ces mariages qu'elles n'aient été observées; mais, une fois qu'elles auront été remplies, et que les parties auront passé devant l'officier civil, il n'hésitera point à célébrer leur mariage, s'il n'y a pas d'autre empêchement canonique. Pour ce qui regarde le confesseur, s'il croit l'opposition des parents fondée, il engagera leurs enfants à se désister; mais, si ceux-ci tiennent à se marier, en observant les conditions voulues par la loi, il ne doit point les inquiéter; il serait imprudent, sur une matière aussi délicate, de s'établir juge entre le père ou la mère et leurs enfants.

(1) Cod. Civ., art. 150. — (2) Ibid., art. 151. — (3) Ibid., art. 152. — (4) Ibid., art. 153. — (5) Ibid., art. 160.

## § II. *De la différence du culte entre les catholiques et les hérétiques.*

840. De tout temps, les mariages des catholiques avec les hérétiques ont été sévèrement interdits par l'Église. Cette défense est fondée sur la crainte que la partie catholique ou les enfants nés de son mariage ne se laissent entraîner par l'exemple et les discours de l'époux ou de l'épouse hérétique. Cependant, ces sortes de mariages ne sont pas nuls; ils ne sont qu'illicites. On ne les regarde comme invalides que lorsque les parties sont liées par un empêchement dirimant, ou qu'elles se marient, sans la présence du curé et de deux témoins, dans les paroisses où le décret du concile de Trente concernant la clandestinité est en vigueur. Le Souverain Pontife dispense quelquefois de l'empêchement dont il s'agit; mais il n'en dispense qu'à condition que les parties contractantes prendront l'engagement, avant la célébration du mariage, d'élever leurs enfants dans la religion catholique. Les évêques ne peuvent accorder cette dispense qu'en vertu d'un indult émané du saint-siége. Il se rencontre de temps en temps des hérétiques, des protestants, par exemple, des calvinistes, ou des anglicans, qui, pour obtenir la main d'une personne catholique sans recourir à Rome, déclarent renoncer à leur secte et vouloir rentrer dans le sein de l'Église. Il ne faut pas s'y fier; on ne doit les admettre à la réconciliation qu'après les avoir suffisamment instruits des dogmes de la vraie religion, et les avoir éprouvés pendant un certain temps. Au reste, un curé ne fera rien, à cet égard, sans avoir consulté son évêque.

841. Pour ce qui regarde la célébration du mariage d'un catholique avec un hérétique, le curé ne se regardera que comme témoin, ne faisant d'ailleurs aucune cérémonie religieuse. Il est défendu de donner aux époux la bénédiction nuptiale (1).

On ne peut excuser d'une faute grave la partie catholique qui, étant mariée devant son curé, se présente, pour une cérémonie religieuse, devant un ministre hérétique (2). Mais que fera le curé, si elle s'est présentée devant ce ministre avant de se présenter à lui? Pourra-t-il assister à son mariage? Nous pensons qu'il le peut, et même qu'il fera bien d'y assister, à raison de la crainte que la

---

(1) Voyez les *Conférences* d'Angers sur le Mariage, conf. XI. quest. 3. — (2) Voyez S. Alphonse, lib. II. n° 16; Benoît XIV, *de Synodo diœcesana*, etc. — Voyez aussi ce que nous avons dit au tome 1, n° 338.

partie non catholique ne veuille s'en tenir à l'acte civil. En supposant même que les deux époux, ou que le catholique seul, reçoivent le sacrement, la profanation qui s'ensuivrait ne retomberait pas plus sur le curé que sur les autres témoins, puisque, de l'aveu de tous, en s'abstenant de donner la bénédiction nuptiale, il n'assiste à ce mariage que comme témoin et non comme ministre du sacrement.

842. Quelle sera la conduite du confesseur à l'égard d'une personne qui veut épouser un hérétique ? Il lui fera sentir les graves inconvénients de ce mariage, employant tous les moyens de persuasion qui peuvent lui faire changer de volonté. Après quoi, si cette personne persiste dans son projet, parce qu'elle craint, ou de ne trouver aucun autre parti, ou de mécontenter ses parents, qui tiennent fortement à ce mariage, si d'ailleurs elle est disposée à ne se marier avec tel ou tel hérétique qu'autant que, la dispense obtenue, celui-ci prendra l'engagement de la laisser parfaitement libre, elle et les enfants à naître, de pratiquer la religion catholique, le confesseur pourra l'absoudre. Il en serait autrement si cette personne n'avait aucune raison, surtout si ses parents s'opposaient à ce mariage, ou n'y consentaient qu'à regret.

§ III. *Du Temps pendant lequel les Mariages sont interdits.*

843. Suivant le concile de Trente, il est défendu de célébrer solennellement les mariages, depuis le premier dimanche de l'Avent jusqu'au jour de l'Épiphanie, et depuis le mercredi des Cendres jusqu'à l'Octave de Pâques, le tout inclusivement. Voici le texte :
« Ab Adventu Domini Nostri Jesu Christi usque in diem Epiphaniæ,
« et a feria quarta Cinerum usque in Octavam Paschatis inclusive,
« antiquas solemnium nuptiarum prohibitiones diligenter ab om-
« nibus observari sancta synodus præcipit; in aliis vero temporibus
« nuptias solemniter celebrari permittit : quas episcopi, ut ea qua
« decet modestia et honestate fiant, curabunt : sancta enim res est
« Matrimonium, et sancte tractandum (1). » A s'en tenir aux termes du concile, on voit qu'il ne défend pas absolument de contracter le mariage dans le temps indiqué. Il n'interdit que la bénédiction solennelle des époux, la pompe, les festins, les réjouissances qui accompagnent les noces, *solemnes nuptias*. C'est ainsi qu'on entend à Rome le décret que nous venons de citer : « Meminerint

---

(1) Sess. XXIV, de Reformatione Matrimonii, cap. 10.

« parochi, dit le Rituel romain, a dominica prima Adventus usque
« ad diem Epiphaniæ et a feria quarta Cinerum usque ad Octavam
« Paschæ inclusive, *solemnitates nuptiarum* prohibitas esse, ut
« *nuptias benedicere, sponsam traducere, nuptialia celebrare*
« *convivia*. Matrimonium autem *omni tempore contrahi po-*
« *test* (1). » Mais il est assez généralement reçu, en France, que le
mariage ne peut se faire en temps prohibé sans une permission de
l'évêque. Cette permission se présume en faveur des personnes mariées civilement, lorsque l'une des parties est dangereusement malade. Nous ajouterons qu'un curé doit faire tout ce qui dépendra de
lui pour empêcher les fiancés de se marier le dimanche ou une fête
de commandement, ou un jour d'abstinence. Cependant, à moins
qu'il n'y ait une défense particulière, à cet égard, de la part de
l'Ordinaire, il peut les marier ces jours-là, s'ils paraissent disposés
à ne rien faire qui soit contraire à l'esprit de l'Église.

## § IV. *Des Fiançailles*.

844. C'est un principe d'équité que celui qui a promis d'épouser une
personne ne doit pas, tant que cet engagement subsiste, en épouser
une autre. Ainsi, les fiançailles forment un empêchement prohibitif de droit naturel. Cet empêchement n'est pas susceptible de dispense, puisqu'on ne peut en dispenser sans le préjudice du tiers.
Il ne cesse que par le consentement mutuel des parties, qui peuvent
réciproquement retirer leur parole, ou par la résiliation des fiançailles pour une des causes que nous avons exposées plus haut (2).
L'empêchement résultant d'une promesse de mariage n'ôte point
à ceux qui se sont mariés contre leur engagement l'obligation de
rendre, ou le pouvoir de demander le devoir conjugal. Il ne faut
pas confondre l'empêchement des fiançailles avec l'empêchement
d'honnêteté publique provenant de la même cause. Le premier,
quoique de droit naturel, n'est que prohibant, mais il s'étend à
tous; un fiancé ne peut licitement épouser que sa fiancée : le mariage lui est interdit à l'égard de toute autre personne. Le second
empêchement est dirimant, mais il ne l'est que de droit ecclésiastique, et ne s'étend qu'à ceux qui sont parents des fiancés au premier degré. Celui qui a fait une promesse de mariage ne peut
épouser validement ni la mère, ni la fille, ni la sœur de sa fiancée;
mais son mariage avec toute autre personne serait valide.

(1) Rituale Romanum, *de Matrimonio*. — (2) Voyez, ci-dessus, le n° 763.

## § V. *Du Vœu simple de Chasteté.*

**845.** Le vœu simple de chasteté, le vœu d'entrer en religion, ou de recevoir les Ordres sacrés, ou de ne pas se marier, forment un empêchement de mariage. S'il n'est pas permis de se marier contre une promesse faite aux hommes, il est encore moins permis de le faire en violant une promesse que l'on a faite à Dieu. Il y a cette différence entre un vœu simple et un vœu solennel de chasteté, que le premier n'est qu'un empêchement prohibant, tandis que le second est un empêchement dirimant. Mais l'Église pouvant faire cesser l'obligation d'un vœu, peut, par là même, faire cesser l'empêchement qui en résulte. En vertu du pouvoir *de lier et de délier* les consciences, l'Église peut dispenser des vœux. Ce pouvoir s'exerce par le Souverain Pontife, dans toute l'étendue de la chrétienté. Les évêques dispensent aussi, mais seulement dans leur diocèse, des vœux dont la dispense n'est point réservée au Pape. Le Pape seul peut, ordinairement, dispenser du vœu d'entrer en religion et du vœu de chasteté perpétuelle. Nous disons *ordinairement*; car l'évêque en dispense quand, dans un cas de nécessité urgente, il n'est pas facile de recourir à Rome, soit à raison de la distance des lieux, soit parce que le retard entraînerait le danger probable ou de la violation du vœu, ou d'un scandale, ou de diffamation pour la personne qui demande à être dispensée : « Epis-« copi, dit saint Alphonse de Liguori, et similem juridictionem « habentes possunt recte dispensare in votis (*vœux simples*) reser-« vatis, in urgenti necessitate, puta, si non sit facilis accessus ad « Papam, et in mora sit periculum gravis damni vel spiritualis, « prout violationis voti, scandali, rixarum, vel alius peccati, vel « periculum temporalis proprii aut alieni, nimirum gravis infamiæ « mulieris, et similium (1). » L'évêque peut d'ailleurs dispenser des vœux conditionnels, ou non parfaitement libres (2), ainsi que du vœu de ne pas se marier ou de recevoir le sous-diaconat.

Celui qui s'est marié avec un vœu de chasteté ou avec le vœu d'entrer en religion ne peut user du droit *petendi debiti conjugalis,* jusqu'à ce qu'il ait obtenu dispense, et il pèche chaque fois qu'il le demande ; mais il ne peut le refuser à son conjoint. Le mariage une fois contracté, la dispense dont il s'agit s'accorde par l'évêque (3).

---

(1) Lib. III. n° 258. — Voyez aussi Barboza, Suarez, Sylvestre, Palaus, Laymann, Sanchez, etc.— (2) Voyez le tome 1, n° 522.— (3) S. Alphonse de Liguori, lib. VI. n° 987. — Navarre, Sanchez, Suarez, Lessius, etc.

# CHAPITRE V.

*De la Dispense des Empêchements de Mariage.*

846. L'Église ne peut dispenser des empêchements qui sont de droit naturel et divin (1); mais elle a droit de dispenser de tous les empêchements de droit canonique : « Omnis res per quascumque « causas nascitur, per easdem dissolvitur. »

### ARTICLE I.

*A qui appartient-il de dispenser des Empêchements de Mariage ?*

847. Le Souverain Pontife étant le chef de l'Église universelle, peut accorder cette dispense toutes les fois qu'il le juge convenable; et ce pouvoir, pour ce qui concerne les empêchements dirimants, n'appartient en propre qu'à lui seul. De droit commun, les évêques ne peuvent régulièrement dispenser des empêchements de mariage. On se fonde principalement sur ce principe qui découle de la nature des choses; savoir, qu'un inférieur ne peut dispenser d'une loi portée par une autorité supérieure : « A lege non potest « dispensare nisi ille a quo lex autoritatem habet, vel is cui ipse « commiserit (2). » « Fas non est episcopis, dit Benoît XIV, removere « impedimenta dirimentia matrimonium, seu quemquam solvere « ab impedimento, quo detinetur, veniamque ei concedere ut, im-« pedimento non obstante, matrimonium contrahat; quoniam ejus-« modi impedimenta ortum habent aut a concilio generali, aut a « summis Pontificibus, *quorum decreta nequit inferior infringere*, « iisque ulla ratione contraire... Hanc potestatem (ordinariam dis-« pensandi in quibusdam impedimentis dirimentibus publicis), « communi fere calculo, doctores denegant episcopo. Quinimo sa-« cræ Urbis congregationes, concilii videlicet ac supremæ inquisi-« tionis, non semel proscripserunt, tanquam *falsam* et *temera-*

---

(1) Voyez le tome 1, n° 192, etc. — (2) S. Thomas, Sum. part. 12. quæst. 97. art. 4.

« *riam*, propositionem asserentem episcopo jus dispensandi super
« impedimento dirimente publico, quod obsistat matrimonio con-
« trahendo, etiamsi gravis urgeat illud contrahendi necessitas (1). »
C'est aussi la doctrine du concile provincial de Tours, de l'an 1583 :
« In quarto consanguinitatis et affinitatis, nec non cognationis spi-
« ritualis prohibitis gradibus, supra expressis, *episcopis dispensare*
« *non licere declaramus.* » Le concile provincial de Toulouse, de
l'an 1590, s'exprime dans le même sens. Quant aux usages particuliers en vertu desquels plusieurs évêques de France croyaient
pouvoir dispenser autrefois de certains empêchements publics, qu'ils
aient été légitimes ou non, nous ne pensons pas qu'on puisse les
invoquer aujourd'hui. Les droits, priviléges et prérogatives attachés aux anciens siéges de France, ont été supprimés par la bulle
de Pie VII, *Qui Christi*, du 29 novembre 1802. Elle porte : « Sup-
« primimus, annulamus et perpetuo extinguimus titulum, domina-
« tionem totumque statum præsentem ecclesiarum archiepiscopa-
« lium et episcopalium, una cum respectivis earum capitulis, *juri-
« bus, privilegiis et prærogativis cujuscumque generis* (2). »

848. Nous avons dit, *régulièrement ;* car : 1° pour ce qui regarde
les empêchements prohibants, l'évêque peut en dispenser de droit
ordinaire, si on excepte toutefois les empêchements qui proviennent, ou du défaut de consentement des parents, ou de la différence
de culte entre les catholiques et les hérétiques, ou des fiançailles
non résiliées, ou du vœu perpétuel de chasteté, ou du vœu d'entrer en religion.

849. 2° Quant aux empêchements dirimants, si on ne les découvre qu'après que le mariage a été contracté, on convient assez
généralement que l'évêque peut en dispenser, dans les cas qui réunissent les six conditions suivantes, savoir : 1° si le mariage est public et l'empêchement occulte ; 2° si le mariage a été célébré avec
les solennités prescrites ; 3° si les parties ou au moins l'une d'elles
ont contracté de bonne foi ; 4° si le mariage a été consommé ; 5° si
les époux ne peuvent se séparer sans scandale ou sans de graves
inconvénients ; 6° si on ne peut facilement recourir à Rome, soit à
raison de la distance des lieux, soit à raison du danger d'incontinence qui existe ordinairement, du moins pour ceux qui ne sont

---

(1) De Synodo diœcesana, lib. IX. cap. 2. — Lisez ce chapitre en entier. — Voyez aussi Cabassut, *Theoria et praxis juris canonici*, lib. III. cap. 27 ; le *Traité des Dispenses* de Collet, édition de M. Compans, etc. — (2) Voyez M. Compans, *ibidem*, tom. 1, etc.

pas très-avancés en âge. La réserve d'une dispense doit cesser lorsqu'elle ne peut être que préjudiciable aux fidèles, pour l'avantage desquels elle a été établie.

850. 3° L'évêque peut encore dispenser, même en faveur d'un mariage à contracter, d'un empêchement occulte provenant du crime ou d'un commerce illicite, lorsque la distance des lieux ne permettant pas de recourir à la sacrée Pénitencerie, le mariage ne peut être différé sans bruit, sans éclat, sans diffamation, sans scandale. Ce cas arriverait, comme il arrive quelquefois, si, tous les préparatifs du mariage étant faits, le jour étant pris, et les parents et amis invités, le curé venait à découvrir l'empêchement par la confession de l'un des fiancés. « Communissime doctores et pro« babilissime docent in eo casu posse episcopum dispensare..... « Dummodo vera urgeat necessitas, puta si alias immineat pericu« lum mortis, vel si matrimonium sit necessarium ad legitiman« das proles, vel ad vitandam fæminæ infamiam, aut alia damna; « vel si mulier nobilis, sive honesta, licet non nobilis, parata esset « nuptias tali die contrahere, et in confessione manifestaret impe« dimentum. » Ainsi s'exprime saint Alphonse de Liguori (1). On doit alors présumer que le Souverain Pontife consent à ce que l'évêque dispense. Autrement, la réserve tournerait au détriment des fidèles.

Mais que fera le confesseur, si le mariage est si pressant qu'on n'ait pas même assez de temps pour écrire à l'évêque? conseillera-t-il au pénitent de faire vœu de chasteté, afin d'obtenir par là que le mariage soit différé? Mais, outre que le plus souvent ce moyen n'est point praticable, il serait plus propre à aggraver qu'à diminuer les difficultés. Nous pensons que le confesseur, curé ou non, peut, d'après l'opinion assez probable de plusieurs docteurs, dispenser lui-même, ou plutôt déclarer que la loi cesse d'obliger dans le cas dont il s'agit. « Tunc alius inferior legislatore potest declarare « quod lex impedimenti cesset et non obliget, cum in eo casu, si « adhuc Pontifex vellet legem obligare, talis voluntas respiceret « malum, quia esset causa scandali, quod non est præsumen« dum (2). » Cependant, le mariage fait, il serait au moins prudent d'écrire à la sacrée Pénitencerie, afin d'en obtenir, *ad cautelam*,

---

(1) Lib. vi. n°ˢ 613 et 1122. — Voyez aussi Sanchez, Cabassut, Concina, Suarez, Sylvius, Barbosa, Sporer, etc — (2) Pignatelli, *Consultationes canonicæ*, tom. iii. consult. xxxiii. n° 5; l'ouvrage intitulé : *Istruzione per i novelli Confessori*, part. ii. n° 32; Roncaglia, etc. — Voyez aussi S. Alphonse, lib. vi. n° 613.

la dispense *a radice*, si toutefois on la regarde à Rome comme nécessaire dans le cas dont il s'agit.

851. 4° Nous croyons, pour la même raison, que l'évêque peut encore dispenser d'un empêchement occulte, lors même que le curé le découvrirait autrement que par la confession. On suppose toujours que l'empêchement est secret, et que le mariage, pour la célébration duquel tout est préparé, ne peut être différé sans de graves inconvénients. Mais que doit faire le curé, s'il n'a pas même lieu d'espérer que sa lettre puisse arriver à l'évêché avant l'heure fixée pour la cérémonie du mariage? Il fera comme dans le cas précédent. « Quod si aliquando nec etiam ad episcopum « aditus pateret, et nullo modo aliter vitari posset gravissimum « periculum infamiæ, aut scandali, posset parochus vel alius con- « fessarius declarare, quod lex impedimenti eo casu non obligat, « quia eadem ratio tunc urget, nempe quod cessat lex, quando « potius est nociva quam utilis (1). »

852. 5° Il est des docteurs qui pensent qu'un évêque peut dispenser même d'un empêchement public de sa nature, d'un empêchement de parenté, par exemple, ou d'affinité légitime, lorsque, tout étant prêt pour le mariage, on a lieu de craindre les mêmes inconvénients à peu près que lorsqu'il s'agit d'un empêchement occulte (2). Saint Alphonse dit que cette opinion peut à peine être suivie dans la pratique; parce que, l'empêchement étant public, la raison du scandale cesse, si les fiancés se désistent d'un tel mariage (3). Cependant, si on suppose la bonne foi dans les fiancés, relativement à l'empêchement, et que l'évêque, eu égard à certaines circonstances, ait lieu de craindre quelques désordres graves à raison du retard dans la célébration du mariage, nous croyons qu'il peut dispenser. Il y aurait encore moins de difficulté, si le mariage civil avait eu lieu avant que l'empêchement fût connu des parties contractantes, car elles ne peuvent plus, parmi nous, se désister. Mais quelle sera la conduite du curé dans le cas suivant? On ne découvre l'empêchement qu'au moment de la célébration du mariage, les fiancés étant déjà à l'église, ou étant sur le point de s'y rendre avec leurs parents. Le curé pourra-t-il les marier? Non, généralement parlant : on peut sans de graves inconvénients attendre la dispense de l'évêque. Pourra-t-il le faire, si, d'après la connaissance qu'il a de l'esprit du fiancé, il craint avec fonde-

---

(1) Roncaglia, cité par S. Alphonse, lib. vi. n° 613. — (2) Voyez Pignatelli, *Consultationes canonicæ*, tom. iii. etc. — (3) Lib. vi. n° 1122.

ment qu'il ne veuille s'en tenir au mariage purement civil, et ne rende malheureuse sa fiancée? Nous n'osons prononcer : pour cela même, nous n'oserions blâmer le curé qui, tout considéré, croirait pouvoir agir comme s'il avait obtenu une dispense que ni l'évêque ni le Souverain Pontife ne pourrait refuser. Il est certainement des circonstances où les lois les plus strictes cessent d'être obligatoires. Toutefois, le curé qui aura célébré le mariage, doit en référer à l'Ordinaire, afin que celui-ci juge dans sa sagesse s'il n'est pas à propos de solliciter une dispense *a radice*.

853. 6° Il nous paraît probable que l'évêque peut dispenser d'un empêchement dirimant, en faveur des personnes mariées civilement, lorsque l'une d'elles est dangereusement malade, et que l'on ne peut, à raison de la distance des lieux, recourir au saint-siége. Cette opinion devient plus probable encore, s'il y a des enfants à légitimer aux yeux de l'Église(1). Mais, à défaut de dispense de la part du Souverain Pontife ou de l'évêque, le curé ne peut les marier; le malade peut recevoir l'absolution sans recevoir le sacrement de mariage; il suffit qu'il désavoue, en présence de quelques personnes, le scandale qu'il a commis, promettant de faire ce qui dépendra de lui, s'il revient en santé, pour régulariser son mariage.

854. 7° L'évêque peut, de l'aveu de tous, dispenser d'un empêchement douteux, soit qu'il s'agisse d'un doute de droit, soit que le doute porte sur le fait. Ce doute existant, le curé doit recourir à l'Ordinaire, afin d'obtenir la dispense. Mais que fera le curé si le temps ne lui permet pas d'écrire à l'évêque? Ou le mariage peut être différé sans de graves inconvénients, ou il ne le peut pas. Dans le premier cas, il ne mariera point avant d'avoir obtenu dispense. Dans le second, nous pensons qu'il peut marier. On doit alors présumer que l'évêque ou le Souverain Pontife lèvera l'obstacle, s'il y a lieu, à la célébration du mariage. La crainte plus ou moins fondée que les parties déjà mariées civilement ne s'en tinssent à l'acte purement civil, si on différait de les marier à la face de l'Église, serait suffisante, à notre avis, pour autoriser le curé à célébrer le mariage. Notre Code civil n'étant plus d'accord avec le Code ecclésiastique, les curés, ni les évêques, ne peuvent plus, parmi nous, faire observer à la lettre les lois canoniques concernant les dispenses matrimoniales. Souvent le curé,

---

(1) Voyez *Moralis explicatio* Thomæ Tamburini, lib. VIII. tract. II. cap. 4 ; Reiffenstuel, Theol. Moral., tract. XIV. De Sacramentis, dist. XIV. quæst. v, etc.

ne pouvant recourir à l'évêque, ni l'évêque au Souverain Pontife, se voient comme forcés l'un ou l'autre de prendre le parti qui offre le moins d'inconvénients dans l'ordre moral, de deux maux de choisir le moindre. Dans l'état actuel des choses, vu surtout l'affaiblissement de la foi, cette même nécessité qui, au jugement des canonistes, fait cesser, en certain cas, la réserve de la dispense d'un empêchement, se rencontre, en France, plus souvent aujourd'hui qu'autrefois. Aussi, le Souverain Pontife accorde facilement aux évêques français la faculté de dispenser de plusieurs empêchements dirimants, même publics.

855. L'indult qu'un évêque obtient de Rome pour pouvoir dispenser des empêchements de mariage, n'est que pour un temps ; et on doit suivre de point en point toutes les formalités qui y sont prescrites. Il n'expire point par la mort du Souverain Pontife, *sedes non moritur ;* mais il expire par la mort de l'évêque qui l'a reçu.

Quand les contractants sont de deux diocèses, suffit-il qu'un des deux évêques dispense? C'est une question controversée parmi les canonistes. Les uns soutiennent que la dispense des deux évêques est nécessaire ; les autres pensent que la dispense de l'un ou de l'autre suffit. Ce dernier sentiment nous paraît plus probable que le premier ; du moins lorsque le mariage se fait dans le diocèse de l'évêque qui accorde la dispense. La raison, c'est qu'on ne peut dispenser une des parties, sans dispenser l'autre indirectement : la dispense qu'un évêque donne à son diocésain le rend habile à contracter avec celui d'un autre diocèse, elle lève l'obstacle, l'*obex* qui existait à leur mariage (1). Cependant, comme le premier sentiment semble avoir prévalu parmi nous, il est prudent de le suivre dans la pratique.

### ARTICLE II.

*Des Causes qui rendent légitimes les Dispenses des Empêchements de Mariage.*

856. On ne dispense pas sans cause ; mais c'est à celui qui a droit de dispenser des empêchements à juger si les causes qu'on met en avant pour obtenir une dispense sont suffisantes. Les principales

---

(1) D'Argentré, *Explication des Sacrements*, tome III, etc. — Voyez aussi S. Alphonse de Liguori, lib. VI. n° 1142.

causes de dispense sont : 1° *Angustia loci,* la petitesse du lieu. Lorsque la paroisse de la fille est trop peu considérable pour qu'elle trouve à s'y marier convenablement, l'Église se prête à faciliter son mariage. Il y a petitesse de lieu, lorsque l'endroit où demeure la fille n'a pas plus de trois cents feux. 2° *Incompetentia dotis*, le défaut ou la modicité de la dot. Il vaut mieux permettre à une fille d'épouser un parent ou un allié qui consent à la prendre avec ce qu'elle a, que de l'exposer à vivre dans le célibat, auquel elle ne se croit pas appelée, ou à se marier avec un homme qui est d'une condition inférieure. 3° *Bonum pacis*, le bien de la paix. Quand on espère qu'un mariage pourra faire cesser des procès, des inimitiés qui divisent deux familles, l'Église, toujours attentive à maintenir la paix entre ses enfants, favorise ces alliances, en accordant les dispenses nécessaires pour les contracter. 4° *Ætas puellæ*, l'âge de la demoiselle. Lorsque celle qui a atteint l'âge de vingt-quatre ans accomplis n'a pas trouvé à se marier hors de sa famille, on juge que c'est le cas d'user d'indulgence et de lui faciliter, par la dispense, le mariage avec un parent ou un allié. 5° *Vidua filiis gravata*, la position d'une veuve qui a besoin d'épouser un parent ou un allié, pour pourvoir à l'éducation de ses enfants. 5° *Periculum seductionis*, le danger de séduction pour l'erreur. Ainsi, dans les pays où il y a un grand nombre d'hérétiques ou d'infidèles, on facilite le mariage des catholiques entre eux, en leur accordant des dispenses de parenté ou d'affinité, afin qu'ils ne soient pas dans la nécessité de se marier avec ceux qui n'ont pas la vraie foi. 7° *Conservatio bonorum in eadem illustri familia*, la conservation des biens dans une famille illustre ou importante. Il est utile que les grandes familles se soutiennent dans la splendeur qui leur convient. 8° *Excellentia meritorum*, les services qu'une maison a rendus ou qu'elle est disposée à rendre à l'Église. 9° *Copula cum consanguinea vel affine consummata*. Lorsque les parties ont eu commerce ensemble, l'Église consent à dispenser, pour remédier à leur honneur, ou pourvoir à l'état de l'enfant né ou à naître par un mariage légitime. 10° *Nimia partium familiaritas ;* ce qui a lieu lorsque les parties, sans en être venues jusqu'au crime, ont vécu dans une familiarité qui a donné lieu à de mauvais soupçons, à des bruits fâcheux ; de sorte que si le mariage entre elles n'avait pas lieu, la fille courrait risque de ne pouvoir se marier convenablement. 11° *Matrimonium jam contractum*. Quand les parties ont contracté avec un empêchement dirimant, si on ne peut les séparer sans de graves inconvénients, sans faire tort aux enfants ou sans occasionner du scandale. La séparation des parties contractantes devient moralement impossible, parmi nous, toutes les fois qu'elles sont mariées civilement. A ces différentes causes et autres qui s'y rapportent, il faut ajouter la crainte fondée que les parties ne s'en tiennent à l'acte civil; ce qui n'arrive que trop souvent.

857. Quelques-unes de ces causes, prises isolément, ne suffisent pas pour obtenir la dispense, tandis qu'elles sont suffisantes lorsqu'elles se trouvent réunies. Il en est qui déterminent par elles-mêmes à accorder la dispense de tel ou tel empêchement, qui ne déterminent pas à accorder la dispense de tel autre. Ainsi, par exemple, il faut de plus fortes raisons pour dispenser le neveu qui veut épouser sa tante, que pour dispenser l'oncle qui veut épouser sa nièce; de plus fortes encore pour dispenser celui qui désire de se marier avec sa belle-sœur, que pour dispenser celui qui désire de se marier avec sa cousine germaine, et ainsi de suite, selon que le degré de parenté ou d'affinité est plus ou moins éloigné de la souche commune.

### ARTICLE III.

*Des Tribunaux auxquels il faut s'adresser pour obtenir Dispense des Empêchements de Mariage.*

858. Il y a à Rome deux tribunaux établis pour accorder les dispenses de mariage : l'un, appelé la *Daterie*, dont les actes sont pour le for extérieur et le for intérieur; l'autre, qu'on appelle la *Pénitencerie*, qui dispense pour le for intérieur seulement. On s'adresse à la Daterie pour solliciter la dispense des empêchements publics ou dont on peut fournir la preuve sans scandale et sans diffamation pour aucun des suppliants : tels sont les empêchements qui proviennent du vœu solennel, des Ordres sacrés, de la parenté naturelle, spirituelle, ou légale; de l'affinité légitime, de l'honnêteté publique, à moins que les fiançailles d'où elle résulte ne soient clandestines et secrètes; de la disparité de culte et de la clandestinité.

859. On a recours à la sacrée Pénitencerie pour la dispense des empêchements occultes, savoir : de l'empêchement du crime, soit qu'il vienne de l'adultère seul, soit qu'il vienne de l'homicide seul, soit qu'il vienne de l'adultère et de l'homicide réunis. Elle dispense également de l'empêchement d'affinité qui doit son origine à un commerce illicite. Elle dispense encore de l'honnêteté, quand les fiançailles qui l'ont fait naître sont occultes. C'est encore à la Péni-

tencerie qu'on s'adresse, quand le mariage est contracté, pour obtenir dispense d'un empêchement secret de consanguinité ou d'affinité légitime au quatrième et au troisième degré; et non au premier ni au second degré, si ce n'est, pour le second degré, lorsque l'empêchement est demeuré inconnu au moins pendant dix ans, les parties ayant contracté publiquement, et passant pour être mariées légitimement. On a pareillement recours au même tribunal pour la dispense au troisième et au quatrième degré, à l'effet de revalider un mariage fait d'après une dispense subreptice ou obreptice, obtenue précédemment de la Daterie, quoiqu'il n'y ait pas dix ans que le mariage ait été contracté. Il y a néanmoins une exception contre ceux qui, pour avoir plus facilement dispense dans ces degrés, ont avancé faussement, dans leur supplique, qu'ils avaient eu ensemble un mauvais commerce. On doit alors s'adresser de nouveau au tribunal dont on a surpris la religion (1). Enfin, la Pénitencerie dispense de l'empêchement prohibant du vœu simple de chasteté perpétuelle, et du vœu d'entrer en religion, tandis que ces vœux demeurent occultes.

860. Il s'agit des empêchements secrets, car la Pénitencerie n'accorde jamais la dispense d'un empêchement public ou notoire de *droit* ou de *fait*. Mais quand l'empêchement cesse-t-il d'être secret ou occulte? quand devient-il public? Il est censé public lorsqu'il est connu d'un certain nombre de personnes sur la discrétion desquelles on ne peut compter. On dit bien communément qu'un fait qui n'est connu que de quatre ou cinq personnes est encore occulte; mais il faut nécessairement avoir égard au caractère des personnes qui ont connaissance de ce fait; car un fait qui n'est connu que de deux ou trois personnes quelconques, peut être plus exposé à devenir public que s'il était connu de cinq ou six personnes qui passent pour être très-discrètes. Il est important de remarquer aussi que, pour qu'un empêchement soit censé notoire, il suffit que le crime ou le fait qui lui a donné naissance soit connu ou puisse facilement être connu du public, lors même que, par ignorance du droit, l'empêchement serait ignoré de ceux qui ont connaissance du fait. Il suffirait, par exemple, que le commerce illicite qui produit l'affinité fût public, pour que la Pénitencerie ne pût en dispenser; il n'est pas nécessaire qu'on sache qu'il en résulte un empêchement dirimant (2). Si l'empêchement qui paraît

---

(1) Benoît XIV, Institutiones ecclesiasticæ, institut. 87. — (2) Benoît XIV, ibidem; les Conférences d'Angers, sur le Mariage, conf. XIII. quest. 4.

aujourd'hui tout à fait occulte, avait été public autrefois, ou si, étant occulte dans l'endroit où demeure actuellement le suppliant, il était connu ailleurs, il faudrait le déclarer dans la supplique, afin de prévenir toute difficulté (1).

861. Les dispenses sont gratuites, mais il y a des frais d'expédition; la Daterie exige en outre, de ceux qui ont de quoi la payer, une rétribution, une aumône proportionnée à la fortune de ceux qui demandent la dispense. Cette rétribution est employée tant à l'entretien des bureaux, que le saint-siége ne pourrait soutenir sans le secours des fidèles, pour lesquels ils sont établis, qu'à fournir aux dépenses qu'on fait pour les missions étrangères, ou autres bonnes œuvres dont le Souverain Pontife est chargé, et qui intéressent toute l'Église.

### ARTICLE IV.

*De la Manière de solliciter les dispenses des Empêchements de Mariage.*

862. Quand on a recours à la Daterie, on écrit au Souverain Pontife; si on s'adresse à la Pénitencerie, la demande se fait directement au grand pénitencier. La supplique qui s'adresse au Pape doit exprimer les noms et surnoms des parties, avec l'indication de leur diocèse et de leur domicile. Il en est autrement quand on écrit à la Pénitencerie : on ne doit faire connaître ni les noms, ni le domicile, ni le diocèse des suppliants; on rédige la supplique sous des noms supposés. Mais il faut avoir soin de donner exactement l'adresse de celui à qui le bref doit être envoyé, en indiquant ses noms, ses qualités et l'endroit où il demeure. On peut demander la dispense d'un empêchement secret à l'insu de ceux qui en ont besoin; c'est même le parti qu'il faut prendre quand on découvre que tel mariage est nul par suite d'un empêchement secret, qu'on ne peut prudemment faire connaître aux époux, avant d'en avoir obtenu dispense. Il n'est pas nécessaire non plus, lorsqu'on sollicite la dispense d'un empêchement public, que les deux parties en fassent la demande au Pape; il suffit que l'une écrive pour les deux. Il en est de même quand on s'adresse à l'évêque, et que les parties sont du même diocèse : si elles sont de différents diocèses, c'est l'usage que chacune ait recours à son évêque.

863. Autrefois, les curés ou les parties adressaient leur supplique

(1) Benoît XIV, Institutiones ecclesiasticæ, institut. 87.

directement à Rome, pour obtenir dispense même d'un empêchement public. Aujourd'hui, il est assez généralement établi, du moins parmi nous, ou de faire rédiger la supplique à la chancellerie de l'évêché, ou de la faire viser par l'évêque. Pour les empêchements secrets, les curés ou les confesseurs peuvent encore adresser leur supplique directement à la Pénitencerie. Mais il y a plus de sûreté et de facilité pour eux de l'adresser à l'évêché : on évite ordinairement des frais, et on est moins exposé à faire des suppliques nulles. D'ailleurs, il peut arriver que l'évêque ait la faculté, de droit ordinaire ou par indult, de dispenser de l'empêchement, ce qui abrégerait le temps et diminuerait la dépense. S'il n'a pas cette faculté, il aura lui-même recours à Rome. Cependant, si le confesseur avait lieu de craindre, eu égard aux circonstances, de porter indirectement la moindre atteinte au sceau de la confession en écrivant à l'évêché, il devrait alors recourir directement au grand pénitencier, à moins qu'il n'eût obtenu du pénitent la permission expresse de s'adresser d'abord à l'évêque.

864. Pour qu'une dispense soit valide, il ne suffit pas qu'elle ait été accordée par celui qui a le pouvoir de dispenser : elle peut être nulle comme *obreptice* ou comme *subreptice*. La dispense obreptice est celle qu'on a obtenue sur un faux exposé, soit par rapport au fait, qu'on n'a pas représenté d'une manière conforme à la vérité ; soit par rapport aux raisons, qu'on a faussement alléguées. La dispense est subreptice, lorsqu'on tait dans la supplique ce qui, suivant le style de la cour romaine, doit être exprimé sous peine de nullité. Pour que la dispense soit nulle comme subreptice ou comme obreptice, il est nécessaire que la réticence ou le faux exposé soit la cause finale et déterminante de la dispense. Elle ne serait point viciée, si le silence ou l'erreur n'en était que la cause impulsive (1). On excepte le cas où les suppliants auraient agi de mauvaise foi. La dispense serait encore valide, si on exposait plusieurs causes, dont les unes seraient fausses et les autres vraies, pourvu toutefois que celles-ci fussent suffisantes pour légitimer la dispense (2). Dans le doute si une dispense est subreptice ou obreptice, nulle ou valide, S. Alphonse pense qu'on doit se déclarer pour la validité (3). Quoi qu'il en soit, nous croyons que l'évêque peut alors dispenser les parties de recourir à Rome.

865. Voici les circonstances qu'on doit déclarer dans la suppli-

---

(1) S. Alphonse de Liguori, lib. I. n° 185. — (2) Ibidem. — (3) Ibidem, et lib. VI. n° 1133. — Voyez aussi Sanchez, de Matrimonio, etc.

que, pour que la dispense ne soit point subreptice : 1° On doit faire connaître, pour les empêchements publics, les noms et les surnoms des suppliants, ainsi que le diocèse ou les diocèses auxquels ils appartiennent. Cependant, il est plus probable que l'erreur quant au nom, ou au surnom, ou au diocèse des impétrants, ne nuit point à la validité de la dispense, quand il conste de la personne en faveur de laquelle le rescrit a été obtenu (1). 2° Si on demande dispense à cause de la petitesse du lieu où demeure la fille, il faut dire le nom de l'endroit où elle a son domicile. 3° On doit indiquer exactement l'espèce d'empêchement dont on demande dispense, sans confondre ni la parenté avec l'affinité, ni l'affinité avec l'honnêteté publique, ni la parenté naturelle, *consanguinitatis*, avec la parenté spirituelle ou légale : autrement la dispense serait nulle.

4° Pour l'empêchement de consanguinité, il faut dire s'il est en ligne directe ou collatérale, et à quel degré. Si les parties ne sont pas parentes aux mêmes degrés, on exprime le degré le plus proche et le plus éloigné, et on nomme toujours l'homme le premier, quoique cela ne soit point nécessaire sous peine de nullité. Il en est de même quand il s'agit d'un empêchement d'affinité. Mais est-il nécessaire à la validité, pour l'empêchement soit de consanguinité, soit d'affinité, d'exprimer toujours le degré le plus proche? Les uns pensent que la dispense ne serait pas nulle, si on ne l'avait pas exprimé; mais le pape Benoît XIV, dans un bref du 30 septembre 1755, a déclaré que le mariage serait illicite, et même invalide, si l'une des parties était au premier ou au second degré de consanguinité ou d'affinité (2). Les curés qui s'adressent à l'évêque n'omettront jamais de faire connaître à quel degré se trouvent l'une et l'autre partie; car l'évêque, qui peut, en vertu d'un indult, dispenser, par exemple, de l'empêchement du troisième degré, ne peut pas pour cela dispenser du deuxième au troisième. On doit exprimer pareillement si c'est l'homme ou la femme qui se trouve au degré le plus rapproché de la souche; car on dispense plus difficilement le neveu qui veut épouser sa tante, que l'oncle qui veut épouser sa nièce. La dispense serait-elle nulle si, au lieu d'indiquer le vrai degré de parenté ou d'affinité, qui est, on le suppose, le quatrième degré, on indiquait le troisième par erreur? La dispense serait valide : celui qui est dispensé du troisième degré, l'est pour ainsi dire, à plus forte raison, du quatrième; celui qui peut plus

---

(1) Voyez Sanchez, Laymann, Barbosa, les Conférences d'Angers, Mgr Bouvier, etc. — (2) Voyez S. Alphonse, lib. vi. n° 1136.

peut moins dans le même genre. Il en serait autrement, si on avait obtenu la dispense du quatrième au lieu du troisième degré. Si l'empêchement de parenté ou d'affinité est double, on doit encore le déclarer dans la supplique.

866. 5° Pour ce qui regarde la parenté spirituelle, il faut dire comment on l'a contractée : si c'est ou pour avoir baptisé son futur conjoint, ou pour l'avoir tenu sur les fonts baptismaux, ou pour avoir été parrain de l'un de ses enfants. Si cet empêchement est double, ce qui arrive quand les futurs ont tenu sur les fonts les enfants les uns des autres, il faut en faire mention. 6° Pour l'affinité, on dira si elle est légitime ou illégitime, si elle vient d'un commerce licite ou illicite. 7° Il faut exposer tous les empêchements qui forment obstacle au mariage. Si l'un est public et l'autre occulte, on écrit et à la Daterie et à la Pénitencerie; mais on n'exprime que l'empêchement public dans la supplique pour la Daterie, sans parler de l'empêchement occulte; tandis que dans la demande faite à la Pénitencerie, on expose l'empêchement occulte et l'empêchement public, ajoutant qu'on s'est adressé à la Daterie pour ce second empêchement. 8° Sur l'empêchement d'honnêteté publique, on dira d'où il provient, si c'est des fiançailles ou d'un mariage non consommé. 9° Pour l'empêchement du crime, on fera connaître s'il y a eu conspiration pour le meurtre. 10° Lorsque deux personnes parentes ou alliées, quelle que soit la parenté ou l'affinité, ont eu commerce ensemble, il faut le déclarer dans la supplique, ajoutant, si cela est, que l'inceste a été commis afin d'obtenir plus facilement la dispense. Mais il n'est pas nécessaire de dire si le crime a été commis plusieurs fois. Quand l'inceste n'a lieu qu'après la demande de la dispense, mais avant la fulmination, la dispense est nulle, et il faut recourir à Rome pour en demander la validation, à moins que l'évêque n'ait reçu le pouvoir d'accorder le *perinde valere*. Mais si l'inceste, ayant été commis avant la demande, a été mentionné dans la supplique, la rechute n'annule point la dispense. 11° Quand on demande dispense pour des personnes mariées, il faut dire si les parties ont contracté de bonne ou de mauvaise foi ; si elles ont passé le contrat civil pour obtenir plus facilement dispense; si le mariage a été consommé. 12° La dispense obtenue *in forma pauperum* est nulle, lorsque ceux qui l'ont sollicitée n'étaient point véritablement pauvres, et qu'ils ont surpris la religion de leur curé, de l'évêque et du Souverain Pontife. On ne regarde comme pauvres que ceux qui sont réduits à vivre de leur travail et de leur industrie. C'est ainsi qu'ils sont représentés dans la sup-

plique : *Oratores pauperes et miserabiles existunt, et ex labore et industria sua tantum vivunt.* Toutefois, il ne faut pas prendre trop à la rigueur les mots *pauperes et miserabiles*. On met au nombre des pauvres même ceux qui ont quelque revenu, lorsque ce revenu n'est pas suffisant pour les faire subsister, et soutenir les charges du mariage sans leur travail et leur industrie. Mais on fait connaître approximativement leurs ressources, au moyen de quoi ils peuvent obtenir la dispense *in forma pauperum*, en payant une rétribution assez modique.

### ARTICLE V.

*De l'Exécution des Rescrits de la Daterie et de la Pénitencerie.*

867. Ceux qui sont chargés de l'exécution des brefs de dispense doivent s'assurer, autant que possible, de la vérité des faits et des motifs énoncés dans la supplique; autrement, ils s'exposeraient au danger d'appliquer une dispense nulle, et de rendre le mariage invalide. Ils s'en tiendront aussi aux termes du rescrit, afin de prévenir toute difficulté. Le bref de la Daterie est pour le for extérieur, et s'exécute par l'official ou le vicaire général qui en remplit les fonctions. Celui de la Pénitencerie ne regarde que le for intérieur, et ne s'exécute qu'au tribunal de la pénitence, par un confesseur réunissant les qualités exprimées dans le rescrit.

Ordinairement c'est à l'official du diocèse de la femme, lorsque les parties sont de différents diocèses, que le bref de la Daterie est adressé. C'est donc à lui à le fulminer ou à le mettre à exécution. On appelle *fulmination* la sentence de l'official qui prononce que la dispense doit avoir son effet. Si cependant le bref était adressé à l'official du diocèse de l'autre partie, ce serait lui qui devrait l'exécuter. Le rescrit de la dispense renferme la clause suivante : « Discretioni tuæ... mandamus, quatenus... *te de præmissis diligenter informes; et si per informationem eamdem preces veritate niti repereris*, super quo *conscientiam tuam oneramus.* » C'est donc une obligation grave pour l'official d'informer si les faits et les motifs contenus dans la supplique étaient vrais au moment où elle a été rédigée, et s'ils ne sont point devenus faux depuis. Les causes qu'on a mises en avant lorsqu'on a demandé la dispense peuvent n'être plus vraies : par exemple, une fille a sollicité une dispense de l'empêchement de consanguinité ou d'affinité, par le motif qu'elle était pauvre et qu'elle trouverait difficilement, faute de dot, à se marier avec un autre que son parent ou son allié. Avant que la dispense soit fulminée, il survient à cette fille un honnête entretien. Les choses étant changées, l'official ne peut plus entériner ou fulminer la dispense : l'exposé sur lequel elle est fondée n'existe plus. Mais il en serait autrement, si la succession n'était échue à la future qu'après la fulmination : la dispense une fois accordée validement doit avoir son effet. Si, par suite de l'information ou de l'enquête qu'il a faite lui-même, ou qu'il a fait faire par le curé des parties ou par tout autre ecclésiastique, l'official reconnaît que la supplique a été subreptice ou obreptice, il ne pourra donner suite au rescrit. Il faudra, par conséquent, recourir à Rome ou à l'évêque, si celui-ci a reçu du Pape le pouvoir d'accorder le *perinde valere*.

868. Les curés ou autres ecclésiastiques qui auront reçu de l'official la commission d'informer, suivront les instructions qui leur seront données à ce sujet ; et ils feront comprendre aux parties, à leurs parents et aux témoins qui seront appelés, la nécessité de dire en tout la vérité, sans exagération et sans réticence.

Si l'official fulminait sans avoir informé préalablement, la dispense serait-elle nulle par le fait ? Rien n'annonce que l'information soit prescrite sous peine de nullité : la dispense serait donc valide, si d'ailleurs elle n'était subreptice ou obreptice ; mais l'official pécherait gravement. Cependant, il serait excusable, dans le cas où l'on aurait lieu de croire, eu égard aux circonstances et au caractère des parties impétrantes, qu'il n'y a pas d'obstacle à la fulmination, si d'ailleurs le mariage était si pressant qu'on ne pût, sans de graves inconvénients, remplir les formalités d'usage pour l'information.

869. Pour ce qui regarde le bref de la Pénitencerie, le ministère du confesseur est renfermé dans le tribunal de la réconciliation : il ne peut juger que sur la déclaration de la partie intéressée ; mais il doit lui faire toutes les interrogations qu'il jugera nécessaires pour s'assurer de la vérité de la cause de la dispense : le bref porte : *Si ita est*. Si la supplique lui paraît subreptice ou obreptice, il ne peut dispenser. Il doit d'ailleurs bien faire attention aux autres clauses du rescrit. Si le bref est adressé à un docteur en théologie ou en droit, il ne peut être exécuté que par celui qui en a reçu le titre dans une université canoniquement établie. Certains religieux, cependant, peuvent le mettre à exécution sans être gradués. S'il est à l'adresse d'un simple confesseur, *simplici confessori* ou *discreto viro ex approbatis*, tout confesseur approuvé peut

l'entériner, et il est libre à l'impétrant de choisir un confesseur à volonté, parmi les prêtres approuvés pour la confession. Si le confesseur dont il a fait choix n'accepte pas la commission, l'impétrant peut s'adresser à un autre. Mais le pourra-t-il, si le premier auquel il s'est adressé ne refuse d'exécuter le bref qu'après l'avoir ouvert? Les uns pensent que oui, les autres pensent que non : dans ce doute, l'évêque peut trancher la difficulté.

870. Parmi les principales clauses du rescrit, on remarque les suivantes : 1° *Audita sacramentali confessione*. Il est donc nécessaire que celui en faveur duquel le bref est accordé se confesse, pour pouvoir être dispensé; cependant il peut l'être sans avoir reçu l'absolution, lorsqu'il y a nécessité d'accélérer la dispense. D'ailleurs, une confession nulle et même sacrilége ne rend point la dispense nulle : ainsi l'a déclaré la sacrée Pénitencerie (1). 2° *Sublata occasione peccandi*. Le confesseur n'accordera donc point la dispense à celui qui ne veut pas quitter l'occasion du péché, c'est-à-dire, l'occasion *volontaire* et *prochaine* de retomber dans le péché au sujet duquel il a besoin d'être dispensé. Cependant, si le confesseur voit dans le pénitent des marques d'un véritable amendement, s'il a lieu de juger qu'il est sincèrement touché de ses fautes, et que le mariage mettra fin à ses désordres, soit parce qu'il va épouser la personne avec laquelle il a péché, soit parce qu'il y a lieu d'espérer que le mariage fera cesser ses inclinations vicieuses, il peut l'absoudre et le dispenser (2). 3° *Ab incestu et excessibus hujusmodi absolvas*. Si, dans le diocèse du pénitent, l'inceste était réservé même avec censure, un prêtre, quoique non approuvé pour les cas réservés, pourrait en absoudre : le saint-siége lui donne ce pouvoir pour l'exécution de la dispense. 4° *Injuncta ei gravi pœnitentia salutari*. Le confesseur aura toutefois égard à l'âge, à la santé, à l'état et aux dispositions du pénitent. Quant à la durée de la pénitence, si elle n'était pas déterminée par le bref, le confesseur la déterminera lui-même. 5° *Dummodo impedimentum occultum sit*. La Pénitencerie ne dispense pas des empêchements publics. Si donc l'empêchement qui était occulte, lorsqu'on en a demandé la dispense, est devenu depuis notoire, d'une notoriété de *droit* ou de *fait*, le confesseur ne peut plus faire usage du bref de la Pénitencerie. 6° *Et aliud canonicum im-*

---

(1) Voyez Mgr Bouvier, *de Matrimonio*; Compans, *Traité des Dispenses*; Marc-Paul Léon, etc. — (2) Conférences d'Angers, Conférences de Paris, Instructions sur le Rituel de Toulon, etc.

*pedimentum non obstet.* Le confesseur a encore les mains liées et ne peut dispenser, lorsqu'il découvre un autre empêchement occulte ou public : il faut recourir à Rome.

871. Lorsque le confesseur, ayant rempli toutes les conditions prescrites, croit pouvoir exécuter le bref, il accorde la dispense, en se servant de la formule suivante : « Auctoritate apostolica mihi « concessa, dispenso tecum super impedimento (*primi* vel *secundi* « vel *primi et secundi gradus affinitatis*), quod incurristi, ut, « præfato impedimento non obstante, matrimonium incœptum « (vel initum) perficere valeas. In nomine Patris, etc. » S'il y a des enfants à légitimer, il ajoutera : « Insuper eadem auctoritate apo- « stolica prolem susceptam (vel suscipiendam) legitimam fore nun- « tio et declaro. In nomine Patris, etc. » Toutefois, ni ces formules ni autres formules semblables, qu'on trouve dans les Rituels, ne sont prescrites sous peine de nullité.

Aussitôt que le bref de la Pénitencerie a reçu son exécution, le confesseur est obligé de le lacérer, de le déchirer, de manière à ce qu'il soit impossible d'en connaître le contenu. Il y est tenu sous peine d'une excommunication majeure à encourir par le fait, *ipso facto.* S'il avait la témérité de le rendre à l'impétrant, celui-ci ne pourrait jamais s'en servir, au for extérieur. Cependant, la dispense accordée subsisterait toujours, elle ne devient pas nulle par la remise du bref.

872. Ce que nous avons dit des règles à suivre, soit pour obtenir, soit pour exécuter les brefs de la Daterie et de la Pénitencerie, s'applique généralement aux lettres de dispense que l'évêque accorde, en vertu d'un indult apostolique, et pour le for extérieur, et pour le for intérieur. Les curés et les confesseurs y feront attention; ils ne peuvent appliquer la dispense qu'après s'être assurés, autant que possible, que les faits et les motifs sont véritablement tels qu'on les a exposés dans la supplique. En accordant à un évêque le pouvoir de dispenser des empêchements de mariage, le Souverain Pontife ne le dispense point de l'observation des règles de la Chancellerie ou de la Pénitencerie romaine.

Quant aux dispenses que les évêques accordent en certains cas, de droit ordinaire, *jure ordinario*, ils ne sont point astreints aux règles ordinaires; ils peuvent même dispenser de vive voix : ce qu'ils ne doivent faire cependant que lorsque la nécessité est si pressante, qu'elle ne leur permet pas d'employer les formalités d'usage.

# CHAPITRE VI.

## *De la Réhabilitation des Mariages nuls.*

873. Le mariage peut être nul, ou par défaut de consentement, ou par suite d'un empêchement dirimant qui rend les parties inhabiles à contracter, ou pour n'avoir pas été célébré en présence du curé. Premièrement, si le mariage est nul par défaut de consentement intérieur des deux parties, elles doivent l'une et l'autre renouveler leur consentement. Mais s'il se trouve nul par le défaut de consentement d'une seule partie, il suffit que la partie qui n'a pas consenti donne son consentement, en se soumettant intérieurement aux obligations que le mariage lui impose. Le consentement de l'autre partie n'étant point révoqué, les deux volontés s'unissent et ne laissent plus rien à désirer pour la validité du contrat. Il en est de même pour le cas où l'une des parties n'aurait consenti que sous l'impression d'une crainte grave et injuste : si elle renouvelle son consentement, le mariage devient valide. « Suf-« ficit consensus partis metum passæ vel fictè consentientis, ex-« pressus per copulam conjugalem, vel per cohabitationem, una « cum consensu alterius prius dato, ad faciendum validum matri-« monium (1). » D'après ce sentiment, qui est certainement le plus commun, et qui nous paraît beaucoup plus probable que le sentiment contraire, il n'est point nécessaire que la partie qui a vraiment consenti dans le principe soit avertie de la nullité du mariage. Par conséquent, dans le cas dont il s'agit, le mariage se réhabilite sans la présence du curé, sans aucune cérémonie; ainsi que l'a déclaré le pape saint Pie V. On suppose que le mariage a été contracté en face de l'Église. Toutes les fois que le mariage a été célébré en présence du curé et des témoins, si la nullité ne vient que d'un défaut ou d'un empêchement occulte, la revalidation peut s'opérer sans le ministère du prêtre (2). Cependant,

---

(1) S. Alphonse de Liguori, lib. vi. n° 1114; S. Thomas, S. Bonaventure, S. Antonin, Navarre, Sanchez, Bonacina, Soto, Sylvius, Laymann, Billuart, Collet, Mgr Devie, le Rédacteur des Conférences d'Angers, la Théologie de Périgueux. — (2) Voyez S. Alphonse, lib. vi. n° 1114; Benoît XIV, institut. 87; Sanchez, Collet, les Conférences d'Angers, etc.

quand la nullité est connue des deux parties, on les exhorte à recevoir la bénédiction nuptiale; mais on ne les y oblige pas, on n'insiste pas. Et, si elles consentent à la recevoir, le prêtre la leur donne sans témoins.

874. Secondement, si le mariage est nul pour avoir été contracté avec un empêchement occulte, il faut beaucoup de prudence de la part du confesseur qui découvre cet empêchement. Ou les deux parties ignorent l'empêchement, ou il est connu de l'une et de l'autre partie, ou il n'est connu que d'une seule. Dans le premier cas, le confesseur ne les avertira point sans avoir consulté l'évêque, auquel il exposera le fait avec toutes ses circonstances. Si, eu égard aux dispositions et aux sentiments des deux parties, l'évêque juge qu'on peut, sans danger, les avertir de l'invalidité de leur mariage, il donnera ses instructions au confesseur, en lui envoyant la dispense de l'empêchement, soit qu'il l'accorde de droit ordinaire, soit qu'il l'accorde en vertu d'un indult apostolique, soit qu'il l'ait obtenue lui-même de la sacrée Pénitencerie. Mais si, tout considéré, il n'est pas assuré, autant qu'il est possible de l'être, qu'on peut, sans inconvénient, les avertir, il répondra qu'il faut les laisser dans la bonne foi. « Si conjuges sint « in bona fide, in ea sunt relinquendi, quando periculum est infa- « miæ, scandali, aut incontinentiæ, si moneantur de nullitate « matrimonii (1). »

Dans le second cas, on demande la dispense de l'empêchement; après quoi, les parties renouvellent leur consentement en secret, et cela suffit. Il s'agit d'un empêchement occulte, de l'empêchement, par exemple, qui provient du crime, ou d'un commerce illicite; empêchement qui n'est point connu du public.

875. Dans le troisième cas, comme la nullité du mariage n'est connue que par une des parties, la conduite à tenir est plus difficile. Cette difficulté provient de la clause apposée par la Pénitencerie au bref des dispenses, et qui est conçue en ces termes : « Ut « dicta muliere (idem de viro) de *nullitate prioris matrimonii* « *certiorata*, uterque inter se de novo secrete contrahere valeant. » D'après cette clause, la plupart des canonistes pensent qu'il est nécessaire que la partie qui connaît l'empêchement, fasse connaître à la partie qui l'ignore la nullité du mariage, sans toutefois lui découvrir le crime qui en est la cause; *sed ita caute ut latoris*

---

(1) S. Alphonse de Liguori, lib. vi. n° 1123; Sanchez, Laymann, de Lugo, Collet, Billuart, le Rédacteur des Conférences d'Angers, etc.

*delictum nunquam detegatur.* D'autres pensent que cela n'est point nécessaire. « Le consentement donné par les parties au mo-
« ment de leur mariage, n'est pas borné à ce seul instant, dit le
« cardinal de la Luzerne ; mais il a une existence morale et conti-
« nue, en vertu de laquelle il subsiste, tant qu'il n'a pas été ré-
« tracté. Ainsi nous pensons qu'il n'est pas nécessaire, pour la vali-
« dité du sacrement au for intérieur, que la partie qui connaît
« l'empêchement secret fasse renouveler à la partie qui l'ignore son
« consentement, et qu'il suffit qu'elle le renouvelle seule, après
« avoir fait cesser l'empêchement (1). » Suivant cette opinion, suffi-
cit ut pars impedimenti conscia, obtenta dispensatione, accedat ad compartem suam, et cum ea habeat copulam affectu maritali.

876. Le premier sentiment est plus probable que le second, car il a pour lui la pratique de la sacrée Pénitencerie ; on doit donc s'y conformer, autant qu'on pourra le faire sans de graves incon-vénients. Or, toutes les fois qu'on a lieu de croire que les deux parties tiennent à leur union, il n'y a pas d'inconvénients à ce que celle qui en ignore la nullité en soit instruite, si la nullité provient, ou d'un crime qui est commun aux deux conjoints, de l'adultère, par exemple, ou d'une parenté illégitime et secrète, ou de l'inva-lidité jusqu'alors inconnue de la dispense dont les parties avaient besoin. Mais si la nullité du mariage est l'effet d'une faute person-nelle à celui des époux putatifs qui la connaît, et que celui-ci ne croie pas pouvoir en parler à son conjoint, sans danger d'occa-sionner du scandale, ou de se diffamer, ou de troubler la paix du ménage, nous croyons qu'il est prudent de suivre le second senti-ment. Quand l'empêchement n'est point infamant, et qu'il n'y a aucun risque de le révéler à la partie qui est dans l'ignorance, nul doute qu'il faille faire cette déclaration, et réhabiliter le ma-riage dans la forme prescrite par la Pénitencerie. Si, au contraire, l'empêchement est infamant, ou s'il y a quelque risque de divorce ou de scandale à redouter, et que l'empêchement soit vraiment secret, il suffit que la partie qui connaît la nullité du mariage re-nouvelle son consentement, *cohabitando affectu maritali* (2). On suppose que l'autre partie se regardant toujours comme mariée, le consentement qu'elle a donné dans le principe subsiste virtuelle-

---

(1) Instructions sur le Rituel de Langres, ch. ix. art. 4. § 19. — (2) Le cardi-nal de la Luzerne, ibidem ; S. Alphonse de Liguori, lib. vi. n° 1116 ; Sanchez, de Matrimonio, lib. ii. disput. 36 ; Lessius, Laymann, Elbel, Sporer, Holzmann, Bonacina, Cresslinger, dans son édition de la Théologie de Reiffenstuel, etc.

ment et concourt à la réhabilitation du mariage. Mais, dira-t-on, le premier consentement n'était-il pas nul, et s'il était nul, comment peut-il subsister sans avoir été renouvelé? Non, ce consentement n'est pas absolument nul; il a existé, et existera tant qu'il n'aura pas été rétracté. Quand deux personnes naturellement capables contractent mariage avec un empêchement qui n'est que de droit ecclésiastique, elles consentent réellement, et rien ne peut s'opposer à ce que le consentement ait lieu. Ce consentement est illégitime, et, comme tel, impuissant à produire un engagement, à former le contrat, le lien conjugal; mais il existe. L'empêchement canonique est un obstacle, un *obex*, à ce que les deux volontés des parties contractantes s'unissent, il en arrête les efforts, en suspend les actes; mais elles tendent toujours, quoique inefficacement, à s'unir par le mariage; et c'est parce qu'elles tendent à s'unir tandis qu'elles n'ont point changé, qu'elles finissent par s'unir en effet aussitôt que l'Église lève l'obstacle, en dispensant tout à la fois et de l'empêchement et des formalités qu'elle a coutume de prescrire pour la réhabilitation des mariages. Cette double dispense une fois accordée, le consentement des deux volontés devient légitime et acquiert toute son énergie. De là les dispenses *in radice* que le saint-siége accorde pour des cas extraordinaires, et qui ont leur effet à l'insu de l'une, et, quelquefois, à l'insu des deux parties contractantes. Or, pour le cas qui nous occupe, si la partie qui connaît la nullité du mariage ne croit pas pouvoir en avertir l'autre sans danger, on doit présumer que le Souverain Pontife dispense de l'observation de la clause *altera parte de nullitate prioris matrimonii certiorata*, à moins que l'on ne puisse, sans de graves inconvénients, recourir à Rome pour obtenir cette dispense.

877. Si le mariage est nul à raison d'un empêchement public, les parties doivent renouveler leur consentement en présence du curé et de deux témoins, après avoir obtenu dispense. Tout empêchement qui peut être prouvé au for extérieur, tel que l'empêchement de consanguinité ou d'affinité légitime, est censé public, lors même qu'il ne serait pas actuellement connu dans la paroisse. Si l'empêchement, quoique public de sa nature, est secret, s'il n'est connu que de trois ou quatre personnes, le mariage se réhabilite toujours devant le curé et les témoins, mais sans éclat, en secret. La présence du curé et des témoins serait-elle nécessaire, si le mariage avait été contracté en face de l'Église avec un empêchement de parenté, dont la dispense se trouvait nulle? Ou le vice

de la dispense est public, ou il est occulte : dans le premier cas, les parties renouvelleront leur consentement en présence du curé et des témoins ; dans le second, cette formalité cesse d'être nécessaire, le défaut qui rend le mariage nul étant occulte.

878. Troisièmement, si le mariage est nul uniquement pour n'avoir pas été contracté suivant la forme prescrite par le concile de Trente, la réhabilitation est facile ; on n'a pas besoin de dispense, il suffit que les parties renouvellent leur consentement devant le curé et les témoins. Mais on ne doit pas regarder comme nuls, ni les mariages contractés clandestinement dans les provinces, diocèses ou paroisses, où le décret du concile de Trente concernant la clandestinité n'a pas été publié ; ni les mariages faits sans la présence du curé, dans un pays ou dans un temps où l'on ne pouvait, sans de grandes difficultés ou sans de grands dangers, exécuter ce décret après sa publication. Alors on exhorte les parties à recevoir la bénédiction nuptiale, sans toutefois les y obliger. On regarde aussi comme valides les mariages contractés sans la présence du curé dans les Pays-Bas, *in Hollandia et Belgio*, soit entre deux hérétiques, soit entre un catholique et un hérétique. Ainsi l'a déclaré Benoît XIV, dans une instruction du 4 novembre 1741. Il en est de même, assez probablement, des mariages que les protestants font entre eux parmi nous ; quand ils reviennent à l'unité, on les engage à renouveler leur consentement, mais on ne l'exige pas. Sur ce point le curé suivra les instructions de son évêque.

879. On demande ce qu'il faut faire, lorsque les parties ne peuvent revalider leur mariage, l'empêchement étant du nombre de ceux dont l'Église ne dispense pas. C'est un empêchement d'impuissance ou de parenté au premier degré, *frater nupsit sorori naturali*, ou l'empêchement provenant d'un premier mariage. Or, ou l'empêchement est occulte, ou il est notoire. Dans le premier cas, si les époux putatifs ignorent l'empêchement, il faut les laisser dans la bonne foi ; s'ils le connaissent, ils doivent vivre dans la continence, *ut frater et soror*. Dans le second cas, ils doivent se séparer ; ils ne peuvent demeurer sous le même toit. Si cependant la séparation n'était pas prononcée par les tribunaux, et que les parties ne pussent se séparer sans de graves inconvénients, il faudrait recourir à l'évêque, qui, après avoir informé, aviserait, dans sa sagesse, s'il n'y aurait pas moyen de faire cesser le scandale, sans exiger présentement la séparation *quoad tectum*.

Ce cas, qui est très-embarrassant, se présente quelquefois, et il se présenterait souvent si la loi civile permettait le divorce.

880. On demande, en second lieu, la conduite à tenir, lorsque l'une des parties mariées civilement refuse de faire les démarches nécessaires pour la réhabilitation de son mariage : elle ne veut ni se séparer de son conjoint, ni renouveler son consentement. Il n'y a pas d'autre parti à prendre que de recourir au saint-siége pour en obtenir une dispense *in radice*, par laquelle un mariage nul peut se réhabiliter sans que le consentement soit renouvelé. Il suffit que le consentement donné dans le principe persévère virtuellement ; on en juge d'après les dispositions actuelles des conjoints. Si on avait lieu de croire que l'une des parties a révoqué son consentement, la dispense serait inutile ; elle ne pourrait légitimer un consentement qui n'existe plus. La dispense *in radice* une fois obtenue, la partie qui l'a demandée en donne avis à l'autre partie, afin que celle-ci puisse remplir son devoir sans agir contre sa conscience. Si le mariage qui a été ainsi réhabilité passait publiquement pour n'avoir pas été légitimement contracté, il faudrait en faire connaître la réhabilitation ; cela est nécessaire pour faire cesser le scandale. Le curé aura donc soin de remettre à la partie intéressée la dispense qui lui a été accordée, ou la déclaration par écrit que son mariage a été légitimé par une dispense du Souverain Pontife, en lui recommandant de le faire connaître à son conjoint, à ses parents, et aux personnes qui prennent part à sa position. Par ce moyen, le scandale sera bientôt réparé. Mais, tant que cette réparation n'aura pas eu lieu, la partie même repentante et bien disposée ne doit pas s'approcher de la sainte table ; elle peut cependant recevoir l'absolution (1).

881. Relativement à la revalidation des mariages, nous ferons remarquer, 1° que le confesseur ou le curé qui doute de la validité d'un mariage, doit examiner bien prudemment si ce mariage est valide ou non. Si son doute persévère, il le gardera pour lui, et ne le communiquera point aux époux. Si les époux eux-mêmes

---

(1) Pour ce qui regarde la dispense *in radice*, voyez S. Alphonse de Liguori, lib. vi. n° 1115 ; Benoît XIV, constit. du 27 septembre 1755 ; Tract. de synodo diœcesana, lib. xiii. cap. 21 ; Instit. lxxxvii ; l'*Instruction* du cardinal Caprara sur les mariages contractés pendant la révolution, qu'on trouvera dans notre édition des *Conférences d'Angers*, ainsi que dans celle que nous avons donnée des *Instructions sur le Rituel de Toulon* ; Mgr Devie, Rituel de Belley ; Mgr Bouvier, de Matrimonio ; M. Carrière, etc., etc. — Voyez aussi, ci-dessus, le n° 876.

sont dans le doute et lui font part de leurs inquiétudes, il examinera la chose de près, et, s'il ne peut les tranquilliser, il consultera l'évêque, qui accordera la dispense, au besoin, s'il le juge à propos. 2° Que les personnes qui connaissent la nullité de leur mariage doivent vivre dans la continence, et se séparer autant que possible, pendant la nuit, *quoad thorum*. On exige même qu'ils se séparent quant à l'habitation, *quoad tectum*, lorsque la nullité est notoire dans la paroisse. Cependant si, comme il n'arrive que trop souvent, on a lieu de craindre que cette dernière séparation ne soit un obstacle à ce que les personnes mariées civilement consentent à se présenter devant le curé, on peut, sauf meilleur avis de la part de l'évêque, se contenter de la conseiller, sans la prescrire impérieusement. Le scandale, quoique imparfaitement réparé, le sera suffisamment par le fait de la réhabilitation connue du mariage. Quand l'observation littérale des règles ordinaires entraîne de graves inconvénients, l'Église sait en tempérer la rigueur, en accordant quelque chose à la faiblesse de ses enfants. 3° Que ceux qui sont dans le cas de faire revalider leur mariage doivent, s'ils ont quelque péché mortel à se reprocher, se réconcilier avec Dieu, avant la revalidation, par un acte de contrition parfaite, ou mieux par le sacrement de Pénitence (1).

## CHAPITRE VII.

*Des Obligations que le Mariage impose aux époux.*

882. La première obligation des personnes mariées est relative à la fin principale que Dieu s'est proposée dans le mariage. Elle consiste à conserver l'union, la concorde et l'amour mutuel. L'amour que les deux époux doivent avoir l'un pour l'autre, est un amour tendre, chaste et pur, semblable à celui de Jésus-Christ pour son Église. La seconde obligation des époux est la fidélité conjugale : l'adultère est un crime condamné par toutes les lois. La troisième obligation est de se soumettre l'un à l'autre pour l'accomplissement du devoir conjugal, sans rien faire qui puisse contrarier l'ordre de la divine Providence. Cette obligation est mutuelle, et les droits sont les mêmes de part et d'autre. Enfin,

---

(1) Voyez, ci-dessus, le n° 754.

les époux sont obligés d'habiter ensemble; ils ne sont dispensés de cette obligation que dans le cas d'une séparation légitime.

### ARTICLE I.

#### *De Debito conjugali aut Usu Matrimonii.*

883. Quilibet conjugum ex justitia tenetur alteri legitime petenti debitum reddere, et quidem sub gravi : « Uxori vir debitum « reddat, inquit Apostolus; similiter autem et uxor viro. » Diximus, 1° *reddere*; nam *petere* debitum neuter conjux, per se loquendo, tenetur; uterque potest abstinere de mutuo consensu. Diximus 2° *petenti*; non est enim obligatio reddendi debitum, nisi petatur. Sufficit autem ut petatur signis : unde si vir agnoscat uxorem, quæ propter verecundiam tacet, velle sibi debitum reddi, reddere tenetur eam præveniendo. Diximus 3° *legitime*; nisi vir aut uxor legitime petat, non est obligatio reddendi; quinimo reddere quandoque non licet, ut modo videbimus. Diximus 4° *sub gravi*. Verumtamen negare semel aut iterum, videtur, ex communi hominum æstimatione, materia levis; nec proinde una vel altera recusatio judicanda est mortalis, nisi sit periculum incontinentiæ in pœnitente, aut rixarum inter conjuges. Excusatur etiam a mortali, atque etiam a veniali, uxor quæ differt reddere ad breve tempus, nempe usque ad noctem, vel a nocte usque ad mane, si maritus facile concedat, nec adsit incontinentiæ periculum.

884. A reddendo debito conjugali excusatur alteruter conjux, 1° si alter sæpius ac immoderate petat, ita ut, spectatis circumstantiis, sanitate scilicet et ætate, non possit debitum reddi, quin gravissimum sequatur incommodum. 2° Si petens sit in amentia aut in ebrietate completa; nisi ex denegatione debiti prævideatur secutura pollutio petentis. Quamvis autem non sit obligatio reddendi conjugi amenti vel ebrio, licitum est tamen ei reddere, cum usus Matrimonii per se sit licitus, et proles educari possit a conjuge sanæ mentis (1). Supponitur amentem posse consummare Matrimonium. 3° Si non possit debitum reddere absque gravi periculo vitæ, aut notabili detrimento sanitatis. Equidem conjux *habet potestatem corporis* conjugis alterius, sed non ad destructionem. Hinc Doctor angelicus : « Vir tenetur uxori debitum reddere in his quæ

---

(1) Voyez S. Alphonse de Liguori, lib. vi. n° 946.

« ad generationem prolis spectant; salva tamen prius personæ in-
« columitate (1). » Eadem causa, nec uxor tenetur viro debitum
reddere, unde sibi grave immineat periculum vitæ, aut notabile
damnum sanitatis. Quamobrem non tenetur conjux sanus debitum
leproso petenti reddere, si id fieri nequeat sine gravi contagionis
periculo. Hinc quoque mulier quæ proprio experimento vel medicorum judicio scit se non posse partum edere sine vitæ periculo,
immunis est ab eodem debito. Num autem licite poterit reddere?
Licite potest, ut nobis videtur, modo justa adsit causa. Verum, aut
abstineat penitus, aut, si non abstinet, rite peragat, nihil faciens
ipsa quod impediat conceptionem prolis, conceptamve perdat. 4° Si
constet alterum conjugem esse adulterum : tunc pars innocens
adulteræ debitum denegare potest. Secus vero, si conjux uterque
sit reus ejusdem criminis; nam paria delicta mutua compensatione delentur. Quinimo, nec denegare poterit conjux innocens,
si sponte condonaverit injuriam, vel debitum voluntarie reddendo,
vel alia amoris conjugalis et veniæ signa exhibendo. 5° Si licite
non possit reddere debitum, aut fiat illicitus Matrimonii usus.

885. Conjux qui moraliter certus est de nullitate matrimonii
nec potest debitum petere, nec reddere parti etiam ignoranti et
bona fide petenti. Non posset, absque fornicatione formali, uti
scienter matrimonio invalide contracto : necesse est igitur ut abstineat donec, dispensatione obtenta, revalidaverit matrimonium.
Quid autem in dubio de valore matrimonii? Si dubium sit leve
nullaque probabili ratione innixum, debet contemni. Si dubium
sit grave, conjux dubitans non potest ante adhibitam sufficientem
diligentiam ad inquirendam veritatem, petere debitum conjugale;
quia se exponeret periculo fornicationis : sed potest et tenetur
reddere alteri non dubitanti; quippe qui jus habet petendi, quo non
privatur propter dubium alterius. Quod si, matrimonio contracto
in bona fide, dubium superveniat, et adhibita diligentia, illud
vinci non possit, sententia communior et probabilior docet licere
dubitanti non solum reddere, sed etiam petere. « Ratio, quia qui
« matrimonium bona fide contraxit, non est privandus suo jure,
« quod possidet petendi, donec constet de impedimento. Licet
« enim, superveniente dubio, suspendatur jus possessionis usque
« dum veritas inquiratur, dubio tamen remanente post diligen-
« tiam, cum ignorantia sit tunc invincibilis, manet possessio pro
« valore matrimonii, et consequenter pro illius usu. Possessor enim

(1) Sum. suppl. quæst. 64. art. 1.

« bonæ fidei sicut post diligentiam potest rem retinere, sic etiam
« potest illa uti (1). » Secus vero, ex communiori sententia, si matrimonium contractum fuerit cum dubia fide; quia nemo potest uti re quam mala fide incœpit possidere : unde dubitans peccat petendo, etsi reddere teneatur alteri bona fide petenti. Alii tamen quorum sententia est satis probabilis, volunt eum qui dubia fide contraxit, posse, habito diligenti examine, debitum petere, dubio adhuc perseverante; quia, ut aiunt, esto dubitans non possit deponere dubium ex titulo possessionis, potest tamen deponere ex hoc principio, nempe quod in dubio standum sit pro valore actus (2).

886. Illicitum est uti matrimonio solius voluptatis causa. Hinc Innocentius XI, anno 1679, damnavit istam propositionem : « Opus « conjugii ad solam voluptatem exercitum, omni prorsus culpa « caret, ac defectu veniali. » Verum qui matrimonii usum exercet solius intuitu voluptatis, non nisi venialiter peccat; illa enim venerea voluptas quæ foret extra nuptias lethale peccatum, per nuptias efficitur culpa solum venialis. Nullum autem erit peccatum, si conjux principaliter intendat procreationem prolis, et utatur voluptate, ut se excitet ad actum conjugalem; sicut minime peccat qui intendit moderatam delectationem in comedendo, ad præstandum corpori conveniens alimentum (3).

887. Num licitus est matrimonii usus ad vitandam fornicationem aut incontinentiam? Omnes consentiunt debitum licite reddi posse petenti, etiamsi non alia petatur quam vitandæ fornicationis aut incontinentiæ causa. Controvertitur autem utrum ad hunc solum finem petere liceat. Alii inter quos divus Thomas negant ; alii vero post sanctum Antonium affirmant, quorum sententia probabilior est quam altera. Matrimonium enim a Deo institutum fuisse, non solum ad procreationem prolis, sed etiam in remedium concupiscentiæ, docet probatque Catechismus concilii Tridentini : « Qui sibi « imbecillitatis suæ conscius est, inquit, nec carnis pugnam vult « ferre, Matrimonii remedio ad vitanda libidinis peccata utatur : de « quo ita Apostolus scribit (4) : *Propter* fornicationem unusquisque « suam uxorem habeat, et unaquæque suum virum habeat. Ac « paulo post, cum docuisset interdum orationis causa a matrimonii « debito abstinendum esse, subjecit : *Et iterum revertimini in*

---

(1) S. Alphonse de Liguori, lib. vi. n° 904 ; Soto, Sanchez, de Lugo, Laymann, Wigandt, Coninck, Lessius, Suarez, Bailly, Pontas, etc. — (2) Voyez S. Alphonse, ibidem, n° 906, Holzmann, Elbel, etc. — (3) S. Alphonse de Liguori, lib. vi. n° 912. — (4) I. Corinth. 7. v. 2.

« *idipsum, ne tentet vos satanas propter incontinentiam ves-*
« *tram* (1). » Hinc probabilius matrimonio uti licite possunt, etiam petendo, seniores et steriles, modo facti non fuerint impotentes, actumque conjugalem consummare valeant. Idque probabiliter affirmant plures, etiamsi propter debilitatem adsit periculum deperdendi seminis; quia quamdiu conjuges spem habent rite perficiendi, jus conservant utendi matrimonio; et si semen effundatur, hoc evenit per accidens (2). Verum a petendo debito conjugali seniores dehortetur confessarius, in quantum expedire judicaverit.

Num autem licet petere aut reddere debitum tempore prægnationis? Licet uxori reddere marito petenti, si absit periculum abortus. Secus, uterque sub gravi tenetur abstinere tum a petendo, tum a reddendo. Neutri autem licet petere, nisi sit periculum incontinentiæ : si periculum istud urgeat, excusandus videtur qui petit, etiam a culpa veniali. Cæterum, ut ait theologus Petrocorensis quem citat sanctus Alphonsus : « Periculum abortus non ita facile
« præsumendum est; ideoque in hac re importunis interrogationi-
« bus exagitandi non sunt pœnitentes, sed in genere hortandi, ut
« se honeste contineant. Quæ enim spes eos a concubitu avocandi?
« Et quale non timendum periculum, si in sua bona fide pertur-
« bentur (3) ? »

888. Utrum sit licitus matrimonii usus temporibus menstrui fluxus, puerperii et lactationis. 1° Fluxus mulieris alius est ordinarius qui dicitur menstruus, et alius extraordinarius ex aliquo morbo diuturno proveniens. Porro, si agatur de fluxu extraordinario, certum est licere tam petere debitum quam reddere : alias viro grave immineret periculum incontinentiæ, quod vix aliter amoveri posset. In tempore vero fluxus ordinarii, seu menstrui, ex communiori sententia, peccatum est, sed veniale tantum, uti matrimonio, nisi aliqua adsit causa hunc usum cohonestans, nempe ad vitandum dissidium aut incontinentiam in se vel in altero. 2° Quod spectat ad tempus purgationis post partum probabilius est eo tempore conjugalem actum fieri non posse absque peccato veniali, nisi quædam causa excuset honesta, nempe periculum rixarum aut incontinentiæ. Imo mortale peccatum esset, si ex concubitu maritali gravis morbus aut morbi notabilis aggravatio immineret uxori. 3° Tempore lactationis nulla lege prohibitum est uti matrimonio;

(1) Catechismus concilii Trident., de Matrimonii sacramento. — Voyez S. Alphonse de Liguori, lib. vi. n° 882; la Théologie de Toulouse, de Matrimonio, etc. — (2) S. Alphonse, lib. vi. n° 954; Sanchez, Laymann, Bonacina, Sporer, etc. — (3) Théologie de Périgueux, de Matrimonio, cap. xi, etc.

unde non inquietandus est conjux qui eo tempore petit debitum aut reddit (1).

889. Quid, si mulier filios non pariat nisi mortuos? Num poterit reddere debitum? Poterit quidem reddere, si negare non possit absque gravi incommodo, nempe si periculum sit incontinentiæ. Imo tunc licet ei petere. Item de viro (2). Neque paupertas conjugum, neque multitudo liberorum excusant a reddendo debito conjugali; sed in eo casu possunt conjuges, si placuerit mutuo consensu abstinere penitus ab usu conjugii, ut docent communiter Doctores, dummodo absit periculum incontinentiæ.

890. Si, post matrimonium contractum, uterque conjux emiserit votum castitatis, tunc neuter potest debitum petere vel reddere. Si vero ab uno tantum emissum sit votum, altero nesciente, potest atque etiam tenetur ille qui votum emisit debitum reddere; conjuge autem mortuo vel consentiente, tenebitur implere votum. Quid autem si matrimonio jam inito, superveniat inter conjuges affinitas, ex carnali nempe commercio unius conjugis cum persona consanguinea alterius in primo vel secundo gradu? In eo casu, pars quæ peccavit amisit jus petendi, sed reddere tenetur innocenti quæ, etiam cognito incestu compartis, potest petere.

891. Inquirit uxor an teneatur reddere debitum illicite petenti marito? 1° Certum est eam non tenere debitum reddere cum peccato proprio etiam veniali, cum nemo possit esse obligatus ad peccandum. Hinc si culpa se tenet ex parte actus, puta si petatur debitum in loco sacro vel publico, vel coram liberis aut domesticis, vel cum periculo abortus, vel modo naturæ repugnante, scilicet sodomico, non tenetur uxor, imo nec potest reddere absque gravi culpa; tunc enim, cum actus sit per se malus, nec maritus petendi jus habet, nec uxor obtemperare potest. 2° Si culpa se tenet tantum ex parte petentis, nempe sit ipse ligatus aut voto castitatis, aut impedimento affinitatis ex ejus incestu venientis, vel si petat solius intuitu voluptatis, uxor potest reddere, saltem si negare nequeat absque aliquo magis minusve gravi incommodo. Si autem commode negare queat, charitas exigit ut non obtemperet, ne consummetur peccatum quod maritus intendit.

892. A mortali nulla ratione excusari potest maritus qui, incœpto actu conjugali, retrahit se more Onan, ne seminet intra vas uxoris. Num autem uxor licite potest debitum reddere marito quem

---

(1) Voyez S. Alphonse de Liguori, lib. VI. n° 911, etc. — (2) Voyez S. Alphonse, Sanchez, Bonacina, Laymann, etc.

experientia novit se retracturum ante emissionem seminis? Sic respondit pluries sacra Pœnitentiaria : « Cum in proposito casu mulier
« ex sua parte nihil contra naturam agat detque operam rei licitæ;
« tota autem actus inordinatio ex viri malitia procedat, qui loco
« consummandi retrahit se, et extra vas effundit; ideoque si mulier,
« post debitas admonitiones, nihil proficiat, vir autem instet, mi-
« nando verbera, aut mortem, aut alia gravissima mala, poterit
« ipsa (ut probati theologi docent), citra periculum permissive ha-
« bere; cum in rerum adjunctis, ipsa sui viri peccatum simpliciter
« permittat, idque ex gravi causa quæ eam excusat; quoniam cha-
« ritas qua illud impedire tenetur, cum tanto incommodo non
« obligat (1). » Ex alia decisione ejusdem Tribunalis : « Probati
« castigatique morales Theologi in hoc consentiunt ut liceat uxori
« debitum reddere, si ex ejus denegatione male habenda sit a viro
« suo, et grave inde incommodum sibi timere possit; neque enim,
« aiunt, hoc in casu, censetur uxor viri sui peccato formaliter coo-
« perari, sed illud tantummodo ex justa et rationabili causa permit-
« tere. Moneat tamen orator hujusmodi uxorem, ut non cesset pru-
« denter commonere virum suum ut ab hac turpitudine desistat (2). »
Certè grave incommodum esset, si uxor timeret ne maritus accederet ad mulierem alienam vel ad meretrices. Quinimo, ut dicit sanctus Alphonsus, mulier poterit etiam petere debitum a viro quem prævidet abusurum, si adsit justa et gravis causa petendi. « Justam
« autem causam habebit, si ipsa esset in periculo incontinentiæ,
« vel si deberet alias privari suo jure petendi plusquam semel vel
« bis, cum perpetuo scrupulo an ei sit satis grave incommodum,
« vel ne, tunc se continere (3). »

893. Peccant mortaliter conjuges : 1° si vir uxorem cognoscens animo deliberato ad aliam intendat mulierem quam carnaliter diligit : et similiter de uxore, cum in alium mentem figit. Tunc enim uterque mœchatur in corde suo. 2° Si matrimonio utantur in loco sacro vel publico. 3° Quando vir debitum vas mulieris prætermittit, aut sodomice conveniunt. 4° Si, servato vase debito, non servatur ad actum conjugalem situs naturalis, cum periculo pollutionis. Immunes autem sunt a culpa, si, præfato absente periculo, alterutrius infirmitas non patitur situm quem natura dictitat. 5° Cum impediunt conceptionem, conceptamve prolem extinguunt : ut si vir actum conjugalem inchoatum non perficiat, sed retrahat

---

(1) Réponses de la sacrée Pénitencerie, du 23 avril 1822, et du 1er février 1823.
— (2) Réponse de la Pénitencerie, du 15 novembre 1816. — (3) Lib. vi. n° 947.

se cum periculo perdendi seminis, aut mulier susceptum semen de industria ejiciat, vel ejicere conetur.

894. « Quæcumque oscula, tactus, amplexus, aspectus, turpi-
« loquia libidinosa inter conjuges præsentes, citra periculum pol-
« lutionis et intra terminos honestatis naturalis sunt licita, si fiant
« in ordine et ex intentione copulæ : sunt autem peccata duntaxat
« venialia, si in eis sistatur nec ordinetur ad copulam. » Ita Billuart,
qui statim addit : « Dixi *intra terminos honestatis naturalis;*
« quia tota illa indulgentia non est data conjugibus, nisi quatenus
« prædicta secundum naturam et rectam rationem ordinantur ad
« naturalem et humanum concubitum; unde magis vel minus pec-
« cant, quo magis vel minus hos limites transgrediuntur. Tunc au-
« tem solum censentur conjuges graviter transgredi hos limites,
« quando attentant vel admittunt aliquid sodomicum, vel agunt
« cum periculo pollutionis. Extra hos duos casus, quantumvis actus
« sint turpes non videntur excedere peccatum veniale (1). » Idem docet sanctus Alphonsus a Liguorio : « Sententia communis et verior
« negat esse mortales tactus et aspectus turpes inter conjuges propter
« solam voluptatem, sine ordine ad copulam, si non adsit pericu-
« lum pollutionis. Ratio, quia status conjugalis, sicut cohonestat
« copulam, ita etiam hujusmodi tactus et aspectus; alias enim,
« cum sit tanta inter conjuges societas, et ipsi multoties non possint
« coire, jugibus periculis essent expositi, si tales actus essent eis
« graviter illiciti. Sicut autem delectatio quæsita in copula culpam
« venialem non excedit, ita etiam in his actibus et aspectibus...
« Secus vero dicendum, si conjux esset ligatus voto castitatis; quia
« tale votum excludit omnem voluptatem veneream voluntarie cap-
« tam (2). »

895. Quid, si conjuges ex his turpibus actibus prævideant pollu-
tionem secuturam in se vel in altero? Plures adsunt sententiæ.
Prima sententia id excusat ab omni culpa etiam in petente, si pollutio non intendatur, nec adsit periculum consensus in eam, et
modo tactus non sit adeo turpis ut judicetur inchoata pollutio, ac
præterea adsit aliqua gravis causa talem tactum adhibendi, nempe
ad fovendum mutuum amorem. Secunda sententia distinguit et
dicit esse peccata mortalia tactus impudicos, si prævideatur pollutio ex is secutura; secus vero, si sint pudici, ut oscula et amplexus.
Tertia sententia dicit tactus tam impudicos quam pudicos esse mortalia, si prævideatur periculum pollutionis. His sententiis exposi-

---

(1) De Temperantia, dissert. VI. art. 17. — (2) Lib. VI. n° 933.

tis, sic pergit sanctus Alphonsus : « Puto probabilius dicendum,
« quod actus turpes inter conjuges cum periculo pollutionis tam in
« petente quam in reddente sunt mortalia; nisi habeantur ut con-
« juges se excitent ad copulam proxime secuturam; quia cum ipsi
« ad copulam jus habeant, habent etiam jus ad tales actus, tametsi
« pollutio per accidens copulam præveniat. Actus vero pudicos
« etiam censeo esse mortalia, si fiant cum periculo pollutionis in se
« vel in altero, casu quo habeantur ob solam voluptatem, vel
« etiam ob levem causam : secus, si ob causam gravem, puta si
« aliquando adsit urgens causa ostendendi indicia affectus ad fo-
« vendum mutuum amorem, vel ut conjux avertat suspicionem ab
« altero, quod ipse sit erga aliam personam propensus (1). » Ex dictis concludamus cum theologo Petrocorensi : « Vexandæ ergo in-
« terrogationibus non sunt uxores, utrum tactum aliquem impudi-
« cum viris suis permiserint (2). »

896. Confessarii munus est sponsos jamjam nupturos recensve
conjugatos docere de sanctitate Matrimonii, atque de conjugum
inter se officiis. Itaque, in quantum opus erit, illos monebit : 1° Ut
servent *gratiam sacramenti* quæ *naturalem* ipsorum *amorem per-
ciat* atque *sanctificet* (3). 2° Ut, quemadmodum *Christus di-
lexit Ecclesiam, et seipsum tradidit pro ea,* sic *vir diligat uxorem suam, ut corpus suum*; et vicissim uxor virum suum amet,
*timeat* colatque; nec non, *sicut Ecclesia subjecta est Christo,
ita et mulier subdita sit viro suo in omnibus,* quæ voluntati divinæ non adversantur (4). 3° Ut *vir adhæreat uxori suæ,* et uxor
viro suo, tanquam facti per matrimonium *una caro,* uterque re-
nuntians alienis et illicitis amoribus. 4° Ut imitentur Zachariam et
Elizabeth, et sint *justi ante Dominum, incedentes in omnibus
mandatis et justificationibus Dei sine querela* (5). 5° Ut *digne* am-
bulent *vocatione qua vocati* sunt a Domino, *cum omni humilitate,
et mansuetudine, cum patientia, supportantes invicem in charitate; solliciti servare unitatem spiritus in vinculo pacis; invicem benigni, misericordes, donantes invicem, sicut et Deus
in Christo donavit* nobis (6); *considerantes in timore* Christi *castam conversationem* (7). 6° Ut alter alteri debitum reddat, nisi
de mutuo consensu abstineant *ad tempus ut vacent orationi* (8),

---

(1) S. Alphonse, lib. VI. n° 934. — (2) Théologie Morale de Périgueux, *de
Matrimonio*, cap. XI. — (3) Concil. Trident., sess. XXIV. — (4) Ephes. c. 5, et
Petri I epist. c. 3. — (5) Luc. cap. 1. v. 6. — (6) Eph. c. 4. v. 1. etc. —
(7) Petri I epist. c. 3. v. 2. — (8) I. Corinth. c. 7. v. 5; Petri 1 epist. c. 3. v. 7.

diebus nempe sanctæ communionis. 7° Ut matrimonio utantur, et moderate, unde *consenescant ambo pariter sani* (1), et christiane, tanquam in conspectu Dei et angelorum, nihil unquam facientes quod impediat conceptionem aut proli conceptæ noceat. 8° Ut cum uxor conceperit, ipsa et maritus invocent Beatam Mariam Deiparam et felicem deprecentur partum. 9° Ut prolem, si susceperint, in cultu religionis et pietatis educent. 10° Tandem, ut in usu matrimonii non agant contra dictamen conscientiæ, sed dubium, si aliqua in re experiantur, statim exponant confessario.

897. His autem lingua vulgari caste quidem dictis, sacerdos, qui, ut ait Apostolus, debet *exemplum esse fidelium in castitate*, tacebit, etiam in sacro Tribunali, de modo utendi matrimonio, seu de circumstantiis ad actum conjugalem spectantibus, nisi forte fuerit interrogatus. Explicare fusius quæ licita sunt conjugibus aut illicita, ipsis æque ac confessariis periculosum foret. Hinc sanctus Alphonsus : « Circa peccata conjugum respectu ad debitum mari-
« tale, ordinarie loquendo, confessarius non tenetur, *nec decet*
« interrogare, nisi uxores, an illud reddiderint, modestiori modo
« quo possit, puta, an *fuerint obedientes viris in omnibus*. De aliis
« taceat, nisi interrogatus fuerit (2). » Certe melius est conjugatos materialiter peccare quam exponi periculo peccandi formaliter. Nonne insuper confessario timendum est ne interrogationes importunæ offendant pœnitentes, de iisque tanquam imprudenter et sine verecundia factis ipsi vel imprudenter vel malitiose conquerantur; unde et confessio sacramentalis efficiatur odiosa?

### ARTICLE II.

### *De la Séparation des Époux.*

898. En se mariant, les époux contractent l'engagement de vivre ensemble ; l'homme quittera son père et sa mère et s'attachera à sa femme ; ils ne seront plus qu'un corps, qu'une chair, *una caro*. Le mariage des chrétiens, une fois consommé, ne peut être dissous, ni par l'adultère, ni par la mort civile, ni par quelque événement, quelque crime que ce soit (3) ; le lien n'est rompu que par la mort naturelle de l'un ou de l'autre conjoint. « Mulier alli-
« gata est legi quanto tempore vir ejus vivit. Quod si dormierit

---

(1) Tob. c. 8. v. 10. — (2) Praxis confessarii, n° 41. — Voyez ci-dessus, n° 523. — (3) Concil. Trident., sess. XXIV. can. 7.

« vir ejus liberata est (1). » Cependant, l'Église enseigne, et il est de foi qu'elle ne se trompe point, qu'il y a plusieurs causes qui permettent de se séparer, même d'habitation, *quoad thorum, seu quoad habitationem* (2). Mais la séparation n'a lieu, parmi nous, quant aux effets temporels, que lorsqu'elle a été prononcée par les tribunaux civils.

899. La première et principale cause qui légitime la séparation des époux est l'adultère ou de la femme ou du mari. Le droit canon met, à cet égard, les deux époux sur le même rang. Cependant, parce que, toutes choses égales, l'adultère de la femme est plus criminel que celui du mari, le droit civil, en France, n'accorde à la femme le droit de demander la séparation de corps pour cause d'adultère de son mari, qu'autant qu'il a *tenu sa concubine dans la maison commune* (3). Il faut observer, qu'en morale, l'adultère ne serait point une cause de séparation, s'il était involontaire ; si, par exemple, il avait été commis par suite de la violence faite à la femme, ou par suite d'une erreur de bonne foi, par surprise. Le mari ne peut non plus se séparer pour cause d'adultère de sa femme, s'il s'est rendu coupable du même crime, *paria delicta mutua compensatione delentur.* Il ne le peut pas davantage, lorsqu'il a coopéré à sa prostitution, ou qu'il a continué d'habiter avec elle après avoir eu connaissance de ses désordres.

La seconde cause de séparation entre les époux sont les mauvais traitements de l'une des parties. Ici, le droit civil s'accorde avec le droit canonique : « Les époux pourront réciproquement demander le divorce (la séparation de corps), pour excès, sévices ou injures graves, de l'un envers l'autre (4). »

La troisième cause serait le cas où le mari, faisant profession de l'hérésie, s'efforcerait d'altérer la foi de sa femme, et l'empêcherait de pratiquer sa religion. Il en serait de même, si elle ne croyait pas pouvoir résister à son mari qui la sollicite au mal, qui la porte au crime. « Si manus tua, vel pes tuus scandalizat te, abscide eum, « et projice abs te.... Et si oculus tuus scandalizat te, erue eum, « et projice abs te (5). »

La quatrième cause est la crainte fondée pour la femme d'être impliquée dans les crimes de son mari. Elle peut alors se séparer, pour ne pas paraître être complice.

La cinquième cause est la fureur d'un des conjoints, lorsqu'elle

---

(1) I. Corinth. c. 7. v. 39. — (2) Concil. Trident., sess. XXIV. can. 8. — (3) Cod. Civ., art. 230. — (4) Ibid., art. 231. — (5) Math. c. 18. v. 8 et 9.

est poussée à un tel point que l'autre a lieu de craindre quelque accident fâcheux.

La sixième cause est la piété des époux qui veulent renoncer aux jouissances du mariage. Ils peuvent, d'un commun consentement, se séparer même d'habitation ; mais alors il faut, ou que l'un et l'autre fassent profession solennelle dans un ordre monastique, ou que le mari reçoive les Ordres sacrés et que la femme se fasse religieuse, à moins qu'elle ne soit dans un âge qui lui permette de rester dans le monde sans danger, en faisant vœu de continence. A ces différentes causes, le Code civil ajoute la condamnation de l'un des époux à une peine infamante (1).

900. Celui des époux qui a obtenu la séparation de corps pour cause d'adultère, peut demeurer séparé le reste de ses jours ; il n'est point obligé de se réconcilier. Le confesseur cependant l'exhorterait à le faire, par un motif de charité, si la réconciliation devait être utile au salut de son conjoint, dans le cas où celui-ci donnerait publiquement des marques de repentir. Le ministère du prêtre est un ministère de grâce et de réconciliation. Mais si une femme avait quitté son mari à cause des mauvais traitements qu'elle en recevait, ou parce que c'est un homme sujet à des excès de fureur, il ne serait pas prudent de lui conseiller de retourner chez lui, à moins qu'on n'eût l'assurance qu'elle n'a plus rien à craindre.

Que doit faire un curé, un confesseur à l'égard des époux qui vivent séparés sans avoir fait prononcer leur séparation ? 1° On ne doit point éloigner des sacrements une femme qui passe, aux yeux du public, pour avoir été chassée ou renvoyée injustement par son mari. Il lui est bien permis, dans son malheur, de recourir au *Dieu de toute consolation, à celui qui nous console dans toutes nos peines* (2). Mais il n'en est pas de même du mari ; on ne peut évidemment l'absoudre, à moins qu'il ne fasse constater juridiquement qu'il avait des raisons légitimes de renvoyer sa femme. 2° On ne doit pas inquiéter le mari qui s'est séparé de sa femme, ni la femme qui s'est séparée de son mari, lorsque la séparation a eu lieu pour cause d'adultère, si le crime est tellement notoire qu'il ne puisse nullement être contesté. Mais le coupable ne sera point admis à la participation des sacrements, qu'il n'ait suffisamment réparé sa faute et le scandale par la pénitence. 3° On regardera comme indignes d'absolution les époux qui, par suite d'un mariage mal assorti, ou pour cause d'incompatibilité d'humeur, se sont

---

(1) Cod. Civ., art. 232. — (2) II. Corinth. c. 1. v. 3 et 4.

séparés de leur autorité privée, même d'un commun consentement. Mais on userait d'indulgence à l'égard de celui qui aurait fait son possible, moralement parlant, pour se rapprocher de son conjoint et obtenir de demeurer ensemble, si ses dispositions et ses démarches étaient connues du public. Nous ajouterons, en finissant cet article, que la femme est généralement obligée de suivre son mari partout où il juge à propos de résider, même en pays étranger, à moins que sa santé ne lui permette pas de quitter le sol natal. L'homme est le chef de la femme, comme Jésus-Christ est le chef de l'Église; elle doit donc lui être soumise en tout, comme l'Église l'est à Jésus-Christ : « Vir caput est mulieris, sicut Chistus est « caput Ecclesiæ. Sed sicut Ecclesia subjecta est Christo, ita et mu- « lieres viris suis in omnibus (1). »

(1) Ephes. c. 5. v. 23 et 24.

## TRAITÉ DES INDULGENCES.

901. Nous lisons dans le concile de Trente : « Comme le pou-
« voir d'accorder des indulgences a été donné par Jésus-Christ à
« son Église, et qu'elle a usé de ce pouvoir divin dès son origine,
« le saint concile enseigne et décide qu'on doit conserver cet ancien
« usage comme très-salutaire au peuple chrétien, et dit anathème
« à ceux qui prétendent que les indulgences sont inutiles, ou que
« l'Église n'a pas le pouvoir d'en accorder. Il veut cependant que
« l'on y observe de la modération, conformément à l'usage ap-
« prouvé de tout temps, de peur qu'une trop grande facilité à les
« accorder n'affaiblisse la discipline ecclésiastique. Quant aux abus
« qui s'y sont glissés, et qui ont donné lieu aux hérétiques de dé-
« clamer contre les indulgences, le saint concile, dans le dessein
« de les corriger, ordonne par le présent décret à tous les évêques,
« d'en écarter d'abord toute espèce de gain sordide, et de noter tous
« les abus qu'ils trouveront dans leur diocèse, afin d'en faire le rap-
« port au concile provincial et au Souverain Pontife (1). »

## CHAPITRE PREMIER.

*De la Notion des Indulgences.*

902. Dans toute société, dans tout gouvernement, une des plus
belles et des plus nobles prérogatives du chef de l'État, est le droit
de faire grâce, de commuer les peines, d'accorder des amnisties.
Le Souverain Pontife, le représentant de Jésus-Christ sur la terre,
le chef de la Grande Société, a donc aussi le pouvoir de faire grâce,
de commuer ou de remettre en tout ou en partie les peines encourues par le péché, en faveur de ceux qui sont revenus sincèrement à Dieu. De là les indulgences partielles ou plénières, particulières ou générales, les amnisties dans l'ordre spirituel, le
jubilé.

---

(1) Sess. xxv. Decret. *de indulgentiis*.

On définit l'indulgence : la rémission de la peine temporelle qui reste à subir au pécheur pénitent, pour les fautes qui lui ont été pardonnées quant à la coulpe et à la peine éternelle ; rémission qui s'accorde hors du tribunal de la pénitence, par l'application du trésor sacré des grâces dont l'Église est dépositaire et dispensatrice. L'indulgence ne remet ni le péché, même véniel, ni la peine éternelle ; elle ne tombe que sur la peine à expier en ce monde ou en Purgatoire. Ce trésor spirituel où l'Église puise ses grâces, est composé des mérites infinis de Jésus-Christ, et des œuvres surabondantes de la sainte Vierge et des saints. Dieu reverse, dans sa miséricorde, les mérites des uns sur les autres, en vertu de la communion des saints, dont nous faisons profession dans le symbole des Apôtres.

903. L'indulgence est *partielle* ou *plénière* ; *temporaire* ou *perpétuelle* ; *locale*, *personnelle* ou *réelle*. L'indulgence partielle, de quarante jours, par exemple, de cent jours, de sept quarantaines, de sept ans, est celle qui remet une partie de la peine due au péché. Mais il ne faut pas croire que celui qui gagne une indulgence de quarante jours ou de sept ans, obtienne la libération de quarante jours ou de sept années de Purgatoire ; cette détermination est relative à la pénitence qui était prescrite par les anciens canons ; en sorte que l'indulgence de quarante jours est la rémission de la peine qu'on aurait rachetée par une pénitence canonique de quarante jours. Toutefois, il peut arriver que celui qui a presque entièrement satisfait à la justice divine, obtienne, par une indulgence partielle, la rémission entière de la peine qui lui reste à expier. L'indulgence plénière est ainsi appelée, parce qu'elle remet toute la peine temporelle due au péché, en sorte que si un fidèle la gagnait tout entière, et en recevait une application parfaite, il serait aussi pur devant Dieu que s'il venait d'être régénéré en Jésus-Christ par le Baptême. L'indulgence temporaire est celle qui n'est accordée que pour un temps déterminé, pour sept ans, par exemple. L'indulgence perpétuelle est celle dont la concession est sans limite dans sa durée. Si elle est attachée à un certain lieu, à une église, à une chapelle, un autel, un calvaire, on l'appelle indulgence locale. L'indulgence personnelle est celle qui est accordée directement à une ou plusieurs personnes : telles sont les indulgences établies en faveur des communautés, des confréries, des associations pieuses. L'indulgence réelle est celle qui s'applique à certaines choses, aux crucifix, par exemple, aux chapelets, aux médailles, et autres objets de dévotion. Enfin, parmi les indul-

gences, il en est qui sont accordées uniquement ou pour les vivants, ou pour les morts; d'autres qui sont pour les vivants, avec la faculté pour ceux-ci de les appliquer au soulagement des âmes du Purgatoire. Les indulgences pour les vivants se donnent par voie d'absolution; celles qui sont pour les morts leur sont appliquées par voie de suffrage, c'est-à-dire par la médiation et les prières des fidèles.

904. Il est de foi que l'Église peut accorder des indulgences. Le concile de Trente, s'appuyant sur la tradition de tous les temps, anathématise ceux qui nient que l'Église ait ce pouvoir, ou qui disent que les indulgences sont inutiles (1). Le Souverain Pontife, ayant une juridiction universelle, peut accorder des indulgences plénières ou partielles pour tous les fidèles. Les évêques ne peuvent donner qu'une indulgence de quarante jours, si ce n'est lorsqu'ils consacrent une église. Ils sont autorisés, à l'occasion de cette cérémonie, à accorder une indulgence d'un an. Mais une indulgence de quarante jours attachée par l'évêque à une pratique de dévotion d'une manière indéfinie, pourra être gagnée chaque fois qu'on fera la chose prescrite. L'évêque peut exercer son pouvoir par lui-même ou par un ecclésiastique, un vicaire général, par exemple, spécialement délégué *ad hoc*. Un évêque purement titulaire, ou démissionnaire, n'ayant pas de juridiction, ne peut accorder des indulgences. Quant aux archevêques, ils peuvent donner les mêmes indulgences que les évêques, dans les diocèses qui forment leurs provinces respectives, sans même être en cours de visites. Les canonistes ne s'accordent pas sur la question de savoir si les vicaires capitulaires ont le même pouvoir que l'évêque par rapport aux indulgences. Benoît XIV regarde comme mieux fondé le sentiment qui ne leur permet pas d'en accorder. Nous dirons donc avec la sacrée congrégation dite du concile : *Vicarius capitularis se abstineat* (2). Lorsqu'on obtient de Rome un bref portant la faculté d'appliquer des indulgences, on ne doit le mettre à exécution qu'après en avoir fait reconnaître l'authenticité par l'Ordinaire. Ainsi l'a réglé le concile de Trente, afin de prévenir les abus (3).

905. Pour ce qui regarde la durée des indulgences, ou elles sont accordées pour un temps, ou elles sont accordées à perpétuité. Dans le premier cas, elles cessent à l'expiration du temps marqué. Ce temps doit se compter à partir de la date du rescrit, et non du

---

(1) Concil. Trident., sess xxv, Decret. de Indulgentiis.—(2) Voyez Benoît XIV, de Synodo diœcesana, lib. II. cap. 9. — (3) Sess. xxI, cap. 9.

jour de sa publication. Dans le second cas, elles durent jusqu'à ce qu'elles soient expressément révoquées, et n'expirent point par la mort de celui qui les a accordées : *Decet concessum beneficium esse mansurum* (1). Quand le lieu ou l'objet auquel une indulgence est attachée cesse d'être, selon l'opinion commune des hommes, ce qu'il était auparavant, l'indulgence cesse également. Ainsi, par exemple, si une église est entièrement ou presque entièrement détruite, ou si elle perd sa destination en devenant un lieu profane, elle perd par là même ses indulgences. Il en serait autrement si elle était renouvelée ou reconstruite, même en entier, par des réparations successives, car elle serait restée moralement la même. Un chapelet indulgencié conserve aussi ses indulgences, tant qu'on peut dire que c'est le même chapelet. Si on en perd la croix ou quelques grains, on peut en faire mettre d'autres; et lors même qu'il serait ainsi totalement renouvelé successivement, il n'en serait pas moins indulgencié. Si, au contraire, il est tellement brisé qu'il ne présente plus que des morceaux, il n'est plus bénit; comme aussi, s'il venait à se défiler de manière à ce que les grains, ou une grande partie des grains fussent séparés, il perdrait sa bénédiction et ses indulgences (2). La perdrait-il si on en changeait le cordon sans déranger l'ordre des grains? Il paraît que non, le chapelet restant moralement le même (3).

906. On demande si les chapelets, médailles et autres objets, perdent les indulgences qui y sont attachées, quand on les prête à d'autres, ou qu'on les donne ou qu'on les vend. Nous répondons qu'un chapelet, une médaille, ou autre objet indulgencié, ne perd sa bénédiction qu'autant qu'on le prête à d'autres pour leur faire gagner les indulgences, ou qu'on le donne, qu'on le vend, après se l'être approprié, et en avoir fait usage pour soi. L'intention du saint-siége, en usant de cette rigueur, est d'inspirer plus de respect pour les objets auxquels il a attaché des grâces spirituelles. Quand on a un chapelet indulgencié, on peut gagner l'indulgence en le récitant avec d'autres personnes, comme si on le récitait seul; mais la personne avec laquelle on le récite ne gagne pas l'indulgence, à moins qu'on n'ait un chapelet auquel seraient attachées les indulgences dites de sainte Brigitte.

Nous ferons remarquer que le saint-siége défend d'attacher des indulgences aux images, soit gravées, soit peintes, ainsi qu'aux

---

(1) Regul. XVI in *Sexto*. — (2) Voyez Mgr Bouvier, Traité des Indulgences. — (3) Mgr Devie, Rituel de Belley, tom. 1, etc.

croix, crucifix, petites statues et médailles de fer, de plomb, d'étain, ou autres matières fragiles et faciles à se briser. Ainsi, on ne doit point indulgencier les chapelets de verre, à moins que les grains ne soient d'un verre compacte et solide (1).

## CHAPITRE II.

*Des Dispositions requises pour gagner les Indulgences.*

907. Les dispositions générales et nécessaires pour gagner les indulgences sont au nombre de trois : l'intention, l'état de grâce et l'accomplissement des œuvres prescrites. 1° Pour gagner l'indulgence, il est nécessaire que celui qui fait l'œuvre à laquelle elle est attachée, ait l'intention actuelle ou virtuelle de la gagner. L'intention habituelle ou interprétative ne suffit pas. Par conséquent, il est à propos que les fidèles renouvellent chaque jour, à leur prière du matin, l'intention de gagner les indulgences attachées aux pratiques de piété qu'ils pourront faire dans la journée. 2° Il faut être en état de grâce. L'indulgence ne remettant ni la coulpe du péché, ni la peine éternelle, ne peut s'appliquer qu'à ceux qui sont réconciliés avec Dieu. Ainsi, pour gagner une indulgence plénière, il faut absolument avoir obtenu le pardon de toutes ses fautes et mortelles et vénielles, et ne conserver aucune affection au péché, quelque léger qu'il soit; sans cela, l'indulgence plénière devient partielle dans son application, c'est-à-dire qu'on n'en obtient qu'une part plus ou moins forte, selon les dispositions où l'on se trouve. Il n'est cependant pas nécessaire de faire, en état de grâce, toutes les œuvres prescrites; il suffit d'être réconcilié avant de faire la dernière. 3° On doit faire exactement tout ce qui est prescrit par la bulle ou le bref de concession, et le faire comme il est prescrit : *à genoux*, par exemple; *debout; au son de la cloche;* à telle heure; tel jour; *étant contrit; s'étant confessé; ayant communié; priant pour la paix entre les princes chrétiens, pour l'extirpation des schismes et des hérésies, pour l'exaltation de notre mère la sainte Église, à l'intention du Souverain Pontife*, etc. Ici, tout dépend de la volonté de celui qui accorde une indulgence; on doit donc s'en tenir à cette maxime de droit : *Verba*

---

(1) Mgr Devie, Rituel de Belley, tom. I, etc.

*tantum valent quantum sonant*; sans oublier toutefois l'axiome : *Favores ampliandi*, dont l'application se présente naturellement pour l'interprétation des rescrits qui accordent des indulgences qui sont certainement des *faveurs*.

908. Lorsque la confession est prescrite comme œuvre essentielle à l'indulgence, elle devient nécessaire, même à ceux qui n'ont que des fautes vénielles à se reprocher. Mais, suivant le décret de la Congrégation des indulgences, du 9 décembre 1763, les personnes qui ont l'habitude de se confesser une fois la semaine, peuvent gagner toutes les indulgences, même plénières, qui se rencontrent chaque jour, sans une nouvelle confession, pourvu qu'elles n'aient aucune faute grave à se reprocher pour le moment où s'appliquent les indulgences. On excepte l'indulgence du jubilé, et celle qui s'accorde en forme de jubilé. Le 12 juin 1822, la même Congrégation rendit un décret, par lequel elle permet, en faveur des personnes qui ne sont pas dans l'habitude de se confesser toutes les semaines, que la confession faite dans les huit jours qui précèdent une fête, serve pour gagner l'indulgence qui y est attachée, pourvu qu'on remplisse les autres conditions requises, et qu'on ne se soit rendu coupable d'aucun péché mortel depuis la confession. Ce décret ne change rien sur les indulgences accordées en forme de jubilé. Nous l'avons dit : lorsque le rescrit exige la confession, il faut se confesser, n'eût-on que des péchés véniels à déclarer; mais alors est-il nécessaire d'être absous pour gagner les indulgences? Les docteurs ne sont pas d'accord; le parti le plus sûr, sans contredit, sera d'absoudre tous ceux qui se confessent, s'ils se sont suffisamment préparés au sacrement.

En ce qui concerne la sainte communion, qui est presque toujours requise pour les indulgences plénières, on peut la faire la veille, comme le jour même de la fête à laquelle est fixée l'indulgence (1).

909. Il ne suffit pas, pour gagner une indulgence, de faire les œuvres prescrites qu'on est obligé de faire à un autre titre, à moins qu'on n'y soit autorisé par le rescrit pontifical. Ainsi, lorsque le jeûne est exigé par le Pape, ni le jeûne des Quatre-Temps, ni celui du carême ou d'une vigile ne suffisent. De même, les prières qui sont d'ailleurs d'obligation, comme, par exemple, la récitation de l'office divin pour ceux qui sont dans les Ordres sacrés, ne peuvent servir pour satisfaire aux intentions du Souverain Pontife,

---

(1) Décret de la Congrégation des Indulgences, du 12 juin 1822.

quand il veut que l'on prie à l'occasion de l'indulgence qu'il accorde.

Pour ce qui est des prières auxquelles sont attachées des indulgences, il faut dire les prières mêmes qui ont été désignées, en les prononçant non-seulement d'esprit et de cœur, mais de bouche, et les offrir à Dieu aux fins énoncées dans le bref apostolique. Si ces fins n'étaient pas déterminées, ou si on ne se les rappelait pas, il suffirait de prier à l'intention de celui qui a accordé les indulgences. Si les prières ne sont pas spécifiées, elles sont laissées à la dévotion de chacun.

Pour gagner les indulgences ordinaires attachées aux croix, médailles et chapelets bénits par celui qui en a reçu le pouvoir du Pape, il faut, ou les avoir devant soi en priant, ou les porter sur soi, ou les placer dans la partie de la maison qu'on habite. Cependant, si c'est un chapelet qui a les indulgences de sainte Brigitte, il faut le tenir à la main, et passer les grains entre les doigts, à mesure qu'on dit les prières.

910. Peut-on gagner plusieurs fois par jour la même indulgence? On peut certainement gagner plusieurs fois par jour la même indulgence partielle qui est attachée à des œuvres déterminées, par exemple, celle qu'on gagne en récitant les actes de foi, d'espérance et de charité, et autres du même genre. Comme aussi, lorsqu'une indulgence est attachée à la visite d'une église sans détermination de jour; si, par exemple, elle est conçue en ces termes : *Tous ceux qui visiteront cette église gagneront cette indulgence*, on peut gagner l'indulgence autant de fois par jour qu'on fera de visites. Il en serait autrement, si la visite était prescrite pour tel ou tel jour déterminé, par exemple, pour le jour de la fête patronale. On peut même gagner plusieurs indulgences plénières le même jour, quand même la communion serait prescrite pour chacune d'elles, pourvu qu'on communie en ce jour, et que l'on ait d'ailleurs satisfait à toutes les autres conditions propres à chaque indulgence (1). On peut alors en appliquer une, ou même les appliquer toutes aux âmes du Purgatoire, si elles sont applicables aux défunts.

---

(1) Décret de la Congrégation des Indulgences, du 19 mai 1841.

## CHAPITRE III.

*Du Jubilé.*

**911. Entre** les indulgences plénières, la principale et la plus solennelle est celle du jubilé. On distingue le jubilé ordinaire et le jubilé extraordinaire. Le jubilé ordinaire est celui qui s'accorde tous les vingt-cinq ans à Rome; il dure un an; puis le Pape l'étend par une bulle à tous les diocèses de l'Église catholique. Le jubilé extraordinaire est une indulgence plénière qui s'accorde pour quelques circonstances particulières, comme l'exaltation d'un nouveau Pape, la cessation d'un fléau public, d'une persécution qui sévit dans une province, dans un royaume.

Pour gagner les indulgences du jubilé, comme pour gagner toute autre indulgence, il faut accomplir exactement les œuvres prescrites, en agissant conformément aux intentions, aux vues du Souverain Pontife. Or, les principales œuvres auxquelles la bulle attache la grâce du jubilé, sont la confession, la communion et la visite des églises qui sont désignées par le Pape ou par l'évêque. 1° Quand la bulle renferme la clause *Rite confessis*, la confession sacramentelle est indispensablement nécessaire, même à ceux qui ne sont coupables que de fautes vénielles; ils ne sont pas obligés, il est vrai, de se confesser; mais s'ils ne se confessent pas, ils ne gagneront point la grâce du jubilé. On ne l'obtiendrait pas non plus évidemment par une confession sacrilége. Peu importe, au reste, que la confession se fasse au commencement, ou au milieu, ou à la fin du jubilé, pourvu qu'on la fasse dans l'intervalle du temps marqué, et qu'on se trouve en état de grâce au moment où l'on termine les œuvres prescrites, c'est-à-dire au moment où l'indulgence est appliquée. Toutefois, il serait plus avantageux que toutes les œuvres commandées fussent faites en état de grâce, et que ceux qui ont quelque péché mortel à se reprocher commençassent par la confession : les curés y exhorteront les fidèles, mais ils ne l'exigeront point.

**912.** Mais celui qui doit faire sa communion pascale, et gagner le jubilé à peu près dans le même temps, est-il obligé de se confesser deux fois? Nous pensons qu'une seule confession faite en vue du jubilé suffit : car, de deux choses l'une : ou il ne se sent pas coupable de péché mortel, ou il s'en reconnaît coupable. Dans le premier cas, il suffit qu'il se confesse pour le jubilé, n'étant point obligé de se confesser pour la communion pascale. Dans le second cas, se trouvant réconcilié par la confession jubilaire, il ne peut plus être tenu de se confesser pour communier à Pâques; puisque alors rien ne s'oppose à ce qu'il communie une première fois pour gagner l'indulgence, et une seconde fois pour satisfaire au précepte de la communion pascale. En serait-il de même, s'il ne s'était pas confessé depuis un an? Il en serait encore de même, s'il croyait prudemment n'avoir pas commis de péché mortel depuis sa dernière confession, car nous avons montré plus haut que le précepte de la confession annuelle n'oblige pas ceux qui n'ont à se reprocher que des fautes vénielles(1). Mais si c'est un fidèle qui a commis quelque faute grave, nous le regarderons comme un malade que s'est trouvé dispensé d'employer les remèdes qui lui étaient prescrits, parce qu'il a recouvré la santé avant d'en faire usage; le précepte du concile de Latran cesse alors d'avoir son application.

913. Il n'en est pas de la communion comme de la confession; on ne peut, par une seule communion, satisfaire au devoir pascal et à la condition prescrite pour le jubilé; car, comme l'enseigne Benoît XIV (2), on ne peut faire servir pour l'indulgence une œuvre qui est prescrite à un autre titre, et, à la différence du précepte de la confession, qui n'oblige que ceux qui sont en état de péché mortel, celui de la communion est pour tous les fidèles. Aussi, en 1826, M. de Quélen, archevêque de Paris, ayant consulté le saint-siége sur cette question, il lui a été répondu, *que la communion pascale et la communion du jubilé, sont deux obligations différentes qui ne peuvent être acquittées par une seule communion* (3).

Pour ce qui regarde la visite des églises, on doit la faire avec des sentiments de piété, et l'accompagner de quelque prière à l'intention du Souverain Pontife. Si la bulle ne détermine rien sur le temps pendant lequel il faut prier à chaque station, une prière, quelque courte qu'elle soit, suffit, pourvu qu'on puisse réellement l'appeler prière. Une simple oraison jaculatoire ne serait pas assez, mais un *Pater* et un *Ave*, ou même l'un ou l'autre, ou quelque prière équivalente, remplirait la condition exigée. Si la bulle porte qu'on priera pendant quelque temps, *per aliquod temporis spa-*

---

(1) Voyez, ci-dessus, n° 407. — (2) Constit. *Inter præteritos*. — (3) L'*Ami de la Religion*, n° 2214.

*tium*, on convient que cinq *Pater* et cinq *Ave*, ou autres prières à peu près équivalentes, suffisent pour remplir cette clause (1). Quant aux aumônes et aux jeûnes qu'on a coutume d'imposer pour le jubilé extraordinaire, on s'en tiendra également à ce qui sera prescrit; les confesseurs ne pourront les changer en d'autres œuvres, à moins qu'ils n'y soient expressément autorisés par le Pape.

**914.** Les bulles pour la publication du jubilé renferment plusieurs priviléges ou prérogatives en faveur des confesseurs, ou plutôt en faveur des fidèles. 2° Les fidèles de tout âge, de tout sexe, et de toute condition, ont la faculté de se choisir un confesseur parmi les prêtres réguliers ou séculiers qui sont approuvés dans le diocèse où la confession doit se faire. Les religieuses et les novices ont le même droit, pour la confession du jubilé, pourvu, toutefois, qu'elles prennent leur confesseur parmi ceux qui sont approuvés pour entendre les confessions des religieuses. 2° Les confesseurs approuvés reçoivent le pouvoir d'absoudre ceux qui s'adressent à eux, dans l'intention de gagner le jubilé, de l'excommunication, de la suspense, des autres censures ecclésiastiques, infligées par le droit ou par le supérieur, pour quelque cause que ce soit, réservées aux ordinaires ou au saint-siége, et de toutes sortes de péchés, même les plus énormes, réservés ou non; on n'excepte que ceux qui seraient frappés de censures pour une injustice commise envers un tiers, et qui auraient été dénoncés comme tels. Mais si, avant la fin du jubilé, ils satisfaisaient à ce que la justice exige d'eux, ils pourraient être absous. Il est encore une autre exception : « Sacerdos conscius alicujus peccati contra « castitatem exterius commissi nunquam suum complicem absol- « vere potest in quovis jubilæo, excepto solo mortis articulo, defi- « ciente alio sacerdote (2). » 3° Les confesseurs peuvent dispenser de l'irrégularité *occulte*, provenant de la *violation des censures*, tant à l'effet d'exercer les fonctions sacrées, que pour recevoir un ordre supérieur. Mais c'est la seule irrégularité qu'ils puissent lever à l'occasion du jubilé (3). 4° Ils sont autorisés à commuer les vœux simples, à l'exception du vœu de chasteté perpétuelle et du vœu d'entrer en religion. Encore peuvent-ils commuer ces deux derniers vœux, dans tous les cas où la réserve est dévolue à l'Ordinaire. Mais il ne faut pas confondre la commutation des vœux

---

(1) Mgr Bouvier, Traité des Indulgences, part. IV. ch. 2, etc. — Voyez aussi S. Alphonse de Liguori, lib. VI. n° 537. — (2) Benoît XIV, Bulla *Convocatis*. — (3) Benoît XIV, ibidem.

avec la dispense (1). On excepte encore le vœu qui serait fait en faveur d'un tiers, à moins qu'il n'ait pas encore été accepté. Les confesseurs ne peuvent le commuer.

**915.** Pendant l'année sainte, c'est-à-dire, l'année que le jubilé ordinaire se célèbre à Rome, les indulgences sont généralement suspendues dans les autres parties du monde chrétien. Il s'agit des indulgences accordées par le Souverain Pontife, et non de celles que les évêques accordent de droit ordinaire. La suspension ne s'étend point non plus, comme on le voit par les dernières bulles du jubilé, ni aux indulgences qui se donnent *in articulo mortis;* ni à celles de l'*Ave Maria,* c'est-à-dire de l'*Angelus;* ni à celles des *quarante heures;* ni à l'indulgence accordée aux fidèles qui accompagnent ou font accompagner avec des flambeaux le Saint Sacrement quand on le porte aux malades; ni aux autels privilégiés qui sont établis pour le soulagement des âmes du Purgatoire. Il est encore quelques autres exceptions. Au reste, Benoît XIV avait rendu applicable aux âmes du Purgatoire, pendant l'année sainte, toutes les indulgences suspendues pour les vivants; et Léon XII a maintenu cette clause.

Il n'entre pas dans notre plan de parler des différentes indulgences que notre mère la sainte Église accorde à ses enfants. On en trouvera l'explication dans le savant Traité de Mgr Bouvier, évêque du Mans. C'est un ouvrage vraiment utile à tous les curés (2).

_____

(1) Voyez ce que nous avons dit au tom. I, n° 527. — (2) Traité des Indulgences, par Mgr Bouvier, vol. in-12. Voyez aussi le Manuel des principales dévotions et confréries auxquelles sont attachées des Indulgences, approuvé par la sacrée Congrégation des Indulgences, publié avec autorisation de Mgr l'archevêque de Cambrai, pour l'usage de son diocèse, par M. l'abbé Giraud, vicaire général.

# TRAITÉ DES CENSURES.

916. L'Église est une société; elle a donc droit d'infliger des peines à ceux de ses membres qui sont rebelles à ses lois. De là, les censures, les peines ecclésiastiques ou spirituelles, dont l'usage remonte aux temps des Apôtres.

## CHAPITRE PREMIER.

*Des Censures en général.*

917. La censure est une peine ecclésiastique, spirituelle et médicinale, par laquelle un chrétien pécheur et contumax est privé, en tout ou en partie, des biens qui sont à la disposition de l'Église. La censure est une *peine*; c'est un châtiment qui suppose nécessairement une faute. C'est une peine *ecclésiastique* : elle ne peut être portée que par ceux qui sont dépositaires de l'autorité de l'Église. C'est une peine *spirituelle*, à la différence des peines temporelles, qui sont infligées par le pouvoir civil. Elle est *médicinale*, salutaire. En punissant un de ses enfants par les censures, l'Église se propose moins de le châtier que de le corriger. L'Église suit en cela l'exemple de saint Paul, qui excommunia l'incestueux de Corinthe en le livrant à Satan, dans le dessein de sauver son âme et de préserver les fidèles de la contagion (1). Et c'est parce que la censure est une peine *médicinale*, que l'on n'excommunie point ceux qu'on n'espère pas ramener à de meilleurs sentiments, à moins que l'excommunication ne soit jugée nécessaire pour prévenir le scandale ou inspirer aux fidèles une terreur salutaire : « Et ideo non « sunt excommunicandi ii, de quibus correctio desperatur, nisi fiat « ad terrorem aliorum (2). » La censure est une peine par laquelle un *chrétien* est privé des biens spirituels de l'Église : elle ne peut tomber que sur ceux qui ont été baptisés. « Quid enim mihi de iis,

---

(1) I. Corinth. c. 5. — (2) S. Alphonse de Liguori, lib. VII. n° 1.

« qui foris sunt, judicare (1). » Elle ne peut tomber non plus que sur un *pécheur contumax*, rebelle, puisque c'est une peine et une peine médicinale. Enfin, la censure prive plus ou moins, selon qu'elle est plus ou moins grave, des biens dont l'Église peut disposer. Les biens dont l'Église prive un pécheur sont : les sacrements, les indulgences, la juridiction spirituelle, les fonctions sacrées, l'assistance à la sainte messe, les prières ou suffrages publics. Mais elle ne peut le priver des dons de la grâce, qui viennent immédiatement de Dieu. Les effets d'une censure, d'une excommunication surtout, sont redoutables aux yeux de celui qui a la foi, et paraissent bien propres à lui inspirer de l'horreur pour les crimes auxquels cette peine est attachée.

918. On voit, par ce qui vient d'être dit, que la censure diffère essentiellement : 1° de l'irrégularité ; car de sa nature l'irrégularité n'est point une peine, c'est un empêchement canonique, une certaine inhabilité fondée sur l'inconvenance qu'il y a à ce que celui qui est atteint d'un *défaut* grave, ou qui a commis quelque *délit*, monte à l'autel. 2° De la cessation des offices divins, *cessatio a divinis*, qui n'est pas proprement une peine, et qui ne tombe directement que sur les lieux et non sur les personnes. 3° De la déposition et de la dégradation, qui sont des peines perpétuelles et médicinales.

919. On distingue trois sortes de censures, savoir : l'excommunication, la suspense et l'interdit. On distingue aussi les censures portées par le droit, qu'on appelle censures *a jure* ; et les censures portées par une sentence ou une ordonnance particulière : on les appelle censures *ab homine*. Les premières sont contenues dans les lois générales de l'Église, ou dans les lois particulières de chaque diocèse, qui sont les statuts synodaux, les constitutions ou ordonnances générales et permanentes, publiées par les évêques pour la réforme des mœurs et le bien général des diocèses. Les censures *ab homine* sont celles qui sont portées par le supérieur ou le juge ecclésiastique contre certaines personnes dénoncées ou désignées par leur qualité. Ces censures se prononcent de deux manières, savoir : en forme de sentence ; et en forme de commandement particulier, ou de défense de la part du supérieur ecclésiastique. Les censures *a jure* sont stables comme les lois ; elles subsistent par conséquent après la mort ou la démission du législateur ; tandis que l'ordonnance particulière, le commandement, la sentence qui prononce

---

(1) I. Corinth. c. 5. v. 12.

une censure *ab homine*, passe avec celui qui l'a portée : ce qui ne signifie pas toutefois que la censure encourue tombe par la mort du supérieur; car celui qui en est frappé ne peut en être délivré que par l'absolution.

920. On distingue encore les censures de sentence prononcée, *latæ sententiæ*, et les censures de sentence à prononcer, *ferendæ sententiæ*. Les premières s'encourent, *ipso facto*, par le fait seul de la violation de la loi, sans qu'il intervienne une sentence du juge. Les censures *ferendæ sententiæ* ne sont que *comminatoires*, et ne s'encourent que par suite d'une sentence émanée du supérieur ecclésiastique. C'est par les termes dans lesquels est conçue la loi qui établit une censure, que l'on connaît si elle est *latæ* ou *ferendæ sententiæ*. On juge qu'une censure est *latæ sententiæ*, 1° lorsque le canon, le statut renferme ces mots, *ipso facto, ipso jure*; ou *statim, continuo, ex tunc, in incontinenti*; 2° quand la censure est exprimée en termes qui signifient le passé ou le présent; comme lorsque la loi porte : *excommunicavimus; interdiximus; decernimus esse excommunicatum, suspensum, interdictum; declaramus excommunicatum; excommunicationis sententia duximus innodandum; excommunicamus; suspendimus; interdicimus; excommunicatur, suspenditur, interdicitur*. Ces manières de parler indiquent assez clairement que l'intention du législateur est que la censure s'encoure par le fait, *ipso facto*. 3° Quand il est dit simplement dans la loi : *Qui id fecerit, noverit se excommunicatum, suspensum, interdictum; noverit se excommunicari, suspendi, interdici; habeatur pro excommunicato, suspenso, interdicto; incurrat excommunicationem, incidat in excommunicationem; noverit se excommunicationem incurrere*; ou lorsqu'on s'est servi de termes semblables.

921. On juge que la censure n'est que *ferendæ sententiæ* : 1° quand la loi est conçue en termes qui regardent l'avenir. Par exemple : *Excommunicabitur; suspendetur; interdicetur; sententiam excommunicationis, suspensionis, interdicti, noverit se incursurum*; à moins qu'elle n'ait ajouté ces mots : *Ipso jure, ipso facto*, ou autres mots semblables. 2° Si le législateur s'est servi de ces expressions : *Sub pœna excommunicationis, suspensionis, interdicti*; ou, en français, *sous peine d'excommunication, de suspense, d'interdit*; ou encore, *sous peine d'excommunication à encourir*, etc. 3° Si on ordonne seulement qu'un tel soit excommunié, suspens, interdit : *Excommunicetur; suspendatur; interdicatur; volumus excommunicari, suspendi, interdici; ut ex-*

*communicetur*, etc. Il en serait autrement, suivant plusieurs docteurs, si on disait : *Excommunicatus sit*, etc. 4° Enfin, lorsque la défense est faite avec menace de censure, *sub imminatione* ou *interminatione anathematis* (1). Dans le doute si une censure est *latæ* ou *ferendæ sententiæ*, on doit la regarder comme simplement comminatoire, d'après cette règle de droit : *In dubiis benignior est interpretatio facienda* (2). C'est le sentiment le plus généralement admis (3). Le Souverain Pontife peut, en vertu de sa juridiction universelle, porter des censures pour toute la chrétienté. Les évêques peuvent aussi en porter, mais seulement pour leurs diocèses respectifs. Ce pouvoir passe aux chapitres des églises cathédrales, pendant la vacance du siége ; il s'exerce par les vicaires capitulaires. Quant aux vicaires généraux, ils ne portent des censures qu'en vertu de la commission qu'ils tiennent de l'évêque. Enfin, les supérieurs des ordres religieux jouissent du droit d'établir des censures à l'égard de ceux qui sont soumis à leur juridiction. Le métropolitain ne peut infliger des censures contre les diocésains de ses suffragants, si ce n'est en cas d'appel ou lorsqu'il visite les diocèses de sa province.

922. Les supérieurs ecclésiastiques qui ont le pouvoir de porter des censures, en usent avec modération : ce qui est permis n'est pas toujours expédient. Les censures étant des peines médicinales, l'évêque doit ne les appliquer que comme des remèdes pour la guérison spirituelle des pécheurs et pour le bien de l'Église. Si donc, il a véritablement sujet de croire que, loin de contribuer à la conversion de certains pécheurs, les censures ne serviront qu'à les endurcir dans le crime, ou à les porter à des excès, à occasionner des troubles, des schismes, des scandales, il doit s'abstenir des voies de rigueur, tolérant un moindre mal pour en éviter un plus grand. Il saura toujours agir en tout avec la plus grande maturité, surtout lorsqu'il se trouve dans la triste nécessité d'infliger des peines graves à ceux de ses enfants ou de ses prêtres qui se montrent rebelles aux lois de l'Église. En tout cas, comme les censures, en général, sont des peines graves qui ne s'infligent qu'au pécheur contumax ou rebelle, on n'y a recours que pour punir celui qui s'est rendu coupable d'une faute mortelle. Ainsi, lorsqu'il s'agit d'infliger une censure *ab homine*, on doit épuiser préalablement tous les

---

(1) Voyez S. Alphonse de Liguori, lib. vii. n° 7 ; les Conférences d'Angers sur les Censures. — (2) Regula 49 juris in Sexto. — (3) Voyez S. Alphonse, le cardinal de la Luzerne, les Conférences d'Angers, Collet, Concina, Sporer, Bailly, les Théologies de Toulouse et de Poitiers, etc., etc.

moyens, les avertissements, les remontrances, que la charité peut suggérer pour corriger les pécheurs. De là, la nécessité des monitions canoniques. La sentence par laquelle on prononce une censure qui n'est point exprimée dans le droit, doit être précédée de trois monitions, entre lesquelles on laisse un intervalle de quelques jours, plus ou moins long, suivant les circonstances. Toutefois, il n'est pas nécessaire que les trois monitions soient réellement distinctes ; une seule peut suffire pour toutes les trois. Mais alors on assigne différents intervalles de jours, en déclarant, par exemple, que les deux premiers jours sont pour la première monition, les deux jours suivants pour la deuxième, et les deux autres qui viennent immédiatement après, pour la troisième. A l'expiration du dernier terme, le coupable est censé contumax s'il n'a pas obéi, et on peut fulminer contre lui.

923. Nous ferons remarquer : 1° qu'il peut arriver des cas si pressants, qu'il y aurait du danger à donner un délai de six ou de plusieurs jours. Dans ces conjonctures, le supérieur ecclésiastique peut faire sur-le-champ les trois monitions. 2° Qu'une sentence portant censure serait nulle, c'est-à-dire, que la peine infligée ne serait point une censure proprement dite, si, à défaut de toute monition, il n'était fait mention de cette censure, ni dans une loi générale, ni dans une loi particulière ou locale. Pour encourir une censure, il faut, de toute nécessité, qu'il y ait contumace ; or, il ne peut y avoir contumace, qu'autant que le délinquant a une certaine connaissance de la peine qu'il doit encourir, ou dont il est menacé. Mais les trois monitions canoniques faites distinctement, ou *per modum unius* dans la forme qu'on vient d'indiquer, ne sont point nécessaires pour la validité d'une censure. A défaut des formalités prescrites, la sentence est *injuste*, c'est-à-dire, *irrégulière*, non conforme au droit; mais elle n'est pas pour cela nulle, invalide. Ainsi, celui à qui on n'aurait fait qu'une simple monition, avant que de l'excommunier, serait véritablement sous le poids de l'excommunication, s'il était coupable (1). 3° Que le supérieur ou le juge ecclésiastique qui, au mépris des règles, décerne une censure, sans avoir fait les monitions canoniques, se rend lui-même coupable d'une faute grave (2). 4° Que les monitions ne sont nullement nécessaires, ni quand il s'agit de déclarer qu'un tel a encouru telle ou telle censure, portée par le droit *ipso facto*; ni, plus pro-

---

(1) S. Alphonse de Liguori, lib. VII. n° 58. — Voyez aussi les Conférences d'Angers, Collet, etc. — (2) S. Alphonse, ibidem.

bablement, quand on croit devoir prononcer une sentence contre celui qui a fait une chose défendue sous peine d'une censure *ferendæ sententiæ* (1).

924. Quelles sont les conditions requises pour encourir les censures au for intérieur? 1° A l'exception d'une excommunication mineure, d'une suspense ou d'un interdit en matière légère, ou pour très-peu de temps, il faut, pour encourir une censure, un péché mortel extérieur et consommé dans son espèce. Le péché doit être mortel; il s'agit d'une peine grave. Par conséquent, tout ce qui excuse de péché mortel, comme le défaut d'une pleine advertance ou d'un plein consentement, la légèreté de matière, excuse par là même de la censure. Il doit être extérieur; *de internis non judicat Ecclesia*: ainsi, la volonté, quelque criminelle qu'elle soit, de commettre un crime, ne suffit pas pour encourir une excommunication, une suspense, un interdit : il doit être consommé dans son espèce. Les lois pénales s'interprètent à la lettre : *Odiosa sunt restringenda*. Si donc la loi défend un acte sous peine de censure, purement et simplement, il ne suffira pas, pour l'encourir, de commencer cet acte; il faut qu'il soit consommé. Mais si la loi comprend dans la censure, non-seulement l'auteur principal du crime, mais encore ceux qui y concourent, alors la peine frappe tous ceux qui y prennent part physiquement ou moralement, soit en l'ordonnant ou le conseillant, soit en facilitant les moyens d'exécution, lorsque toutefois l'ordre ou le conseil est suivi de son effet, *effectu secuto*. De là la nécessité de bien faire attention au texte de la loi, quand on est consulté, si dans tel ou tel cas particulier on a encouru les censures. 2° Il faut qu'il y ait contumace de la part du délinquant : la censure est une peine médicinale; or, elle ne peut être que pour celui qui la connaît. Il ne suffit pas même de savoir que l'acte est contraire, soit à une loi divine, naturelle ou positive, soit à une loi ecclésiastique générale ou particulière : pour encourir une censure, il est nécessaire que celui qui fait l'acte ait quelque connaissance, une connaissance *au moins confuse* de la censure.

925. Ainsi, l'ignorance moralement invincible, nous ne disons pas seulement de la loi, mais de la censure, excuse de cette peine, suivant le sentiment le plus commun des canonistes (2). Il en est de même de l'ignorance qui n'est que légèrement coupable (3) : ce qui

---

(1) S. Alphonse de Liguori, lib. VII. n° 55; Sanchez, Bonacina, etc. — (2) S. Alphonse, ibidem, n° 43; Sanchez, Collet Bailly, etc. — (3) Collet, la Théologie de Poitiers et celle de Toulouse.

est vrai de l'ignorance de *fait* comme de l'ignorance de *droit*. Par conséquent, celui qui ne sait pas qu'il est défendu, sous peine d'excommunication, de frapper un ecclésiastique, quoiqu'il sache très-bien que c'est une action criminelle de battre son prochain, n'encourt point la censure. De même, celui qui, battant un clerc, croit battre un laïque, n'est pas soumis à l'excommunication : comme il ne croit pas enfreindre la loi de l'Église, il n'est point contumax, réfractaire. Mais nous ne parlons que de l'ignorance qui excuse d'une faute grave. L'ignorance *affectée* n'exempte point de la censure. Il faut en dire autant de l'ignorance *crasse*, à moins que la loi n'exige, pour la censure, une connaissance formelle, explicite de la part de celui qui transgresse ses ordonnances. Dans ce cas, l'ignorance crasse, pourvu qu'elle ne soit point affectée, nous met à l'abri des rigueurs de la loi. Or, on connaît que telle est l'intention du législateur, lorsque, au lieu de dire simplement : *Qui fecerit*, *qui violaverit*, il se sert des termes suivants ou autres termes équivalents : *Qui* SCIENTER, CONSULTO, TEMERE *fecerit*, etc. : *Qui* PRÆSUMPSERIT, qui AUSUS FUERIT, *qui* CONTEMPSERIT, *qui* TEMERARII VIOLATORES *extiterint*, etc. Comment doit se comporter celui qui doute avec fondement s'il a encouru quelque censure? Les docteurs sont partagés : les uns pensent qu'on doit, dans le doute, se comporter comme si on avait certainement encouru la censure, parce que, disent-ils, c'est le parti le plus sûr. Les autres, au contraire, croient qu'on peut se comporter comme si la censure n'existait pas, soit qu'il s'agisse d'un doute de droit, soit qu'il s'agisse d'un doute de fait. La raison qu'on en donne, c'est qu'on ne doit infliger une peine qu'à celui qui a certainement transgressé la loi : *In dubiis benignior est interpretatio facienda* (1). C'est le sentiment de saint Alphonse de Liguori; et nous pensons qu'on peut le suivre dans la pratique (2).

926. Il ne suffit pas d'être converti pour être délivré d'une censure qu'on a encourue : il faut en avoir reçu l'absolution. Si cependant une suspense, un interdit avait été prononcé pour un temps déterminé, pour un ou pour deux mois, par exemple, ce terme étant expiré, la censure tomberait d'elle-même sans qu'on eût besoin de se faire absoudre. Il peut arriver aussi qu'on soit lié de plusieurs censures, et qu'on soit dans le cas d'obtenir l'absolution des unes sans l'obtenir des autres. Les confesseurs y feront attention. Relativement à l'absolution des censures, on distingue

---

(1) Regul. juris 49 in Sexto. — (2) Lib. vii. n° 6.

celles qui sont *a jure*, et celles qui sont *ab homine*. Les censures *ab homine* ne peuvent être levées que par celui qui les a portées, ou par son supérieur, ou par son successeur, ou par son délégué. Parmi les censures *a jure*, les unes sont réservées au Souverain Pontife ou à l'évêque, et les autres ne le sont pas. Tout prêtre approuvé pour les confessions peut absoudre des censures non réservées. Il peut encore absoudre de toutes censures le pénitent qui se trouve à l'article de la mort : « Nulla est reservatio in articulo « mortis; atque ideo omnes sacerdotes quoslibet pœnitentes a qui- « busvis peccatis et censuris absolvere possunt (1). » Nous ajouterons que l'évêque et ceux à qui il en a donné le pouvoir peuvent absoudre des censures réservées au Souverain Pontife : 1º quand elles sont occultes; 2º lorsque les pénitents sont dans l'impuissance physique ou morale d'aller à Rome; 3º lorsque la réserve est douteuse (2). Enfin, un prêtre peut absoudre des censures en vertu d'un pouvoir spécial émané du supérieur à qui elles sont réservées. Au reste, ce que nous avons dit dans le traité du *sacrement de Pénitence*, des cas réservés, s'applique, généralement, au pouvoir d'absoudre des censures *a jure*, qui sont réservées, soit au Souverain Pontife, soit aux évêques (3). Les supérieurs peuvent donner l'absolution des censures, par écrit ou de vive voix, dans le tribunal de la pénitence ou hors du tribunal. Les simples prêtres ne donnent cette absolution que dans le tribunal de la pénitence. La formule ordinaire de l'absolution sacramentelle peut suffire. Quant à l'absolution solennelle d'une censure, au for extérieur, on en trouve la formule dans les Rituels.

## CHAPITRE II.

### *De l'Excommunication.*

**927.** L'excommunication est une censure par laquelle un chrétien est séparé de la communion des fidèles, et privé, en tout ou en partie, des biens spirituels qui sont à la disposition de l'Église. Si elle prive de tous ces biens, on l'appelle excommunication majeure; si elle n'en prive qu'en partie, on l'appelle excommunication mi-

---

(1) Concil. Trident., sess. xiv. cap. 7. — (2) Voyez, ci-dessus, les nᵒˢ 481 et 496. — (3) Voyez, ci-dessus, le nº 501.

neure. Il est à observer que dans le droit et dans les canonistes, le mot d'excommunication, employé seul et sans addition, signifie toujours excommunication majeure. On distingue les excommuniés *dénoncés* et les excommuniés *non dénoncés*. On entend par excommunié dénoncé, celui qui a été nommément déclaré comme tel par une sentence émanée du juge ou supérieur ecclésiastique ; l'excommunié non dénoncé est celui qui n'a pas été nommément déclaré tel par sentence, et on l'appelle excommunié *toléré*. Cette distinction est importante.

928. Les principaux effets de l'excommunication sont : 1° de priver le pécheur des suffrages ou prières publiques de l'Église et autres avantages attachés à la communion des saints. Il est permis aux fidèles et même aux prêtres de prier pour son salut, mais leurs prières n'ont pour lui que l'effet de prières particulières. Peut-on offrir le sacrifice de la messe à l'intention d'un excommunié non dénoncé? Les docteurs sont partagés : les uns sont pour l'affirmative et les autres pour la négative (1). Nous pensons qu'on peut suivre le premier sentiment, du moins lorsque le pécheur paraît disposé à se réconcilier avec l'Église, et que l'excommunication n'est point notoire dans la paroisse.

929. 2° De priver du droit de recevoir les sacrements. Un excommunié, même toléré, ne doit point recevoir les sacrements avant d'avoir été absous de l'excommunication ; cependant, il les recevrait validement. L'absolution sacramentelle serait même valide, suivant le sentiment qui nous paraît le plus probable, dans le cas où le pénitent excommunié serait dans une ignorance de bonne foi, au sujet de son état, si d'ailleurs il apportait au sacrement les dispositions convenables. En effet, la censure par elle-même ne rend point un pécheur incapable de l'absolution; elle n'annule point le sacrement (2).

3° De priver du droit d'administrer les sacrements. Un prêtre excommunié, quoique toléré, se rend coupable d'une grande faute, en exerçant ses fonctions, à moins qu'il ne les exerce par nécessité. La défense qui lui est faite d'administrer les sacrements cesse lorsqu'il est obligé de les administrer, ou lorsqu'il ne peut se dispenser de le faire, sans scandale ou sans danger de se diffamer (3). Il en est de même de celui qui est frappé d'une suspense ou d'un

---

(1) Voyez S. Alphonse de Liguori, lib. vii. n° 164. — (2) Ibidem, n° 159, Suarez, Bonacina, Cajétan, Coninck, Lacroix, etc. — (3) S. Alphonse, ibidem, 169; de la Luzerne, etc.

interdit. En tout cas, les actes d'un excommunié, même en matière de juridiction, sont valides, à moins qu'il ne soit nommément dénoncé : jusque-là il peut absoudre validement. Mais une fois qu'il est dénoncé, l'absolution qu'il donnerait serait nulle, sauf probablement le cas d'une nécessité extrême, *en l'absence* de tout autre prêtre.

4° De rendre celui qui est excommunié incapable d'être pourvu d'aucun bénéfice ou dignité ecclésiastique. La nomination ou l'élection que l'on ferait d'un clerc, actuellement lié d'une excommunication, serait nulle de droit, quand même ce clerc serait toléré. L'excommunication encourue par un bénéficier ne le prive pas du bénéfice dont il a été pourvu antérieurement, mais s'il négligeait de se faire absoudre, il pourrait en être privé par sentence.

5° De priver de la sépulture ecclésiastique. On ne peut inhumer en terre sainte un excommunié dénoncé (1).

930. 6° Enfin, de retrancher un pécheur de la communion extérieure des fidèles. Il est défendu de communiquer avec un excommunié dénoncé, soit dans les choses divines, soit même dans les choses purement civiles. Celui qui, malgré cette défense, communique sciemment, sans quelque nécessité, avec un excommunié non toléré, encourt l'excommunication mineure, dont les effets sont de priver du droit de recevoir les sacrements, sans exclure de l'Église et des offices divins, ni du commerce civil avec les fidèles. Il faut remarquer que depuis la bulle de Martin V, *ad vitanda scandala*, la défense de communiquer avec les excommuniés n'a lieu qu'autant qu'ils sont nommément dénoncés comme tels par une sentence du supérieur ecclésiastique, ou qu'ils ont encouru l'excommunication pour avoir frappé un clerc. On exige même, en France, pour le dernier cas, que l'excommunié soit dénoncé.

Il ne sera peut-être pas hors de propos d'indiquer ici les principales excommunications portées par le droit, quoiqu'elles ne soient pas toutes en vigueur dans les différents diocèses de France.

### ARTICLE I.

*Excommunications réservées au Souverain Pontife.*

931. Il y a excommunication *ipso facto*, réservée au Pape : 1° Contre ceux qui, par malice, ont mis le feu à un édifice sacré

---

(1) Voyez, ci-dessus, nos 310, 626.

ou profane, lorsque le coupable a été nommément dénoncé comme excommunié. 2° Contre ceux qui ont volé avec effraction des choses sacrées, quand ils ont été dénoncés comme excommuniés. L'effraction sans vol ou le vol sans effraction n'entraîne point l'excommunication. 3° Contre ceux qui font la simonie réelle, pour se faire ordonner, ou pour obtenir un bénéfice, ou pour être admis à la profession religieuse. 4° Contre ceux qui ont fait une confidence pour obtenir un bénéfice; par exemple, en promettant une pension, sans y être autorisé par le supérieur ecclésiastique, à celui qui possédait le bénéfice, ou à toute autre personne. 5° Contre ceux qui fabriquent ou falsifient des lettres du Pape, ainsi que contre ceux qui en font usage après en avoir reconnu la fausseté. 6° Contre ceux qui professent publiquement l'hérésie, soit qu'ils appartiennent à une secte séparée de l'Église, soit que, sans appartenir à aucune secte, ils soutiennent sérieusement et publiquement une erreur qu'ils savent avoir été condamnée par l'Église comme contraire à la foi, comme hérétique. Il en est de même des schismatiques; ils sont excommuniés. Assez généralement les évêques de France n'ont point recours au Saint-Siége pour réconcilier les hérétiques qui renoncent à leurs erreurs. 7° Contre ceux qui sciemment impriment, vendent, retiennent, lisent, ou défendent, *defendentes*, les livres des *hérétiques* qui contiennent quelque *hérésie*, ou qui, sans contenir aucune hérésie, traitent de la religion, *de religione tractantes*, c'est-à-dire de l'Écriture sainte, de la théologie dogmatique, morale, canonique, ou ascétique. Les évêques de France, même ceux dans les diocèses desquels cette excommunication se trouve en vigueur, permettent la lecture des livres des hérétiques, et accordent la faculté d'absoudre ceux qui ont encouru l'excommunication en les lisant. 8° Contre ceux qui, par malice, ou d'une manière injurieuse, *suadente diabolo*, tuent, mutilent ou frappent *grièvement* un clerc, un religieux ou une religieuse, connus pour tels. Dans le doute si la blessure est assez grave pour qu'on soit obligé de recourir au Pape, la réserve est dévolue à l'Ordinaire. 9° Contre ceux qui se battent en duel. Cette excommunication s'encourt encore par ceux qui provoquent au duel, ou qui l'acceptent, lors même qu'il n'a pas lieu; par ceux qui l'ordonnent ou qui le conseillent, si l'effet s'ensuit; par ceux qui sciemment fournissent pour le duel des armes ou des moyens de se battre; par ceux qui sont témoins d'office; et par ceux qui, sans être invités par les duellistes, se rendent comme spectateurs au lieu du combat. En France, on a coutume de s'adresser à l'évêque

pour obtenir l'absolution de cette excommunication. 10° Contre ceux qui violent la clôture des couvents ou monastères (1). 11° Contre ceux qui envahissent les biens des églises, ou des hôpitaux, ou des monastères, ou des monts-de-piété, ou des naufragés. 12° Contre ceux qui empêchent les juges ecclésiastiques de faire usage de leur juridiction. 13° Contre l'invasion des terres de l'Église romaine. 14° Contre la violation d'un interdit porté par le Souverain Pontife. 15° Contre les carbonari et les francs-maçons. Les bulles de Clément XII, de Benoît XIV, de Pie VII et de Léon XII, qui portent cette excommunication, n'ont point été publiées en France. 16° Contre les religieux qui, sans privilége, ou sans la permission du Pape, ou de l'évêque, ou du curé, auraient la témérité d'administrer les sacrements de l'Eucharistie et de l'Extrême-Onction aux clercs ou aux laïques, ou de célébrer le sacrement de Mariage. 17° Contra confessarium qui, extra casum extremæ necessitatis, nimirum in ipsius mortis articulo, et deficiente tunc quocumque alio sacerdote, qui confessarii munus obire possit, confessionem sacramentalem personæ complicis in peccato turpi atque inhonesto, contra sextum Decalogi præceptum commisso, excipere audet (2). Ita Benedictus XIV in constitutione *Sacramentum Pœnitentiæ*, ubi et hæc leguntur : « Committimus et mandamus omnibus hære-
« ticæ pravitatis inquisitoribus, et locorum Ordinariis omnium
« regnorum, provinciarum, civitatum, dominiorum et locorum
« universi orbis christiani, in suis respective diœcesibus, ut dili-
« genter, omnique humano respectu postposito, inquirant, et pro-
« cedant contra omnes et singulos sacerdotes, tam sæculares, quam
« regulares quomodolibet exemptos ac sedi apostolicæ immediate
« subjectos, quorumcumque ordinum, institutorum, societatum et
« congregationum, et cujuscumque dignitatis et præeminentiæ, aut
« quovis privilegio et indulto munitos, qui aliquem pœnitentem,
« quæcumque persona illa sit, vel in actu sacramentalis confessio-
« nis, vel ante, vel immediate post confessionem, vel occasione
« aut prætextu confessionis, vel etiam extra occasionem confessio-
« nis in confessionali, sive in alio loco ad confessiones audiendas
« destinato, aut electo cum simulatione audiendi ibidem confessio-
« nem, ad inhonesta et turpia sollicitare vel provocare, sive ver-
« bis, sive signis, sive nutibus, sive tactu, sive per scripturam aut
« tunc aut post legendam, tentaverint; aut cum eis illicitos et in-
« honestos sermones vel tractatus temerario ausu habuerint. »

(1) Voyez le tome I, n° 45. — (2) Voyez, ci-dessus, n° 487.

932. « Meminerint præterea omnes et singuli sacerdotes ad confes-
« siones audiendas constituti, teneri se ac obligari suos pœnitentes,
« quos noverint fuisse ab aliis, ut supra sollicitatos, sedulo mo-
« nere, juxta occurentium casuum circumstantias, de obligatione
« denuntiandi inquisitoribus sive locorum ordinariis prædictis,
« personam, quæ sollicitationem commiserit, etiamsi sacerdos sit
« qui juridictione ad absolutionem valide impertiendam careat,
« aut sollicitatio inter confessarium et pœnitentem mutua fuerit,
« sive sollicitationi pœnitens consenserit, sive consensum minime
« præstiterit, vel longum tempus post ipsam sollicitationem jam
« effluxerit, aut sollicitatio a confessario, non pro se ipso, sed pro
« alia persona peracta fuerit. Caveant insuper diligenter confessarii
« ne pœnitentibus, quos noverint jam ab alio sollicitatos, sacra-
« mentalem absolutionem impertiant, nisi prius denuntiationem
« prædictam ad effectum perducentes delinquentem indicaverint
« competenti judici, vel saltem se, cum primum poterunt, dela-
« turos spondeant ac promittant. » Et vero, etiam in locis ubi præfata constitutio non est recepta, qui ad turpia sollicitatus fuerit a
parocho vel alio sacerdote, scelestum hunc et impium Ordinario
denuntiare stricte tenetur saltem lege divina atque naturali. Cœte-
rum, quisque confessarius ea de re documenta et monita sequatur
episcopi. Ex eadem Benedicti XIV constitutione, calumniatores,
qui innoxios sacerdotes apud ecclesiasticos judices falso sollicita-
tionis insimulant, privantur, extra mortis articulum, beneficio
absolutionis, quæ Summo Pontifici reservatur.

### ARTICLE II.

### *Excommunications réservées aux Évêques.*

933. Il y a excommunication réservée à l'évêque : 1° Soit qu'on
fasse ce qu'il défend sous peine d'une excommunication qu'il s'est
réservée; soit qu'on omette de faire ce qu'il commande sous la
même peine. Telles sont généralement, les excommunications portées par les statuts du diocèse, les ordonnances épiscopales ainsi
que celles qui se prononcent par forme de monitoire. Ces dernières
excommunications sont devenues bien rares parmi nous. 2° Lorsqu'on frappe légèrement un clerc, un religieux, une religieuse,
d'une manière injurieuse, si toutefois l'injure est assez grave pour
être péché mortel. 3° Lorsqu'on procure l'avortement. 4° Quand
on communique dans l'action même du crime avec ceux qui sont

excommuniés par l'évêque. 5° Quand, après avoir été absous d'une censure, à l'article de la mort, par celui qui n'avait pas d'ailleurs le pouvoir d'en absoudre, on ne s'est pas présenté ayant recouvré la santé, au supérieur à qui elle était réservée. Cette excommunication n'a pas lieu partout ; du moins l'on se comporte dans un grand nombre de diocèses comme si on ne l'encourait pas ; et par le fait elle ne s'encourt point, les fidèles n'étant point contumaces.

### ARTICLE III.

#### *Des Excommunications non réservées.*

934. On encourt une excommunication non réservée : 1° Lorsque étant directeur des religieuses, on favorise la discorde, la division au sujet des élections. 2° Lorsqu'on inhume en terre sainte en temps d'interdit, si l'interdit est dénoncé, ou qu'on y enterre les interdits ou les excommuniés non tolérés. 3° Lorsque, sans autorisation, on imprime le concile de Trente avec notes ou commentaires. 4° Lorsqu'on imprime des livres, du moins ceux qui traitent de la religion, sans la permission des supérieurs. Cette excommunication n'est pas en vigueur dans tous les diocèses de France. 5° Quand on se marie sciemment, sans dispense, avec un parent ou une parente à un degré prohibé par les canons. 6° Si on ne dénonce point au saint Office ou à l'Ordinaire, les hérétiques, les magiciens de profession, ceux qui blasphèment avec hérésie contre Dieu, contre la sainte Vierge ou contre les saints. 7° Si, étant religieux ou dans les Ordres sacrés, on a la témérité de vouloir contracter mariage. 8° Lorsqu'on se rend coupable de rapt, ou qu'on y coopère efficacement. 9° Quand on force les femmes d'entrer dans un monastère, ou qu'on les empêche, sans une juste cause, de prendre le voile ou de faire les vœux de religion.

# CHAPITRE III.

### *De la Suspense.*

935. La suspense est une censure par laquelle il est défendu à un clerc d'exercer certaines fonctions ecclésiastiques. Cette censure ne peut atteindre les laïques. On distingue la suspense totale et la sus-

pense partielle; la suspense *ab officio* et la suspense *a beneficio*. La suspense *ab officio* se divise en suspense *ab ordine* et en suspense *a juridictione*. La suspense est totale, lorsqu'elle prive un ecclésiastique et de l'exercice de son office et de la jouissance de son bénéfice. On la juge telle, toutes les fois qu'une action est défendue sous peine de suspense sans restriction : on la regarde alors comme une suspense *ab officio* et *a beneficio*. La suspense est partielle, lorsqu'elle ne prive que de l'*office* ou du *bénéfice*, ou de l'exercice de l'*ordre* ou de l'exercice de la *juridiction*. La suspense de l'*ordre* n'emporte pas celle de la *juridiction*; de même celui qui est suspens simplement de la *juridiction*, ne l'est pas pour cela des saints *Ordres*. Mais la suspense *ab officio* entraîne et la suspense *ab ordine* et la suspense *a juridictione*.

936. Celui qui étant suspens exerce solennellement ses fonctions, un ordre sacré, pèche mortellement, et encourt l'irrégularité, à moins qu'il ne se trouve dans la nécessité de les exercer (1). Mais ses actes sont valides, même en matière de juridiction, tandis qu'il est toléré. Il en serait autrement, pour les actes de juridiction, s'il était nommément dénoncé : ils seraient nuls, sauf le cas d'une extrême nécessité, où il n'y aurait pas d'autre prêtre pour absoudre les mourants.

Quand la suspense est décernée pour un temps déterminé, elle cesse d'elle-même après le terme expiré; si elle est portée sans limitation de temps, elle ne peut être levée que par l'absolution.

Indépendamment des suspenses décernées par les évêques, il en est qui sont portées par le droit commun. Nous allons rapporter les principales, qui sont assez généralement reconnues en France.

### ARTICLE I.

*Suspenses réservées au Souverain Pontife.*

937. La suspense *ipso facto*, réservée au saint-siége s'encourt : 1° Par celui qui reçoit l'Ordination, après avoir promis à l'évêque qu'on ne lui demandera rien pour sa subsistance. L'évêque lui-même qui s'est prêté à cet acte simoniaque, est suspens pour trois ans de la collation des saints Ordres. 2° Par ceux qui ont reçu les Ordres simoniaquement, de quelque manière que ce soit. 3° Par ceux qui ont été ordonnés par un évêque que l'on savait avoir re-

---

(1) Voyez, ci-dessus, n° 928.

noncé à l'épiscopat. 4° Par celui qui se fait ordonner par un hérétique, ou schismatique, ou excommunié dénoncé. 5° Par le mari qui, hors le cas d'adultère de la part de sa femme, reçoit, sans son consentement, les Ordres sacrés. 6° Par ceux qui, étant liés d'une excommunication majeure, s'engagent dans les Ordres sans avoir été absous de cette censure. 7° Par celui qui reçoit les saints Ordres avant d'avoir l'âge fixé par les canons. 8° Par les religieux apostats qui ont reçu les Ordres sacrés dans le temps de leur apostasie.

### ARTICLE II.

### *Suspenses réservées à l'Évêque.*

938. Il y a suspense réservée à l'évêque : 1° Lorsqu'on viole un statut ou une ordonnance qui décerne une suspense réservée à l'Ordinaire. 2° Lorsque ceux qui ont l'administration d'une église la chargent de payer des dettes qui lui sont étrangères et ne la concernent point; en empruntant, par exemple, de l'argent sous son nom, quoique l'emprunt ne se fasse pas à son profit ni pour ses besoins. 3° Lorsqu'on se fait ordonner *per saltum*. 4° Quand on reçoit l'Ordination d'un évêque étranger, sans démissoire de son propre évêque. 5° Quand pendant la vacance du siége, et avant un an révolu, on reçoit les Ordres sur le démissoire des vicaires capitulaires qui n'ont point d'indult de la part du Souverain Pontife. 6° Lorsqu'on se fait ordonner sous-diacre sans titre clérical, à moins qu'on n'ait obtenu dispense de qui de droit (1). 7° Lorsqu'on promet à celui qui fournit un titre clérical de ne pas en exiger le revenu. 8° Lorsqu'on reçoit deux Ordres sacrés le même jour. 9° Lorsqu'on se fait ordonner furtivement, c'est-à-dire, sans avoir été examiné et admis par son évêque, ou par ceux qui en sont chargés de sa part. 10° Lorsqu'on se fait ordonner *extra tempora*, sans dispense du Souverain Pontife. 11° Quand un curé donne la bénédiction nuptiale à deux époux dont aucun ne réside dans sa paroisse, sans avoir obtenu le consentement de leur curé (2).

---

(1) Voyez, ci-dessus, le n° 669. — (2) Voyez, ci-dessus, le n° 826.

## CHAPITRE IV.

### *De l'Interdit.*

**939.** L'interdit proprement dit, qu'il ne faut pas confondre avec une simple prohibition de l'évêque, ni avec la révocation d'un prêtre amovible, est une censure qui défend la célébration des offices divins, l'administration des sacrements et la sépulture ecclésiastique. On distingue l'interdit *local*, qui affecte directement un lieu, une église, par exemple, une chapelle, un cimetière; l'interdit *personnel*, qui tombe directement sur une ou plusieurs personnes en particulier; et l'interdit *mixte*, qui tombe et sur les lieux et sur les personnes qui les habitent. L'interdit personnel suit les personnes qui en sont frappées, partout où elles se trouvent. Les clercs interdits selon les formes canoniques, qui exercent les fonctions de leur Ordre, tombent dans l'irrégularité. Il en est de même d'un prêtre qui célèbre les saints mystères dans un lieu interdit. Il y a même excommunication contre ceux qui transgressent un interdit dénoncé, ainsi que contre ceux qui forcent à le violer. Celui qui interdit un clerc sans formalité, de vive voix, par exemple, et sans indiquer la cause, pèche; il est suspens pour un mois de l'entrée de l'église, à moins qu'il ne soit un prélat régulier. « Excommunicans, suspendens, aut interdicens sine scriptura, et « causæ expressione, est suspensus per mensem ab ingressu eccle- « siæ, nisi sit prælatus regularis (1). »

(1) S. Alphonse de Liguori, lib. VII. n° 348.

## TRAITÉ DES IRRÉGULARITÉS.

940. L'Église a établi des irrégularités, afin de conserver aux saints Ordres le respect qui leur est dû, et d'en faire exercer les fonctions avec décence, avec dignité.

## CHAPITRE PREMIER.

*Des Irrégularités en général.*

941. A la différence des censures, qui sont de vraies peines ecclésiastiques, les irrégularités ne sont de leur nature que des empêchements canoniques fondés sur l'indécence qu'il y aurait à ce que ceux qui ont certains *défauts*, ou qui ont commis certains *crimes*, fussent admis aux Ordres ou à en exercer les fonctions. On définit donc l'irrégularité, un empêchement canonique qui rend ceux dans lesquels il se trouve indignes de recevoir les Ordres, et conséquemment d'exercer ceux qu'ils ont déjà reçus. L'irrégularité est un *empêchement*, et non pas une peine : l'irrégularité même *ex delicto*, n'a point été établie ni comme une peine *afflictive* ou *vindicative*, ni comme une peine médicinale ; mais elle l'a été principalement pour sauver le respect qui est dû aux saints Ordres et à la célébration de nos augustes mystères. Elle est un empêchement *canonique*, c'est-à-dire, établi par l'Église. Il y a des incapacités de droit divin, naturel ou positif ; mais il n'y a pas d'irrégularités proprement dites qui ne soient de droit ecclésiastique. L'irrégularité rend *indigne* de recevoir ou d'exercer les Ordres. C'est un empêchement non dirimant, mais purement prohibitif ; il ne rend pas l'ordination nulle, mais il la rend illicite. On distingue plusieurs espèces d'irrégularités : 1° Les irrégularités *temporaires* ou *perpétuelles*. Celles-ci ne cessent que par une dispense, tandis que les autres peuvent cesser par le laps du temps : telle est, par exemple, celle qui provient d'un défaut d'âge, ou d'un défaut d'instruction. 2° Les irrégularités *totales* et les irrégularités *partielles* : les premières

excluent de tout Ordre, de toute fonction sacrée, de tout bénéfice ; les irrégularités partielles, ainsi que le mot l'indique, n'ont qu'une partie de ces effets. 3° Les irrégularités *ex defectu* et les irrégularités *ex delicto*, suivant qu'elles tirent leur origine d'un *défaut* ou d'un *délit*, d'un crime.

942. Toutes les irrégularités sont exprimées dans le droit, et on ne les encourt que dans les cas exprimés par le droit. Par conséquent, un évêque ne peut établir des irrégularités pour son diocèse, et on ne reconnaît point, à cet égard, de coutumes particulières, ni même de coutumes générales. Les irrégularités s'encourent par le fait, *ipso facto*, sans qu'il soit besoin d'une sentence qui les prononce.

Pour encourir une irrégularité *ex defectu*, il suffit d'avoir le défaut auquel elle est attachée. Quant aux irrégularités *ex delicto*, on les encourt en commettant les crimes qui, aux termes du droit, excluent des saints Ordres. Toutefois, il est nécessaire pour encourir une irrégularité *ex delicto*, que le péché soit mortel, extérieur et consommé dans l'espèce désignée par la loi. Il faut qu'il soit *mortel*; un péché véniel ne rend point indigne de l'ordination, ni des fonctions sacrées. Il faut aussi qu'il soit *extérieur;* un empêchement canonique ne peut tomber sur les actes purement intérieurs de la volonté : *De internis non judicat Ecclesia*. Il faut enfin qu'il soit *consommé dans son espèce*, c'est-à-dire, dans l'espèce désignée par le droit. Les lois qui établissent des empêchements, comme celles qui infligent des peines, s'interprètent à la lettre, avec tous les tempéraments dont elles sont susceptibles : *Convenit odiosa restringi*. Ainsi l'irrégularité n'affecte les complices qu'autant que le droit le porte expressément.

943. Mais, selon le sentiment le plus probable, il n'est pas nécessaire d'être contumax pour encourir les irrégularités *ex delicto*. L'ignorance de l'irrégularité fût-elle invincible, n'empêche point de la contracter. La raison qu'on en donne, c'est que l'irrégularité, lors même qu'elle vient d'un crime, *ex delicto*, est plutôt un empêchement qu'une peine canonique ; ou que, si on veut que ce soit une peine, ce n'est point une peine médicinale. Il nous paraît encore plus probable que l'ignorance même de la loi de l'Église qui établit une irrégularité, ne peut mettre hors d'atteinte ceux qui font l'acte auquel elle est attachée, si d'ailleurs ils savent que cet acte est défendu par une loi divine, naturelle ou positive. En effet, ne serait-il pas inconvenant que celui qui s'est rendu coupable d'homicide, ignorât-il la loi qui attache l'irrégularité à ce crime, fût admis à

monter à l'autel et à consacrer le corps et le sang de Jésus-Christ, ayant les mains souillées du sang de son frère?

**944.** Celui qui doute avec fondement s'il est régulier doit-il se regarder comme tel et solliciter une dispense? Ou il s'agit d'un doute de droit, ou d'un doute de fait. Dans le premier cas, on n'a pas à craindre l'irrégularité; car il n'y a d'irrégularité que dans les cas clairement exprimés dans la loi. Ainsi, quoiqu'on soit certain d'avoir fait telle ou telle action, si on ne s'est pas assuré qu'elle entraîne une irrégularité, parce que la loi est obscure et que les docteurs ne s'accordent pas sur le sens qu'on doit lui donner, on peut certainement, de l'aveu de presque tous les canonistes, se comporter comme si on n'était point irrégulier (1). Il en est de même généralement lorsqu'il s'agit d'un doute de *fait*, si toutefois on excepte le doute en matière d'homicide. Et voici comment le prouve le Rédacteur des *Conférences d'Angers* : « Premièrement, on n'encourt point l'irrégularité, si elle n'est portée en termes formels par le droit : or, le droit canonique ne déclare irréguliers que ceux qui sont dans le doute d'avoir donné la mort à quelqu'un, et nous n'avons aucun canon où il soit dit que, dans le doute de fait qui ne regarde point l'homicide, quelqu'un soit irrégulier. On ne doit donc pas étendre cette peine à ceux qui doutent avoir encouru l'irrégularité en d'autres cas où il ne s'agit pas de l'homicide; vu qu'en cette matière on ne raisonne point par parité d'un fait à l'autre. Secondement, lorsque les droits des parties sont obscurs et incertains, on doit plutôt pencher du côté du défendeur que du demandeur, suivant cette règle de droit : « Cum sunt partium jura « obscura, reo favendum est potius quam actori. » Or, ici le demandeur est la loi par laquelle on prétend avoir été prononcée l'irrégularité dans le doute de fait; le défendeur est celui qui doute. Par conséquent, il n'y a point d'irrégularité dans les cas douteux, quand ils ne concernent pas l'homicide. Troisièmement, un ecclésiastique qui n'est engagé dans aucune irrégularité, ni lié d'aucune censure, a la faculté de faire les fonctions de ses Ordres; et celui qui possède de bonne foi une chose n'est pas tenu de s'en priver, à moins qu'il ne soit certain qu'il a perdu le droit de s'en servir, ou qu'il ne sache qu'elle est à autrui. Or, celui qui est dans un doute de fait s'il a encouru l'irrégularité, possède encore la faculté de

---

(1) Voyez S. Alphonse de Liguori, lib. vii. n° 346; Suarez, Bonacina, Sanchez, de Lugo, Habert, Collet, les Conférences d'Angers, les Instructions sur le Rituel de Toulon, etc.

faire ses fonctions. Tandis que le doute subsiste, il n'est point assuré d'avoir perdu cette faculté : il n'est donc pas obligé de se regarder comme irrégulier ; car on tient en droit que *melior est conditio possidentis* (1). » Bailly fait le même raisonnement (2).

Nous avons excepté le doute en *matière d'homicide*. Cette exception est fondée sur le droit : Clément III et Innocent III, ayant été consultés l'un et l'autre sur l'état d'un prêtre qui doutait avoir été la cause de la mort de quelqu'un, qu'il avait frappé, répondirent qu'il devait se regarder comme irrégulier, parce que le parti le plus sûr, dans ce cas, était de s'abstenir de la célébration des saints mystères : *Cum in hoc casu cessare sit tutius quam temere celebrare* (3). Mais, à s'en tenir aux termes de ces deux papes, l'obligation d'agir comme si on avait encouru l'irrégularité, n'a lieu que lorsque, d'un côté, l'homicide est certain, et que, de l'autre, celui qui consulte a certainement fait une action qu'il doute avoir été la cause de la mort de quelqu'un. « Notandum, dit « saint Alphonse, quod hoc procedat casu quo aliquis certus est de « homicidio et solum dubitat an ipse sua actione fuerit causa il-« lius : secus, si dubitat de ipso homicidio, an fuerit secutum vel « non (4). »

945. Les principaux effets d'une irrégularité sont : 1° De rendre un homme indigne des Ordres et même de la tonsure : celui qui se croyant irrégulier aurait la témérité de s'en approcher, pécherait mortellement. 2° De priver de l'exercice des Ordres qu'on a reçus : un prêtre, un diacre, un simple clerc, une fois irrégulier, pèche, s'il exerce les fonctions de son Ordre, et son péché est mortel ; à moins qu'il ne se trouve dans un cas de nécessité. 3° De rendre quelqu'un inhabile à être pourvu d'un bénéfice. Suivant le sentiment le plus commun, celui qui est irrégulier ne peut être validement pourvu d'un bénéfice ; toute provision de ce genre est radicalement nulle. Mais l'irrégularité qui survient, fait-elle perdre le bénéfice dont on est pourvu? D'abord les irrégularités *ex defectu*, provenant de quelque infirmité, n'entraînent point la perte d'un bénéfice ; il y aurait de la dureté à en priver celui qui n'a rien à se reprocher. Mais alors le bénéficier est obligé de faire acquitter les charges attachées à son bénéfice ; et, s'il y a charge d'âmes,

---

(1) Conférences d'Angers sur les Irrégularités, conf. II. quest. 2. — (2) Traité *de Censuris et irregularitatibus*, etc. — Voyez aussi S. Alphonse de Liguori, Suarez, Bonacina, Coninck, Avila, Roncaglia, Cabassut, les Instructions sur le Rituel de Toulon.—(3) Innocent III, cap. *Significasti de homicidio.*— (4) Lib. VII. n° 347 ; Pichler, lib. V. tit. 12. n° 8 ; Elbel, Sporer, etc., etc.

l'évêque lui donne un vicaire, auquel il assigne une pension sur les revenus du bénéfice. Quant aux irrégularités *ex delicto*, elles privent des bénéfices dont on est pourvu ; mais cette privation n'a lieu que par la sentence du juge ecclésiastique.

946. Les irrégularités peuvent cesser de deux manières : les unes par la cessation même du défaut qui les a fait naître, et les autres par une dispense. Le Souverain Pontife peut dispenser de toutes sortes d'irrégularités ; car elles sont toutes de droit ecclésiastique : ce qui évidemment ne veut pas dire qu'il peut permettre de conférer les Ordres à ceux qui sont naturellement incapables d'en remplir les fonctions. Mais le pouvoir des évêques ne va pas aussi loin que celui du Pape. D'abord, pour ce qui regarde les irrégularités *ex defectu*, les évêques ne peuvent, généralement, en dispenser. Nous disons *généralement ;* car, par exception, ils ont droit de dispenser les enfants illégitimes, pour la tonsure, les Ordres mineurs, et les bénéfices simples. En ce qui regarde les irrégularités *ex delicto*, ils ne peuvent en dispenser quand elles sont publiques, ni lorsque, sans être encore publiques, elles sont portées au for contentieux. Mais ils peuvent, de droit ordinaire, dispenser de toutes les autres irrégularités *ex delicto*, quand elles sont occultes (1). On n'excepte que l'irrégularité provenant de l'homicide qui est volontaire en lui-même, ou formellement, directement volontaire. Un crime cesse d'être occulte lorsqu'il devient public, soit qu'il y ait publicité de *droit*, soit qu'il n'y ait qu'une publicité de *fait :* celle-ci suffit pour lier les mains à l'évêque et l'empêcher de dispenser. Mais, quoiqu'un évêque ne puisse réhabiliter un prêtre qui est tombé dans une irrégularité réservée au Pape, il peut néanmoins lui permettre d'exercer ses fonctions, en attendant qu'il reçoive de Rome l'expédition de sa dispense, lorsque le besoin de l'Église réclame cette permission, ou lorsque le prêtre ne pourrait suspendre l'exercice de son Ordre sans danger de se diffamer ou de scandaliser les fidèles (2).

947. Nous ferons remarquer, 1° qu'on ne doit pas confondre la dispense d'un empêchement avec l'absolution d'une peine : on dispense des irrégularités, et on absout des censures ; 2° que lorsqu'on sollicite une dispense d'irrégularité, il faut être exact à exprimer tout ce qui est prescrit par les règles établies à cet égard par le saint-siége ; 3° que celui qui se trouve dans le cas de de-

---

(1) Sess. xxv, de Reformatione, cap. 6. — (2) Conférences d'Angers sur les irrégularités ; Instructions sur le Rituel de Toulon, etc., etc.

mander la dispense de plusieurs irrégularités, doit les exprimer toutes dans la supplique; mais il n'est pas nécessaire de déclarer combien de fois on a fait l'acte auquel l'irrégularité est attachée(1); 4° que, si la cause de l'irrégularité est publique, on s'adresse à la Daterie pour obtenir dispense; que si, au contraire, elle est secrète, on se pourvoit à la Pénitencerie, où l'on peut se servir d'un nom fictif et emprunté; 5° qu'il n'y a pas de formule prescrite pour la dispense d'une irrégularité: qu'on peut indifféremment employer la formule suivante ou toute autre formule qui exprime la même chose: *Dispenso tecum in irregularitate, quam,* ou, *in irregularitatibus quas ob hanc vel istam causam incurristi;* 6° enfin, qu'on peut recevoir l'absolution des censures et des péchés sans recevoir la dispense des irrégularités, comme on peut être dispensé des irrégularités sans être absous des censures et des péchés: mais on n'absoudra pas celui qui, étant irrégulier, persiste à vouloir s'approcher des Ordres ou à exercer ceux qu'il a reçus, avant d'avoir été dispensé par qui de droit.

## CHAPITRE II.

### *Des Irrégularités* ex defectu.

948. On compte treize irrégularités, dont huit *ex defectu*, et cinq *ex delicto*. Nous parlerons de celles-ci dans le chapitre suivant.

Les défauts qui produisent les irrégularités sont: les défauts du corps, les défauts de l'esprit, le défaut d'une naissance légitime, le défaut d'âge, le défaut de liberté, le défaut de réputation, le défaut de sacrement, et le défaut de douceur.

1° *Des défauts du corps.* Les défauts du corps consistent dans le manque de quelque partie, ou dans quelque difformité notable. Ainsi sont irréguliers, les aveugles, ceux qui n'ont qu'un bras, qu'une main; ceux qui ont perdu le pouce ou l'index; ceux qui sont si boiteux, qu'ils ne peuvent célébrer la messe sans un bâton, ou sans une indécence qui fatigue les fidèles; ceux qui ont les mains si tremblantes, qu'ils ne peuvent tenir le calice sans danger

---

(1) Navarre, Sanchez, Avila, le rédacteur des Conférences d'Angers, etc.

de verser le précieux sang; ceux qui ont une telle horreur du vin, qu'ils sont en danger de vomir, quand ils en boivent; celui à qui on a arraché un œil, n'importe que ce soit l'œil droit ou l'œil gauche; celui qui a une tache à l'œil avec une difformité considérable. Il en est autrement de celui qui a les deux yeux entiers sans difformité notable, quoiqu'il ne voie que d'un seul, s'il peut commodément lire le canon de la messe sans quitter le milieu de l'autel, quand même il ne verrait pas de l'œil gauche, que les canonistes nomment *l'œil du canon*. On regarde encore comme irrégulier celui qui a le visage tellement défiguré, ou qui est tellement contrefait, qu'il ne peut exercer les saints Ordres sans inspirer une espèce d'horreur aux assistants. Enfin, on doit regarder comme irrégulier celui qui ne peut parler, ou qui est sourd au point de ne pouvoir entendre : ce serait autre chose s'il avait seulement l'oreille un peu dure.

949. 2° *Des défauts de l'esprit*. Les défauts d'esprit qui rendent irréguliers, se trouvent en ceux qui manquent de l'usage de raison, ou de la science compétente, ou d'une foi assez éprouvée. Ainsi, sont déclarés irréguliers, non-seulement ceux qui sont actuellement en démence, mais encore ceux qui sont exposés à des accès de folie. Il en est de même des épileptiques. Pour ce qui regarde le défaut de science, on doit s'en tenir à ce qui est réglé par le concile de Trente, relativement à la tonsure, aux Ordres moindres, et aux différents Ordres sacrés (1). Les néophytes, c'est-à-dire, ceux qui ont embrassé depuis peu la foi catholique, sont irréguliers jusqu'à ce qu'au jugement de l'évêque ils soient suffisamment instruits et affermis dans la vraie religion.

3° *Du défaut d'une naissance légitime*. Les enfants naturels, c'est-à-dire, les enfants nés hors d'un légitime mariage, sont irréguliers. Mais on ne regarde pas comme illégitimes ni comme irréguliers ceux qui sont nés d'un mariage nul, dont la nullité était inconnue aux deux contractants. La bonne foi même d'une seule des deux parties suffit très-probablement pour légitimer les enfants nés d'un pareil mariage (2). L'irrégularité des enfants illégitimes cesse par la dispense, ou par la légitimation. Or, ils sont légitimés par le mariage subséquent de leurs père et mère, si, au moment de leur conception, le père et la mère pouvaient se marier ensemble.

---

(1) Sess. XXIII, de Reformatione, cap. 4. — (2) S. Alphonse de Liguori, lib. VII. n° 424 ; Suarez, Concina, Bonacina, etc.

4° *Du défaut d'âge*. Nous avons indiqué dans un autre traité l'âge auquel on peut recevoir les différents ordres (1).

5° *Du défaut de liberté*. Les esclaves sont irréguliers. Il en est de même des époux, des militaires ou autres personnes qui ont contracté des engagements incompatibles avec l'exercice des fonctions saintes.

950. 6° *Du défaut de réputation*. On regarde comme irréguliers tous ceux qui ont commis quelque crime auquel les lois ecclésiastiques ou civiles ont attaché la note d'infamie ou des peines infamantes : « Infames eas personas dicimus, quæ pro aliqua culpa « notantur infamia, id est omnes quos ecclesiasticæ vel sæculi leges « infames pronuntiant. Hi omnes... nec ad sacros gradus debent « provehi (2). » On distingue l'infamie de *droit*, qui s'encourt par la sentence des tribunaux, et l'infamie de *fait*, qui résulte de la notoriété du crime qu'on a commis. L'infamie de *fait* suffit pour faire contracter l'irrégularité; mais alors l'irrégularité tombe d'elle-même, lorsque le scandale a été suffisamment réparé.

951. 7° *Du défaut de sacrement*. Ici, par défaut de sacrement, les canonistes entendent la bigamie. On distingue trois sortes de bigamies : la bigamie *réelle*, la bigamie *interprétative*, et la bigamie *similitudinaire*. La bigamie est réelle, lorsqu'un homme a épousé successivement plusieurs femmes avec lesquelles il a consommé le mariage : cette bigamie rend irrégulier. La bigamie interprétative a lieu quand un homme est censé par fiction de droit avoir épousé plusieurs femmes, quoiqu'il n'en ait réellement épousé qu'une seule : ce qui arrive, 1° quand un homme marié épouse une seconde femme du vivant de la première ; 2° lorsqu'un homme a contracté successivement, quoique invalidement, deux mariages qu'il a consommés ; 3° lorsqu'un homme épouse une veuve ou une fille qu'un autre avait déjà connue ; 4° quand un homme use du mariage, après que sa femme a eu commerce avec un autre. Comme la bigamie réelle, la bigamie interprétative produit l'irrégularité. Il en est de même de la bigamie similitudinaire. Cette dernière bigamie existe lorsqu'un homme, après avoir contracté un mariage spirituel avec l'Église, soit par les vœux solennels de religion, soit par la réception des Ordres sacrés, contracte ou tente de contracter un mariage charnel.

952. 8° *Du défaut de douceur*. Le défaut de douceur auquel l'Église attache l'irrégularité, se rencontre dans tous ceux qui ont

(1) Voyez, ci-dessus, n° 664. — (2) Can. *Infames*.

concouru, même d'une manière innocente, à la mort ou à la mutilation de quelqu'un. Cette irrégularité s'encourt par tous ceux qui, à raison des charges, emplois ou professions qu'ils ont exercés, ont été la cause volontaire, efficace et prochaine, quoique juste, de la mort ou de la mutilation d'une personne. On entend par mutilation le retranchement d'un membre et la séparation du corps humain; et sous le nom de *membre*, on désigne les parties principales du corps qui ont des fonctions spéciales et distinctes: tels sont, par exemple, les bras, les mains, les jambes, les pieds, les yeux. Ainsi, on regarde comme mutilé, celui qui a perdu une main, un pied, ou à qui on a arraché un œil; mais il n'en est pas de même de celui qui a perdu un ou plusieurs doigts, ni de celui dont on a fait tomber les dents. Or, le droit déclare irréguliers les juges qui ont opiné pour la mort ou la mutilation d'un criminel, les procureurs du roi qui ont provoqué cette sentence, les témoins qui se sont présentés d'eux-mêmes sans avoir été assignés, si toutefois leur déposition est réellement cause de la condamnation; les greffiers, les gendarmes et les exécuteurs de la justice. Mais on ne regarde point comme irréguliers, les accusateurs ou dénonciateurs qui ne poursuivent un criminel en justice que pour obtenir la réparation des torts qui leur ont été faits. Il est permis même aux clercs de réclamer cette réparation, et ils peuvent le faire sans danger d'encourir l'irrégularité, pourvu qu'ils protestent qu'ils n'ont pas d'autre intention, qu'ils ne demandent point la mort de l'accusé. On ne regarde pas non plus comme irréguliers les témoins qui ne déposent que pour avoir été assignés.

953. Nous ferons remarquer que lorsqu'un juge, un juré demande à un prêtre s'il doit condamner tel ou tel criminel à la mort, celui-ci se contentera de lui dire qu'un juge, un juré doit juger suivant ses convictions, sans faire acception de personnes. Il ne doit pas aller plus loin; il encourrait l'irrégularité, au jugement de plusieurs canonistes, s'il disait qu'un tel ou tel doit être condamné. Nous ajouterons que le prêtre qui accompagne un criminel au lieu du supplice ne doit rien dire ni rien faire qui tende à accélérer l'exécution.

954. On encourt encore l'irrégularité, en tuant ou en mutilant quelqu'un dans une guerre offensive, quelque juste qu'elle soit; mais on ne l'encourrait pas, suivant le sentiment qui nous paraît le plus probable, s'il s'agissait d'une guerre défensive, c'est-à-dire, d'une guerre entreprise pour se défendre contre l'attaque injuste de

l'ennemi (1). Pour la même raison, on n'est point irrégulier, ainsi que l'a décidé Clément V, pour avoir tué ou mutilé un injuste aggresseur, sans dépasser les bornes d'une juste et légitime défense.

# CHAPITRE III.

## *Des Irrégularités* ex delicto.

955. Il y a cinq délits ou cinq crimes qui produisent les irrégularités qu'on appelle irrégularités *ex delicto*, savoir : l'homicide ou la mutilation, l'hérésie, la réitération du Baptême, la violation des censures, et la réception ou l'usage non canonique des Ordres.

1° *De l'irrégularité qui naît de l'homicide ou de la mutilation.* On encourt l'irrégularité par un homicide ou par une mutilation, soit directement soit indirectement volontaire; et pour l'encourir, il n'est pas nécessaire de commettre le crime soi-même, ou d'en être la cause efficiente et physique, il suffit d'en être la cause morale, pourvu qu'on en soit la cause efficace. Ainsi, on doit regarder comme irréguliers, et ceux qui tuent ou mutilent de leur propre main, et ceux qui commandent, conseillent, approuvent l'homicide ou la mutilation, et ceux qui aident à commettre le délit, en un mot, tous ceux qui y coopèrent d'une manière formelle, efficace et positive. On suppose toujours que l'effet s'ensuit, c'est-à-dire, que la mort ou la mutilation a véritablement lieu. Mais celui qui pouvant empêcher un homicide, ne l'empêche pas, devient-il irrégulier? Il est certain qu'il n'encourt point l'irrégularité, s'il n'est tenu que par charité de s'opposer au crime. Mais s'il y était tenu d'office ou par justice, il deviendrait irrégulier, suivant les uns; il ne le deviendrait pas suivant les autres (2).

956. Pour que l'homicide ou la mutilation rende irrégulier, il faut que l'acte soit volontaire, et qu'il le soit assez pour être péché mortel; mais il n'est pas nécessaire qu'il soit directement volontaire. Ainsi, 1° celui qui faisant une action licite et non dangereuse, tue ou mutile quelqu'un par un accident imprévu et tout à fait involontaire, ne tombe point dans l'irrégularité; il n'y tomberait que dans le cas où, eu égard aux circonstances, on pourrait

---

(1) S. Alphonse de Liguori, lib. vii. n° 459; Holzmann, la Théologie de Salamanque, etc. — (2) Voyez S. Alphonse de Liguori, lib. vii. n° 376.

le croire coupable d'une négligence grave, mortelle. 2° Celui qui fait une action illicite ou défendue, mais non dangereuse de sa nature, ne devient point irrégulier par suite de la mort involontaire, dont l'action n'a été que l'occasion; il pèche en agissant contrairement à la loi, mais son péché n'influe point sur l'homicide, qui n'est volontaire ni en lui-même ni dans sa cause; on suppose qu'il n'a point été prévu, et qu'on n'a pas à reprocher une négligence coupable à celui qui l'a commis. Ainsi, nous croyons qu'un clerc qui tue un homme à la chasse, d'un coup de fusil, n'est point irrégulier, s'il a pris toutes les précautions que la prudence prescrit pour éviter cet accident (1). Ne dites pas que la chasse est dangereuse, car elle ne l'est pas au point de rendre volontaire tout homicide dont elle est l'occasion éloignée; autrement, elle ne serait pas plus permise aux laïques qu'aux ecclésiastiques. Et certes, une chose peut être défendue, mauvaise, injuste même, sans être dangereuse. Pourrait-on dire, par exemple, qu'un homme est irrégulier, parce qu'en coupant un arbre dans la forêt de son voisin, il a tué quelqu'un par la chute de cet arbre, quoiqu'il ait pris des précautions infinies pour ne tuer personne ? 3° Celui qui fait une action tout à la fois illicite et vraiment dangereuse, qui entraîne la mort de quelqu'un, contracte l'irrégularité. 4° Il en est de même de celui qui, sans avoir une connaissance suffisante de la médecine, donne à un malade des remèdes qui le font mourir. 5° Quoique le droit ne déclare point irréguliers les clercs qui exercent la médecine, il est expressément défendu à ceux qui sont dans les Ordres sacrés d'employer le fer et le feu dans les opérations de chirurgie : si, malgré cette défense, ils en faisaient usage, ils encourraient l'irrégularité, mais seulement dans le cas où la mort s'ensuivrait, et pourrait être regardée comme étant le résultat de la brûlure ou de l'amputation. Nous ajouterons que, dans un cas de nécessité, en l'absence d'un chirurgien ou d'un médecin, un ecclésiastique pourrait faire certaines opérations, sans péché et par conséquent sans danger d'encourir l'irrégularité (2). 6° Ceux qui procurent un avortement, ou qui y coopèrent par quelque moyen que ce soit, sont sujets à l'irrégularité. 7° Ceux qui se mutilent volontairement sont également irréguliers.

957. 2° *De l'hérésie.* L'hérésie professée publiquement rend ir-

---

(1) Voyez S. Alphonse de Liguori, lib. vii. n° 386, etc.; Laymann, Elbel, etc. — (2) Voyez S. Alphonse, ibidem, n° 384.

régulier ; mais l'abjuration, suivie d'une épreuve plus ou moins longue, suffit pour la faire cesser.

958. 3° *De la réitération du Baptême.* La réitération du Baptême rend irréguliers, et celui qui le réitère sciemment, et celui qui le reçoit volontairement plusieurs fois. Pour le premier, il n'encourt l'irrégularité que lorsqu'il administre le Baptême à celui qu'il sait avoir été validement baptisé. Ainsi, le prêtre qui ignore que celui à qui il confère le Baptême l'a déjà reçu, ou qui a, sur ce sujet, quelque doute, ne tombe point dans l'irrégularité, quand même, dans ce dernier cas, il n'exprimerait point la condition qui doit faire partie de la forme sacramentelle. Pour éviter cette irrégularité, il suffit, à notre avis, de n'avoir pas l'intention de *rebaptiser* : par conséquent, celui qui baptise sous condition expresse ou tacite, quoique trop à la légère, fît-il une faute grave, n'est probablement point irrégulier (1). Quant à celui qui se fait rebaptiser, ignorant qu'il l'ait déjà été, il n'est pas irrégulier. Il en est ainsi à plus forte raison de celui qui a été baptisé plusieurs fois dans son enfance. Il en est encore de même de celui qui, doutant s'il a été baptisé, se fait administrer le Baptême conditionnellement.

959. 4° *De la réception non canonique et de l'usage illicite des Ordres.* On contracte l'irrégularité par la réception non canonique des Ordres, en se faisant ordonner sans avoir été admis par l'évêque à l'Ordination ; en recevant un ordre sacré, après un mariage valide, sans le consentement de sa femme ; en recevant le même jour, sans dispense de l'évêque, plusieurs Ordres, dont l'un est majeur. On encourt encore l'irrégularité ou la suspense, lorsqu'on participe à l'Ordination, étant sous le poids d'une excommunication majeure, ou qu'on reçoit les ordres d'un évêque qu'on sait être excommunié, suspens, interdit ; ou qu'on se fait ordonner *per saltum*, ou avant d'avoir l'âge canonique, ou dans un autre temps que celui qui est prescrit pour les ordinations (2).

On contracte l'irrégularité par l'usage illicite des Ordres, lorsqu'un clerc exerce *sérieusement, sciemment* et *solennellement*, un Ordre sacré qu'il n'a pas reçu. Ainsi, un clerc devient irrégulier quand, sans avoir reçu le sous-diaconat, il fait l'office de sous-diacre en prenant le manipule ; ou que, sans être diacre, il chante l'Évangile avec l'étole. En serait-il de même d'un simple laïque ? Les uns pensent que oui ; les autres disent que non. Ce dernier

---

(1) S. Alphonse de Liguori, lib. VII. n° 356 ; Navarre, Suarez, Avila, Palaus, etc. — (2) S. Alphonse, ibidem.

sentiment nous paraît plus conforme au texte de la loi, et par là même plus probable que le premier (1). Nous ne croyons point non plus que le diacre qui baptise solennellement sans délégation, soit sujet à l'irrégularité (2).

960. 5° *De la violation des censures.* Celui qui étant lié d'une excommunication majeure, ou d'une suspense, ou d'un interdit, exerce *sciemment* et *solennellement*, c'est-à-dire d'office, un Ordre sacré dont il est revêtu, devient irrégulier. Il en est de même de celui qui célèbre la messe dans une église interdite. Il ne faut pas confondre les actes qui ne dépendent que de la juridiction, avec les actes qui requièrent les Ordres sacrés : on ne peut faire ceux-ci sans tomber dans l'irrégularité, tandis qu'on peut faire les premiers sans être irrégulier. Ainsi, le prêtre qui étant suspens, prêche, assiste à un mariage sans le bénir, absout des censures au for extérieur ou sans absoudre des péchés, n'encourt point l'irrégularité. Il en serait autrement, s'il disait la messe, ou s'il administrait les sacrements. Le sous-diacre ou le diacre, lié de quelque censure, devient également irrégulier, s'il chante l'épître avec le manipule, ou l'évangile avec l'étole ; mais l'irrégularité n'aurait pas lieu s'ils assistaient le prêtre à la messe, le diacre sans étole, et le sous-diacre sans manipule, quand même ils toucheraient les vases sacrés.

Celui qui, étant lié de deux censures, ferait les fonctions de quelque Ordre sacré, encourrait une irrégularité qui serait équivalente à deux : il faudrait le déclarer en demandant dispense (3).

Un évêque ne peut dispenser de cette irrégularité, à moins qu'elle ne soit occulte, lors même qu'elle résulterait de l'infraction d'une ordonnance épiscopale ; car ce n'est point en vertu de cette ordonnance qu'on devient irrégulier, mais en vertu du droit ou d'une loi générale qui attache l'irrégularité à la violation des censures. Or, cette irrégularité une fois publique, ne peut être levée que par le Souverain Pontife (4).

---

(1) S. Alphonse, lib. vii. n° 116 ; de Lugo, Viva, Laymann, Sporer, Holzmann, Bonacina, etc. — (2) Voyez, ci-dessus, n° 76. — (3) S. Alphonse de Liguori, lib. vii. n° 359. — (4) Concil. Trident. sess. xxiv, de Reformatione, cap. 6.

# DE L'ADMINISTRATION TEMPORELLE DES PAROISSES.

Nous avons, pour l'administration temporelle des églises, le décret du 30 décembre 1809, et l'ordonnance du 12 janvier 1825, concernant l'organisation, le renouvellement et les attributions du conseil de fabrique de chaque paroisse. Les curés et desservants sont obligés de se conformer en tout à ces règlements, tant pour mettre leur responsabilité à l'abri, que pour prévenir tout conflit entre l'administration civile et l'administration ecclésiastique.

---

*Décret du 30 décembre 1809, contenant le règlement général des Fabriques.*

## CHAPITRE PREMIER.

### *De l'Administration des Fabriques.*

Art. I<sup>er</sup>. — Les fabriques, dont l'article LXXVI de la loi du 18 germinal an X a ordonné l'établissement, sont chargées de veiller à l'entretien et à la conservation des temples, d'administrer les aumônes et les biens, rentes et perceptions autorisées par les lois et règlements, les sommes supplémentaires fournies par les communes, et généralement tous les fonds qui sont affectés à l'exercice du culte ; enfin, d'assurer cet exercice et le maintien de sa dignité dans les églises auxquelles elles sont attachées, soit en réglant les dépenses qui y sont nécessaires, soit en assurant les moyens d'y pourvoir.

Art. II. — Chaque fabrique sera composée d'un conseil et d'un bureau de marguilliers.

#### SECTION PREMIÈRE. — DU CONSEIL.

##### § I<sup>er</sup>. — *De la Composition du Conseil.*

Art. III. — Dans les paroisses où la population sera de cinq mille âmes ou au-dessus, le conseil sera composé de neuf conseillers de fabrique ; dans toutes les autres paroisses, il devra l'être de cinq ; ils seront pris parmi les notables ; ils devront être catholiques et domiciliés dans la paroisse.

Art. IV. — De plus, seront de droit membres du conseil :

1° Le curé ou desservant, qui y aura la première place, et pourra s'y faire remplacer par un de ses vicaires ;

2° Le maire de la commune du chef-lieu de la cure ou succursale ; il pourra s'y faire remplacer par un de ses adjoints : si le maire n'est pas catholique, il devra se substituer un adjoint qui le soit, ou, à défaut, un membre du conseil municipal catholique. Le maire sera placé à la gauche, et le curé ou desservant à la droite du président (1).

Art. V. — Dans les villes où il y aura plusieurs paroisses ou succursales, le maire sera, de droit, membre du conseil de chaque fabrique; il pourra s'y faire remplacer, comme il est dit dans l'article précédent.

Art. VI. — Dans les paroisses ou succursales dans lesquelles le conseil de fabrique sera composé de neuf membres, non compris les membres de droit, cinq des conseillers seront, pour la première fois, à la nomination de l'évêque, et quatre à celle du préfet; dans celles où il ne sera composé que de cinq membres, l'évêque en nommera trois, et le préfet deux. Ils entreront en fonctions le premier dimanche du mois d'avril prochain.

Art. VII. — Le conseil de fabrique se renouvellera partiellement tous les trois ans, savoir : à l'expiration des trois premières années, dans les paroisses où il est composé de neuf membres, sans y comprendre les membres de droit, par la sortie de cinq membres, qui, pour la première fois, seront désignés par le sort, et des quatre plus anciens après les six ans révolus; pour les fabriques dont le conseil est composé de cinq membres, non compris les membres de droit, par la sortie de trois membres désignés par la voie du sort, après les trois premières années, et des deux autres après les six ans révolus. Dans la suite, ce seront toujours les plus anciens en exercice qui devront sortir.

Art. VIII. — Les conseillers qui devront remplacer les membres sortants seront élus par les membres restants.

Lorsque le remplacement ne sera pas fait à l'époque fixée, l'évêque ordonnera qu'il y soit procédé dans le délai d'un mois; passé lequel délai, il y nommera lui-même, et pour cette fois seulement.

Les membres sortants pourront être réélus.

Art. IX. — Le conseil nommera au scrutin son secrétaire et son président; ils seront renouvelés le premier dimanche d'avril de chaque année, et pourront être réélus. Le président aura, en cas de partage, voix prépondérante.

Le conseil ne pourra délibérer que lorsqu'il y aura plus de la moitié des membres présents à l'assemblée, et tous les membres présents signeront la délibération qui sera arrêtée à la pluralité des voix.

## § II. — *Des Séances du Conseil.*

Art. X. — Le conseil s'assemblera le premier dimanche du mois d'avril, de juillet, d'octobre et de janvier, à l'issue de la grand'messe ou des vêpres, dans l'église, ou dans un lieu attenant à l'église, ou dans le presbytère.

L'avertissement de chacune de ses séances sera publié le dimanche précédent, au prône de la grand'messe.

Le conseil pourra, de plus, s'assembler extraordinairement, sur l'autorisation de l'évêque ou du préfet, lorsque l'urgence des affaires ou de quelques dépenses imprévues l'exigera.

## § III. — *Des Fonctions du Conseil.*

Art. XI. — Aussitôt que le conseil aura été formé, il choisira, au scrutin, parmi ses membres, ceux qui, comme marguilliers, entreront dans la composition du bureau; et, à l'avenir, dans celle de ses sessions qui répondra à l'expi-

---

(1) Voyez le tome 1, n° 185.

ration du temps fixé par le présent règlement pour l'exercice des fonctions de marguilliers, il fera, également au scrutin, élection de celui de ses membres qui remplacera le marguillier sortant.

Art. XII. — Seront soumis à la délibération du conseil : 1° le budget de la fabrique ; 2° le compte annuel de son trésorier ; 3° l'emploi des fonds excédant les dépenses, du montant des legs et donations, et le remploi des capitaux remboursés ; 4° toutes les dépenses extraordinaires au delà de 50 francs dans les paroisses au-dessous de mille âmes, et de 100 francs dans les paroisses d'une plus grande population ; 5° les procès à entreprendre ou à soutenir, les baux emphytéotiques ou à longues années, les aliénations ou échanges, et généralement tous les objets excédant les bornes de l'administration ordinaire des biens des mineurs.

### SECTION II. — Du Bureau des Marguilliers.

#### § I$^{er}$. — *De la Composition du bureau des Marguilliers.*

Art. XIII. — Le bureau des marguilliers se composera :
1° Du curé ou desservant de la paroisse ou succursale, qui en sera membre perpétuel, et de droit ;
2° De trois membres du conseil de fabrique.
Le curé ou desservant aura la première place, et pourra se faire remplacer par un de ses vicaires.

Art. XIV. — Ne pourront être en même temps membres du bureau les parents ou alliés jusques et y compris le degré d'oncle et de neveu.

Art. XV. — Au premier dimanche d'avril de chaque année, l'un des marguilliers cessera d'être membre du bureau, et sera remplacé.

Art. XVI. — Des trois marguilliers qui seront, pour la première fois, nommés par le conseil, deux sortiront successivement, par la voie du sort, à la fin de la première et de la seconde année, et le troisième sortira de droit la troisième année révolue.

Art. XVII. — Dans la suite, ce seront toujours les marguilliers les plus anciens en exercice qui devront sortir.

Art. XVIII. — Lorsque l'élection ne sera pas faite à l'époque fixée, il y sera pourvu par l'évêque.

Art. XIX. — Ils nommeront entre eux un président, un secrétaire et un trésorier.

Art. XX. — Les membres du bureau ne pourront délibérer s'ils ne sont au nombre de trois.
En cas de partage, le président aura voix prépondérante.
Toutes les délibérations seront signées par les membres présents.

Art. XXI. — Dans les paroisses où il y avait ordinairement des marguilliers d'honneur, il pourra en être choisi deux par le conseil, parmi les principaux fonctionnaires publics domiciliés dans la paroisse. Les marguilliers, et tous les membres du conseil auront une place distinguée dans l'église ; ce sera *le banc de l'œuvre* ; il sera placé devant la chaire, autant que faire se pourra. Le curé ou desservant aura, dans ce banc, la première place toutes les fois qu'il s'y trouvera pendant la prédication.

#### § II. — *Des Séances du bureau des Marguilliers.*

Art. XXII. — Le bureau s'assemblera tous les mois, à l'issue de la messe paroissiale, au lieu indiqué pour la tenue des séances du conseil.

Art. XXIII. — Dans les cas extraordinaires, le bureau sera convoqué, soit d'office par le président, soit sur la demande du curé ou desservant.

### § III. — *Fonctions du Bureau.*

Art. XXIV. — Le bureau des marguilliers dressera le budget de la fabrique, et préparera les affaires qui doivent être portées au conseil; il sera chargé de l'exécution des délibérations du conseil, et de l'administration journalière du temporel de la paroisse.

Art. XXV. — Le trésorier est chargé de procurer la rentrée de toutes les sommes dues à la fabrique, soit comme faisant partie de son revenu annuel, soit à tout autre titre.

Art. XXVI. — Les marguilliers sont chargés de veiller à ce que toutes les fondations soient fidèlement acquittées et exécutées suivant l'intention des fondateurs, sans que les sommes puissent être employées à d'autres charges.

Un extrait du sommier des titres contenant les fondations qui doivent être desservies pendant le cours d'un trimestre, sera affiché dans la sacristie, au commencement de chaque trimestre, avec les noms du fondateur et de l'ecclésiastique qui acquittera chaque fondation.

Il sera aussi rendu compte, à la fin de chaque trimestre, par le curé ou desservant, au bureau des marguilliers, des fondations acquittées pendant le cours du trimestre.

Art. XXVII. — Les marguilliers fourniront l'huile, le pain, le vin, l'encens, la cire, et généralement tous les objets de consommation nécessaires à l'exercice du culte; ils pourvoiront également aux réparations et achats des ornements, meubles et ustensiles de l'église et de la sacristie.

Art. XXVIII. — Tous les marchés seront arrêtés par le bureau des marguilliers, et signés par le président, ainsi que les mandats.

Art. XXIX. — Le curé ou desservant se conformera aux règlements de l'évêque pour tout ce qui concerne le service divin, les prières et les instructions, et l'acquittement des charges pieuses imposées par les bienfaiteurs, sauf les réductions qui seraient faites par l'évêque, conformément aux règles canoniques, lorsque le défaut de proportion des libéralités et des charges qui en sont la condition l'exigera.

Art. XXX. — Le curé ou desservant agréera les prêtres habitués, et leur assignera leurs fonctions.

Dans les paroisses où il en sera établi, il désignera le sacristain-prêtre, le chantre-prêtre et les enfants de chœur.

Le placement des bancs ou chaises dans l'église ne pourra être fait que du consentement du curé ou desservant, sauf le recours à l'évêque.

Art. XXXI. — Les annuels auxquels les fondateurs ont attaché des honoraires, et généralement tous les annuels emportant une rétribution quelconque, seront donnés de préférence aux vicaires, et ne pourront être acquittés qu'à leur défaut, par les prêtres habitués ou autres ecclésiastiques, à moins qu'il n'en ait été autrement ordonné par les fondateurs.

Art. XXXII. — Les prédicateurs seront nommés par les marguilliers, à la pluralité des suffrages, sur la présentation faite par le curé ou desservant, et à la charge par ledit prédicateur d'obtenir l'autorisation de l'Ordinaire.

Art. XXXIII. — La nomination et la révocation de l'organiste, des sonneurs, des bedeaux, suisses, ou autres serviteurs de l'église, appartiennent aux marguilliers, sur la proposition du curé ou desservant.

Art. XXXIV. — Sera tenu le trésorier de présenter, tous les trois mois, au bureau des marguilliers, un bordereau signé de lui, et certifié véritable, de la situation active et passive de la fabrique pendant les trois mois précédents : ces bordereaux seront signés de ceux qui auront assisté à l'assemblée, et déposés dans la caisse ou armoire de la fabrique, pour être représentés lors de la reddition du compte annuel.

Le bureau déterminera, dans la même séance, la somme nécessaire pour les dépenses du trimestre suivant.

Art. XXXV. — Toute la dépense de l'église et les frais de sacristie seront faits par la trésorerie, et en conséquence il ne sera rien fourni par aucun marchand ou artisan sans un mandat du trésorier, au pied duquel le sacristain, ou toute autre personne apte à recevoir la livraison, certifiera que le contenu audit mandat a été rempli.

## CHAPITRE II.

### Des Revenus, des Charges, du Budget de la Fabrique.

---

#### SECTION PREMIÈRE. — Des Revenus de la Fabrique.

Art. XXXVI. — Les revenus de chaque fabrique se forment : 1° du produit des biens et rentes restitués aux fabriques, des biens des confréries, et généralement de ceux qui auraient été affectés aux fabriques par nos divers décrets ; 2° du produit des biens, rentes et fondations qu'elles ont été ou pourront être par nous autorisées à accepter ; 3° du produit de biens et rentes cédés au domaine, dont nous les avons autorisées, ou dont nous les autoriserons à se mettre en possession ; 4° du produit spontané des terrains servant de cimetières ; 5° du prix de la location des chaises ; 6° de la concession des bancs placés dans l'église ; 7° des quêtes faites pour les frais du culte ; 8° de ce qui sera trouvé dans les troncs placés pour le même objet ; 9° des oblations faites à la fabrique ; 10° des droits que, suivant les règlements épiscopaux approuvés par nous, les fabriques perçoivent, et de celui qui leur revient sur le produit des frais d'inhumation ; 11° du supplément donné par la commune, le cas échéant.

#### SECTION II. — Des Charges de la Fabrique.

§ 1er. — *Des Charges en général.*

Art. XXXVII. — Les charges de la fabrique sont : 1° de fournir aux frais nécessaires du culte, savoir : les ornements, les vases sacrés, le linge, le luminaire, le pain, le vin, l'encens, le payement des vicaires, des sacristains, chantres et organistes, sonneurs, suisses, bedeaux, et autres employés au service de l'église, selon la convenance et les besoins des lieux ; 2° de payer l'honoraire des prédicateurs de l'avent, du carême, et autres solennités ; 3° de pourvoir à la décoration et aux dépenses relatives à l'embellissement intérieur de l'église ; 4° de veiller à l'entretien des églises, presbytères et cimetières, et, en cas d'insuffisance des revenus de la fabrique, de faire toutes diligences nécessaires pour qu'il soit pourvu aux réparations et constructions, ainsi que tout est réglé au § III.

## § II. — *De l'Établissement et du payement des Rentes.*

**Art. XXXVIII.**—Le nombre de prêtres et de vicaires habitués à chaque église sera fixé par l'évêque, après que les marguilliers en auront délibéré, et que le conseil municipal de la commune aura donné son avis.

**Art. XXXIX.**—Si, dans le cas de nécessité d'un vicaire reconnue par l'évêque, la fabrique n'est pas en état de payer le traitement, la décision épiscopale devra être adressée au préfet, et il sera procédé ainsi qu'il est expliqué à l'art. XLIX, concernant les autres dépenses de la célébration du culte, pour lesquelles les communes suppléent à l'insuffisance des fabriques.

**Art. XL.** — Le traitement des vicaires sera de 500 fr. au plus, et de 300 fr. au moins.

## § III. — *Des Réparations.*

**Art. XLI.** — Les marguilliers, et spécialement le trésorier, seront tenus de veiller à ce que toutes les réparations soient bien et promptement faites. Ils auront soin de visiter les bâtiments, avec les gens de l'art, au commencement du printemps et de l'automne. Ils pourvoiront sur-le-champ, et par économie, aux réparations locatives ou autres qui n'excéderont pas la proportion indiquée en l'article XII, et sans préjudice toutefois des dépenses réglées pour le culte.

**Art. XLII.** — Lorsque les réparations excéderont la somme ci-dessus indiquée, le bureau sera tenu d'en faire rapport au conseil, qui pourra ordonner toutes les réparations qui ne s'élèveraient pas à plus de 100 fr., dans les communes au-dessous de mille âmes, et de 200 fr., dans celles d'une plus grande population.

Néanmoins, ledit conseil ne pourra, même sur le revenu libre de la fabrique, ordonner les réparations qui excéderaient la quotité ci-dessus énoncée, qu'en chargeant le bureau de faire dresser un devis estimatif, et de procéder à l'adjudication, au rabais ou par soumission, après trois affiches renouvelées de huitaine en huitaine.

**Art. XLIII.** — Si la dépense ordinaire arrêtée par le budget ne laisse pas de fonds disponibles, ou n'en laisse pas de suffisants pour les réparations, le bureau en fera son rapport au conseil, et celui-ci prendra une délibération tendant à ce qu'il soit pourvu dans les formes prescrites au chapitre IV du présent règlement : cette délibération sera envoyée, par le président, au préfet.

**Art. XLIV.** — Lors de la prise de possession de chaque curé ou desservant, il sera dressé, aux frais de la commune et à la diligence du maire, un état de situation du presbytère et de ses dépendances. Le curé ou desservant ne sera tenu que des simples réparations locatives, et des dégradations survenues par sa faute. Le curé ou desservant sortant, ou ses héritiers ou ayants-cause, seront tenus desdites réparations locatives et dégradations.

## § IV. — *Du Budget de la Fabrique.*

**Art. XLV.** — Il sera présenté chaque année au bureau, par le curé ou desservant, un état par aperçu des dépenses nécessaires à l'exercice du culte, soit pour les objets de consommation, soit pour réparations et entretien d'ornements, meubles et ustensiles d'église.

Cet état, après avoir été, article par article, approuvé par le bureau, sera porté, en bloc, sous la désignation de *dépenses intérieures*, dans le projet du budget général : le détail de ces dépenses sera annexé audit projet.

Art. XLVI. — Ce budget établira la recette et la dépense de l'église. Les articles de dépenses seront classés dans l'ordre suivant : 1° les frais ordinaires de la célébration du culte; 2° les frais de réparation des ornements, meubles et ustensiles d'église ; 3° les gages des officiers et serviteurs de l'église ; 4° les frais de réparations locatives.

La portion des revenus qui restera après cette dépense acquittée servira au traitement des vicaires légitimement établis, et l'excédant, s'il y en a, sera affecté aux grosses réparations des édifices affectés au service du culte.

Art. XLVII. — Le budget sera soumis au conseil de la fabrique dans la séance du mois d'avril de chaque année; il sera envoyé, avec l'état des dépenses de la célébration du culte, à l'évêque diocésain, pour avoir sur le tout son approbation.

Art. XLVIII. — Dans les cas où les revenus de la fabrique couvriraient les dépenses portées au budget, le budget pourra, sans autres, formalités recevoir sa pleine et entière exécution.

Art. XLIX. — Si les revenus sont insuffisants pour acquitter, soit les frais indispensables du culte, soit les dépenses nécessaires pour le maintien de sa dignité, soit les gages des officiers et des serviteurs de l'église, soit les réparations des bâtiments, ou pour fournir à la subsistance de ceux des ministres que l'Etat ne salarie pas, le budget contiendra l'aperçu des fonds qui devront être demandés aux paroissiens pour y pourvoir, ainsi qu'il est réglé dans le chapitre IV.

## CHAPITRE III.

### Des Biens de la Fabrique.

SECTION PREMIÈRE. — DE LA RÉGIE DES BIENS DE LA FABRIQUE.

Art. L. — Chaque fabrique aura une caisse ou armoire fermant à trois clefs, dont une restera dans les mains du trésorier, l'autre dans celles du curé ou desservant, et la troisième dans celles du président du bureau.

Art. LI. — Seront déposés dans cette caisse tous les deniers appartenant à la fabrique, ainsi que les clefs des troncs des églises.

Art. LII. — Nulle somme ne pourra être extraite de la caisse sans autorisation du bureau, et sans un récépissé qui y restera déposé.

Art. LIII. — Si le trésorier n'a pas dans les mains la somme fixée à chaque trimestre par le bureau, pour la dépense courante, ce qui manquera sera extrait de la caisse, comme aussi ce qu'il se trouverait avoir d'excédant sera versé dans cette caisse.

Art. LIV. — Seront aussi déposés dans une caisse ou armoire les papiers, titres et documents concernant les revenus et affaires de la fabrique, et notamment les comptes, avec les pièces justificatives, les registres de délibérations, autres que le registre courant, le sommier des titres et des inventaires ou récolements dont il est mention aux deux articles qui suivent.

Art. LV. — Il sera fait incessamment, et sans frais, deux inventaires : l'un, des ornements, linges, vases sacrés, argenterie, ustensiles, et en général de tout le mobilier de l'église ; l'autre, des titres, papiers et renseignements, avec mention des biens contenus dans chaque titre, du revenu qu'ils produisent, de la fondation à la charge de laquelle les biens ont été donnés à la fabrique. Un double inventaire du mobilier sera remis au curé ou desservant.

Il sera fait, tous les ans, un récolement desdits inventaires, afin d'y porter les additions, réformes ou autres changements : ces inventaires et récolements seront signés par le curé ou desservant, et par le président du bureau.

Art. LVI. — Le secrétaire du bureau transcrira, par suite de numéros et par ordre de dates, sur un registre sommier : 1° les actes de fondation, et généralement tous les titres de propriété ; 2° les baux à ferme ou loyer. La transcription sera entre deux marges qui serviront pour y porter, dans l'une les revenus, et dans l'autre les charges.

Chaque pièce sera signée et certifiée conforme à l'original par le curé ou desservant, et par le président du bureau.

Art. LVII. — Nul titre ni pièce ne pourra être extrait de la caisse sans un récépissé qui fera mention de la pièce retirée, de la délibération du bureau par laquelle cette extraction aura été autorisée, de la qualité de celui qui s'en chargera et signera le récépissé, de la raison pour laquelle elle aura été tirée de ladite caisse ou armoire ; et, si c'est pour un procès, le tribunal et le nom de l'avoué seront désignés.

Ce récépissé, ainsi que la décharge au temps de la remise, seront inscrits sur le sommier ou registre des titres.

Art. LVIII. — Tout notaire devant lequel il aura été passé un acte contenant donation entre-vifs ou disposition testamentaire au profit d'une fabrique, sera tenu d'en donner avis au curé ou desservant.

Art. LIX. — Tout acte contenant des dons ou legs à une fabrique sera remis au trésorier, qui en fera son rapport à la prochaine séance du bureau. Cet acte sera ensuite adressé par le trésorier, avec les observations du bureau, à l'archevêque ou évêque diocésain, pour que celui-ci donne sa délibération s'il convient ou non d'accepter. Le tout sera envoyé au ministre (des affaires ecclésiastiques), sur le rapport duquel la fabrique sera, s'il y a lieu, autorisée à accepter ; l'acte d'acceptation, dans lequel il sera fait mention de l'autorisation, sera signé par le trésorier au nom de la fabrique.

Art. LX. — Les maisons et biens ruraux appartenant à la fabrique seront affermés, régis et administrés par le bureau des marguilliers, dans la forme déterminée pour les biens communaux.

Art. LXI. — Aucun des membres du bureau des marguilliers ne peut se porter, soit pour adjudicataire, soit même pour associé de l'adjudicataire, des ventes, marchés de réparations, constructions, reconstructions, ou baux des biens de la fabrique.

Art. LXII. — Ne pourront les biens immeubles de l'église être vendus, aliénés, échangés, ni même loués pour un terme plus que neuf ans, sans une délibération du conseil, l'avis de l'évêque diocésain, et notre autorisation.

Art. LXIII. — Les deniers provenant de donations ou legs dont l'emploi ne serait pas déterminé par la fondation, les remboursements de rentes, le prix des ventes ou soutes d'échanges, les revenus excédant l'acquit des charges ordinaires, seront employés dans les formes déterminées par l'avis du conseil d'État approuvé par nous le 21 décembre 1808.

Dans le cas où la somme serait insuffisante, elle restera en caisse, si on prévoit que, dans les six mois suivants, il rentrera des fonds disponibles, afin de compléter la somme nécessaire pour cette espèce d'emploi : sinon, le conseil délibérera sur l'emploi à faire, et le préfet ordonnera celui qui paraîtra le plus avantageux.

Art. LXIV. — Le prix des chaises sera réglé, pour les différents offices, par délibération du bureau, approuvée par le conseil : cette délibération sera affichée dans l'église.

Art. LXV. — Il est expressément défendu de rien percevoir pour l'entrée de l'église, ni de percevoir dans l'église, plus que le prix des chaises, sous quelque prétexte que ce soit.

Il sera même réservé, dans toutes les églises, une place où les fidèles qui ne louent pas de chaises ni de bancs puissent commodément assister au service divin, et entendre les instructions.

Art. LXVI. — Le bureau des marguilliers pourra être autorisé par le conseil, soit à régir la location des bancs et chaises, soit à la mettre en ferme.

Art. LXVII. — Quand la location des chaises sera mise en ferme, l'adjudication aura lieu après trois affiches de huitaine en huitaine; les enchères seront reçues au bureau de la fabrique, par soumission, et l'adjudication sera faite au plus offrant, en présence des marguilliers : de tout quoi il sera fait mention dans le bail, auquel sera annexée la délibération qui aura fixé le prix des chaises.

Art. LXVIII. — Aucune concession de bancs ou de places dans l'église ne pourra être faite, soit par bail pour une prestation annuelle, soit au prix d'un capital ou d'un immeuble, soit pour un temps plus long que la vie de ceux qui l'auront obtenue, sauf l'exception ci-après.

Art. LXIX. — La demande de concession sera présentée au bureau, qui préalablement la fera publier par trois dimanches, et afficher à la porte de l'église, pendant un mois, afin que chacun puisse obtenir la préférence par une offre plus avantageuse.

S'il s'agit d'une concession pour un immeuble, le bureau le fera évaluer en capital et en revenu, pour être, cette évaluation, comprise dans les affiches et publications.

Art. LXX. — Après ces formalités remplies, le bureau fera son rapport au conseil.

S'il s'agit d'une concession par bail pour une prestation annuelle, et que le conseil soit d'avis de faire cette concession, sa délibération sera un titre suffisant.

Art. LXXI. — S'il s'agit d'une concession pour un immeuble, il faudra, sur la délibération du conseil, obtenir notre autorisation dans la même forme que pour les dons et legs. Dans le cas où il s'agirait d'une valeur mobilière, notre autorisation sera nécessaire, lorsqu'elle s'élèvera à la même quotité pour laquelle les communes et les hospices sont obligés de l'obtenir.

Art. LXXII. — Celui qui aurait entièrement bâti une église pourra retenir la propriété d'un banc ou d'une chapelle pour lui et sa famille, tant qu'elle existera.

Tout donateur ou bienfaiteur d'une église pourra obtenir la même concession, sur l'avis du conseil de fabrique approuvé par l'évêque et par le ministre (des affaires ecclésiastiques).

Art. LXXIII. — Nul cénotaphe, nulle inscription, nuls monuments funèbres ou autres, de quelque genre que ce soit, ne pourront être placés dans les églises, que sur la proposition de l'évêque diocésain et la permission de notre ministre (des affaires ecclésiastiques).

Art. LXXIV. — Le montant des fonds perçus pour le compte de la fabrique, à quelque titre que ce soit, sera, au fur et à mesure de la rentrée, inscrit avec la date du jour et du mois, sur un registre, coté et paraphé, qui demeurera entre les mains du trésorier.

Art. LXXV. — Tout ce qui concerne les quêtes dans les églises sera réglé par l'évêque, sur le rapport des marguilliers, sans préjudice des quêtes pour les pauvres, lesquelles devront toujours avoir lieu dans les églises, toutes les fois que les bureaux de bienfaisance le jugeront convenable.

Art. LXXVI. — Le trésorier portera parmi les recettes en nature les cierges offerts sur les pains bénits, ou délivrés pour les annuels, et ceux qui, dans les enterrements et services funèbres, appartiennent à la fabrique.

Art. LXXVII. — Ne pourront les marguilliers entreprendre aucun procès, ni défendre, sans une autorisation du conseil de préfecture, auquel sera adressée la délibération qui devra être prise, à ce sujet, par le conseil et le bureau réunis.

Art. LXXVIII. — Toutefois, le trésorier sera tenu de faire tous actes conservatoires pour le maintien des droits de la fabrique, et toutes diligences nécessaires pour le recouvrement de ses revenus.

Art. LXXIX. — Les procès seront soutenus au nom de la fabrique, et les diligences faites à la requête du trésorier, qui donnera connaissance de ces procédures au bureau.

Art. LXXX. — Toutes contestations relatives à la propriété des biens, et toutes poursuites à fin de recouvrement des revenus, seront portées devant les juges ordinaires.

Art. LXXXI. — Les registres des fabriques seront sur papier non timbré. Les dons et legs qui leur seraient faits ne supporteront que le droit fixe d'un franc.

## SECTION II. — Des Comptes.

Art. LXXXII. — Le compte à rendre chaque année par le trésorier sera divisé en deux chapitres, l'un de recettes, et l'autre de dépenses. Le chapitre de recettes sera divisé en trois sections : la première, pour la recette ordinaire; la deuxième, pour la recette extraordinaire; et la troisième, pour la partie des recouvrements ordinaires ou extraordinaires qui n'auraient pas encore été faits.

Le reliquat d'un compte formera toujours le premier article du compte suivant. Le chapitre de dépenses sera aussi divisé en dépenses ordinaires, et dépenses, tant ordinaires qu'extraordinaires, non encore acquittées.

Art. LXXXIII. — A chacun des articles de recette, soit des rentes, soit des loyers ou autres revenus, il sera fait mention des débiteurs, fermiers ou locataires, des noms et situations de la maison et héritages, de la qualité de la rente foncière ou constituée, de la date du dernier titre nouvel ou du dernier bail, et des notaires qui les auront reçus; ensemble de la fondation à laquelle la rente est affectée, si elle est connue.

Art. LXXXIV. — Lorsque, soit par le décès du débiteur, soit par le partage de la maison ou de l'héritage qui est grevé d'une rente, cette rente se trouve due par plusieurs débiteurs, il ne sera néanmoins porté qu'un seul article de recette, dans lequel il sera fait mention de tous les débiteurs, et sauf l'exercice de l'action solidaire, s'il y a lieu.

Art. LXXXV. — Le trésorier sera tenu de présenter son compte annuel au bureau des marguilliers, dans la séance du premier dimanche du mois de mars. Le compte, avec les pièces justificatives, leur sera communiqué sur le récépissé de l'un d'eux. Ils feront au conseil, dans la séance du dimanche (de Quasimodo), le rapport du compte : il sera examiné, clos et arrêté dans cette séance, qui sera, pour cet effet, prorogée au dimanche suivant, si besoin est.

Art. LXXXVI. — S'il arrive quelques débats sur un ou plusieurs articles du compte, le compte n'en sera pas moins clos, sous la réserve des articles contestés.

Art. LXXXVII. — L'évêque pourra nommer un commissaire pour assister, en son nom, au compte annuel; mais si ce commissaire est un autre qu'un grand vicaire, il ne pourra rien ordonner sur le compte, mais seulement dresser procès-verbal sur l'état de la fabrique et sur les fournitures de réparations à faire à l'église. Dans tous les cas, les archevêques et évêques en cours de visite, ou leurs vicaires généraux, pourront se faire représenter tous les comptes, registres et inventaires, et vérifier l'état de la caisse.

Art. LXXXVIII. — Lorsque le compte sera arrêté, le reliquat sera remis au trésorier en exercice, qui sera tenu de s'en charger en recette. Il lui sera en même temps remis un état de ce que la fabrique a à recevoir par baux à ferme, une copie du bail, une copie du tarif des droits casuels, un tableau par approximation des dépenses, celui des reprises à faire, celui des charges et fournitures non acquittées.

Il sera, dans la même séance, dressé sur le registre des délibérations, acte de ces remises, et copie en sera délivrée, en bonne forme, au trésorier sortant, pour lui servir de décharge.

Art. LXXXIX. — Le compte annuel sera en double copie, dont l'une sera déposée dans la caisse ou armoire à trois clefs, l'autre à la mairie.

Art. XC. — Faute par le trésorier de présenter son compte à l'époque fixée, et d'en payer le reliquat, celui qui lui succédera sera tenu de faire, dans le mois au plus tard, les diligences nécessaires pour l'y contraindre; et, à son défaut, le procureur du roi, soit d'office, soit sur l'avis qui lui en sera donné par l'un des membres du bureau ou du conseil, soit sur l'ordonnance rendue par l'évêque en cours de visite, sera tenu de poursuivre le comptable devant le tribunal de première instance, et le fera condamner à payer le reliquat, à faire régler les articles débattus, ou à rendre son compte, s'il ne l'a été, le tout dans un délai qui sera fixé; sinon, et ledit temps passé, à payer provisoirement au profit de la fabrique, la somme égale à la moitié de la recette ordinaire de l'année précédente, sauf les poursuites ultérieures.

Art. XCI. — Il sera pourvu, dans chaque paroisse, à ce que les comptes qui n'ont pas été rendus le soient dans la forme prescrite par le présent règlement, et six mois au plus tard après sa publication.

## CHAPITRE IV.

### *Des charges des Communes, relativement au Culte.*

Art. XCII. — Les charges des communes relativement au culte sont : 1° de suppléer à l'insuffisance des revenus de la fabrique pour les charges portées en l'article xxxvii; 2° de fournir au curé ou desservant un presbytère, ou, à défaut de presbytère, un logement, ou, à défaut de presbytère et de logement, une indemnité pécuniaire; 3° de fournir aux grosses réparations des édifices consacrés au culte.

Art. XCIII. — Dans le cas où les communes sont obligées de suppléer à l'insuffisance des revenus des fabriques pour ces deux premiers chefs, le budget de la fabrique sera porté au conseil municipal dûment convoqué à cet effet, pour y être délibéré ce qu'il appartiendra. La délibération du conseil municipal devra être adressée au préfet, qui la communiquera à l'évêque diocésain, pour avoir son avis. Dans le cas où l'évêque et le préfet seraient d'avis différents, il pourra en être référé, soit par l'un, soit par l'autre, à notre ministre (des affaires ecclésiastiques).

Art. XCIV.—S'il s'agit de réparations des bâtiments, de quelque nature qu'elles soient, et que la dépense ordinaire arrêtée par le bugdet ne laisse pas de fonds disponibles, ou n'en laisse pas de suffisants pour ces réparations, le bureau en fera son rapport au conseil, et celui-ci prendra une délibération tendant à ce qu'il y soit pourvu par la commune : cette délibération sera envoyée par le trésorier au préfet.

Art. XCV. — Le préfet nommera les gens de l'art par lesquels, en présence de l'un des membres du conseil municipal, et de l'un des marguilliers, il sera dressé, le plus promptement qu'il sera possible, un devis estimatif des réparations. Le préfet soumettra ce devis au conseil municipal, et, sur son avis, ordonnera, s'il y a lieu, que ces réparations soient faites aux frais de la commune, et en conséquence, qu'il soit procédé par le conseil municipal, en la forme accoutumée, à l'adjudication au rabais.

Art. XCVI. — Si le conseil municipal est d'avis de demander une réduction sur quelques articles de dépense de la célébration du culte, et dans le cas où il ne reconnaîtrait pas la nécessité de l'établissement d'un vicaire, sa délibération en portera les motifs. Toutes les pièces seront adressées à l'évêque, qui prononcera.

Art. XCVII. — Dans le cas où l'évêque prononcerait contre l'avis du conseil municipal, ce conseil pourra s'adresser au préfet, et celui-ci enverra, s'il y a lieu, toutes les pièces au ministre des cultes, pour être par nous, sur son rapport, statué en notre conseil d'État ce qu'il appartiendra.

Art. XCVIII. — S'il s'agit de dépenses pour réparations ou reconstructions qui auront été constatées conformément à l'article xcv, le préfet ordonnera que ces réparations soit payées sur les revenus communaux, et en conséquence, qu'il soit procédé par le conseil municipal, en la forme accoutumée, à l'adjudication au rabais.

Art. XCIX. — Si les revenus communaux sont suffisants, le conseil délibérera sur les moyens de subvenir à cette dépense, selon les règles prescrites par la loi.

Art. C. — Néanmoins, dans les cas où il serait reconnu que les habitants d'une paroisse sont dans l'impuissance de fournir aux réparations, même par levée extraordinaire, on se pourvoira devant nos ministres de l'intérieur et (des affaires ecclésiastiques), sur le rapport desquels il sera fourni à cette paroisse tel secours qui sera par eux déterminé, et qui sera pris sur le fonds commun établi par la loi du 15 septembre 1807, relative au budget de l'État.

Art. CI. — Dans tous les cas où il y aura lieu au recours d'une fabrique sur une commune, le préfet fera un nouvel examen du budget de la commune, et décidera si la dépense demandée pour le culte peut être prise sur les revenus de la commune, ou jusqu'à concurrence de quelle somme, sauf notre approbation pour les communes dont les revenus excèdent 20,000 fr.

Art. CII. — Dans le cas où il y a lieu à la convocation du conseil municipal, si le territoire de la paroisse comprend plusieurs communes, le conseil de chaque commune sera convoqué, et délibérera séparément.

Art. CIII. — Aucune imposition extraordinaire sur les communes, ne pourra être levée pour les frais du culte, qu'après l'accomplissement préalable des formalités prescrites par la loi.

## CHAPITRE V.

*Des Églises cathédrales, des Maisons épiscopales et des Séminaires.*

Art. CIV. — Les fabriques des églises métropolitaines et cathédrales continueront à être composées et administrées conformément aux règlements épiscopaux qui ont été réglés par nous.

Art. CV. — Toutes les dispositions concernant les fabriques paroissiales sont applicables, en tant qu'elles concernent leur administration intérieure, aux fabriques des cathédrales.

Art. CVI. — Les départements compris dans un diocèse sont tenus envers la fabrique de la cathédrale aux mêmes obligations que les communes envers leurs fabriques paroissiales.

Art. CVII. — Lorsqu'il surviendra de grosses réparations ou des reconstructions à faire aux églises cathédrales, aux palais épiscopaux et aux séminaires diocésains, l'évêque en donnera l'avis officiel au préfet du département dans lequel est le chef-lieu de l'évêché; il donnera en même temps un état sommaire des revenus et des dépenses de la fabrique, en faisant sa déclaration des revenus qui restent libres après les dépenses ordinaires de la célébration du culte.

Art. CVIII. — Le préfet ordonnera que, suivant les formes établies pour les travaux publics, en présence d'une personne à ce commise par l'évêque, il soit dressé un devis estimatif des ouvrages à faire.

Art. CIX. — Ce rapport sera communiqué à l'évêque, qui l'enverra au préfet avec ses observations. Ces pièces seront ensuite transmises par le préfet, avec son avis, à notre ministre de l'intérieur; il en donnera connaissance à notre ministre (des affaires ecclésiastiques).

Art. CX. — Si les réparations sont à la fois nécessaires et urgentes, notre ministre de l'intérieur ordonnera qu'elles soient provisoirement faites sur les premiers deniers dont les préfets pourront disposer, sauf le remboursement avec les fonds qui seront faits pour cet objet par le conseil général du département, auquel il sera donné communication du budget de la fabrique de la cathédrale, et qui pourra user de la faculté accordée aux conseils municipaux par l'art. xcvi.

Art. CXI. — S'il y a dans le même évêché plusieurs départements, la répartition entre eux se fera dans les proportions ordinaires, si ce n'est que le département où sera le chef-lieu du diocèse payera un dixième de plus.

Art. CXII. — Dans les départements où les cathédrales ont des fabriques ayant des revenus dont une partie est assignée à les réparer, cette assignation continuera d'avoir lieu; et seront, au surplus, les réparations faites conformément à ce qui est prescrit ci-dessus.

Art. CXIII. — Les fondations, donations ou legs faits aux églises cathédrales seront acceptés, ainsi que ceux faits aux séminaires, par l'évêque diocésain, sauf notre autorisation donnée en conseil d'État, sur le rapport du ministre (des affaires ecclésiastiques).

Art. CXIV. — Les ministres de l'intérieur et (des affaires ecclésiastiques) sont chargés, chacun en ce qui le concerne, de l'exécution du présent décret.

## Ordonnance du 12 janvier 1825, concernant le renouvellement des Fabriques.

Art. 1er. — Dans toutes les paroisses ayant le titre de *cure, succursale*, ou *chapelle vicariale*, dans lesquelles le conseil de fabrique n'a pas été régulièrement renouvelé, ainsi que le prescrivent les articles VII et VIII du décret du 30 décembre 1809, il sera immédiatement procédé à une nouvelle nomination des fabriciens, de la manière voulue par l'article VI du même décret.

Art. II. — A l'avenir, la séance des conseils de fabrique, qui, aux termes de l'art. X du règlement général, doit avoir lieu le premier dimanche du mois d'avril, se tiendra le dimanche de Quasimodo.

Dans cette séance devront être faites, tous les trois ans, les élections ordinaires prescrites par le décret du 30 décembre 1809.

Art. III. — Dans le cas de vacance par mort ou démission, l'élection en remplacement devra être faite dans la première séance ordinaire du conseil de fabrique qui suivra la vacance.

Les nouveaux fabriciens ne seront élus que pour le temps d'exercice qui restait à ceux qu'ils sont destinés à remplacer.

Art. IV. — Si, un mois après les époques indiquées dans les deux articles précédents, le conseil de fabrique n'a pas procédé aux élections, l'évêque diocésain nommera lui-même.

Art. V. — Sur la demande des évêques et l'avis des préfets, notre ministre secrétaire d'État au département des affaires ecclésiastiques et de l'instruction publique, pourra révoquer un conseil de fabrique pour défaut de présentation de budget ou de reddition de comptes, lorsque ce conseil, requis de remplir ce devoir, aura refusé ou négligé de le faire, ou pour toute autre cause grave. Il sera, dans ce cas, pourvu à une nouvelle formation de ce conseil de la manière prescrite par l'article VI du décret du 30 décembre 1809.

Art. VI. — L'évêque et le préfet devront réciproquement se prévenir des autorisations d'assemblées extraordinaires, qu'aux termes de l'article X du décret du 30 décembre 1809, ils accorderaient aux conseils de fabrique, et des objets qui devront être traités dans ces assemblées extraordinaires.

Art. VII. — Dans les communes rurales, la nomination et la révocation des chantres, sonneurs et sacristains, seront faites par le curé, desservant ou vicaire; leur traitement continuera à être réglé par le conseil de fabrique et payé par qui de droit.

Art. VIII. — Le règlement général des fabriques du 30 décembre 1809, continuera d'être exécuté en tout ce qui n'est pas contraire à la présente ordonnance.

FIN.

*Lettre de Sa Sainteté Grégoire XVI à Monseigneur Gousset, Archevêque de Reims.*

## GREGORIUS PAPA XVI.

Venerabili fratri Thomæ Gousset, archiepiscopo Remensi.

*Venerabilis Frater, salutem et apostolicam benedictionem.*

Studium pio prudentique antistite plane dignum recognovimus in binis illis tuis litteris, quibus apud nos quereris varietatem librorum liturgicorum, quæ in multas Galliarum Ecclesias inducta est; et a nova præsertim circumscriptione diœcesium, novis porro non sine fidelium offensione auctibus crevit. Nobis quidem idipsum tecum una dolentibus nihil optabilius foret, venerabilis Frater, quam ut servarentur ubique apud vos constitutiones S. Pii V immortalis memoriæ decessoris nostri, qui et Breviario et Missali in usum Ecclesiarum Romani ritus, ad mentem Tridentini concili (*sess.* xxv), emendatius editis, eos tantum ab obligatione eorum recipiendorum exceptos voluit, qui a bis centum saltem annis uti consuevissent Breviario aut missali ab illis diverso; ita videlicet, ut ipsi non quidem commutare iterum atque iterum arbitrio suo libros hujusmodi, sed quibus utebantur, si vellent, retinere possent. (*Const.* Quod a nobis, vii idus julii, 1568; et *Const.* Quo primum, pridie idus julii, 1570.) Ita igitur in votis esset, venerabilis Frater; verum tu quoque probe intelligis quam difficile arduumque sit morem illum convellere, ubi longo apud vos temporis cursu inolevit: atque hinc nobis, graviora inde dissidia reformidantibus, abstinendum in præsens visum est nedum a re plenius urgenda, sed etiam a peculiaribus ad dubia quæ proposueras, responsionibus edendis. Cæterum cum quidam ex regno isto venerabilis Frater prudentissima ratione idoneaque occasione utens diversos, quos in Ecclesia sua invenerat, liturgicos libros nuper sustulerit, suumque clerum universum ad Romanæ Ecclesiæ instituta ex integro revocaverit, nos prosecuti illum sumus meritis laudum præconiis ac juxta ejus petita perlibenter concessimus indultum officii votivi pluribus per annum diebus, quo nimirum clerus ille bene cæteroquin in animarum cura laborans, minus sæpe obstringeretur ad longiora in Breviario Romano feriarum quarumdam officia persolvenda. Confidimus equidem, Deo benedicente, futurum ut alii deinceps atque alii Galliarum antistites memorati episcopi exemplum sequantur; præsertim vero ut periculosissima illa libros liturgicos commutandi facilitas istic penitus cesset. Interea tuum hac in re zelum etiam atque etiam commendantes, a Deo supplices petimus, ut te uberioribus in dies augeat suæ gratiæ donis, et in parte ista suæ vineæ tuis rigatæ sudoribus justitiæ fruges amplificet. Denique superni hujus præsidii auspicem, nostræque pignus præcipuæ benevolentiæ apostolicam benedictionem tibi, venerabilis Frater, et omnibus Ecclesiæ tuæ clericis laicisque fidelibus peramanter impertimur.

Datum Romæ, apud Sanctam Mariam Majorem, die sexta augusti, anni millesimi octingentesimi quadragesimi secundi, pontificatus nostri anno duodecimo.

# TABLE GÉNÉRALE.

## A.

ABEILLES. De la propriété d'un essaim, I, 323.
ABLUTIONS. Peut-on dire une seconde messe après avoir pris les ablutions? II, 119.
ABROGATION. Abrogation d'une loi, I, 79.
ABSOLUTION.-De l'absolution sacramentelle, II, 301-414. — De l'absolution conditionnelle, 302.— A qui doit-on donner, refuser, ou différer l'absolution? II, 350. — Peut-on absoudre ceux dont les dispositions sont douteuses? 303.— De l'absolution des cas réservés, 321.— Des censures, 623. Voyez CONFESSEUR.
ABSTINENCE. De l'abstinence de la viande, I, 111, etc. — Dispense de l'abstinence, 117.— Les enfants de famille, les ouvriers peuvent-ils faire gras, les jours d'abstinence, lorsqu'on ne leur sert que de la viande? 116. — Les hôteliers, les aubergistes peuvent-ils donner de la viande, les jours défendus, aux voyageurs qui en demandent? 117.
ACCEPTATION. De l'acceptation des dons et legs faits au profit des établissements publics, I, 376.
ACCESSION. Du droit d'accession, I, 326.
ACCUSÉ. L'accusé est-il obligé d'avouer son crime? I, 534.
ACHAT. Qui peut acheter? I, 405.—Peut-on acheter une chose au-dessous du plus bas prix? 411.— Peut-on acheter des billets à un prix moindre que leur valeur numérique? 413. — Des obligations de l'acheteur, 417.— De ceux qui ont acheté des biens ecclésiastiques ou des biens des émigrés pendant la révolution, 466 et 467.
ACOLYTE. De l'ordre d'acolyte, II, 457.
ACTE. Notion des actes humains, I, 1. — Moralité des actes humains, 14. — Fin des actes humains, 18. — Des actes de foi, 131. — D'espérance, 138. — D'amour de Dieu, 143. — D'amour du prochain, 149.
ADOPTION. Empêchement de mariage provenant de l'adoption, II, 549.
ADORATION. L'adoration est un acte de religion, I, 166.
ADULTÈRE. Qu'est-ce que l'adultère? I, 300. — De l'obligation de restituer pour cause d'adultère, 514. — De l'empêchement de mariage provenant de l'adultère, II, 555. — De la séparation des époux pour cause d'adultère, 603.
ADVERTANCE. De l'advertance nécessaire pour pécher, I, 81 et 82.
AFFINITÉ, ALLIANCE. De l'empêchement de mariage fondé sur l'affinité, II, 550. — De l'alliance ou affinité spirituelle, 549. Voyez PARENTÉ.
AGRESSEUR. Peut-on tuer un injuste agresseur? I, 276.
AMENDEMENT. De l'amendement dans le pécheur habitudinaire, II, 361. — Dans le récidif, 369.
AMICT. De l'amict nécessaire pour dire la messe, II, 200. — Sa signification, 459.
AMOUR. De l'amour de Dieu, I, 140.— Des actes d'amour de Dieu, 143. — Des

péchés contraires à l'amour de Dieu, 144. — De l'amour du prochain, *ibidem*. — De l'amour des ennemis, 146. — Des actes de charité envers le prochain, 149. Des péchés opposés à l'amour du prochain, 157.

ANIMAUX. De la propriété des animaux domestiques, sauvages, apprivoisés, I, 322, 323.

ANNEAU. L'usage de l'anneau interdit aux clercs, II, 480.

ANNULATION. De l'annulation ou irritation des vœux, I, 220.

ANTICHRÈSE. Qu'est-ce que l'antichrèse ? I, 448.

APOSTASIE. En quoi consiste l'apostasie ? I, 137. — Des peines portées contre les apostats, *ibidem*.

APPROBATION. De l'approbation nécessaire pour entendre les confessions, II, 308. Voyez JURIDICTION.

ARCHIVES. Des archives de l'église paroissiale, II, 72.

ARRHES. De la promesse de vendre et de la vente faite avec des arrhes, I, 405.

ASSIGNATS. De ceux qui ont payé leurs dettes avec des assignats pendant la révolution, I, 366.

ASSURANCE. Du contrat d'assurance, I, 431.

ATHÉISME. Doit-on ranger parmi les apostats ceux qui professent l'athéisme ? I, 137.

ATTRITION. Qu'est-ce que l'attrition ? II, 245. — Nécessité de l'attrition, 246. — L'attrition sans amour de Dieu suffit-elle pour recevoir l'absolution ? *ibidem*. — Des marques ordinaires d'attrition, 363. — Des marques extraordinaires, 363 et 364.

AUBE. Ornement sacerdotal, II, 200.

AUBERGE. Des aubergistes qui servent gras les jours d'abstinence, I, 117. — Qui donnent à boire et à manger aux gens de l'endroit, les dimanches et fêtes, pendant les offices divins, 250.

AUMONE. De l'obligation de faire l'aumône, I, 149.

AUTEL. Nécessité d'un autel pour la célébration des saints mystères, II, 192.

AVARICE. Du péché d'avarice, I, 101.

AVOCAT. Des obligations des avocats, I, 539.

AVORTEMENT. Est-il permis à une femme de faire périr le fruit qu'elle porte dans son sein ? I, 278.

AVOUÉS. Des obligations des avoués, I, 541.

## B.

BAIL. Des baux à loyer et à ferme, I, 421. — Des baux à loyer, 423. — Des baux à ferme, 424. — Du bail à cheptel, 425.

BAL. Des bals et de la danse, I, 295 ; II, 378.

BAN. Des bans de mariage, II, 521. — Où doit-on faire les publications de mariage ? 523. — De la dispense des bans, 525.

BAPTÊME. Du sacrement de baptême, II, 37. — Sa matière, 38. — Sa forme, 41. — Ses effets, 42. — Du ministre, 43. — Du sujet, 46. — Nécessité du baptême, *ibidem*. — Du baptême des enfants, 49. — Peut-on baptiser malgré leurs parents, les enfants des juifs, des infidèles, des apostats ? 49 et 50. — Des enfants qui ne sont pas encore sortis du sein de la mère, 50 et 51. — Des productions monstrueuses, 52. — Doit-on rebaptiser les enfants qui ont été ondoyés à la maison ? 53. — Du baptême des adultes, 54. — De ceux qui sont en démence, 55. — Des sourds-muets de naissance, *ibid.* — Des étrangers qui ignorent s'ils ont été baptisés, 56. — Des hérétiques, 57. — Des cérémonies du baptême, 58. — Explications des principales cérémonies, 59. — Du temps et du lieu convenables pour l'administration du baptême, 61. — Des fonts baptismaux, de l'eau bénite et des saintes huiles, 62. — Ce qu'il faut préparer pour la cérémonie du baptême, 64. — Des parrains et marraines, 65. — Des actes de baptême, 71.

BAUME. Du baume qui entre dans la matière du sacrement de confirmation, II, 75.

BÉNÉDICTION. De la bénédiction avec le saint-sacrement, II, 164. — De la bénédiction des églises, 186. — Des ornements sacerdotaux, 201. — De la bénédiction nuptiale, 503, 508. — Il est défendu de donner la bénédiction nuptiale avant le mariage civil, 509.

BÉNÉFICE. Ce qu'on entend par bénéfice, I, 191. — Avons-nous encore en France des bénéfices proprement dits? I, 191 et 192. — Peut-on retenir comme siens les revenus superflus de son bénéfice? 320. — Peut-on enrichir ses parents avec les biens de l'Église? *ibid.* — Peut-on réduire les charges d'un bénéfice, lorsque les revenus de ce bénéfice sont devenus insuffisants? II, 176 et 177.

BIENS. Des biens qui sont l'objet de la propriété, I, 310. — Des différentes espèces de biens, 311. — Biens des enfants de famille, 312. — Biens propres aux époux, 315. — Des biens de la communauté matrimoniale, *ibid.* — Des biens paraphernaux, 318. — Bien des clercs, 318 et 319. — Des biens d'Église vendus pendant la révolution, 466. — Biens spirituels dont on est privé par les censures ecclésiastiques, II, 641.

BIGAMIE. De l'irrégularité provenant de la bigamie, II, 641.

BILLET. Des billets pour la confirmation, II, 90. — Pour la communion, 135. — Pour le sacrement de mariage, 512. — De quelle manière un billet de confession doit-il être conçu? 339.

BINAGE. Peut-on dire plusieurs messes en un jour? II, 172. — Peut-on dire une seconde messe après avoir pris les ablutions à la première? 119 et 173.

BLASPHÈME. Qu'est-ce que le blasphème? I, 193. — Comment se rend-on coupable de blasphème? 194. — Est-ce un blasphème de prononcer les noms de *sacré*, de *Dieu*? 195.

BONNE FOI. De l'erreur ou de l'ignorance de bonne foi, I, 8. — De la possession de bonne foi, 331. — Nécessité de la bonne foi pour la prescription, *ibid.* A quoi est tenu le possesseur de bonne foi en matière de restitution? 460. — De la conduite du confesseur à l'égard du pénitent qui est dans une ignorance ou une erreur de bonne foi, I, 28; II, 349.

BRÉVIAIRE. De quel bréviaire doit-on se servir pour la récitation de l'office divin? II, 470. — Bulle du pape saint Pie V, concernant le bréviaire romain, *ibidem.* — Lettre de GRÉGOIRE XVI, 661. Voyez OFFICE DIVIN.

## C.

CALICE. Le calice doit-il être consacré? II, 196. — Comment perd-il sa consécration? 197.

CALOMNIE. Ce qu'on entend par calomnie, I, 546. — Est-on obligé d'empêcher la calomnie? 549. — Est-on obliger de réparer la calomnie? 551.

CANON. Du canon de la messe, II, 221.

CAPACITÉ. De la capacité relativement aux contrats, I, 349. — Relativement aux donations, 374 et 375.

CARACTÈRE. Du caractère sacramentel, II, 14.

CARÊME. Du jeûne pendant le carême, I, 111.

CAS. Des cas réservés, II, 319. — Qui peut absoudre des cas réservés? 321. — Des cas réservés au pape, 325. — De l'absolution d'un étranger qui s'accuse d'un cas réservé, 327. — Il n'y a pas de réserve à l'article de la mort, 322.

CATÉCHISME. De l'obligation pour les curés de faire le catéchisme aux enfants, II, 497. — Des indulgences accordées à ceux qui instruisent les ignorants de la doctrine chrétienne, I, 131.

CAUSE. De la cause des contrats, I, 354. — Des obligations sans cause, *ibid.* — Des obligations fondées sur une cause fausse ou illicite, 354 et 355. — Des différentes causes du dommage d'autrui, 474.

CAUTION. De la caution et du cautionnement, I, 443 et 445.

CEINTURE. De la ceinture, *cingulum,* dont le prêtre se sert pour dire la messe, II, 200.

CÉLIBAT. Du célibat imposé aux clercs, II, 467. — De l'excellence du célibat, 468.

CENSURE. Des censures ecclésiastiques, II, 617. — Qui peut porter des censures? 620. — Des conditions requises pour encourir les censures, 622.

CÉRÉMONIES. Des cérémonies pour l'administration des sacrements, II, 34. — Du baptême, 58. — De la confirmation, 91. — De l'Eucharistie, 126. — Des cérémonies de la messe, 202. — De l'Extrême-Onction, 426. — De l'Ordination, 455.

CESSATION. De la cessation *a divinis,* II, 618.

CESSION. De la cession qu'un créancier fait de ses biens, I, 365 et 526.

CHANGE. Du contrat de change, I, 403.

CHANOINE. Des obligations des chanoines, II, 487 et 488.

CHAPELLE. Des chapelles où l'on peut célébrer la messe, II, 185. — Des chapelles domestiques, 185 et 186.

CHAPITRE. Un évêque est-il obligé de consulter son chapitre? II, 489. — De l'obligation du chapitre relativement à la messe canoniale, 176. — L'évêque peut-il le dispenser de l'appliquer aux fondateurs? *ibidem.* — De l'administration capitulaire, le siége vacant, 489 et 490.

CHARITÉ. Qu'est-ce que la charité? I, 140. — De la charité parfaite, 141. — Nécessité de la charité ou de l'amour de Dieu, 142. — Des actes de charité, 143. — De la charité pour le prochain, 144. — Des œuvres de charité, 149. — Des péchés opposés à la charité, 157.

CHASSE. De la chasse et de la pêche, I, 322. — De la chasse interdite aux clercs, II, 481.

CHASTETÉ. De la vertu de chasteté, I, 122. — Du vœu de chasteté, 234. — Des péchés contraires à la chasteté, 284.

CHASUBLE. Ornement sacerdotal, II, 200-462.

CHEPTEL. Du bail à cheptel, I, 425. — Des différentes espèces de cheptels, 425 et 426.

CHOSES. Des choses perdues dont le maître ne se présente pas, I, 324.

CHRÊME. De quoi se compose le saint chrême, II, 78.

CIBOIRE. Du saint-ciboire, II, 198.

CIERGE. Des cierges nécessaires pour la célébration de la messe, II, 195.

CIMETIÈRE. Du lieu destiné aux inhumations, II, 429 et 430. — Comment le cimetière est-il profané? 189. — *Quid,* dans le doute s'il y a profanation? 191.

CIRCONSTANCES. Des circonstances du péché, I, 91. — Est-on obligé de déclarer en confession les circonstances qui changent l'espèce du péché ou qui en agravent notablement la malice? I, 92; II, 262.

CLANDESTINITÉ. De l'empêchement de clandestinité, II, 557.

CLAUSE PÉNALE. Des conventions avec clause pénale, I, 368.

CLÉMENCE. De la clémence comme vertu, I, 127.

CLERCS. Des biens dont les clercs ont la propriété, I, 318. — Des obligations des clercs, II, 467. — Du luxe, de la chasse, de la fréquentation des cabarets, des jeux défendus aux clercs, 480, etc.

CLOTURE. De la clôture religieuse, I, 235; II, 628.

COLÈRE. Du péché de colère, I, 275.

COLLATION. Des aliments permis à la collation, I, 113.

COMÉDIENS. Les comédiens sont-ils excommuniés? I, 293. — Peut-on les admettre aux sacrements? II, 32.—Peuvent-ils être admis comme parrains? 68. — De la conduite du curé à l'égard d'un comédien qui tombe dangereusement malade, I, 294.

COMMODAT. Du prêt à usage, I, 389.

COMMUNAUTÉ. De la communauté conjugale, I, 314. — De l'administration de la communauté, 315 et 316.

COMMUNION. De la communion eucharistique sous les deux espèces, II, 129. — De la communion pascale, 130. — De la communion des malades, 136.— De la première communion des enfants, 145. — Des dispositions de l'âme pour la communion, 148. — Des dispositions du corps, 157. — A qui doit-on refuser la communion? 161. — De la communion des condamnés à mort, 138. — De la fréquente communion, 152-405.

COMMUTATION. De la commutation des vœux, I, 227; II, 615.

COMPENSATION. De la compensation légale, I, 367. — De la compensation non légale ou secrète, 368.

COMPLICE. Peut-on faire connaître son complice en confession? II, 272. — Le confesseur peut-il demander au pénitent le nom de son complice? 346. — Un confesseur peut-il absoudre son complice, *in materia luxuriæ?* 316.

COMPLICITÉ. De la restitution pour cause de complicité, I, 474. Voyez COOPÉRATION.

CONCILE. Les conciles peuvent faire des lois, I, 53.

CONCUBINAIRES. Peut-on les admettre aux sacrements? II, 33.

CONCUPISCENCE. Qu'est-ce que la concupiscence? I, 10. — Influe-t-elle sur les actes humains? 10 et 11.

CONDITION. De l'empêchement de mariage provenant de l'erreur sur la condition servile, II, 536.

CONDITIONS. Des différentes espèces de conditions dont on fait dépendre les obligations conventionnelles, I, 359.

CONFESSEUR. Des qualités du confesseur, II, 328. — De la sainteté, 328. — Du zèle, 330. — De la douceur, 332. — De la fermeté, 333. — De la science, 334. — De la discrétion, 335. — De l'obligation du secret de la confession, 336. — Des interrogations que le confesseur doit faire au pénitent, 342.—Des devoirs du confesseur au sujet de l'absolution, 350. — De ses devoirs à l'égard des pécheurs d'habitude, 358. — A l'égard des récidifs, 363. — A l'égard de ceux qui ignorent les premières vérités de la religion et les devoirs de leur état, 382. — A l'égard des malades et des moribonds, 388. — A l'égard des personnes pieuses, 394. — A l'égard des scrupuleux, 406. — De la manière dont on doit administrer le sacrement de pénitence, 410.—De Confessario sollicitante, 628.

CONFESSION. Nécessité de la confession sacramentelle, II, 249. — Précepte de la confession annuelle, 252. — La confession est-elle d'obligation pour les enfants qui n'ont pas fait leur première communion? 253. — Est-on obligé de se confesser quand on n'a que des péchés véniels à déclarer? 253 et 254. — En quel temps doit-on se confesser pour satisfaire au précepte ecclésiastique? 255. — A qui doit-on se confesser? 256. — De l'intégrité de la confession, 260. — Des motifs qui exemptent de l'intégrité de la confession, 266 et 267. — Des autres qualités de la confession, 273. — Des confessions nulles, 277. — Des confessions générales, 280.

CONFESSIONNAL. On ne doit entendre la confession des personnes du sexe qu'au confessionnal, II, 410 et 411. — Le confesseur peut-il les recevoir chez lui sous prétexte de direction? 411.

CONFIRMATION. Du sacrement de confirmation, II, 73. — Matière du sacrement, 74. — Forme sacramentelle, 78. — Des effets de la confirmation, 80. — Du ministre, 82. — Du sujet, 84. — Est-il nécessaire de se confesser pour recevoir le sacrement de la confirmation? 87. — Des cérémonies de la confirmation, 91. — Des parrains et marraines, 93.

CONFUSION. De la confusion comme moyen d'éteindre une obligation, I, 369.

CONSANGUINITÉ. De l'empêchement de consanguinité, II, 547. — A quel degré s'étend cet empêchement? 548.

CONSCIENCE. Qu'est-ce que la conscience? I, 23. — De la conscience droite et de la conscience erronée, 25. — Le confesseur doit-il instruire le pénitent dont la conscience est erronée? 27. — De la conscience perplexe, 26 et 27. — De la conscience scrupuleuse et de la conscience relâchée, 29. — De la conscience certaine et de la conscience douteuse, 30. — Dans le doute, si une action est défendue, est-on toujours obligé de prendre le parti le plus sûr? 32 et 33. — De la conscience probable et de la conscience improbable, 37. — De deux opinions vraiment probables, est-on obligé de suivre dans la pratique l'opinion la plus sûre? 41. — Observations sur le choix des opinions, 44.

CONSCRIPTION. Des injustices qui se commettent à l'occasion de la conscription, I, 506.

CONSÉCRATION. De la consécration eucharistique, II, 106. — Manière de prononcer les paroles de la consécration, 109. — Le prêtre qui n'a pas consacré validement, est-il obligé de consacrer de nouveau? 109-117. — De la consécration des églises, 186. — Des autels, 192. — Du calice et de la patène, 196.

CONSENTEMENT. Du consentement nécessaire pour pécher, I, 83. — Du consentement nécessaire à la validité des contrats, 343. — Des causes qui vicient le consentement, 344. — Du consentement pour le mariage, II, 505. — Du consentement des parents pour le mariage de leurs enfants, 564.

CONTEMPLATION. Du don de contemplation, II, 400.

CONTINENCE. De la vertu de continence, I, 122. — De la continence imposée aux clercs, II, 467.

CONTRAT. Du contrat et des différentes espèces de contrats, I, 341. — Du consentement nécessaire pour les contrats, 343. — De la capacité des contractants, 349. — De la matière des contrats, 352. — De la cause des contrats, 354. — De leur exécution, 356. — De l'interprétation des contrats, 358. — De la nullité ou rescision des contrats, 369. — Des contrats aléatoires, 435. — Des quasi-contrats, 454. — Voyez OBLIGATION.

CONTREBANDE. De ceux qui s'enrichissent par la contrebande, I, 505.

CONTRITION. Ce qu'on entend par contrition, II, 240. — Des qualités de la contrition, 241. — Nécessité de la contrition, 244. — De la contrition parfaite et de la contrition imparfaite, 245. — De quel amour de Dieu doit être animée l'attrition? 246. — Des marques de contrition, II, 363, etc.

CONTROVERSE. De la manière d'écrire en matière de controverse, I, 555. — Est-il permis de *censurer*, d'autorité privée, ou de noter d'une manière injurieuse les opinions controversées parmi les docteurs catholiques? 555 et 556.

CONTUMÉLIE. Comment pèche-t-on par contumélie? I, 554, etc.

COOPÉRATION. De la coopération formelle et de la coopération matérielle, I, 164 et 165. — De la restitution pour cause de coopération, 474. — En combien de manières coopère-t-on au dommage d'autrui? 475. — De ceux qui commandent le dommage, 475 et 476. — De ceux qui le conseillent, 476. — De ceux qui y consentent, 479. — De ceux qui y concourent par adulation ou par protection, 480. — De ceux qui y participent, 481. — De ceux qui y concourent comme causes négatives, 483. — Du confesseur qui omet d'avertir son pénitent de l'obligation de restituer, 486. Voyez RESTITUTION.

CORRECTION. De la correction fraternelle, I, 153, etc.

COUTUME. Des lois introduites par la coutume, I, 59. — La coutume interprète la loi, 71. — Elle l'abroge ou la modifie, 57.

CRAINTE. De la crainte relativement aux actes humains, I, 12 et 13. — Relativement à la validité des contrats, 346. — Relativement au contrat de mariage, II, 536.

CRÉANCE. Des créances privilégiées, I, 450 et 451. — Des créances avec hypothèque, 452 et 453.

CRIME. De l'empêchement de mariage provenant du crime d'adultère ou d'homicide, II, 555.

CRUCIFIX. Du crucifix qui doit être placé sur l'autel pour la célébration de la messe, II, 195.

CULTE. Du culte de latrie, I, 166. — Du culte qu'on rend à la sainte Vierge, aux anges et aux saints, 166 et 167. — Du culte de Notre-Seigneur dans l'Eucharistie, II, 163. — De l'empêchement de mariage provenant de la disparité de culte, 557.

CURÉS. Devoirs des curés relativement à l'administration des sacrements, II, 22. — Relativement à la visite des malades, 388 et 389-422. — Relativement à la résidence, 491. — Relativement à la prédication, 493. — Relativement au catéchisme, 497. — Relativement au bon exemple, 498. — Relativement à l'amour pour leurs paroissiens, 499. — Est-il obligé de dire la messe pour sa paroisse? 175. — Devoirs des curés à l'égard des lévites, 451 et 452.

# D

DALMATIQUE. Ornement du diacre, II, 460 et 461.

DÉBITEUR. Du débiteur qui ne peut payer toutes ses dettes, I, 522. — Est-il dispensé de payer ses dettes par la cession qu'il fait de tous ses biens? 365-526. Voyez DETTE.

DEBITUM CONJUGALE. De debito conjugali, II, 594. — A quoi doit s'en tenir le confesseur dans les avis à donner aux personnes qui se disposent prochainement au mariage, ou qui sont récemment mariées? 601. — La femme peut-elle rendre le devoir à son mari qui abuse du mariage? 598 et 599.

DÉFAUT. Le vendeur est-il obligé de déclarer les défauts de la chose qu'il veut vendre? I, 414. — Des irrégularités *ex defectu*, II, 639.

DÉISME. Ceux qui professent le déisme doivent-ils être rangés parmi les apostats? I, 137.

DÉLECTATION. Des différentes espèces de délectations, relativement au péché, I, 85 et 86-285 et 286.

DÉLIT. Des délits et quasi-délits, I, 454-457 et 458. Voyez DOMMAGE.

DÉMENCE. Ceux qui sont en démence peuvent-ils contracter? I, 349. — Peut-on les baptiser? II, 55. — Les confirmer? 85.

DÉPOT. Du dépôt volontaire, I, 433. — Du dépôt nécessaire, 434.

DÉTRACTION. Comment pèche-t-on par détraction? I, 545.—Des différentes espèces de détractions, 548. Voyez CALOMNIE, MÉDISANCE.

DETTE. Des différentes espèces de dettes, I, 522. — Des dettes de succession, 340. — Des dettes de la communauté matrimoniale, 315. — La femme est-elle tenue des dettes de la communauté? 317. — Est-elle tenue d'acquitter les obligations contractées par son mari? 317, 518.

DÉVOTION. Qu'est-ce que la dévotion? I, 169.

DIACONAT. Le diaconat est-il un sacrement? II, 435. — De l'ordination du diaconat, 460.

DIACRE. Les diacres peuvent-ils baptiser solennellement? II, 44. — Donner la communion? 122. — Annoncer la parole de Dieu? 460. — Des vertus nécessaires aux diacres, 445-461. — Doivent-ils être en état de grâce pour assister le prêtre à l'autel? 20.

DIGNE. Qu'entend-on par le sujet le plus digne? II, 484. — L'évêque est-il obligé de choisir les sujets les plus dignes pour les fonctions du ministère pastoral? *ibidem*.

DIMANCHE. De la sanctification du dimanche, I, 239. — De l'obligation d'entendre la messe, 240. — De la messe paroissiale, 243. — Des causes qui dispensent d'entendre la messe, 245. — Ce qui est défendu les jours de dimanche, 247. — Des causes qui permettent de travailler le dimanche, 252.

DIMISSOIRES. Des lettres dimissoriales pour l'ordination, II, 441.

DISPENSE. De la dispense des lois en général, I, 71. — Qui peut dispenser des lois ecclésiastiques? 72. — Des dispenses obreptices et subreptices, 75. — De la dispense des bans de mariage, II, 525. — De la dispense des empêchements de mariage, 570. — L'évêque peut-il en dispenser après le mariage contracté? 571. — Le peut-il avant la célébration du mariage? 572.

DIVORCE. Du divorce ou de la séparation des époux, II, 602.

DOL. Du dol ou de la fraude dans les contrats, I, 347.

DOMESTIQUE. Des obligations des domestiques envers leurs maîtres, I, 261.

DOMICILE. Du domicile pour la communion pascale, II, 134. — Pour les bans de mariage, 523. — Pour la célébration du mariage, 559.

DOMMAGE. De la réparation du dommage qu'on a causé par sa faute, I, 470. Voyez RESTITUTION.

DON. Des dons du Saint-Esprit, II, 81.

DONATION. Des donations en général, I, 373. — Des personnes incapables de donner, 374. — Incapables de recevoir, 375. — De l'acceptation des dons et legs faits au profit des établissements publics, 376. — De la réduction des dons et legs, 377. — Des donations et testaments nuls par défaut de forme, 378 et 379. — Des donations manuelles, 380. — Des donations entre-vifs, 381. — Des donations conditionnelles, 380-382. — De la révocation des donations, 382. Voyez TESTAMENT.

DOT. De la dot de la femme, I, 313 et 314-317 et 318.

DOUCEUR. De la vertu de douceur, I, 126 et 127. — De la douceur nécessaire au confesseur, II, 336.

DOUTE. Des différentes espèces de doutes, I, 31. — Comment doit-on se comporter dans le doute, si un acte est permis ou non? 32 et 33. — Du doute sur la validité d'un sacrement, 39. — Du doute en matière de prescription, 331 et 332. — En matière de justice, 468. — Du doute sur la validité des anciennes confessions, II, 280.

DROIT. Du droit et des différentes espèces de droits, I, 307. — Du droit de propriété, 307 et 308.

DUEL. Le duel est-il permis? I, 278. — Il est défendu sous peine d'excommunication, II, 627. — Peut-on accorder la sépulture ecclésiastique à ceux qui sont tués en duel? 431. — De la restitution par suite du duel, I, 511.

## E.

EAU. De l'eau, matière du sacrement de baptême, II, 39. — De la bénédiction de l'eau, 63. — De l'eau dans l'Eucharistie, 100.

ECCLÉSIASTIQUES. Des obligations des ecclésiastiques, II, 467. Voyez CLERCS.

ÉDUCATION. Devoirs des parents pour l'éducation de leurs enfants, I, 268. — Devoirs des précepteurs, des instituteurs pour l'éducation de leurs élèves, 269. — De l'éducation des lévites, II, 483 et 484.

ÉGLISE. L'Église peut-elle établir des lois? I, 52. — Peut-elle établir des empêchements dirimants de mariage? II, 529. — De la consécration des églises, 186. — De leur profanation, 187. — *Quid*, dans le doute si une église est profanée? 191.

EMPÊCHEMENT. Des empêchements de mariage, II, 528. — Du pouvoir d'établir des empêchements, 529. — Quels sont les empêchements dirimants? 532. — Quels sont les empêchements prohibants? 563. — De la dispense des empêchements de mariage, 570.

ENFANTS. Devoirs des enfants envers leurs parents, I, 257. — Des biens des enfants, 311. — Du dommage causé par les enfants, 484. — Des injustices des enfants envers leurs parents, 500. — Droit des enfants naturels, incestueux, adultérins, 337 et 338. — Les enfants de famille peuvent-ils contracter mariage sans le consentement de leurs parents? II, 564.

ENVIE. Du péché d'envie, I, 101.

ÉPISCOPAT. Il est la plénitude du sacerdoce, II, 464. — Du sacre de l'évêque, *ibidem*.

ERREUR. De l'erreur vincible et de l'erreur invincible, I, 8 et 9, 25 et 26. — De l'erreur dans les contrats, 344. — De l'erreur commune en matière de juridiction, II, 313. — De l'empêchement de mariage provenant de l'erreur, 535.

ESPRIT. Des dons du Saint-Esprit, II, 81. — De l'esprit ecclésiastique, 449.

EUCHARISTIE. De l'Eucharistie comme sacrement, II, 95. — De son institution, 97. — Matière du sacrement, 98. — Forme sacramentelle, 106. — Des effets, 111. — Du ministre de la consécration, 112. — Du ministre de la dispensation de l'Eucharistie, 121. — Du sujet, 129. Voyez COMMUNION. — Du culte de la sainte Eucharistie, 163. — De l'Eucharistie comme sacrifice, 166. Voyez MESSE, SACRIFICE.

ÉVÊQUE. Du sacre de l'évêque, II, 464. — Du serment de l'évêque, *ibidem*. — Vertus de l'évêque, 445-464 et 465. — Des obligations de l'évêque, 483. — Est-il obligé de consulter son chapitre? 488.

EXAMEN. De l'examen des ordinands : il doit être gratuit, I, 187. — Nécessité de cet examen, II, 442. — De l'examen des prêtres qui n'étudient pas, 450. — De l'examen de l'évêque élu, 465.

EXCOMMUNICATION. Qu'est-ce que l'excommunication ? II, 624. — Des effets de l'excommunication, 625. — Excommunications réservées au Pape, 626. — Réservées à l'évêque, 629.

EXORCISTE. De l'ordre d'exorciste, II, 457.

EXTRÊME-ONCTION. Du sacrement de l'Extrême-Onction, II, 416. — Matière du sacrement, 417. — La forme sacramentelle, 419. — Des effets, 420. — Du ministre, 421. — Du sujet, 423. — De la manière d'administrer l'Extrême-Onction, 426.

## F.

FABRIQUE. De l'administration des fabriques, II, 647.

FARD. L'usage du fard est-il permis ? I, 125.

FAUTE. Des différentes espèces de fautes en matière de délit, I, 458. — Est-on obligé de réparer le dommage qu'on a causé par une faute vénielle? 472.

FEMME. Des biens de la femme, I, 316. — Est-elle obligée d'acquitter les dettes de son mari ? *ibidem*. — Les dettes de la communauté? 317. — Est-elle obligée de suivre son mari partout? II, 605. — Pèche-t-elle en rendant le devoir à son mari qui abuse du mariage? 599.

FÊTES. De la sanctification des fêtes, I, 239. Voyez DIMANCHE.

FIANÇAILLES. Conditions requises pour la validité des fiançailles, II, 514. — De l'obligation qui résulte des fiançailles, 516. — De la dissolution des fiançailles, 517. — De l'empêchement d'honnêteté publique provenant des fiançailles, 535. — De l'empêchement prohibant provenant des fiançailles, 568.

FIDÉI-COMMIS. Du fidéi-commis non prohibé, I, 378.

FIN. De la fin des actes humains, I, 16-18. — Est-on obligé de rapporter ses actions à Dieu? 19. — Est-on obligé d'agir par un motif surnaturel ? 20.

FOI. De la foi comme vertu, I, 129. — Nécessité de la foi, 129 et 130. — Des actes de foi, 131. — Obligation de professer la foi, 133. — Des péchés opposés à la foi, 135. — De la bonne foi et de la mauvaise foi. Voyez POSSESSEUR.

FONTS. Des fonts baptismaux, II, 62.

FORMALITÉS. Des formalités nécessaires à la validité des contrats, I, 348. — A la validité des donations et des testaments, 379.

FORME. De la forme sacramentelle, II, 3. — Des changements survenus dans la forme des sacrements, 6. — De la forme conditionnelle, 10.

FORMULES. Des formules des actes de foi, d'espérance et de charité, I, 132.

FRAUDE. Du dol ou de la fraude dans les contrats, I, 347.

FRUITS. Des différentes espèces de fruits, I, 326. — De la restitution des fruits perçus durant la bonne foi, I, 462. — Des fruits perçus de mauvaise foi, 462 et 463

## G.

GAGE. Qu'est-ce que le gage? I, 477. — Il est indivisible, 448.

GARANTIE. De l'obligation de garantir la chose que l'on vend, I, 416.

GARDE. Des obligations de ceux qui sont préposés à la garde des bois, des champs, des vignes ou autres propriétés, I, 487.

GOURMANDISE. Du péché de gourmandise, I, 101.

GRACE. De la grâce produite par les sacrements, II, 11. — Quels sont les sacrements qui confèrent la première grâce sanctifiante ? 11 et 12. — Les sacrements des *vivants* confèrent-ils quelquefois la première grâce ? 12 et 13. — Faut-il être en état de grâce pour administrer les sacrements ? 19. — Pour recevoir les sacrements des *vivants* ? 29.

GREFFIER. Des devoirs du greffier, I, 538 et 539.

GUERRE. La guerre est-elle permise ? I, 280. — Des droits de la guerre, 281-508.

## H.

HABIT. De l'habit ecclésiastique, II, 478. — En quoi consiste l'habit ecclésiastique ? 479.

HABITUDE. De l'habitude du péché, II, 357. — Peut-on absoudre les pénitents qui sont dans l'habitude du péché ? 358. — *Quid*, de ceux qui retombent dans le péché d'habitude ? 363. — Faut-il attendre pour absoudre un récidif que l'habitude soit déracinée ? 366.

HAINE. De la haine contre Dieu, I, 144. — De la haine contre le prochain, 157. — De la haine contre les parents, 258.

HÉRÉSIE. Qu'est-ce que l'hérésie ? I, 135. — De l'excommunication contre l'hérésie, II, 627. — De l'irrégularité provenant de l'hérésie, 644.

HÉRÉTIQUES. Du mariage des hérétiques entre eux, II, 591. — Du mariage des catholiques avec les hérétiques, 566.

HÉRITIERS. A quoi sont tenus les héritiers relativement aux dettes de ceux dont ils ont recueilli l'héritage ? I, 340-518.

HOMICIDE. L'homicide est défendu par le cinquième précepte du Décalogue, I, 271. — Est-il permis de tuer un injuste agresseur ? 276. — De l'avortement, 278. — De la restitution pour cause d'homicide, de mutilation, de blessures, 509. — De l'irrégularité *ex defectu* provenant de l'homicide, II, 642. — De l'irrégularité *ex delicto*, 643.

HONNÊTETÉ. De l'honnêteté publique formant un empêchement de mariage, II, 552.

HONORAIRE. Des honoraires dus aux ministres de la religion, II, 26. — Des honoraires du prêtre qui dit la messe, 177.

HUILE. Des saintes huiles, II, 64. Voyez CHRÊME.

HUISSIER. Obligations des huissiers, I, 539.

HUMILITÉ. De la vertu d'humilité, I, 126.

HYPOCRISIE. Du péché d'hypocrisie, I, 100.

HYPOTHÈQUE. Du droit d'hypothèque, I, 452.

## I.

IDOLATRIE. Qu'est-ce que l'idolâtrie ? I, 173.

IGNORANCE. Ce qu'on entend par ignorance, I, 8. — De l'ignorance vincible et de l'ignorance invincible, 8 et 9. — Des obligations du confesseur à l'égard de ceux qui sont dans l'ignorance vincible, 25. — A l'égard de ceux qui sont dans l'ignorance invincible, 28 et 29 ; II, 348 et 349. — A l'égard de ceux qui ignorent les vérités de la religion, II, 382. — A l'égard de ceux qui ignorent les devoirs de leur état, 387. — A l'égard de ceux qui se préparent à la première communion, 146. — A la confirmation, 86. — De l'irrégularité provenant de l'ignorance, 640.

ILLÉGITIMES. Des enfants illégitimes. — Peuvent-ils recueillir la succession de leurs parents ? I, 337. — Ils sont irréguliers, 640.

IMAGE. Du culte des images, I, 167.

IMPOSITION. De l'imposition des mains pour la Confirmation, II, 75. — Pour l'Ordination, 435.

IMPÔTS. De l'obligation de payer les impôts, I, 55. — Est-ce une injustice de refuser de payer les impôts? 504. — Comment réparer cette injustice? 505. — Obligations de ceux qui sont chargés de faire payer les impôts, 506.

IMPUISSANCE. De l'impuissance relativement au mariage, II, 534. — Avis aux confesseurs, 535.

IMPURETÉ. Des péchés d'impureté, I, 285-296.

INCAPACITÉ, INCAPABLE. De l'incapacité relativement aux contrats en général, I, 349. — Relativement aux donations, 374. — Relativement aux sacrements, II, 27. — Relativement au sacrement de l'Ordre, 443. — Relativement au sacrement de Mariage, 528. Voyez EMPÊCHEMENT.

INCESTE. Du péché d'inceste, I, 298. — Des enfants incestueux, 338.

INDIGNE. De ceux qui sont indignes d'une succession, I, 337. — Indignes des sacrements, II, 30. — Indignes des Ordres sacrés, 444. Voyez VOCATION, IRRÉGULARITÉ.

INDULGENCES. Des différentes espèces d'indulgences, II, 606. — Qui peut accorder des indulgences? 608. — Que faut-il faire pour gagner des indulgences? 610. — Du jubilé, 613.

INFIDÈLES. Le mariage des infidèles peut-il être dissous par la conversion de l'un des époux? II, 544. — Le mariage d'un chrétien avec une infidèle est-il valide? 557.

INFIDÉLITÉ. Ce qu'on entend par infidélité en matière de religion, I, 135.

INJURE. Les injures sont contraires au huitième précepte du Décalogue, I, 554. — Des injures, invectives, sarcasmes, que certains auteurs se permettent à l'égard de ceux qui ne partagent pas leurs opinions, 555.

INJUSTICE. Du vol, I, 492. — Des injustices entre époux, 498. — Des injustices des enfants de famille, 500. — Des injustices des domestiques, 501. — Des injustices dans le commerce, 502. — Des injustices commises par les tailleurs, 503. — Des injustices des militaires, 507. Voyez JUSTICE, DOMMAGE, RESTITUTION.

INSTRUCTION. De l'obligation pour les curés d'instruire les fidèles, I, 131; II, 493. — De la manière d'instruire, II, 495. — De l'obligation pour les confesseurs d'instruire les pénitents, 348. — Doivent-ils instruire les époux sur les devoirs du mariage? 344 et 345, 601.

INTENTION. De l'intention nécessaire pour les actes humains, I, 20 et 21. — Pour l'administration des sacrements, II, 15. — Pour gagner les indulgences, 610.

INTERDICTION. De l'interdiction en matière civile, I, 349.

INTERDIT. De l'interdit comme censure, II, 623.

INTÉRÊT. Du prêt à intérêt, I, 393. — Des titres qui légitiment l'intérêt du prêt, 396. — Des intérêts usuraires, 399.

INTERPRÉTATION. De l'interprétation des lois, I, 68. — De l'interprétation des contrats, 358. — Des brefs pour la dispense des empêchements de mariage, II, 584.

INTERROGATION. Interrogations à faire aux pénitents, II, 343. — Discrétion sur le sixième précepte, 343 et 344, 602.

INTERSTICES. Des interstices à observer pour l'ordination, II, 453.

INVENTION. De l'invention d'un trésor, I, 323. — Des choses perdues, 324.

INVOCATION. De l'invocation des saints, I, 167. — Du démon, 175.
IRRÉGULARITÉ. Ce qu'on entend par irrégularité, II, 634. — Des irrégularités *ex defectu*, 639. — Des irrégularités *ex delicto*, 643. — Dans le doute si on a encouru quelque irrégularité, 643.
IRRÉLIGION. Des péchés d'irréligion, I, 180.
IRRITATION. De l'irritation des vœux, I, 220 et 221.
IVRESSE. Du péché d'ivresse, I, 102.

## J.

JACTANCE. Du péché de jactance, I, 100.
JEU. Des différentes espèces de jeux, I, 436. — Des dettes de jeu, 437. — Des jeux interdits aux clercs, II, 482.
JEUNE. Du jeûne ecclésiastique, I, 111. — De l'obligation du jeûne, *ibidem*. — Des causes qui exemptent du jeûne, 117. — Du jeûne eucharistique, II, 157.
JUBILÉ. Des conditions requises pour gagner l'indulgence du jubilé, II, 613. — Des priviléges attachés au jubilé, 615. — De la suspension des indulgences ordinaires pendant le jubilé, 616.
JUGE. Des obligations des juges, I, 536 et 537.
JUGEMENT. Des jugements téméraires, I, 543 et 544.
JUREMENT. Ce qu'on entend par jurement, I, 197. — De la licité du jurement, 199. — De l'obligation de faire ce qu'on a promis avec serment, 203. — Des causes qui font cesser l'obligation du serment, 206.
JURIDICTION. De la juridiction nécessaire pour l'administration des sacrements, II, 15. — Pour l'administration du sacrement de Pénitence, 307. — De l'erreur commune en matière de juridiction, 313 et 314. — Peut-on confesser avec une juridiction probable? 315. — Comment cesse la juridiction? 316.
JUSTICE. De la justice comme vertu, I, 108. — Des différentes espèces de justices, 306.

## L.

LARCIN. Du larcin ou simple vol, I, 493. Voyez VOL.
LECTEUR. De l'ordre de lecteur, 456.
LEGS, LÉGATAIRE. Du légataire universel, à titre universel, à titre particulier, I, 384.
LÉGISLATEURS. Des devoirs des législateurs, I, 270.
LÉSION. De la lésion dans les contrats, I, 347, 350, 505.
LIBERTÉ. De la liberté nécessaire pour les actes humains, I, 7. — Des causes qui gênent la liberté, 7 et 8. — De la liberté nécessaire pour les contrats, 343. — Pour le mariage, II, 536.
LIEN. De l'empêchement de mariage provenant du lien d'un premier mariage II, 543.
LINGES. Des linges d'église; ils doivent être bénits, II, 194-198.
LITURGIE. De la liturgie romaine, II, 470-661.
LIVRES. Des mauvais livres, I, 162-292. — Des livres des hérétiques, II, 627.
LOI. Notion de la loi en général, I, 46. — Des lois divines, 48. — De la loi naturelle, 48 et 49. — De la loi mosaïque, 50. — De la loi chrétienne, 50 et 51. — Des lois ecclésiastiques, 51 et 52. — De la promulgation des lois, 53 et 54. — Des lois civiles, 55. — Des lois introduites par la coutume, 57. — De l'obli-

gation qui résulte des lois, 59. — Des lois pénales, 61. — De la manière d'observer les lois, 62. — De ceux qui sont tenus aux lois, 63. — Des motifs qui excusent ceux qui n'observent pas les lois, 67. — De l'interprétation des lois, 68. — De la dispense des lois, 71. — De la cessation des lois, 78. — De l'abrogation des lois, 79.

LOUAGE. Du contrat de louage, I, 421.

LUCRE. Du lucre cessant et du dommage naissant, I, 396.

LUXE. Du luxe défendu aux clercs, II, 480 et 481.

LUXURE. Des péchés de luxure non consommée, I, 285. — Des péchés de luxure consommée, 296.

## M.

MAGIE. Des différentes espèces de magies, I, 179.

MAGISTRATS. Des obligations des magistrats, I, 271.

MAGNÉTISME. De l'usage du magnétisme, I, 179.

MAITRES. Devoirs des maîtres envers leurs domestiques, I, 116, 247, 269. — Des maîtres de pension, 269.

MAJORITÉ. A quel âge est fixée la majorité relativement au mariage, II, 524-565.

MALADES. De la confession des malades, II, 388. — De la communion des malades, 136. — De la visite des malades, 422.

MALICE. De la malice des actes humains, I, 14 et 15. — Des péchés de malice, 89. — Des circonstances qui changent ou aggravent la malice du péché, 91.

MANDAT. Des obligations de celui qui donne un mandat et de celui qui s'en charge, I, 441 et 442.

MANIPULE. Ornement sacerdotal, II, 200 et 201.

MARCHAND. Des injustices commises par les marchands, I, 502-519.

MARIAGE. Du mariage comme contrat, II, 501. — Du mariage comme sacrement, 503. — De la matière et de la forme du sacrement, 505. — Des effets, 507. — Du ministre, 508. — Du sujet, 510. — Des fiançailles, 514. — Des bans ou publications de mariage, 521. — Des empêchements de mariage, 528. — Quels sont les empêchements dirimants de mariage? 532. — Quels sont les empêchements prohibitifs? 563. — De la dispense des empêchements, 570. — De la revalidation des mariages nuls, 587. — Des obligations des époux, 593. — A quoi doit s'en tenir le confesseur pour l'instruction des personnes mariées? 601. Voyez EMPÊCHEMENT.

MARTYRE. Le baptême peut être suppléé par le martyre, II, 48.

MATIÈRE. De la matière et de la forme des sacrements, II, 3. — De l'union nécessaire entre la matière et la forme des sacrements, 5. — Des changements survenus dans la matière et la forme des sacrements, 6. — Peut-on se servir d'une matière douteuse? 9.

MATINES. On doit réciter Matines et Laudes avant de dire la messe, II, 212.

MÉDISANCE. Du péché de médisance, I, 546.

MENSONGE. Des différentes espèces de mensonges, I, 528. — Des restrictions mentales, 530.

MESSE. Du sacrifice de la messe, II, 156. — De ses effets, 168. — Du ministre du sacrifice, 170. — Pour qui peut-on ou doit-on offrir le sacrifice de la messe? 173. — Des honoraires de la messe, 177. — Du lieu où l'on doit dire la messe, 184. — De l'autel, des nappes, du crucifix et des cierges nécessaires pour la célébration de la messe, 192. — Des vases sacrés, du corporal, de la pale et du purificatoire, 169. — Des ornements sacerdotaux, 200. — Des rites et des prières de la messe, 202. — Du temps nécessaire pour dire la messe, 204. — Des messes de mort, 206. — Du servant de messe, 207. — Les curés sont-ils obligés de dire la messe pour leurs paroissiens? 175. — Les chapitres sont-ils obligés de la célébrer pour les fondateurs? 176. — Des accidents qui arrivent au prêtre disant la messe, 227. — Des fautes que l'on commet le plus souvent en disant la messe, 231. — De la messe de paroisse, I, 243.

MILITAIRE. Des obligations des militaires, I, 282. — Injustices des militaires, 507. — Du mariage des militaires, II, 524-561.

MINEURS. Les enfants mineurs peuvent-ils contracter? I, 350. — Peuvent-ils se marier sans le consentement de leurs parents? II, 564.

MINISTRE. Du ministre des sacrements, II, 15. — Le prêtre doit-il être en état de grâce pour administrer les sacrements? 19. — Du ministre du sacrifice de la messe, 170.

MORTIFICATION. De la mortification nécessaire pour la perfection chrétienne, II, 396.

MYSTÈRES. Des mystères dont la connaissance est nécessaire au salut, I, 130. — Peut-on absoudre ceux qui les ignorent? 383.

## N.

NAISSANCE. De l'irrégularité provenant du défaut de naissance légitime, II, 640.

NANTISSEMENT. Du contrat de nantissement, I, 447.

NAPPES. Des nappes d'autel, II, 194.

NÉGOCE. Le négoce est interdit aux clercs, II, 482.

NOTAIRE. Des obligations des notaires, I, 541.

NOTORIÉTÉ. De la notoriété de droit et de la notoriété de fait, II, 30.

## O.

OBÉISSANCE. Du vœu d'obéissance, I, 236. — De la promesse d'obéissance que le prêtre fait à l'évêque, II, 463. — De l'obligation d'obéir aux parents, I, 262. — Aux supérieurs, 263. — D'obéir au Pape, II, 485.

OBLIGATIONS. Des obligations conventionnelles, I, 358. — Des obligations purement naturelles ou purement civiles, *ibidem*. — Des obligations conditionnelles, 359 et 360. — Des obligations à terme, 361. — Des obligations alternatives, 361 et 362. — Des obligations facultatives, 362. — Des obligations solidaires, 362 et 363. — Des obligations divisibles, 363 et 364. — De l'obligation avec clause pénale, 364. — De l'extinction des obligations conventionnelles, *ibidem*.

OBSERVANCE. De la vaine observance, I, 177.

OCCASION. De l'occasion du péché, II, 307. — Conduite du confesseur à l'égard de ceux qui sont dans l'occasion du péché, 370, etc.

OCCUPATION. De l'occupation comme moyen d'acquérir, I, 321.

OFFICE DIVIN. De l'obligation de réciter l'office divin, II, 470. — La bulle de saint Pie V sur le bréviaire romain, *ibidem*. — Lettre de Grégoire XVI sur le même sujet, 661. — Manière de réciter l'office divin, 473. — Des causes qui excusent l'omission de l'office divin, 477.

ONCTION. Voyez EXTRÊME-ONCTION.

OPINIONS. Des opinions douteuses, I, 30, etc. — Des opinions probables, 37.— Du choix des opinions, 44.

ORAISON. De l'oraison dominicale, I, 130. — De l'oraison mentale, II, 398.

ORDINATION. Des conditions requises pour l'Ordination, II, 444-452. — De l'ordination pour la tonsure, 455. — Pour les ordres mineurs, 456. — Pour le sous-diaconat, 458. — Pour le diaconat, 460. — Pour la prêtrise, 461. — Pour l'épiscopat, 464.

ORDRE. Du sacrement de l'ordre, II, 433. — De la matière et de la forme du sacrement, 435. — De ses effets, 437. — Du ministre, 438. — Du sujet, 443. — Des Ordres en particulier, 456. — Des obligations des clercs, 467. Voyez ORDINATION.

ORNEMENTS. Des ornements sacerdotaux, II, 200.

## P.

PALE. De la pale dont on se sert pour la messe, II, 198 et 199.

PAPE. Le Pape peut établir des lois, I, 52. — Il peut en dispenser, 72. — Du respect et de la soumission pour les actes et les décisions du Pape, II, 484 et 485.

PARCELLES. Des parcelles eucharistiques que l'on remarque sur l'autel après la communion, II, 120.

PARENTÉ. De l'empêchement de mariage provenant de la parenté, II, 546.

PARESSE. Du péché de paresse, I, 103.

PARJURE. Qu'est-ce que le parjure? I, 201.

PAROLES. Des paroles déshonnêtes, I, 290.

PARURES. Des parures immodestes, I, 123.

PATIENCE. De la patience comme vertu, I, 109.

PAUVRETÉ. Du vœu de pauvreté, I, 234.

PAYEMENT. Du payement comme moyen d'acquitter une dette, une obligation, I, 364 et 365.

PÉCHÉ. Notion du péché, I, 80.—Des différentes espèces de péchés, 84 et 85. — De la distinction spécifique des péchés, 90. — De la distinction numérique des péchés, 93. — Du péché mortel et du péché véniel, 96. — Des péchés capitaux, 99.

PÉCHEUR. Peut-on administrer les sacrements aux pécheurs publics? II, 30.

PEINE. Des peines conventionnelles, I, 377.

PÉNITENCE. De la pénitence comme vertu, II, 237. — De la pénitence comme sacrement, *ibidem*. — De sa nécessité et de ses effets, 238. — De la matière du sacrement, 239. — De la forme sacramentelle, 239 et 301. Voyez CONTRITION, CONFESSION, SATISFACTION, ABSOLUTION. — Du ministre du sacrement de pénitence, 307. — Des cas réservés, 319. Voyez CONFESSEUR. — De la manière d'administrer le sacrement de pénitence, 410.

PÈRES. Obligations des pères et mères à l'égard de leurs enfants, I, 257.

PERTE. L'obligation de restituer s'éteint-elle par la perte de la chose due? I, 369, 461-463. — Des choses perdues, 324.

PIÉTÉ. Des caractères de la vraie piété, II, 395. — De la direction des personnes qui pratiquent la piété, 396.

PISCINE. Il doit y avoir une piscine dans chaque église, II, 63.

POLLUTION. Du péché de pollution, I, 301.

PORTIER. De l'ordre de portier, II, 496.

POSSESSEUR. Du possesseur de bonne foi, I, 460. — De mauvaise foi, 462. — De foi douteuse, 468.

POSSESSION. Ce qu'on entend par possession, I, 330. — De la possession de bonne foi nécessaire pour la prescription, 331. Voyez POSSESSEUR.

PRÉCEPTE. Des préceptes du Décalogue, I, 128. — Du premier précepte, 128. — Du deuxième précepte, 193. — Du troisième, 238. — Du quatrième, 257. — Du cinquième, 271. — Du sixième et du neuvième, 284. — Du septième et du dixième, 305. — Du huitième, 528. — Des préceptes de l'Église, 560.

PRÉDICATION. Les évêques doivent prêcher, II, 483. — Des obligations des curés pour la prédication, 492, etc.

PRESCRIPTION. De la prescription comme moyen d'acquérir ou de se libérer, I, 329. — Des conditions requises pour la prescription, 330.

PRÉSOMPTION. Du péché de présomption, I, 140. — Des présomptions en droit, 61.

PRÊT. Notion du prêt, I, 388. — Du prêt à usage, 389. — Du prêt à intérêt, 393. — Des titres qui légitiment l'intérêt du prêt, 396. — De ceux qui prêtent à usure, 399.

PRIVILÉGES. Des privilèges et hypothèques, 449, etc.

PROFANATION. De la profanation de l'église ou du cimetière, II, 188, etc. — Le cimetière est-il profané par la sépulture d'un enfant mort sans baptême? 189.

PROFESSION. De la profession religieuse, I, 229. — Le mariage peut-il être dissous par la profession religieuse? II, 541.

PROMESSE. De l'obligation qui résulte d'une promesse, I, 371.

PROPRIÉTÉ. Du droit de propriété, I, 307. — De la propriété parfaite et de la propriété imparfaite, 309.

PRUDENCE. De la vertu de prudence, I, 105. — Des vices opposés à la prudence, 107.

PURIFICATOIRE. Du purificatoire dont on se sert pour la célébration de la messe, II, 199.

## Q.

QUASI-CONTRATS. Des engagements qui résultent des quasi-contrats, 454 et 455. — Des engagements qui résultent des quasi-délits, 458.

## R.

RACHAT. De la vente avec faculté de rachat ou de réméré, I, 418.

RAPINE. De la différence entre le vol et la rapine, I, 493.

RAPPORT. De l'obligation de rapporter à la masse des biens à partager ce qu'on a reçu du défunt à titre gratuit, I, 329. — Un héritier est-il obligé de rapporter ce qu'il a reçu de son père pour se faire remplacer au tirage de la conscription militaire? 339 et 340.

RAPT. Du rapt en général, I, 297. — Du rapt relativement au mariage, II, 538. — Du rapt de séduction, 539.

RECÉLEUR. De l'obligation du recéleur en matière de restitution, I, 485.

RÉCIDIF. De la conduite à tenir au tribunal de la pénitence envers les pénitents qui retombent dans les mêmes péchés, II, 363.

RÉDUCTION. De la réduction des donations, I, 378. — De la réduction des legs pieux, 377.

REGISTRES. Des registres de la paroisse, II, 71 et 72.

RÉHABILITATION. De la réhabilitation des mariages nuls, II, 589.
RELIGIEUX. De l'état religieux, I, 228.—De la confession des religieuses, II, 311.
RELIGION. De la vertu de religion, I, 165. — Des actes de la vertu de religion, 166. — Des péchés opposés à la vertu de religion, 173-180.
RELIQUES. Du culte des reliques, I, 167.
REMISE. L'obligation de restituer est éteinte par la remise de la dette, I, 367.
RENTE. De la constitution de rente, I, 401. — De la rente viagère, 440.
RÉPARATION. De la réparation du tort qu'on a fait au prochain, I, 470, etc. Voyez Restitution.
RESCISION. Des causes de nullité ou de rescision d'un contrat, I, 369
RÉSIDENCE. De la résidence des évêques, II, 483. — Des chanoines, 487. — Des curés, 491.
RESPONSABILITÉ. De la responsabilité des parents, relativement au dommage causé par leurs enfants, I, 484. — Des instituteurs, relativement au dommage causé par leurs élèves et apprentis, 485. — Du mari, relativement aux délits de sa femme, 485 et 486.
RESTITUTION. De la restitution du bien d'autrui, I 459. Voyez Possesseur. — De l'obligation de restituer, par suite du dommage qu'on a causé par sa faute, 470. — De la restitution pour cause de complicité, 474. — De ceux qui commandent le dommage, 476. — De ceux qui le conseillent, 475. — De ceux qui y consentent, 479. — De ceux qui y concourent par adulation ou par protection, 480. — De ceux qui y participent, 481. — De ceux qui sont causes négatives du dommage, 483. — Du confesseur qui omet d'avertir un pénitent qui est obligé de restituer, 486. — Des témoins qui refusent de faire connaître le coupable, 487. — Des préposés, des gardes qui ne font pas leur devoir, *ibid*. — De ceux qui empêchent quelqu'un de réaliser un bénéfice, 488. — De l'obligation solidaire en matière de restitution, 489. — De la restitution pour cause de vol. Voyez Vol. — Des injustices des époux, 498. — Des enfants de famille, 500. — Des domestiques, 501. — Des injustices qui se commettent dans le commerce, 502. — De la restitution pour cause d'homicide, de mutilation, de blessures, 509. — De la restitution pour cause de duel, 511. — De la restitution pour cause de séduction, d'adultère, 512. — De la réparation pour cause de diffamation, 550. — Quand doit-on restituer? 517. — A qui restituer? 519. — Du lieu où doit se faire la restitution, 521. — Des causes qui suspendent l'obligation de restituer, 524. — Des causes qui font cesser l'obligation de restituer, 526.
RITUEL. Du Rituel romain, publié par Paul V, II, 34 et 35.
RUBRIQUE. Des rubriques de la messe, II, 202.

## S.

SACERDOCE. Le sacerdoce est un sacrement, II, 434.
SACREMENT. Ce qu'on entend par sacrement, II, 1 et 2.—De la matière et de la forme des sacrements, 3. — De la grâce qu'on reçoit par les sacrements, 11. — Du caractère sacramentel, 14. — Du ministre des sacrements, 15. — Si l'intention est nécessaire pour la confection des sacrements, 15 et 16. — Si la foi et la sainteté sont nécessaires pour l'administration des sacrements, 18 et 19. — De l'obligation d'administrer les sacrements, 22. — Peut-on s'adresser à tout prêtre pour en recevoir les sacrements? 23. — Peut-on recevoir quelque chose pour l'administration des sacrements? 26. — Du sujet des sacrements, 27. —

Des dispositions requises pour recevoir les sacrements, 28. — De ceux qui sont indignes des sacrements, 30. — Des cérémonies prescrites pour l'administration des sacrements, 34.

SACRIFICE. Du sacrifice en général, I, 168 et 169. — Du sacrifice de la messe, II, 166. Voyez MESSE.

SACRILÉGE. Des différentes espèces de sacriléges, I, 181. — Du sacrilége *in materia luxuriæ*, 299. — On se rend coupable en administrant ou en recevant indignement les sacrements, II, 21-29.

SAINTETÉ. De la sainteté nécessaire aux ecclésiastiques, II, 328-445.

SATISFACTION. De la satisfaction sacramentelle, II, 284. — Le confesseur est-il obligé d'imposer à celui qu'il confesse une pénitence proportionnée au nombre et à la grièveté de ses fautes? 285. — Des pénitences afflictives et médicinales, 290. — Des pénitences publiques, 295. — Le pénitent est-il obligé d'accomplir la pénitence qu'on lui a imposée? 297.

SCANDALE. Des différentes espèces de scandales, I, 159. — Comment se rend-on coupable de scandale? 161. — Peut-on conseiller un moindre mal pour en empêcher un plus grand? 163. — De la réparation du scandale, 165.

SCIENCE. De la science nécessaire aux prêtres, II, 334-449.

SCRUPULES. De la conscience scrupuleuse, I, 29. — De la conduite du confesseur à l'égard des scrupuleux, II, 406.

SECRET. Du secret naturel, I, 557. — Du secret de la confession, II, 336, etc.

SÉPULTURE. De la sépulture ecclésiastique, II, 429. — A qui doit-on refuser la sépulture ecclésiastique? 431.

SERMENT. Notion du serment, I, 197. — De la licité du serment, 199. — De l'obligation de faire ce qu'on a promis par serment, 203. — Des causes qui font cesser l'obligation du serment, 206. — De la dispense du serment, 208.

SÉQUESTRE. Ce qu'on entend par séquestre, I, 435.

SIMONIE. Notion de la simonie, I, 184. — Des différentes espèces de simonies, 185. — Des peines contre les simoniaques, 189.

SOCIÉTÉ. Du contrat de société, I, 429. — Du triple contrat, 431.

SODOMIE. Du péché de sodomie, I, 300 et 301.

SOLIDARITÉ. De la solidarité dans les conventions, I, 362 et 363. — De la solidarité en matière de restitution, 489.

SORTILÉGE. Du sortilége ou de l'art divinatoire, I, 175.

SOUS-DIACONAT. De l'ordre du sous-diaconat, II, 158.

SOUPÇONS. Des soupçons téméraires, I, 543.

SPECTACLES. Peut-on assister aux spectacles? I, 292 et 293.

STUPRUM. Ce qu'on entend par ce mot, I, 297.

SUBSTITUTION. Des substitutions prohibées, I, 373.

SUCCESSIONS. Des successions comme moyen d'acquérir, I, 336.

SUICIDE. Il n'est pas permis de se donner la mort, I, 262.

SUPERSTITION. Des différentes espèces de superstitions, I, 173, etc.

SUSPENSE. De la suspense et des différentes espèces de suspenses, II, 630 et 631.

SYMBOLE. Est-on obligé de savoir le symbole des Apôtres? I, 130.

## T.

TABERNACLE. Du tabernacle où l'on conserve l'Eucharistie, II, 164.

TÉMOIGNAGE. Du faux témoignage, I, 532.

TÉMOINS. Les témoins assignés sont-ils obligés de comparaître et de répondre aux interrogations du juge? I, 533.

TEMPÉRANCE. De la vertu de tempérance, I, 110
TESTAMENT. Des différentes espèces de testaments, I, 383. — Formules de testaments olographes, 386.
TITRE. Du titre nécessaire pour la prescription, I, 332. — Du titre coloré relativement à la juridiction, II, 317. — Du titre clérical, 454, 478.
TONSURE. De la tonsure, par laquelle on se dispose aux Ordres, II, 455.
TRÉSOR. Ce qu'on entend par trésor, I, 323. — A qui appartient le trésor? 324.

## U.

USAGE. De l'usage ou de la coutume, I, 57-71-79. — Du droit d'usage, 309. — Du prêt à usage, 389.
USUFRUIT. Du droit d'usufruit, I, 309.
USURE. De la définition de l'usure, I, 393. — L'usure est défendue, 393 et 394. Voyez PRÊT.

## V.

VASES. Des vases pour les saintes huiles, II, 64. — Des vases sacrés, 195.
VENTE. De la nature du contrat de vente, I, 404. — Qui peut vendre ou acheter? 405. — Des choses qui peuvent être vendues, 406. — Du prix de la vente, 408. — Des obligations du vendeur, 414. — Des obligations de l'acheteur, 417. — De la vente avec faculté de rachat ou de réméré, 418. — Du monopole, 419.
VIATIQUE. De la communion en viatique, II, 137.
VICAIRE. Le vicaire d'un curé peut-il déléguer pour un mariage? II, 562. — Des vicaires généraux de l'évêque, 486. — Des vicaires forains, 487. — Des vicaires capitulaires, 490.
VISITE. De la visite des malades, II, 385-422.
VOCATION. De la vocation à l'état ecclésiastique, II, 444. — Des marques de vocation, 444 et 445.

## Z.

ZÈLE. Du zèle nécessaire au confesseur, II, 330.

FIN DE LA TABLE.

www.ingramcontent.com/pod-product-compliance
Lightning Source LLC
Chambersburg PA
CBHW081141230426
43664CB00018B/2770